Siedler

Buch

Die Beschäftigung mit der eigenen Psyche hat, so meint
man, erst mit Freud begonnen. Doch Peter Gay kommt
in seinem Buch zu ganz anderen Ergebnissen: Schon
das 19. Jahrhundert hat sich voller Faszination ins
Selbst vertieft. Gerade in jenen Jahrzehnten, in denen
die Menschen den Versuch unternahmen, sich der Welt
zu bemächtigen, als althergebrachte Traditionen und
Überzeugungen ins Wanken gerieten, wurde die lustvolle,
oft aber auch angstbesetzte Erforschung der eigenen
Gefühle, Leidenschaften und Aggressionen mit besonderer Intensität betrieben.
Anhand umfangreichen Quellenmaterials zeigt Gay überzeugend und zugleich unterhaltsam, daß nicht nur Ärzte,
sondern auch Künstler, Biographen, Journalisten und
Historiker die schonungslose Untersuchung der seelischen Befindlichkeit zu Ihrem Hauptanliegen machten.
Mit seinen scharfsinnigen Beobachtungen läßt Peter Gay
so das komplizierte Innenleben eines Jahrhunderts trans-
parent werden.

Autor

Peter Gay, 1923 in Deutschland geboren, ist emeritierter
Sterling Professor für Geschichte an der Yale University.
Er hat zahlreiche Preise und Auszeichnungen erhalten,
darunter Fellowships des Berliner Wissenschaftskollegs,
der Guggenheim und der Rockefeller Foundation.
Weitere Veröffentlichungen: »Erziehung der Sinne«,
»Die zarte Leidenschaft«, »Kult der Gewalt«.

Peter Gay

Die Macht des Herzens

Das 19. Jahrhundert und die Erforschung des Ich

Aus dem Englischen
von Ulrich Enderwitz,
Monika Noll und Rolf Schubert

Siedler

Die Originalausgabe erschien 1995 unter dem Titel
»The Naked Heart« bei W.W.Norton & Company, Inc.,
New York, London.

Siedler Taschenbücher erscheinen im Goldmann Verlag,
einem Unternehmen der Verlagsgruppe Bertelsmann.

1. Auflage
Vollständige Taschenbuchausgabe August 1999
Copyright © 1995 by Peter Gay
Copyright der deutschen Ausgabe
© 1997 C.H. Beck'sche Verlagsbuchhandlung
(Oscar Beck), München
Satz: Fotosatz Otto Gutfreund, Darmstadt
Umschlaggestaltung: Design Team München
Umschlagabbildung: James MacNeill Whistler,
Symphony in White No.2
(Archiv für Kunst und Geschichte, Berlin)
Made in Germany 1999
ISBN 3-442-75555-7

Inhalt

Anhang

Our age is bewailed as the age of Introversion. Must that needs be evil? We, it seems, are critical; we are embarrassed with second thoughts; we cannot enjoy any thing for hankering to know whereof the pleasure consists; we are lined with eyes; we see with our feet; the time is infested with Hamlet's unhappiness, – «Sicklied o'er with the pale cast of thought.» Is it so bad then? Sight is the last thing to be pitied. Would we be blind?

Emerson, «The American Scholar» (1837)

Je peux commencer *Mon coeur mis à nu* n'importe où, n'importe comment, et le continuer au jour le jour, suivant l'inspiration du jour et de la circonstance, pourvu que l'inspiration soit vive.

Baudelaire, «Mon coeur mis à nu» (nach 1861)

Der Psychologe... wird... verlangen dürfen, dass die Psychologie wieder als Herrin der Wissenschaften anerkannt werde, zu deren Dienste und Vorbereitung die übrigen Wissenschaften da sind. Denn Psychologie ist nunmehr wieder der Weg zu den Grundproblemen.

Nietzsche, Jenseits von Gut und Böse *(1886)*

Für Donald Lamm, der mir half,
mich ans Schreiben zu machen

Einleitung

Das 19. Jahrhundert hat sich mit Leidenschaft, fast bis zur Neurose, ins Selbst vertieft. Gerade in jenen Jahrzehnten, in denen die Bürger den bis dahin beharrlichsten Versuch unternahmen, sich der Welt zu bemächtigen, haben sie der Selbstbeobachtung viel lust- und vielleicht noch mehr angsterfüllte Zeit gewidmet. Damals, als Wissenschaftler und Soziologen, Ärzte und Reformer mit vereinten Kräften gegen Unwissen, Armut und Krankheit zu Felde zogen, machten Romanciers, Maler, Biographen und sogar Historiker die Selbsterforschung zu ihrem Hauptanliegen. Sofortigen Ruhm verheißt Edgar Allan Poe demjenigen, der «ein kleines Büchlein – ‹mein entblößtes Herz›» schriebe. Er selber hat es nie geschrieben; auch Charles Baudelaire nicht, der Poes Anregung aufgreift und einige Ansätze dazu macht.[1] Aber im 19. Jahrhundert wimmelt es von Bürgern, die den Zeitgenossen ihr unverhülltes Inneres, ihr nacktes Herz, darbieten.

Wertvolle Hinweise für die Suche nach dem Selbst kamen, wie zu erwarten, von denjenigen, die sich von Berufs wegen mit der menschlichen Natur befassen. Dabei stolpert man nur so über berühmte Namen der damaligen Zeit. Philosophen wie Hegel und Nietzsche vertieften die seit den alten Griechen angestellten Forschungen und stießen in neue, unerwartete Richtungen vor. Psychologen wie Wilhelm Wundt und Jean Martin Charcot förderten mehr als je zuvor die Aufgeschlossenheit ihrer Disziplin für die Beobachtung und versuchten, ihre Anerkennung als Wissenschaft vom Menschen durchzusetzen. Die Schriften des erstaunlich talentierten William James brachten gleichermaßen Fortschritte in psychologischer Erkenntnis und neuartige Ansätze in philosophischer Selbstbeobachtung. Um die Jahrhundertwende begann Sigmund Freud, unsere Vorstellung vom Ablauf des Seelenlebens zu revolutionieren; erst in den 20er Jahren des 20. Jahrhunderts freilich drangen seine Theorien in den Bereich der Allgemeinbildung vor, wo sie sich dann so sehr verbreiteten, daß heutzutage jeder, noch der vehementeste Antifreudianer, in Freudschen Kategorien redet. Karl Marx wiederum, der, in seiner Doppelfunktion als Wissenschaftler und Polemiker, die bürgerlichen Ängste eher schüren als lindern wollte, interessierte sich besonders für Denken und Fühlen der Bourgeoisie. So wichtig diese Männer jedoch waren, das vorliegende Buch behandelt sie nur am Rande. Thema sind hier vielmehr die Normalbürger: nicht bloß Autoren, sondern auch Leser von Biographien, Geschichtswerken und Romanen, nicht bloß bekannte, sondern auch unbekannte Tagebuch- und Briefschreiber. Soweit irgend möglich, habe ich mir angeschaut, was immer die Männer und Frauen des bürgerlichen Mittelstandes schriftlich über ihre Gedanken und Gefühle geäußert haben oder was immer ich davon auftreiben konnte. Und in diesen Gedanken und Gefühlen spielt die Beschäftigung mit dem eigenen Selbst eine hervorragende Rolle.

Kommentatoren von Rang fanden diese Obsession problematisch, aber unkontrollierbar. Schon in den letzten Jahren des 18. Jahrhunderts stellt Immanuel Kant fest: «Von dem Tage an, da der Mensch anfängt, durch Ich zu sprechen, bringt er sein geliebtes Selbst, wo er nur darf, zum Vorschein, und der Egoismus schreitet unaufhaltsam fort.» Das 19. Jahrhundert hat sich Kants Diagnose weitgehend angeschlossen. So notiert John Stuart Mill, das «Selbstbewußtsein» sei der «Dämon, von dem das Genie unserer Zeit von Wordsworth bis Byron, von Goethe bis Chateaubriand besessen ist», und verschaffe der Epoche «einen Großteil ihrer heiteren und ihrer düsteren Weisheit». Mit seiner Beobachtung hätte er sich gar nicht auf die damals bekanntesten Autobiographen zu beschränken brauchen; um die Jahrhundertmitte war der Versuch, das geheime Leben des Selbst zu verbergen oder zu enthüllen, jedenfalls zu verstehen, zu einem besonders beliebten und ganz und gar ernsthaften Haussport geworden. Noch 1805 findet William Wordsworth, der hier pro domo spricht, es sei «etwas in der Literaturgeschichte völlig Neues, daß ein Mensch so viel von sich selbst reden kann».[2] Schon wenige Jahrzehnte später war solches Von-sich-selbst-Reden etwas ganz Gewöhnliches. Der sondierende Sprachgestus der Romane des 19. Jahrhunderts und das Augenmerk, das die Wissenschaft zunehmend auf Träume, Drogensucht, Wahnsinn und sexuelle Abweichungen richtete, waren einfach Symptome dafür, daß die Innerlichkeit sich auf dem Vormarsch befand.

Stellen, die das eindrucksvoll belegen, findet man überall; besonders konzentriert vielleicht in der folgenden aufschlußreichen Äußerung von Turgenew: In seinem Roman *Vorabend* von 1860 läßt er Schubin (eine seiner Hauptfiguren, die unzweifelhaft für den Autor spricht) bekennen, er sei viel zu sehr in sich selbst versunken. Dann jedoch setzt er, mit zugleich rechtfertigendem und bitter ironischem Unterton, hinzu, er halte sich nicht für eine Ausnahme: es gebe viele, «die sich selbst bis in die intimsten Einzelheiten studiert haben, jeder ihrer Empfindungen unaufhörlich den Puls fühlen und sich höchstpersönlich Bericht erstatten: Das und das fühle ich, das und das denke ich. Wahrhaftig eine nützliche und ernsthafte Beschäftigung!»[3] In der zweiten Hälfte des Jahrhunderts war die – schon zuvor lebhaft betriebene – Beschäftigung mit der eigenen Gemütsverfassung ohne Frage zur einer regelrechten Obsession geworden.[4] Die Historiker haben die psychoanalytischen Techniken und Theorien Freuds zum Dreh- und Angelpunkt im Übergang von der Kultur des 19. zu der des 20. Jahrhunderts gemacht. Gewiß waren sie das, aber zugleich bildeten sie den End- und Höhepunkt des wohl hundertjährigen Versuchs, eine Landkarte des menschlichen Innenraums anzulegen.

Schreibende Bürger, ob Romanciers, Dichter oder Journalisten, verbreiteten den Kult der bewußten Selbstwahrnehmung unter den lesenden Bürgern. Auch bildende Künstler (Maler und Bildhauer) sowie Komponisten bekundeten, auf ihre – wortlose – Weise, aufrichtiges Interesse an den geheimen Bedürfnissen und widerstreitenden Gefühlen, die sich hinter der zivilisierten Fassade verbergen. Gemeinhin werde ja, so Ralph Waldo Emerson in einer vielzitierten Rede, die er 1837, im Jahr von Königin Viktorias Thronbesteigung, unter dem Titel «The American Scholar» hielt, über die Epoche gejammert, weil sie «das Zeitalter der Introversion» sei, «geplagt von Grübeleien» und «infiziert mit Hamlets Traurigkeit». Aber Emerson will sich nicht beirren lassen: «Sehen können, das ist das Letzte, was man beklagen müßte. Wollen wir denn blind sein?» Das Zeitalter der Introversion findet er «sehr gut, wenn wir nur wissen, was wir damit anfangen sollen».[5] Im Laufe der Jahre fragten sich immer mehr Bürger, ob sie es wohl wissen.

Nach und nach schlossen sich denn auch die sogenannten normalen Bürger mit ihren intimen Tagebüchern, persönlichen Bekenntnissen und vertraulichen Korrespondenzen, mit ihren Liebesbriefen und religiösen Grübeleien in großen Massen der Wallfahrt ins Innere des Menschen an. Zwangsläufig aber haben die Männer – und Frauen – der schreibenden Zunft für die übrigen die Programmpunkte festgelegt. Poe etwa rühmt einmal die diagnostischen Fähigkeiten der Phrenologie und bezeichnet als ihre «direkteste und vielleicht segensreichste» Auswirkung, daß sie zu *«Selbstprüfung und Selbsterkenntnis»* führe. Etwas spöttischer schon äußert sich William Makepeace Thackeray um die Jahrhundertmitte in seinem *Pendennis* über die möglichen Folgen der Selbstprüfung: «Ich frage mich, ob noch die Klügsten von uns eine Ahnung von unseren ureigensten Motiven haben und ob nicht diese oder jene Handlung, auf die wir gerade besonders stolz sind, manche Überraschung für uns bereithält, wenn wir sie – wie wir es irgendwann einmal tun werden – auf ihre Ursprünge zurückführen.»[6] Selbstbeobachtung schien ebenso verführerisch wie gefährlich.

Tatsächlich hatte die Mode der angestrengten Selbstprüfung seit Beginn des Jahrhunderts nicht bloß ihre enthusiastischen Anhänger, sondern auch ihre Verächter, und aus diesem erbitterten Streit bezog das bürgerliche Jahrhundert manche seiner interessantesten Spannungen. Während Gesellschaftskritiker verschiedenster Couleur von Karl Marx bis Matthew Arnold monierten, der Bürger habe ein Innenleben ohne jede Substanz und stelle alles unter den Primat des materiellen Vorteils, betrachteten andere Kritiker die Selbstbeobachtung des Bürgers besorgt als Symptom einer modernen Krankheit. So bringt Johann Wolfgang von Goethe von Jugend an immer wieder seinen männlichen Argwohn gegenüber der Selbstbetrachtung zum Ausdruck, weil er sie für einen Rückfall in krankhaften Subjektivismus hält; die «große und so bedeutend klingende Aufgabe: *erkenne dich selbst*«, resümiert er 1823, «[kam] mir immer verdächtig vor». Denn «der Mensch kennt nur sich selbst, insofern er die Welt kennt». In ähnlicher Absicht will der Romancier Benjamin Disraeli die Selbstenthüllung aufs strikteste rationiert wissen. Beim Nachdenken über ein paar Jugendromane vertraut er um das Jahr 1836 seinem Tagebuch an: «Diese Trilogie ist die geheime Geschichte meiner Gefühle – mehr werde ich nicht über mich schreiben.»[7] Ganz offenbar konnte es auch zuviel werden mit der Selbstenthüllung.

Goethe und Disraeli hatten durchaus Nachfolger. «Die Manie der persönlichen Analyse ist heutzutage zu einer Krankheit geworden», klagt Jahrzehnte später der bekannte französische Psychologe Théodule Ribot. Selbst der alte Emerson macht sich Sorgen. Weit entfernt vom Elan, den er zur Zeit von «The American Scholar» gehabt hat, beschreibt er die gegenwärtige Selbstwahrnehmung mit einer bewußt grellen Metapher: «Die jungen Männer wurden mit Messern im Gehirn geboren, mit einem Hang zur Introversion, zum Sezieren des eigenen Selbst und seiner Motive.»[8] Kurz, Hamlet erweist sich, so faszinierend er sein mag, als ziemlich unbequemer Gefährte, aber auch als einer, um den man nicht herumkommt.

Natürlich galt das Entblößen des Herzens schon in den frühen Zeiten der Antike als verlockende, wenn auch oft beunruhigende Beschäftigung. Seither hat man die jedermann bekannte, über dem Eingang des Tempels von Delphi angebrachte Inschrift *Erkenne dich selbst*, die Goethe so bedenklich findet, immer als Aufforderung zur Selbstanalyse gedeutet. Der philosophische Querdenker Sokrates hatte dem metaphysischen und kosmologischen Programm seiner Vorgänger bewußt den Rücken gekehrt; den Blick auf die Conditio humana gerichtet, verfuhr er, mehr als zwei Jahrtausende vor Alexander Pope, schon nach dessen berühmtem Imperativ, man dürfe nicht ins theologische Denken verfallen, sondern müsse zur Kenntnis nehmen, daß das Studium der Menschheit auf den

Menschen zielt, daß man mithin die Gattung nur erkennen lernt, indem man lernt, sich selbst zu erkennen.

Die Innerlichkeit war jedenfalls nie gänzlich aus dem Gesichtskreis der Menschen verschwunden. Sie hat eine lange Geschichte, und jedermann kennt ihre größten Protagonisten: von Plato bis Marc Aurel, von Augustinus mit seinen *Confessiones* bis Montaigne mit seinen *Essais* sowie anderen Autoren, die nach ihm kamen. Die Empfindsamkeit des 18. Jahrhunderts, die ihren wohl dramatischsten Ausdruck in Goethes *Werther* gefunden hat, liegt zwar Jahrzehnte vor dem 19. Jahrhundert, hinterläßt aber bei den Menschen des bürgerlichen Zeitalters ihre Spuren. «– Mein guter Freund, sagte ich – so gewiß ich ich bin und Sie Sie sind –.» Der Erzähler des *Tristram Shandy*, jenes Mitte des 18. Jahrhunderts erschienenen Klassikers der komischen Psychologie, spricht hier mit einem Commissarius des Postamts. «– Und wer sind Sie? sagte er. – Bringen Sie mich nicht durcheinander, sagte ich.» In der Tat mochte diese Obsession damals, noch lange bevor sich das 19. Jahrhundert Gedanken über sie machte, etwas exzentrisch, ja pervers erscheinen. In Goethes *Wilhelm Meisters Lehrjahre* bekennt die pietistische «Schöne Seele»: «Ich war zu sehr gewohnt, mich mit mir selbst zu beschäftigen.»[9] Die Selbstprüfung der Nachgeborenen ist also nicht deshalb so wichtig, weil sie die Selbstbeobachtung aus der Taufe gehoben oder als erste darüber nachgegrübelt hätten, sondern einfach deshalb, weil sie sie einem breiten Publikum zugänglich, ja fast zu einem Muß gemacht haben. Und die meisten, die da ihr innerstes Selbst kultivierten, waren Bürger.

«Bürger»: Das Wort gehört zu jenen Begriffen, die so viel Platz für Verallgemeinerungen bieten, daß sie mehr präzise Auskünfte zu geben scheinen, als sie es tatsächlich tun.[10] In vielen Beschimpfungen, die der Bürger des 19. Jahrhunderts sich gefallen lassen mußte, als die Klassenunterschiede immer deutlicher und immer umstrittener wurden, diente das Epitheton «bürgerlich» eigentlich nur zum Verspotten. Sozialkritiker wie William Morris verhöhnten ihre Epoche, weil sie «unter der Knute von Bürgerlichkeit und Philistertum stehe». In Wirklichkeit ist die Bedeutung des Wortes zu uneinheitlich, sind die von ihm ausgehenden Signale zu widersprüchlich, als daß es ein solches Schicksal verdient hätte. Die englischen Viktorianer sprachen gern in behutsamem Plural von den «middle classes», den Mittelschichten, und mit ihrer vorsichtigen Zurückhaltung haben sie einen wesentlichen Teil der Wahrheit zum Ausdruck gebracht. Auch andere Namen, die das 19. Jahrhundert vergab und in denen die traditionellen sozialen Klassen bewußt zusammengeworfen wurden – Oxymora à la «Geldadel» oder «starched-collar proletariat» –, zeugen von den komplexen Verhältnissen, die sich hinter pauschalisierenden Klassenbegriffen verbergen.

Von ihnen zeugt auch die Kluft, die sich zwischen großen, vom Adelsstand wenig entfernten Industriebaronen und kleinen Bankangestellten, zwischen Angehörigen der akademischen Berufe und kleinen Kaufleuten, Professoren und niederen Beamten, Rentiers und Ladenbesitzern auftun – obgleich sie alle Bürger sind. Altes Geld hat einen anderen Geruch als neues Geld, aber beide Male ist Geld auch nicht alles. Der Bürger des 19. Jahrhunderts ordnet das Sozialprestige in mehr als nur einer Rangfolge; die Wertschätzung, die einem bewunderten Dichter oder einem hervorragenden Gelehrten entgegengebracht wird, hängt – zum Teil wenigstens – nicht am Einkommen. Die nach und nach in allen Ländern gebräuchlichen sprachlichen Differenzierungen werfen ein Schlaglicht auf solche Abstufungen: Während die Deutschen zwischen *Besitz-* und *Bildungsbürgertum* unterscheiden, haben die Franzosen ihre *grande,* ihre *bonne* und ihre *petite bourgeoisie.* Nicht zufrieden damit, unterteilen genaue Beobachter das von den Mittelschichten okkupierte Terrain in noch schmalere Sektoren. In manchen Gesetzbüchern, wie etwa dem preußischen, bezeichnet der *Bürgerstand* zwar kurz und bündig alle Personen, die weder dem Adel noch dem Bauernstand angehören, aber die ökonomischen und sozialen Realitäten ziehen diesen Vereinfachungen den Boden unter den Füßen weg. Es braucht kaum gesagt zu werden, daß auch die Lebens- und Denkformen der Bürger mit den jeweiligen gesellschaftlichen Ambitionen und Chancen wechseln und auf diese Weise die zwischen den Teilen der Bourgeoisie verlaufenden Risse zusätzlich akzentuieren.

Und dennoch, obgleich den niederen und den höheren Bürger eine ganz unterschiedliche Zukunft erwartet, haben beide durchaus gleiche Vorstellungen von sich selbst, die sie eben zum Bürger machen. Sie sind Feinde und Verbündete. In einer Denkschrift an Zar Alexander I. schreibt Fürst Metternich 1820 mit scharfer Beobachtungsgabe über den Mittelstand: Diese «Zwischenschicht (...) setzt sich alle möglichen Masken auf; sie schließt sich je nach Bedarf zusammen oder zerfällt in einzelne Teile; in der Stunde der Gefahr stehen ihre Angehörigen einander bei, aber sobald sie etwas errungen haben, zerreißen sie sich gegenseitig».[11] Sie definieren sich weitgehend ex negativo, immer im Gegensatz zu den Ständen über und unter ihnen, und viele ihrer selbstgewiß klingenden Berufungen auf die Vortrefflichkeit des Bürgerstands haben einen defensiven Unterton.

Zu den Gründen für diese Verteidigungshaltung gehört die wichtige, von den Bürgern des 19. Jahrhunderts sehr wohl wahrgenommene Tatsache, daß sie nach wie vor eine deutliche und identifizierbare Minderheit bilden. In geschichtlichen Darstellungen des Stadtlebens wird geschätzt, daß die Mittelschichten damals etwa 12, bestenfalls 15 Prozent der meisten städtischen Populationen ausmachen. Da sie von einem Meer von Proletariern umgeben sind, ja beinahe darin ertrinken, haben sie alle Ursache zur Klassensolidarität, selbst wenn diese durch die faktische Mobilität an den Rändern gefährdet ist. Eine Handvoll Magnaten hofft darauf, entweder in den Adel einzuheiraten oder sich den Aufstieg dorthin auf andere Weise zu erkaufen; eine weit größere Handvoll Kleinbürger hat Angst, selber in die Massen der mittellosen Lohnarbeiter abzusinken. Die meisten Bürger freilich bleiben einigermaßen eingebunden in feste Mittelschichteinkommen, -gepflogenheiten und -werte. Und ihre Ideologie umfaßt nicht nur Sparsamkeit, Pünktlichkeit und Selbstbeherrschung, sondern auch die Verpflichtung zu einer inneren Aufrichtigkeit, die ihr Innenleben läutern und wenn möglich bereichern soll.

Gegenstand dieses Buches ist das faszinierende Schauspiel, das der Bürger des 19. Jahrhunderts in seinem Kampf um die Innerlichkeit bietet. Zur damaligen Zeit wurde die Kunst des Zuhörens – des Zuhörens, wenn Musik gespielt oder Dichtung vorgetragen wird – zu einer Haltung mit fast religiöser Inbrunst, und romantische Liebesauffassungen konnten auf ein breites, weitgehend unkritisches Publikum zählen. Zur selben Zeit wuchsen Autobiographien und Selbstporträts, Biographien, Geschichtswerke und viele als Charakterstudien angelegte Romane urplötzlich zu einer Heimindustrie an, und privateste Briefwechsel und Tagebücher wurden alltäglicher und offenherziger als je zuvor. Zur selben Zeit aber störten Männer wie Marx, Nietzsche und Freud den Frieden der Bürger, weil sie den Modus, in dem das Selbst die Welt wahrnimmt und auf sie reagiert, erheblich problematisierten.

Bleibt nur noch die heikle Frage: Worin besteht eigentlich jenes Selbst, das die Bürger offensichtlich mit so viel Eifer zu entdecken und zu definieren suchten? In den vergangenen Jahren ist es Mode geworden, von der reinen Subjektivität aller Wahrnehmung einschließlich der Selbstwahrnehmung auszugehen und das Selbst als ein ständig in Veränderung begriffenes Phantasiegebilde zu betrachten. Wer also über das Selbst redet oder schreibt, es porträtiert, in der Öffentlichkeit oder im privaten Kreis vorführt, ja darüber nachdenkt, ist nach dieser Version nie bloß damit beschäftigt, etwas wiederzugeben, was bereits sichtbar vorhanden ist, sondern im Akt des Darstellens ein Selbst zu *erschaffen*.[12] Diese Attacke gegen die bloße Möglichkeit, Verläßliches über das innere Selbst in Erfahrung zu bringen, stellt letztlich eine rigorose Umdeutung dieses Selbst dar. Gewiß, sie mag eine begreifliche Reaktion auf jenen naiven Realismus sein, der Innen- und Außenwelt im direkten Zugriff zu fassen behauptet, als gäbe es keinerlei Störungen durch Wünsche, Affekte oder Sprachzwänge, als könnte man diese Welten mit hundertprozentiger Sicherheit durch ein glasklares, durchsichtiges Fenster betrachten. Mancher Historiker hat mit modernen Wahrnehmungen der Wahrnehmung gespielt: Carl Beckers relativistische Devise «Jeder sein eigener Historiker», die insgeheim unterstellt, Interpretationen der Vergangenheit seien eine so gut wie die andere, konnte sich lange Zeit ziemlicher Beliebtheit erfreuen. Ich persönlich aber meine, daß diese These von der Unbeständigkeit des Selbst und der Relativität aller Erkenntnis nur innerhalb der striktesten Grenzen legitim sein kann. Vielleicht dient sie als nützliche Warnung vor Anmaßung und vor der Illusion, wenn wir andere oder uns selbst erkennen wollen, so sei das ein Kinderspiel. Meine eigenen Schriften jedenfalls, und auch dieses Buch, habe ich in der Überzeugung geschrieben, daß – um es mit einer Umkehrung von Gertrude Steins berühmtem Oakland-Satz zu sagen – bei unserem Studium der Vergangenheit, selbst der des Seelenlebens, durchaus ein Da da ist.

In meiner Arbeit bin ich also davon ausgegangen, daß das Selbst keine Fiktion ist, sondern ein Amalgam aus beständigen und unbeständigen Elementen, und daß der Forscher es bei aller Ungreifbarkeit doch zu erkennen vermag. Deshalb meine Hinwendung zu Freud, für den das Seelenleben ein Rätsel ist, das seiner Lösung harrt. Er betrachtet es als Resultat des Zusammenwirkens – und des Konkurrenzkampfes – zwischen Notwendigkeit und Vernunft, zwischen Natur und Kultur. Und sein Modell, mit dem er beschreibt, wie ererbte Anlage und Erfahrung, oft im Krieg gegeneinander, den menschlichen Geist formen, ist außerordentlich fruchtbar für meine Arbeit geworden.

Ich will an dieser Stelle keine Einführung in die psychoanalytische Theorie geben. Doch ein kurzer Aufriß ihrer wesentlichen Logik mag nicht unangebracht sein. Ein Grundprinzip der Freudschen Theorie lautet, daß die menschliche Psyche Teil der Natur ist, also ebenso planvoll, ebenso abhängig von Kausalzwängen wie alles Physische. Die seelischen Vorgänge, die uns häufig grundlos, unlogisch, ja schlichtweg sinnlos vorkommen, müssen eine Bedeutung haben. Für den Psychoanalytiker und, so meine These, für den Historiker ist jede Äußerung – noch die banalste und absurdeste wie etwa Traum, Phantasie, Versprecher, Symptom, Sprachgewohnheit – eine Botschaft, die ihrer Entzifferung harrt. Wer den Eindruck hat, ein großer Teil des Seelenlebens lasse sich niemals begreifen, sitzt einer erklärlichen Fehlwahrnehmung auf, die auf die mangelnde Bereitschaft zurückgeht, unter die Oberfläche vorzudringen. Die Zusam-

menhänge, die wir nicht sehen, sind in das psychische Reich des Unbewußten abgedrängt worden, zu dem der Forscher allenfalls indirekten
Zugang hat. Ein Teil des psychischen Materials lagert von Beginn an in
diesem Unbewußten, das meiste aber wird durch Abwehrmechanismen,
von denen die Verdrängung nur den bekanntesten darstellt, zuallererst in
die Tiefe verbannt. Als ein mit Wünschen begabtes Lebewesen, das nichts
als Befriedigung – und wenn möglich umgehende Befriedigung – will,
muß der Mensch sich gegen seine am heißesten ersehnte, sowohl sexuelle
wie aggressive Lust zur Wehr setzen, weil sie nicht ohne (zumindest
einige) Einschränkungen zugelassen werden kann. Die ersten Einschränkungen seiner Leidenschaften gehen von der unmittelbaren Umgebung
des Kindes – Eltern, Geschwistern, Lehrern, Geistlichen – und von den
aus dem weiteren Umkreis stammenden, verinnerlichten Verboten aus. Je
weniger man von seinen drängenden Gelüsten weiß, desto besser. Kurz –
und das ist für den Historiker besonders wichtig –, in aller Regel liegen
die gebieterischen Triebwünsche des Individuums im Streit mit den Er-
fordernissen der Kultur. Erziehung, was immer sie sonst noch sein mag,
heißt auch, daß uns mit aller Strenge ungeliebte Schranken aufgezwungen
werden.

Das menschliche Selbst, wie Freud es sieht, ist also ein Organismus im
Widerstreit, und dieser spielt sich zu großen Teilen auf jener allgemeineren Bühne ab, die den traditionellen Gegenstand der Historiker bildet.
Entgegen seinem Ruf hat das Denken Freuds und seiner Nachfolger den
Einfluß von Familie, Politik, Religion oder ökonomischem Konkurrenz-
kampf auf die seelische Entwicklung und umgekehrt des Individuums auf
seine Umwelt niemals für unerheblich gehalten. Freud erkennt durchaus,
daß jene wichtigen Teilbereiche der psychischen Organisation, die er Ich
und Über-Ich nennt, beständig mit äußeren Kräften zu schaffen haben
und dabei eifrig ihre Lektion lernen – oder sich weigern, es zu tun. Ideale
und Ängste, Anreize und Bedrohungen tragen also zur Formung des
Selbst ganz ebenso bei wie die aus zutiefst verborgenen, inneren Energie-
quellen stammenden Triebbedürfnisse. Häufig vergißt man, daß die Psychoanalytiker sogar im vielgeschmähten Ödipuskomplex eine Reaktion
auf äußere Zwänge erkennen. So also hat Freud die Natur des Menschen
aufgefaßt, und so sind und waren die Menschen nach meiner Überzeugung auch wirklich.

Bei Historikern ist Freud nicht gerade beliebt. Ich sehe diese Gegnerschaft sehr wohl, und dennoch bleibe ich dabei, daß sich die psychoanalytische Perspektive für mich als überaus wertvoll erwiesen hat, und
denke, sie wird es bei anderen gleichfalls tun. Sie hat mir die an die
Vergangenheit gerichteten Fragen nicht minder – ja vielleicht sogar mehr

– erschlossen als die möglichen Antworten. In meinem 1985 erschienenen Buch *Freud for Historians (Freud für Historiker, 1994)* habe ich die These vertreten, alle Historiker seien immer auch Psychologen, die sich zumeist auf Alltagsurteile über das menschliche Verhalten stützen. Diese mögen zwar einiges zum Verständnis historischer Gestalten beitragen, aber in aller Regel helfen sie gerade dort nicht mehr weiter, wo es interessant zu werden beginnt und man eigentlich gründlichere Erklärungen brauchte. Historischen Porträts, die auf der Ebene des manifest Erlebten verbleiben, ohne in die verborgenen Schichten des Seelenlebens vorzudringen, entgeht vieles, was es verdient hätte, festgehalten zu werden. Das vorliegende Buch, der vierte von fünf Bänden, befaßt sich mit Freuds bevorzugter Domäne, dem Innenleben.

Und die in diesen Bänden betrachtete Zeitspanne – das lange 19. Jahrhundert – ist Freuds ureigenes Laboratorium gewesen. Manche Historiker räumen widerstrebend ein, etwas Brauchbares auszusagen habe Freud vielleicht über die Zeit, in der er lebte, und die Klasse, zu der er gehörte. Diese Einschränkung behagt mir gar nicht: Vielmehr meine ich, daß seine Sicht von der menschlichen Natur auch für frühere Zeiten und andere, weiter entfernte Kulturen gilt. Die von vielen übernommene Darstellung seiner Patienten, die schließlich nichts anderes gewesen seien als müßiggehende jüdische Hausfrauen aus der Wiener Oberschicht und oberen Mittelschicht, ist eine Karikatur. Freud hatte die unterschiedlichsten Analysanden: Männer und Frauen, Nichtjuden und Juden, Adlige und Nichtadlige, Briten, Amerikaner, Russen, Französinnen und Österreicher. Richtig ist allerdings: Die Anwendbarkeit der Freudschen Vorstellung von den menschlichen Seelenkräften wird besonders deutlich bei denjenigen Bevölkerungsgruppen, um die es mir in diesem Buch geht. Mit ihnen war er aufs beste vertraut.

In den folgenden Kapiteln werden äußere Tatsachen – Bücher, Gemälde, Briefe, ökonomische Konflikte, soziale und politische Entwicklungen, mit einem Wort, die wirklichen Männer und Frauen samt ihren realen Lebensbedingungen – im Mittelpunkt des Interesses stehen; es wird darum gehen, wie diese Männer und Frauen auf offene oder heimliche Unterstützung ihrer Triebwünsche beziehungsweise auf nicht weniger offenen oder heimlichen Widerstand gegen sie stoßen. Dabei wird sich zeigen, daß die Freudsche Lehre diese historischen Realitäten in keiner Weise aushebelt, sondern sie in ihrer ganzen Vielschichtigkeit zu würdigen weiß.

Die Kunst des Zuhörens

Im Jahr 1847 konnte der amerikanische Künstler William Sidney Mount seinen Ruf als Genremaler mit einem Ölgemälde festigen, das er *The Power of Music* nannte. Es zeigt einen Geiger in Hemdsärmeln, der seinem aufmerksamen Publikum, bestehend aus zwei Männern, in einer Scheune vorspielt. Aber draußen hat er, verborgen durch das halbgeöffnete Scheunentor, das ihn von dem improvisierten Konzert trennt, einen dritten Zuhörer, einen Schwarzen, der mit dem Hut in der Hand hingerissen lauscht. Beil und Krug hat er neben sich gestellt und macht eine Pause, um die Töne, die ihn an seinem bescheidenen Standort erreichen, in sich aufzusaugen. Die Szene ist eine Eloge auf die Kunst des Zuhörens.

Mount hat solche Sujets besonders gern gewählt. Als Sohn einer musikalischen Familie, als ein Mann, der selbst perfekt Geige spielte, Lieder komponierte, eine einigermaßen erschwingliche Violine baute und Volksweisen sammelte, malte er besonders gern bäuerliche Genrebilder mit Szenen wie etwa einer musikalischen Lustbarkeit nach der Schlittenfahrt oder einem bezaubernden jungen Paar, das sich ganz dem Spiel eines Geigers hingibt. Auf einem Selbstbildnis, das er 1828 als junger, 21jähriger Mann von sich malt, blickt er den Betrachter ernst an und hält als persönliches Emblem eine Holzflöte in der Hand. Und zwei Jahre vor *The Power of Music* lieferte er von der Komposition, ja eigentlich schon vom Thema des Gemäldes eine erste Kostprobe in seinem Bild *Dance of the Haymakers*: In einer Scheune tanzen Erntearbeiter, während draußen ein schwarzer Junge mit zwei Stöcken den Rhythmus schlägt und den Feiernden zuschaut.[1]

Bei oberflächlicher Deutung ist *The Power of Music* nichts anderes, als was es sein will: ein heiteres, formvollendetes Werk, das zu wohlwollendem Lächeln einlädt. Nach Mounts Ansicht tragen schwarze Musiker, die er ohne die geringste Spur der Herablassung malt, zusätzlich zur «Aufheiterung der Szene» bei.[2] Auf einer anderen Ebene liest sich das Bild vielleicht eher als Aussage über eine Gesellschaft, die zur Hälfte aus Sklaven und zur Hälfte aus freien Menschen besteht: Ohne daß der Amateurgeiger es selber so recht weiß, spielt er für ein nach Rassen getrenntes Publikum. Aber das Gemälde hält noch eine tiefere Bedeutung bereit. Das gespannte Schweigen der weißen Zuhörer und – mehr noch – das stille, fast selige Lächeln auf dem Gesicht des schwarzen Landarbeiters, beide noch herausgehoben durch Mounts Bildtitel, erzählen vom Thema des vorliegenden Buches: vom Aufstieg der Innerlichkeit im bürgerlichen Zeitalter.

Der Gedanke, daß die Musik so locken und bezaubern kann, war natürlich keine Erfindung des 19. Jahrhunderts. Im Titel von Mounts Gemälde klingt die jahrhundertealte Furcht vor der Musik nach, die einen so mächtigen Einfluß auf das Gemüt ausübt. Weder Homers Sirenen mit ihrem unwiderstehlichen Gesang noch der mythische Orpheus, der die Götter der Unterwelt mit seinem Leierspiel besänftigt, lassen irgendeinen Zweifel daran, daß damals, als Platon bestimmte Tonarten ächtete, weil sie zur Effeminierung der Bürger führen würden, die Wirkung der Hörsensationen auf Spielende wie Zuhörende durchaus bekannt war. Als Heinrich Heine 1823 sein wohl bekanntestes Gedicht von der Loreley schreibt, erweckt er eine alte Sage zu neuem Leben: Nach dieser Sage sitzt eine verführerische Frau auf einem steilen Felsen am Rhein und lockt die in Liebe entbrannten Schiffer, die ihrem Gesang nicht widerstehen können, in den Tod.[3] Viele Dichter haben, wie wir wissen, zu allen Zeiten die unwiderstehliche Gewalt der Musik besungen. Für Shakespeare – um nur den berühmtesten zu nennen – war Musik eine süße Redekunst, wie geschaffen für die Liebe; der Mensch, der keine Musik in sich hat, so heißt es bei ihm, taugt nur für Verrat, Ränkespiel und Räuberei. Und die Romantiker sind beinahe aus Prinzip empfänglich für etwas, das Thomas De Quincey nicht zufällig als «tiefe, wollüstige Freude an der Musik» beschreibt. Leigh Hunt berichtet, Lord Byron habe Musik «mit einem Ausdruck romantischen Schmerzes» gehört. Das war wohl mehr Pose als echte Gefühlsreaktion, aber eine für Dichter seines Schlages schon fast obligatorische Attitüde.[4] Doch die Bürger des 19. Jahrhunderts haben mit der Macht der Musik dasselbe getan wie mit der Innerlichkeit überhaupt: Sie haben sie demokratisiert.

Natürlich war das nicht einfach ein Gewaltstreich, ein Willensakt. Damit aus gewöhnlicher Musik, die bis dahin der reinen Unterhaltung diente, eine Aufforderung zur Ekstase werden konnte, mußten viele gesellschaftliche Triebkräfte zusammenwirken. Von der Spätrenaissance an – und im 18. Jahrhundert mit zunehmender Geschwindigkeit – waren die Umgangsformen der gutbürgerlichen Schichten ganz erheblich verfeinert worden. Wer es sich leisten konnte, verzichtete nach und nach auf die unmittelbare Äußerung emotionaler Bedürfnisse und ging zur Bändigung und zum Aufschub der Befriedigung über. Die der sittlichen Erziehung gewidmeten Wochenblätter des 18. Jahrhunderts waren eifrig bemüht, den braven Bürgern die Segnungen von Geduld und Freundlichkeit ge-

genüber geringeren Menschen wie Frauen, Kindern oder Armen nahezu-
bringen. Schon lange zuvor hatten die Bürger gelernt, mit der Gabel statt
mit den Fingern zu essen, und nun lernten sie in der Aufklärung, wie man
seine Umgangsformen kultiviert und sich mit den höheren Kultursphären
vertraut macht. Samuel Richardsons erfolgreicher, in den frühen 40er
Jahren erschienener Roman *Pamela; or, Virtue Rewarded* weckte bereits
eine Ahnung von dem später über das 18. Jahrhundert hereinbrechenden
Sturm der Empfindsamkeit.

Orkanstärke erreichte er in den 60er und 70er Jahren, als zumal in den
Ländern des Westens eine Welle der Begeisterung für zarte, rührselige
Geschichten über Leser und Hörer hinwegschwappte. Aus Jean-Jacques
Rousseaus vielgelesenem Roman *La Nouvelle Héloïse* oder Henry Mak-
kenzies tieftrauriger Geschichte vom *Man of Feeling* lernte eine ganze
Generation, süße Tränen über hoffnungslose Liebe und das traurige Los
von Unglücklichen zu vergießen. Die Auffassung, daß Musik die aus-
drucksstärkste aller Künste sei, kam da nur recht, und zwar nicht allein den
Zuhörern, sondern auch den Theoretikern. Im Frankreich der damaligen
Zeit fand sich das Opernpublikum beim Anhören von Christoph Willibald
Glucks Musik, die mit fast unheimlicher Perfektion auf emotionale Wirkung zielte, urplötzlich von schmachtenden Gefühlen ergriffen. Und in
einer 1785 erschienenen Abhandlung über die «Poetik der Musik» rühmte
der französische Ästhetiker B. G. D. de Lacépède die Fähigkeit der Musik,
den Zuhörer zur Selbstversenkung zu bringen.[5]

Andere Theoretiker, an ihrer Spitze die englischen und deutschen,
hatten längst schon genauso ambitionierte Plädoyers für die Musik vor-
gebracht. Jahrzehntelang predigten sie die sogenannte *Affektenlehre*, in
der sie die These vertraten, es sei Aufgabe der Musik, die Gefühle des
Komponisten ebenso aufzuwühlen wie die des ausübenden Künstlers
und des Zuhörers. Sie untersuchten, welche affektive Botschaft von Dur-
oder Molltonarten, von Rhythmen, Harmonien und Melodien sowie von
geschickt eingesetzten Crescendi übermittelt wird. In seiner berühmten,
Ende der 70er Jahre herausgebrachten *General History of Music* definiert
Dr. Charles Burney die Musik als die «Kunst, durch die Abfolge und
Kombination angenehmer Töne zu gefallen», und meint, jeder Hörer
habe «ein Recht darauf, seinen Gefühlen freien Lauf zu lassen und ohne
Vorkenntnisse, Erfahrung oder das Plazet der Kritiker angetan oder enttäuscht zu sein».[6] In der Rückschau läßt sich der Respekt, den Burney
und andere Musiktheoretiker vor der emotionalen Aufnahme der Musik
durch den Hörer bezeugen, als Vorübung zu romantischer Innerlichkeit
deuten. In einem solchen Klima konnte die Anbetung der Musik natürlich gedeihen.

Angesichts wachsenden bürgerlichen Reichtums gedieh sie im Wortsinn. In den Jahren bis zur Französischen Revolution entstand eine regelrechte Konsumgesellschaft, weil Alltagsartikel wie Spielwaren, preiswertes Geschirr, Besteck und Mobiliar, ganz zu schweigen von den gehobenen Gütern wie etwa literarischen Zeitschriften, einen allem Anschein nach unersättlichen Hunger zu stillen hatten. Von der Jahrhundertmitte an wurden Tausende von Haushalten zu stolzen Besitzern eines Klavichords oder später eines neuen, wirkungsvolleren und flexibleren Instruments, des Pianos. Musikalische Gesellschaften veranstalteten nun nicht nur die Adligen mit ihren Privatorchestern; auch wohlhabende Bürger richteten kleine Familienkonzerte aus, bei denen die Dame des Hauses (oder eine der Töchter) am Klavier saß, oder luden zu prunkvolleren musikalischen Soiréen ein, wenn sie sich ungehindert als etwas Besseres fühlen konnten.

Nach 1815, als Europa aus dem Schatten Napoleons trat, stieg diese Nachfrage nach Gütern, die nicht zum unbedingt Notwendigen gehörten, in ungeahnte Höhen. In den 30er und 40er Jahren des 19. Jahrhunderts war es fast normal geworden, von einer Übergangsepoche zu sprechen, und alle außer ein paar finsteren Propheten wie Thomas Carlyle meinten mit dieser Charakterisierung ein hohes Lob. Im Jahr 1825 schreibt – um aus der Vielzahl der Belege ein einzelnes, aber schlagendes Beispiel zu zitieren – M. P. Lahalle, ein wenig bekannter französischer Chronist des Musiklebens, in zustimmendem Ton, daß «die Menge der Genüsse in gleichem Verhältnis zugenommen hat wie die Menge des Reichtums» und daß «sich allen Klassen der Gesellschaft ein bequemeres, kultivierteres, emotionsreicheres oder besinnlicheres Leben erschlossen hat». Und nach Lahalles Ansicht ist die Musik nunmehr «die Hauptkunst des Jahrhunderts. Sie genießt genau jene Gunst, die der Poesie abhanden gekommen ist.»[7]

Lahalles Urteil ist bei weitem zu pauschal, ja sogar ein wenig naiv. Untermauert wurde es freilich von einer beeindruckenden Vielzahl ökonomischer Fakten. Zwar forderten Verstädterung, Industrialisierung, die Anfänge eines Weltmarkts sowie die modernen Finessen des Bankwesens und des Handels einen oftmals exorbitanten Preis, insbesondere unter den von der neuen Maschinerie bedrohten Handwerkern und den mittellosen Lohnarbeitern, die den schlechten Ernten und ökonomischen Fluktuationen gleichermaßen schutzlos ausgeliefert waren. Und die unberechenbaren Konjunkturzyklen bescherten sogar manchem gestandenen Bürger bittere Schicksalsschläge. Doch bei den Nutznießern der Neuerungen – und im Laufe des Jahrhunderts wurden es immer mehr – nahmen Einkommen und Muße in dieser Epoche einen Aufschwung, der beide fast bis zur Unkenntlichkeit veränderte. Damals hieß das: mehr Zeit, Geld und Kraft für wie immer bescheidene Luxusdinge, unter denen der andächtige Musikgenuß ziemlich weit oben stand.

Während die sozialen und ökonomischen Entwicklungen des 19. Jahrhunderts die Musik immer stärker zum Gegenstand der Andacht werden ließen, waren weltliche Musikdarbietungen noch in der gesamten Aufklärung nichts anderes als ein Begleitmoment der Geselligkeit. Natürlich drängten empfindsame Kunstförderer des 18. Jahrhunderts, die häufig selber perfekte Laienmusiker waren – man denke nur an den Mozartschüler und Beethoven-Mäzen, den Fürsten Karl Lichnowsky –, bei ihren privaten Konzertabenden auf Rücksicht gegenüber Komponisten und Interpreten und erzwangen bei Zuwiderhandlung mit aller Strenge das stumme Zuhören.[8] Aber es dauerte Jahrzehnte, ehe dieses zivilisierte Verhalten zum allgemeinen Kulturideal erhoben wurde. Die meisten Musiker des 18. Jahrhunderts lieferten nur die angenehme Hintergrundmusik für Liebeleien, Geplauder und Tafelfreuden. Unzweifelhaft gibt die Gastmahlszene im zweiten Akt des *Don Giovanni*, in der der Don seine Gäste zur Erheiterung mit kleinen Orchestern unterhält, nur Mozarts eigene Erfahrung wieder.[9] Musikalische Ereignisse in den Villen der aufstrebenden Bürger und verschwenderischen Adligen waren Anlässe zu geselligem Verkehr und Tändelei und gaben den Hintergrund für manche Verführung ab.

Noch geräuschvoller waren die hell erleuchteten Opernhäuser. Eine Handvoll Musikliebhaber verfolgte das Bühnengeschehen zwar aufmerksam und mit dem Textbuch in der Hand, doch die meisten Zuhörer plauderten miteinander, während livrierte Diener Wein und Orangen anboten – und zwar mitten in der Aufführung. Viele Besucher kamen zu spät und gingen früher weg, oft genauso unüberhörbar, wie sie gekommen waren. Und für alle, denen danach war, hielten sich in den hinteren Reihen der oberen Ränge Prostituierte bereit. In einem in den 40er Jahren des 18. Jahrhunderts erschienenen Roman von Jacques Rochette de la Morlière bringt ein Adliger seine prinzipielle Verachtung für Leute, die musikalische Veranstaltungen besuchen, weil sie zuhören wollen, zum Ausdruck. Das sei «bürgerlich», so höhnt er; seiner Ansicht nach sei nichts «so verwerflich, wie wenn man ein Werk anhört wie ein Straßenverkäufer oder ein frisch zugereister Provinzler». Noch bis zum Ende des 18. Jahrhunderts – so Stendhal in den 20er Jahren, nachdem sich manches geändert hatte – führte sich das römische Publikum im Opernhaus auf wie in einem Klub oder einem Lokal, wo man sich unterhalten kann.[10]

Und nicht nur im Opernhaus. Um das Jahr 1766 malt der französische Künstler Michel Barthélemy Ollivier ein Bild, auf dem der zehnjährige

Mozart am Piano sitzt, während eine erlesene Gesellschaft elegant geklei-
deter «Zuhörer» weit mehr Interesse für eine üppig gedeckte Tafel zeigt
als für die Musik.[11] Es war die Zeit, als Konzerte in Wien und anderswo
oftmals in Restaurants veranstaltet wurden. Kein Wunder, daß Mozart
den seltenen Augenblick der Stille, jene höchste Reverenz vor der Macht
der Musik, so außergewöhnlich findet, daß er ihn eigens erwähnt. Allerdings liebt er auch Lärm – als Beifallsäußerung. Im April 1781 berichtet
er seinem Vater nach einem triumphalen Konzert in Wien von dem Applaus, der über ihn hereingebrochen war: «... nur muß ich noch sagen,
daß was mich am meisten gefreuet, und verwundert hat, war – das erstaunliche Silentium – und mitten im spiellen das Bravo schreyen. – für
Wienn, wo so vielle – und so vielle gute Clavierspieler sind, ist das gewis
Ehre genug.»[12] Ununterbrochene Stille hätte er als Zeichen des Mißfallens genommen.

Einige Jahrzehnte später schreibt Stendhal dem Komponisten Gioac-
chino Rossini dieselben Empfindungen zu. In seiner Biographie berichtet
er, bei der Uraufführung von *Tancredi* 1813 in Venedig habe Rossini
solche Angst vor der Reaktion des Publikums gehabt, daß er sich nicht
wie üblich ans Klavier setzte. Aber nachdem «das erste Allegro der
Ouvertüre so gut ankam», habe er sich «während des allgemeinen Ap-
plaudierens und Bravorufens doch wieder an seinen Platz vor dem Piano
getraut». Rossini-Forscher haben zwar nachgewiesen, daß hinter dieser
Anekdote kein wirkliches Ereignis steht, aber allein daß Stendhal sie sich
ausdenken konnte, spricht für die damalige Überzeugung, der Komponist brauche ein Publikum, das sich lautstark bemerkbar macht, selbst
mitten in einem Musikstück.[13] Was Musikliebhaber damals nach eigenem
Bekunden noch immer am meisten schätzten, waren Naturnähe und richtige Umsetzung des Textes in Töne – hochgesteckte Ziele, die aber weit
entfernt waren von dem quasi-religiösen Erleben, welches das 19. Jahrhundert später forderte.

Philosophen haben die oberflächliche, gesellige Funktion der Musik
gerechtfertigt. So weist etwa Jean Le Rond d'Alembert in seinem berühmten *Discours préliminaire* von 1751 zu Denis Diderots *Encylopédie*
der Musik einen Platz auf der «letzten Rangstufe» der nachahmenden
Künste zu, unterhalb von Malerei, Bildhauerei und Dichtkunst. Sie habe
die Aufgabe, die Natur in ihren lust- und unlusterregenden Erscheinungsformen wiederzugeben. Nach d'Alemberts Überzeugung und nach
Ansicht vieler seiner Zeitgenossen ist die Musik im besten Fall der Nach-
vollzug eines gesonderten, vorformulierten Programms. «Jede Musik, die
nichts darstellt, bleibt bloßes Geräusch.» Noch ein Vierteljahrhundert
später, 1776, schreibt Dr. Burney in seiner *General History of Music* –

einem Werk, das von hoher Bildung, minuziöser Gelehrsamkeit und aufrichtiger Liebe zum Gegenstand zeugt –, die Musik sei «ein harmloser Luxus, für unser Leben zwar nicht vonnöten, aber für unser Gehör ein großer Genuß und Fortschritt». Sie verschaffe eine «stille Freude, die weit entfernt ist von ekstatischer Entrückung» und «Verstand und Empfindung gleichermaßen anspricht». Im selben Jahrzehnt schlägt der einflußreiche deutsche Ästhetiker Johann Georg Sulzer in seiner umfänglichen *Allgemeinen Theorie der schönen Künste* dieselbe Richtung ein; konzertante Musik ordnet er dem bloßen Zeitvertreib zu und hält Konzerte, Symphonien, Sonaten und Soli für «ein lebhaftes und nicht unangenehmes Geräusch, oder ein artiges und unterhaltendes, aber das Herz nicht beschäftigendes Geschwätz».[14] Die Überzeugung, daß Musikspielen und -hören ganz im Gegenteil mehr als jedes andere menschliche Erleben ans Herz geht, kam erst mit den Romantikern auf.[15]

Unvermeidlich haben sich derlei Einstellungen auch ins 19. Jahrhundert hinüberretten können. Im Jahr 1805 mußte der hochangesehene Komponist und Geiger Louis Spohr am Stuttgarter Hof mitansehen, wie die hohe Gesellschaft während seiner Darbietung Karten spielte. Und kurz vor einem Konzert am Braunschweiger Hof untersagte ihm die Herzogin, forte zu spielen, weil sie von *ihren* Karten nicht abgelenkt werden wollte.[16] Trotz seiner Empörung trat er nicht in den Musizierstreik. Die gefügigsten unter den damaligen Musikern lernten, mit solchen Überbleibseln ungehobelter Herablassung zu leben. Im Jahr 1812 kapitulierte auch Rossini und versah seine Oper *Ciro di Babilonia* mit einer *aria del sorbetto*, «Chi disprezza gl'infelici». Die «Sorbet-Arie» trug ihren Namen zu Recht; Rossini komponierte diese im Wortsinn monotone Nummer ganz bewußt für eine zweitrangige Sängerin, damit das Publikum Zeit und Gelegenheit hatte, zu schwätzen und Eis zu löffeln. Noch 1822 notierte die Gräfin von Blessington, die mit der mondänen Londoner Musikwelt bestens vertraut war, mit beißendem Spott: «Die feinen Damen kommen nur, um zu sehen und gesehen zu werden; um Bewunderung zu erregen und zu tändeln; und für letzteres gibt es wohl üblere Orte auf der Welt als eine Opernloge.»[17] Ihr Tadel galt den Frauen, aber nichts spricht dafür, daß musikliebende Männer sie zum Schweigen gebracht hätten.

Zu der Zeit, als Lady Blessington ihre kritischen Bemerkungen niederschrieb, war E. T. A. Hoffmanns klassische Invektive gegen die schlechten Sitten des Musikpublikums schon ein Jahrzehnt alt. Zornig und ungeschminkt verspottete er die braven Bürger (die doch so stolz auf ihre Musikkultur waren), weil sie bei privaten Musikgesellschaften nur in den Pausen still seien. Mit der Musik aber, so seine Klage, fange auch der

Strom der Rede an zu brausen. Selbst die Kartenspieler duldeten doch,
wie er sarkastisch schreibt, willig den Lärm der Musik! Macht sich aber
ein Musiker aus einer plappernden Abendgesellschaft davon, um sein
Instrument in einem weit abgelegenen Raum zu spielen, dann laufen alle
hinter ihm her, um «zuzuhören, das heißt um mit allen Kräften einfach
weiterzuschwätzen».[18] Auch öffentliche Konzerte, so Hoffmann, gäben
die herrlichste Gelegenheit, neueste Nachrichten auszutauschen oder mit
den Damen süße Worte zu wechseln.[19]

So tendenziös dieses Gemeinschaftsporträt sein mag, so sehr hat es
doch Anspruch auf die Aufmerksamkeit des Historikers. Hoffmann war
ein vielseitig begabter Mann – Rechtsanwalt, Richter, Karikaturist, Komponist, Musikkritiker, Autor von Erzählungen, die einen nicht wieder
loslassen – und hat mit unvergleichlicher Ausdrucksstärke beschrieben,
welche Macht die Musik zu seiner Zeit besaß und welche Qualen sie mit
sich brachte. Von seiner Gedankenwelt zeugt, daß viele seiner berühmten
Novellen und Romane die Musik zum Thema haben und ihre Protagonisten Musiker sind. In einer der Erzählungen erscheint Gluck 22 Jahre
nach seinem Tod dem Erzähler als ein Sonderling, der seine *Armida*, zu
höchster Vollendung gebracht, von leeren Seiten singt und spielt und zu
guter Letzt, im höfischen Gewand seiner Zeit, überraschend seine Identität preisgibt: «*Ich bin der Ritter Gluck.*» In einer anderen erzählt er, wie
die Sopranistin, die die Rolle der Donna Anna in Mozarts *Don Giovanni*
spielt, dem Erzähler zusingt, ihm dann einen geheimnisvollen Besuch in
der Fremdenloge abstattet und schließlich auf nicht minder geheimnisvolle Weise mitten in der Nacht stirbt, während ihn in seinem Gemach
ein Schauder überkommt. In einer dritten Geschichte beschreibt er, wie
die kränkelnde junge Sängerin Antonia, die weiß, daß sie sterben muß,
wenn sie noch einmal singt, gegen das Verbot verstößt und dafür mit dem
Leben bezahlt. Vor allem erschafft er den Kapellmeister Johannes Kreisler, den wahnsinnigen Musiker, der vernünftiger ist als alle biederen Bürger zusammengenommen und gegen sie wütet und rebelliert – aber vergeblich. «Denn ich frage», so Hoffmann bitter, «mit Recht: wer ist besser
daran, der Staatsbeamte, der Kaufmann, der von seinem Gelde lebende,
der gut ißt und trinkt, gehörig spazierenfährt und den alle Menschen mit
Ehrfurcht grüßen, oder der Künstler, der sich ganz kümmerlich in seiner
phantastischen Welt behelfen muß?»[20]

Daß Kreisler, dieser Kämpfer wider die Philister, zur Galionsfigur der
damaligen Avantgarde wurde, die sich im Krieg mit der Bourgeoisie sah,
gibt Aufschluß über die Spannungen, die die bürgerliche Kultur des
19. Jahrhunderts durchzogen.[21] Die unbändige Wut seiner Angriffe zeugt
davon, daß die neuartige Kunst des Zuhörens als die beliebteste Form der

Selbstbeobachtung zwar energische Anhänger fand, sich aber noch keineswegs durchgesetzt hatte. Glaubt man nämlich den anhaltenden Klagen über das unaufmerksame und ungesittete Publikum, dann konnte von einer perfekten Beherrschung dieser Kunst keine Rede sein. Die alten Gewohnheiten hatten ein zähes Leben. Im Jahr 1822 saß der noch junge Hector Berlioz eines Abends in der Pariser Oper neben einem Mann, der die Worte der auf der Bühne gesungenen Arie einfach mitbrummte, und in seinen Erinnerungen erwähnt er diesen Vorfall kommentarlos.[22] Hinzu kam, daß die heisere Verzückung, die die Puristen nunmehr als Symptom für mangelnde Bildung und Ungezogenheit verachteten, den musikalischen Interpreten nicht immer ganz ungelegen kam. Noch 1860 schrieb in Wien ein Musikkritiker, nach der Ouvertüre von Luigi Cherubinis *Anacreon* habe das Spiel des Opernorchesters, und zumal die «Ausführung der Violinen», im Publikum einen solchen Sturm der Begeisterung hervorgerufen, daß der ganze Schluß des «reizenden» Musikstücks «mit Lärm und Applaus überdeckt war» – ohne daß jemand protestierte.[23] Doch das andächtige Schweigen, das im 18. Jahrhundert so gut wie unbekannt war, wurde im 19. Jahrhundert nach und nach zur Norm, zu einer Norm, die von Komponisten und Dirigenten, Musikern und Zuhörern aufgestellt und immer wieder geltend gemacht wurde.

Der rastlose Feldzug der Romantiker gegen die Musikbanausen aus dem Mittelstand entbehrt nicht der Ironie. Die Kritiker der bürgerlichen Kultur beförderten die Erziehung genau jenes Publikums, das sie verachteten. Richtiges Zuhören setzte korrektes Benehmen und schweigendes Nach-innen-Wenden voraus, das man lernen konnte. Und so brachte das 19. Jahrhundert ein kleines Heer zielstrebiger Lehrer hervor, die sich nach Kräften mühten, den Zuhörern die nötige selbstbeobachtende Haltung beizubringen. Daß sie sich ständig wiederholen mußten, zeugt vom anhaltenden Mißerfolg, aber zugleich von einer immer ernsthafteren Bereitschaft der Konzertbesucher, sich – und ihre Sitznachbarn – zu zivilem Verhalten zu bekehren.

Zu den ersten Pädagogen, die den richtigen Umgang mit Musik lehrten, gehörte Goethe. Als Leiter des Hoftheaters im Herzogtum Weimar monierte er, Zuschauer und Zuhörer, in der Hauptsache Studenten der nahegelegenen Universität Jena, entweihten die Theatervorstellungen und Konzerte durch vorzeitige Beifalls- oder Mißfallenskundgebungen. Er verlangte die Beendigung solcher «Unregelmäßigkeit» (wie etwa Zischen und Bravorufen) – und hatte Erfolg. «Bei uns,» schreibt er 1803 dem zuständigen Beamten in strengem Ton, «kann kein Zeichen der Ungeduld stattfinden, das Mißfallen kann sich nur durch Schweigen, der

Beifall nur durch Applaudieren bemerklich machen», und damit meint er
ausschließlich den Applaus, der das Spiel nicht unterbricht. Mehr noch,
«kein Schauspieler kann herausgerufen, keine Arie zum zweitenmal gefordert werden».[24]

Kurz danach nahm sich eine «Liebhaber-Gesellschaft» in Goethes Ge-
burtsstadt Frankfurt der Sache der Selbstdisziplinierung an. Sie nannte
sich das «*Museum*» und wurde im Jahr 1808 – von Bürgern für Bürger –
gegründet. Als «Sitz der Musen» war sie kein Museum im üblichen Sinne,
sondern ein privater Verein mit beschränkter Mitgliederzahl, der sich
angesichts «ärmlicher Einseitigkeit» und Geistlosigkeit des Frankfurter
Kulturlebens die Förderung vielfältiger Kunstveranstaltungen und des
Meinungsstreits zum Ziel setzte. In den «Gesetzen» der Gesellschaft legte
der Vorstand auch Richtlinien für das korrekte Verhalten bei Vorträgen
und Konzerten fest: «Während literärischer oder musicalischer Darstellungen wird Jedermann gebeten, sich des Sprechens zu enthalten. Auch
der Beifall spricht sich besser durch Aufmerksamkeit, als durch Hände-
klatschen aus. Zeichen des Mißfallens sind von der Discretion dieser
Gesellschaft nie zu erwarten. – Hunde werden nicht geduldet.»[25]

Aus den Unterlagen des *Museums* geht hervor, daß diese energischen
Anweisungen häufiger Wiederholung bedurften. Noch 1893 wurden die
Konzertbesucher, «insbesondere diejenigen in den Logen», in einem Pro-
grammheft dringend ersucht, «während oder vor Schluß eines Concert-
stückes ihre Plätze nicht zu verlassen». Vier Jahre danach wandte sich der
Vorstand auf weitere Klagen hin mit dem wiederum dringenden Appell
an die Damen, «ohne Hüte in den Saal zu kommen». Die Unterweisung
der Bürger in der Kunst des Zuhörens war ganz sichtlich eine Aufgabe
ohne Ende. Außerdem bedurften nicht nur die Zuhörer der Erziehung
zu respektvollem Schweigen; auch die Musiker ließen es oftmals am nötigen Takt mangeln. In einer der zahllosen Ermahnungen heißt es 1842
bei einem Musikkritiker, der ein Konzert der New Yorker Philharmoniker bespricht, in strengem Ton, es werde «der Würde und der Lebens-
dauer der Gesellschaft» guttun, wenn «die Mitglieder des Orchesters sich
aller überflüssigen Gespräche enthalten, solange sie auf ihren Plätzen
sitzen».[26]

Natürlich waren die Erzieher, allen voran deutsche Dirigenten und
Musiker, die ihre anspruchsvolle Etikette in der ganzen zivilisierten Welt
herumtrugen, häufig enttäuscht über das unsublimierte Bedürfnis ihrer
Zuhörer, sich unverzüglich Ausdruck zu verschaffen. Bei geräuschvollen
Unterbrechungen brachte der Dirigent dann das Orchester zum Schwei-
gen, blickte das Publikum finster an und hielt ihm mitunter sogar eine
Standpauke. Im Jahr 1857 wird das Publikum im Jahresbericht der New

Yorker Philharmoniker getadelt: «Wir müssen unbedingt auf korrekten Umgang mit der Musik dringen. Unaufmerksamkeit, achtloses Sprechen und Stören von seiten einiger unserer Zuhörer erweisen sich mittlerweile als ernsthaftes Ärgernis bei unseren Philharmonischen Konzerten.» Reifere Zuhörer, so der Vorschlag der Geschäftsleitung, könnten und sollten die Sache selber in die Hand nehmen. «Abhilfe kommt letztlich eher vom Publikum als von den Verantwortlichen der Gesellschaft. Wenn alle unmittelbaren Sitznachbarn sich selbst darum kümmerten und die wenigen zufälligen Störer des Genusses durch finstere Blicke zum Schweigen brächten, dann könnte bald völlige Ordnung einkehren. Wir hoffen, daß das geschieht.» In einem Anfall von nationalem Selbstzweifel setzt der Bericht hinzu: «Beim ausländischen Publikum wird mit Erfolg so verfahren.»[27]

Hätten die Geschäftsführer der New Yorker Philharmonie die nahezu gleichen Kontroversen und Klagen in Europa gekannt, sie hätten sich vermutlich weniger selbstanklagend geäußert. Noch 1888 debattieren zwei anonyme Konzertbesucher im *Algemeen Handelsblad*, einer liberalen, von den Bürgern gern gelesenen Amsterdamer Tageszeitung, über das zulässige Verhalten bei öffentlichen Veranstaltungen. Der erste wünscht sich, die Konzerte wären wieder weniger langweilig; die Musik müsse doch schließlich, auch wenn sie gewiß von Bedeutung sei, hinter dem Amüsement des Publikums zurücktreten. Deshalb sein Vorschlag, es sollte erneut gestattet sein, im Saal zu rauchen, bei Kellnern Getränke zu bestellen und sich nach Lust und Laune zu unterhalten. Der zweite, außer sich über derartige Ketzerei, wendet sich gegen den Lärm, den die Zuhörer während des Spiels machen, und gegen die rücksichtslosen Besucher, die schon vor dem Ende weggehen. Unzweifelhaft bedurfte das holländische Publikum der Unterweisung in der Kunst des stummen Zuhörens, und so übernahm es denn auch von 1888 an Willem Kes, der erste Dirigent des Concertgebouw-Orchesters, alte Gewohnheiten auszuräumen.[28]

Selbst die Deutschen waren weniger diszipliniert, als es ihre Musikreligion von ihnen forderte. Ein Kritiker, der 1860 das Verhalten der Berliner beim Gastspiel der italienischen Oper kommentiert, gießt Hohn und Spott über alle aus, die mit ausschließlich nichtmusikalischen Absichten dabei sind. Da ist der reiche Logenbesitzer, der in eine der Sängerinnen verliebt ist und ein teures Blumenbouquet für sie mitbringt. Da ist der Herr, der bloß deshalb erscheint, weil er gesehen werden will. «Auf einen sehr bemerkbaren Platz abonnirt, sitzt er mit einem ungeheuren Operngucker auf der Lauer und ist der Schrecken der ganzen Umgebung. Unmusikalisch wie ein Hund, bellt und heult er seinen Beifall in die zartesten gebundenen Passagen, und verdirbt den ihm nahe sitzenden Dilettanten die meisten Arien.»[29] Das ist zwar Karikatur, aber es gab eben viel zu karikieren, auch in Europa.

Angesichts dieses eher mangelhaften Rufs war es nur natürlich, daß die Rezensenten jede Gelegenheit hervorhoben, bei der die Zuhörer sich von ihrer besten Seite gezeigt hatten. Schon im März 1819 berichtet die Londoner *Morning Chronicle*, bei einem kurz zuvor vom Royal Philharmonic Orchestra gegebenen Konzert habe ein Publikum «von der erlesensten Sorte», das sich ausnahmslos «durch die reine Liebe zu hervorragender Musik auszeichnete», den ganzen Abend hindurch «Schweigen und Aufmerksamkeit» bewahrt. Im November 1825, als ein europäisches Opernensemble in New York eine größtenteils italienisch gesungene Vorstellung von Rossinis *Il Barbiere di Siviglia* gibt, können die eleganten Stammbesucher diesem ungewohnten musikalischen Erlebnis den verdienten Tribut zollen. «Als das Orchester zur Ouvertüre ansetzte», berichtet ein Kritiker hochbefriedigt am Tag darauf, «trat im Nu eine angenehme Stille ein und hielt sich bis zum Ende der Aufführung.» Es herrschte «eine ununterbrochene, einfühlsame Aufmerksamkeit, die ein hohes Kompliment war für die Künstler, denen sie galt».[30] Noch Jahrzehnte später finden die – sichtlich nicht verwöhnten – Musikkritiker, daß vorbildliches Verhalten eine lobende Erwähnung verdient. «Es gab nicht das mindeste Geplapper», schreibt ein Berichterstatter über das Eröffnungskonzert der Carnegie Hall am 5. Mai 1891. Er begrüßt, daß keine Dandies gekommen sind, und kann mit Vergnügen feststellen, alles sei «ruhig, würdig, bedachtsam, ohne Hast und geräuschlos abgelaufen, wie es sich für die Einweihung eines großen Tempels ziemt».[31]

Allerdings schien es keine Möglichkeit zu geben, sämtliche Ungläubigen aus dem Tempel der Musik zu vertreiben. Die Übeltäter mit finsteren Blicken zum Schweigen zu bringen, reichte niemals ganz aus, und in der Regel waren die Musikfreunde schon dankbar, wenn der Lärm wenigstens gedämpft wurde. In Chicago notierte 1896 der Rezensent eines Konzerts unter Leitung des bahnbrechenden amerikanischen Dirigenten Theodore Thomas sichtlich befriedigt, die Darbietung des «Meisterwerks» – Beethovens *Eroica* – sei vom Publikum «mit äußerster Aufmerksamkeit aufgenommen und verfolgt worden, und es gab merklich weniger Gespräche als bei vorangegangenen Abenden». Seine Vermutung war, das habe wohl am unfreundlichen Wetter gelegen, so daß «außer den wirklichen Musikfreunden wenig andere anwesend waren». Ein gar nicht falscher Gedanke. Denn im ausgehenden 19. Jahrhundert hatte sich das Dogma der schweigenden Aufmerksamkeit bei den Logenbesitzern noch nicht durchgesetzt. Da sie meinten, sich auch in den Opernhäusern einer demokratischeren Zeit aristokratische Sitten leisten zu können, waren sie allem Anschein nach die Hauptmissetäter. Der Vorstand der Metropolitan Opera ließ 1891 in jeder Loge die folgende unverblümte Notiz anbringen: «Der Vorstand der Oper ist in zahlreichen Klagen darauf hingewiesen worden, daß die Aufführungen durch Gespräche in den Logen gestört werden. Wir bitten um die Einstellung dieser Gespräche.»[32] Der weniger reiche, weniger snobistische Konzertbesucher im Orchestersessel und der arme Musikstudent auf seinem Stehplatz im obersten Rang hatten es wahrscheinlich schon eher zur hohen Kunst des Zuhörens gebracht.

Auf ihren Sitzen förmlich erstarrt und im Zauber der Töne schwelgend, kaum noch atmend und von Schuldgefühlen verzehrt, wenn sie mit dem Programm raschelten, hielten die korrekten Zuhörer des 19. Jahrhunderts ihre Dankbarkeit so lange zurück, bis der Augenblick für den Ausbruch der Gefühle gekommen war. Als Jacques Offenbach 1876 in Gilmore Gardens mitten in Manhattan, wo mehr als achttausend Menschen in einer riesigen Arena Platz hatten, sein amerikanisches Abschiedskonzert gab, überschütteten ihn die Zuhörer förmlich mit ihrer Liebe – aber zum richtigen Zeitpunkt. «Mit unermüdlicher Begeisterung wurden meine Stücke zweimal, ja dreimal verlangt – *bissés et trissés* –,» schreibt Offenbach seiner Frau, «ich versuchte, Mantel und Hut anzuziehen, von der Bühne herunterzukommen und diese liebenswürdigen Yankees mit flehentlichem Blick um ein Ende zu bitten. Vergeblich. Sie klatschten frenetisch Beifall, schlugen mit ihren Stöcken gegen die Sitze und zertrümmerten Stühle, bis ich zu meinem Pult zurückkehrte.» Wurden ihre Dakapo-Rufe dann erhört, so erwiesen sich die liebenswürdigen Yankees als so gut dressiert, daß sie auch die nun folgende Wiederholung begierig aufnahmen. «Einen Augenblick lang gab es ein befriedigtes Geraune, und dann herrschte während des Spiels absolute Stille im Saal.»[33] Diese Erinnerung klingt zwar ein wenig selbstbeweihräuchernd, aber tatsächlich haben Konzertbesucher, zumindest in den Vereinigten Staaten – und aus exzessiver Begeisterung ebenso wie aus exzessiver Unzufriedenheit – Mobiliar zertrümmert, um ihren Gefühlen Ausdruck zu verleihen.[34]

Der Kampf des 19. Jahrhunderts, der Musik diese einsame, weihevolle Sonderstellung zu verschaffen, war aufreibend, ja fast verstieß er gegen alle Natur.[35] Ungeteilte stumme Aufmerksamkeit für ein Musikspiel, das ist eine Vergewaltigung menschlicher Grundtriebe, gleichgültig ob es sich um besonders andächtige oder um musikalisch ungebildete Zuhörer handelt. Deshalb mußte sich der Appell zu konsequenter Sublimierung des Mitmachbedürfnisses als ganz besonders schwer durchsetzbar erweisen:

widerstrebt er doch einem elementaren, lustvollen Erleben. Nicht anders als viele Museumsbesucher, die dem Drang nicht widerstehen können, mit der Hand über Gemälde und Skulpturen zu streichen – Freud sagt einmal, Sehen sei ein Ersatz für Tasten –, sind Musikhörer (selbst gebildete) oft versucht, die Melodie mitzusummen oder sich im Takt zu wiegen, mit den Füßen zu klopfen oder mit den Fingern zu trommeln, den Kopf zu bewegen oder das Orchester vom Platz aus zu dirigieren, ganz zu schweigen vom Verlangen, ihre unaussprechlichen Gefühlsreaktionen dem gerade neben ihnen sitzenden Nachbarn zu erklären. Zuhören weckt den Drang, markante Rhythmen, Marschklänge oder spannungsgeladene Crescendi in körperliche Bewegung umzusetzen.

Fast zwanghaft ruft die Musik diese primitiven körperlichen Gelüste hervor, einfach deshalb, weil sie in ihrer Wirkung bis zu den tiefsten Wurzeln des menschlichen Erlebens zurückreicht. Sie weckt kaum verhüllte erotische Empfindungen und Erinnerungen an frühe lustvolle Reize, die nach Wiederholung verlangen: eine Mutter, die ihr kleines Kind in den Schlaf singt, ein Vater, der sachte die Wiege schaukelt, eine verwandte Person, die dem Kind liebevoll vorliest, eine Melodie, der es gemeinsam mit geliebten, beschützenden Menschen lauscht. Die Gefühlsbetontheit des Musikhörens mit seiner Aura unmittelbar-wortloser Kommunikation und seinen unscharfen kognitiven Grenzen, die viel unbestimmter sind als bei einem Gedicht oder einem Roman, ruft allem Anschein nach jene frühkindlichen, irgendwie unvergessenen Wonnen, die das Verschmelzen mit einem liebenden Erwachsenen verschaffen kann, noch einmal wach.

Jeder öffentliche Ausdruck von Gefühlen ist eigentlich eine Huldigung an die Macht der Musik. Mit leidenschaftlichen Bewegungen und wilden Ausrufen agiert der von Hoffmann zum Sprachrohr erkorene Johannes Kreisler in den Augenblicken höchster Erregung die Seligkeit und Melancholie aus, die das Musikmachen in seinem Innern hervorruft. Doch das romantische Ideal der Zurückhaltung dekretierte, daß die Musik ihre ehrfürchtigen Zuhörer nur dann zu ihrem schönsten Selbst zu erheben vermag, wenn sie stumm bleiben, die Welt um sich herum nicht mehr wahrnehmen und sich ganz auf die inspirierenden Töne konzentrieren. Das erklärt auch, warum der Ärger ernsthafter Zuhörer über jede Ablenkung mehr ist als snobistische Erhebung über ungehobelte Tölpel. Sie werden ja fast im Wortsinn von sich selber abgelenkt. Alle Störungen, die etwa Stendhal aufzählt – «Entweder hört man in einer benachbarten Loge eine kreischende Frauenstimme; oder es ist zu stickig im Saal; oder einer der Sitznachbarn, der entspannt mit seinem Stuhl schaukelt, versetzt auch den Ihren in pausenlose und fast regelmäßige Bewegung» –, sind Eingriffe in eine zutiefst regressive Kommunikation mit der eigenen Vergangenheit.[36]

Das im 19. Jahrhundert eingeführte Ideal einer Selbstbeherrschung, die zu exquisitem, allerdings aufgeschobenem psychischen Lustgewinn führen sollte, erforderte einen radikalen Eingriff in die traditionelle Rangordnung der Künste. Leonardo da Vinci hatte die Musik als kleinere Schwester der Malerei bezeichnet, und bis gegen Ende des 18. Jahrhunderts blieb dieses Urteil weitgehend unwidersprochen. Denken wir nur an d'Alemberts Rangordnung der Künste, in der die Musik auf der untersten Stufe steht. Kant hatte sich zwar für verschiedene Standpunkte stark gemacht, aber schließlich die Musik etwas von oben herab ein «schönes Spiel der Empfindungen» genannt, womit er der überkommenen Hierarchie treu blieb. In den Jahren der Frühromantik indessen haben Gelehrte, Dichter und Romanciers die Tradition aus den Angeln gehoben. Sie stellten die Musik auf ein und dieselbe Stufe mit ihren Schwesterkünsten und versuchten sogar, ihr eine Vorrangstellung zu verschaffen. Vielleicht war es auch die Erinnerung an Shelleys berühmte These vom Dichter als dem unbeachteten Gesetzgeber der Welt, welche die Musikliebhaber zur Gegenthese animierte, der Komponist müsse seinerseits als der Hohepriester einer neuen Religionslehre verehrt werden, weil diese Lehre ihren Jüngern zu Einblicken ins Innenleben verhelfe, die kein anderer Künstler, nicht einmal der Dichter, gewähren kann.

Begleitet und verstärkt wurde diese Entwicklung damals von einer Reihe kultureller Phänomene, die eigentlich nichts weiter gemein hatten, als daß sie wie nie zuvor der Anbetung der Musik öffentlich Ausdruck verschafften. Eine davon war der Virtuosenkult (etwa um Niccolò Paganini oder Franz Liszt), eine kollektive Manie, die pflichtbewußte Musikkritiker als geschmacklose Überhöhung bloßer Unterhaltungskünstler verspotteten. Eine andere war die förmliche Vergötterung Beethovens, die dieselben Kritiker durchaus am Platze fanden. Auf welchen Wegen auch immer die neue Glaubenslehre das breite Publikum erreichte, sie setzte sich jedenfalls so erfolgreich durch, daß M. P. Lahalle im Jahr 1825 sagen konnte, Musik sei «die bevorzugte Kunst des Jahrhunderts». Schon ein paar Jahre zuvor hatte ein erheblich bedeutenderer Kopf, nämlich Arthur Schopenhauer, dieser neuen Rangordnung der Künste sein Plazet gegeben. Musik, «die wunderbare Kunst der Töne», schreibt er in *Die Welt als Wille und Vorstellung*, stehe abseits von, ja über allen anderen Künsten. Ihre deutliche und schöne Sprache, die bis ins Innerste des Menschen dringe, sei allgemein verständlich. Der Komponist gleiche einer Somnambulen, die von dem, was sie tut, keinen Begriff hat; er «offenbart das innerste Wesen der Welt und spricht die tiefste Weisheit aus». Musik, so betont er immer wieder, begnügt sich nie mit der bloßen Oberfläche, sondern bringt das wahre Wesen der Dinge, das hinter aller Erscheinung verborgene «*An-sich*» zum Ausdruck: sie ist ein «Abbild des Willens selbst». Und über die Ausdrucksmittel des Komponisten kann er sich gar nicht genugtun: «... wie wundervoll ist die Wirkung von Moll und Dur!»[37] Es brauchte nicht allzu lange, da hatten die begeisterten Anhänger der Musikreligion im Gefolge Schopenhauers schon die Mehrheit des gebildeten Publikums auf ihrer Seite.

Wie wir sahen, hatten die Romantiker, allen voran die deutschen, als erste den Weg zu dieser Aufwertung der Musik gewiesen. Der schon 1798 mit 25 Jahren verstorbene, aber vielgelesene Kritiker und Romancier Wilhelm Heinrich Wackenroder wendet sich in seinen *Phantasien über die Kunst* folgendermaßen an die Leser: «Lasset uns darum unser Leben in ein Kunstwerk verwandeln, und wir dürfen kühnlich behaupten, daß wir dann schon irdisch unsterblich sind.» Das Kunstwerk, das ihm dabei vor Augen stand, war die Musik, «die wunderbarste» aller Künste, «weil sie menschliche Gefühle auf eine übermenschliche Art schildert, weil sie uns alle Bewegungen unsers Gemüths unkörperlich, in goldne Wolken luftiger Harmonieen eingekleidet, über unserm Haupte zeigt». Jahrzehnte vor Walter Pater nehmen Wackenroder und seine Verehrer dessen mittlerweile abgedroschenen Aphorismus vorweg, daß alle Kunst immer sein will wie die Musik. Ihre Sprache durchzieht die gesamte deutsche Romantik. Für Friedrich Schelling ist Architektur einfach «erstarrte Musik», während die Dichtung bei Novalis «nichts als innre Malerei und Musik» genannt wird.[38] Auch E. T. A. Hoffmann stimmt letztlich, in seiner empörten Kritik am bürgerlichen Musikbanausen, dasselbe Loblied an – nur mit anderen Mitteln.

All diese Ergüsse zeugen von der Entstehung einer säkularen Religion.[39] Die Leichtigkeit, ja bald schon Selbstverständlichkeit, mit der man den Konzertsaal mit einem Tempel verglich, zeigt, auf welch fruchtbaren Boden diese Überhöhung im ganzen 19. Jahrhundert fiel. Die Religion der Musik und der mit ihr assoziierten Kunst, des Tanzes, traf bei ihrem Siegeszug als Metapher – und nicht nur Metapher – auf nahezu keinerlei Widerstand. Als die gefeierte Primaballerina Fanny Elßler in den 40er Jahren in Boston auftrat, soll Margaret Fuller dem neben ihr sitzenden Ralph Waldo Emerson zugeflüstert haben: «Das ist Poesie.» Worauf Emerson zurückflüsterte: «Nein, Margaret. Es ist Religion.» Mit Eifer trugen die Zuhörer ihren Teil bei, indem sie sich zur Anbetung um das moderne Heiligtum versammelten. Im Jahr 1848 starteten 25 erstklassige deutsche Instrumentalisten, die Musikgesellschaft *Germania*, zu einer mehrjährigen Tournee durch die Vereinigten Staaten, weil sie von der missionarischen Idee erfüllt waren, sie müßten den Amerikanern die Klassiker ihres Landes nahebringen. Gehörig beeindruckt stellt der Rezensent des *New York Herald* nach einem ihrer Konzerte fest, daß «das Publikum die ganze Aufführung hindurch wie gebannt schien von der Erhabenheit der Töne», die so «empfindsam gespielt» wurden, daß sie wohl «mehr Verzückung» hervorriefen, als es eine «übernatürliche Macht» hätte tun können.[40]

Manche Zuhörer, zumal in der Provinz, waren weniger zurückhaltend und, wie sich zeigte, unverbesserlich. Hier und da sah sich der Dirigent der *Germania* gezwungen, aus Protest gegen die lauten Unterhaltungen das Konzert zu unterbrechen. In der Mitte der 60er Jahre freilich konnte Cosima Wagner feststellen, die neue Lehre habe sich durchgesetzt. «Unsere Kunst – ich wage es zu sagen – ist Religion», schreibt sie an König Ludwig II., «ihre Träger sind Märtyrer».[41] Nach und nach galten religiöse Begriffe ganz selbstverständlich als Ausdruck des höchsten Lobes überhaupt. Im Jahr 1903 gestand der berühmte deutsche Dirigent Hans Richter, ein orthodoxer Wagnerianer, nach der Aufführung des *Ring des Nibelungen* in Covent Garden einem Freund, das englische Publikum sei das Schönste und Angenehmste an seinem Erlebnis gewesen: Was für eine «weihevolle» Stille habe *während* eines Aktes und was für eine Begeisterung *nach* einem Akt geherrscht![42]

Es bedarf einer Anstrengung der historischen Phantasie, um diese Erhebung der Musik an die Spitze aller Künste als authentische, ja rückhaltlos aufrichtige Äußerung zu lesen. In endloser Wiederholung zog sich diese Ideologie durch Essays, Geschichten und Besprechungen der alltäglichsten Konzerte. Die Tatsache, daß sie von einem kleinen Vorrat geschickter Vergleiche zehrte, festigte ihren Einfluß auf Denken und Fühlen des Publikums nur um so mehr. Von dieser neuen Gesinnung zeugt schon vor 1800 der Titel, den Wackenroder einer kleinen Sammlung von Erzählungen und Aufsätzen zum Thema Kunst gibt: *Herzensergießungen eines kunstliebenden Klosterbruders*. Wackenroder war kein Katholik; ganz im Gegenteil, seine hemmungslosen Begeisterungsstürme taten den pietistischen Grundsätzen, mit denen er aufgewachsen war, keinerlei Gewalt an. Doch bei seinem Bemühen, das Unaussprechliche auszusprechen, erschien ihm das Bild des kontemplativen, der Welt entrückten Mönchs als überaus akzeptables Ausdrucksmittel für seine «Herzensergießungen».

Natürlich konnten musikalisch versierte Rezensenten durchaus nüchterne Anmerkungen zur Kompositionsstruktur machen, und keiner tat das mit größerem Sachverstand als E. T. A. Hoffmann. Der Spätromantiker Robert Schumann, einer der geistreichsten und originellsten Kritiker des frühen bürgerlichen Zeitalters, hat gründliche Analysen alter und neuer Kompositionen vorgelegt. Aber nicht alle Romantikerkollegen begrüßten solche Proben des Fachwissens mit ungeteiltem Vergnügen. Hatte nicht der Dichter Wordsworth selber beklagt: «Wir morden und sezier'n»?[43] Stendhal gedenkt mancher Konzerte mit überschwenglichen Formulierungen à la «allgemeine Verzückung» oder «musikalische Raserei» oder «hinreißende Genüsse». Berlioz, einer der kompetentesten Berufsmusiker des Jahrhunderts, berichtet in seinen Memoiren immer wieder von den Augenblicken der Erregung, in denen er auf die «erhabene Kunst», auf «mystische und leidenschaftliche» Gefühle in seinem Innern sowie auf die Erkenntnis stößt, daß diese Magie etwas Erotisches an sich hat.[44]

Nach und nach entwickelten die Romantiker denn auch einen quasioffiziellen Wortschatz, dessen Gebrauch von Musikliebhabern erwartet wurde, gleichgültig ob sie es wirklich so meinten oder nicht. Im Jahr 1825 machte der deutsche Kritiker und Historiker Ludwig Rellstab einen Besuch bei dem kränkelnden Beethoven und erzählte ihm, er habe unlängst sein Es-Dur-Quartett, das erste seiner letzten Quartette, gehört. Einen Moment lang freute sich Beethoven, dann wurde er unruhig. «Das ist schwer! Man wird es schlecht gespielt haben. – Ging es denn?» fragte er. Und dann, mit zunehmender Besorgnis: «Wie hat es Ihnen gefallen?» Rellstab, der persönlich fand, in diesem grandiosen Opus 127 seien nur noch die Trümmer von Beethovens früherem Genius zu finden, antwortete gehorsamst: «Ich war im Innersten tief und heilig erschüttert!»[45] Nicht was er fühlen, aber was er sagen müßte, war ihm klar. Gewiß, Schmeicheleien gibt es seit den Anfängen der Zivilisation, weil sie die Spannungen im Verkehr zwischen den Menschen mildern helfen, aber Rellstabs Schmeichelworte tragen – mit ihrem Tribut an die Innerlichkeit der Beethovenzeit – unübersehbar den Stempel der Moderne.

Selbst Hoffmann begab sich, wenn er über das große Thema Musik schrieb, auf schwärmerische Höhenflüge, wie sie die Romantik nur selten erlebte – auch in Artikeln, die mit dem Ballast musikalischer Beispiele und theoretischer Exkurse beschwert waren. Sein meistzitiertes Manifest für die göttliche Musik steht in einer Besprechung von Beethovens Fünfter Sinfonie. Wenn von der Musik als einer selbständigen Kunst die Rede ist, so Hoffmann, sollte immer nur die Instrumentalmusik gemeint sein, «welche, jede Hilfe, jede Beimischung einer anderen Kunst verschmähend, das eigentümliche, nur in ihr zu erkennende Wesen der Kunst rein ausspricht». Musik «ist die romantischste aller Künste – fast möchte man sagen, allein *rein* romantisch». Sie «schließt dem Menschen ein unbekanntes Reich auf; eine Welt, die nichts gemein hat mit der äußern Sinnenwelt, die ihn umgibt». Es ist diese gerade erst entdeckte Welt, «in der er alle durch Begriffe bestimmbaren Gefühle zurückläßt, um sich dem Unaussprechlichen hinzugeben».[46]

Zwar räumt Hoffmann durchaus ein, daß die «magische Kraft» der Musik in Begleitung des Textes (wie in der Oper) zum wahren «Wunder-Elixier» wird. Schließlich hat er selbst mehrere Opern geliefert. «Jede Leidenschaft – Liebe – Haß – Zorn – Verzweiflung etc., wie die Oper sie uns gibt, kleidet die Musik in den Purpurschimmer der Romantik.» Dennoch muß «jene unendliche Sehnsucht, die das Wesen der Romantik ist», seiner Überzeugung nach für den Gesang unerreichbar bleiben. Nur von der Instrumentalmusik gilt, daß sie «den Zuhörer unwiderstehlich fortreißt in das wundervolle Geisterreich des Unendlichen». Auf seiner höchsten Stufe teile der reine organisierte Klang, vor allem die Sinfonie, dem menschlichen Leben einen Hauch des Göttlichen mit.[47] Dieser Text ist eine bemerkenswerte rhetorische Leistung, da er auf engstem Raum all jene Schlüsselwörter versammelt, mit denen die Vorkämpfer der Innerlichkeit im 19. Jahrhundert neue Quellen geheimer Gefühle erschließen: «romantisch», «unbekannt», «unaussprechlich», «unendlich», «magisch». Alles später, von Hoffmann oder anderen Gesagte ist nichts als eine Variation dieser Leitthemen.

Die Franzosen wiederum, die die Freuden der Oper nicht gern den geistigeren Genüssen opfern mochten, bekehrten sich nur zögernd zur Mode der «reinen» Musik. Noch bis in die Zeit der bourbonischen Restauration empfand das Publikum Haydn und Beethoven, ja sogar Mozart, als so dunkel und kompliziert, daß es keine wirkliche Freude daran hatte. Unumwunden sagt es im Jahr 1814 der leidenschaftliche Opernbesucher Stendhal: «Das Instrumentalspiel hat die Musik zugrunde gerichtet.» Ein Instrument spielen sei leichter als Singen, und seit einem halben Jahrhundert sei es dem ersteren gelungen, «den Geschmack der Gesangsliebhaber zu verderben».[48] Lahalles Plädoyer für die absolute Musik war daher, zumindest in Frankreich, ein beherzter Schritt in die Zukunft. Was ist das Wesen der Musik? so Lahalles Frage, und er antwortet selbst: «Laßt uns die Augen schließen und zuhören!» Am besten funktioniert der Versuch, «wenn ich die menschliche Stimme weglasse» und «die Einbildungskraft weder durch ein Programm noch durch irgendeinen Dekor abgelenkt wird». Komponisten und Interpreten «beschreibender Musik», die mit besonderen Instrumenten und Klängen arbeiten, seien wie Irre, die meinen, sie hätten ein Abbild des Sturms oder der Schlacht gegeben, wenn sie das Mobiliar ihrer Wohnung zertrümmert und überall verstreut haben. Natürlich können Musik und Dichtkunst eine Verbindung eingehen, aber dem Wesen nach werden sie immer unterschieden bleiben: «Die Dichtkunst wirkt über Verstand und Imagination auf die Sinne, die Musik wirkt über die Sinne auf Imagination und Verstand.» Wer beides auf einmal will, opfert das letztere dem ersteren.[49]

Wenige Jahre später war das französische Konzertpublikum so weit, daß es zuhören konnte. Berlioz machte in eigens organisierten Aufführungen seine Orchesterwerke öffentlich bekannt, während das Orchester des Conservatoire Beethoven entdeckte. In einem wichtigen Artikel über Beethoven nimmt Berlioz 1829 die neue Glaubenslehre von der ehrfürchtigen Aufmerksamkeit schon vorweg, wenn er beschreibt, wie er Beethovens spätes Cis-Moll-Quartett angehört hat: Es war ein alptraumhaftes Erlebnis, das ihm Tränen der Angst und des Schreckens in die Augen trieb.[50] Wenig später schreibt George Sand an Liszt: «Meyerbeers Musik bringt nur Bilder hervor, Beethovens Musik Gefühle und Gedanken. Meyerbeer läßt vor unseren Augen ein prachtvolles Schauspiel ablaufen; er baut seine Personen vor uns auf. Bei Beethoven taucht man ins tiefste Innere des Selbst zurück; alles was man gefühlt und erlebt hat, alle Liebe, alles Leid, alle Träume werden vom Atemhauch dieses Genies zu neuem Leben erweckt und versetzen uns in eine grenzenlose Träumerei.»[51] Das tiefste Innere des Selbst, das zu grenzenloser Träumerei einlädt – ein deutscher Romantiker hätte es kaum besser sagen können.

Berlioz' Bekenntnis zeigt, wie groß das Faszinosum der Musik war: empfindsame Zuhörer konnte sie zum Weinen bringen. «Guter Gott!» ruft der romantische Dichter Antoine Fontaney Mitte der 30er Jahre im Privatissime seines Tagebuchs aus, «Was für ein Zauber steckt in der Musik! Ich könnte fast weinen!»[52] Der deutsche Pianist und Dirigent Karl Halle, bekannter geworden in seiner englischen Gestalt als Sir Charles Hallé, vergoß noch als routinierter Berufsmusiker echte Tränen beim Gesang von Jenny Lind, der «Schwedischen Nachtigall», und bei den «rührenden Szenen» der von ihm dirigierten Opern. So viel «Schönheit der Musik» brachte ihn einfach aus der Fassung. Und der produktive neoklassische Maler Jean Auguste Dominique Ingres, ein Amateurgeiger, der zum Violinspiel mehr Energie als Talent mitbrachte, schluchzte vor sich hin, während er, am Klavier begleitet von Hallé, Mozartsonaten spielte. Auch das Publikum weinte, so erinnert sich Hallé, «allerdings keine Tränen der Verzückung».[53]

Selbst die Musiker waren also keineswegs abgebrüht, sondern gönnten sich allerlei Gefühlsäußerungen; ja sie schwelgten sogar darin. Im Jahr 1892 schreibt der deutsche Pianist Alfred Grünfeld aus Detroit einen Brief an seinen «geliebten Freund», den Musikverleger und Konzertagenten Albert Gutmann, und erinnert darin an ihr «letztes Zusammensein, wie ich Dir zum Abschied die F moll Fantasie von Chopin vorgespielt.

Wie ich Dich weinen sah, ich konnte diesen Eindruck lange lange nicht vergessen.»[54] Für den Briefschreiber Grünfeld mögen das gewiß unauslöschliche Erinnerungen gewesen sein, aber seit Jahren schon waren es gängige Gefühle, die fast obligate Haltung, die nicht allein Berufsmusiker, sondern noch die prosaischsten bürgerlichen Zuhörer einnahmen.

Berlioz führt die überspannte – und selektive – Ideologie der Tränen in einer anschaulichen Szene vor. Er erinnert sich, er sei irgendwann einmal dabeigewesen, als Liszt die Beethovensche Mondschein-Sonate mit hinzuerfundenen Trillern, Tremolos und Schnörkeln zugrunde gerichtet habe. Bei einem späteren Vorspiel jedoch, das Liszt für eine kleine Freundesgruppe gab, erwies er dem Stück mehr Ehrerbietung. Es war später Nachmittag, und die Lampe erlosch. Berlioz begrüßte das: Er fand, das dämmerige Halbdunkel sei für den ersten Adagio-Satz der Cis-Moll-Sonate gerade richtig. Aber Liszt setzte noch eins drauf; er bat darum, alle Lampen zu löschen und das Kaminfeuer abzudecken. Dann, in totaler Finsternis, so erinnert sich Berlioz, «erklang nach einer kurzen Pause die prachtvolle Elegie, die er einst so seltsam entstellt hatte, in ihrer ganzen erhabenen Einfachheit; keine Note, keine Betonung war denen des Autors hinzugefügt. Es war der vom Virtuosen beschworene Geist Beethovens, dessen Stimme wir lauschten. Alle erbebten in tiefstem Schweigen, und als der letzte Ton verklungen war, sprach niemand – wir waren in Tränen aufgelöst».[55] Unübersehbar die Moral dieser Geschichte: Der echte Musikliebende verschwendet seine Emotionen nicht an eitle Virtuosität; nur die Sache selbst kann den Schutzwall um das innerste Selbst durchdringen.

Was in all diesen Anekdoten auffällt, ist die besondere Bedeutung Beethovens; sein Anteil an der Entfaltung der Kunst des Zuhörens im 19. Jahrhundert kann gar nicht hoch genug veranschlagt werden. Als die Romantiker der absoluten Musik den Ehrenplatz bei der Suche des Menschen nach seiner Seele zuweisen, tun sie – parallel dazu und wie zur Verstärkung – dasselbe mit dem Komponisten.[56] Als sie jenem Genius huldigen, der kein Sklave der Regeln und vom bloß talentierten Praktiker substantiell unterschieden ist, hauchen sie einer noch aus den Tagen der Renaissance vertrauten Idealgestalt Leben ein. Dem göttlichen Michelangelo stellen sie ihren gigantischen Zeitgenossen, den göttlichen Beethoven, an die Seite. Er erscheint als die Verkörperung des romantischen Genies schlechthin. Wie der von Wordsworth beschriebene Newton ist er ein einsamer Reisender auf fremden Meeren des Denkens.

Im Gedanken zumal an Beethoven bejubelten die Romantiker das Genie als menschlich und übermenschlich zugleich. Beethoven fühlt, was alle fühlen, aber da er Melodien hört, für die andere taub sind, fühlt er es

lebhafter als gewöhnliche Sterbliche – lebhafter und auf produktivere
Weise. Weit über der sprachlosen Masse von Männern und Frauen stehend, verleiht er seinen Gefühlen bleibende Gestalt. Der geniale Komponist verströmt sein Selbst in die Welt und gibt anderen sein Herzblut zu
trinken. Wagner hat die Geburtswehen des Komponierens mit einem
somnambulen Zustand verglichen.[57] Doch nichts an all dem war naive,
unbedarfte Spontaneität. Hoffmann betont ausdrücklich, daß Beethoven
zwar «sein Ich von dem innern Reich der Töne [trennt] und darüber als
unumschränkter Herr [gebietet]», aber mit einer inspirationsträchtigen
Achtung vor der musikalischen Struktur, mit jener «Besonnenheit des
Meisters, welche von dem wahren Genie unzertrennlich ist und von dem
anhaltenden Studium der Kunst genährt wird»[58]. Und Schumann kann
gar nicht oft genug darauf hinweisen, daß die Inspiration nicht ohne das
Handwerk auskommt.

Dieser beharrliche Versuch, einen Zusammenhang zwischen den intuitiven Erkenntnissen und der Besonnenheit des Genies herzustellen, wirft
ein Schlaglicht auf die Innerlichkeit des 19. Jahrhunderts.[59] Er zeigt, daß
ästhetische Subjektivität für die Romantiker zwei eng verschränkte, aber
gesonderte geistige Operationen umfaßt: die musikalische – oder maleri-
sche oder poetische – Idee, die aus dem Unbewußten aufsteigt, und die
erlernte Selbstbeobachtung, die es dem Kunstschaffenden ermöglicht, das
Geschaffene zu kritisieren, zu revidieren und zu verbessern. Zu allen
Zeiten hat die Inspiration angstvollen Schrecken hervorgerufen; sie
scheint von nirgendwoher zu kommen oder vielmehr aus einer geheimnisvollen Quelle, auf die der Schaffende, wie er sehr wohl weiß, Rücksicht nehmen muß, ohne sie jedoch identifizieren zu können. Daneben
wirkt die Arbeit der Selbstkritik wie etwas ganz Profanes, das den Menschen als Handwerker auszeichnet. Doch auf welcher Stufe der menschlichen Vortrefflichkeit man die bewußte Kontrolle auch ansiedeln mag, wie
immer deutlich man sie als die Internalisierung von Lehreranweisungen
und Kritikerklagen der Außenwelt zuordnet, sie ist und bleibt ein geistiges Tun, kein Gegner der Innerlichkeit. Die Romantiker waren denn auch
überzeugt, daß die große Masse der mittelmäßigen bürgerlichen Musikfreunde mit ihrem eng begrenzten Horizont weder der Inspiration noch
dem Handwerk jemals gewachsen sein könnten. Die erhabeneren von
Beethovens Kompositionen, die sich der Vermählung zwischen seinen
ureigensten Gaben und seinen zähen Lernanstrengungen verdanken,
müssen ihnen unerreichbar bleiben. Spätere Generationen dachten groß-
zügiger von der Befähigung der Bürger zur Innerlichkeit, auch in der
Musik. Sie war ja allenthalben präsent.

Unter denen, die von der sich verbreitenden neuen Ideologie des Zuhörens Zeugnis ablegten und in angenehmster Form für sie warben,
haben die Künstlerkollegen von der Malerei vielleicht besonders ins
Schwarze getroffen. Die innige Beziehung zwischen beiden Künsten stellt
Winslow Homer 1867 mit seinem Bild *The Studio* szenisch dar: Im Atelier eines Malers sitzen zwei Musiker nebeneinander, der eine spielt
Cello, der andere Violine, wobei die Staffeleien ihnen als Notenpult dienen. Auf dem Boden hat Homer diverse Notenblätter eigens so ausgebreitet, daß man «W. A. Mozart» auf ihnen lesen kann. Und 1885 malt
Henri Fantin-Latour unter dem Titel *Autour du piano* eine Huldigung an
die Musik, die eine Reihe von Musikerfreunden um den klavierspielenden
Emmanuel Chabrier versammelt zeigt.

Bisweilen scheint sich Wunschdenken in diese Gemälde des 19. Jahrhunderts zu mischen, so daß sie als Tatsache darstellen, was nur eine
Zielvorstellung ist. In *Le Concert* zeigt Jacques Tissot die Halle einer
prächtigen, hell erleuchteten Villa; ein reich gekleidetes weltstädtisches
Publikum ist, in bequemen Stühlen sitzend oder auf einer elegant ge-
schwungenen Treppe stehend, um die berühmte Geigerin Madame Ne-
ruda versammelt. Während die Solistin sich zum Spiel bereit macht, plau-
dern einige noch miteinander. Aber unzweideutig ebbt die Unterhaltung
ab: Als das Gemälde 1875 erstmals in der Royal Academy of Arts ausgestellt wurde, trug es den Titel *Hush (Still!)*. So taten auch die Maler, im
Bund mit Dirigenten der Symphonieorchester oder entrüsteten Zuhörern
im Konzertsaal, das Ihre, um die – bürgerlichen oder adligen – Konzertbesucher zum Schweigen zu bringen: sie stellten sie einfach in den verschiedensten Andachtsposen dar beziehungsweise zeigten, wie sie sich
zur Andacht bereit machten.

Mit ihrer Schwärmerei für das selbstversunkene Lauschen beschränkten sich die Maler nicht allein auf das Musikspiel; Sir Lawrence Alma-
Tadema zum Beispiel malte Szenen, in denen die Zuhörer sich ganz und
gar auf das Vorlesen von Homer oder anderen Lieblingsdichtern konzentrieren.[60] Dennoch hatten Musikszenen weiterhin den Vorrang, wenn
man darstellen wollte, wie das aussieht: Beseeltheit in actu. Für viele
Maler war das Interesse am ehrerbietig zuhörenden Publikum etwas ganz
Zwangloses und Natürliches; sie waren mit Musikern befreundet und
pflegten oft auch eigene musikalische Talente. Kurz, der vielseitig begabte
William Sidney Mount war mitnichten allein auf weiter Flur. Auch den
Biographen von James McNeill Whistler konnte nicht entgehen, daß er
seinen Gemälden unmißverständlich musikalische Titel gab: Er nannte
sie Nocturnes und Sinfonien. Und Ingres, dieser passionierte Geiger mit
seinem unverwüstlichen Interesse an der Musik, malte 1842 bekanntlich

einen *Cherubini und die Muse der Poesie*, in dem er dem hochverehrten
Komponisten und mehr noch der heißgeliebten Kunst seine Huldigung
darbrachte. Das Bild zeigt den alten Cherubini, in Gedanken versunken
sitzend, die rechte Hand an der Schläfe, während eine junge Frau in
antikem Gewand segnend ihre Hände über sein Haupt hält. Auch Eugène
Delacroix, jahrelang eng befreundet mit Berlioz und Liszt, war bis zu
seinem Tode ein unermüdlicher Konzertbesucher.[61] Und E. T. A. Hoffmann blieb lange Zeit unschlüssig, ob er Maler, Schriftsteller oder Komponist werden sollte. In einer Zeit immer strikterer Spezialisierung gehörten die bildenden Künstler des 19. Jahrhunderts zu den letzten Re-
naissancemenschen.

Der sachkundige Umgang, den die damaligen Maler mit Komponisten
und Musikinterpreten pflegten, verlieh ihren Bildern etwas Authenti-
sches. Seit Jahrhunderten gab es natürlich musikalische Sujets zuhauf:
Kavaliere, die ihrer Schönen ein Ständchen bringen; die (auch am Klavi-
chord) musizierende Heilige Cäcilie; Engelscharen, die im himmlischen
Konzert zum höheren Ruhme Gottes singen. Auch Stilleben, auf denen
schöne Instrumente vom Licht umschmeichelt werden und die seinen
sanften Widerschein auf dem edlen Holz einer Viola da gamba darstellen.
Und die holländischen Genremaler rückten Musikanten in den Blick,
indem sie heitere Konzerte, Bauern beim Trinkgelage, Bürger beim Feiern oder hübsche Damen malten, die mit Liebesklängen belagert werden.
Das Novum im 19. Jahrhundert besteht nicht darin, daß die Maler Musik
und Musiker überhaupt erst zum Thema machen, sondern daß und wie
sie ihre Darstellung profaner – privater und öffentlicher – Konzerte mit
einer religiösen Aura umgeben.

Viele der damaligen Gemälde sind Opfer der Zeit und der vernichten-
den Kritik geworden, aber gerade weil sie dem Mittelmaß entsprachen,
konnten sie mit besonderem Erfolg für die Kunst des Zuhörens werben.
Um die Jahrhundertmitte malte der belgische Künstler Edouard Jean
Conrad Hamman, dessen Bilder von berühmten Komponisten häufig
reproduziert wurden, einen *Mozart in Wien*. Der Künstler sitzt am
Piano, um ihn herum ein gebildetes, von seinem Spiel sichtlich verzauber-
tes Publikum; eine hinter ihm sitzende Frau demonstriert ihre gedanken-
verlorene Konzentration, indem sie das Kinn in die Hand stützt. Zu
dieser Zeit hatte das Zuhören über die passenden ritualisierten Worte
hinaus auch schon die passenden ritualisierten Gesten entwickelt. Es
braucht kaum betont zu werden, daß Hammans Bild nichts anderes ist als
eine anachronistische Phantasie, eine Projektion der Ideale des 19. Jahrhunderts auf eine Szene des 18. Jahrhunderts; Mozart selbst ist nie in den
Genuß einer solch andächtigen Verehrung gekommen. Auch der deutsche

Maler August Borckmann, der in den 80er Jahren mit einer Reihe von Bildern zum Thema Musik bekannt wurde, malte eine seltsame Mixtur: *Beethoven und die Rasumowsky-Quartette*. Fast wirkt dieses Gemälde wie jenes Ratespiel, bei dem der Betrachter die ins Bild eingebauten Fehler finden muß: Ein idealisierter Beethoven steht in der Mitte eines schönen Raumes und dirigiert ein Streichquartett, während in seinem Rücken eine Frau auf dem Piano spielt. Am wichtigsten aber ist Borckmanns Publikum: Sichtlich versunken lauschen Männer und Frauen der Musik, die dieses unwirkliche Ensemble ihnen vorspielt.

Die meisten Gemälde zum Thema Zuhören waren nicht ganz so absurd. Etwa jener damals berühmte Klassiker der Genremalerei: Lionello Balestrieris *Beethoven*. Das Bild wurde 1900 auf der Pariser Weltausstellung gezeigt, mit einer goldenen Medaille ausgezeichnet und dann in Reproduktionen von einem Land zum anderen weitergereicht. Zu sehen ist darauf ein nicht besonders großer, spärlich möblierter Raum, in dem zwei Musiker, ein Geiger und ein Pianist am Wandklavier, für fünf stumme Zuhörer spielen. Um keinen Zweifel am Gegenstand ihrer Anbetung zu lassen, hat Balestrieri neben das Klavier einen Gipsabdruck von Beethovens Totenmaske gehängt. Jeder Zuhörer zeigt eine eigene Andachtspose. Einer sitzt völlig versunken, die Hände in den Taschen vergraben; ein anderer nach vorn gebeugt, den Kopf in die Hände gestützt. Vermutlich standen damals jene Zuhörer, die ihre geheiligte Zuhörerpflicht erfüllten, indem sie die Augen bedeckten, höher im Kurs als die bloß stumm Lauschenden.

In diesen Porträts der Innerlichkeit rücken mehr und mehr die Zuhörer ins Rampenlicht. Zur Hochzeit der Virtuosenstars – sie reicht von den 30er Jahren bis über die Jahrhundertmitte hinaus – konnte ein Maler es sich zwar kaum leisten, den Interpreten gänzlich beiseite zu lassen. Aber selbst wenn er nur den Musiker darstellte, erinnerte er zugleich mit dessen verklärtem oder diabolischem Gesichtsausdruck an seine Wirkung auf ein unsichtbares Publikum. Delacroix' düsteres Paganini-Bild von 1831, das den Künstler beim Violinspiel zeigt, ist eine Studie über das Dämonische: Ein Zauberer verhext seine Zuhörer. Auf dem Bild steht der hagere Geiger im Halbdunkel, ganz in Schwarz, während sich nur das Weiß der Hemdsärmel und des Kragens grell abhebt; er spielt mit geschlossenen Augen und sieht aus, als könnte das Gerücht, er habe seine Seele dem Teufel verkauft, durchaus zutreffen. Offenbar gab es Zeiten, da war die Gottheit der Musik niemand anderer als Satan.[62] Auch Liszt wurde als ein Magier gemalt, dem das Publikum völlig verfallen ist. Obgleich die Künstler, die ihn porträtierten, nicht aus ein und derselben Malerschule stammten, entwickelten sie jene immer gleichen Regeln, die zu den immer gleichen Reaktionen einluden. Mit besonderer Vorliebe setzten sie ihn ans Piano, wo er das berühmte Profil zeigte, auf das er mit Recht so stolz war, den blicklosen Blick leicht nach oben gerichtet, als empfange er gerade eine Botschaft, die die geringeren Sterblichen nicht vernehmen können. Und fast unbewußt scheint er den Zuhörern, die in seinen Bann geraten sind, diese Botschaft zu übermitteln.

Auf dem bekanntesten der Bilder im Zeichen des Virtuosenkults, nämlich Josef Danhausers Ölgemälde *Liszt am Klavier* von 1840, ist der Blick des Künstlers auf einen wirklichen Gegenstand gerichtet, den auch die anderen sehen können: eine überlebensgroße Beethoven-Büste. Das riesige und kompliziert aufgebaute Werk ist ein wilder Mischmasch aus Zitaten und wahllos zusammengesuchten Bildelementen. Liszts Zuhörer lebten damals zwar in Frankreich, aber die durch die Fenster sichtbare rosige Wolkenlandschaft steht für Wien. Ebenso der reichverzierte Konzertflügel aus der Werkstatt von Konrad Graf, des ehemaligen Klavierbauers von Beethoven, der nun das Gemälde bestellt hat. Sein Namensschild ist über der rechten Hand des Pianisten deutlich sichtbar: Die feierliche Darstellung einer weihevollen Musikszene vermischt sich mit den Reklamebedürfnissen des Kulturmarktes. Die herumliegenden Notenblätter lassen vermuten, daß Liszt eine seiner eigenen Kompositionen spielt. Sein Publikum besteht aus berühmten Schriftstellern und Musikinterpreten; alle lauschen hingerissen, jeder ist auf ganz eigene Art in das Musikspiel versunken: Paganini und Rossini, die beiden einzigen Berufsmusiker, stehen im Hintergrund und blicken stumm auf den unvergleichlichen Zauberer der Tasten; Victor Hugo lehnt hinter einem Ohrensessel, in dem George Sand sitzt, und hält nachlässig ein halbgeöffnetes Pamphlet in der Hand; Sand ihrerseits, mit Hosen bekleidet und lang ausgestreckt, hat eine vergessene Zigarre noch lose zwischen den Fingern der linken Hand, während sie mit der Rechten zu ihrem Nachbar, Alexandre Dumas *père*, hinüberreicht, als ob sie in tiefer Verbundenheit seine Hand suchte oder ihn zur Stille gemahnen wollte. Dumas selbst hat ein zugeklapptes Buch auf dem Schoß liegen und schaut – sichtlich überrascht von der Zauberkraft, die ihn, den großen Erzähler, dies eine Mal zum Schweigen bringt – Liszt mit einem unergründlichen Blick an.

Am meisten ins Zuhören versunken ist verständlicherweise Liszts Geliebte, die Gräfin Marie d'Agoult. Sie sitzt, gegen das Piano gelehnt, mit dem Rücken zum Betrachter auf einem Sitzkissen und hat alles um sich herum außer der Musik und dem Musiker vergessen. Der wiederum kommuniziert mit seinem Idol und scheint nur Augen für Beethoven zu haben. Danhauser versucht, jeder einzelnen Figur gerecht zu werden, zu zeigen, wie der Musiker mit seinen unaussprechlichen Gedanken ebenso allein ist wie jeder seiner Zuhörer, und verklärt dergestalt die Genre- zu einer Andachtsszene mit allem, was dazugehört: Gottheit, Hoherpriester und fromme Kommunikanten.[63]

In späteren Jahrzehnten warfen sich die Maler mit noch größerer Emphase auf die Kunst des Zuhörens: sie ließen den Musikinterpreten faktisch weg. Auf einem Bild von Arthur Hughes mit dem suggestiven Titel *Memories* ist die Hauptfigur eine reichgekleidete junge Frau, die dem Spiel eines diskret auf einem entfernten Fensterplatz sitzenden Geigers lauscht. Dem Betrachter direkt zugewandt, kniet sie neben einem offenen, erotische Assoziationen weckenden Schmuckkästchen, das sie mit der linken Hand berührt. Ihre großen Augen, in denen sich wie in dunklen Weihern abgrundtiefe Gedanken verbergen, sind weit geöffnet und starren den Betrachter fast an. Offensichtlich hat die Musik sie zum Nachdenken über weit zurückliegende, bedeutsame Ereignisse angeregt. Auch Daumier konzentriert sich in einer hintergründigen Zeichnung mit dem Titel *Le Concert* auf einen einzigen Zuhörer, einen Mann mittleren Alters, der, dem Betrachter direkt zugewendet, in einen Polsterstuhl versunken ist. Die Arme sind ganz entspannt, die Augen geöffnet, aber träumend, während ein Geiger und ein Pianist im Hintergund ein Duo spielen. Und auf Alma-Tademas Bild *An Audience* von 1881 sieht man zwei in Gedanken versunkene junge Frauen in Halbfigur, die eine mit gefalteten Händen, die andere mit zusammengepreßten Lippen. Der Maler gibt keine Auskunft darüber, was sie sich anhören, aber daß sie mit aller Kraft lauschen, steht ihnen ins Gesicht geschrieben.

Von derlei indirekten Zeugnissen war es nur ein Schritt zu einer bemerkenswerten psychologischen Studie, die der belgische Maler Fernand Khnopff angefertigt hat. Auf seinem Bild *En écoutant du Schumann* sitzt eine Frau kerzengerade in der Mitte eines geschmackvoll eingerichteten bürgerlichen Interieurs, das Gesicht verborgen hinter ihrer Hand, die die Schläfe berührt. Ahnen kann man im linken Hintergrund den rechten Arm und die rechte Hand des Pianisten, dessen Spiel sie fesselt. Bei Khnopff ist die Kunst des Zuhörens an die Stelle der Kunst des Spielens getreten. Interessant ist, daß auf diesen Bildern zwar die Mehrzahl der Protagonisten Frauen sind, aber auch die dargestellten Männer sich an die Rituale des Zuhörens halten. Nach der im 19. Jahrhundert herrschenden Ideologie galten Frauen im Vergleich zu den Männern zwar als empfindsamer, passiver, rezeptiver.[64] Doch gegen die Zauberkräfte der Musik besaßen auch die Männer, selbst die männlichen, keinerlei Immunität.

Das herausragende Momument, das davon zeugt, wie viele Stunden lang andächtige Musikliebhaber im bürgerlichen Zeitalter ihre Kunst des Zuhörens durchhalten konnten, ist Wagners Festspielhaus in Bayreuth. Die Wagnerianer erhoben – ihre Gegner sagten: erniedrigten – das Musikerlebnis zu einem Kult, der eigentümlicherweise sowohl teutonische Leidenschaft als auch seelenvolle Innerlichkeit wecken konnte. Eröffnet 1876 – nach Jahren des zielstrebigen Planens, schamlosen Geldbeschaffens und haßerfüllten Streitens – mit dem *Ring*-Zyklus, sollte Bayreuth ein Heiligtum sein, zu dem erlesene Geister wallfahrten wie zu einem Mekka der Musik – und von vielen wurde es auch so begriffen. Mit Verachtung sahen sie auf das als profanes Theater verhöhnte Schaffen ausländischer Komponisten herab und kamen nicht etwa, um Opern zu hören, sondern um der geheiligten deutschen Musik der Zukunft zu lauschen. Nicht selten taten sie ihre emotionale Beteiligung durch plötzliches Zittern, Weinkrämpfe, ja Ohnmachtsanfälle kund.

In Gedanken an diese Bekundungen haben in- und ausländische Beobachter Wagners Musiktempel mit Narzißmus – *seinem* Narzißmus – gleichgesetzt und diesen als Meilenstein in der Geistesbildung der Musikliebenden begriffen. Im Artikel «Applaus» faßte 1910 die *Encyclopaedia Britannica* zusammen, was damals jedermann wußte: «Der Geist der Andacht, der in der Kirche keinen Applaus zuläßt, hat sich tendenziell auf Theater und Konzertsaal ausgedehnt, und zwar nicht zuletzt unter dem Einfluß der quasi-religiösen Atmosphäre der Wagner-Aufführungen in Bayreuth».[65] Das Paradox der Kunst des Zuhörens, die das Publikum einerseits zur rigorosesten Unterdrückung jeglichen Tuns zwang, andererseits zum Handeln geradezu treiben konnte, spitzte sich in Bayreuth stärker zu als – vorher und nachher – irgendwo sonst. Es gibt Zeiten, so wurde deutlich, da führt Sublimierung keineswegs zu sublimen Resultaten.

Unmißverständlich, voll Zorn und nicht im geringsten bereit, Wagner die an sie adressierten Beleidigungen nachzusehen, denunzierten seine Gegner den Geist von Bayreuth als äußerste Perversion. Doch ihre Feindschaft gegen ihn entstammte nicht bloß dem Groll; zumal die Brahms-Anhänger verwarfen Wagners musikalische Metaphysik als Quasi-Religion, als hemmungslose Ketzerei. Sie fanden, ganz Bayreuth sei durchzogen vom Duft einer fast unverhüllt erotischen Liebedienerei, die ganze Atmosphäre geschwängert von der Beweihräucherung des Meisters. Elisabeth von Herzogenberg, eine kluge, begabte Laienmusikerin und freimütige, sarkastische Brahmsanhängerin, nennt die Bayreuther Festspiele eine Verführung, die als «Heilthum» auftritt. Die gläubigen Wagnerianer, so ihr Vorwurf, «gehen in den Parsifal wie Katholiken am Charfreitag zu den heiligen Gräbern, es ist ihnen ein Gottesdienst geworden.» Nach ihrer Ansicht ist «die ganze Bande» von Wagner-Verehrern «in einem unnatürlich gesteigerten, hysterisch verzückten Zustande, wie Ribera'sche Heilige mit aufblickenden Augen, an denen man nur noch das Weiße sieht».[66] Ihre Attacke mag überspitzt klingen, aber als Cosima Wagner Musik und Religion gleichsetzte, dachte sie unzweifelhaft an die Musik ihres Gatten.

Natürlich hat Wagner nicht als erster eine Gleichung zwischen Musik und Religion aufgestellt. Wie wir sahen, mischten sich schon seit Jahrzehnten einfache Metaphern à la «Andacht» oder «Tempel» in die journalistischen Texte. Aber die Wagnerianer nahmen diese Bilder wörtlich. In den 80er Jahren hat Nietzsche, enttäuscht über – wie er es nannte – Wagners Verrat an seinen Idealen und nicht bereit, noch länger als sein Verehrer und Vorkämpfer aufzutreten, radikal die Konsequenz gezogen und ein vernichtendes Urteil gesprochen: Wagner sei nichts als ein «morsch gewordener verzweifelnder *décadent*». Ihm zufolge hat der Geist dieses selbstbeweihräuchernden Manipulators der menschlichen Seele die Musik mit einer tödlichen Krankheit infiziert und «führt den *allerletzten* Kriegs- und Reaktionszug an gegen den Geist der Aufklärung».[67] Dieser Spätromantiker, so Nietzsche, war auch der schädlichste und gefährlichste.

Unzweifelhaft fordert der Schauplatz, von dem Wagner so lange träumte und den er vom Architekten Gottfried Semper entwerfen ließ, die Zuhörer förmlich auf, ja zwingt sie, nichts anderes zu tun als zuzuhören. 1865, als das Festspielhaus noch utopische Wunschvorstellung war, schwärmte Ludwig II. von Bayern, den die Liebe zu Wagners Vision viel Angstschweiß und noch mehr Geld gekostet hat, in einem Brief an Wagner mit den ihm eigenen bombastischen Worten von der Bayreuth-Idee und vom späteren Festbau: «Nur von Geweihten, Kunstentflammten darf er betreten werden. Nur Ihre heiligen Klänge dürfen seine Hallen erfüllen.»[68] Seine Übertreibung gab einen Vorgeschmack von der späteren Realität. Das Festspielhaus war aus schlichtem Holz gebaut und mit einfachen Holzsitzen ausgestattet, so daß eine volltönende Akustik gesichert war und die Entrückung der Zuhörer durch keinerlei architektonischen Dekor gestört wurde. Der Opernsaal selber erinnerte bewußt an die Amphitheater der griechischen Antike, in denen Musik integraler Bestandteil eines Rituals gewesen war, und verzichtete auf Mittelgänge und vor allem auf Logen; was allein zählte, waren die Töne und Bilder, die Wagner heraufbeschwor. Für gespannte Konzentration sorgten auch andere Neuerungen: Das Festspielhaus war der erste Opernsaal, in dem sämtliche Lichter gelöscht und Orchestermusiker samt Dirigent in einen Orchestergraben verbannt wurden, so daß sie für das Publikum nicht mehr sichtbar waren. Weder die Musiker mit ihren Instrumenten noch der Kapellmeister mit seinem Stab konnten die Gemeinde von Wagners Gesamtkunstwerk ablenken.

Wagners politische Absichten – auch seine chauvinistische Ideologie, derzufolge die deutsche Musik von allen fremden Beimischungen, etwa jüdischen oder französischen, gereinigt werden muß – lagen offen zutage. Doch in der Geschichte der Innerlichkeit hat Bayreuth eine zweideutige Rolle gespielt. Einerseits bescherte es eine Steigerung des Hörerlebnisses, die gewöhnlichen Sterblichen verschlossen blieb. Andererseits nahm es den wahren Gläubigen jedes klare Bewußtsein eines eigenständigen Selbst. Wie jede andere Masse auch, nur in gesitteter Form, tauschten alle, die an der Bayreuther Atmosphäre teilhatten, ihre Individualität gegen ein gemeinsames Seelenbad und eine kollektive Anbetung des Genius, der sie hergeführt hatte.

Auf dem Gipfel des Bayreuth-Fiebers schossen die Wagnerianer bisweilen noch über die strengen Normen hinaus, die das Bayreuther Establishment festgelegt hatte. Im Jahr 1888 klagte Cosima Wagner, die seit dem Tode ihres Mannes fünf Jahre zuvor nun ihrerseits über den Gral wachte, gerade die «Tempelhüter» seien päpstlicher als der Papst. «Das sind diejenigen, welche zischen, wenn ein naives Publikum am Schluß des zweiten Aktes von ‹Parsifal› den Zuruf spendet, welcher unter Umständen diesen Armen, sich ganz und gar Preisgebenden notwendig ist wie einem lechzenden Tier ein Schluck Wasser.»[69] Humor war nicht gerade ihre Stärke, aber auf ihre hochmütige und gereizte Art fand Richard Wagners Witwe die Fanatiker komisch. Obgleich sie selbst das Bayreuth-Dogma mit gestiftet hatte, ahnte sie dunkel, daß bei extremen Ansprüchen an die Innerlichkeit die Sublimierung zu einer abscheulichen Mixtur aus Snobismus im Dienst der Selbsterhöhung und Idolatrie im Dienst der Selbsterniedrigung werden kann. In der Musik als der romantischsten aller Künste, aber auch in Literatur, Philosophie oder Politik erwies sich der Sieg der Innerlichkeit für das bürgerliche Gemüt nicht nur als Segen, sondern zugleich als Bedrohung.

I. Die Wiederverzauberung der Welt

Propheten, Poeten und Propagandisten der vom 19. Jahrhundert betriebenen Suche nach dem unverhüllten Inneren, dem nackten Herzen, waren die Romantiker. Sie haben die Entwicklungsmöglichkeiten dieses Inneren erkundet und seine Konturen differenziert; sie haben seine Sprache kultiviert und der bürgerlichen Wahrnehmung des Selbst auf Jahrzehnte hinaus mehr oder minder unbewußt Gestalt verliehen. Dabei ging es um ein hochgestecktes Ziel: Die führenden Romantiker sahen ihre historische Mission in der Wiederverzauberung der Welt. Nach ihrer Überzeugung war es dringend notwendig, jenen Sinn für Wunder und Geheimnisse, den die Deisten, Skeptiker und Atheisten des 18. Jahrhunderts – Voltaire, Hume, Holbach und andere, die wie sie gegen den Glauben rebellierten – mit ihrem blutleeren Szientismus, ihren gotteslästerlichen Reden und hohlen Bonmots ausrotten wollten, wiederzubeleben. Die Aufklärung hatte, so der Vorwurf der Romantiker, dem menschlichen Inneren fast irreparable Schäden zugefügt. Nun sahen sie sich zu einem kühnen Unternehmen verpflichtet. Ernüchtert über die Ernüchterung, enttäuscht über die Entzauberung, versuchten sie, die Säkularisierung der Welt, diese unselige Errungenschaft der Vätergeneration, rückgängig zu machen.

Dabei aber handelten die Romantiker selten im Einklang miteinander; in je eigenem Stil verfaßten sie Romane und lasen Gedichte, malten sie Bilder und komponierten Musik. Kein Wunder, daß bereits die ersten Historiker der Romantik der Versuchung nicht widerstehen konnten, ihr Denken als ein per se undefinierbares Denken zu definieren. Schon 1836 mußte Sören Kierkegaard «gegen die Anschauung protestieren, das Romantische lasse sich durch einen Begriff erfassen; denn das Romantische liegt gerade darin, daß es über alle Grenzen fließt».[1] Doch obgleich die unterschiedlichen Auffassungen der Romantiker zu feiner Differenzierung zwingen, ist ihr Werk von ein und demselben Prinzip beherrscht: Alle vollziehen sie eine energische und oftmals programmatische Wendung nach innen. Der junge Coleridge wirft seinem Freund Robert Southey einmal vor, er vertrete «den Grundsatz, daß das Selbst zum Zentrum gemacht werden muß, von dem nichts ablenken kann», aber wenig später schon tut er selber, was er zuvor getadelt hat.[2]

Von Beginn an tun dasselbe auch die anderen Romantiker. In einer berühmten, wenn auch etwas dunklen Formulierung legt der Dichter

Friedrich von Hardenberg – besser bekannt unter seinem Pseudonym Novalis – 1798 in einem seiner Notizbücher das Programm der Romantik nieder: «Die Welt muß romantisiert werden. So findet man den ursprünglichen Sinn wieder.» Romantisieren ist «eine qualitative Potenzierung. Das niedre Selbst wird mit einem bessern Selbst in dieser Operation identifiziert». Einige Jahre später faßt der Nichtromantiker Hegel diese Aufgabe noch prägnanter: «Der wahre Inhalt des Romantischen ist die absolute Innerlichkeit, die entsprechende Form die geistige Subjektivität.»[3]

Da die Romantiker dem Innenleben aber in je persönlicher Manier frönten, bot sich ihre Innerlichkeit letztlich als eine bunte Überfülle von Gefühlen und Meinungen dar.[4] Alle Versuche, die Romantik auf eine griffige Formel zu bringen, sehen sich regelmäßig vom Besonderen genarrt und an der Nase herumgeführt. Von Land zu Land, von Generation zu Generation, ja häufig von einem Romantiker zum anderen wechselt sie ihr Aussehen. Zu Beginn des Jahres 1825 schreibt der französische Maler und Kritiker Etienne Jean Delécluze, ein liberaler Bürger, der alle Welt kennt und zu seinen Freunden auch den Erzromantiker Stendhal zählt, völlig resigniert: «Die Romantiker, wie sie sich selbst nennen, haben so unterschiedliche Ansichten, gehen von so verschiedenen Prämissen aus und kommen zu so entgegengesetzten Schlüssen, daß es einfach unmöglich ist, aus dem ganzen Chaos eine Grundidee herauszufiltern.»[5] Mit seiner Verwirrung stand er nicht allein, doch seine – wie immer verständliche – Resignation war voreilig. Zwar schufen die Romantiker, die alles andere waren als ein Heer von Eiferern oder gar eine Schule, keine Bewegung, sondern eine allgemeine Stimmungslage. Aber die Stimmung machte Geschichte.

Wo immer die Romantiker versucht haben, zu einer organisierten Bewegung zu werden, sind sie gescheitert. In den letzten Jahren des 18. Jahrhunderts begann eine kleine Gruppe hoffnungsvoller deutscher Kritiker und Gelehrter, Dichter und Romanciers in Jena und Berlin, eher informell, aber mit großer Leidenschaft zusammenzuarbeiten. Im Mai 1798 stellten sie sich dem Publikum mit dem ersten Heft der Zeitschrift *Athenäum* vor. Herausgeber und Spiritus rector sind die hochgebildeten Brüder Schlegel, die in diesem einflußreichen, aber kurzlebigen Periodikum erstmals in aphoristischer Form ihre Weltanschauung vortragen und andere Romantikpioniere wie Novalis als Mitarbeiter gewinnen.[6] Es ist ein eindrucksvolles Brüderpaar. Der ältere, 1767 geborene August Wilhelm, lehrt bis ans Ende seines langen Lebens in vielbesuchten Vorlesungen und zahlreichen Büchern Geschichte und Theorie der Literatur und macht das deutsche Publikum über eine brillante Übersetzung mit Shakespeare bekannt, in dem er einen Erzromantiker sieht. Des jahrelangen Wanderlebens müde, bleibt er nach den napoleonischen Kriegen an der Universität Bonn und zieht sich zum Studium des Sanskrit aus der Welt der Gegenwart zurück. Sein fünf Jahre jüngerer Bruder Friedrich, fast ebenso gelehrt wie August Wilhelm, aber von sprunghafterem Temperament und originellerer Denkungsart, ist mutiger Verleger, Aphorist und – in der Nachfolge seines Bruders – Orientalist. Sich selbst sehen sie zusammen mit den Mitarbeitern des *Athenäum* als «ächte, revolutionaire» Schriftsteller[7], als eine ihrer Zeit vorauseilende Gemeinschaft hochbegabter Menschen, die sich der von ihnen gepriesenen längst überfälligen Erschließung des menschlichen Innenlebens für Denken und Literatur widmen.

Verbunden durch glühende Freundschaften, wurde der kleine Kreis durch den Aufeinanderprall der Charaktere und durch erotische Rivalitäten auf manch harte Probe gestellt – und für ungenügend befunden. Die Frauen unter ihnen standen den Männern an Begabung nicht nach, waren allerdings wegen der sie einschränkenden gesellschaftlichen Konventionen weniger produktiv. Außerdem schufen sie Spannungen: Da sie nicht gerade zu Verschwiegenheit neigten, machten sie sich gegenseitig das Leben schwer.[8] Anstellungen in weit voneinander entfernten Städten, unvereinbare Charaktere, Uneinigkeit in Fragen der Literatur, – das alles sorgte bald dafür, daß die Freunde sich zerstreuten. Friedrich Schlegels erklärtes Ideal der «Symphilosophie» erwies sich als utopisch, ja als Widerspruch gegen das Romantische selber; die schrankenlose emotionale Überhöhung führte zu bleibender Entfremdung.[9] Das galt auch für den Widerstreit der Konfessionen; nach Jahren des Schwankens trat Friedrich Schlegel 1808 zum römischen Katholizismus über, während der Bruder seinen Protestantismus gegen ähnliche Versuchungen standhaft verteidigte. Der Individualismus war ein Ideal, das Leben in die Romantik brachte, aber zugleich ein gewaltiges Hindernis für die Bildung einer dauerhaften Vereinigung darstellte. Daß er das Subjektive so ins Zentrum rückte, ging nur auf Kosten des sozialen Zusammenhalts.

Auch unter den führenden englischen Romantikern – Keats, Shelley und Byron, Coleridge, Wordsworth und Scott –, die man im nachhinein einfach in einen Topf geworfen hat, finden sich überzeugende Beispiele für derlei irreparable Spaltungen. Zwar blieben Wordsworth und Coleridge ihrer wechselvollen Freundschaft treu, aber mit den übrigen Romantikern, von der Kritik an ihnen abgesehen, hatten sie kaum zu tun. Keats beschimpfte Byron als unoriginell und herzlos; Byron zog über Keats her und verwarf nicht wenige von Wordsworth' schönsten Gedichten als kindischen Kram. Wordsworth betrachtete Shelleys Lyrik mit gemischten Gefühlen und Keats mit kühler Ablehnung, während er Byron als lasterhaft verurteilte. Shelley war Atheist und Republikaner; Coleridge – nach einer radikalen Phase – loyaler Verteidiger von Kirche und Staat. Alexander Pope, der größte neoklassizistische Dichter des 18. Jahrhunderts, stieß auf ganz unterschiedliche Urteile: Wordsworth war geteilter Meinung, Coleridge schätzte nur seine geistreiche Art, und Byron feierte ihn enthusiastisch als seinen Ahnherrn. Der Erzromantiker Sir Walter Scott war außer sich vor Freude, als ein Verleger ihn bat, die Werke des von ihm bewunderten John Dryden, jenes gänzlich unromantischen Dramatikers und Kritikers der Restaurationsepoche, herauszugeben und seine Lebensgeschichte zu schreiben. Im Jahr 1815, mitten im schönsten Chaos, sagte Coleridge dann rundheraus, wie es wirklich war: Die Vorstellung von einer «neuen Dichterschule» sei eine «Fiktion».[10]

Dieselben Divergenzen gab es auch unter den Romantikern in Frankreich und anderswo. Während der Romancier und politische Philosoph Benjamin Constant zu den fortschrittlichen Liberalen gehörte, war der berühmte Dichter, Romancier und Autobiograph François René Chateaubriand gemäßigter Royalist – wenigstens meistens. Théodore Géricault schwang sich, nach den Worten Jules Michelets, zum «Correggio des Leidens» auf; einen Beleg für dieses Epitheton bildet sein gewaltiges und schauerliches Gemälde *Das Floß der Medusa*, auf dem Schiffbrüchige verzweifelt versuchen, sich einem am fernen Horizont vorbeifahrenden Schiff durch Zeichen bemerkbar zu machen. Eugène Delacroix hingegen, ein nicht minder politischer Künstler als Géricault, ließ sich auch von der Geschichte und vom Orient inspirieren.[11] Allenthalben haben die romantischen Maler Traum und Realität, Politik und Religion zu je eigenen Mixturen vermischt. Nur Caspar David Friedrich könnte seine symbolträchtigen Landschaften wirklich abgemalt haben. Auch von den romantischen Komponisten hatte keiner Ähnlichkeit mit dem anderen: Berlioz klang nicht so wie Schumann und Schubert nicht so wie Meyerbeer.

Wie sehr die Romantiker darauf beharrten, um jeden Preis sie selbst zu sein, zeigt sich daran, daß manche von ihnen keine Entscheidung zwischen öffentlicher und privater Sphäre treffen mochten und in ihrer Fixierung auf das Selbst kein Hindernis für aktives Eingreifen in die Weltläufte sahen. Chateaubriand pendelte zwischen Literatenlaufbahn und Diplomatenkarriere; Benjamin Constant, am bekanntesten wohl durch seinen selbstquälerischen Roman *Adolphe*, war ein einflußreicher Politiker; Novalis, dieser Inbegriff eines weltfremden Poeten, arbeitete beruflich in der Verwaltung von Bergwerken; E. T. A. Hoffmann war einerseits, wie wir sahen, als Schriftsteller, Komponist, Maler und Musikkritiker die personifizierte romantische Phantasie, andererseits ein hochbeschäftigter und angesehener Richter.

Zur weiteren Erschwerung einer Definition kommt hinzu, daß viele Romantiker nur aufrichtige Verachtung füreinander übrig hatten und das mitunter auch in gedruckter Form aussprachen. August Wilhelm Schlegel etwa wurde zur Zielscheibe mancher rückhaltlosen Beleidigung. Constant kritisierte ihn als Langweiler, Feigling und Egoist. Stendhal nannte ihn einen elenden Pedanten, einen bloßen Übersetzer, der sich für einen Denker hält.[12] William Hazlitt eröffnet 1816 seine Rezension des Schlegelschen Hauptwerks, der Vorlesungen *Über dramatische Kunst und Litteratur*, mit dem kurzen Satz: «Das Buch ist deutsch.» Gedacht war das nicht als Kompliment, denn er fand sämtliche deutschen Romantiker, nicht nur Schlegel, unendlich hochtrabend; mit einem «Riesenapparat» metaphysischer Absurditäten kommen sie – so Hazlitt – daher, und «ihr Anspruch schießt immer weit über das von ihnen Geleistete hinaus».[13] Den einen Teil dieser Abneigung bezog er aus privaten Ressentiments, den anderen aus dogmatischen Urteilen, die von vagen Vorstellungen über einen Nationalcharakter zehrten. Jedenfalls zeigt sich hier, daß die vermeintliche, von der Nachwelt vorschnell zu einer Einheit zusammengeschweißte Rebellenarmee, die sich wie ein Mann gegen todgeweihte neoklassische Dogmen in Kunst und Literatur erhebt, in Wirklichkeit von unauflöslichen Spannungen durchzogen war.

Die Auffassung, eine Definition der Romantik müsse auf ihrem Gegensatz zur Klassik beruhen, entstand in der Romantik selber und hat sich lang am Leben erhalten. Die Vaterschaft dafür hat Goethe reklamiert; August Wilhelm Schlegel und nach ihm Madame de Staël schlossen sich bei ihrem Versuch, die Sache der Romantiker zu verstehen und voranzubringen, ebenfalls an. Für Chateaubriand war es schon eine Selbstverständlichkeit; ebenso für Stendhal.[14] Aber der – keineswegs sinnlose – Klärungsversuch wurde schnell zunichte gemacht: Byron behagte er gar nicht, und 1824 ereiferte sich der junge Victor Hugo: «Romantik, Klassik – was sollen uns diese Namen?» Er selbst änderte seine Ansicht zwar bald, doch der englische Romancier Edward Bulwer-Lytton notiert 1833: «Byrons Stil ist gleichermaßen klassisch und romantisch», und «selbst ein Shelley, den manche als Musterbeispiel für die Romantische Schule zitieren würden, hat sich am Vorbild der Klassik orientiert.»[15] Ein kluger Gedanke, der schon eine Zeitlang in der Luft lag. Ausgerechnet Goethe, der in einem berühmten Ausspruch die Romantik als krank und die Klassik als gesund bezeichnete, hat ja immer wie ein Romantiker geschrieben und diente den deutschen Romantikern denn auch als bewundertes Musterbeispiel.

Ähnliche Komplikationen machen sich bei der Zeittabelle der Romantiker bemerkbar. Wenn man von ein paar frühen tastenden Versuchen absieht, kann man den Beginn der englischen und deutschen Romantik anscheinend präzise auf das Jahr 1798 datieren, als Wordsworth und Coleridge ihre *Lyrical Ballads* und die Schlegels ihr *Athenäum* herausbrachten. In Frankreich indessen führte der Neoklassizismus einen hartnäckigen Kampf gegen die romantischen Tendenzen; am Leben erhalten wurde er durch die Revolution und hielt sich bis nach der Regierungszeit Napoleons I., weil dieser ihn von höchster Stelle förderte. Allerdings nicht ohne Widerspruch zu wecken: In ihren Romanen und Streitschriften trat Madame de Staël mit trotzigen romantischen Erklärungen gegen ihn an, und der junge Chateaubriand tat es ihr nach. Im Jahr 1824 startete Louis Simon Auger, ständiger Sekretär der Académie française und enthusiastischer Vertreter der altgedienten klassischen Ideale in der Literatur, einen haßerfüllten Angriff auf die Romantiker, konnte aber zugleich erleichtert feststellen, daß «die Sekte erst neu ist und noch wenige sich offen zu ihr bekennen».[16] Für eine Gefahr hielt er sie überhaupt nur deshalb, weil ihre Anhänger jung und voll glühender Leidenschaft waren. Öffentlich aus der Taufe gehoben wurde die französische Romantik denn auch erst im Jahr 1827, als Victor Hugos Vorwort zu *Cromwell* erschien, und 1830, als es bei der Aufführung seiner Tragödie *Hernani* zu Tumulten zwischen Anhängern und Gegnern des unkonventionellen romantischen Dramas kam.

Zu dieser Zeit war der romantische Impuls in England und den deutschen Staaten bereits weitgehend verbraucht; die meisten Vorkämpfer der Romantik waren tot oder produzierten nicht mehr oder hatten sich esoterischer Gelehrsamkeit zugewandt. Auch in anderen Ländern – in Skandinavien, Italien oder den Vereinigten Staaten – hatte die romantische Epoche ihren je besonderen Rhythmus, und eigentlich ließ sich keiner mit den anderen koordinieren. Zugleich aber haben die Romantiker des einen Landes manchen eifrigen Schülern in einem anderen ihren Stempel aufgedrückt. Der kluge Coleridge ist undenkbar ohne seine intensive Lektüre der deutschen Philosophen der Romantik, undenkbar zumal ohne Schelling, den Ästhetiker, Theologen und Naturphilosophen, der uns noch beschäftigen wird; Goethe, Edgar Allan Poe und viele andere waren bezaubert von Byrons Poesie; Delacroix bekannte offen, wieviel er seinem englischen Freund, dem frühen Landschaftsmaler Richard Bonington, verdankt; Charles Augustin Sainte-Beuve, Frankreichs scharfsichtigster Kritiker, hat die Herkunft seiner Lyrik von den Dichtern des Lake District nie verleugnet; Beethoven gab dem Musikleben der Nationen, auch des widerstrebenden Frankreich, eine neue Gestalt. Kurz, eine Epoche, die immer als Vorkämpferin für das von seinen Ketten befreite Individuum galt, lieferte mit ihrer verwirrenden Vielfalt selbst ein Beispiel für dieses Ideal.

Für die Kultur des 19. Jahrhunderts freilich wurde die einheitliche und beinahe unwiderstehliche romantische Botschaft, die sich allmählich herausschälte, wichtiger als die Divergenzen zwischen den Romantikern: nämlich das obsessive Interesse für die tieferen Gefühlsschichten. Leidenschaftlicher und konsequenter als ihre Vorgänger haben die Romantiker das Selbst erlebt und interpretiert und sind ihm bis in seine geheimsten Verstecke hinein gefolgt. Freud war kein Romantiker, aber seine Mitte der 90er Jahre begonnene Selbstanalyse wirkt wie eine späte Einlösung des romantischen Programms. Das moderne Selbst war natürlich keine Erfindung der Romantiker; es existierte schon spätestens seit Montaigne. Doch mit ihrer einsamen Selbstreflexion und als gefühlvolle Individuen, die sich in Politik, Religion oder Liebe der Welt öffnen, haben sie dem Jahrhundert ein nachhaltig wirkendes Vermächtnis hinterlassen.

1. Die entfesselte Phantasie

Die Vorstellung von einer einheitlichen romantischen Bewegung mag unhaltbar sein oder allenfalls der Bequemlichkeit dienen. Aber der Eindruck, daß die Romantiker eine gewaltige kollektive Rebellion gegen die Aufklärung inszeniert haben, ist alles andere als ein Hirngespinst. Während Männer wie Stendhal, Hazlitt oder Shelley voll Stolz das Erbe des 18. Jahrhunderts reklamierten, wiesen viele andere sein – wie sie meinten – abscheuliches, umstürzlerisches Programm zurück. Damit diese Abwehr überhaupt einleuchtete, mußten sie sich einen widerwärtigen Buhmann ausdenken: Ihr Kaffeehausgelehrter leiert anmaßende und inhaltsleere Dogmen herunter, die sich durch schrankenlosen Vernunftglauben, unverantwortlichen Optimismus und die souveräne Mißachtung der geschichtlichen Entwicklung auszeichnen. Dafür mußten die Romantiker freilich gleich mehrere Seiten der Aufklärung verdrängen: ihr Verständnis für die Leidenschaften, ihren pessimistischen Zug und den sie prägenden politischen Realismus.[1] Gewiß, die Romantiker, die auf Distanz zu den *philosophes* gingen, hatten gute Gründe dafür, aber sie waren ihnen gegenüber nicht minder ungerecht, als es die *philosophes* ihrerseits gegenüber den Christen gewesen waren.

Bei unabhängigen Denkern wie Byron oder Constant setzte die romantische Selbsterkundung zwar Energien frei, die die traditionellen Denkweisen über den Haufen warfen. Die meisten Romantiker indessen meinten, mit dem herrschenden Aufklärungsideal, dem autonomen Selbst, das sich in einer indifferenten Natur behauptet, nicht leben zu können. Selbstbestimmungsansätze und kühne Unabhängigkeitserklärungen für den Geist schufen dort, wo zuvor der Glaube seinen Platz hatte, ein bedrohliches Vakuum. Dahintreibend in einer Welt, in der es keinen göttlichen Vater mehr gab, verwarfen die Romantiker also den von den Aufklärungsphilosophen vertretenen Geist der Kritik und zogen sich auf eine gesichertere, durch heilige Bücher und heilige Vaterfiguren geschützte Stellung zurück. Manche schwelgten im berauschenden Gefühl, sie machten einen totalen Neuanfang. Weit mehr Romantiker freilich kehrten beflissen zu alten Wahrheiten zurück oder schufen, weil sie sich den Lehren der Väter entfremdet hatten, aber verzweifelt nach geistiger Zuflucht suchten, ihrerseits autoritäre Lehrgebäude.

Die Empörung über das Zerstörungswerk der Aufklärung zieht sich durch alle – veröffentlichten und unveröffentlichten – Erklärungen der Romantiker hindurch. Für Friedrich Schlegel ist Paris, jenes berühmtberüchtigte Hauptquartier der *philosophes*, das «neue Sodom». Derlei Bibelworte wurden zu besonders begehrten romantischen Epitheta: Im Jahr 1805 verhöhnt Coleridge Frankreich als «Babylon, die Mutter aller Hurerei in Ethik, Philosophie und Geschmack», und seine Beschimpfung gilt dem Frankreich der Aufklärung. Drei Jahre später ist sein Freund Wordsworth nicht weniger dezidiert; in *The Convention of Cintra* kritisiert er «die verderblichen Sophistereien Frankreichs», insbesondere die «sinnwidrigen Träumereien Rousseaus und die Respektlosigkeiten Voltaires». Bei August Wilhelm Schlegel heißt es: «Der Depoetisationsprozeß hat freilich lange genug gedauert; es ist einmal Zeit, daß Luft, Feuer, Wasser, Erde wieder poetisiert werden». Novalis hält mit einem anschaulichen Bild der von ketzerischem Religions-Haß erfüllten modernen Philosophie vor, sie mache «die unendliche schöpferische Musik des Weltalls zum einförmigen Klappern einer ungeheuren Mühle». Der philosophierende deutsche Künstler Philipp Otto Runge, gleichermaßen Schriftsteller und Maler, findet es einen «Jammer, wie viele herrliche Menschen dem erbärmlichen Geist für die sogenannte Aufklärung und Philosophie haben erliegen müssen». Und in seinem *Statesman's Manual* von 1816 fordert Coleridge die englischen Oberschichten dringend auf, sich von den Propheten des Unglaubens loszusagen und zur Religion ihrer Väter zurückzukehren.[2] Selbst bei Männern wie John Stuart Mill, die diese Ablehnung der Aufklärung beklagen, wird es zum Gemeinplatz, daß die romantische Glaubenssuche eine weit verbreitete, machtvolle Triebkraft sei.

Ein Musterbeispiel des romantischen Rebellen gegen das 18. Jahrhundert war Friedrich Schlegel. Kurz vor der Jahrhundertwende suchte er als

junger Kritiker Mitstreiter für einen Feldzug gegen den «Aufklärungs-
berlinism» – und er fand sie auch.³ Der Krieg gegen Voltaire und seine
Bundesgenossen beschäftigte ihn von da an bis zu seinem Tod. In einer
Vorlesungsreihe, die er von 1804 bis 1806 hielt, ließ er das Denken der
Aufklärung voll Überheblichkeit einfach aus. In seiner Rangordnung der
Denkschulen rangierte der wissenschaftliche Empirismus, der Standpunkt, der den *philosophes* am nächsten liegt, auf der untersten Stufe, und
der Materialismus, dem die späte Aufklärung zum großen Teil verpflichtet war, lag nur wenig darüber. Skeptizismus und Pantheismus, zwei bei
den *philosophes* häufig vertretene Anschauungen, waren in Schlegels
Hierarchie nicht besser dran; nur der Idealismus, der fast schon so ver-
geistigt ist wie die Religion, fand seine volle Billigung.⁴ So viel zu den
Feinden der Verzauberung!

Viele von Schlegels Romantikerkollegen teilten diese Aufsässigkeit und
wandten sich gegen ihre ungläubigen Väter. In Wirklichkeit aber hatten
sie trotz ihrer Fetischisierung der Originalität mehr vom 18. Jahrhundert
im Gepäck als sie selbst glauben mochten.⁵ Daher die heillose Zweideutigkeit ihres Programms. Wie sehr sie sich zwischen freiem Wahrnehmen
und Voreingenommenheit hin und her geworfen haben, wird am deutlichsten vielleicht in ihrer Lieblingsdomäne, der Schöpferkraft der Phantasie. Die «Phantasie», so heißt es bei Wordsworth, «ist eigentlich

> Ein andrer Name nur für höchste Kraft
> Und scharfen Blick, für schrankenlosen Geist
> Und für Ekstase, Rausch, Verzückung der Vernunft.⁶

Dieser romantische Tribut an die Schöpferkraft war alles andere als wirklich schöpferisch. Auch die *philosophes* haben sich ja, wie viele andere vor
ihnen, voll Verehrung auf das berufen, was schon die alten Griechen über
den mit dem Genie verbundenen Wahnsinn und die Ekstase gesagt hatten, die die Tore zur Inspiration aufstößt. Selbst Voltaire, der kompetente
Verehrer und Popularisierer der Newtonschen Wissenschaft, beklagte
den Niedergang des Poetischen und die Vorherrschaft des Prosaischen zu
seiner Zeit.⁷
    Voltaire war außerdem nicht der erste, der das Loblied der Phantasie
anstimmte. Seit dem Beginn seines Jahrhunderts hatten Essayisten, Dichter und Philosophen deren Freuden besungen. In acht Heften seines *Spectator* hat Joseph Addison sich die Preisung der Phantasie zur Aufgabe
gemacht: sie ist «das wahre Leben und die höchste Vollendung der Dichtkunst» und hat «etwas von der Schöpfung an sich». Und noch Ende des
Jahrhunderts schwärmte Kant in ein paar vielzitierten Absätzen der *Kri-*

tik der Urteilskraft von der bedingungslosen Freiheit der Phantasie. Als renommiertester Vertreter der Aufklärung (*ihn* hat niemand, nicht einmal der erbittertste Kritiker der Aufklärung, je der Seichtheit geziehen) feiert er das «*Genie*« als «das Talent (Naturgabe), welches der Kunst die Regel gibt», als ein Talent, das «dem *Nachahmungsgeiste* gänzlich entgegen zu setzen» ist. Das Genie bezieht die Eingebung aus dem schöpferischen Unbewußten, da «der Urheber eines Produkts, welches er seinem Genie verdankt, selbst nicht weiß, wie sich in ihm die Ideen dazu herbei finden». Kant war kein Romantiker und unterschied nachdrücklich zwischen den Leidenschaften und der Wahrnehmung des Schönen. Aber von den Romantikern hat sich vielleicht nur Keats, für den beide ihrem Wesen nach eins sind, mehr als er für die Kräfte der menschlichen Phantasie begeistert: «Nichts ist mir so gewiß», schreibt er 1817, «wie die Heiligkeit der Herzensregungen und die Wahrheit der Phantasie – was die Phantasie als Schönheit faßt, muß Wahrheit sein – gleichgültig ob es sie vorher schon gab oder nicht.» In einem aufschlußreichen Bild vergleicht er die Phantasie mit «Adams Traum – er erwachte und sah, daß er wahr ist».[8] Aber seine freudige Entdeckung war nichts Neues.

Gelegentlich haben die Romantiker freilich anerkannt, daß sie ihren Antagonisten etwas verdanken. Coleridge etwa bekennt, daß er sich Kant und anderen verpflichtet fühlt: «Dort wird man meine Spur oder – als Jäger – meine Fährte entdecken.» Aber mit einigem Grund konnten sich die Romantiker ihre obsessive Begeisterung für die schöpferische Phantasie auch selbst zurechnen. Über das 18. Jahrhundert mit seiner Würdigung ihres Einflusses gingen sie ja weit hinaus und betonten die zentrale Rolle der Phantasie für das geistige Tun schlechthin. «Ohne Enthusiasmus», so schreibt Coleridge in einer seiner Laienpredigten, «ist nie etwas Großes geleistet worden», und Enthusiasmus ist jener Zustand des Geistes, der die Phantasie freisetzt.[9] Ist er nicht tatsächlich unverzichtbar für das Schaffen von Gedichten, Gemälden und Sinfonien – also für ein Schaffen, in dem die Romantiker sich besonders hervorgetan haben –, ja selbst für die Herstellung von schlichteren Produkten der menschlichen Kunstfertigkeit?

Als forsche Säkularisierer hatten die Aufklärungsphilosophen sich der Aufgabe verschrieben, die Welt zu entmystifizieren. Die Rätsel, vor denen in der Vergangenheit selbst die klügsten Köpfe mit frommem Schauder gestanden hatten, waren für sie nichts als ungelöste wissenschaftliche Probleme. Ihnen zufolge gehört die menschliche Psyche zur Natur und muß genauso erforscht werden, wie die Naturphilosophen – heute würden wir sagen: die Physiker, Chemiker und Biologen – ihre Gegenstände untersuchen, um zu erstaunlichen Ergebnissen zu gelangen. Newton, für

Voltaire und die übrigen *philosophes* der größte Mensch überhaupt, lieferte den nachfolgenden Wissenschaftlern das Vorbild, und vielleicht, so hofften sie, stand schon ein Newton des menschlichen Seelenlebens bereit. Genau deshalb waren sie so angetan von der Assoziationspsychologie, der Auffassung, daß die Gedanken aus miteinander verknüpften Sinneseindrücken entstehen. Dank dieser Lehre, die 1749 in David Hartleys einflußreichem Werk *Observations on Man* ihre verbindliche Form erhielt, konnten sie nun ohne die religiös geprägten Vorstellungen vom Wirken übernatürlicher Kräfte in der menschlichen Psyche auskommen. Der Dichter oder Maler, der ein Fabelwesen darstellt, das es in der Natur nicht gibt (etwa einen Zentauren oder ein Einhorn), betätigt seine Geisteskräfte, indem er fertige, in geheimen Winkeln seines Bewußtseins gespeicherte Bilder kombiniert.

Trotz ihrer Warnungen vor den der Poesie drohenden Gefahren stießen sich die Aufklärungsphilosophen nicht im geringsten an dieser etwas prosaischen Auffassung von den geistig-seelischen Vorgängen. Originalität gehörte nicht zu ihren Fetischen.[10] Und da sie auf ihre nüchterne Sicht der Dinge besonderen Wert legten, neigten sie zu Mißtrauen gegenüber Fiktionen, in denen sie reizvolle Schwindeleien, unterhaltsame Lügen und primitive Ausdrucksformen sahen, denen man entwachsen müsse. Nach ihrer Überzeugung gehört die Zukunft der Wissenschaft, nicht den angenehmen Hirngespinsten. Im Jahr 1754 spricht der Abbé Nicolas Trublet, ein zweitrangiger französischer Essayist, dieses Vorurteil in einer bemerkenswerten Prophezeiung offen aus: «Je vollkommener die Vernunft wird, desto mehr wird man die Urteilskraft über die Phantasie stellen, und desto geringer wird das Interesse für die Dichter. Die ersten Schriftsteller, so heißt es, seien Dichter gewesen. Das will ich wohl glauben; etwas anderes konnten sie auch kaum sein. Die letzten Schriftsteller werden Philosophen sein.» Das war eine extreme These, aber schon bald wurde sie zum Gemeinplatz. Ganz im Geist der aufklärerischen Vorstellungen von der Natur des Menschen notierte im Jahr 1800 der französische Gelehrte Joseph Marie de Gérando, der mit dem Studium primitiver Gesellschaften befaßt war, bei den «Wilden» müsse der Beobachter als erstes die Phantasie untersuchen, denn sie «entwickelt sich stets als erstes Vermögen».[11] Woraus zwangsläufig folgt: Genauso wie die Wildheit von der Zivilisation abgelöst wird, tritt auch die Phantasie ihre Vorrangstellung an die Vernunft ab.

Diese Abwertung der Phantasie empörte die Romantiker und bestärkte sie in ihrem Eindruck, sie seien vom Denken des vorangegangenen Jahrhunderts meilenweit entfernt. Akzeptieren konnten sie den Gedanken – ja er war ihnen wichtig –, daß die Phantasie besonders lebhaft bei Kindern, Primitiven und auch den Geisteskranken ausgeprägt ist. Für sie hieß das aber nicht, daß sie immer dann, wenn das Kind erwachsen, der Wilde zivilisiert und der Geisteskranke gesund wird, ad acta gelegt werden muß. Phantasie bleibt das ganze Leben hindurch die Hauptnahrung des Dichters, Komponisten, Malers, jedes mit Empfindung begabten Wesens. Jeder weiß, wie oft die Romantiker sich für die Unschuld, die angeborene Wahrnehmungsfähigkeit derer begeisterten, die die Gesellschaft noch nicht verdorben hat. Hat Wordsworth nicht in einem berühmten Vers behauptet, er wäre «lieber wohl / Ein Heide, mit vergangnem Geist genährt»? Dieselbe Botschaft übermitteln zwei bedeutende, um die Jahrhundertwende erschienene Romane der deutschen Romantik: Der Protagonist in Friedrich Hölderlins *Hyperion* nennt das Kind «ein göttlich Wesen..., solang es nicht in die Chamäleonsfarbe der Menschen getaucht ist», und sehnt sich – im entsprechenden, für Hölderlin typischen Ton – danach, «daß man werden kann, wie die Kinder, daß noch die goldne Zeit der Unschuld wiederkehrt». Und Friedrich Schlegel läßt den Helden in seiner *Lucinde* – auf die wir noch zurückkommen werden – auf dem Höhepunkt der sexuellen Erregung zur Geliebten sagen: «Sind wir nicht Kinder?»[12]

Die Entfremdung des frühen 19. Jahrhunderts von der Aufklärung und ihrem Gedanken, daß die Geschichte des menschlichen Geistes in der Überwindung kindlicher Einbildungen besteht, wurde durch die Aggressivität, mit der ihre Erben dieses einseitige Modell in die Epoche der Romantik einbrachten, nur verstärkt. In einer 1825 erschienenen Jugendschrift über Milton erklärt Thomas Babington Macaulay kategorisch: «Wir meinen, daß mit fortschreitender Zivilisation die Poesie fast zwangsläufig verschwindet.» Klar ist: «Die Sprache einer aufgeklärten Gesellschaft ist philosophisch, die eines nur halb zivilisierten Volkes poetisch.» Fast klingt es, als spräche Macaulay mit diesen kühnen Behauptungen eine allgemein akzeptierte Wahrheit aus. Tatsächlich bezeichnet Thomas Love Peacock, Autor satirischer Romane, schon im Jahr 1820 den Dichter der Gegenwart als «halben Barbaren in einer zivilisierten Gesellschaft. Er lebt in vergangenen Zeiten. In seinen Vorstellungen, Gedanken, Gefühlen, Assoziationen geht es ständig um barbarische Sitten, obsolete Gepflogenheiten und längst widerlegten Aberglauben. Sein Verstand bewegt sich wie ein Krebs: rückwärts». Das heißt: «Wie weit die Kultivierung der Poesie auch gehen mag, sie läuft zwangsläufig auf die Mißachtung einer bestimmten nützlichen Forschung hinaus; und es ist ein elender Anblick, wenn Menschen, deren Kopf zu Besserem taugt, in der lähmenden Scheinwelt dieser hohlen, gehalt- und ziellosen Zerrbilder von geistiger Anstrengung verkümmern.»[13] Im Zeitalter der Wissenschaft hatte die Poesie, dieses üppige Produkt der Phantasie, keine Chance. Subjektive Träumereien müssen dem objektiven Erkennen weichen.

Nicht nur als Dokument für die antiromantische Strömung in den Jahrzehnten der Romantik verdient Peacocks amüsante Schrift Beachtung. Seinen Freund Shelley nämlich hat sie zu einer Verteidigungsrede für die Poesie bewegt, die uns noch beschäftigen wird, weil sie das wohl leidenschaftlichste Plädoyer für die schöpferische Phantasie ist, das die damalige Zeit hervorbringen sollte. Als Atheist und politischer Radikaler hatte Shelley zwangsläufig etwas für die kritische Arbeit der Aufklärung übrig: «Den Anstrengungen, die Männer wie Locke, Hume, Gibbon, Voltaire, Rousseau und deren Schüler für den unterdrückten und irregeleiteten Menschen unternommen haben, gebührt der Dank der gesamten Menschheit.» Man könne sich, so Shelley, «leicht ausrechnen», wieviel schlechter es um die Welt bestellt wäre, wenn sie nie gelebt hätten: «Hundert oder zweihundert Jahre lang wäre noch mancher Unsinn mehr verbreitet, und es wären vielleicht noch manche Männer, Frauen und Kinder mehr als Ketzer verbrannt worden.» Ganz unvorstellbar freilich wäre der Verlust, hätten in der Vergangenheit nicht die großen Dichter und Maler gelebt; dann hätte es auch die Wissenschaften, die von den Zeitgenossen so «hoch über den unmittelbaren Ausdruck der Erfindungsgabe und Schöpferkräfte gestellt» werden, nie gegeben.[14]

Die meisten anderen Romantiker konnten sich selbst mit der von Shelley zugestandenen begrenzten Kontinuität zwischen Aufklärung und der eigenen Generation nicht anfreunden. Schon Jahre vor Shelleys *Defence of Poetry* hatte sich William Blake entschieden geweigert, mit der wissenschaftlichen Weltanschauung der *philosophes* auch nur irgendeinen Kompromiß zu schließen. Da er sich weniger als andere Dichter zu beherrschen wußte, trug er seine Sache in dem für ihn typischen outrierten Ton vor. Bacon, Locke sowie Edmund Burkes Buch über das Erhabene habe er mit «Verachtung und Abscheu» gelesen. Sie «sind ein Hohn auf Inspiration und Sehergabe». Wo bleibt, so Blakes Klage, in ihrer Philosophie die Phantasie, wo bleiben Inspiration und Sehergabe? Kein Zweifel: «Reiner Enthusiasmus ist Ein und Alles!»[15] Wahnsinn ist besser als die inhaltleere, modische Philosophie der Zeit; alles, bloß kein Rationalismus.[16]

Der Exzentriker und Mystiker Blake läßt sich nur schwer einordnen und paßt nicht einmal so recht unter das breite Dach der Romantik.[17] Nicht zufällig hält Wordsworth ihn für einen interessanten Irren; allerdings hörten sich viele Romantiker kaum anders an als Blake. Für den Opiumesser Thomas De Quincey ist «der bloße Verstand ... das geringste Vermögen des menschlichen Geistes, dem am meisten zu mißtrauen ist». Noch früher, in einem Brief von 1791, vertritt der junge Coleridge

die These: «Die Vernunft wird reichlich bewirtet, die Phantasie muß
Hunger leiden: Während die Vernunft es sich im eigenen Paradies wohl
sein läßt, muß die Phantasie sich durch eine trostlose Wüstenei schlep-
pen.» Zehn Jahre später verkündet er triumphierend, er habe «die Assoziationslehre, wie Hartley sie vertreten hat, überwunden und mit ihr
zusammen die ganze religionsfeindliche Metaphysik der modernen Ungläubigen». Er wolle seinen Kreuzzug gegen «die monströsen Dummhei-
ten von CONDILLAC und CONDORCET» fortsetzen, denn diese
abscheulichen Männer «verwechselten regelmäßig die Negation von
Macht mit dem Besitz von Macht – und bezeichneten den Mangel an
Phantasie als Urteilskraft und die Unfähigkeit zur Verzückung als Philosophie!»[18] Die entfesselte Phantasie war der Trumpf, den die Romantiker gegen das sogenannte Zeitalter der Vernunft ausspielten.

Während die Romantiker in England und später auch in Frankreich gegen
die Liebe zur Vernunft polemisierten, lieferten Friedrich und August
Wilhelm Schlegel die rationale Begründung für ihre Liebe zur schöpferischen Phantasie. Seltsamerweise haben die Schlegels trotz ihres vehementen Plädoyers für das nichtrationale Innere, aus dem die Kunst ihre
Hauptlebenskraft schöpfe, selber so gut wie nichts zur schnell anwach-
senden Masse romantischer Literatur beigetragen. Sie waren Theoretiker
– und nur ganz selten Praktiker – der Phantasie; sie gaben dem Epigramm, der Vorlesung, der Abhandlung den Vorzug vor Roman oder
Gedicht. Beide waren fleißige Kritiker, deren Urteile über alte und neue
Theaterstücke, Gedichte oder Romane noch heute zu den interessantesten Interpretationen aus der Zeit der Romantik gehören. Und beide
waren beeindruckende Philologen, die auch exotische und namentlich
antike Sprachen beherrschten. Nicht einmal der einzige, in ihrem umfangreichen Werk ins Auge fallende Roman, Friedrich Schlegels *Lucinde*,
bildete recht eigentlich eine Ausnahme.[19] Erschienen war er 1799, als der
Autor 27 Jahre alt war, und erwies sich als Manifest in Form eines Romans. Herkunft und Tenor machten *Lucinde* zu einem im normalen
Wortsinn durchaus «romantischen» Werk. Hervorgegangen war es aus
den im Romantikerkreis von Jena und Berlin ausgetragenen hitzigen Debatten über Literaturtheorie und -geschichte sowie über das Wesen der
Liebe, und es erzählte eine wirkliche Liebesaffäre unter dem Deckmantel
des Romans. Im Jahr 1797 verliebte sich Schlegel in eine verheiratete
Frau, Moses Mendelssohns Tochter Dorothea Veit. Diese kluge und gebildete Frau fügte sich zunächst ihrem Vater, heiratete eine brave Seele
und litt schwer unter ihrer eintönigen Existenz. Obgleich sie zwei begabte Knaben hatte, war sie, von der Liebe zu dem brillanten, sieben

Jahre jüngeren Kritiker Schlegel gepackt, durch nichts mehr zurückzu-
halten. Sie verließ ihren Mann, reichte die Scheidung ein, zog zu ihrem
Geliebten und heiratete ihn schließlich. Das einzige Kind aus dieser Verbindung war *Lucinde* (siehe unten S. 115 f.).

Zwar gaben die Brüder Schlegel gemeinsam das *Athenäum* heraus, aber
für die Entwicklung des allmählich sich ausbreitenden romantischen Kli-
mas spielte jeder doch eine eigene Rolle. Der sprunghafte, phantasievolle
Friedrich, der zwischen fieberhafter Produktivität und Nichtstun hin und
her schwankte, schrieb funkelnde Aphorismen und nebelhafte Fragmente, die er hauptsächlich deshalb liebte, weil sie ihm die Qualen des
eigentlichen Buchschreibens ersparten. Der eitle und pedantische August
Wilhelm hingegen war ein glänzender Übersetzer, ein kluger, unbestech-
licher Leser und gelehrter Sanskritforscher. Die romantischen Ideen, die
er vertrat, trugen zum großen Teil die Signatur seines Bruders, aber seine
praktische Tätigkeit war wichtig für die Ausbreitung der Romantik, besonders nachdem Friedrich Schlegel zum Katholizismus übertrat und
restlos von der religiösen Deutung der Welt in Anspruch genommen
wurde.

In der von beiden Brüdern versuchten Darstellung des Schöpferischen
nimmt die Phantasie natürlich den Ehrenplatz ein. Bei einer Frankreich-
reise im Jahr 1803 zeigt Friedrich Schlegel prompt die gängigen Reaktionen: Mit chauvinistischer Geringschätzung und patriotischem Selbstlob
notiert er, die Franzosen ließen leider – und unbegreiflicherweise – vermis-
sen, was die Deutschen aufs wunderbarste besäßen, nämlich Phantasie. In
Frankreich findet man «wohl alles für die Sinnlichkeit, aber nichts für die
Phantasie» – ein verheerender Irrweg. «Weil die Phantasie schweigt, muß
der Sinn unaufhörlich beschäftigt werden.» Deshalb werde in Frankreich
alles zum Schauspiel. Kein Wunder, daß es dort nie einen Shakespeare gab,
in dem Friedrich Schlegel «das eigentliche Zentrum, den Kern der romantischen Fantasie» sieht. Was ist denn Kunst anderes, fragt er gegen Ende
seines Lebens mit einer rhetorischen Frage, «als die sichtbar gewordene,
und gleichsam körperlich in Gestalt und Wort und Klang heraustretende
Fantasie?» Diese «leichtbewegliche, vielgestaltige, immer erfinderische
Fantasie» bildet «den gefährlichen Vorzug des Menschen».[20]

Scharfsinnige Leser im Ausland, etwa Stendhal und Hazlitt, beeilten
sich, darauf hinzuweisen, daß – zumal in Ländern, in denen vernünftige
Rede und gesunder Menschenverstand etwas galten – derlei verschwom-
mene und hochtrabende Äußerungen, wie immer gelehrt und beobachtend sie sich geben mochten, die theoretische Botschaft der deutschen
Romantiker nur kompromittieren, vielleicht gar zunichte machen konnten. Aber Friedrich Schlegel wählte seine Adjektive für die gepriesene

Phantasie – «die sinnende, erfindende, ahnende Fantasie» – nicht ohne
Bedacht. Obgleich ihn die geheimnisvolle Macht des Schöpferischen mit
heiligem Schauder erfüllte, gab er seiner Charakteristik das Attribut «sin-
nend» bei, womit er andeutete, daß er zu differenzierten Urteilen in der
Lage sei.[21] Ganz ähnlich wie der große E. T. A. Hoffmann bezweifelte er,
daß Inspiration von sich aus Meisterwerke hervorbringen kann. Ohne die
nüchternen Mittel der Reflexion, der Selbsterkenntnis und Sachkompetenz sei es unmöglich, die spontane Idee in die künstlerische Form zu
zwingen.

Gewiß, nach Schlegels Überzeugung leben Kunst und Literatur vom
freien Spiel der Kräfte; auf seiner Reise nach Frankreich, die ihn durch
liebliche deutsche Wälder führt, macht er sich Gedanken über das «Gefühl romantischer Freiheit».[22] Seine Sehnsucht nach Freiraum im
Schöpferischen und sein Unmut über die Fesseln, die klassische Lehre
und unkritischer Ahnenkult dem Künstler anlegen, lassen nie nach und
haben mitunter etwas Verzweifeltes an sich. Und ganz wie bei anderen
Romantikern konkretisieren sich Sehnsucht wie Unmut im tiefen Abscheu gegenüber jenem wissenschaftlichen Determinismus, der das Markenzeichen der säkularen Aufklärung ist. Aber auch Friedrich Schlegel
ruft nicht nach regelloser Spontaneität. Selbst wenn die Romantiker die
Vernunft entthronen, so verbannen sie sie doch nicht aus dem Reich der
schöpferischen Künste.

Beim großen Thema der freien Phantasie findet sich August Wilhelm
Schlegel, wie wir sahen, im selben Lager wieder wie sein jüngerer Bruder.
Aber er ist kein bloßes Echo. «Die Poesie ist, wenn ich so sagen darf»,
schreibt er, «die Speculation der Fantasie.»[23] Ganz wie sein Bruder freilich erkennt er, daß die schöpferische Innerlichkeit nicht einfach irratio-
nal ist, und fordert Besonnenheit ebenso wie Klarheit, jene Eigenschaften, die enthusiastische Verehrer großer Werke so schwer zu ver-
wirklichen finden. Beim echten Dichter wie etwa bei Shakespeare können
beide Seiten der Innerlichkeit eins werden.

Shakespeare verkörpert diese gelungene Synthese aus Intuition und
Denken natürlich auf schönere Weise als jeder andere Autor. Als sein
vollendeter Übersetzer und Interpret konnte Schlegel selbst in England
auf respektvolles Gehör zählen, auch wenn seine Shakespeare-Vergötte-
rung hier und da mit Stirnrunzeln aufgenommen wurde. Nach seinen
Worten hat der englische Dichter «ausgezeichnete Kultur der Geisteskräfte, geübte Kunst, reiflich überlegte und würdige Absichten» vorzu-
weisen.[24] Kurz, dieser erzromantische Theoretiker konnte durchaus zugestehen, daß Erfahrung, Reflexion und praktisches Können einen nicht
unerheblichen Anteil am Kunstschaffen haben. Genie, so Schlegel in sei-

ner Kant-Rezension, muß beides sein: Einbildungskraft und Verstand, Phantasie und Vernunft, innere Anschauung und Kunstvermögen.

Doch trotz ihrer Anerkennung von Intellekt und Sachkompetenz hielten die Romantiker daran fest, daß die Phantasie nicht nur Variationen über einen bereits vorhandenen Grundstoff schafft; vielmehr erfindet sie unbekannte Bilder und vernimmt bislang ungehörte Harmonien. Ihr Protest gegen die Aufklärungsphilosophen ging weit über einen Fachstreit unter Psychologen und eine bloße Abweichung von der in der Aufklärung vorherrschenden Assoziationslehre hinaus. Er gab ihnen Gelegenheit, den Menschen – oder wenigstens den Künstler – als gottähnlich vorzustellen. Zur Debatte stand das Bild vom Selbst. Wären die *philosophes* im Recht, so wäre der menschliche Geist nichts anderes als ein passives Instrument, das selbst in der hohen Kunst und Literatur nur auf äußere Reize reagiert. Wären die Romantiker im Recht, so wäre das Selbst an der Entstehung der äußeren Welt – natürlich einschließlich der Werke der Phantasie – beteiligt. Die Adjektive, die die Romantiker für das phantasiebegabte menschliche Lebewesen verwendeten – mit Epitheta wie «prometheisch», «gottähnlich» und dem Allzweckwort «schöpferisch» verliehen sie ihm eine fast biblische Aura –, kamen schon in die Nähe einer religiösen Auffassung vom Menschen.

Da der Austausch der romantischen Ideen sich als echter Freihandel vollzog, verbreitete sich die deutsche Vorstellung von der schöpferischen Phantasie bald in ganz Europa. Zu Beginn des Jahrhunderts stand August Wilhelm Schlegel etwa sechs Jahre lang in geistiger, wenngleich nicht romantischer Verbindung mit der allgewaltigen Madame de Staël. In ihrem geräumigen Schloß in Coppet am Ufer des Genfer Sees versammelte sie einige der interessantesten Geister der Epoche, Männer, die dort ihren Studien nachgingen, ihre Texte vortrugen, sich mit anderen stritten und – zu diesen wenigen Auserwählten gehörte Schlegel nicht – mit der Gastgeberin liebten. In ihrer Schrift *De l'Allemagne*, in der sie die Deutschen zum poetischsten Volk Europas und Schlegel zu Deutschlands führendem Kritiker erhebt, überträgt sie dessen romantische Formulierungen in die eigenen gemäßigteren Denkformen. Sie bekräftigt seine Vorwürfe gegen den französischen Neoklassizismus und die empirische Psychologie der Aufklärung; ausführlich befaßt sie sich mit seinem Enthusiasmus für den Enthusiasmus – und übertrifft ihn darin noch. Ein halbes Jahrhundert zuvor hatte Montesquieu die Ursprünge moderner Freiheit in Deutschlands Wäldern ausfindig gemacht. Nun kam Madame de Staël, um Frankreich, Großbritannien und sogar die fernen Vereinigten Staaten, wo sie gleichfalls treue Leser hatte, mit den Herrlichkeiten der deutschen Innerlichkeit vertraut zu machen.

Madame de Staël schrieb vielgelesene Romane und verfaßte eigenwillige Kommentare zum aktuellen gesellschaftlichen Leben: Mit einigem Recht behandelten Napoleons Zensoren ihr Deutschlandbuch als politische Provokation. *De l'Allemagne* war letztlich nichts anderes als eine couragierte Anklage gegen den Kaiser; gleich im Jahr 1810 wurde die Schrift verboten und kam erst drei Jahre später auf den Buchmarkt. Nach ihrem Erscheinen – zuerst in England, ein Jahr später, nach Napoleons Sturz, in Frankreich – entfachte sie einen Streit von jener Sorte, die den betreffenden Ideen unter Garantie breites Gehör verschafft. In dem von ihr in Coppet gestifteten Zirkel hatte Madame de Staël eine Ausnahmestellung inne, weil sie Schiller bewunderte, gegen Goethe aber Vorbehalte hatte, und da sie sich nie mit der Rolle eines Transmissionsriemens begnügte, erwarb sie sich eine erhebliche Eigenständigkeit gegenüber den deutschen Romantikern, die ihre Lehrer gewesen waren. Was immer aber sie entlehnt und was sie selbst dazugetan hat, ihr Deutschlandbuch wurde nicht nur als Angriff auf einen Diktator verstanden, sondern – was noch wichtiger war – als kompetentes Lehrbuch der romantischen Positionen gelesen.

Bei der Verbreitung dessen, was deutsche Romantiker über die Phantasie dachten, war Coleridge auf seine Weise ebenso erfolgreich wie Madame de Staël. Einige seiner meistgelesenen Prosawerke, namentlich die *Biographia Literaria* von 1817, waren verkappte, aber gut ausgewählte Anthologien. In ihnen wimmelt es von Textpassagen, die Coleridge – oftmals ohne jeden Hinweis – den Werken deutscher Literaturwissenschaftler und Philosophen entnommen hatte. Natürlich war er alles andere als ein bloßer – zufällig des Deutschen mächtiger – Plagiator. Trotz seiner Jugend von großer Gelehrsamkeit, war er in antikem wie neuzeitlichem Denken gleichermaßen zu Hause, ständig auf der Suche nach einer kohärenten Darstellung des Schöpferischen, ein erstaunlicher, gewandter Redner, der die freie Assoziation praktisch zum Prinzip der Unterhaltung – seiner Unterhaltung – erhob.[25] Trotz seines wiederholten öffentlichen Engagements bestand das Leben für ihn im Innenleben. Einem Freund schreibt er 1796: «Geschichte *mag* ich nicht. Am liebsten beschäftige ich mich mit Metaphysik und Dichtkunst und ‹seelischen Dingen›.»[26] Dieses übermächtige Interesse am Selbst, diese Konzentration auf das Seelische beherrscht seine Dichtung, die am schönsten dort ist, wo sie etwas Halluzinatorisches an sich hat, und genau das verfolgt einen dann um so mehr, als manche Gedichte unvollendet geblieben sind. *Kubla Khan* gibt eine prachtvolle Opiumvision wieder; *The Rime of the Ancient Mariner* strotzt vor religiöser Symbolik. Romantisch sind diese Gedichte in der Auswahl und Behandlung des Sujets und radikal privat von ihrer Herkunft her. Niemand anders als Coleridge selbst hätte sie schreiben können.

Dennoch sind die Unterscheidungen, die Coleridge zwischen Einbildung und Phantasie sowie zwischen diversen Stufen der Phantasie trifft, schlichte Anleihen bei August Wilhelm Schlegel und mehr noch bei Schelling. Letzterer sieht die Hauptdisziplin in der Ästhetik. Noch vor Keats setzt er Schönheit mit Wahrheit gleich, noch vor Shelley bejubelt er den Dichter als Entdecker und höchsten Interpreten der Natur. In Schellings romantischem Denken steht die Phantasie unter den menschlichen Vermögen an oberster Stelle. Aber auch Schelling betont, die Phantasie brauche für ihr schöpferisches Werk die Unterstützung der bewußten Kunstfertigkeit; Shakespeare, den er ebenso wie die anderen Romantiker zum Beweis seiner Thesen heranzieht, ist beides zugleich: perfekter Handwerker und intuitives Genie.

Coleridge gibt diese romantische Philosophie in einem ungewöhnlichen Amalgam aus versteckten Zitaten, kunstvollen Paraphrasen und eigenen Neuformulierungen wieder. Ihm zufolge ist der große Dichter ein Neuschöpfer; den aktuellen Geschmack spiegelt er nicht wider, er schafft ihn. Als Genie steht er weit über dem bloßen Talent. Vor anderen zeichnet er sich aus, weil er allein «vertraute Dinge so darstellen kann, daß er in anderen Menschen ein dem seinen ähnliches Gefühl erzeugt».[27] Der Talentierte hat Einbildungen; das Genie hat Phantasie. Einbildungen unterliegen den Gesetzen der Assoziation; die «primäre PHANTASIE» hingegen ist «der im unendlichen Ich Bin ewig vollzogene Schöpfungsakt, wiederholt im endlichen Denken».[28] Das Genie, in dem gebieterische Kräfte stecken, überläßt seinem Unbewußten die schöpferische Arbeit – so die eigentliche Definition des Genies. Zusätzlich aber zur Freiheit der Phantasie braucht und besitzt es die Methode. Bei alldem verliert Coleridge in keinem Moment den Feind aus dem Auge: nämlich das aufklärerische Modell der mentalen Vorgänge mit seiner verheerenden Ansicht, der menschliche Geist zehre wie ein Parasit von geborgter Energie.

Im schöpferischen Inneren gibt es also – so Coleridges offenbar unvermeidliche Überzeugung – viel mehr Fülle, als die Aufklärung je ahnte. Philosophie «richtet sich auf Gegenstände des INNEREN SINNES», desgleichen die Dichtung. Eben dieser innere Sinn interessiert ihn – und läßt ihn nicht los. Zu begreifen gelte es unbedingt, «wie der Geist sich im Akt des Denkens selbst erfährt». Nur einer kleinen Forscherelite sei es beschieden, den Ursprung des «höchsten und intuitiv anschauenden Erkennens» zu entdecken. Nur diejenigen können «die philosophische Phantasie, das heilige Vermögen der Selbstanschauung erlangen, die imstande sind, im eigenen Innern das Symbol zu deuten und zu begreifen».

Und er preist die «Männer jeden Alters, die unter dem fast triebhaften Zwang stehen, die eigene Natur zum Problem zu machen, und all ihre Anstrengungen auf dessen Lösung richten.»[29] Seine Hymne auf diese seltenen Forscher klingt zwar ganz allgemein, aber mit ihnen identifiziert er sich. Wenige philosophierende Dichter haben ihr eigenes Wesen so rätselhaft und so unendlich faszinierend gefunden wie Coleridge. In seiner Auseinandersetzung damit hat er, weil er partout originell sein wollte, die grauenhaftesten Neologismen – wie etwa «desynonymisieren» oder «esemplastisch» – geprägt.[30] Diese manierierten, ebenso sperrigen wie teutonischen Wortprägungen, die an Dunkelheit wohl das Äußerste waren, was er stilistisch zu bieten hatte, warfen freilich mehr Probleme auf, als sie lösen konnten.

Shelleys *Defence of Poetry* ist zwar die Klarheit und Durchsichtigkeit selbst, aber ihr Problem liegt anderswo: in der Übertreibung. Unter Aufbietung seiner ganzen beneidenswerten Rednergabe türmt Shelley eine These auf die andere, um zu belegen, daß die Stellung des Dichters in der Geschichte nicht ihresgleichen hat. Dabei befindet er sich in guter Gesellschaft: In der romantischen Literatur wird es zum Gemeinplatz, die Dichter der Vergangenheit als Führer oder Märtyrer ihrer Kultur zu verhimmeln und – nach dem Vorbild der antiken Autoren – die Muse der Dichtkunst um Beistand für die eigene Inspiration zu bitten. Doch wenige Dichter machen sich damals mit solchem Ernst, ja solcher Vehemenz für die Schöpferkräfte der Phantasie stark wie Shelley. Wenn er sich besonders entschieden äußert, kann es ihm in Sachen sublimer Eigennutz nicht einmal Victor Hugo gleichtun.

Dichter sein, so Shelley, «heißt das Wahre und das Schöne begreifen». Der Dichter hat teil am Ewigen, Unendlichen und Einen und ist «die Nachtigall, die im Dunkeln singt, um sich in ihrer Einsamkeit mit süßen Tönen aufzumuntern; ihre Zuhörer sind wie Menschen, die verzückt der Melodie eines unsichtbaren Musikers lauschen, die merken, wie sie gerührt und besänftigt werden, ohne zu wissen, woher oder warum». Mehr noch, ja weit mehr noch: Dichter «sind nicht nur Schöpfer von Sprache und Musik, von Tanz und Architektur und Bildhauerei und Malerei: Sie stiften die Gesetze und begründen die bürgerliche Gesellschaft und ersinnen die Lebenskünste». Dabei ist die Poesie, die Shelley rundheraus als «Ausdruck der Phantasie» definiert, der allgewaltige Lehrer. Sie «hebt den Schleier von der verborgenen Schönheit der Welt und macht, daß vertraute Dinge ganz unvertraut wirken», sie «schafft der Erkenntnis und dem Vermögen und der Lust neuen Stoff». Sie ist «etwas Göttliches», zugleich «Zentrum und Peripherie des Erkennens», und «macht alle Dinge schön».[31]

In seiner Verzückung kommt Shelley nie die Frage in den Sinn, warum eigentlich, wenn die Dichter all das vollbracht haben, bis in die Gegenwart hinein ihre gesetzgebende Gewalt ganz unbeachtet geblieben ist. Aber obgleich Shelleys phantastische Geschichtsversion nichts anderes ist als eine interessierte Fiktion, zeugt seine *Defence of Poetry* doch von einer neuen Stimmung, die damals auch unter gewöhnlicheren Sterblichen Verbreitung fand. Shelleys Umkehrung altgedienter Hierarchien hat einschneidende Konsequenzen. Wenn er die historische Rolle dieser Apostel des Innenlebens so ausgiebig würdigt, gibt er den Anstoß zu einer Ausweitung des Raumes, den das Selbst im menschlichen Leben einnehmen kann und soll. Wenn er den Dichter über alle anderen, über Wissenschaftler, Staatsmänner und Heilige stellt, betreibt er die Säkularisierung der traditionellen Anschauung vom Selbst, in der es als Kind Gottes galt. Genoß früher der Priester (oder der Heilige) die allerhöchste Achtung, so tut es nun der Dichter.

Shelleys rhetorisches Feuerwerk bezeugt, daß ein Romantiker nicht im konventionellen Sinne religiös sein mußte, um die Wiederverzauberung der Welt zu betreiben. Zugleich zeugt es davon, daß Shelleys überspanntes Plädoyer für den Dichter als säkularen Heilsbringer mit seiner Vision einer Geisteselite zwar etwas Aristokratisches hatte, aber auf seine poetische Weise auch ein Schritt in Richtung Demokratie war. Was nach Shelleys Darstellung im Leben wirklich zählt, ist weder Geburt noch Reichtum, sondern jene unwägbare, unberechenbare innere Gabe: das Genie. Sein Manifest weist der Innerlichkeit dieselbe Richtung, die Napoleon mit seinem Votum, über die Karriere dürfe nur die Begabung entscheiden, dem Leben in der Gesellschaft weist. Daher ist es eine politische Äußerung: Es fordert, einer Welt, aus der die Magie gewichen ist, die Innerlichkeit zurückzugeben.

2. Das Selbst in der Politik

Aufgestört von den geschichtlichen Erdbeben um sie herum, haben die Romantiker der ersten Generation mit Leidenschaft radikale Politik gespielt. Sie begrüßten die Französische Revolution, provozierten die jeweiligen Zensoren, traten Reformclubs bei, die die Regierung überwachen ließ. Aber die meisten haben sich früher oder später – die deutschen früher – von derlei riskanten Abenteuern abgewandt. Sichtbarste Ausnahme waren, wie sich schon bald zeigt, die französischen Romantiker. «Jedes literarische Werk», so heißt es 1833 bei Victor Hugo, «ist eine Tat» – und damit meint er eine politische Tat.[1] Nur wenige Romantiker außerhalb Frankreichs hätten diese dezidierte Maxime unterschrieben. Die Äußerungen zu politischen Themen, die sie sich noch gestatteten, waren nicht motiviert von der begründeten Forderung nach Reformen oder von der Jagd nach Macht, sondern von utopischen Wunschträumen, religiösen Interessen, vom Überdruß an einer heillos verderbten Welt oder vom Drang, in den Beruf ihrer Wahl zu entfliehen – in Kunst, Musik oder Dichtung. Und selbst wenn sie sich über politische Probleme Gedanken machten, sagten die meisten voll Stolz, ihre Berufung liege im Streben nach höherer Innerlichkeit.

Damals und auch später kam es zu heftigen Disputen über die Frage, worin rationales politisches Denken besteht: Was dem einen Romantiker Mäßigung war, das hieß für den anderen Fanatismus. Alles Politische hat ja auch eine Ausdrucksseite; die bloße Durchsetzung von Interessen (sei's der eigenen, sei's der Klasseninteressen) kann nie seine alleinige Energiequelle sein. Selbst Machiavelli, der berühmt-berüchtigte Machttechniker, war von nie verhehlten privaten Motiven getrieben. Aber häufiger als bei anderen wurde die Politik bei den Romantikern von selbstbezogenen Leidenschaften überschwemmt. Noch im Eifer der aufrichtigsten politischen Erregung erhielt ihre Reaktion auf die Ereignisse größere Bedeutung als die Ereignisse selbst. Die Französische Revolution, die napoleonische Diktatur, die repressiven Erlasse der Regierungen in England oder Mitteleuropa, – all dies hatte weniger Gewicht für sie als das, was sie dazu empfanden (empfanden, nicht etwa dachten).

Die politische Kultur, die in den Jahrzehnten der Romantik heranreifte, brachte eine entschiedene Abwendung von allem mit sich, was bis dahin als Mittel der Politik gedient hatte: Kabalen und Verschwörungen unter den wenigen, die dem Thron nahestanden, im Wechsel mit Hungerrevolten und gelegentlichen Aufständen. In vergangenen Zeiten – die in den deutschen Staaten und weiter im Süden und Osten noch keineswegs vergangen waren – ließen die Herrschenden keinen Raum für legale Opposition, sondern verboten jeden Ansatz zu organisierter Kritik der alteingesessenen Mächte als Aufruhr. Die Strafe für nicht mehr gefragte Politiker war zunächst das Schafott; später dann fielen sie in Ungnade – konkret hieß das, sie wurden in die Eintönigkeit und Nutzlosigkeit des Privatlebens in der Provinz verbannt. Im 18. Jahrhundert indessen wagten England und die neu gegründeten Vereinigten Staaten (auch wenn dort immer noch überall das Gespenst des «Parteihaders» an die Wand gemalt wurde) erste Experimente mit der Kompromißfindung zwischen politischen, um die staatlichen Ämter konkurrierenden Parteien. Die Französische Revolution, der doch der mörderische Sport gegenseitiger Anschwärzung als gravierender Schönheitsfehler anhaftet, setzte gleichwohl die politische Erziehung auf die Tagesordnung. Die zwar nach wie vor übel beleumdeten, aber zunehmend zivilisierten Parteien machten sich vom Vorwurf des selbstsüchtigen Haderns frei. So entwickelte sich die Politik zu einem ernsthaften Spiel mit wohlverstandenen Regeln, zu denen auch die Übereinkunft gehörte, daß es dem Verlierer freistehen muß, neue Kräfte für den Wettstreit um die Macht zu sammeln.[2]

Die Kultivierung der Politik hatte weitreichende gesellschaftliche Folgen. Als rationales, friedliches Streben nach Macht erforderte sie offene Kommunikationswege zwischen Regierenden und Regierten, reichlich Spielraum für abweichende Meinungen zu Streitfragen und – wie immer eng begrenzte – Institutionen für die Mitwirkung des Volkes: etwa Grundgesetz, gesetzgebende Versammlung sowie Wahlen, die zumindest relativ frei von Einschüchterung und Betrug bleiben. Doch gerade diese Einladung zu staatsbürgerlicher Betätigung wurde letztlich von vielen Romantikern zurückgewiesen.

Natürlich tragen die Romantiker nicht die ganze Verantwortung für ihren Rückzug aus der Politik. In den damaligen stürmischen Jahrzehnten gingen die Regierungen scharf gegen jeden Unmut vor, indem sie Bürgerrechte außer Kraft setzten und mißliebige Kritiker ins Gefängnis warfen. Eingeschüchtert durch solche Verhältnisse, legten die rebellischen Romantiker ihre reformerischen und mehr noch ihre revolutionären Gefühle an die Leine und übten Selbstzensur. Als William Wordsworth 1794, damals nach eigenem Bekunden noch ein Aufrührer, bekennt, er gehöre zu «jenem verhaßten Menschenschlag der sogenannten Demokraten», die Monarchie und Aristokratie ablehnen, nimmt ihn sein Bruder Richard sogleich an die Kandare: «Ich hoffe, Du nimmst Dich in acht, wenn Du Deine politischen Ansichten schriftlich oder mündlich äußerst. Mit der Aufhebung der Habeas-Corpus-Akte haben die Minister große Macht bekommen.»[3] Das Auswechseln des politischen Extremismus gegen sicheren Konservatismus, der völlige Verzicht auf Politik zugunsten von Natur, Gelehrsamkeit oder Religion, das Märchensammeln oder Sanskritstudium an Stelle von Unterschriften unter Petitionen, – all das schien nichts als ein Gebot der Vernunft.

Doch das Bedürfnis nach einer dem eigenen Schutz dienenden Besonnenheit war gar nicht der Hauptgrund für den Rückzug der Romantiker vom Radikalismus. Legitime Gründe für das Abrücken von jenen Träumen, die die Veränderung der Welt durch die Tat verheißen, bildeten auch die immer stärkere Enttäuschung über den blutigen Verlauf der Französischen Revolution und etwas später das aggressive Vorgehen des napoleonischen Frankreich. Aber weder die Angst vor Repression noch das Entsetzen über Demagogen, die die geheiligten Grundsätze der Freiheit,

Gleichheit und Brüderlichkeit verraten hatten, noch gar die Tatsache, daß das Älterwerden dem jugendlichen Aktivismus eigentlich immer ein Ende setzt, reichen als Erklärung dafür, daß die Romantiker ihre frühen Ideale oder ihre Politik so gründlich verleugnet haben.[4] Der romantische Kult des Selbst wirkte von sich aus erheblich in seinen Anhängern nach: Viele Romantiker taten, wenn sie über Politik sprachen oder schrieben, kaum mehr, als in emphatischer Selbstäußerung zu schwelgen. Wie wir sehen werden, wandelten sie Revolutionen, Kriege, Zensur, wirtschaftliches Elend oder Sozialgesetzgebung einfach in Autobiographie um.

Nicht alle Romantiker sehen sich so. Einmal abgesehen von den erklärten Solipsisten, wollen doch etliche gern die Erfahrung machen, daß sie sich ernsthaft in öffentlichen Angelegenheiten engagieren können – allerdings in der ihnen eigenen, von der Phantasie geleiteten Art. Dabei finden sie in der Politik zwar herzlich wenig Poesie, aber sie machen die Entdeckung, daß die Poesie entscheidende Impulse aus der Politik erhalten kann. Im Jahr 1818 hat Hazlitt in einer seiner Vorlesungen über englische Dichter, aus der es etwas länger zu zitieren lohnt, diesen Zusammenhang meisterhaft herausgearbeitet. Er hält ihn für fundamental, nachgerade historisch. Die Dichterschule, an deren Spitze Wordsworth steht, so Hazlitt, «hat ihre Ursprünge in der Französischen Revolution, oder vielmehr in den Gefühlen und Ansichten, die diese Revolution hervorgebracht haben». Gegen Ende des 18. Jahrhunderts sank die Dichtkunst zur geistlosen und mechanischen Routinearbeit herab. «Sie brauchte etwas, das sie wachrüttelte, und fand dieses Etwas in den Prinzipien der Französischen Revolution.» Das Ergebnis war überwältigend. «Die Veränderung in der Literatur war genauso umfassend – und für viele genauso verblüffend – wie die Veränderung in der Politik, mit der sie Hand in Hand ging. In den Köpfen von Staatsmännern und Dichtern, von Königen und Völkern gärte es gewaltig. Die vorherrschende Auffassung war, alles solle natürlich und neu sein. Nichts Etabliertes dürfe mehr geduldet werden. Abgedroschene dichterische Redefiguren wie Tropen, Allegorien und Personifikationen mitsamt der ganzen heidnischen Mythologie wurden umgehend ausgemustert; jeder Bezug auf die klassische Literatur galt als antiquierte Affigkeit; im Druck waren großgeschriebene Nomen nicht weniger unzulässig als Adelsbriefe im wirklichen Leben; in der ernsten Tragödie oder der epischen Dichtung verloren Könige und Königinnen genauso ihren Thron und Stand wie andernorts ihren Kopf; der Reim galt als Relikt des Feudalsystems, und zusammen mit der gewohnten Regierung fiel auch das gewohnte Metrum. Gesetzmäßigkeit und Mode, Formschönheit oder Arrangement wurden hemmungslos ausgepfiffen, weil sie nichts anderes seien als Pedanterie und Vorurteil.»[5]

Hazlitt zufolge führt das – erstaunlich enge – Zusammenwirken von Politik und Dichtung zu einer Art demokratischer Anarchie und, bei den phantasiebegabten Schriftstellern, zu völliger Selbstbezogenheit. Der neue Dichter «gönnt Vortrefflichkeit keinem andern, nur sich selbst», er knausert mit Bewunderung, will aber unbedingt bewundert werden. «Er duldet nur, was er selber schafft; seine Sympathie gilt nur dem, was nicht mit ihm konkurrieren kann.» Kurz, «er sieht nur sich und das Universum», und «sein Egoismus hat etwas Wahnsinniges».[6] Diese amüsante Charakteristik hat Hazlitt ganz ernst gemeint. Und mit ihr beschreibt er in nuce einen Hauptzug des romantischen Stils: Die Romantiker haben nämlich den Einfluß der Außenwelt auf ihr Werk durch die ihnen eigene, narzißtische Rückbindung des Öffentlichen an privateste Bedürfnisse und Phantasien gefiltert und ihr soziales Engagement von Grund auf literarisiert. Aber Hazlitts Sozialgeschichte der neuesten Dichtung leistet, wie sich noch zeigen wird, nicht bei allen Romantikern gleichermaßen gute Dienste (siehe unten, besonders S. 78 f., 84). Fast alle Allgemeinurteile über die Romantiker können nur äußerst begrenzte Geltung beanspruchen; über kaum etwas waren die Romantiker einer Meinung, am allerwenigsten über ihre Haltung gegenüber den öffentlichen Angelegenheiten.

Am politischsten waren die französischen Romantiker, da die Geschichte sie förmlich auf den Schauplatz des Geschehens trieb. Ihre Autobiographien schrieben sie auf den Barrikaden, in den gesetzgebenden Versammlungen, für Parteizeitungen. Politische Betätigung – oder zumindest kraftvolle politische Rhetorik – war integraler Bestandteil ihrer Selbstdefinition. Als Literaten in der Nachfolge Rousseaus, der ein halbes Jahrhundert zuvor die These vertrat, daß im Grunde alles mit Politik zusammenhängt, begrüßten sie ihre öffentliche Tätigkeit als großes Schicksal. Wie viele ihrer Zeitgenossen meinten sie, die Welt werde regiert und verändert von Ideen. Würden diese nur in treffende Worte gefaßt, so seien sie nicht die Lakaien der Macht, sondern ihre Gebieter. Marx' Verstoß gegen diesen Konsens, seine Degradierung der Ideen zu einem Überbau, der die Gesellschaft nicht prägt, sondern von ihr geprägt wird, lag noch in ferner Zukunft.

Die Umwälzungen, die Frankreich jahrzehntelang immer wieder erschütterten, schienen das Bündnis zwischen Denken und Handeln zu bestätigen. Die Revolution wirkte fast im Wortsinn wie ein Kind der auf Umsturz sinnenden Propagandisten der Aufklärung. Die Gegner der Revolution verbissen sich geradezu darein: Für den Sturz der Monarchie, den Angriff auf das Christentum, den Justizmord an König und Königin, ja auch für die Schreckensherrschaft waren nach ihren Worten die Aufklärungsphilosophen verantwortlich. In seinen 1798 erschienenen, einigermaßen paranoiden *Mémoires pour servir à l'histoire du jacobinisme*, einem ersten Ansatz zur Analyse der Revolutionsursachen, erhebt der Abbé Barruel den Vorwurf, die Umwälzung sei eine Verschwörung von Freimaurern und Philosophen gewesen und von drei Christenhassern angeführt worden: vom preußischen König Friedrich II., von d'Alembert und Voltaire.

Voltaires hageres Antlitz stand den französischen Romantikern immer vor Augen, auch denjenigen, die nicht zu Barruels Schülern gehörten. Ob mit Bewunderung oder mit Abscheu, jedenfalls sahen sie in ihm, dem unbestreitbar herausragenden Intellektuellen des 18. Jahrhunderts, das Musterbeispiel des Politikers mit der Feder. Nicht ganz zu Unrecht: Offen oder versteckt, aber immer klar urteilend, hatte er sich in die öffentlichen Debatten eingemischt und sich als scharfsichtiger Kritiker der Institutionen und passionierter Vorkämpfer für die Beseitigung von Unrecht erwiesen. Aber nicht alle französischen Romantiker wußten ihm dafür Dank. Als Chateaubriand 1821 Sanssouci, das Schloß Friedrichs des Großen in Potsdam, besucht, geht ihm der Gedanke durch den Kopf, der preußische König und sein ehemaliger Freund Voltaire seien «zwei Gestalten, die für immer auf sonderbare Art miteinander verschränkt bleiben werden: Der letztere zerstörte eine Gesellschaft mit eben der Philosophie, dank derer der erste ein Königreich errichtete». Zehn Jahre später, 1833, wendet sich ein anderer Romantiker, nämlich Alfred de Musset, in erhabenem Ton an einen abscheulich grinsenden, in den Tod verliebten Voltaire, der Tag und Nacht unter dem großen Gebäude gewühlt habe, bis es über allen zusammengestürzt sei.[7] Als Männer des Wortes konnten die Romantiker nicht umhin, dem einflußreichsten Mann des Wortes, den Frankreich je hervorgebracht hatte, nolens volens ihre Ehrerbietung zu bezeugen. Und was Diderot zur Zielsetzung seiner *Encyclopédie* geschrieben hatte, bestärkte sie nur in der eigenen Vorstellung von ihrer Macht – oder doch ihren Möglichkeiten: Als Herausgeber jenes angeblich harmlosen Buchprojekts hatte er unumwunden angekündigt, seine Absicht sei die Veränderung der gesamten Denkweise. Nach ihrem Eindruck hatte er sein Programm eingelöst: die Revolution war die *Encyclopédie* in actu.

In Wahrheit hatten die französischen Revolutionäre diese neu entstandene, zu einem Zehntel aus Wirklichkeit, zu neun Zehnteln aus Einbildung bestehende Ideologie vom Dichter als Gesetzgeber weit über die Grenzen der üblichen menschlichen Vorstellungskraft hinausgetrieben. Die späteren Hauptakteure in den blutigen Ereignissen waren mit einem epischen Gedicht oder einer Tragödie in den Taschen nach Paris gekommen und hatten ihre Theaterstücke auf der öffentlichen Bühne in Szene gesetzt – koste es, was es wolle. Ihre Revolution zehrte – mehr als irgendeine andere – von Worten, von Pamphleten und Manifesten, Leitartikeln und sorgfältig einstudierten Reden, von Worten, die das Bewußtsein veränderten und Geschichte machten.[8] Zwar hatte die Revolution sich für Literaten als zweifelhafter Gewinn erwiesen. Der Dichter André Chénier, den die Romantiker erst ein Vierteljahrhundert später entdeckten, wurde guillotiniert, und ein paar andere Poeten waren diesem Schicksal nur knapp entgangen. Aber ihre Leiden bewiesen nur um so mehr, wie wichtig die Dichtkunst war – und mit ihr die Dichter.

Das bewies auch Napoleon I., und zwar auf die ihm eigene obrigkeitsstaatliche Weise. Ganz gegen seine Absicht hob er den politischen Einfluß der Schriftsteller hervor, indem er das Augenmerk auf ihre Publikationen richtete und sich – wie im Fall von Madame de Staëls *De l'Allemagne* – sogar persönlich einschaltete. Schriftsteller wie Voltaire, Chénier und Madame de Staël waren also Helden und Heldinnen der Feder, über die die Romantiker nicht einfach hinwegsehen konnten. Mit seiner Diktatur hatte Napoleon ihre Gelüste, weil er sie ungestillt ließ, überhaupt erst geweckt. Aber mochte er die politische Erziehung der Franzosen auch zum Stillstand bringen und gewaltsam umorientieren, mit Stumpf und Stiel vernichten konnte er sie nicht.

Kein Wunder also, daß es, sobald Napoleon ein für allemal aus dem Weg war, zu einem wahren Ausbruch politischer Rhetorik kam. Nach Waterloo konnten sich Dichter, Dramatiker und Romanciers wenigstens halbwegs ungehindert zu Wort melden und stürzten sich in die große Debatte über Frankreichs Zukunft. Die Charta von 1815, die als Verfassung ihres Landes diente, bis die Julirevolution von 1830 dem Restaurations-Regime ein Ende setzte, garantierte zwar noch nicht die freie Entfaltung der politischen Meinung, aber das 1819 verabschiedete Pressegesetz war schon entschieden liberaler. Um den Nachholbedarf zu befriedigen, schossen nun Zeitungen und Zeitschriften der diversen Parteien förmlich aus dem Boden. Die romantischen Dichter und Dramatiker verfaßten Leitartikel, und viele fanden als Journalisten ihre ersten Leser. Die im September 1824 erstmals erscheinende einflußreiche Tageszeitung *Le Globe* konnte eine beachtliche Schar junger Romantiker und ihrer ideologischen Verbündeten als Mitarbeiter gewinnen, unter ihnen auch den talentierten, produktiven Kritiker Sainte-Beuve sowie Adolphe Thiers, der damals am Beginn seiner langen, stürmischen Historiker- und Politiker-Karriere stand.

Zu den vielen gebildeten Europäern, die den *Globe* während seines siebenjährigen Bestehens treu gelesen haben, zählte auch Goethe. Mehr als jede andere Zeitung hat diese mitdefiniert, was französische Romantik eigentlich bedeutete. Zwar begann der *Globe* als literarisches Blatt und beteiligte sich am Versuch der Romantiker, sich aus dem Würgegriff der neoklassischen Dramentheorie zu befreien, aber nicht zufällig wurde er drei Jahre später zu einer politischen Zeitung und zum Organ der gemäßigten Liberalen.[9] In den Jahren, in denen die Romantiker ihren Platz im literarischen Bewußtsein Frankreichs fanden, wurde öffentlich über Grundsatzfragen debattiert, und es war selbstverständlich, daß sie sich gleichfalls engagierten. Sogar ein so innerlicher Dichter wie Alphonse de Lamartine, berühmt geworden durch seine düsteren, melancholischen Verse, leistete seinen sichtbaren, wenn auch etwas kümmerlichen öffentlichen Beitrag als Kopf der provisorischen Regierung nach der Februarrevolution von 1848. Mag sein, daß es nicht der Gipfel der Seligkeit war, in den Tagen jenes zweiten Neuanfangs in Frankreich zu leben, aber wenigstens aufheitern konnte es.

Gerade in den Schranken, die der öffentlichen Kritik durch die während der Restauration üblichen Schikanen gesetzt wurden, und der Ungewißheit, wo die Grenzen der erlaubten Rede jeweils lagen, fanden die Romantiker einen Ansporn zu immer kühneren Stellungnahmen. Daß nie feststand, wie das Verhältnis von Freiraum und Restriktion bei der nächsten Krise aussehen würde, lockte sie gerade. Als unverbesserliche Individualisten waren sie sich nur in einem Punkt einig: daß sie ein Recht hatten, sich einigermaßen rückhaltlos zu äußern. In allen sonstigen Fragen waren sie über die gesamte politische Landschaft verteilt, besuchten diesen oder jenen Salon oder schlossen sich gleichgesinnten Zirkeln an; ihre Parteinahme reichte von nostalgischer Schwärmerei für das Ancien Régime bis zur nostalgischen Schwärmerei für Napoleon, von der Unterstützung der Charta bis zu Tagträumen von nie gesehenen Verfassungsarrangements. Victor Hugo war damals Royalist und Chateaubriand gemäßigter Monarchist, Stendhal Bonapartist und Benjamin Constant Liberaler. Unabhängig von ihrer jeweiligen Perspektive nahmen alle die Einladung zur politischen Auseinandersetzung – soweit sie während der bourbonischen Restauration überhaupt gestattet war – mit Vergnügen an. Unter diesen Umständen war es nicht verwunderlich, daß Hugo sich ganz anhörte wie Shelley vor ihm und den Dichter großspurig «den Sprecher Gottes bei den Fürsten» nannte.[10] Beseelt von dem Gedanken, daß sie am Beginn einer neuen Welt standen, beflügelt von den grandiosen Programmen, die Henri Saint-Simon und seine Nachfolger für ein neues Industriezeitalter entwarfen, sahen sie kaum Grund, ihren eigenen Stellenwert mit übermäßiger Bescheidenheit zu betrachten.

Die vom Restaurationsregime eingeräumten Möglichkeiten der politischen Mitwirkung erwiesen sich als spannende Befreiung aus der Passivität. Aber nicht alle Romantiker begrüßten das, jedenfalls nicht zu jedem Zeitpunkt. Nie verkümmerten sie zu geistlosen Tatmenschen, sondern hielten an der feinfühligen Kultivierung des Inneren fest, und oft war ihr Tatendurst überschattet von dumpfen Grübeleien über die Sinnlosigkeit des Handelns. Zutiefst überzeugt, daß die Zeit, in der sie lebten, aus den Fugen sei, verfluchten manche wie Hamlet ihr Los: Zur Welt seien sie gekommen, um sie wieder in Ordnung zu bringen. Von Chateaubriand bis Alfred de Vigny, von Benjamin Constant bis Alfred de Musset beklagten – oder hätschelten – alle das von ihnen so genannte *mal de siècle*, das sich in einer quälenden Mut- und Ziellosigkeit äußerte. Diese bis dahin unbekannte Krankheit entlockte ihnen zwar gegensätzliche Diagnosen und abweichende Rezepturen, aber fast immer erschien sie ihnen als wirkliche Bedrohung. Der von den Snobs an den Tag gelegte, heillos übertriebene Zynismus, das Philistertum der Bürger, die von einem Vierteljahrhundert Aufruhr hinterlassene Verunsicherung und vor allem der Niedergang des Glaubens, – das waren die Symptome, die sie allenthalben aufspürten.

Ohne Zweifel war dieses krankhafte Analysieren eine Form aktiven Eingreifens, das die Zeitgenossen durch zielsichere Benennung der Krankheitsursachen von ihrem Übel kurieren sollte. Jene willensschwachen Menschen, von denen es in den Romanen und Gedichten der französischen Romantik nur so wimmelt, sollten mit ihrer Neigung zu Scheitern, Mißlingen und sogar Selbstmord nicht etwa Vorbild, sondern Warnung sein. Manche dieser jungen Diagnostiker wurden ja später zu politischen Theoretikern und Regierungsbeamten. Obgleich die französischen Romantiker unter der schmerzhaften Spannung zwischen ihrer privaten und ihrer öffentlichen Person gelitten haben, fanden viele doch Mittel und Wege, mit beiden zu leben. Aber das konnten sie vor allem deshalb, weil ihre Politik immer einen gewissen literarischen Beigeschmack behielt und die Literatur ihr Leben stets im Griff hatte. In seinem Rückblick auf das Paris, in dem Frédéric Chopin gelebt hat, stellt der scharfsichtige englische Musikwissenschaftler H. R. Haweis fest: «Um 1832 mündete die Aufwallung der ersten Jahre der Julirevolution wie selbstverständlich in Fragen der Kunst und Literatur, und da die Franzosen zwar manchmal genug vom Blutvergießen, nie aber genug vom Ruhm haben, wurde die große Schlacht zwischen romantischer und klassizistischer Schule auf dem unblutigen Schauplatz der Künste ausgetragen.»[11] Der Anteil der Selbstdarstellung in der romantischen Politik hat zu keinem Zeitpunkt gefehlt – auch in Frankreich nicht.

Ein Beispiel für die bei französischen Romantikern verbreitete produktive Koexistenz zwischen privatem und öffentlichem Leben und für den Primat des Ästhetischen sind die ersten Jahrzehnte von Victor Hugos langer Schriftstellerkarriere. Als junger Dichterneuling, der mit seiner kraftvollen und musikalischen Sprache rasch Einfluß auf seine Altersgenossen gewann, war Hugo zu Beginn der 20er Jahre ein aalglatter Konformist, dessen Verse die Monarchie durchaus honorieren konnte – und tatsächlich honorierte. Sein König war Ludwig XVIII., seine Verfassung die Charta, seine Religion der Katholizismus – mehr brauchte er nicht zu wissen. Heimisch fühlte er sich zwischen jungen Männern, die – wie Sainte-Beuve bissig bemerkte – nach eigenem Bekunden «Christen von guter Herkunft und vagen Gefühlen» waren.[12] Als der König ihm gar 500 Francs schenkte und mit dieser Geste nicht nur finanzielle Unterstützung, sondern auch eine hohe Gunstbezeigung zukommen ließ, konnte er sich Hugos Loyalität definitiv sichern. Obgleich Karl X., der jüngere Bruder des Königs, der 1824 auf den Thron kam, weniger Interesse für die Dichtkunst und mehr für die Religion mitbrachte, änderte sich für Hugo zunächst nichts. Zumindest darin erwies sich der neue Monarch als würdiger Nachfolger: Er hielt sich den Dichter warm, indem er ihm die begehrte *Légion d'honneur* verlieh.

Aber Hugo lernte leicht und war von rastlosem Temperament. In den literarischen Schlachten der französischen Romantiker gegen die neoklassizistische Orthodoxie und durch seine Freunde im Umkreis des *Globe* wurde er in politischen wie religiösen Dingen nach links gedrängt. Schon 1827 landete er mit seinem unorthodoxen Drama *Cromwell* mitten im Lager der Opposition. Drei Jahre später rühmte er sich im Vorwort von *Hernani* lauthals seines neuen Radikalismus. Zumal an die Jugend gewendet, schreibt er, es sei zwar noch herzlich wenig klar, wie Romantik eigentlich konturiert ist, dafür aber unmißverständlich, was sie aussagt: «Nach ihrer militanten Seite ist sie nichts anderes als der *Liberalismus* in der Literatur.» Dieser Schlachtruf richtet sich nicht nur an die Dichter: «Freiheit in den Künsten, Freiheit in der Gesellschaft: so heißt das doppelte Ziel, auf das alle konsequenten und logischen Denker im Gleichschritt zumarschieren müssen.»[13] Damit proklamiert – und demonstriert – Hugo, daß in Frankreich viele Wege, auch das Theater, zur Politik führen.

Mit seinen wechselnden Bündnissen hat Hugo zwar etwas vom Karrieristen, aber seine politischen Überzeugungen stammten aus Quellen, die tiefer lagen als der Opportunismus.[14] In den Jahren seiner raschen Entwicklung entdeckte er nämlich die gute Sache, die er eigentlich vertreten wollte: die Abschaffung der Todesstrafe. Als Kind hatte er auf einer Reise

mit seiner Familie an Straßenbäumen die verwesenden Leichen von ver-
urteilten Verbrechern hängen sehen; als Jugendlicher hatte er mit Ent-
setzen zugeschaut, wie auf einem öffentlichen Pariser Platz ein junges
Mädchen das Diebeszeichen in die Schulter gebrannt bekam, und das
Schreien dieses Mädchens verfolgte ihn sein Leben lang. Ein Jahr nach
Cromwell veröffentlichte er 1828 eine packende Novelle, *Le dernier jour
d'un condamné*, einen minuziösen Bericht von den letzten Stunden eines
Mörders, auf den die Guillotine wartet.[15] Diese – realen und erdachten –
Szenen riefen private Dämonen in ihm wach, und angesichts des politi-
schen Systems in Frankreich konnte er sie in Dienst nehmen für ein
radikales Reformprogramm, in dem das Drama – mit Hugo in der
Hauptrolle – den Ehrenplatz erhielt.

Die Erfahrungswelt der deutschen Romantiker sah erheblich dürftiger
aus und nötigte sie faktisch, sich von der Politik fernzuhalten. Tatsächlich
schlugen nur ganz wenige überhaupt den Weg *zur* Politik ein. Aufgesplit-
tert in etwa dreihundert Einheiten (die meisten im Duodezformat), war
Deutschland nichts als ein Sammelsurium absolutistischer Staaten, die
sich durch keinerlei Rechtsgarantien oder funktionsfähige Vertretungskörperschaften eingeschränkt sahen. Unter der Führung von Fürsten, die
gerade so autoritär herrschten, wie sie selbst es für richtig befanden,
waren diese Staaten schlimmstenfalls so etwas wie Kleinstdiktaturen, bestenfalls so etwas wie disziplinierte Familien im Großformat. Die Kirchen hatte der Herrscher fest im Griff; der Adel war ihm eine sichere
Stütze; die hohe und niedere Kultur stand unter strenger Aufsicht der
Behörden. Dazu paßte, daß die deutschen Untertanen ihren Fürsten als
«Landesvater» bezeichnen mußten; das Maximum, das sie von diesem
Ersatzvater zu erwarten hatten, war wohlwollende Güte. Die reformwil-
ligen unter den deutschen Bürgern setzten ihre Hoffnung auf die Bürokraten, jene gebildeten, ergebenen, obrigkeitsstaatlichen Beamten, die
nach Vernunftregeln, welche sie selbst festgelegt hatten, in ihrem jeweiligen Zuständigkeitsbereich schalteten und walteten.

In diesem Klima entwickelten die deutschen Rechtsgelehrten politische
Theorien, die kaum etwas anderes waren als eine Rechtfertigung für
untertänigen Gehorsam gegenüber der herrschenden Dynastie. Die fatale
Metapher vom Staat als einem Organismus, in dem sämtliche Institutionen – Kirchen, Militär, Adel, Universitäten, Schulen, Verwaltung – fest
integriert seien, ließ keinerlei Raum für eine Erziehung, die aus dem
Untertan einen Staatsbürger, einen *citoyen* macht. Fast schien es, als hätten die meisten prominenten Träger der deutschen Hochkultur – die
Dichter und Romanciers, die Gelehrten und Dramatiker –, jene Männer,

die andere Länder bereist und deren Presse gelesen hatten, einen stillschweigenden Pakt mit der Obrigkeit geschlossen, in dem sie sich mit
dem Verzicht auf Staatskritik den Spielraum für ihre persönlichen religiösen Anschauungen oder ihre regelwidrigen sexuellen Eskapaden er-
kauften.[16] Auf so unfruchtbarem Boden konnte sich keine politische
Tradition herausbilden.

Ein Teil der Deutschen wußte durchaus um dieses Treuegelöbnis. Im
Jahr 1801 begrüßt Friedrich Schiller in dem vielleicht pessimistischsten
Gedicht, das er je schrieb, das neue Jahrhundert mit der Frage, wie man in
einer mörderischen, ständig im Krieg befindlichen Welt Freiheit zu finden
vermag. Seine hoffnungslose Antwort lautet: «In des Herzens heilig stille
Räume / Mußt du fliehen aus des Lebens Drang. / Freiheit ist nur in dem
Reich der Träume, / Und das Schöne blüht nur im Gesang.» Aber eben
diese Lage, die der tatendurstige Schiller im höchsten Grade entmutigend
fand, war vielen berühmten Romantikern durchaus willkommen. Ein Jahr
bevor Schiller seine Klage über die verhängnisvolle Beschränkung der
Freiheit niederschrieb, hatte Friedrich Schlegel ein Fragment veröffentlicht, in dem er seinem Leser einschärft: «Nicht in die politische Welt
verschleudere du Glauben und Liebe, aber in der göttlichen Welt der
Wissenschaft und der Kunst opfre dein Innerstes in den heiligen Feuer-
strom ewiger Bildung.»[17] Er sprach für seine Romantikerfreunde mit.

Zwei Jahrzehnte später, als Mitteleuropa durch Revolutionen und
Kriege eine definitiv andere Gestalt bekommen hatte, hielt Schlegel noch
immer getreulich an seinem antipolitischen Standpunkt fest: «Das eigentliche Problem des Zeitalters», schreibt er 1822, «sein Ziel und Beruf, die
Aufgabe und Bestimmung, die es lösen und erreichen soll, dürften wohl
noch in einer ganz andern Sphäre liegen, als in den politischen Unruhen,
Parteiungen und Kämpfen der Gegenwart.»[18] Diese Feststellung hat eine
doppelte Stoßrichtung und zeigt einmal mehr, daß romantische Politik
etwas sehr Verwickeltes war. Einerseits erwies sich, wie man in England,
Frankreich und den Vereinigten Staaten entdeckte, der von Schlegel verurteilte Parteigeist als stabiles Fundament der Politik. Andererseits war
Schlegels Abkehr von der Politik gar nicht interesselos. Sie paßte zu
seinem missionarischen Auftrag, an der Zerstörung des säkularen Werks
der Aufklärung und der Französischen Revolution mitzuwirken.

Jahrelang hat er dieses Ziel verfolgt. «Nichts ist mehr Bedürfnis der
Zeit, als ein geistiges Gegengewicht gegen die Revolution», schrieb er
schon 1800.[19] Acht Jahre später trat er zum Katholizismus über und ließ
sich in Wien nieder, wo er Vorlesungen über Literatur und Philosophie
hielt und Zeitungen herausgab, die sich zum Sprachrohr der Habsburger
machten. Die österreichische Regierung nahm seine scharfe Feder bald

schon in ihre Dienste, und mehrere berauschende Jahre lang lebte er ganz in der Nähe des Machtzentrums: Er verfaßte Memoranden für den Fürsten Metternich, der nach dem Sturz Napoleons zum Architekten der europäischen Staatenordnung wurde, reiste als Mitglied österreichischer Delegationen zu internationalen Konferenzen und entwarf eine Verfassung für das Deutschland der postnapoleonischen Ära. Das war nicht nur eine lukrative und schmeichelhafte Betätigung; vielmehr hatte Schlegel die Überzeugung gewonnen, das erzkatholische Österreich sei das einzige echte Imperium in Europa und weise den Weg zu einem germanischen Idealreich.

Im Laufe dieser Karriere, die 1818 abrupt zu Ende ging, weil er alle seine Posten verlor, hoffte er wohl, literarisches und praktisches Leben unter einen Hut zu bringen.[20] In Wirklichkeit aber blieb die Kluft zwischen Literatur und Politik so unüberbrückbar tief wie zuvor. Klar gesehen hat das Friedrich von Gentz, nüchterner Konservativer und Übersetzer von Burkes *Reflections on the Revolution in France*. Über Schlegel schreibt er 1816: «Zu praktischen Geschäften war er nie tauglich; und seit einigen Jahren hat ihn die religiöse, oder besser kirchliche Wut vollends zum Narren gemacht.» Freilich, eine vermeintlich unpolitische Haltung nützte, wie wir sahen, letzten Endes der reaktionären Politik. Doch obwohl Schlegel jahrelang Partei ergriff, mochte er seinen Parteigeist nicht eingestehen. Als sein Bruder, der sich ihm mittlerweile entfremdet hat, darauf hinweist, tut er zutiefst empört. Mit frostigen Worten beharrt er auf der «festen, innern Gewißheit, weit entfernt von allen jetzigen Zeit-Partheyen, und ganz außerhalb ihrer Sphäre, zu stehen und zu leben».[21]

Diese – wie immer im Eigeninteresse geschriebene – Erklärung spricht deutlich aus, worin Friedrich Schlegels eigentliches Anliegen bestand. All seinen ergebenen Diensten für Metternich zum Trotz galt seine ganze Hingabe dem Leben der Selbstbeobachtung. Schon 1798 gesteht er seinem Bruder, bei den Fragmenten, die er gerade publizieren wolle, sei die Zahl der politischen Stücke im Vergleich zu den christlichen «etwas dürftig».[22] Und dürftig blieb sie. Über mehr als drei Jahrzehnte schrieb Friedrich Schlegel dem Bruder Hunderte von Briefen (manche davon waren regelrechte kleine Abhandlungen), natürlich voll von Mitteilungen, wie man sie unter Familienmitgliedern so austauscht: Schulden, Verliebtheiten, Selbstmordgedanken. Aber diese persönlichen Dinge nahmen, zusammen mit Urteilen zur Literatur und zu Veröffentlichungen, Schlegels Aufmerksamkeit völlig in Anspruch. So viel er über Dante zu sagen wußte, so wenig über Danton. Ein politischer Mensch, ein *zoon politikon*, hätte ganz andere Briefe geschrieben.

Da Schlegel in seinen Vorlesungen auch auf Tagesereignisse einging, kann man sich anhand der Schriften seine politische Plattform einigermaßen zusammenzimmern. Nach seinem Abschied von der jugendlichen Schwärmerei für die Französische Revolution forderte er die Emanzipation der Juden und die Einsetzung der katholischen Kirche Deutschlands in ihre alte Machtposition.[23] Zwischen 1820 und 1823 entwickelte er in einer Artikelreihe mit dem vielversprechenden Titel «Signatur des Zeitalters» seine endgültigen Gedanken über den Staat. Freilich sei das, so Schlegel, nur eine theoretische Übung, eine «rein intellektuelle Erörterung», in der «der krankhafte Zustand des Zeitalters» analysiert werde.[24]

Im Grunde genommen ist Schlegels politische Theorie also eine antipolitische Theorie und entspricht seiner Überzeugung, daß der Parteienstreit kaum Beachtung verdient und die Menschen in erster Linie frommen Einklang brauchen. Gegen die Gefahr der Anarchie, die der Staat bekämpfen muß, helfe allein «die Kraft des Glaubens und der Liebe» und nicht «Parteikampf». Nach all den Revolutionen von oben und von unten stehe Europa nun, in den 20er Jahren, vor einer «Revolution aus der Mitte heraus», die es «mit einer neuen furchtbaren Krisis und allgemeinen Erschütterung bedroht». Wie sein ehemaliger Dienstherr Metternich sieht Schlegel im Bürgertum das eigentliche revolutionäre Element der europäischen Gesellschaft – ein (nur teilweise berechtigtes) unbewußtes Kompliment, das als herber Vorwurf gedacht ist. In Deutschland, so Schlegel weiter, sei es vergleichsweise ruhig, «seitdem die meisten Regierungen mit Ernst dazu taten, jene altständischen Einrichtungen nach deutscher Art wieder herzustellen, oder neu zu beleben». Andere Staaten hingegen, die ihre Geschichte vergessen haben und mit Verfassungsorganen wie etwa Vertretungskörperschaften liebäugeln, seien anfällig für die Anarchie. Ihm zufolge fungiert der Staat als allgemeiner Hüter der «durch alle Zeiten hindurchgehenden wesentlichen» Institutionen wie «der Kirche und Schule, der Familie und Gilde». Das Ganze sei eben kein Mechanismus, sondern – wie nicht anders zu erwarten – ein Organismus, und genau das habe die postrevolutionäre Zeit nicht begriffen.[25]

Mit seiner Kritik zielt Schlegel nicht nur auf die aufrührerischen Liberalen. Ihm zufolge teilen sich die «selbstberufenen Weltverbesserer und Retter des Zeitalters» in zwei Klassen: in die Revolutionäre, die nur auf Zerstören aus sind, und die utopistischen Gegner der Revolution, die eine perfekte Welt entworfen haben und nun alle zum Mitmachen zwingen wollen. Beiden extremistischen Parteien gemeinsam ist die Vorstellung, der Staat sei «eine alles dirigierende, und alles regierende Gesetzesmaschine». Gebraucht werde nun keine passive dritte Partei in der Mitte, die gegenüber den Fanatikern nur schwach und nachgiebig wäre. Zwar sei der Staat eine «*bewaffnete Friedenskorporation*», aber «der eigentliche innere und geistige Frieden kann nur durch die Religion, in die Gemüter der Menschen kommen».[26] Schlegels Idealstaat hält denn auch das Christentum hoch, weil dieses allein die moderne Krankheit des Unglaubens heilen kann. Mit seinem unerschütterlichen Antreten gegen die Religion der Politik betreibt Schlegel eine Politik der Religion.[27]

Praktisch dasselbe tat auch der späte Coleridge. Der Weg, den die englischen Romantiker in ihrem politischen Denken zurücklegten, weist bei aller Verschiedenheit doch auffallende Übereinstimmungen mit dem der deutschen Romantiker auf. Gewiß, ihre politische Kultur war weit höher entwickelt als die in den deutschen Staaten und ihre Einstellungen gegenüber der aktiven Betätigung erheblich breiter gefächert. Aber trotz all der Möglichkeiten, die sie vorfanden – und zu denen das Parlament ebenso zählte wie die neu entstehenden politischen Parteien, die nach tätiger Abhilfe verlangenden Probleme der Industrialisierung und die relative Redefreiheit, die nach der hysterischen antifranzösischen Kampagne zum Teil wieder gewährt wurde –, wandten sich selbst so sprachmächtige Romantiker wie Coleridge ganz in deutscher Manier von der Politik ab.

In den letzten Jahren des 18. Jahrhunderts kehrte Coleridge nach einer vehementen und unverhüllt radikalen Phase in den – wie er selbst rühmend sagte – Hafen zurück, den Anglikanische Kirche und überkommene gesellschaftliche Institutionen am ehesten bieten konnten. Seine Kritik an der repressiven Politik der Regierung rechtfertigte er mit der Befürchtung, sie erst mache die Radikalen, die sie zu unterdrücken hoffe. Er selbst wollte nichts sein als «ein guter Mensch und Christ». Zu derlei mageren Schlüssen kam der hochgelehrte, von Zweifeln geplagte Redner Coleridge, als er sich nach den Tröstungen von Glauben und Gewißheit sehnte. Mit Vernunft – und vernünftigem Urteilen oder Folgern – hatte das wenig zu tun. «Meine Meinung ist», schreibt er 1801 an einen Freund, «daß tiefes Nachdenken nur dem Menschen mit tiefem Gefühl möglich und Wahrheit immer eine Art der Offenbarung ist.» In einer Laienpredigt von 1817 bringt er den Konservatismus, den er jahrelang verkündet hat, auf die folgende Kurzformel: «Dem Feudalsystem verdanken wir die Formen, der Kirche den Inhalt unserer Freiheit.»[28] Das Epitheton, mit dem Hazlitt den einst als Genie bewunderten Coleridge belegt, sagt alles. Coleridges *Rime of the Ancient Mariner*, so schreibt er, seine «hervorragendste Leistung», sei von «hochdeutscher» Art – was bei Hazlitt, wie wir wissen, nie für ein Lob steht.[29]

Doch Coleridge war nicht die ganze englische Romantik. Im Jahr 1818 verhöhnt Hazlitt zwar, wie wir schon sahen, die neuen Dichter seines Landes als prinzipielle Egoisten, die sich von der Französischen Revolution beflügeln lassen, aber so auf sich selbst fixiert seien, daß sie nichts anderes sehen als sich und das Universum – in dieser Reihenfolge. Gleichwohl gibt es einen romantischen Text, nämlich Shelleys zwei Jahre später erschienene Dichtung *Prometheus Unbound*, der zeigt, daß Hazlitts Charakterskizze auf manche romantischen Zeitgenossen weniger zutrifft als auf andere. Im Vorwort bekennt Shelley höchstpersönlich, er sei besessen von «einer Leidenschaft für die Veränderung der Welt». Einige Interpreten haben zwar angedeutet, daß sie sein schwieriges und ambitioniertes Versdrama für nicht mehr halten als einen Ausbruch von Narzißmus im Gewand einer kunstvollen klassischen Allegorie. Der Sache näher kommt man aber, wenn man es als großartige Fabel von der Befreiung des Menschen durch die Liebe liest, als grandiose politische Vision, die über die Selbstliebe ihres Autors hinausreicht.

Auch ein anderer Dichter, den Hazlitt gut kannte, nämlich Lord Byron, läßt sich als Beleg für diese nuanciertere Betrachtung der englischen Romantik heranziehen. Unbestreitbar hatte er einen Hang zur Politik; vielleicht wäre er im öffentlichen Leben aktiver und erfolgreicher geworden, hätte nicht der Klatsch über seine Privataffären ihn ins Exil getrieben. Seine erste Rede im House of Lords von Ende Februar 1812 zeigt beispielhaft, was er womöglich getan hätte, wenn er im Land geblieben – und nicht in Langeweile versunken wäre. In England herrschte damals auf Grund der neuen Produktionsmethoden eine verheerende Arbeitslosigkeit und entsetzliche Armut, und das einzige Gegenmittel, das sich die Regierung dazu einfallen ließ, war der Gegenschlag gegen die sogenannten Ludditen, jene maschinenstürmenden Weber, die zerstörten, was sie von ihrem Arbeitsplatz vertrieb. Wortgewaltig sprach Byron gegen die Gesetzesvorlage, die das Zerschlagen der Webmaschinen zum Kapitalverbrechen erklären wollte. «Ich bin zur Opposition geboren», schreibt er eine Woche später in Hochstimmung über seinen rhetorischen Triumph.[30] Doch von Italien aus konnte er seine Opposition nur per Beschimpfung in satirischen Gedichten und Briefen an seine Freunde zum Ausdruck bringen. Allerdings hat er sich, wie man weiß, nicht mit Worten begnügt: Er starb im Dienst einer Sache, zu der er sich aufgerufen fühlte, nämlich der Befreiung Griechenlands von türkischer Herrschaft. Mit seinem Tod hat er für den Liberalismus vermutlich mehr getan, als wenn er weitergelebt hätte.

Typischer allerdings als Byron mit seiner Faszination durch die Politik ist für die englische Romantik William Wordsworth mit seiner Unterordnung der Politik unter die Poesie. Schon als Kind hatte Wordsworth, wie er selbst sagt, «unbewußten Verkehr mit der Schönheit», und sein Engagement für öffentliche Probleme erwies sich bald als ein ebenso subjektives Erleben wie sein heiliger Schauder vor der Natur. Gleichwohl bewahrte er sich immer ein Interesse an der Politik; als John Stuart Mill 1831 den damals 61jährigen Wordsworth besucht, stellt er mit Überraschung fest, wie äußerst gut informiert der Dichter noch ist. Seine Dichtung, so Mill, lasse nicht ahnen, daß «das wirkliche Leben und die Geschäfte der Menschen» ihn nur im geringsten interessieren, aber «genau diesen Dingen widmet er das meiste Nachdenken, und über nichts spricht er lehrreicher als über gesellschaftliche Verhältnisse und Regierungsformen.»[31]

Zweifellos konnte Wordsworth sich über Staaten und Regierungen gut unterhalten, aber noch seine Entdeckung der Politik war eine Verbeugung vor seinem durch und durch romantischen Fühlen. Im Sommer 1790, als er noch in Cambridge studierte, unternahm er zusammen mit einem Schulfreund eine anstrengende Wanderung auf dem Kontinent, und als er sich in Frankreich auf dem Weg zu den Alpen befand, erlebte er zufällig die erste Jahresfeier der Erstürmung der Bastille. Wordsworth fand Gefallen an dem Ereignis. Zu sehen, wie eine «ganze Nation vor Freude wahnsinnig» wird, so schreibt er an seine Schwester Dorothy, mache tiefen Eindruck auf ihn.[32] Seine Reaktion war – jedenfalls in der Rückschau – wie üblich selbstbezogen:

> Wie süß zu solcher Zeit, bei solcher Lust
> Allüberall, in blüh'nder Jugendkraft
> Des Dichters melancholisch sanftes Fühlen
> Und liebevolles Trauern.[33]

Erfüllt mit revolutionären Gefühlen kehrte er nach England zurück. Als Enthusiast, der seine Ansichten mit handfester Information untermauern wollte, verbrachte er seine Tage über politischen Traktaten und bei Debatten im House of Commons, und als er Ende 1791 wieder nach Frankreich fuhr, stellte er mit Befriedigung fest, daß er dort überzeugende Gründe für die Unterstützung der Revolution finden konnte.

Es waren die Gründe eines Dichters, im Wortsinn anschauliche Gründe. In einer denkwürdigen Passage des *Prelude* erinnert er sich an jenen Mann, der ihn mit den Prinzipien der Revolution vertraut gemacht hat, einen französischen Offizier namens Beaupuy; mit ihm traf er

> Einmal auf jenes hungrig arme Mädchen,
> Das schwer dahinschleppt seinen schwachen Körper

> Mit einer jungen Kuh – an einer Leine
> Geführt, so daß sie fressen kann am Weg
> Das Gras, während das Mädchen fest in Händen
> Das hält, woran es strickt, und bitter fühlt
> Die Einsamkeit – und hocherregt mein Freund
> Ruft bei dem Anblick: «Gerade gegen das
> Geht unser Kampf.»

Worauf Wordsworth, als damals glühender Radikaler, ihm nur beipflichten kann:

> Und gleich ihm dacht' ich
> Mit Inbrunst, daß ein Geist in Frankreich weht,
> Dem keiner widersteht, daß solche Armut,
> Solch schreckliche, in kurzer Zeit nicht mehr
> Zu finden wäre.[34]

Man kann Wordsworth kaum vorhalten, daß er beim Anblick des ausgehungerten Mädchens, das sich mit seiner Kuh dahinschleppt, von menschlichem Mitleid gepackt wird, aber nüchterne Analyse war sichtlich nicht seine Sache. Als politisch engagierter Poet verwarf er die abstrakte Theorie und zog es vor, bei ganz konkreten Erlebnissen auf seine Gefühlsregungen zu hören.

Natürlich hat Wordsworth nie vorgehabt oder versprochen, mit dem *Prelude* ein Stück politischer Argumentation vorzulegen. Ganz unverblümt etikettierte er es als «autobiographisches Gedicht», in dem er «das Heranwachsen einer Dichterseele» nachzeichne und mit hart erkämpfter Distanz über die ungestümen Zeiten der Vergangenheit nachdenke. In der Fassung des Gedichts, die er 1805 fertigstellte, aber im Schreibpult liegen ließ, verfolgt er die Entwicklung seiner politischen Anschauungen in den entscheidenden Jahren der Französischen Revolution bis zum Sturz Robespierres Ende Juli 1794 und danach. Obgleich er von revolutionären Idealen durchdrungen war und die antifranzösische Kampagne seiner eigenen Regierung heftig kritisierte, hat die Schreckensherrschaft seinen festen Glauben erschüttert. Wurden doch die Franzosen, diese erklärten Gegner der Unterdrückung, wo immer sie stattfand, nun ihrerseits zu Unterdrückern. Freilich trennte er sich mit sichtlichem Widerstreben von seinem Radikalismus. Noch die Hinrichtung Ludwigs XVI. am 21. Januar 1793, ein Vatermord, der die Revolutionäre viele ausländische Sympathisanten gekostet hat, konnte Wordsworth' rückhaltloser Hingabe an den radikalen Republikanismus keinen Abbruch tun. Es gibt Zeiten, so schreibt er (ohne es zu publizieren), da ist Mitleid nicht am Platz, und die Freiheit muß sich die Waffen des Despotismus leihen.

Im *Prelude* von 1805 indessen, wo er einerseits aus der frisch erworbenen patriotischen Perspektive spricht, andererseits frühere Gedanken und Gefühle wiederzugeben sucht, seziert er seine Passionen und seine «Jugendfehler».[35] Über ein gelassenes Erinnern an frühere Gefühle geht das weit hinaus. Die Bücher 9 und 10 liefern eine durchdringende Selbstanalyse: Hier schildert er seinen Frankreich-Aufenthalt von 1792, bei dem er zu gleicher Zeit revolutionäre Pamphlete liest und mit Royalisten verkehrt, die im Begriff sind zu emigrieren. Freimütig beschreibt er, wie komplizierte, oftmals verwirrende Ereignisse komplizierte, oftmals verwirrte Reaktionen in ihm wachriefen.

Die Zeitläufte boten Wordsworth und seinen Freunden reichlich Gesprächsstoff. «Wie bedächtig und ernsthaft pflegten Samuel Taylor Coleridge und William Wordsworth und auch mein Onkel Southey über die Angelegenheiten der Nation zu debattieren», erinnert sich Sara Coleridge, die Tochter des Dichters, «als wirke das alles hinein in ihr Tun und ihre Herzen, als wäre es ihre Privatsache!»[36] In dieser Erinnerung mag man nichts anderes sehen als ein Zeugnis für das starke Interesse an wichtigen Nachrichten aus dem In- und Ausland. Bei näherer Lektüre indessen zeigt sie, wie subjektiv die Romantiker auf solche Nachrichten reagiert haben; sie boten ihnen Gelegenheit, sich den Puls zu fühlen, wenn er angesichts historischer Ereignisse schneller schlug. Auch die bis zum Überdruß zitierten Verse, mit denen Wordsworth die revolutionäre Haltung seiner Jugend kommentiert – «Glückselig, wer in jener Frühzeit lebte, / Doch jung zu sein, das waren Himmelswonnen» –, geben diesen typischen Blick nach innen wieder. Glückselig zu sein und himmlische Wonnen zu genießen, das ist nicht der Stoff, aus dem praktische Politik gemacht ist; mitgeteilt wird damit vielmehr etwas über das romantische Selbst in der Politik.

Nach Jahren des Provozierens – so jedenfalls Wordsworth' Erinnerung – wendet er sich 1798 endlich gegen die Revolution. Als er Frankreichs Überfall auf die Schweiz beklagt, weil «ein Krieg zum Selbstschutz / Nun zur Erob'rung» dient, reagiert er wie üblich und prüft, wie es um seine Gefühle steht:

> Ich seh ihr Ende,
> Bin voller Zorn und bitterer Enttäuschung,
> Doch unbeirrt, und nicht als falsch Propheten
> Will ich mich schmäh'n.[37]

Den Vertrag mit dem Leser bricht Wordsworth nie; nirgendwo versäumt er es, ihm mitzuteilen, wo er gerade steht oder wohin er sich bewegt – mit dem Gefühl.

Im hohen Alter hat Wordsworth seine Entwicklung als eine Reise vom unbesonnenen Impuls zum gesunden Menschenverstand beschrieben: «Nach Paris ging ich zur Zeit der Revolution im Jahr 1792 oder 1793», äußert er, «und war deshalb *ziemlich Feuer und Flamme*; aber wie ich feststellen konnte, war Mr. J. Watt schon vor mir da und erwärmte sich für dieselbe Sache nicht minder als ich. So begannen wir beide unser Leben als glühende und gedankenlose Radikale; aber beide sind wir im weiteren Leben wie wohl alle vernünftigen Männer zu guten, nüchtern denkenden Konservativen geworden.»[38] Bekannt ist sein Hinweis, er habe «zwölf Stunden über Lage und Zukunft der Gesellschaft, aber nur eine über die Dichtung nachgedacht», was John Stuart Mill so bemerkenswert fand. Dennoch war sein nüchterner Konservatismus nicht fester gegründet als sein einstiger gedankenloser Radikalismus, ja wahrscheinlich sogar weniger fest. Seine zunehmende Empörung über die Gewalttätigkeit der Französischen Revolution, sein patriotischer Haß auf Napoleon und seine Wiederentdeckung der englischen Nation waren zwar auch bei prosaischer denkenden Landsleuten vertreten. Aber sein Konservatismus hatte so überspannte Züge, daß er nicht nur aus rationalen Quellen stammen konnte; Wordsworth verhimmelte seine Subjektivität auf Kosten der politischen Reflexion.

Gewiß, sein paternalistisches Mitgefühl für die Armen und Unterdrückten, die den Gegenstand einiger seiner bewegendsten Gedichte bilden, verlor er nie; aber es gab kaum einen Reformvorschlag, auf den der Dichter im höheren Alter nicht mit panischer Angst reagiert hätte. So lehnte er die Gesetze gegen Tierquälerei ab und schrieb eine Reihe halbreligiöser Sonette zur Verteidigung der Todesstrafe. Seine Haltung gegenüber dem Great Reform Act von 1832, mit dem das Wahlrecht ausgedehnt und der Wahlbetrug eingeschränkt wurde, war schiere Hysterie. «Es tut mir in der Seele weh, wenn ich daran denke, was uns jetzt droht.» Er prophezeite eine Katastrophe und schloß sich damit rückhaltlos den Befürchtungen des mächtigen und kompromißlosen Tory-Magnaten Lord Lonsdale an: Da «das reformierte Parlament nicht zum Besseren geändert werden kann, wird es zwangsläufig zur allgemeinen Explosion und zur totalen Zerstörung der nationalen Institutionen kommen.» Unter Zuhilfenahme von schwierigen und unheimlichen Metaphern erhebt er den Vorwurf, die britische Verfassung sei «im Schutz der Vorsehung» organisch gewachsen, wie «eine Haut sowohl *am* menschlichen Körper als auch *mit* ihm und *für* ihn wächst», aber die neu bevollmächtigten Minister «ziehen diesem Körper die Haut ab und präsentieren uns statt seiner natürlichen Haut ein maßgeschneidertes Gewand, das sich, wenn es nicht abgeworfen wird, als das legendäre Hemd erweisen wird, das Herkules in Wahnsinn und Selbstzerstörung trieb». In einem Anfall von Nächstenliebe bittet er Gott, den Autoren des Reformgesetzes zu verzeihen, obwohl sie «schon auf dem besten Wege sind, ein politisches Verbrechen zu begehen, wie es in der Geschichte noch keines gegeben hat».[39]

Wordsworth' liberale Zeitgenossen sparten nicht mit herben Beschimpfungen für diesen Meinungsumschwung. Mary Shelley berichtet in ihrem Tagebuch, sie und ihr Mann hätten in einem Teil der Wordsworthschen *Excursion* nur ein kümmerliches Eingeständnis der Schwäche und Abhängigkeit gesehen: «Er ist ein Knecht.» Die denkwürdigste Verurteilung kam vielleicht im Jahr 1845, als Wordsworth noch fünf Jahre zu leben hatte, mit Robert Brownings hartem – und übertriebenem – Vorwurf, er habe sein Geburtsrecht gegen eine «Handvoll Silber» und ein «Zierband für seinen Rock» eingetauscht.[40] Der Sache angemessener, obgleich selbst noch von problematischer Outriertheit, war das Urteil, das Hazlitt in seiner Rezension von *The Excursion* gefällt hat: Wordsworth, so heißt es dort, sei nie mehr gewesen als ein Autobiograph, ein Dichter, der «recht eigentlich seinen Stoff selber macht; die wirklichen Themen sind bei ihm seine Gedanken». Die «Potenz seines Geistes zehrt von sich selbst. Es ist, als gäbe es nichts außer ihm und dem Universum. Er lebt in der geschäftigen Einsamkeit seines eigenen Herzens; im tiefen Schweigen des Gedankens.» Was für ein Unterschied zwischen diesem Egozentrismus und Shakespeares Fähigkeit, «nichts für sich selbst» zu sein, sondern «alles, was andere waren»![41]

Bei diesen Bemerkungen mag man sich daran erinnern, daß die große philosophische Versdichtung, an der Wordsworth sein ganzes Leben gearbeitet und die er nie vollendet hat, den Titel «The Recluse», die Einsiedelei, erhalten sollte.[42] Es mögen einem dazu auch die häufig zitierten Worte einfallen, mit denen Keats bei seiner Suche nach dem unpersönlichen Dichter, der «kein Selbst besitzt», die «wordsworthische oder ichbezogene Erhabenheit» zurückweist.[43] Natürlich haben die Romantiker ihre Innerlichkeit und deren Zusammenhang mit der Außenwelt auf denkbar verschiedene Weise betrachtet. Und ihr Idealismus und ihre Empörung waren an sich nichts Neues; von Platon bis Voltaire waren politische Denker ja stets von großen Gefühlen beseelt. Was sie jedoch von ihren Vorgängern trennt, ist die beharrliche Kultivierung eines Selbst, das im öffentlichen und im privaten Raum mit gleicher Sensibilität reagiert.

3. Religion des Herzens

Keats' Bemerkung über die wordsworthische ichbezogene Erhabenheit trifft ein Hauptmerkmal romantischer Denkungsart – das zugleich, so muß man hinzufügen, auch für Keats selber gilt –: die Versenkung sowohl ins Ästhetische als auch (eng damit verschränkt) ins Subjektive. Dabei handelte es sich keineswegs um das Monopol von Wordsworth und seinen Verehrern. So schreibt Thomas Babington Macaulay über den bekanntesten der englischen Romantiker: «Lord Byron schrieb nie ohne einen – direkten oder indirekten – Bezug auf sich selbst»; er war «Anfang, Mitte und Ende seiner eigenen Dichtung, in jeder Geschichte der Held, in jeder Landschaft die Hauptsache.»[1] Die Selbstverliebtheit der Romantiker war ein geistiges Aphrodisiakum; schon Jahrzehnte vor Oscar Wildes Feststellung, die Selbstliebe sei der Beginn einer lebenslangen Romanze, zeigten sie, daß die Wiederverzauberung der Welt oft mit der Selbstverzauberung vor dem Spiegel begann.

Nicht zufällig fand dieses wirkungsvolle Amalgam aus Ästhetizismus und Subjektivität seinen komprimiertesten Ausdruck im Umgang der Romantiker mit der Religion. «Religion ist etwas so Schönes, daß sie fast zwangsläufig zur Zierde aller Werke wird, in die sie, wie immer beiläufig, Eingang findet; ihre Größe, Weisheit, Süße und Nützlichkeit haben, so würde ich sagen, literarischen Reiz.»[2] Dies ist die Stimme des italienischen Bühnenautors und Romanciers Alessandro Manzoni. Trotz einer dramatischen Bekehrung zu dem Glauben, in den er hineingeboren war, behielt er lange eine Spur von Skeptizismus und einen ironischen Antiklerikalismus bei; besonders aber zehrte seine wiedererworbene Frömmigkeit von der Schönheit des Katholizismus. Und die protestantischen Romantiker in Schweden schwelgten genauso in den Schönheiten des wahren Glaubens wie die katholischen in Spanien.

Beim großen Thema Religion waren die romantischen Dichter zwar nicht weniger uneins als bei der Politik, aber sie brachten es doch zu einem unverkennbaren Denkstil. Gewiß, Shelley nannte sich «atheos» ebenso wie «demokratikos» und «philanthropos»; Stendhal war ein Skeptiker, und Fichte handelte sich als junger Professor in Jena eine Anklage wegen Verbreitung des Atheismus ein. Aber keiner dieser Rebellen konnte den Trend zur Frömmigkeit, der sich in der Weltanschauung der Romantiker breitmachte, bremsen, geschweige denn aus der Welt schaffen. Die den Ton angebende Mehrheit war überzeugt, die Aufklärung habe den nach Transzendenz hungernden Menschen jene Speise vorenthalten, die nur der Glaube an – und mehr noch die Liebe zu – Gott verschaffen kann, und sie fühlte sich berufen, den von den *philosophes* angerichteten Schaden zu beheben.

Dieses Gefühl, eine großartige Rettungsmission zu erfüllen, führte den romantischen Streithähnen noch in den entlegensten Bereichen die Feder: Sogar ihr Plädoyer für die schöpferische Phantasie trat in den Dienst der Aufgabe, die Religion wieder ins Zentrum der menschlichen Probleme zu rücken. Ob der Mensch «zu seiner Anschauung einen Gott hat», schreibt Friedrich Schleiermacher 1799, «das hängt ab von der Richtung seiner Fantasie.»[3] Keinen Augenblick zweifelten die Romantiker, daß das berüchtigte *mal du siècle*, jenes Gefühl «eines *allgemeinen innern Unfriedens*«, das Friedrich Schlegel im Verein mit anderen Romantikern diagnostizierte, von den Ungläubigen verschuldet sei.[4] Weil Skeptiker, Deisten und Atheisten – so ihre Überzeugung – die höheren Wahrheiten und die zügelnde Hand des Glaubens verschmähten, folgte das Verderben auf dem Fuße. Nichts schien unverkennbarer als das.

Die gewaltigen Gefühlsergüsse des holländischen Philologen, Historikers, konservativen Propagandisten und einflußreichen Dichters Willem Bilderdijk belegen, daß sich dieser religiöse Kreuzzug keineswegs nur auf die Hauptländer der Romantik beschränkte.[5] Bilderdijk, damals der einzige holländisch schreibende Schriftsteller von internationalem Ruf, führte in allem, was er schrieb, einen Krieg gegen den rationalistischen Zeitgeist. Als Anhänger eines am Buchstaben klebenden Calvinismus sang er mit aller ihm zur Verfügung stehenden Sprachmächtigkeit das Hohelied des inneren Gefühls gegen die Vernunft und stieß seine typisch romantischen Verwünschungen gegen das ungläubige Menschengeschlecht aus: «Ich sing das Los der urvergangnen Welt», schreibt er 1808,

> Und jenes Menschen, der im Bund mit Teufeln
> Unrecht getan und frech herausgefordert
> Den Herrn des Himmels, der sogar vermessen
> Erstürmt des Paradieses Wehr.[6]

Andere Romantiker, nicht nur in den Niederlanden, teilten zwar Bilderdijks Überzeugungen und häufig auch seine Empörung, seine gewaltige Kampflust aber fehlte ihnen.

Während manche frommen Romantiker, wie wir sahen, sich neue Dogmen ausdachten, zogen die meisten, weil sie den dahinsiechenden Formen frische Kräfte einhauchen wollten, es vor, altgediente Lehrgebäude an die modernen Erfordernisse anzupassen. Dabei kam ihnen die Suche nach einer Religion des Herzens gerade recht; begeistert warfen sie sich in die uralte, immer wieder erneuerte Schlacht zwischen erstarrtem Ritual und lebendigem Glauben. Die meisten Romantiker verschmähten es, ihre Zeit mit Streitereien über theologische Spitzfindigkeiten zu vergeuden; manche lehnten sogar hohe Posten in der Kirche ab, weil sie die Annahme als Verrat an ihren innersten Überzeugungen empfanden. Und selbst jene Romantiker, die der Kirche treu blieben, konvertierten oder zu traditionellen Konfessionen zurückkehrten, setzten dabei nicht auf religiöse Dogmen oder handfeste Institutionen. Mit aller Leidenschaft suchten sie nach dem lebenspendenden Geist. Der als Jude geborene Heine hat einmal mit zugleich schmerzlichem und zynischem Unterton den Übertritt zum Christentum als Passierschein zur Kultur des Abendlands bezeichnet. Mit gleich viel Schmerz, aber weniger Zynismus schwelgten die Romantiker in Taufen und Umtaufen, was zumeist weniger ein sorgfältig berechneter als vielmehr ein qualvoll emotionaler Schritt war. Juden wurden zu Christen, Protestanten zu Katholiken, halbherzige zu fanatischen Glaubensanhängern. Entschlossen, den inneren Frieden, der ihre Seele geläutert hatte, weiterzugeben, wurden sie zu Missionaren, die zur Rettung der anderen antraten. Die romantische Hinwendung zur Innerlichkeit war nicht immer eine einsame Beschäftigung.

Einige der diesem Unternehmen gewidmeten Haupttexte entstanden um die Jahrhundertwende: 1799 Novalis' *Die Christenheit oder Europa*, der allerdings erst 1826 erschienen ist; im selben Jahr Schleiermachers streitbare Reden *Über die Religion*; 1802 Chateaubriands *Génie du christianisme*. Am spektakulärsten war vermutlich der letztere, jedenfalls am aufschlußreichsten. Angesichts ihres forschen und abenteuerlustigen Autors war diese dickleibige, aber kunstvoll geschriebene Abhandlung ein erstaunliches Werk. Als Sohn einer berühmten, unverkennbar kirchentreuen Familie, die seit langem in der Bretagne ansässig war, wurde Chateaubriand eigentlich zum Priester bestimmt, fühlte dann aber keine Berufung mehr, leistete seinen Pflichtdienst als Offizier in der französischen Armee und bereiste die Vereinigten Staaten, wo er unvergleichlichen Stoff für exotisch-romantische Indianergeschichten fand. Nach seiner Rückkehr gehörte er keineswegs zu den Gegnern der Revolutionsziele, dennoch schloß er sich der Emigration der französischen Adligen an und entging so dem Schicksal seiner Familie: dem Gefängnis und der Guillotine. Mehrere Jahre lebte er in England, fast völlig verarmt und mit intensiver Lektüre beschäftigt – noch vor Beginn der französischen Romantik eine echt romantische Gestalt. Im Jahr 1800 kehrte er nach Hause zurück und brachte im Gepäck die Entwürfe zu seiner Verteidigung des Christentums mit.

Das Buch wurde umgehend zum Bestseller und diente jahrzehntelang als immer greifbarer Vorrat, der von Predigern, Lehrern in Priesterseminaren und literarischen Nachahmern geplündert werden konnte.[7] Bei

seinem Erscheinen, so erinnert sich eine Zeitzeugin, «konnte nicht eine
einzige Pariserin Schlaf finden. Die Leute rissen es sich aus den Händen,
stahlen sich heimlich ein Exemplar. Und dann, was für ein Erwachen,
was für ein Geschnatter, was für Herzklopfen! *Quoi!* das also ist Christentum, sagten wir alle, aber das ist ja etwas Herrliches.» Daß gerade
Frauen besonders begeisterte Leserinnen waren, sagt viel über die Gesellschaft, in der Chateaubriand lebte. Aber die Männer waren nicht etwa
immun. Victor Hugo erinnert sich später, wie sehr *Le génie du christianisme* ihn mit seiner «Musik und Farbigkeit», mit seiner anschaulichen
Mischung aus Kathedralenarchitektur und biblischen Geschichten überwältigt hat.[8] Die Kritiker des Buches – und davon gab es viele – fanden in
all dieser Herrlichkeit eher Anlaß zur Sorge. Zwar räumten sie ein, Chateaubriand entwerfe berückende Sprachbilder und erzähle rührende Geschichten, aber daß diese einer fundierten Kritik standhalten würden,
bezweifelten sie. Nicht wenige stellten die Frage, ob es der Autor überhaupt ehrlich meine. Hatte er das Buch in London nicht deshalb begonnen, weil er ahnte, daß er damit nach den dürren Jahrzehnten der vom
Glauben verlassenen *Lumières* und der Revolution den wiederaufleben-
den Trend zur Religion erwischen könnte? Hatte er es nicht gerade im
richtigen Augenblick publiziert, als der Erste Konsul Napoleon Bonaparte ein Konkordat mit Rom abschloß? Hatte er nicht noch 1797 einen
Essay über Revolutionen veröffentlicht, in dem er mehr oder weniger den
Bankrott des Christentums verkündet?

Wenn es stimmt, daß Chateaubriand ein Opportunist war, dann freilich einer, der selber glaubt, was er der Presse erzählt. Mit guten Gründen
konnte er behaupten, er habe in dem Text sein ganzes Herz ausgeschüttet.[9] Wie sein späteres Leben zur Genüge zeigt, besaß Chateaubriand
durchaus Zivilcourage. Zum korrigierenden Eingriff in die Tatsachen gab
er sich dennoch her: In der Einleitung zur ersten Auflage des *Génie du
christianisme* führt er die Entstehung des Buches darauf zurück, daß seine
sterbende Mutter ihn aufgerufen habe, zum Glauben zurückzukehren.
Das Buch sei ein «Mausoleum, das der Sohn seiner Mutter errichtet hat».
Seine Schwester, die die Botschaft übermittelt habe, sei an den Folgen der
Haft gestorben, noch bevor er ihren Brief erhielt. «Diese zwei Stimmen
aus dem Grabe, dieser Tod, der zum Dolmetscher des Todes wurde, – das
alles war ein schwerer Schlag. Ich wurde Christ. Überwältigt hat mich
freilich nicht die große, übernatürliche Erleuchtung; meine Überzeugung
kam vom Herzen her. Ich weinte – und glaubte.»[10] Dieses tränenreiche
Stück Pseudo-Autobiographie war genau das Richtige und machte sich
besser als die Realität. In Wahrheit nämlich war seine Schwester mehr als
ein Jahr nach der Mutter gestorben. Und noch 1799 bezeichnet Chateau-

briand die Abhandlung, an der er gerade arbeitet, ganz unverblümt als Gelegenheitswerk – œuvre de circonstance – und hofft auf einen Publikumserfolg. In kluger Einschätzung seiner schriftstellerischen Stärken schreibt er, er gebe sich «alle Mühe, Polemik oder Theologie fernzuhalten und die Lektüre des Buches ebenso angenehm zu machen wie die Lektüre eines Romans».[11] Er will nur, daß die Leser weinen und glauben – und sein Buch kaufen.

Kurz, Chateaubriand vertraute darauf, daß der sicherste Weg, um das Leserpublikum anzulocken – und eben deshalb ist sein Buch ein so aufschlußreiches Zeugnis der Romantik –, darin besteht, aus der Religion eine sentimentale und reizvolle persönliche Angelegenheit zu machen. Der Autor präsentiert sich als verwundete, nach Schönheit dürstende Seele, die zu anderen Seelen spricht. Das ist, um es noch einmal zu sagen, nicht reine Pose; doch wie immer authentisch das Bekenntnis des Génie du christianisme gewesen sein mag, seine wirklichen Ursprünge liegen doch weiter zurück und sind versteckter, als Chateaubriand es selber darstellt.[12] Fast unverkennbar bietet das Buch ein Destillat aus frühen, durch rezente Eindrücke zu neuem Leben erweckte und verbildlichte Erinnerungen, eine in theologische Propaganda übertragene Kindheitsatmosphäre, ein raffiniert eingesetztes Werk der Regression.

Daß christlicher Glaube aus tief-innersten Quellen stammt, ist nun nicht gerade etwas besonders Originelles. Unvergessene Gestalten von Paulus bis Augustinus, von Luther bis Pascal wurden von übermächtigen persönlichen Erlebnissen zu ihren unsterblichen Plädoyers für die Frömmigkeit getrieben. Aber bei Romantikern à la Chateaubriand liefern die privaten Geschehnisse nicht nur den Impetus, auf den der Übertritt zur Religion zurückgeht, sondern zugleich den überzeugenden Echtheitsbeweis. Wegen ihres konsequenten und nachdrücklichen Eintretens für den Primat des Selbst finden die romantischen Gläubigen, anders als ihre frommen Vorgänger, ihr persönliches Zeugnis völlig ausreichend.

Chateaubriands Begründung – wenn man das so nennen kann – ist rasch resümiert: Das Christentum ist nicht etwa schön, weil es wahr ist; es ist wahr, weil es schön ist. Seinen Text stopft er voll mit seitenlang ausgebreiteter, in der Regel zweifelhafter Gelehrsamkeit und nicht weniger zweifelhaften Vergleichen zwischen dem Christentum und anderen, natürlich unter ihm stehenden Religionen. Kapitel über Ornamentik und kirchliche Feste drängen sich neben Kapiteln über Grabmäler (von den alten Ägyptern bis zu mittelalterlichen Christen), Kapitel über Missionsgesellschaften und Ritterorden neben Kapiteln über das katholische Dogma. Keines schreckt den Leser ab, alle sind bestens verdaulich und lesen sich wie der bemüht zwanglose Redefluß eines freundlichen Museumsführers. Und alle lenken den Blick auf die unaussprechliche Schönheit des katholischen Christentums: die himmlischen Harmonien der religiösen Lieder, die Erhabenheit des Kreuzsymbols, die Gefühle, die von der Unsterblichkeit der Seele zeugen. Bezeichnend sind die Titel, die Chateaubriand den beiden Mittelteilen des Buches gibt: «Poetik des Christentums» sowie «Beaux-Arts und Literatur». Sein Herz gehört der Poesie – der frommen Poesie. «Die Bibel ist schöner als Homer»: Dieses Urteil findet er so wichtig, daß er es zwei ganze Kapitel lang durch minuziöse Parallelen zu belegen sucht.[13] Ob der Leser das alles tatsächlich überzeugend und nicht nur unterhaltsam fand, hing wohl von seiner Bereitschaft ab, auf die traditionelle Exegese zu verzichten und sich einer undeutlichen, aber erregenden Anbetung der in Christusgestalt und Christentum gleichermaßen virulenten Schönheit hinzugeben.

Schon auf das französische Publikum hatte diese ausdrückliche Wendung zur ästhetischen Frömmigkeit erheblichen Einfluß, auf die Menschen in den deutschen Staaten aber noch entschieden mehr. Die deutschen Romantiker brauchten nicht so viele Reparaturen am zerbröselnden Gebäude der Religion vorzunehmen: In ihrer Gesellschaft waren die Propheten der Entzauberung eher Ausnahmen und relativ wirkungslos geblieben. Der Modergeruch des Pietismus, jener seltsamen Mischung aus Sittenstrenge, peinlicher Selbstprüfung und schwärmerischer Liebe zum Leib Christi, hing auch Ende des 18. Jahrhunderts noch über deutschem Denken. Aus dem pietistischen Milieu kamen Hölderlin, Schleiermacher und Novalis, und ihre Erziehung hinterließ dauerhafte Spuren in ihrer poetischen, oftmals sinnlichen Religiosität. Aber auch nicht-pietistische deutsche Romantiker wollten weder von Materialismus noch von Atheismus etwas wissen; beides hielten sie für einen radikalen, fast schon undenkbaren Irrweg. Um das Jahr 1800 hätte selbst der liberalste deutsche Staat nicht im Traum an eine Verfassung nach dem Vorbild der Vereinigten Staaten gedacht, wo die Gründungsurkunde des Staates demonstrativ jede, auch jede indirekte, Erwähnung Gottes unterlassen hatte.

Kein Wunder, daß ein deutscher Deist des 18. Jahrhunderts wie der Philosoph und Orientalist Hermann Samuel Reimarus eine Ausnahme blieb und außerhalb seines Hamburger Freundeskreises kaum bekannt wurde. Weder die rationalistischen Bibelexegesen, in denen er sich voll Spott über Sinnwidrigkeiten und Widersprüche der Heiligen Schrift hermachte, noch sein – Fragment gebliebener – Kodex einer Naturreligion konnten zu seinen Lebzeiten erscheinen, und deshalb hatten sie so gut wie keinerlei Einfluß auf die deutsche Diskussion über Glaubensdinge. Lessing, dieser unvergleichlich freie und kritische Denker, schuf sich seinen eigenen Glauben, eine heterodoxe, human gesonnene, ganz persönliche und antidogmatische Überzeugung, die von der fortschreitenden Offenbarung der religiösen Wahrheiten in der Welt kündete. Und selbst Kant, der große Aufklärer, schmuggelte ein Stück Erbsünde – bei ihm hieß sie das «radikale Böse» – in seine «Religion innerhalb der Grenzen der bloßen Vernunft» ein. Doch obgleich das Aufklärungsdenken in Deutschland nie so weit ging wie der radikale Skeptizismus eines Hume oder der offene Atheismus eines Holbach, konnten auch die von ihm angebotenen Modelle eines vernunftgeleiteten Glaubens die deutschen Romantiker, die nach gehaltvollerer Kost hungerten, keineswegs satt machen.

Ohne Zweifel dachten die deutschen Romantiker in aller Aufrichtigkeit bei der Nahrung, nach der sie schmachteten, an geistige Kost. Aber ein Großteil ihrer exaltierten Spiritualität war nur der notdürftig verhüllte Ausdruck ihres erotischen Inneren. Daraus machten sie auch gar kein Hehl: Ohne eigens nach Rechtfertigungen zu suchen, ersehnten – und erinnerten – sie mit ihren frommen Worten sexuelle Erlebnisse. In aller Regel hatte ihre weltliche Religiosität nichts Derbes an sich. Die meisten Leser von Friedrich Schlegels *Lucinde* stellten ja mit Bedauern fest, der Roman sei neben den schicklicheren Bekenntnisschriften ein skandalöser Fehltritt (siehe unten S. 115). Aber die Religion der deutschen Romantik war auch so schon fleischlich genug.

Der erste Schritt zu dieser sinnlichen Geistigkeit bestand in der Verbindung zwischen Ästhetischem und Sakralem. «So wäre», schreibt Hölderlin, «alle Religion ihrem Wesen nach poetisch.»[14] Damit formuliert er die Quintessenz der deutschen Romantik. In seinem unvollendeten Roman *Hyperion* stellt er die Verbindung mit einfachen, anschaulichen Metaphern her: «Das erste Kind der göttlichen Schönheit ist die Kunst», ihre «zweite Tochter ist Religion. Religion ist Liebe der Schönheit. (...) Und ohne solche Liebe der Schönheit, ohne solche Religion ist jeder Staat ein dürr Gerippe ohne Leben und Geist, und alles Denken und Tun ein Baum ohne Gipfel.» Hölderlin spricht hier von Athen, hält seine Definition des Religiösen aber für allgemein anwendbar. Im *Hyperion* sind die Athener, als Muster des schönen und ganzen Menschen, ein weit über den Deutschen stehendes Ideal, an das diese leider nicht heranreichen. Liebe ist Religion, Religion ist Liebe. Novalis hebt diese Gleichsetzung in einem berühmten Aphorismus hervor: «Die Liebe ist der Endzweck der *Weltgeschichte*.»[15] Hier erhält das Subjektive metaphysische Dimensionen.

Die Religion der deutschen Romantik sah also in der äußeren Gestalt nichts als ein Gefäß; ihre eigentliche Liebe galt jenen Gefühlen, die so tief sind, daß sie bis zu den Urquellen der Grundtriebe hinunterreichen. Noch die eigenwilligsten deutschen Romantiker konnten sich nicht entschließen, den traditionellen Lehren den Rücken zu kehren, und priesen den Beginn des Christentums als den Augenblick, da die göttliche Liebe in die Welt gekommen war. Aber daß der Gläubige in eine bestimmte Konfession hineingeboren wird, hielten sie eher für Zufall; ihnen zufolge bildet jede Kirche mit ihren Dogmen und Ritualen einfach nur die besondere Erscheinungsform einer allgemeinen Wahrheit.

Friedrich Schlegel hat – wenigstens bis zu seinem Übertritt zur katholischen Kirche – diesen ästhetischen Pantheismus in ausdrucksvolle Worte gefaßt. In einem Brief aus dem Jahr 1798 schildert er dem Freund Novalis seine Geliebte Dorothea Veit als «nur eine Skizze, aber durchaus in einem großen Styl. Ihr ganzes Wesen ist Religion obgleich sie nichts davon weiß.»[16] Für ihn zählt nicht, zu wem sie betet – in den drei Jahrzehnten, die sie mit Schlegel zusammenlebt, konvertiert sie zweimal, zuerst vom Judentum zum Protestantismus und dann gemeinsam mit ihrem Mann zum Katholizismus –, sondern daß sie in einer religiösen Aura lebt, etwas Religiöses ausstrahlt. Mit Freuden sieht ihr Geliebter, welche köstliche, inbrünstige Gläubigkeit sie an den Tag legt, und zwar, wie wir aus *Lucinde* wissen, überall: auf Spaziergängen ebenso wie im Bett.

Diese Art Lob konnte Novalis durchaus nachfühlen, ja er muß es sogar ein bißchen lau gefunden haben. Die letzten Jahre seines kurzen Lebens – er starb 1801 im Alter von 28 Jahren an Schwindsucht – waren gleichermaßen überschattet und beflügelt von der zwanghaften Erinnerung an den Verlust seiner Verlobten Sophie von Kühn. Sie muß ein bezauberndes und früh entwickeltes Mädchen gewesen sein; Novalis verliebte sich in sie, als sie dreizehn war. Zwei Jahre später jedoch, im März 1797, starb sie kurz nach ihrem fünfzehnten Geburtstag. Das Tagebuch, das Novalis in diesen verheerenden Tagen führte, spricht von unablässigen, schmerzlichen Gedanken an sie und von häufigen Wallfahrten an ihr Grab, wo er Blumen niederlegt und weinend mit ihr kommuniziert. Hochstimmung und Depression wechseln sich ab. An einem Mai-Abend auf dem Friedhof fühlt er sich «unbeschreiblich freudig» und erlebt «aufblitzende Enthusiasmus Momente (...) Jahrhunderte waren wie Momente – ihre Nähe war fühlbar – ich glaubte sie solle immer vortreten.»[17] In den vier Jahren, die ihm noch bleiben, läßt er seine Gefühle, seine Gedanken und seine Dichtung von diesen Fast-Halluzinationen beherrschen. Ende 1798 allerdings verlobt sich Novalis, obgleich er den Kult seiner Sophie weiterhin am Leben hält, noch einmal.

Der eine Tribut, den er Sophie zollte, waren seine großartigen lyrischen Gedichte *Hymnen an die Nacht*; der andere sein Wille, sich mit ihr zu vereinen, Nacht und Tag, Tod und Leben zu vermischen. «Leben», so schreibt er in den für die Zeitschrift *Athenäum* bestimmten *Blüthenstaub*-Fragmenten von 1798, «ist der Anfang des Todes. Das Leben ist um des Todes willen.» Der Wunsch, Selbstmord zu begehen, verließ ihn fast nie. «Der ächte philosophische Act», so heißt es in einem seiner unveröffentlichten Fragmentblätter, «ist Selbsttödtung; dies ist der reale Anfang aller Philosophie.» Mitnichten aber waren alle seine Liebesgedanken rein geistig oder überhaupt geistig. Kurz nach Sophie von Kühns Tod vertraut er dem Tagebuch seine wollüstigen Grübeleien freimütig an: «Früh sinnliche Regungen», heißt es einmal und wenige Tage später «sinnliche Fantasieen». Im Mai dann gesteht er: «Die Lüsternheit war von früh bis Nachmittags rege» und einige Tage danach: «Viel Lüsternheit.» Nach dem Körper seiner Verlobten sehnt er sich ebenso wie nach ihrer Seele.[18]

Zur Verschränkung zwischen dem Kult der Sophie von Kühn und der Religion kam es, weil Novalis ihren Namen mit dem Namen Jesu in Verbindung brachte. Seinen Glauben an Christus' Sieg über den Tod sah er durch die Brille seines alles verzehrenden schmerzlichen Verlusts. Einem typisch romantischen Verfahren – dem wir bereits begegnet sind und wieder begegnen werden – verlieh Novalis untypische Leidenschaftlichkeit, indem er aus erotischer Liebe und Gefühlsreligion praktisch siamesische Zwillinge und die Grenze zwischen ihnen vollkommen durchlässig machte. «Ich habe zu Söfchen Religion – nicht Liebe», schreibt er in einem unveröffentlichten Fragment, nur um augenblicklich alles wieder zu vermischen: «Absolute Liebe, vom Herzen unabhängige, auf Glauben gegründete, ist Religion.» Und «Liebe kann durch absoluten Willen in Religion übergehen.» Dann wirft er ein paar andeutende Worte aufs Papier, vermutlich um sie später zu verwenden: «Alle absolute Empfindung ist religiös./ Religion des Schönen. Künstlerreligion./ /Schluß hieraus./»[19] Den einen oder anderen Schluß zieht er in seinen Gedichten und dem unvollendeten Roman *Heinrich von Ofterdingen*, wo er Geistiges und Erotisches miteinander verschmilzt. Die letzte der *Hymnen an die Nacht* mit dem Titel «Sehnsucht nach dem Tode» schließt mit den folgenden ekstatischen Versen: «Hinunter zu der süssen Braut, / Zu Jesus, dem Geliebten – / (...) Ein Traum bricht unsre Banden los / Und senkt uns in des Vaters Schooß.»[20] Novalis' romantische Phantasien sind ein Lesedrama über Liebe und Tod, auf dessen Bühne ein einziger Schauspieler steht.

Freimütig bekannte Novalis, welche Macht die ins Extrem getriebene Subjektivität über ihn hat. «Die Fantasie setzt die künftige Welt entweder in die Höhe, oder in die Tiefe, oder in der Metempsychose zu uns. Wir träumen von Reisen durch das Weltall – Ist denn das Weltall nicht *in uns*? Die Tiefen unsers Geistes kennen wir nicht – Nach Innen geht der geheimnißvolle Weg. In uns, oder nirgends ist die Ewigkeit mit ihren Welten – die Vergangenheit und Zukunft.»[21] Novalis hatte seinen Fichte gut studiert; die Philosophie des Ich und des absoluten Idealismus, die Vorstellung vom Selbst als dem Schöpfer der Welt, – all das zog ihn unwiderstehlich an. Aber seine Verneigung vor den Mächten der Phantasie – «in uns, oder nirgends ist die Ewigkeit» – hatte triebhaftere Ursachen als die philosophische Reflexion. Wohl keiner hat die Innenwelt so weit über die Außenwelt erhoben wie Novalis. Seine praktische Erfahrung in der Verwaltung von Salinen und Bergwerken schien in weiter Ferne.

Andere deutsche Romantiker gingen zwar nicht soweit, unverhüllte Sexualität und innere Frömmigkeit in offenem Konkubinat leben zu lassen, teilten aber Novalis' Überzeugung, daß Religion ihrem Wesen nach eine Sache des Gefühls sei. Zu den Zeugnissen dieser im Wortsinn egozentrischen Religiosität gehören auch Friedrich Schleiermachers Reden *Über die Religion*, die sich als besonders dezidierter und hochzitabler Text erwiesen. In einem Brief an seine jüdische Freundin und kluge Gastgeberin Henriette Herz, die ihre Konkurrentinnen mit der Fähigkeit zur Freundschaft ebenso ausstach wie mit ihrer Schönheit, bezeichnete er seinen Glauben mit einem charmanten Wortspiel als «Herzreligion» – «so durch und durch *Herzreligion*, daß ich für keine andere Raum habe».[22]

Kaum hatte Schleiermacher, damals ein unbekannter Prediger in Berlin, seinen schmetternden Schlachtruf gegen den Unglauben veröffentlicht, war er auch schon kein Unbekannter mehr. Provozierend war sein Manifest hauptsächlich deswegen, weil es nicht, wie sonst üblich, die gottlosen Aufklärungsphilosophen aufs Korn nahm. Schleiermacher verachtet an den Franzosen zwar ihre «frivole Gleichgültigkeit» und ihren «witzigen Leichtsinn». Dennoch konzentriert er sich lieber auf die gebildeten Deutschen, die selten an Gott denken oder zu seiner Rechtfertigung Argumente aus der Ethik respektive der Metaphysik anführen. Was Schleiermacher im Auge hat, ist die Unabhängigkeit der Religion. Ihm zufolge braucht sie keine sophistischen Diskussionen über das Wesen Gottes, keine abstrusen Forschungen über Immoralitätsbeweise, keine moralischen Spekulationen: Der wahre Glaube kann keine Sammlung aus Gottesvorstellungen sein. Wer am meisten weiß, ist nicht unbedingt der Gläubigste. «Wüßtet Ihr doch nur zwischen den Zeilen zu lesen!» Moderne Scholastik hilft nicht im mindesten weiter. Das Wesen der Religion «ist weder Denken noch Handeln, sondern Anschauung und Gefühl».[23] Während Schleiermacher später zum großen Gelehrten, zum Theologieprofessor und Dekan wird, kultiviert er in seinem frühen romantischen Text, der sein einflußreichstes Buch überhaupt geblieben ist, einen kompromißlosen Antiintellektualismus. «Anschauung ohne Gefühl ist nichts.»[24] Dasselbe gilt für Gefühl ohne Anschauung – und Vernunft ohne beides.

Nach Schleiermachers Überzeugung besteht also das echte religiöse Gefühl in gläubiger Aufnahmebereitschaft, in beinahe sexueller Hingabe an Gott. Der religiöse Augenblick ist ekstatisch, «schamhaft und zart wie ein jungfräulicher Kuß, heilig und fruchtbar wie eine bräutliche Umarmung». Schleiermacher wählt seine erotischen Metaphern mit mehr Treffsicherheit, als er ahnt. In ihrer «höheren und göttlichen religiösen Thätigkeit (...) flieht» die Seele diesem Augenblick «entgegen» und sucht die «geliebte... Gestalt»: «Ich umfange sie nicht wie einen Schatten, sondern wie das heilige Wesen selbst. Ich liege am Busen der unendlichen Welt: ich bin in diesem Augenblik ihre Seele, denn ich fühle alle ihre Kräfte und ihr unendliches Leben, wie mein eigenes, sie ist in diesem Augenblike mein Leib, denn ich durchdringe ihre Muskeln und ihre Glieder wie meine eigenen.»[25] Religion ist kontemplative Hingabe an das Göttliche oder Vereinigung mit ihm, eine verführerische Verbindung von Selbsterniedrigung und Selbstverherrlichung, im Wortsinn Liebe.

Zu den Folgerungen, die Schleiermacher aus dieser Theologie zog, gehörte der Schluß, daß die Religion alles Sektierertum vermeiden muß. «Den Weltgeist zu lieben und freudig seinem Wirken zuzuschauen, das ist das Ziel unserer Religion, und Furcht ist nicht in der Liebe» – und auch kein Haß. Religion erfordert eine beständige ästhetische Zuneigung, die in Gott den Großen Bildhauer erkennt. Der Gläubige, der sich dem Gefühl und der Anschauung hingibt, entdeckt die «Harmonie des Universums», das Gott gemacht hat, jene «wunderbare und große Einheit in seinem ewigen Kunstwerk».[26] Der Göttliche Künstler ist Vorbild des Künstlers überhaupt, nicht nur weil er unvergleichlich Schönes zu schaffen vermag, sondern weil er im höchsten Maße fähig ist, jenen Widerstreit, der das Erbe des unvollkommenen Menschen bildet, aufzulösen.

Gerechtigkeitshalber soll hinzugefügt werden, daß Schleiermachers Theologie, ganz wie die von Novalis, zwar fast per definitionem hochsubjektiv, aber doch keineswegs solipsistisch ist. Ihre Innerlichkeit sucht die Verbindung zu anderen. «Von diesen Wanderungen durch das ganze Gebiet der Menschheit kehrt dann die Religion mit geschärftem Sinn und gebildeterem Urteil in das eigne Ich zurük.» Mag unser «innerstes Leben» die «eigentlichste und liebste Heimat» sein, den «Stoff für die Religion» finden wir nur in der «Liebe zur Menschheit». Einzig der, der das Unendliche in all seinen Erscheinungsformen faßt, kann wahrhaft religiös genannt werden. Schleiermacher singt das Loblied der alten Griechen, die diese Wahrheit begriffen haben: Sie wußten, daß Liebe und Demut ebenso wie Freude und Gottessehnsucht den Namen Frömmigkeit verdienen. «Mitten in der Endlichkeit Eins werden mit dem Unendlichen und ewig sein in einem Augenblik, das ist die Unsterblichkeit der Religion.»²⁷ Warum Schleiermachers populistische Theologie für viele eine solche Anziehungskraft hatte, läßt sich leicht begreifen: Man braucht dazu keinerlei Ausbildung.

Der *Natur*-Kult der Romantiker war also nichts anderes als eine in die Außenwelt projizierte Religion des Herzens, eine demutsvolle Ichbezogenheit.²⁸ Dabei wechselten schmachtende Ohnmachts- mit großspurigen Allmachtsgefühlen. Verbreitet war dieser Kult in der gesamten Welt der Romantik und fand jeweils unterschiedliche, wenngleich nicht zufällige Ausdrucksformen. Die Deutschen machten daraus eine Naturphilosophie, die Franzosen Geschichten über unglaublich empfindsame und redegewandte Wilde, die Engländer lyrische Dichtung. Für den Historiker, der die Geschichte der bürgerlichen Kultur im 19. Jahrhundert schreibt, sind all diese Glaubensformen von Bedeutung, denn auf dem Terrain der *Natur* haben Entzauberer und Wiederverzauberer der Welt ihre großen Duelle mit besonderer Erbitterung ausgefochten.

Die rigorose Verstandeslehre der Aufklärung hatte die Menschen sowohl in die Natur integriert wie auch von ihr abgesondert. Integriert werden sie als Lebewesen, weil sie jenen Gesetzen unterliegen, welche die Wissenschaften vom Menschen und von der Gesellschaft auffinden sollen: Derselbe Determinismus, der die Bahn der Planeten oder das Wachstum der Bäume regiert, regiert auch alles Menschliche. Dem Geist der Kritik, der nach Ansicht der Aufklärungsphilosophen seine größten Triumphe in den Naturwissenschaften feiert, war buchstäblich nichts heilig. Diese Anschauung lief darauf hinaus, dem Körper – oder was noch wichtiger war – der Seele beziehungsweise (mit dem von ihnen bevorzugten Begriff) dem Geist jede göttliche Qualität abzusprechen. Die biblische Geschichte von dem nach dem Bilde Gottes geschaffenen Menschen galt nur als eines jener gründlich diskreditierten Märchen, ohne die der Gläubige nicht leben kann.

Zugleich aber – und das wird häufig übersehen – hat das wissenschaftliche Modell des menschlichen Geistes den Menschen mit seiner Fähigkeit, sei's die Welt, sei's das Selbst zu erforschen, von der Natur separiert. Ihm zufolge muß er, wenn er den Rätseln der Natur mit detektivischem Spürsinn auf der Spur ist, allein auf das Auffinden und Prüfen objektiver Wahrheiten zielen. Was die Wissenschaft entdeckt, ist unabhängig von dem, was der Mensch wünscht. Wissen ist von höherem Rang als Nichtwissen, aber welche Triebkräfte immer den Wissenschaftler zu seinem Tun drängen, seine Resultate sind sittlich neutral. Von dieser Warte aus hat sich die Aufklärung beharrlich gegen die allzu schöne Hoffnung gewandt, daß die Natur dazu da sei, dem Leben Sinn und Wert zu verleihen.

Bedeutung erhält sie nicht erst dann, wenn der Mensch in ihre Welt eintaucht und ihre Herrlichkeit anbetet. Vielmehr hat sie ein ganz eigenständiges Dasein und muß um ihrer selbst willen erkannt werden. Wer das Leben der Natur vom Beobachter abhängig macht, projiziert menschliche Empfindungen auf Dinge, zu denen sie gar nicht gehören, oder identifiziert den Beobachter mit dem Objekt, von dem er sich doch – aus Gründen der Wissenschaftlichkeit – mit Bedacht fernhalten sollte.

Die Romantiker wenden sich zwar nicht gegen die von den *philosophes* entwickelte Definition des Menschen als eines Doppelwesens, das gleichermaßen in die Natur verstrickt und von ihr geschieden ist; aber sie schalten von Zustimmung auf Bestürzung um. Die Conditio humana, zumal die der Moderne, ist für sie ein Skandalon, und direkt verantwortlich dafür machen sie die jahrhundertelange Korrosionsarbeit des Unglaubens, die die Aufklärung ins verhängnisvolle Extrem getrieben hat. Die teuflischen Zerstörer des wahren Glaubens haben den Menschen der *Natur* entfremdet, weil sie seine gottgegebene Anlage verleugnen, die – trotz aller von den Philosophen unternommenen verwerflichen Versuche, sie zum Verschwinden zu bringen – noch immer unter der Asche der modernen Seele glimmen muß. Und eben diese Entfremdung hat dem Menschen der Gegenwart seine naturhafte Verstrickung beschert, Verstrickung in der niedrigsten Gestalt wollüstiger Begierden. Wenn überhaupt vom menschlichen Tier gesprochen werden kann, dann nur deshalb, weil das Epitheton die Folgen des Projekts, mit dem die *philosophes* den Menschen auf die Stufe des Tieres – oder wenn es nach den Materialisten des 18. Jahrhunderts gegangen wäre: der Maschine – herabgedrückt haben, zutreffend beschreibt. Der Name, mit dem Friedrich Schlegel Paris belegt – das «neue Sodom» –, zeigt in nuce den ganzen Abscheu der Romantiker gegen die im 18. Jahrhundert übliche Verherrlichung der diesseitigen Welt. Die ethische Neutralität der Wissenschaften, welche die Aufklärung als Befreiung von Vorurteil und Aberglauben begrüßt hatte, war für die Romantik nur ein Symptom für diese Entartung.

Doch wo die *philosophes* ihre Verwüstungen angerichtet hatten, sahen die Romantiker das Heil; beim Versuch, aus der Grube der modernen Gottlosigkeit herauszuklettern, setzten sie ihre ganze Hoffnung auf die Anbetung der Natur. Vielleicht, so meinten sie, könnten sie dabei einen Blick auf die Spuren erhaschen, die die Gottheit hinterlassen hat: ihre Werke oder ihre Worte. Dringend gemahnt Coleridge seine Leser an diese «Offenbarung Gottes – das große Buch der ihm dienstbaren Natur.»[29] Andere Romantiker wiederum sahen in den kleinen, alltäglichen Dingen – Bächen und Hügeln, Tieren und Vögeln, Liedern und Kinderlachen –

lauter Anleitungen zu natürlicher Gläubigkeit. In seinem 1798 erschienenen Gedicht, das den passenden Titel «The Tables Turned» trägt, hat Wordsworth es unnachahmlich in Worte gefaßt. Hier fordert der Dichter seinen Freund, vermutlich den streitlustigen Hazlitt, auf, die Bücher liegen zu lassen und statt dessen auf die Sonne, die grünen Felder und Waldungen zu schauen und den Vögeln zuzuhören: «Nimm die Natur als Lehrer.» Sie hat ja auch «den Reichtum gleich zur Hand», um Geist und Seele mit froher und ungekünstelter Weisheit zu erfreuen:

> Ein Hauch nur aus dem Frühlingswald
> Lehrt euch vom Menschen mehr
> Und mehr, was sittlich gut und bös,
> Als all der Weisen Heer.

Wordsworth' Liebe zur *Natur* hat gar nichts Sanftmütiges an sich; sie dient dem Angriff auf den tödlichen Rationalismus:

> Süß ist die Lehre der Natur;
> Doch der Verstand will führ'n,
> Entstellt die schöne Dinggestalt.
> Wir morden und sezier'n.

Eine ganze Gedankenwelt entfaltet sich in diesen trügerisch einfachen Vierzeilern. Sie denunzieren den analytischen Geist, jene Hauptstütze der Aufklärung, weil er sich als Mörder der höheren Wahrheiten betätigt und gegen jene heilsamen Lehren gearbeitet hat, welche die Natur für alle Menschen bereithält, die die unmißverständliche Sprache des Frühlingswaldes verstehen können.[30]

Natürlich haben sich die Romantiker das theologische Argument, daß schon ein Blick auf die Werke Gottes in der Natur genügt, um gläubig zu machen oder im Glauben zu bestärken, nicht selber ausgedacht. Dieser Beweis für Gottes Existenz und Milde und für die Wahrheit der Religion war schon lange eine hochgeschätzte, handfeste Waffe im Arsenal der religiösen Apologetiker. Neu an der romantischen Berufung auf die Natur ist, daß sie dem Gläubigen eine führende Rolle bei der Entstehung seines Glaubens zuweist. Die frommen Romantiker begnügten sich nicht damit, das übermenschliche Können und die übermenschliche Vielseitigkeit des göttlichen Schöpfers zu bewundern; vielmehr klangen die geheiligten Rhythmen der Natur in ihrem Innern nach, und diese Rhythmen konnten sie nur in sich aufnehmen, wenn sie zuvor wahrhaft sehen, hören, riechen – und sich öffnen – gelernt hatten. In der romantischen Religion muß jede, noch die ausgedehnteste Erkundungsreise ins heilige Universum zu guter Letzt zum eigenen Selbst zurückführen.

Diese Theologie der *Natur* war für die Gläubigen freilich ebenso aufmunternd wie gefährlich, und die Christen des frühen 19. Jahrhunderts ahnten das wohl. Sie konnten kaum ignorieren, daß die Berufung auf Gottes Allgegenwart in der Vergangenheit gerade einem kleinen Heer wenig vertrauenswürdiger Glaubensgenossen Nutzen gebracht hatte. Um der Perfidie die Krone aufzusetzen, hatten die Pantheisten, diese als Schwärmer verkleideten und daher schwer dingfest zu machenden Atheisten, jene Berufung als eins ihrer Hauptargumente verwendet. Wenn Gott überall und in allen Dingen ist, dann wird die Distanz zwischen sündigen Menschen und göttlichem Richter verwischt, und Grunddogmen der christlichen Lehre wie etwa Vorsehung, göttliche Allmacht oder Erbsünde müssen jede Daseinsberechtigung verlieren. Dennoch haben die Romantiker, auch die Theologen unter ihnen, regelmäßig mit diesem verführerischen heidnischen Glauben gespielt. Anfang der 30er Jahre stellt Heinrich Heine im Rückblick kurz und bündig fest: «Man sagt es nicht, aber jeder weiß es; der Pantheismus ist das öffentliche Geheimnis in Deutschland», seine «verborgene Religion», die «Religion unserer größten Denker, unserer besten Künstler».[31]

Klar ist, warum: Die Anhänger des Pantheismus fanden diesen Glauben würdiger als Sektierertum und brauchten sich nicht mit theologischen Fachfragen oder gequälten Rechtfertigungen für Widersprüche in der Heiligen Schrift herumzuschlagen. Alle, die nach Gott lechzten, konnten in der Religion schwelgen, in der Religion als Liebe oder Poesie. Noch die ekstatischsten Gefühlsergüsse Hölderlins, aus denen inbrünstiger Pantheismus spricht, stehen keineswegs allein da. Die jungen Brüder Schlegel sowie Novalis und Schelling hatten Spinoza, den berühmtesten – oder besser berüchtigtsten – der neuen Pantheisten, gründlich gelesen und seine *Ethik* ebenso wie seinen *Politisch-Theologischen Traktat* eng mit ihrem eigenen Denken verwoben. Schellings *Naturphilosophie*, in der er die Identität von *Natur* und *Geist* predigt, hat verdächtige Ähnlichkeit mit einem kunstvollen metaphysischen Gebäude, das hinter einem hochtrabenden Wortschwall pantheistische Vorstellungen verbirgt.

In dem erbitterten Streit, der in den 80er Jahren des 18. Jahrhunderts unter deutschen Philosophen und Literaten über die spinozistische Philosophie ausgetragen wurde, entpuppte sich der Pantheismus nicht bloß als Bedrohung eines bornierten Christentums, sondern – so die besorgten Theologen – des Glaubens schlechthin. Über weite Strecken des Jahrhunderts galt Spinoza, den man hauptsächlich durch einseitig verunglimpfende Darstellungen kannte, als der gefährlichste aller Verführer: als glaubwürdiger Atheist. Seine prägnante Formel – Gott oder Natur –

interpretierte man als geschickte Aufforderung, der Religion überhaupt den Rücken zu kehren. Erst als Spinoza von Lessing und nach ihm Goethe entdeckt wurde, erhielt er den Titel: der gottestrunkene Denker. Von da an wurde der mittellose Linsenschleifer mit seinem über jeden Tadel erhabenen rechtschaffenen Leben, der kompromißlose Denker, der tapfer den Ausschluß aus seiner Religionsgemeinschaft in Kauf nahm, der Philosoph, der Rationalität und Toleranz predigte, für seine wenigen, aber enthusiastischen Verehrer zu einem weltlichen Heiligen. «Er beweist nicht das Daseyn Gottes», schreibt Goethe, «das Daseyn ist Gott. Und wenn ihn andre deshalb Atheum schelten, so mögte ich ihn theissimum ia christianissimum nennen und preisen.»[32] Das letzte Epitheton war ein fragwürdiges Kompliment, denn Spinoza war gar kein Christ. Aber Goethe schrieb sein Loblied ja schließlich als Manifest für seine eigene Kultur. Es verhalf Spinoza zu Ansehen bei den Anhängern der romantischen Religiosität.

Noch götzendienerischer, noch aufschlußreicher und noch pathetischer war Schleiermacher. In seinen Reden *Über die Religion* erinnert er den Leser voll Ehrfurcht an die «Manen des heiligen verstoßenen Spinoza»! In seinem schwärmerischen Porträt erläutert er den pantheistischen Naturkult: Identität von Gott und Universum; ausschließliche Liebe zum Unendlichen; Fähigkeit außerordentlicher Individuen, sich zum reinen Spiegelbild der Welt zu machen.[33] Schelling hat in seinen systematischen Schriften zur *Naturphilosophie* die religiöse Anbetung der Natur kaum klarer dargelegt, nur ausführlicher beschrieben.

Schelling liest man am besten, indem man Goethe liest. Dieser Philosoph, der sich seiner Gaben früh bewußt, außerordentlich ehrgeizig, ein wacher und kritischer Leser von Kant und Fichte und entschlossen war, sein eigenes System zu errichten, machte tiefen Eindruck auf Goethe, der 1798 dem 23jährigen einen Lehrstuhl an der Jenaer Universität verschaffte. In den fünf Jahren seines dortigen Aufenthalts war er ein enger Freund seines Gönners, der seine Naturbegeisterung rückhaltlos teilte. Für Schelling war das Studium der *Natur* gleichbedeutend mit dem Studium des Weltgeistes in actu; jeder physikalische oder geologische oder chemische Vorgang lieferte einen Schlüssel zur Ewigkeit. Seine Methode, die er «intellektuelle Anschauung» nannte und die in einer Art poetischer Philosophie bestand, mußte Goethe, der zwar immer wieder jedes Talent zur herkömmlichen Philosophie bestritt, aber ausgiebig philosophische Texte las und allen Distanzierungen zum Trotz philosophische Gedichte schrieb, zwangsläufig anziehen. Hätte Schelling, den man mit seinen kümmerlichen eigenen Gedichten getrost vergessen kann, Goethes Gaben besessen, dann hätte er diese Gedichte geschrieben.

Goethe war bekanntlich ein so vielseitiger Genius, daß er unter gar keine Einzelkategorie zu packen ist. Er war Dichter, Romancier, Dramatiker, Autobiograph, Übersetzer, Zeichner, Verleger, Theaterdirektor, Reiseschriftsteller, Literaturhistoriker, Kunstkritiker, Staatsbeamter, Naturwissenschaftler, Kulturdenkmal und überdies, mit nicht weniger Kompetenz und Originalität, Vertreter der Romantik und der Klassik. Wo er sich aber direkt an die *Natur* wendet oder sie studiert, ist er Romantiker bis ins Mark. Als Naturwissenschaftler betreibt er seine Schwärmerei nicht bloß am grünen Tisch; aus seinem Briefwechsel geht hervor, welche nie versiegende Freude er daran hat, die Natur in ihrem ganzen verwirrenden Formenreichtum direkt zu beobachten. Tausende geologischer Fundstücke sammelt er in den Bergwerken des Herzogtums Weimar, in verschiedenen Gegenden Italiens oder in der Umgebung beliebter böhmischer Badeorte. Mit derselben Begeisterung botanisiert er in Wald und Flur oder liest in seinem Studierzimmer mit skeptischem Blick die Abhandlungen der Naturforscher. Die Schädel von Tieren und Menschen betrachtet er so lange, bis er tatsächlich etwas – nämlich den Zwischenkieferknochen im menschlichen Oberkiefer – entdeckt und sich damit einen Platz in der Geschichte der vergleichenden Anatomie sichert. Er stellt unzählige Versuche an, um die Natur des Lichts und der Farben zu bestimmen, und empfindet, wie er seinem getreuen Eckermann mitteilt, mehr Stolz auf seine Arbeiten in der Optik als auf alles, was er sonst getan hat, einschließlich seiner Dramen. Als unermüdlicher Sammler verwandelt er sein Haus in Weimar in ein wahres Museum, in dem sich nicht nur Naturobjekte, sondern auch Stiche und Gipsabdrücke häufen.

Doch bei all seinen ambitionierten Forschungen ist er fest entschlossen, sich für eine romantische Anschauung des Universums stark zu machen. «Was kann der Mensch im Leben mehr gewinnen,/» so seine rhetorische Frage, «Als dass sich Gott-Natur ihm offenbare?»[34] Das Studium der *Natur* gilt ihm als Königsweg zu erhabenen Offenbarungen. «Es gibt nur zwei wahre Religionen, die eine, die das Heilige, das in und um uns wohnt, ganz formlos, die andere, die es in der schönsten Form anerkennt und anbetet. Alles, was dazwischen liegt, ist Götzendienst.»[35] Goethes *Natur* ist ein gigantischer Organismus, zu dem die menschlichen Lebewesen, genau wie alle sonstigen Naturerscheinungen, als wesentliches Element hinzugehören. Jeder Mensch, jeder Stein, jede Pflanze, jedes Tier zeugt ohne Unterschied von Göttlichem. «Zugleich behandle ich die Knochen als einen Text», schreibt er mitten in seinen anatomischen Studien an einen Freund, «woran sich alles Leben und alles menschliche anhängen läßt.»[36]

Goethe weiß sehr wohl, daß die verschwenderische Natur zu viele Texte für ein einzelnes Menschenleben bietet, aber er sucht so viele wie irgend möglich zu lesen, ohne dabei sein ideologisches Programm zu vergessen. Er sammelt Granitstücke, mit denen er der geduldigen Evolution der Natur von einer Phase zur nächsten auf die Spur kommen will. Er bringt Unmengen von Pflanzen mit heim, und da er nach der einen Urpflanze sucht, aus der sich alle anderen durch erstaunliche Metamorphosen entwickelt haben, wendet er sich entschieden gegen Carl von Linnés Klassifizierungsansätze.[37] Er studiert die Skelettreste von Tieren und Menschen, um einen Beleg für seine Vermutung zu finden, daß beide von ein und demselben Vorfahren herstammen müssen, – alles weil er unverrückbar glaubt, daß die *Natur* ebenso wunderbar wie methodisch, ebenso geheimnisvoll wie geordnet ist. Und jahrelang arbeitet er an seiner Farbenlehre, mit der er Newton widerlegen will.[38] Unübersehbar ist das ethische Pathos, das hinter seinem Feldzug gegen Newtons *Opticks* steht. Die *Natur* – so sagt Goethe apodiktisch, um Newton in seine Schranken zu weisen – hat das reinweiße Licht, diese edelste aller Erscheinungen, nicht einfach aus Farben zusammengesetzt!

Als echt romantischer Wissenschaftler ist Goethe nicht bloß an den «sinnlichen», sondern auch an den «sittlichen Wirkungen» der Farbe interessiert.[39] Das Studium der Natur ist vor allem deshalb so wichtig, weil es die tiefgreifenden Zusammenhänge, die das Universum zu einem Ganzen machen, und die sittlich-religiösen Werte, die es regieren, offenbart. Ebenso wie das Kleinkind sich nach Verschmelzung mit der Mutter sehnt, so sucht Goethe mit Mutter Natur zu verschmelzen; wenn er von ihren überquellenden Brüsten spricht, so ist das kein abgedroschenes poetisches Stereotyp. In entschiedenem Gegensatz zu den zeitgenössischen Naturwissenschaftlern, die Beobachter und Beobachtetes trennen wollen, stellt Goethe den Menschen in den Mittelpunkt seines Forschens. Deshalb sein Widerwille gegen die Erfindungen der modernen Wissenschaft: gegen Teleskop, Mikroskop und mathematische Formel. Nach seiner Überzeugung verstellen sie das unmittelbare, inbrünstige Erleben der Gott-Natur; sie helfen nicht beim Begreifen, sondern sind nichts als abscheuliche Folterinstrumente.

Sehen heißt für Goethe also nicht passives Registrieren einer kalten äußeren Realität; es ist ein Tun, das dem Gesehenen gegenüber nicht gleichgültig bleibt. «So kann man sagen, daß wir schon bei jedem aufmerksamen Blick in die Welt theoretisieren.»[40] Mehr noch: In seiner Farbenlehre ruft Goethe mit einem knappen Vierzeiler den alten, mystisch-pantheistischen Glauben wach, demzufolge Gleiches nur Gleiches erkennt: «Wär nicht das Auge sonnenhaft, / Wie könnten wir das Licht erblicken? / Lebt nicht in uns des Gottes eigne Kraft, / Wie könnt' uns Göttliches entzücken?»[41] Diese Bemerkungen zur Affinität zwischen menschlichem Geist und Natur sind von derselben Art wie die schon ältere Erkenntnis, daß unsere Wünsche Auswirkungen auf unsere Wahrnehmung haben. Wie bereits Shakespeare sah, kann der Wunsch Vater des Gedankens sein; andere scharfsinnige Psychologen wußten seit langer Zeit, daß persönliches Vorurteil oder die jeweilige Kultur Einfluß darauf haben, was ein Beobachter beobachtet.

Für die Romantiker stellte Coleridge klar: «... wir erhalten, was wir geben, / Und die Natur lebt nur in unserm Leben.» Sollen wir etwas in den Blick bekommen, das mehr Wert hat als «jene unbeseelte kalte Welt, / An die sich bang die arme Menge hält», dann «aus der Seele selbst muß geh'n hervor / Ein Licht, ein Glanz, ein Dunst, der alles erhellt / Und sanft die Erd' umhüllt!»[42] Um dieses Kernproblem ging der Streit zwischen den Erben der Aufklärung und den Romantikern. Was die Naturwissenschaftler in Goethes, Schellings und Coleridges Zeit als eine Schwäche beklagten, die der Forscher durch hartes Training überwinden muß, betrachteten die Romantiker als größten Vorzug, den der Mensch auf seiner Suche nach dem Göttlichen in der Welt mitbringt. Wie wir sahen, schufen sich viele von ihnen einen Gott, den man in keiner der bestehenden Kirchen kannte. Aber als Kämpfer für die Wiederverzauberung der Welt waren sie so fromm wie jeder Christ.

Manche Romantiker allerdings fanden es keineswegs widersinnig, sowohl Kirchgänger als auch philosophische Anbeter der *Natur* zu sein. So gehörte Wordsworth in den letzten Jahrzehnten seines langen Lebens – er wurde 80 Jahre alt, hatte aber mit etwa vierzig sein bestes Werk geschrieben – zu den kirchentreuesten Bürgern der gesamten Romantik. Doch nicht dieser Religion wegen bleibt er später in Erinnerung. Gerade in seinen frühen Jahren, in denen er für die Kirche nicht mehr Verwendung fand als für Könige, schrieb er jene Gedichte, die ihn zum unvergeßlichen Sprachrohr der romantischen Religiosität machten. Zu seinen Lebzeiten gab es viele, die ihn kritisierten, und zwar nicht nur wegen seines Abschieds vom Radikalismus. Kein Dichter ist wohl so häufig und so erfolgreich parodiert worden wie Wordsworth. Aber in seinen schönsten Werken setzte er Maßstäbe für die Anbetung der Natur, über die kein anderer Dichter, auch Goethe nicht, hinausgelangte.

Um die Mitte des bürgerlichen Jahrhunderts bescheinigte John Stuart Mill in einem denkwürdigen Passus seiner *Autobiography* der Wordsworthschen Dichtung, sie habe ihn aus einer abgrundtiefen, hartnäckigen Depression befreit: Sie habe sich als «Medizin für meinen Gemütszustand» erwiesen, weil sie «nicht nur äußere Schönheit, sondern jene

Zustände des Fühlens und des durch das Fühlen getönten Denkens, die sich der Erregung durch das Schöne verdanken», zum Ausdruck bringt. Bei der Lektüre von Wordsworth' Meisterwerken wird Mill nicht etwa zu irgendeiner Religion bekehrt. Empfänglich ist er vielmehr – und darin klüger als viele andere vor ihm – für seine «Liebe zu allem Bäuerlichen und zur Naturlandschaft» und sieht, daß der Dichter «nicht bloß ohne jede Abkehr von, sondern mit immer größerem Interesse an den alltäglichen Gefühlen und dem alltäglichen Schicksal der Menschen» schreibt.[43]

Mills letzte Bemerkung ist besonders wichtig, hätte sie doch jene oberflächlichen Leser, die Wordsworth auf den Dichter der freien Natur reduzierten, zum Schweigen bringen müssen. Daß er recht eigentlich der Dichter der Natur – oder um bei unserer Schreibweise zu bleiben: der *Natur* – war, daran ist gar nichts zu deuten. Doch diese *Natur* meinte ausdrücklich immer auch die Natur des Menschen mit. In den *Lyrical Ballads*, jenem epochemachenden Band von 1798 (der zwei Jahre später in einer überarbeiteten Auflage erschien), richtet Wordsworth sein liebevolles Augenmerk auf die Menschen – oftmals Menschen niedrigen Standes – und ihre Gemütsverfassung. Alle sind für ihn Lehrer: greise Bauern, entlassene Soldaten, Kinder, Vagabunden, sogar Trottel. In den nach und nach entstandenen verschiedenen Fassungen des *Prelude* wendet er dann sein Einfühlungsvermögen jener Person zu, die er, wie er meint, am genauesten betrachten kann: sich selber. Die Natur, so heißt es dort, bringt ihm bei,

> Zu seh'n mit tiefer brüderlicher Liebe
> Auf die bescheid'nen Dinge, die so still
> Und stumm sind in der herrlich schönen Welt.[44]

Was seine Identifikation mit den verschiedensten Menschen ihn ganz ebenso lehrt wie Blumen und Gebirge, ist die Erhabenheit der *Natur*, die Melodie des Universums.

In einigen Versen aus *Tintern Abbey*, die zu Recht oft zitiert worden sind und hier mit demselben Recht wieder zitiert werden, spielt Wordsworth sein Glaubensbekenntnis noch einmal durch, indem er den Nachklang des Glaubens in seinem Innern aufs schönste wiedergibt:

> So fühlte ich
> Etwas, das mich verstört mit jenem Glück
> Erhebender Gedanken; höh'ren Sinn
> Für das, was sich zutiefst verschmolzen hat
> Und was wir seh'n im Untergang der Sonne,
> Im weiten Meer, in der lebend'gen Luft,

Im Himmelsblau, im menschlichen Gemüt:
Den Trieb und Lebensgeist, bewegend,
Was immer denkt, was immer wird gedacht,
Durch alles strömend.

Wordsworth hat sich mit aller Schärfe gegen die – von ihm als Vorwurf aufgefaßte – Behauptung gewandt, er sei reiner Pantheist. Dieser Punkt macht Schwierigkeiten: Obgleich Wordsworth viel las und nachdachte und jahrelang dem gelehrten Redefluß seines Freundes Coleridge zuhörte, hat er sich niemals explizit zu Fragen der Philosophie, geschweige denn Theologie geäußert. Aber daß er so nebulös bleibt, macht ihn nur um so mehr zum Vertreter der romantischen Denkungsart. Er hat nichts von einem fanatischen Zerstörer der Vernunft, aber er glaubt fest daran, daß jeder, der die Religion im Herzen trägt, in der Lage ist, ohne rationalistisches Nachdenken aus dem Profanen etwas Heiliges zu machen und andere zu lehren, es ihm gleich zu tun. Am Ende war die Romantik ein gigantisches Exerzitium in einer von allen geteilten – durch die Liebe geteilten – Einsamkeit.

4. Die ichbezogene Erhabenheit der Bürger

Es ist eine auffallende Ironie, daß diese nur lose verbundenen und untereinander zerstrittenen Angehörigen einer Kulturelite eben jener bürgerlichen Kultur, für die die meisten von ihnen nach eigenem Bekunden nur Verachtung übrig hatten, ihren Gefühlsindividualismus als Erbe weitergaben. Die ichbezogene Erhabenheit der Romantiker expandiert zur ichbezogenen Erhabenheit der Bürger – und beschert damit nicht nur eine wahre Überfülle unbeabsichtigter Folgen, sondern auch ein Musterbeispiel für das geschichtliche Wirken der Hegelschen List der Vernunft. Immerhin waren die Romantiker – wenn man von ein paar frühen Rebellen wie dem Goetheschen Werther absieht – die ersten Schriftsteller und Künstler, die einen Dauerkrieg gegen die Bourgeoisie führten. Mit dem Beifall des bürgerlichen Konsumenten konnten sie wenig anfangen. E. T. A. Hoffmann scheute sich, wie wir sahen, nicht im geringsten, gestandene Bürger als bäuerische Trottel und Geisteskranke als die einzigen zivilisierten Menschen in seiner unzivilisierten Zeit zu bezeichnen. Und Stendhal klagte – oder eigentlich brüstete er sich –, er könne nicht damit rechnen, daß sein literarisches Talent im Laufe der nächsten zwei oder drei Generationen überhaupt erkannt werde. Alles in allem waren die Romantiker bereit, die Ergießungen ihres reichen Innenlebens nur mit

Stendhals glücklicher Minderheit zu teilen. Sie selbst schufen – und ihre Anhänger verbreiteten – jene glaubwürdige, aber unzutreffende Legende, derzufolge das Jahrhundert beherrscht war von einem Kampf auf Leben und Tod, einem Kampf zwischen revolutionärer Avantgarde und dem von jeder Hoffnung verlassenen eigentlichen Bürgertum. Doch die Romantiker, die alles andere waren als verkleidete Bürger und sich als Lehrer für die Mittelschichten des 19. Jahrhunderts kaum zu eignen schienen, sind letztlich genau diese Lehrer geworden.

In der Selbstwahrnehmung der Romantiker finden sich wenig Hinweise auf ihren späteren Einfluß. Allen Prahlereien, wie sie sich weder Shelley noch Hugo verkneifen konnten, zum Trotz lebten sie eigentlich nicht in der Illusion, sie könnten der Welt des Denkens und des Geschmacks selbstherrlich ihren Stempel aufdrücken. Die Augenblicke lautstarken Triumphs waren dünn gesät: Die schrille Pariser Uraufführung von Hugos *Hernani* im Jahr 1830 war eine Sensation, aber auch eine Ausnahme in der Geschichte des romantischen Kulturlebens. Zumeist liebäugelten sie eher mit der entgegengesetzten Illusion und erklärten sich mit aggressivem Pathos zu angefeindeten, verfolgten Opfern der Philister und Heuchler. Im Sumpf des Mittelmaßes hielten sie nach ihrer Überzeugung die Fahne der Originalität und des Schöpferischen hoch. Selbst Shelley hatte ja eingeräumt, er und seinesgleichen, die Gesetzgeber der Welt, blieben unbeachtet. Und doch hat, dieser taktischen Bescheidenheit zum Trotz, die romantische Verherrlichung des Selbst die Kulturlandschaft des bürgerlichen Jahrhunderts unwiderruflich geprägt.

Was über das erlesene Publikum der Romantiker hinaus- und zu den vielen braven Bürgern hinführte, war die romantische Liebe. Trotz ihrer liederlichen Herkunft und ihrer metaphysischen Prätentionen konnte diese Liebe als mächtiges Agens fungieren und für die Verbreitung einer neuen, ebenso anschaulichen wie wirkungsvollen Auffassung vom Selbst sorgen. Erinnern wir uns, daß romantische Religion und romantische Liebe praktisch ununterscheidbar waren, da nicht wenige Romantiker erotische Gefühle zu etwas Heiligem erklärten. Ihre überschwengliche Sprache und ihre Berufung auf das Geistige konnten nicht verbergen, daß die Liebe zu Gott oder Natur im Kern eine sinnliche Liebe war. Sie begnügten sich nicht mit der Verlängerung ihres erotischen Sündenregisters, das unerschöpflichen Stoff für Klatsch und Tratsch lieferte, sondern taten ein übriges, sublimierten die Liebe und machten sie zur Weltanschauung.

Einer der gründlichsten Versuche – bestimmt aber der amüsanteste – herauszufinden, wie weit die Liebe als Übungsfeld der Phantasie gelten kann, ist zweifellos Stendhals hochsubjektive Schrift *De l'amour*. Als treuer Gefolgsmann der Aufklärung kündigt Stendhal sein Buch als wissenschaftliche Studie an. Liebe, so seine These, entsteht aus einer gefühlsgeleiteten Rekonstruktion, der der Liebende das Objekt seiner Wahl unterzieht. Die «Kristallisation», jener geistige Kunstgriff, den es bei jeder Verliebtheit braucht, ist letztlich nichts anderes als eine radikale Selbsttäuschung: Der Liebende «bewertet seine eigenen guten Eigenschaften zu gering und die kleinsten Vorzüge der geliebten Person zu hoch».[1] Der Triebwunsch verändert die Realität, damit sie den Anforderungen der erotischen Bedürfnisse genügt. Selbst die immer wieder einsetzende Enttäuschung kann das Fieber der Liebesphantasie nicht dauerhaft heilen. Die Liebe entsteht, triumphiert und stirbt im Kopf des Liebenden, nur um zu neuem Leben zu erwachen, sobald auch ein neues Liebesobjekt in Sicht ist.

Shelley, in Sachen Theorie der romantischen Liebe nicht weniger erfindungsreich als Stendhal, zollt der Innerlichkeit der Liebe genauso angelegentlich Tribut. Seine Anschauungen präsentiert er erstmals 1813, im Alter von 21 Jahren, und zwar in einer Anmerkung zu *Queen Mab*: Liebe, so heißt es dort, entspringt aus der *«Wahrnehmung* des Lieblichen». Als versierter moderner Platoniker – mit Gewinn übersetzt er Platons Dialoge über die Liebe, das *Symposion* – ist er überzeugt, daß «man das Wesen von Liebe und Freundschaft kaum begriffen hat», und macht sich anheischig, beides zu erklären. Sein Forschen ist nicht interesselos; seit dem Erwachen seiner Sexualität ist er, wie er freimütig bekennt, auf der Jagd nach dem Phantom der Liebe – sowohl in seinen Beziehungen zu Frauen als auch in seinen Gedichten.[2]

Dabei handelt er als Anarchist. Nach Shelleys Überzeugung muß die «Despotie festgefügter Institutionen» die Liebe zwangsläufig zugrunde richten. «Jeder Zwang läßt sie dahinwelken; ihr ganzes Wesen ist Freiheit; sie verträgt sich weder mit Gehorsam noch Eifersucht noch Furcht; am reinsten, vollkommensten und schrankenlosesten ist sie immer dann, wenn ihre Jünger in Vertrauen, Gleichheit und Offenheit miteinander leben.» Für Gesetze, die die Ehe auf Lebenszeit vorschreiben, hat er nur schärfste Schmähworte übrig und bezeichnet sie als «Anmaßung», wie sie zur Verhinderung menschlichen Glücks kaum «abscheulicher» hätte ersonnen werden können. «Das heutige Zwangssystem bewirkt in der Mehrzahl der Fälle nichts anderes als die Heranbildung von Heuchlern oder offenen Feinden.» Die Liebe muß vor dem Kerker, der die Ehe ist, bewahrt werden, weil er das Wesen der Liebe zerstört. Deshalb können die Romantiker und ihre Epigonen Shelley in allem Ernst beipflichten, wenn er sagt: «Prostitution ist nichts anderes als der legitime Abkömmling der Ehe und der mit ihr verbundenen Irrtümer.»[3]

Diese Verbalattacken waren nicht einfach Provokationen eines überheblichen Rebellen, der mal Philisterschreck spielen will. Shelley war auf der Suche nach den Ursachen des wahren Glücks, das nur der Liebe entspringen kann. «Wir werden in die Welt geboren», schreibt er um das Jahr 1815, «und vom ersten Lebensaugenblick an ist etwas in uns, das sich immer mehr nach seinesgleichen sehnt.» Dies Etwas muß nicht unbedingt Narzißmus sein: Shelley hat – wobei er lieber nicht an sein eigenes erotisches Sündenregister denkt – ein ebenso strenges Urteil über egoistische und wahllos wechselnde Liebhaber wie über die Vertreter der christlichen Wohlanständigkeit gefällt. Auch darf die Liebe nicht in rohe Sinnlichkeit ausarten: Im Jahr 1818 schreibt Shelley, Liebe setze sich aus mehreren miteinander verflochtenen Strängen zusammen, zu denen das Ästhetische ebenso gehöre wie das Ethische. Den «Akt selber» verwirft er kurz und knapp als «nichts». Wahre Liebe wird von dreierlei geleitet: Die Geliebte sollte «an Körper und Geist so vollkommen und schön wie möglich» sein; der Geschlechtsakt sollte zurückhaltend genossen werden, damit er nicht zu «krankhafter, für Körper und Geist gleichermaßen schädlicher Gewohnheit» herabsinkt; der ganze Umgang miteinander «sollte *im Einklang mit der Natur*« stehen.[4] Shelley zufolge erfordert Liebe zugleich Verehrung, Achtung und Fürsorge, denn echte Wechselseitigkeit läßt sich nur in der freien Verbindung realisieren.

Natürlich ist Liebe, je nach Epoche, immer ganz verschieden definiert worden: als halbreligiöses Erleben oder tierische Paarung, als eine dem Wahnsinn verwandte Krankheit oder als höchstes Heilmittel gegen Einsamkeit und Sehnsucht.[5] Das 18. Jahrhundert, das die Romantiker in ihren Streitschriften selten aus dem Auge verlieren, hat nichts unternommen, um die Spannungen zwischen Liebe und Pflicht, zwischen Leidenschaft und Ehe aufzulösen; die Aufklärung entwickelte Theorien des Sexus, nicht der Liebe. Mit beherzter Taktlosigkeit hat Diderot die Liebe als «kurzzeitiges Aneinanderreiben zweier Geschlechtsorgane» bezeichnet.[6]

Zumal mit dem Ziel, derlei nonkonformistische oder grobe Auffassungen von den zwischenmenschlichen Beziehungen zu diskreditieren, stellten manche deutschen Denker Freundschaft über die Liebe. Der empfindsame Protagonist in *Woldemar*, Friedrich Heinrich Jacobis erfolgreichem Roman vom Ende der 70er Jahre, pendelt zwischen zwei Frauen hin und her und heiratet schließlich die, die ihm weniger bedeutet, und zwar aus dem unerwarteten Grund, daß seine Entscheidung für die zum Ideal erhobene Freundin seines Herzens eine mit dem Inzest vergleichbare Greueltat gewesen wäre. Ein derartiges Denken zeugt vom Zurückschaudern vor der Sinnlichkeit und von der Identifizierung mit der geheiligten Mutter, die selbst in der Phantasie unbefleckt bleiben muß.

Aus einem radikalen Ungenügen an diesen Abwehranstrengungen heraus machen die deutschen Romantiker sich stark für eine Liebe, die dem Einklang von Körper und Geist entspringt. Ein Jahrhundert bevor Freud seine theoretische Begründung nachliefert, situieren Friedrich Schlegel und sein Freund Schleiermacher die wahre Liebe am Zusammenfluß zweier Ströme: des Affektiven und des Triebhaften. Zuneigung ohne Leidenschaft ist Freundschaft, Leidenschaft ohne Zuneigung ist Begierde. Die *philosophes* haben nach dem abschätzigen Urteil der Romantiker diesen hohen Maßstab nie erfüllt; auch die verheirateten Paare ihrer eigenen Epoche werden ihm nicht gerecht. Sie sind zu gefühlskalt, zu förmlich und nicht wahrhaftig genug, um dem Idealbild nahezukommen, geschweige denn es zu erreichen. «Fast alle Ehen sind Konkubinate» und nichts anderes als «provisorische Versuche, und entfernte Annäherungen zu einer wirklichen Ehe», die «darin besteht, daß mehre Personen nur eine werden sollen». Dies sei, so schränkt Schlegel ein, «ein artiger Gedanke, dessen Realisierung jedoch viele und große Schwierigkeiten zu haben scheint». Denn «was man eine glückliche Ehe nennt, verhält sich zur Liebe, wie ein korrektes Gedicht zu improvisiertem Gesang».[7] Das in christlichen Staaten geltende strenge Gesetz, demzufolge noch die erbärmlichste Ehe bis zum Tode nicht aufgelöst werden darf, ist ein gewaltiges Hindernis, das den echten Liebesbund unmöglich macht.

Ein weiteres, nicht weniger gewaltiges Hindernis, so stellt Schlegel fest, besteht in der eigennützigen Überzeugung der Männer, Frauen seien weniger intelligent und kompetent als sie, sie seien von Natur aus passiv und unterwürfig. Da Schlegel seine Ansichten über Frauen änderte, kann man in seinen Schriften gegensätzliche Standpunkte finden. Alles in allem aber war er ein würdiger Zeitgenosse von Mary Wollstonecraft, die 1792 in ihrem Klassiker der Frauenbewegung *Vindication of the Rights of Woman* auf brillante Weise versucht, die Behauptungen der Männer, sie seien das höherwertige Geschlecht, zu diskreditieren. Wenn Schlegel mit Novalis über das brennende Problem von Männlichkeit und Weiblichkeit debattiert, dann stimmt er zwar in vielem mit ihm überein, liebäugelt aber nie mit dem uralten Stereotyp «Im Manne ist Vernunft, im Weibe Gefühl», dem sich Novalis anschließt.[8] Schlegel räumt ein, daß die Frau, da sie Kinder gebiert, ein anderes Schicksal haben müsse als der Mann. Doch die anderen «weiblichen» Eigenschaften, die die meisten Männer und fügsame Frauen als unausrottbar hinnehmen – Häuslichkeit, Abhängigkeit, Frömmigkeit –, seien in Wirklichkeit durch althergebrachte kulturelle Gewohnheiten oktroyiert. Frauen können und sollten stark und unabhängig, und Männer können und sollten nachgiebig und gefühlvoll sein. Und beide Geschlechter sollen sich im gleichberechtigten, durch wechselseitige Hingabe erhöhten Sinnengenuß vereinen. «Ich kann nicht mehr sagen, meine Liebe oder Deine Liebe; beide sind sich gleich und vollkommen Eins, so viel Liebe als Gegenliebe. Es ist Ehe, ewige Einheit und Verbindung unsrer Geister.»[9] So Schlegels Summa in der Bibel der romantischen Liebe, seinem Roman *Lucinde*.

Dieser nach Art chinesischer Kästchen auf komplizierte Weise geschachtelte Roman ist, wie schon erwähnt, ein Schlüsselroman. Ein wenig verkleidet bringt er die wortreiche Liebe zwischen Friedrich Schlegel und Dorothea Veit auf die literarische Bühne; er zeigt, wie sie mit aufreizenden Briefen und mit Gesprächen über Leben, Sehnsucht und Tod – während derer sie leicht bekleidet von einem Pavillon aus dem Sonnenaufgang zusehen – ihre Gefühle füreinander wecken. Schlegels Ausflug in die Romanliteratur erwies sich als erste der vielen Freveltaten, die die Romantiker gegen die gutbürgerliche Gesellschaft begangen haben. «Es wird nemlich gesagt», schreibt die besorgte Mutter des Autors an ihren ältern Sohn August Wilhelm, «er lebe mit einer Person, einer Jüdin. (...) Fritz hat sich mir schon durch seinen Roman (die Lucinde!) als einen gezeigt, der keine Religion und keine guten Grundsätze hat.»[10] Das war ein früher Hinweis darauf, daß die Romantiker sich bereits gefährlich weit von den Sitten – oder doch wenigstens von den Beteuerungen – ihrer Klasse entfernten.

Aber *Lucinde* war nicht bloß ein Skandal, sondern zugleich ein Symptom für das romantische Streben nach Freiheit. Die Helden des Romans sind zwei schöne Seelen, die einander, aber auch jeweils sich selbst in wechselseitiger Leidenschaft finden. Es gibt zwar ein paar prickelnde Hinweise auf ihre erotische Erregung, ansonsten aber bietet ihre Liebe reichlich Gelegenheit zu überschwenglichem Reden. Als dezidierte Attacke auf die von diesem Paar und beider Freundeskreis verworfenen spießbürgerlichen Ehevorstellungen predigt der Roman geläuterte Sinnlichkeit, die Heiligkeit des Körpers und die Verpflichtung des menschlichen Geistes gegenüber Eros. Schlegel will zeigen, daß das Lieben durch Philosophieren zu etwas Erhabenem und das Philosophieren durch Lieben zu etwas Menschlichem wird. «Nicht nach Deinen Lippen allein sehnte ich mich, oder nach Deinen Augen, oder nach Deinem Leibe: sondern es war eine romantische Verwirrung von allen diesen Dingen, ein wundersames Gemisch von den verschiedensten Erinnerungen und Sehnsuchten.»[11] Wenn überhaupt irgendwo, dann liegt hier der gewaltige kulturgeschichtliche Einfluß der *Lucinde* begründet. Mit scharfem Blick hat der Autor seinen Ausflug in die Literatur als «leichtfertig»

eingestuft.[12] Aber in diesem Buch konnte er der romantischen Liebes-
auffassung, die – wenngleich tunlichst gezähmt – so nachdrückliche Auswirkungen auf das Innenleben der damaligen Bürger hatte, Konturen
verleihen.

In einer rückhaltlosen Verteidigung der *Lucinde* macht Schleiermacher
sich Schlegels Ideen zu eigen und freut sich, «die göttliche Pflanze der
Liebe einmal ganz in ihrer vollständigen Gestalt abgebildet zu sehn, und
nicht in abgerißnen Blüthen und Blättern». In diesem Roman «hast Du
die Liebe ganz und aus einem Stück, das Geistigste und das Sinnlichste
nicht nur in demselben Werk und in denselben Personen neben einander,
sondern in jeder Aeußerung und in jedem Zuge aufs innigste verbunden.
Es läßt sich hier Eins vom Andern nicht trennen; im Sinnlichsten siehst
Du zugleich klar das Geistige, welches durch seine lebendige Gegenwart
beurkundet, daß jenes wirklich ist wofür es sich ausgiebt, nemlich ein
würdiges und wesentliches Element der Liebe.»[13] Wenigstens hierin ein
Gegenstück zu Shelley – wie dieser hat er auch Platons *Symposion* übersetzt –, kann der Theologe Schleiermacher seinen unorthodoxen Standpunkt einfach deshalb beziehen, weil für ihn der Leib nicht weniger heilig
ist und nicht weniger für die religiöse Wahrheit bürgt als die Seele. Es
braucht kaum wiederholt zu werden, daß diese romantische Theorie die
Hauptbedingung der Liebe in der freien Wahl des Partners sieht. Nicht
ein einziges Kalkül, sei es finanzieller oder familiärer Art, darf den heiligen Bezirk entweihen.

Das alles war einigermaßen esoterisch. Stendhal schätzte, als er nur bei
den wenigen Glücklichen auf ein dankbares Publikum rechnete, die Launen des expandierenden Literaturmarktes ziemlich realistisch ein. Und
mit dem faktischen Verhalten der Romantiker hatten die Bürger des
19. Jahrhunderts zwar sehr unterschiedliche, aber doch immer gleich
hartnäckige Probleme; das Leben der Romantiker kam ihnen oft nachgerade schockierend vor. Frau Schlegels Empörung über das eigenwillige
Liebesleben ihres Friedrich braucht gar nicht zu überraschen. Historische
Tatsache aber ist, daß die Romantiker ihre – wie immer reale – Entfremdung vom Bürgertum überbewertet haben. Man nehme nur Byron: Als er
sich von seiner Frau trennte, nachdem üble Geschichten über seinen
Charakter und sein Verhalten kursierten, beschloß er, England zu verlassen. Auf Gesellschaften – so sein Vorwurf – sei er geschnitten, im House
of Lords ausgepfiffen, in der Presse beleidigt, auf der Straße beschimpft
worden. Doch die zeitgenössischen Quellen widerlegen diese Darstellung; in Byrons alptraumhaften Vorstellungen spiegelte sich eher sein
Gemütszustand als die öffentliche Haltung.[14]

Auch wenn dieser Eindruck, geächtet zu werden, zum Teil auf seine von Schuldgefühlen hervorgebrachten Phantasien zurückgeht, kam Byron doch als Vorbild für den ehrbaren Bürger nicht in Frage. In der feinen Gesellschaft und in literarischen Kreisen – wir wissen nicht, wie weit die ihn betreffenden Gerüchte über dieses Milieu hinausgedrungen sind – wurde ihm nachgesagt, er habe Inzest mit seiner Halbschwester begangen, Analverkehr mit seiner Frau getrieben, ein ganzes Bündel von Liebesaffären mit Frauen aller sozialen Ränge gehabt und sich dazwischen hin und wieder homosexuelle Seitensprünge geleistet. Seine Promiskuität schien fast übermenschlich. In England und dann Italien warfen sich ihm die Frauen an den Hals und boten ihm schriftlich ein Stelldichein an, um ihn von seiner Schwermut und Gottlosigkeit zu erlösen, und er ging bereitwillig auf ihre Einladungen ein.[15] Ein Buchhalter, ein Geschäftsmann, ein Professor konnten nur in ihren kühnsten Träumen an einen so freien Lebenswandel denken und deshalb nichts anderes tun, als ihn zwar öffentlich zu verurteilen, vielleicht aber privatim aus der Ferne zu bewundern.

Daß die unkonventionelle Liebespraxis der Romantiker dem braven Bürger Furcht einflößte oder zumindest ambivalente Gefühle in ihm wachrief, war nicht verwunderlich. Lord Byrons Privatleben stand in krassem Gegensatz zu den Wertvorstellungen, nach denen das Bürgertum seit Jahrhunderten zu leben behauptete und in denen Treue mehr galt als Partnerwechsel und Zurückhaltung mehr als Maßlosigkeit. Die Familienmagazine, die zu Beginn des Jahrhunderts überall in Westeuropa entstanden, predigten allesamt die Heiligkeit von harter Arbeit und konsequenter Monogamie. Die romantische Liebe, die im Begriff war, noch in die empfindsamsten Bereiche des bürgerlichen Familienlebens einzudringen, war für den Mittelstand deshalb eine anarchische Kraft, die seine altgedienten Heiratsarrangements zu kippen und seinen sozialen Zusammenhalt zu sprengen drohte. Wenn die Romantiker also in stadtbekannten Liebschaften ihrer Phantasie die Zügel schießen lassen, so ist das ein Affront gegen praktisch alle Angehörigen dieses Mittelstands – die ganz und gar freizügigen ausgenommen. Da die Bürger entschlossen waren, die Liebeswonnen in der Dauerinstitution der gesetzlichen Ehe zu verankern und die sexuellen Lüste als etwas strikt Privates zu betrachten, konnte eigentlich niemand erwarten, daß sie ihren Liebeswünschen den Spielraum und die Öffentlichkeit zugestehen würden, die die verwegensten unter den Romantikern für sie forderten.

Jahrzehntelang haben die damaligen Mittelschichten also die Moral, nach der besonders exhibitionistische Romantiker lebten, eher als Frevel denn als Leitbild wahrgenommen. Und doch fanden sie sie gleichzeitig irgendwie faszinierend. Diese emsigen Casanovas männlichen und weiblichen Geschlechts waren zwar nicht von ihrem Schlage, aber... Typisch ist ihre Reaktion auf Byron, den am meisten verleumdeten, aber auch am meisten beneideten romantischen Liebhaber.[16] Um die Sache noch zu komplizieren – wie es der Romantikforscher eben tun muß, wenn er seinem Gegenstand Gerechtigkeit widerfahren lassen will –, sei gleich gesagt, daß der Erzromantiker Byron gar kein romantischer Liebhaber war. Seine sexuellen Gelüste befriedigte er je nach Laune oder je nach Trieb. Seine verstreuten Bemerkungen sind zusammengenommen eine Anthologie des Zynismus. «Ich glaube nicht, daß es die sogenannte Liebe gibt», gesteht er seiner Vertrauten Lady Melbourne im September 1812; fünf Jahre später philosophiert er in einem Brief an seinen Freund Thomas Moore und schreibt, Treue sei nur «jenes Kleingeld der Liebe, das die Menschen mit solcher Strenge fordern, dann aber als Falschgeld erhalten und in noch unedlerem Metall zurückzahlen». Liebe ist nur der höfliche Name für sexuelle Begierde. Dennoch war Byron nicht einfach ein Lüstling. Zu seinem – wie er es nannte – «besoin d'aimer» gehörten auch Befriedigungen, die weniger flüchtig waren als der Orgasmus. Im August 1822, bald nach der Auflösung seiner Liaison mit der italienischen Gräfin Teresa Guiccioli, mit der er die letzte und längste Liebesbeziehung hatte, schrieb er an Moore: «Ich glaube wahrhaftig, daß weder Dir noch sonst jemandem mit poetischem Temperament die heftige Leidenschaft ganz erspart bleibt. Sie ist die Poesie des Lebens.» Die Liebe, so Byron, sei der Hauptantrieb zum Dichten – jedenfalls für ihn: «Was hätte ich erfahren oder geschrieben, wäre ich ein gesetzter, kaufmännisch rechnender Politiker oder ein Hofadliger gewesen?»[17] Sein Verehrer Goethe hätte es gar nicht anders gesagt.

Diese Phasen der Leidenschaft sind selten bei Byron; nie hat er sich ganz von seiner Überzeugung gelöst, daß Liebe nicht dauern kann – daß sie jedenfalls die Eheschließung nicht überlebt. Der Held, den Byron sich ausdenkt und zum Großteil selbst verkörpert, jener Fremde und Abenteurer, der sich auf die Reise zu romantischen Orten begibt, ist vom Schicksal dazu bestimmt, unglücklich zu sein. In manchen Augenblicken jedoch erwartet sein Schöpfer mehr vom Leben als die Melancholie, die ihn so unwiderstehlich macht. Unter dem Eindruck dieser flüchtigen Hoffnung und nicht ohne die stets gegenwärtige Schwermut schildert er im dritten Gesang des *Don Juan* das Schäferstündchen zwischen Juan und Haidée, das den bezauberndsten Abschnitt dieses großen Gedichtstroms bildet. Die 17jährige, schöne Haidée mit ihren kastanienbraunen Haaren und schwarzen Augen entdeckt den verwundeten Schiffbrüchigen Don Juan und säugt ihn an ihrer Brust wieder gesund. Umgeben von freundlicher Natur lieben sie sich in aller Unschuld – und ohne Gewissensbisse oder einen Gedanken an die Zukunft – am einsamen Strand. Sie ahnen, daß sie sich trennen müssen, aber nach Byrons Überzeugung ist das wohl auch gerade das Richtige:

> Es ist, als ob ein häuslich ehrbar Los
> Und echte Lieb' einander fliehen müßten.
> Der Dichter malt die Werbung lebensgroß,
> Und von der Ehe gibt er meist nur Büsten.
> Wer kümmert sich um ehliches Gekos?
> Es war nie unrecht, wenn sich Gatten küßten.
> Ob wohl Petrark als Lauras Mann Sonette
> Sein ganzes Leben lang geschrieben hätte?
> (Übers. Otto Gildemeister)

Für Byron ist die Liebe, die Poesie des Lebens, zur Vergänglichkeit verdammt – und mit einem solchen Gefühl kann der Bürger nur schwerlich leben.

Zu welch trauriger Berühmtheit Byron es brachte, läßt sich am Schicksal seiner Memoiren ablesen. Einige Tage nach der Nachricht von Byrons Tod und nach erbitterten, verzweifelten Streitereien beschlossen seine engsten Freunde, das Manuskript zu verbrennen. Einer der ganz wenigen, die es gelesen hatten, William Gifford von der *Quarterly Review*, befand, seine Liebesgeschichten seien «gerade gut fürs Bordell» und würden, «wenn man sie veröffentlicht, Lord B zu ewiger Schande gereichen». Der Dekan von Westminster Abbey, Dr. Ireland, brauchte das umstrittene Dokument nicht einmal zu lesen, um Byron das Begräbnis zu verweigern.[18] Die Leser indessen, die Byron in Großbritannien und anderswo hatte, waren tief betroffen von der Todesnachricht und nicht geneigt, den Zensor zu spielen. Die Heftigkeit, mit der seine Freunde darüber stritten, wie sie seinem Andenken am besten dienen könnten, zeugt vom Gefühl des Verlustes, das sie empfanden. Und kluge Leser, die ihn nie gesehen hatten, reagierten, als wäre ein geliebter Freund gestorben.[19]

Auch dem Verkauf seiner Werke haben die Klatschgeschichten, die Byron überall hin folgten, keinen Abbruch getan. Er schlug eine Saite an, mit der er bei Tausenden Gehör fand, unabhängig von dem, was all die Eiferer sagen mochten. Im Zweifelsfall machte ihn das ganze Gerede nur noch interessanter. Die Leser lyrischer Dichtung jedenfalls haben ihn nicht im Stich gelassen – oder wenn doch, dann nicht aus sittlicher Entrüstung. Die 1812 erschienenen ersten beiden Gesänge von *Childe Harold's Pilgrimage* machten ihn über Nacht berühmt, und von da an folgte ein Gedicht auf das andere, in einem einzigen langen verlegerischen Triumphzug. Im Jahr 1818 bot John Murray Byron tausend Guineen für *Beppo*, sein erstes Werk in jenem Stil der heroischen Burleske, den er mit *Don Juan* zur Vollendung brachte. Auch diese Dichtung, von 1819 an in jeweils mehreren Gesängen erschienen, verkaufte sich gleichbleibend gut und brachte Geld – und zwar trotz (und wegen) der empörten Urteile. «Sind nicht Lord Byrons und Walter Scotts Werke», so heißt es 1822, zwei Jahre vor Byrons Tod, in einem Brief Goethes, «in den Händen aller Deutschen, besonders der zarten und schönen?»[20] Jahrzehnte später bezeugt Matthew Arnold, daß Byron immer noch Eindruck auf seine Leser macht, und bemerkt ein wenig verbittert, Byron trage «mit Hohn und Spott auf alle Pein (...) / Des blutend Herzens hohlen Schein». Nicht vergebens: «Viele zählten jedes Ach, / Und ganz Europa seufzt ihm nach.»[21] Mit seinem Leben und Dichten wurde Byron für seine bürgerlichen Leser zum Inbegriff des romantischen Abenteuers, des romantischen Triumphes und Verlustes – mit einem Wort, zum Inbegriff der romantischen Liebe mit all ihren sichtbaren Gefahren und ihren versteckten Reizen.

Manche von Byrons Romantikerkollegen führten, wie wir sahen, ein kaum weniger unbürgerliches Leben. Novalis hörte nicht auf, seine tote Verlobte zu lieben, als er schon Vorbereitungen zur Ehe mit einer anderen angebeteten jungen Frau traf. Als August Wilhelm Schlegel seine kluge und attraktive Frau Caroline fand, war sie Mutter eines unehelichen Kindes; später gab sie ihren Mann auf, weil der interessantere Schelling ihr über den Weg lief. Wilhelms jüngerer Bruder Friedrich lebte mit Dorothea Veit schon vor ihrer Scheidung zusammen. Shelley brannte im Alter von 18 Jahren mit der 16jährigen Harriet Westbrook durch, und als er seiner Ehe nichts mehr abgewinnen konnte, machte er sich mit Mary Godwin davon und heiratete sie nach dem Selbstmord seiner ersten Frau; auch seine zweite Ehe hielt ihn nicht von Liebschaften mit anderen Frauen ab. Goethe verliebte sich laufend in Frauen, noch als er über siebzig war (siehe unten S. 148 f.). Chateaubriand konnte sich einiger berühmter Geliebter rühmen, darunter die legendäre Schönheit Madame Récamier. Madame de Staëls abwechslungsreiches Leben spielte sich praktisch in der Öffentlichkeit ab. Victor Hugo war ein wahrer Sexualathlet, der jahrzehntelang für zwei – mitunter gar drei – Haushalte gleichzeitig sorgte und, während er zwischen seinen längerfristigen Verhältnissen hin und her pendelte, noch buchstäblich zahllose Liebesaffären hatte. Schubert, der offenbar in obskuren Homosexuellenzirkeln verkehrte, war eine Ausnahme unter den Romantikern, weil er sein Sexualleben geheimhalten konnte. Ehebruch und Partnerwechsel erschien den meisten Romantikern so natürlich wie

Schreiben, Malen oder Komponieren und – so argwöhnt man – fast ebenso notwendig für ihren Ruhm.

Unter dem Zwang ihrer hohen moralischen Imperative konnten die Bürger die romantische Liebesdoktrin erst dann akzeptieren, als sie die Freuden des erotischen Erlebens mit Schweigen oder Euphemismen zugedeckt und Shelleys Protest gegen die «Despotie» der Ehe durch das Ja zu dieser Institution ersetzt hatten. Selbst die wagemutigsten unter den Bürgern des 19. Jahrhunderts betrachteten die Ehe nicht als Nemesis der Liebe, sondern als ihre höchste Verkörperung. Der deutsche Dramatiker Friedrich Hebbel war – wie am deutlichsten wohl durch seine 1856/57 entstandene epische Idylle *Mutter und Kind* belegt – der Überzeugung, daß «erst die Ehe den Menschen zum ganzen Menschen macht».[22] Er sprach für das Bürgertum: Eben dieses Thema wiederholten ja die beliebten Prosa- oder Versromane, die um die Jahrhundertmitte den Löwenanteil der bürgerlichen Lektüre ausmachten, in unzähligen Variationen. Mit Novalis' metaphysischer Definition der Liebe als Amen des Universums oder mit der zynischen Gleichsetzung von Liebe und sexueller Tüchtigkeit konnte der Normalbürger wenig anfangen, um so mehr aber mit fiktiven Liebespaaren, die nach schrecklichen Seelenqualen endlich vereint werden – vereint natürlich in der heiligen Ehe. Bei allen unvermeidlichen Konzessionen an die Moralvorschriften hatten die Bürger gegen die Freiheit, die die Romantiker dem innerlichen Liebesschmachten einräumten, kaum etwas einzuwenden. Immer mehr entdeckten sie ihre eigenen Gefühle, indem sie sich ein Beispiel nahmen an den Gefühlen – wenn nicht gar Abenteuern – der denkbar unbürgerlichen Dichter.

Befördert wurde die Verbreitung romantischer Sitten in den bürgerlichen Mittelschichten durch die eindrucksvolle Verbesserung ihres Lebensstandards. In früheren Epochen waren Mußestunden, in denen man unernste weltliche Literatur wie Romane oder Gedichte lesen konnte, weitgehend eine Domäne der privilegierten Schichten gewesen. Aber zum Glück für das romantische Liebesideal machte die Industrialisierung in der Kommunikationstechnologie besonders frappierende Fortschritte. Glänzende Erfindungen, die Druckereiwesen, Papierproduktion und Büchervertrieb modernisierten, verschafften immer größeren Kreisen Zugang zu den Freuden des Lesens. Noch Jahre nach der Französischen Revolution waren Bücher teuer gewesen, aber diese technischen Innovationen ließen die Preise drastisch sinken. Überdies bildete sich um die Jahrhundertmitte ein rasch expandierendes Netz von Leihbüchereien und öffentlichen Bibliotheken und ersparte den Menschen mit schmalerem Budget das Bücherkaufen. Und auch jetzt gab es für viele Leser, deren persönliche

Bibliothek sich auf Bibel, Predigtsammlungen und vielleicht ein paar Reisebücher oder Ratgeber für die eigene Fortbildung beschränkte, Familienmagazine – *Godey's Lady's Book* in den Vereinigten Staaten, die *Gartenlaube* in Deutschland –, die romantische Erzählungen, Gedichte und Romane brachten. Zugleich konnten sich die ernsthaften Romanciers, deren Werke häufig viel weniger verbreitet waren als die ihrer wendigen Konkurrenten, ein neues Leserpublikum erschließen, indem sie ihre Bücher als Fortsetzungsromane publizierten, in Frankreich etwa in der *Revue des deux mondes*, in England in *Cornhill*. Diese neuen Publikationswege verschafften dem Interesse am Selbst ein Publikum, über das die Romantiker nur hätten staunen können.

Natürlich hat das 19. Jahrhundert das Gefühl der Liebe ebensowenig erfunden wie das Bürgertum. Daß Liebespaare einander seit Jahrhunderten aufrichtig, leidenschaftlich und oft ein ganzes Leben lang geliebt haben, geht aus rührenden Zeugnissen wie Briefen, Tagebüchern oder Grabinschriften hervor. Was aber neu war und den Romantikern – noch zu einer Zeit, als ihr Einfluß auf dem Theater und im Roman schon nachließ – zu ihrer dauerhaften Wirkung verhalf, war ihre kühne Behauptung, wenn man ganz Mensch sein wolle, dann sei das freie Spiel der Gefühle nicht nur zulässig, sondern geradezu notwendig. Dank der im bürgerlichen Zeitalter immer größeren Flut des Gedruckten, das sich für diese These stark machte, wurde die von den Romantikern begonnene Demokratisierung der Innerlichkeit erheblich vorangebracht. Religiöse Texte hatten zwar nach wie vor ein breites, treues Leserpublikum, aber mehr und mehr Menschen lasen einfach zum Vergnügen, weil sie in eine romantische Atmosphäre eintauchen wollten. Und die meisten, die diesen Kult ihres innersten Selbst betrieben, waren Bürger.

Natürlich haben die Epigonen der Romantiker, wenn sie in ihren für das Massenpublikum bestimmten Unterhaltungsromanen über die Liebe schrieben, eine Kümmerform der Romantik feilgeboten, da sie die Differenzierungen und packenden Konflikte, durch die ihre Vorbilder sich auszeichneten, nicht zu imitieren vermochten. Die alten Requisiten des romantischen Romans – mittelalterliche Schlösser, Mondnächte, schwermütige Helden und dergleichen mehr – erfreuten sich immer noch gewisser Beliebtheit, aber sie standen im Wettbewerb mit modischeren, weniger trübsinnigen Themen. Die Liebesgeschichten der Romantiker hatten in der Regel mehr Wert auf das Leiden als auf das Gelingen gelegt. Gewiß, Schlegels *Lucinde* endet damit, daß das glückliche Paar sich bindet und die Freuden der Elternschaft teilt. Aber Byrons Don Juan muß seine bezaubernde Haidée verlassen; Hazlitts *Liber Amoris* endet mit einer herzzerreißenden Trennung, Constants *Adolphe* mit der Einsamkeit des unheldischen Helden und dem Tod der bitter enttäuschten Heldin. Heines Liebesgedichte handeln nicht vom Triumph, sondern von den Qualen der Liebe. In krassem Gegensatz dazu war in den von ernsthafter Literatur unterschiedenen Prosa- oder Versromanen des 19. Jahrhunderts das Happy-End so gut wie obligatorisch. In diesen Werken konnte die Liebe – die romantische Liebe – alles erringen. Aber auch wenn die Quellen, aus denen die damaligen Bürger die romantischen Vorstellungen schöpften, nicht gerade klar und rein waren, so haben sie doch aus ihnen geschöpft.[23]

Im wirklichen Leben (und nicht im Roman) eroberte sich die romantische Liebe des 19. Jahrhunderts das Bürgertum zwangsläufig mit unterschiedlichem Tempo und nicht ohne Behinderungen. In manchen Bastionen des hartnäckigen Konservatismus eroberte sie gar nichts. Ob Italiener, Deutsche oder Amerikaner, ob Protestanten, Katholiken oder Juden, ob Großbürger, brave Mittelständler oder kleine Händler – alle hatten ihre je eigene Art der Aufnahmefähigkeit für oder des Widerstands gegen die romantische Liebe, je nachdem ob sie sich mehr mit religiösen Vorschriften, ökonomischen Berechnungen, familialen Zwängen oder kulturellen Einstellungen herumschlagen mußten. In den meisten Fällen waren die Motive gemischt; die Entscheidung des einzelnen blieb unberechenbar. Vor 1800, «in jenen aller Romantik abholden Tagen» (wie die Romanautorin Johanna Schopenhauer die Zeit ihrer Jugend beschreibt), wurden die Hauptbetroffenen in aller Regel über das, was ihre Eltern mit ihnen vorhatten, weder befragt noch informiert.[24] Noch ein Jahrhundert später fand diese souveräne Verfügung über die Zukunft heiratsfähiger Jugendlicher ihre Befürworter. In den 80er Jahren des 19. Jahrhunderts etwa hatte ein wohlhabender Prager Geschäftsmann ein Auge darauf, daß seine vielen Töchter hübsch der Reihe nach heirateten, erst die älteren, dann die jüngeren. Ihre «sentimentalen Regungen» interessierten ihn nicht. «Als Kaufmann wollte er sie gut versorgen. Er wählte die Schwiegersöhne nach Beruf und Einkommen. Wenn das Mädel in ihren Zukünftigen verliebt war, um so besser! Es ging aber auch ohne Leidenschaft.»[25]

Dieser besonnene Autokrat war in der bürgerlichen Gesellschaft des ausgehenden 19. Jahrhunderts durchaus noch keine Ausnahme. Bis zum Ende des Jahrhunderts und darüber hinaus schlossen reiche und fromme Familien in Frankreich Heiratsverträge ab, in denen ihre Kinder kaum etwas anderes waren als eine Schachfigur; die Töchter wuchsen in der Obhut von Nonnen auf, die sorgfältig aussuchten, was sie lesen durften, und jede störende sexuelle Information beiseite schafften, und so war von vornherein ausgeschlossen, daß sie in ihrer Zukunftsplanung eine aktive

Rolle spielen konnten.[26] In ganz ähnlicher Weise hielten auch deutsch-jüdische Familien, deren Lebensplanung enge Grenzen gesetzt waren, an ihrem traditionellen Modell arrangierter Eheschließungen fest. Bei ihnen konnten die alten Sitten erst nach und nach weichen, als junge Männer und einige wenige Frauen sich Zugang zur Universität verschafften und ein neues Ideal entdeckten: die romantische Selbstbestimmung.

Liberalere Gesellschaften hingegen, die jungen Männern und Frauen breiten Spielraum bei der Werbung einräumten, hatten die Wege zu romantischer Liebe bereits geebnet, als die Romantiker noch gar nicht zu schreiben begonnen hatten. Wie in manch anderer Hinsicht waren die Vereinigten Staaten auch in diesem Punkt zukunftsweisend: Sie gaben ein Beispiel für Toleranz, wie sie in anderen Ländern noch gänzlich unbekannt war und selbst in der Französischen Revolution nur ansatzweise – und letztlich ohne Erfolg – proklamiert wurde. Liberalismus hieß nicht notwendig Libertinage: Die Amerikaner konnten zwar mit beträchtlicher Freiheit lernen, einander gern zu haben und zu lieben und gemeinsam ein Leben auf gegenseitiger Zuneigung aufzubauen, in den Köpfen aber hatte die Vorsicht immer noch das letzte Wort. Ein ordentlicher Amerikaner machte kaum je einen Heiratsantrag, bevor er nicht über ein so gesichertes Einkommen oder so feste Berufsaussichten verfügte, daß er eine Familie ernähren konnte. Eine ordentliche Amerikanerin wiederum ließ sich wohl kaum auf Beziehungen ein, die sie als unbesonnen oder übereilt zu betrachten gelernt hatte. Diese jungen Pioniere der modernen Liebe machten die Entdeckung, daß die Zustimmung der Eltern zwar wünschenswert war, aber selten unbedingt darauf bestanden wurde; es gibt sichere Belege dafür, daß unerfahrene Liebespaare häufiger den Rat ihrer Eltern suchten, als diese ihn geben mochten. Der Einklang zwischen den Generationen bestand eher in der emotionalen Absicherung. Die Braut war ja gemeinhin kaum älter als zwanzig, wenn nicht gar jünger, und zog direkt aus dem Elternhaus in ihr neues Heim.

Die Liebe, die Amerikaner meinten füreinander empfinden zu müssen, bevor sie sich auf Dauer binden konnten, bestand daher selten in jenem wilden, hemmungslosen Sturm übermächtiger Leidenschaften, von dem sie in den Romanen lasen. Nach ihrer Auffassung sollte Liebe sich über die Zeit hinweg bewähren und Beweise dafür bereithalten, daß man zusammenpaßt. «Romantische Extravaganzen», so hieß es damals, sind Versuchungen der Jugendzeit, denen man entwachsen muß, und den romantischen Romanen, jenen trügerischen, wenngleich unwiderstehlichen Anleitungen zu «extravaganter und falscher Lebensanschauung», soll man mit Mißtrauen begegnen.[27] Schon Mitte des 19. Jahrhunderts aber, als die Vernunft noch immer zur Vorsicht mahnte und praktische Überlegungen weiterhin die Leidenschaft bremsten, war nach amerikanischer Diagnose die Unfähigkeit zu lieben ein unangenehmerer Makel als die Neigung, sich zu rasch zu verlieben.

In jenen Jahrzehnten verfügten auch die jungen Männer und Frauen des englischen Mittelstands über ähnlich viel Freiraum zur Kultivierung von Gefühlsbindungen. Sehr viel ungehinderter als ihre französischen oder deutschen Altersgenossen konnten sie einander sehen, auch alleine. Die Franzosen, die doch so viele romantische Romane beigesteuert hatten, hüteten sich sogar ganz besonders davor, dem unberechenbaren Element der Liebe Zutritt zu ihren Heiratsarrangements zu gewähren. Eine gut informierte englische Beobachterin, Mrs. Betham-Edwards, schreibt 1905 ganz unverblümt: «In Frankreich ist der häusliche Herd» – anders als der englische, an dem sich manche Werbe- und Eheromanze abspielt – «etwas ganz Prosaisches, denn die Ehe ist eine Partnerschaft, die vor allem mit Rücksicht auf praktische Erfordernisse geplant wird.» Einwände dagegen hat sie nicht: «Wo finden wir engere Verbindungen, zärtlichere Ehefrauen, hingebungsvollere Ehemänner als in Frankreich?» Die Ehen seien dort stärker familienpolitisch orientiert als in ihrem eigenen Land: «In Frankreich ist die Ehe nicht Sache des einzelnen, sondern der Familie, so etwas wie ein Geschäft zwischen Kapitalgesellschaften. Ein Engländer heiratet eine Ehefrau. Ein Franzose nimmt nicht nur die Braut – für gute oder schlechte, reiche oder arme Zeiten –, sondern die Braut samt Kind und Kegel.» Allerdings erfordere es einiges Geschick, damit diese *mariages de convenance* auch tatsächlich funktionieren: Die Eltern müßten allerhand anstellen, um diejenigen auszusondern, die nicht in Frage kommen, und die passenden Männer und Frauen zusammenzubringen. Daß dieses wohlkalkulierte Verkuppeln dazu diente, Ansehen und Vermögen der beiden Familien zu mehren, verstand sich damals fast von selbst.[28]

Natürlich wußten auch Engländer und Amerikaner, nicht anders als die Menschen auf dem europäischen Kontinent, den Wert des Geldes und die mit dem «richtigen» Partner verknüpften sozialen Vorteile durchaus zu schätzen. Wahrscheinlich hielten sie sich an den zu ihrer Zeit geläufigen schlichten Ratschlag, nicht wegen des Geldes zu heiraten, aber sich dorthin zu begeben, wo Geld ist. Allerdings waren es die Franzosen und auch viele Deutsche – ganz zu schweigen von Russen oder Italienern –, die diesen zynischen Spruch erst zur regelrechten Strategie erhoben. Auch anderswo hatte die romantische Liebe harte Kämpfe zu bestehen; aber in England und Amerika haben viele biedere Bürger, die verliebt waren, nicht anders als Julia in Byrons *Don Juan* – flüsternd, sie würden nie nachgeben – letztlich nachgegeben.

Der Einfluß, den die romantische Liebe auf das Bürgertum des 19. Jahrhunderts hatte, war zwar nie ganz endgültig, doch so viel steht fest: Wo immer man die Liebe gewähren ließ, brachte sie faktisch auch die Subjektivität mit sich, führte sie zum Nachdenken über den eigenen Gemütszustand und über das eigene Selbst aus der Sicht der geliebten Person. Im größten Überschwang können die Liebenden der Romantik, weil sie zu einem einzigen Wesen verschmelzen wollen, ihre Identität nur finden, indem sie sie verlieren.[29] Diese Suche nach psychischer Auflösung ineinander – so sehr, daß man die Gedanken des anderen denkt und Lust und Schmerz des anderen buchstäblich fühlt – war nichts anderes als die zum Extrem getriebene romantische Regression. Jene banale, drängende Frage «Liebst du mich?», mit der Liebende ihre Partner immer schon gepiesackt haben, wenn sie versuchten, die wahren Gefühle des anderen herauszufinden, stand auch im Dienst der Innerlichkeit. Die Forderung nach Offenheit und Aufrichtigkeit des Partners ist ein gebieterisches Verlangen nach totaler Transparenz. «Ich hätte gewünscht, sie würde mich durchschauen», *qu'elle me devinât*, sagt Constants Adolphe, der zwar selber unfähig ist zu wirklicher Liebe, sie aber unvergleichlich gut definieren kann. Wer auch nur irgend etwas zurückhält, sei's eine ernsthafte Kritik, sei's ein heikles Stück Vergangenheit, vergeht sich am romantischen Ideal, dem zufolge die Liebenden einander restlos angehören sollen. Um noch einmal Adolphe zu zitieren: «Sobald es ein Geheimnis gibt zwischen den zwei liebenden Herzen, sobald einer der beiden Liebenden zu dem Entschluß kommen kann, auch nur einen einzigen Gedanken vor dem anderen geheimzuhalten, ist der Zauber gebrochen, das Glück zerstört.»[30] Die scharfsichtigeren Romantiker, darunter Constant, wußten sehr wohl, daß dieses Wissenwollen weniger ein Verlangen nach Information als vielmehr eine Bitte um Beruhigung ist; nicht zufällig müssen Liebende derlei Inquisition zwanghaft wiederholen, denn noch das entschiedenste Ja verliert bald seine Wirkung. Wer sich die eigenen Vorzüge von seinem zweiten Selbst bestätigen läßt, kann das Gefühl des inneren Werts nur erhöhen.

Die Befriedigung dieses Verlangens nach freiem Zugang zum seelischen Innern eines anderen war (ob in Gestalt der Befragung oder der Bitte um emotionale Stärkung) ein Privileg der Liebenden – und der Liebenden allein. Strenggenommen sind solche bangen Nachforschungen eigentlich eine Verletzung der Privatsphäre, aber die Bürger des 19. Jahrhunderts sahen darin lieber das Unterpfand für eine umfassendere, gemeinsame Privatheit. Nach ihrer Überzeugung müssen Liebende alles voneinander wissen. Sie räumten ein, daß Liebespaare notorisch antisozial sind, daß sie die Umwelt ausschließen, um ihre Libido nur auf den jeweils anderen zu richten – und das heißt im Zweifelsfall auf sich selbst. Was sie da praktizieren, ist häufig ein Narzißmus zu zweit.

Das unersättliche Nachfragen der Verliebten hat verdächtig viel Ähnlichkeit mit einer weltlichen Version jener furchtsamen Selbstprüfung, mit der viele Gläubige jahrhundertelang ihrer Seelenverfassung und Heilserwartung auf der Spur waren. Doch die Ideologie der romantischen Liebe war nicht einfach eine säkulare Religion. Der sakralen Sprache bediente sie sich zu irdischen Zwecken. Die Liebenden des 19. Jahrhunderts hatten keine Hemmung, in blasphemischer Sprache nicht nur den Überschwang ihrer Gefühle zum Ausdruck zu bringen, sondern auch die geliebte Person mit übermenschlichen Fähigkeiten und Reizen auszustatten und in den Himmel zu heben. Mit seinen exaltierten Worten spricht H., der unglücklich verliebte Held von William Hazlitts *Liber Amoris*, für diese Opfer romantischer Liebe. Seine Geliebte, die Tochter des Mannes, bei dem er wohnt, bezeichnet er als «göttlich» und als «Engel des Lichts»; er findet sie «von himmlischer Sanftheit, wie eine Heilige», vor der er als «stolzer und glücklicher Knecht (...) auf die Knie fallen und beten» möchte. Der Mann, der dieselbe Luft atmet wie sie, «gleicht einem der Götter»! Hat sie ihm doch «die Tore zum Paradies» geöffnet. Freilich: als seine «Angebetete», sein «Engel» sich als Verräterin entpuppt, erkennt er, wie platt und absurd seine Worte gewesen sind: «Wie hohl sind doch die gängigen Ausdrücke: *anbetungswürdiges Geschöpf, Engel, Göttin!*»[31] In den 20er Jahren, als Hazlitt diese seltsame, bekenntnishafte Liebesgeschichte schrieb, waren sie bestimmt nur allzu gängig, und sie blieben es nicht bloß im Roman, sondern oft genug auch im Leben.

Nicht weniger vertraut in der Sprache der Liebenden waren vielsagende Wörter wie «Magie», «Zauber» und (treffender noch) «Verzauberung» oder «Bezauberung»; sie erinnern daran, daß in einer Zeit, da die alten Zauberformeln der Religion nicht mehr wirken, die romantische Liebe einspringt und ein Surrogat bereitstellt. Für die Wiederverzauberung der Welt haben Romantiker und Postromantiker auf dem Feld der Liebe am meisten getan. Doch romantische Liebe war nicht einfach die mechanische Ersetzung religiöser Ekstase durch Liebesverzückung; die meisten Liebespaare des bürgerlichen Zeitalters wollten nicht nur miteinander schlafen, sondern auch gemeinsam zur Kirche gehen.

Mehr noch: Es gab damals Bürger, die durch die Liebe zu einer braven Frau wieder den Weg zu Gott fanden; ein Musterbeispiel für das Zusammengehen von göttlicher und sinnlicher Liebe ist der leidenschaftliche junge protestantische Geistliche Charles Kingsley, der sich mit seinem Kreuzzug für ein männliches, athletisches Christentum einen Namen gemacht hat: Haltlos treibend in Skepsis und nagenden Zweifeln, kehrte er erst dann zum Glauben zurück, als er die ebenso sinnenfreudige wie fromme Fanny Grenfell, seine spätere Ehefrau, kennengelernt hatte. Aber auch wenn die romantische Liebe dem Bürgertum des 19. Jahrhunderts keinen Religionsersatz verschafft hat, so konnte sie sich doch als säkulare Ideologie durchaus bewähren. Die ichbezogene Erhabenheit war bei verliebten Bürgern unverkennbarer als bei anderen, und der Anstoß zu dieser Innerlichkeit kam von den Romantikern. Die Romantiker waren die ersten, die der beharrlichen Konzentration auf das Selbst die Theorie lieferten und ihr zu allgemeiner Verbreitung verhalfen. Sie waren nicht die letzten.

II. Übungen in Selbstdefinition

Bis zu den Anfängen der Psychoanalyse in den letzten Jahren des 19. Jahrhunderts war das einzige Mittel, mit dem die damaligen Bürger ihr Innerstes so weit wie möglich ausloten konnten, die Autobiographie. Als Form der Selbstdefinition ist sie natürlich schon alt. Eine historische Rückschau müßte spätestens bei den *Confessiones* des Augustinus beginnen, dann fortfahren mit den mittelalterlichen Geistlichen, die sich voll Gottesfurcht nach ihrer Seelenverfassung fragten, mit Montaigne, der seinem – nie an Faszination verlierenden – Innenleben auf den Grund ging, sowie Descartes, der das Wagnis unternahm, die Philosophie auf das denkende Ich zu gründen, und sich schließlich den Scharen von Puritanern im 17. und Pietisten im 18. Jahrhundert zuwenden, die feierlich die Bilanz aus ihrer Selbstbefragung zogen. Das 19. Jahrhundert aber brachte weit mehr Autobiographen und weit mehr Leser für ihre Werke hervor als irgendeines der vorangegangenen Jahrhunderte. Schon in den 30er Jahren machte Thomas Carlyle in seinem *Sartor Resartus*, jenem empfindlichen Kulturbarometer, auf «diese unsere autobiographischen Zeiten» aufmerksam.[1]

Viele beunruhigte Bürger haben, wie wir wissen, die ganze ostentative Selbstbeobachtung eher als Krankheitssymptom denn als Fortschritt diagnostiziert; Matthew Arnold war nicht der einzige, der bedauernd feststellte, «der Dialog des Geistes mit sich selbst» drohe ebenso krankhaft wie eintönig zu werden.[2] Aber alle Zeitgenossen waren – unabhängig von ihrem Urteil – überzeugt, daß sie in einer denkwürdigen Epoche des Erinnerns und Bekennens, des öffentlich ausgestellten privaten Selbst lebten. Mit gutem Grund: In immer mehr Ländern drängten sich Scharen prominenter Schriftsteller und Politiker, Künstler und Militärs danach, einem erwartungsvollen Publikum und – so ihre Hoffnung – einer dankbaren Nachwelt von ihrem Leben zu erzählen. Wenigstens bis zur Jahrhundertmitte lasen bürgerliche Leser noch vornehmlich Werke der religiösen Erbauungsliteratur, lyrische Dichtung oder zunehmend auch Romane. Aber in allen Teilen der westlichen Welt machten sich Verleger und Herausgeber an die gewinnträchtige Förderung des autobiographischen Impetus und verschafften damit dem offenbar unersättlichen Gelüst nach dieser Kost die gewünschte Nahrung.[3]

Die Bürger des 19. Jahrhunderts zeigten ein ungewöhnlich starkes Interesse an der Selbstoffenbarung. Im Jahr 1870 verweist der englische

Journalist Robert Goodbrand stolz darauf, die gegenwärtige Innerlichkeit sei ein wirkliches Novum und gehe vor allem auf zwei neuere Autobiographen zurück. «Bis vor etwa hundert Jahren hatte man noch gar
keine Vorstellung von der Biographie. Sie ist eine moderne Errungenschaft; Goethe und Rousseau haben gemeinsam das Schleusentor geöffnet, das der Welt den Zugang zu ihr verschaffte. Diese beiden großen
Autobiographen mußten den Menschen erst beibringen, ihre Mitmenschen zu betrachten.»[4] Eine derart überspitzte Aussage läßt zahlreiche
Beispiele aus früheren Jahrhunderten einfach unter den Tisch fallen; aber
gerade darin ist sie eine durchaus repräsentative Selbsteinschätzung.

Wer nicht selber eine Autobiographie schrieb, las doch wenigstens
welche. Als der alternde Chateaubriand Mitte der 30er Jahre Angst wegen seiner Finanzen bekam, taten sich ein paar Freunde zusammen und
kauften die Rechte an seiner damals gerade entstehenden Autobiographie
für die stattliche Summe von 156000 Francs – ohne zu befürchten, sie
könnten bei dieser Vereinbarung um ihr Geld gebracht werden. Und 1847
schloß George Sand einen Vertrag ab, mit dem sie ihre noch längst nicht
abgeschlossene *Histoire de ma vie* für 130000 Francs verkaufte.[5] Natürlich konnten diese zwei Prominenten für ihre Selbstostentation einen
hohen Preis verlangen, aber auch weniger bekannte Personen fanden ein
ansehnliches Leserpublikum. Daß der englische Dichter James Hogg
seine Autobiographie mit einem unverhüllt ichbezogenen Satz beginnt,
zeugt davon, daß das öffentliche Interesse am Selbst für ein ganz neues
Empfinden steht: «Ich möchte von mir erzählen; in der Tat gibt es nur
weniges, was ich lieber tue.»[6] Diese narzißtische Befriedigung ist der
Kern dessen, was Baudelaire in seinen fragmentarischen Versuchen unter
dem Titel «Mon coeur mis à nu» als «Verdunstung und Sammlung des
Ichs» bezeichnet hat. «Alles ist darin enthalten.»[7]

Alles? Der Historiker muß die Frage stellen, wieviel eigentlich die
Autobiographien zum Einblick in das Innenleben der Autoren beigetragen haben. In *Dichtung und Wahrheit* von 1811 tut Goethe den berühmten Ausspruch, alle seine Werke seien «nur Bruchstücke einer großen
Konfession», und in diesem Arsenal an Selbstenthüllungen rangiert seine
Autobiographie gewiß ganz oben. Aber wie lesbar war dieses Bruchstück, und wieviel konnte es wirklich erschließen? Ein Jahrhundert später
äußert Freud, als er zusammen mit dem Psychoanalytiker Hanns Sachs
eine prachtvolle Goethe-Ausgabe betrachtet, eher Zweifel. «Das alles»,
stellt er ironisch fest, «war für ihn nur ein Mittel, sein Inneres zu verbergen.»[8]

Eine ebenso verschmitzte wie scharfe Warnung vor der naiven Lektüre
von Texten inklusive Autobiographien. Dem zum Argwohn neigenden

20. Jahrhundert, das der äußeren Fassade noch mehr mißtraute als das 19. Jahrhundert, kam Freuds Skepsis durchaus entgegen, ja sie hat diese Neigung geradezu mitgeschaffen. Wir haben gelernt, daß man der Behauptung von Autobiographen, sie zeigten – mit Baudelaires Worten – ihr entblößtes Herz, keinen Glauben schenken darf. Man hat uns beigebracht, daß Autobiographien bei aller Ostentation von Fakten, aller Anpreisung von Authentizität, aller demonstrativen Ausbreitung privater Geheimnisse doch nichts anderes sind als absichtliche Vereinfachungen, kunstvolle Konstrukte, Hauptwerkzeuge im großen Spiel der Selbstverfertigung – kurz, nichts anderes als Romane.

Dem bürgerlichen Zeitalter war ein solches Mißtrauen gar nicht fremd. Samuel Smiles, der sich in seinen beliebten Erbauungsbüchern weitgehend auf Memoiren stützte, schrieb 1872: «Eine Autobiographie kann sich in ihrem Rahmen strikt an die Wahrheit halten, aber dadurch, daß sie nur einen Teil der Wahrheit erzählt, erweckt sie einen Eindruck, der letztlich unwahr ist. Sie kann eine Verkleidung sein – manchmal ist sie eine Rechtfertigung –, die nicht verrät, wie ein Mensch wirklich war, sondern wie er hätte sein wollen.»[9] Smiles und andere befürchteten, daß Autobiographien, statt verborgene Verhältnisse des menschlichen Inneren an den Tag zu bringen, vielmehr als schlichte, der Selbstinszenierung dienende Widerstände fungieren.

In ihrem manifesten, mit Nachdruck vertretenen Programm freilich haben die Autobiographen des 19. Jahrhunderts, sowohl die zurückhaltenden als auch die offenherzigen, mit großer Geste die Authentizität für sich reklamiert. Manche, wie etwa Anthony Trollope, bestanden ausdrücklich darauf, daß sie in ihrer Autobiographie zwar nicht die ganze Wahrheit, aber doch nichts als die Wahrheit an die Öffentlichkeit brachten.[10] Und Freud hat dann als erster eingeräumt, daß Autobiographien nicht einfach als schiere Lügengebilde abgetan werden können. Kurz nach der Jahrhundertwende verkündet er vollmundig in seiner Fallgeschichte über Dora, gegenüber einem Menschen mit wachen Sinnen könnten die Sterblichen kein Geheimnis für sich behalten. «Wessen Lippen schweigen, der schwätzt mit den Fingerspitzen; aus allen Poren dringt ihm der Verrat.»[11] Wie angestrengt Goethe und andere Autobiographen auch versuchen mögen, sich hinter Worten zu verstecken, früher oder später müssen sie mit ihren Tricks scheitern. Auf den folgenden Seiten geht es darum zu zeigen, daß unbewußte Entstellungen und bewußte Täuschungen des Autobiographen selber Bestandteil der Wahrheit, nämlich *seiner* Wahrheit sind, daß sie niemals bloß Hindernisse, sondern eher Wegweiser zu bedeutsamen Vorgängen im eigenen Innern darstellen.[12]

Das ist keine postfreudianische Erkenntnis aus jüngster Zeit. In den 70er Jahren des vergangenen Jahrhunderts bezeichnet Leslie Stephen in einem geistvollen Essay, in dem er sich als einer der ersten Viktorianer mit der Autobiographie als einem eigenen Genre befaßt, es als «besonderen Glücksfall, daß eine Autobiographie als einziges von allen Büchern um so wertvoller wird, je mehr mangelhafte Darstellung sie enthält.»[13] Natürlich ist es nicht unerheblich, ob eine gedruckte Autobiographie ein vergangenes Erlebnis originalgetreu wiedergibt, ob sie es verleugnet oder ausschmückt. Oft gibt es keine Möglichkeit, die Berichte der Autobiographen zu überprüfen; immer wieder sind sie die einzigen Beweisstücke, die vorliegen. Doch selbst wenn sich durch interne Belegstellen oder das überlieferte Zeugnis von Zeitgenossen erweist, daß es Diskrepanzen zwischen Wahrheitstreue und Erfindung gibt, sind solche Entdeckungen häufig aufschlußreicher als unerschrockene Selbstenthüllungen. Auch Phantasien sind etwas Wirkliches, etwas, das nach Deutung verlangt. Dasselbe gilt für das Verschweigen, jenes ausdrucksmächtige stumme Beweismittel: Bisweilen hat es mehr Bedeutung als die entschiedenste Aussage. Nur deuten muß man sie noch, diese Belege der Innerlichkeit – mit Skepsis, aber ohne Zynismus.

1. Im Schatten Rousseaus

Die verbreitete Passion des damaligen Bürgertums für die Selbstenthüllung (sei's einer anderen, sei's der eigenen Person), die nur von besonnener Zurückhaltung und scharfem Gespür für Privatestes gebändigt wurde, zeugt von der starken und anhaltenden Nachwirkung der Rousseauschen *Confessions*. Für die Bürger war dieses Buch ein zweites bedeutsames Erbe des 18. Jahrhunderts. Eine ganze Generation französischer Romantiker machte unverkennbare Anleihen bei Rousseaus Autobiographie, selbst wenn sich manche, auch Stendhal, über ihren exaltierten Ton ereiferten.[1] Hazlitt, der Rousseau gleichermaßen als scharfen Beobachter und eloquenten Schriftsteller würdigte, lobte die *Confessions* als «das beste seiner Werke». Der junge Flaubert erwies dem Buch die allerhöchste Ehre, indem er eine notdürftig als Roman verkleidete Imitation schrieb. George Eliot brachte Rousseau leidenschaftliche und beharrliche Bewunderung entgegen und empfand heilige Ehrfurcht vor «dem machtvollen Sturmwind» seiner Inspiration und «dem Feuer seines Genies».[2] Die ganze Mühe des Französischlernens, so meinte sie, hätte sich schon gelohnt, «wenn sie zu nichts anderem führte als zur Lektüre eines einzigen Buches, nämlich der Rousseauschen Bekenntnisse.» An

Waldo Emerson schrieb sie, das Werk habe «sie erstmals zu einem in die Tiefe gehenden Nachdenken angeregt», eine Bemerkung, die Emerson seinerseits interessant fand, weil Carlyle das Buch aus genau demselben Grunde gelobt habe.[3]

Manche der bürgerlichen Leser der *Confessions* hatten zwar Vorbehalte oder lehnten sie rundweg ab, aber jeder empfand Rousseaus schonungslose Enthüllungen als etwas bedrohlich Gegenwärtiges. «Daß ich alles über mich – oder ein anderer alles über sich – erzählen kann, halte ich für unmöglich», stellt Trollope im ersten Absatz seiner *Autobiography* fest, die 1883, ein Jahr nach seinem Tode, publiziert wurde und auf geteiltes Kritikerecho stieß. «Wer bringt es denn fertig einzubekennen, daß er etwas Gemeines getan hat?» Offenkundig wendete sich Trollope mit dieser rhetorischen Frage an Rousseau, der sich, wie jeder wußte, dazu bekannt hatte, daß er viel Gemeines getan habe. Rousseaus kompromißlose Bekenntnishaltung war für seine Nachfolger im 19. Jahrhundert also gleichermaßen faszinierend und beängstigend. Die auf Schicklichkeit bedachten Bürger verlangten mehr Behutsamkeit bei der Selbsterforschung, als die *Confessions* sie zeigten, einen Darstellungsstil, der gegen solche unappetitlichen, wenn auch interessanten Ungehörigkeiten antreten sollte. Der Essayist und Biograph Augstine Birrell brachte die weit verbreitete Ambivalenz zum Ausdruck, als er der Rousseauschen Autobiographie in einem Atemzug Schlechtes nachsagte und gewaltige Wirkung bescheinigte. Die *Confessions*, so seine Ansicht, «wären besser nie geschrieben worden; aber da sie es nun einmal sind, wird man sie auch immer lesen.»[4] Gearbeitet haben die Autobiographen des bürgerlichen Zeitalters im langen Schatten Rousseaus – wenn auch etwas grollend.

Klar ist, warum. Fast zwanghaft hat Rousseau anstößige Vorfälle mitgeteilt, zumeist schmutzige Sexualszenen: seine frühzeitige, mit Dauerschäden bezahlte Initiation in den Masochismus, seine unkonventionelle Liebesaffäre mit «maman» alias Madame de Warens, sein verhängnisvoller Besuch bei einer Kurtisane in Venedig, die ihm den Rat gab, auf Frauen zu verzichten und Mathematik zu studieren. Einen solchen Erzählstoff fanden die ehrbaren Bürger höchst anrüchig, ganz gleich ob er der Wahrheit entsprach oder gar auf Erfindung beruhte. Und nicht bloß die ehrbaren. Shelley, der nicht gerade prüde war, urteilte 1811, die *Confessions* seien «entweder eine Schande für den Bekennenden oder eine Kette von Lügen, vermutlich das letztere». Und in schönster Verblendung kritisierte Thomas De Quincey an der einzigen Stelle seiner *Confessions of an English Opium-Eater*, an der es von schmutzigen Enthüllungen über seine Sucht und sein Vagabundenleben nur so wimmelt, «den Anblick eines Menschen, der uns die Wahrnehmung seiner moralischen Geschwüre und Narben aufdrängt.» Derlei «Akte der freiwilligen Selbsterniedrigung» schienen ihm typisch für die französische und auch die deutsche Literatur, «die von den falschen und unzulänglichen Gefühlen der französischen besudelt worden ist». Mit Sicherheit dachte De Quincey hier an die *Confessions*, die er trotz seines eigenen Titels unter keinen Umständen kopieren wollte. Rousseaus Enthüllungen fand er «empörend».[5]

Selbst die emanzipierte George Sand, die in der *Histoire de ma vie* von ihrer Bewunderung für Rousseaus *Confessions* erzählt, mißbilligte seine Anklagen gegen andere und sich selbst als «schäbig». Im genauen Gegensatz zu derlei Indiskretionen kündigte sie an, sie wolle eine «*Geschichte meines Lebens (keine Bekenntnisse)*» schreiben.[6] Und der bitter ironische Baudelaire, der doch kaum zu den nörgelnden Bürgern gehört, distanzierte sich schmunzelnd von Rousseaus Taktik der Selbstrechtfertigung: «Nachdem er, nicht ohne eine gewisse Wollust, dem Universum gebeichtet hatte», so seine scharfsinnige Bemerkung, konnte er endlich ein Loblied auf seine beispiellose – und nie dagewesene – Tugendhaftigkeit singen.[7]

Seine Einzigartigkeit nämlich war Rousseaus ganzer Stolz. «Ich plane ein Unternehmen, für das es keinerlei Vorbild gibt und das in seiner fertigen Form nie einen Nachahmer finden wird.» So lautet der berühmte erste Satz der *Confessions*, der ihren Ton festlegt und ihr Ziel absteckt. Während Augustinus seine Autobiographie mit der Anrufung Gottes – «Groß bist du, oh Herr» – beginnt, setzt Rousseau mit der ersten Person Singular ein und beteuert, so ehrlich gegenüber sich selbst sei noch nie jemand vor ihm gewesen und werde auch nie jemand nach ihm sein.[8] Er wolle sich in der ganzen Wahrheit seiner Natur zeigen und weit in die Tiefe vordringen. Er macht kein Hehl aus seiner Ansicht, seine Selbstostentation verdiene es unbedingt, schriftlich festgehalten zu werden. Genau wie andere Autobiographen findet er sich über die Maßen interessant, und noch weniger als die meisten gestattet er sich Zweifel daran, daß die Welt ihn ganz ebenso interessant finden wird wie er sich selbst. Die Bürger des 19. Jahrhunderts sollten ihm Recht geben.

Doch Rousseaus Ehrgeiz reichte weiter als nur bis zum verzweifelten Appell ans Interesse der Welt. «Ich kenne mein Herz», schreibt er, «und ich verstehe die Menschen.»[9] Nach seiner Überzeugung war er gesegnet mit einer Wahrnehmungsgabe, die mit ihrem rein intuitiven Begreifen das ganze gelehrte Verstehen hinter sich läßt; wie Hobbes vor ihm hoffte er, die gesamte Menschheit aus seinem Innern herauszulesen.[10] In dieser einzigartigen Gabe sah er eine schwer lastende Verantwortung, die restlose Ehrlichkeit erforderte. Der Autobiograph muß alles mitteilen,

Schlechtes ebenso unverhohlen wie Gutes, und genauso, wie er es erlebt hat.

Als äußerste Selbst-Zurschaustellung waren die *Confessions*, wie die Leser des 19. Jahrhunderts sehr wohl erkannten, ein durch und durch moderner Text. Mit dem Titel und den Reuebekundungen erinnern sie zwar an ihren fernen Vorfahren, die *Confessiones* des Augustinus, aber viel interessanter als die Ähnlichkeiten sind die Differenzen zwischen beiden Werken, die als Marksteine in der Geschichte der Selbstenthüllung gelten können. Anders als Augustinus war Rousseau am Ende seines Lebensberichtes noch immer ein Suchender, der sich mit Elend und Vereinsamung herumschlug. Anders als Augustinus setzte Rousseau an die Stelle Gottes die Nachwelt.[11] Anders als Augustinus schließlich suchte Rousseau angestrengt nach Rechtfertigungen für seine Missetaten und beschuldigte seine verräterischen Freunde, die *philosophes*, sie hätten sich gegen ihn verschworen und wollten ihn in seine erbärmliche Lage hinabstoßen. Bei allem Gerede von Gott, dem gütigen Richter, gehört Rousseau mit seiner Autobiographie doch in die Reihe so gottloser Zeitgenossen wie Benjamin Franklin und Edward Gibbon. Zu Recht sahen seine Leser im 19. Jahrhundert in den *Confessions* ein weltliches Dokument aus einer sich verweltlichenden Epoche.

Dieses Jahrhundert brachte nun seinerseits eine Fülle von vollendeten und dankbar gewürdigten Selbstenthüllungen hervor: von Goethes *Dichtung und Wahrheit* bis zu George Sands *Histoire de ma vie*, von Fanny Lewalds umfangreichem, mehrbändigem Werk *Meine Lebensgeschichte* bis zu John Stuart Mills diskret-indiskreter *Autobiography*. Andere Meisterwerke erweiterten die Sammlung: Stendhals überbordende, als Bewußtseinsstrom niedergeschriebene *Vie de Henry Brulard*, Ernest Renans glatt geschliffene *Souvenirs d'enfance et de jeunesse*, Theodor Fontanes ergreifende Erzählung *Meine Kinderjahre*. Manche Autobiographie – so etwa Edmund Gosses *Father and Son* – wurde berühmt, weil sie mit quälendem Scharfblick ein vom Konflikt zerrissenes Selbst sezierte; manch andere hingegen – wie Werner von Siemens' nüchterne, als Tatsachenbericht gehaltene *Lebenserinnerungen*, die sich an die äußeren Umstände seines Lebens als Erfinder und Eisenkonstrukteur klammern –, weil der Autor oder die Autorin berühmt war.[12]

Im Leben und in ihren Schriften waren diese vielzitierten Autobiographen des 19. Jahrhunderts kaum Normalbürger. Etliche, allen voran Stendhal, spickten ihre Bekenntnisse denn auch mit offenen Ekelbekundungen gegenüber dem bürgerlichen Mittelstand.[13] Doch gerade die großen Autoren, zumeist Angehörige der schreibenden Zunft, die ihre denkwürdigen Erinnerungen öffentlich präsentierten, faßten das Ringen der

Bürger um mehr Gefühlstransparenz in ausdrucksvolle Worte. Mit ihren Autobiographien werden sie zwangsläufig im Mittelpunkt unseres Interesses stehen, denn sie haben dieses Ringen viel plastischer wiedergegeben, als es ihren Nachahmern je möglich war. Ihr Schreibstil war einfach professioneller und ihr psychologischer Blick unter Umständen schärfer als bei den gewöhnlicheren Bekennern, zu deren Vorbild und gewissermaßen auch Sprachrohr sie wurden.

Wie schon erwähnt, wurde das bürgerliche Zeitalter von einer Flut unbedeutender Selbstenthüllungen überschwemmt. Buchstäblich Tausende von Menschen haben sie geschrieben, Männer und Frauen ohne jeden Anspruch auf Ruhm. Sie hinterließen Erinnerungen, die auf Dachböden vor sich hin moderten oder für immer in städtischen Archiven verschwanden, oder sie baten einen Drucker, aus ihren Memoiren ein anspruchsloses Buch zu machen. Wenn diese Durchschnitts-Autobiographen ihrer Vergangenheit gedachten, geschah es schlicht und einfach zur eigenen Unterhaltung oder zur Belehrung ihrer Kinder und meistens – wie sie fast rituell beteuerten – auf freundlichen Druck ihrer wißbegierigen und liebenden Familie oder ihrer hartnäckigen Freunde. Brave Bürger, die sich die Zeit ihres Ruhestands angenehm vertreiben wollten – Geistliche und Kaufleute, Ingenieure und Theaterdirektoren, Schmarotzer der höheren Gesellschaft oder der mächtigen Kreise –, berichteten über Kindheit, Schulzeit, Militärdienst, Geschäfte, aufregende Begegnungen mit den Großen der Welt. Sie waren mehr als Normalbürger, schon weil sie die Feder zur Hand nahmen. Und wenn sie auf entscheidende Wendepunkte des Lebens zu sprechen kamen, hörten sie sich ganz so an wie die von ihnen verehrten Autobiographen. Anthony Trollope etwa widmete – zum Teil aus «Sohnespflicht» – seiner Mutter ein Kapitel. Demselben Motiv folgten zu seiner Zeit dann Scharen unbekannter Autobiographen.[14]

Selbst die Bescheidenen gaben der Versuchung nach. Im Jahr 1810, nicht lange vor seinem frühen Tod, begann der deutsche Reiseschriftsteller und Dichter Johann Gottfried Seume seine Autobiographie *Mein Leben* mit einer angelegentlichen Distanzierung: «Das Mißliche einer Selbstbiographie kenne ich so gut als sonst irgend jemand, und ich halte mich nicht für wichtig genug, daß überhaupt mein Leben beschrieben werde.» Einige Jahre zuvor, so erinnert er sich, habe ihm ein angesehener Buchhändler eine beträchtliche Summe geboten, wenn er ihm die «psychologische Geschichte» seiner Bildung schreiben wolle, und da habe er das Anerbieten abgelehnt. Nun aber hätten seine Freunde, in Sorge wegen seiner angegriffenen Gesundheit, ihm gedroht, er werde einem Biographen nicht entgehen. Und deshalb, um keinem Hyperkritiker oder gar einem geschmacklosen Lobhudler in die Hände zu fallen, wolle er seine Geschichte schließlich doch selbst erzählen.[15]

Das Jahrhundert sorgte dafür, daß Seume nicht allein blieb. Schon 1828 veröffentlichte der unbedeutende schottische Dichter David M. Moir eine amüsante Phantasie-Autobiographie mit dem Titel *The Life of Mansie Waunch, Tailor in Dalkeith, Written by Himself*, in der er sich über die bei so vielen verbreitete Mode lustig macht, «dem Papier alle überraschenden Vorfälle und bemerkenswerten Ereignisse anzuvertrauen, die ihnen auf der Bahn der Vorsehung je zugestoßen sind». Er vergaß auch nicht zu erwähnen, daß Autobiographen immer vorgeben, sie wollten sich eigentlich gar nicht äußern und täten es nur, «weil sie von etlichen verständigen Freunden dazu gedrängt wurden».[16] Eine Karikatur wirkt nur, wenn es viel zu karikieren gibt, und Moirs Karikatur wirkte. Etwa acht Jahrzehnte später, im Jahr 1908, beginnt der französische Literarhistoriker Edmond Biré, ein Schriftsteller ohne besonderen Rang, sein Buch *Mes Souvenirs*, indem er ein anderes Ziel spöttisch aufs Korn nimmt: sich selber. «Es gab eine Zeit, da mußte man, wenn man seine Memoiren schreiben wollte, Botschafter oder Minister, General oder mindestens Mitglied der Académie Française sein.» Das war die Epoche der «großen Memoiren». Nun aber seien «die kleinen an der Reihe. Man ist nichts gewesen, man hat nichts getan, man war an keinem großen Ereignis beteiligt. Das tut nichts zur Sache, man bringt seine Erinnerungen zu Papier.»[17] Er spricht für jene unbekannten bürgerlichen Selbstbeobachter, die sich von der Niederschrift ihrer Memoiren selbst dann nicht abhalten lassen, wenn sie erkennen, daß sie sich in der Geschichte durch nichts hervorgetan haben.

In der Mehrzahl waren diese wenig beachteten mittelständischen Autobiographien aufrichtige, hier und da holprige Berichte über äußere Ereignisse, hinter denen das Selbst des Autors versteckt war – schemenhaft, fast ungreifbar, aber sehr gegenwärtig. Die meisten enthielten einerseits eine Fülle von Beobachtungen über die Gesellschaft, andererseits fast keinerlei Selbstbeobachtung, und weil sie die Tendenz hatten, an entscheidenden Stellen mit stereotypen Gefühlen aufzuwarten, boten sie kaum einmal Neues. Eltern sind stets mustergültige Vorbilder: die Mutter ist ein Ausbund an selbstloser Tugend, der Vater dagegen, oft mehr verehrt als geliebt, streng und gebieterisch. Und die Wechselfälle des Lebens – Krankheit und Tod, religiöse Gewißheiten oder Zweifel – müssen allesamt salbungsvoll kommentiert werden.[18] Selbst die Gebildeteren brachten in aller Regel emotionsgeladene Dinge wie die Eheschließung als fast beiläufigen Nachgedanken und möglichst nüchterne Information in ihre Manuskripte ein: Zunächst berichteten sie vom Vermögen des Schwiegervaters und von der Höhe der Mitgift, und erst dann verloren sie auch ein paar Worte über die Ehefrau, die sie zusammen mit dem Vermögen bekamen.[19]

Diese nicht-literarischen Bekenntnisse der Bürger sind, selbst wenn sie nur eine kümmerliche Ausbeute an expliziter Selbstanalyse bescheren, als Berichte vom Innenleben doch keinesfalls wertlos. Natürlich drückten die wenigen berühmten Autobiographien den unbedeutenderen Selbstporträts ihren Stempel auf und brachten Autoren, die mehr oder weniger unbewußt geneigt waren, sie zu kopieren, durchaus in Versuchung. Manche dieser leicht anfälligen und mit der Schriftstellerei unvertrauten Laien schauten, wenn sie ihre Erinnerungen aufs Papier brachten, weniger in ihr Inneres als in ein Buch. Aber auch wenn sie oft nicht erkannten, was eigentlich und wieviel sie da beichteten, äußerten sie, eingemauert in ihre Stereotype und Plagiate, nicht selten ein echtes Gefühl. Unter der Oberfläche der Schicklichkeit oder der Taktlosigkeit lauerten die Leidenschaften: Bei aller unbeholfenen Formulierung konnten die Ehrfurchtsbekundungen gegenüber den Eltern, die Liebesempfindungen für die Ehefrau, die Kämpfe mit dem Glauben doch authentische Bekenntnisse sein. Selbst in den zweitrangigen Autobiographien traten die Autoren des 19. Jahrhunderts ihrer Vergangenheit als einer unverwechselbaren Geschichte entgegen, die erzählt zu werden verdiente: Werner von Siemens kaum weniger als Johann Wolfgang von Goethe. Gleichgültig ob der Kraftakt der Selbstenthüllung nun eine zwanghafte Reparatur, eine Form der Therapie oder ein harmloser Zeitvertreib war, immer wieder sahen sich die Autobiographen gezwungen, eine Wahl zwischen Offenheit und Zurückhaltung zu treffen, für die noch das verehrteste Vorbild kein fertiges Rezept lieferte. Die unbedeutendsten Memoiren konnten also durchaus Zutritt zum unverhüllten Inneren des damaligen Bürgers gewähren. Selbst die von Persönlichkeiten des öffentlichen Lebens hinterlassenen Erinnerungen, die meistens nur kümmerliche Hinweise auf die Innenwelt gaben, waren hier und da instruktiv.[20]

Die Autobiographien, die ausdrücklich dieses Etikett trugen, waren nicht die einzigen Selbstbildnisse, wie sie die bürgerlichen Leser des 19. Jahrhunderts wünschten – und kauften. Carlyles *Sartor Resartus* etwa ist ganz verschieden tituliert worden: als unkonventioneller Roman, politische Erklärung, Prophezeiung, einfallsreiches und undefinierbares *jeu d'esprit*. Aber zugleich war er eine halb fiktive Variante der Augustinischen *Confessiones*, eine Autobiographie, die von den religiösen Qualen des Autors und seiner Sehnsucht nach Seelenfrieden berichtete. Benjamin Constants *Adolphe* stellt eigentlich nichts anderes dar als den bekenntnishaftesten in einer Epoche der bekenntnishaften Romane; auch Goethes Romane, von *Werther* bis zu *Wilhelm Meister*, zehrten hemmungslos, wie seine Leser sehr wohl wußten, von der Geschichte seiner Gefühle.[21] In die meiste Prosa und Poesie des 19. Jahrhunderts sind – ob mit oder ohne Absicht – reichlich Indiskretionen eingeflossen. Fast zwangsläufig waren die Literaturkritiker des 19. Jahrhunderts mit wenigen Ausnahmen biographisch orientiert, weil sie in den Schriften die Hauptschlüssel zu den Schriftstellern sahen. Manche der damaligen Autobiographien hätten als Romane durchgehen können, aber viele der damaligen Romane haben als Autobiographie fungiert. Selbst programmatische Malerei oder Musik wurden oft so angelegt – und so rezipiert –, daß sie Zugang zum Innenleben ihres Urhebers verschafften.[22] Und diese notdürftig kaschierten Selbstenthüllungen gab es in großer Zahl auch nach den Jahrzehnten der Romantik: Noch Dickens' *David Copperfield*, der 1850 erschienene Roman, den er «mein Lieblingskind» nannte, erlaubt sich zwar literarische, der Ausschmückung dienende Freiheiten, verarbeitet aber unverkennbar Erlebnisse – oder vielmehr affektiv eingefärbte Erinnerungen – aus seiner Kindheit.

Auch der literarische Essay – von Charles Lamb bis Sainte-Beuve –, der in einer Epoche großer Zeitschriften prachtvoll gedieh, erwies sich als Terrain, auf dem sich wahre Schätze an entblößten Herzen heben ließen. Hazlitts Essays, so schreibt Leslie Stephen in den 70er Jahren, «sind autobiographisch, bisweilen sogar in unangenehmer Weise». Stephen zufolge war Hazlitt «gegenüber den Freunden eher zurückhaltend», aber «als Schriftsteller extrem offenherzig».[23] Hazlitt selber erhebt in einem Gespräch mit Freunden, die sich für Mildtätigkeit stark machen, den scherzhaften Vorwurf, als prinzipientreue Egoisten «würden sie aus allem eine Autobiographie machen».[24] Kein Zweifel, unverstellte Selbstbespiegelung lag damals in der Luft. Noch bevor der Name da war, gab es die Sache schon; enthalten war sie in der großen, als «Biographie» bezeichneten Gattung. Nicht zufällig aber wurde das Wort «Autobiographie» zum ersten Mal um 1800 verwendet – das genaue Datum ist weiter strittig – und schon wenige Jahre später in mehreren Sprachen so gut wie heimisch. Die Bürger des 19. Jahrhunderts haben also nicht bloß zahlreiche Exemplare zu dieser Gattung beigesteuert, sondern sie auch gleichsam freigesetzt, so daß sie ihre eigene Karriere durchlaufen konnte.[25]

Kaum war die Autobiographie zur eigenständigen Gattung geworden, erwies sie sich als so vielgestaltig, daß sie nicht leicht zu klassifizieren war. In seiner Einleitung zu Fürst Kropotkins *Memoiren eines Revolutionärs* (1899) listet der einflußreiche dänische Kritiker und Biograph Georg Brandes fünf verschiedene Klassen auf. Nach seinen Worten gehörte die

«Selbstbiographie großer Geister» früher einer von drei Kategorien an: «So sehr irrte ich vom rechten Weg ab, so wurde ich bekehrt. (St. Augustinus.) So schlecht war ich, wer aber wagte sich besser zu nennen? (Rousseau.) So formte sich langsam von innen heraus und durch die Gunst der Umstände ein Genie. (Goethe.)» Für die Gegenwart aber nennt Brandes zwei andere, eher selbstbeweihräuchernde Kategorien, in denen entweder Talente und Triumphe oder aber der hart erkämpfte Sieg des – zunächst verkannten – Autors besungen werden. Kurz, nach seinem Dafürhalten üben sich diese Autobiographien in nichts als Apologie, Selbstanpreisung und Selbstmitleid. Aber er ist zu klug, um nicht zu sehen, daß seine Liste alles andere als vollständig ist. Gerade die Autobiographie, zu der er sein Vorwort schreibt, weist ja ihm zufolge markante Unterschiede gegenüber den anderen auf, weil sie weder selbstbezogen noch eigennützig ist.[26]

Daß es Brandes nicht gelingt, ein verläßliches Inventar der autobiographischen Klassen anzulegen, muß das Herz aller Nominalisten erfreuen. Der Gedanke liegt nahe, es habe im bürgerlichen Zeitalter ebenso viele Klassen gegeben, wie es Einzelexemplare gab; aber eigentlich hatte die Gattung selbst per definitionem einen starken individualistischen Zug. Die Lebensgeschichten konnten unterhaltsam sein oder langweilig; die eine war ein ungehobener Schatz, die andere eine Pflichtarbeit, durch die man sich durchackern mußte. Es gab viele hochvergnügliche Memoiren wie etwa die lebendig geschriebenen *Souvenirs* der französischen Porträtmalerin Elisabeth Vigée-Lebrun, entstanden in den 30er Jahren, als sie schon über achtzig war; aber es gab auch die 1904 erschienene dickleibige *Autobiography* von Herbert Spencer, ein Werk, dem eigentlich nur jemand etwas abgewinnen kann, der sich mit der Geschichte der Soziologie befaßt. Die Palette der Autobiographien reichte von herzergreifenden Enthüllungen bis zu snobistischem Klatsch über berühmte Leute, von intimsten Einblicken in emotionale Traumata bis zu dürren Lebensläufen, von der Aneinanderreihung aufschlußreicher Anekdoten bis zum entlastenden Versuch, anstößiges Verhalten zu verniedlichen oder ganz zu verschweigen.

Nicht, als wären Autobiographen von Berufs wegen unaufrichtig gewesen; was sie vorhatten, kündigten sie zumeist im Titel, in einem selbstreflektierenden Vorwort oder im ersten Satz beziehungsweise Absatz an, und all dies waren hochsensible Indikatoren, die anzeigten, ob mit Enthüllung oder Verschweigen zu rechnen war. «Meine Musikfreunde und andere auch haben mich so oft gebeten, meine Erinnerungen zu schreiben, daß ich mich zu guter Letzt dazu entschlossen habe», so beginnt der Operndirektor Wilhelm Ganz seine *Memories of a Musician*. Im nächsten

Satz wird der Leser gebührend gewarnt vor den «literarischen Schwächen» des Autors und erfährt dann, daß er heitere und oberflächliche Berichte geboten bekommt, Berichte von «vielen musikalischen Vorfällen und Ereignissen, die sich im Laufe meiner langen Arbeit in England zugetragen haben», von Konzerten, Begegnungen mit berühmten Künstlern, von wenigen Fehlschlägen und zahllosen Triumphen. Also seichtes Geplapper, bei dem eine Anekdote die andere jagt. Bedenkt man freilich, daß Ganz so gar kein Selbstbeobachter war, dann erzählen uns seine Memoiren, indem sie wenig erzählen, gerade so viel, wie wir von ihm wissen wollen. Dennoch gehört auch diese Art schwatzhafter Reportage in die Geschichte der Innerlichkeit des 19. Jahrhunderts hinein. Die unverhüllte Ostentation des eigenen Herzens war im bürgerlichen Leben keine allgemeine Tatsache, sondern ein Ideal – und obendrein ein höchst umstrittenes Ideal.

Das eigentlich Heikle an der Sache war die Uneinigkeit der bürgerlichen Leser darüber, wie offenherzig man sein sollte. Je freimütiger das Selbstbildnis, desto interessanter, aber desto problematischer war es auch. Indiskretion verkaufte sich gut, doch Autor wie Leser zahlten dabei ihren Preis.

Montaigne, der wohl am hemmungslosesten in die Tiefen seines Selbst vorgedrungen ist, der drei Jahrhunderte zuvor seine Meinungen und Vorurteile, seine politischen und literarischen Ansichten, seine sexuellen Vorlieben und sogar seine Verdauung offen geschildert hat, hatte wenig Vorläufer und praktisch keinen Nachfolger – wenigstens nicht bis zu Rousseaus *Confessions*. Das Dilemma der im 19. Jahrhundert gedruckt vorgelegten Innerlichkeit sah so aus: Sagte man zu wenig, war es langweilig und brachte vermutlich nichts ein; sagte man zu viel, war es unanständig, aber doch irgendwie unwiderstehlich. Die Entblößung des Herzens erwies sich als gleichermaßen kritikwürdiges wie gefährliches Geschäft.

2. Zwischen Sondieren und Posieren

Im zunehmend viktorianischen Klima spitzte sich auch das Dauerproblem aller Autobiographen, worin genau das richtige Maß an Selbstostentation besteht, automatisch zu. Keine einzelne Lösung konnte jedermanns Beifall finden. Kostproben des Exhibitionismus standen Seite an Seite mit wortkargen, diskreten Erinnerungsfetzen. Kompliziert wurde das Ganze noch dadurch, daß es vielen vermeintlich offenen Bekenntnissen nicht gelang, das Versprechen der Aufrichtigkeit mit echten Enthüllungen einzulösen. Die englische Kurtisane Harriette Wilson beginnt ihre vierbändigen *Memoirs* (1825), für die sie im Titel mit *Written by Herself* wirbt, in einem Anfall von Ruhmsucht mit dem aufreizenden Satz: «Ich werde nicht mitteilen, warum und wie ich mit 15 Jahren die Geliebte des Earl of Craven wurde.» Aber statt die einmal geweckten Erwartungen zu erfüllen, erzählt sie den Klatsch, den sie auf Lager hat, im biedersten Ton und überläßt nahezu alles der Phantasie des Lesers. Ganz anders Wilhelm Busch: Der beliebteste humoristische Verseschmied und Zeichner in Deutschland mußte sich 1886 und 1894 zwei magere Texte über seine Kinderjahre förmlich abringen; doch ungeachtet ihrer Kürze und Abwehranstrengung bringen sie ein paar herzzerreißende Details über seine emotional verkümmerte Kindheit zur Sprache.[1] Kurz, viele Bekenntnisse des 19. Jahrhunderts bekannten weniger, viele aber auch mehr, als ihre Verfasser geplant oder angekündigt haben.

Die Versuchung ist daher groß, im Verein mit Thomas Henry Huxley zu befinden, Autobiographien seien «eigentlich Romane» – eine Versuchung, gegen die man grundsätzlich geltend machen kann, daß jede Autobiographie wahr ist.[2] Aber Macht hat sie doch. Selbst wenn ein Autobiograph sich nur an seine engste Familie oder ein paar Freunde wenden will, wird sein Werk schon durch die in ihm vorherrschende bildliche Vorstellung – Reise oder Wallfahrt, Aufstieg zu den Höhen oder Abstieg in die Tiefen – als eine Geschichte entlarvt, die entweder amüsieren oder schmeicheln oder besänftigen soll. Wer eine Autobiographie schreibt, hat – bewußt oder unbewußt – beschlossen, daß er (oder sie) anders genug, schuldig genug, irgendwie wichtig genug ist, um all diesen Zeit- und Kraftaufwand zu rechtfertigen, mit dem hier vergangene Ereignisse, vergangene Begegnungen, vergangene Gefühlsregungen wiedergegeben werden. Nicht einmal die farblosesten Erinnerungen an den unspektakulärsten Lebenslauf entgehen dem Verdacht, daß sie nichts sind als ein Entlastungsplädoyer. Es kann kaum verwundern, daß Historiker, die doch von Berufs wegen Respekt vor der Vergangenheit mitbringen, sich mißtrauisch fragen, ob der gedruckte Text vor ihnen nicht uneingestandene und zweifellos unangenehme Wahrheiten über den Autor verschweigt.

Schon die Entscheidung, die eigene Vergangenheit dem prüfenden Blick anderer auszuliefern, setzt die Autobiographen dem Vorwurf aus, narzißtisch zu sein. Als wollten sie ihm zuvorkommen, haben viele eine gewisse emotionale Distanz gegenüber ihrer Aufgabe der Selbstuntersuchung gewahrt. Darwin etwa beschuldigt «einen deutschen Verleger», er habe ihm eingeredet, daß er eine Darstellung seines «Seelenlebens und Charakters» geben müßte, und schreibt dann, er habe nur eingewilligt, weil er dachte, «die Aufgabe würde mir Spaß machen und könnte vielleicht meine Kinder oder deren Kinder interessieren». Er kündigt an, er werde sich aus der ernüchternden Perspektive des Grabes betrachten: «Ich habe versucht, den folgenden Bericht über mich so zu schreiben, als wäre ich schon als Toter in der anderen Welt und blickte von dort auf mein Leben zurück.» Er habe das auch gar nicht schwierig gefunden, «denn mein Leben ist beinahe abgelaufen. So zu schreiben hat mich keine große Anstrengung gekostet».[3] Es war, als spreche er sich frei von der Verantwortung für sein Leben – oder zumindest für das, was er davon zu enthüllen gedachte.

Andere Autobiographen gingen noch weiter und verkündeten, sie beschäftigten sich gar nicht gern mit dem eigenen Selbst. Um die Mitte des 19. Jahrhunderts schildert George Sand, die doch so viel vom privaten Erleben in ihre Romane einfließen läßt, die Abfassung ihrer eigentlichen Autobiographie als unendlich mühsame Aufgabe: «Ich kenne nichts Schwierigeres, als sich persönlich zu definieren und zu beurteilen.» Denn «wenn man sich daran gewöhnt, von sich selbst zu reden, verfällt man leicht ins Prahlen, sicherlich ganz ohne Absicht, einem Naturgesetz des menschlichen Geistes folgend, der nicht anders kann, als den Gegenstand der Betrachtung zu verschönern und zu erheben.» In dieser «Begeisterung für sich selbst» vergißt die Autobiographin ihre Schwächen, «setzt sich gleich mit der Gottheit, mit dem von ihr erstrebten Ideal» und «wird zu Werther oder Manfred oder Faust oder Hamlet». In den 70er Jahren macht sich Madame d'Agoult in ihren *Souvenirs*, die sie wie ihre Romane unter dem männlichen Pseudonym Daniel Stern veröffentlicht, zum Echo ihrer berühmteren Zeitgenossin: «Das Vergnügen, über sich selbst zu sprechen, das vielen Menschen so gelegen kommt, hat für meinen Entschluß, meine Memoiren zu schreiben, überhaupt keine Rolle gespielt. Genau wie Pascal fand ich immer schon, daß *das Selbst hassenswert* ist.» Seltsamerweise aber hält dieser Selbsthaß sie nicht davon ab, «die Geschehnisse und die Gefühle, die mein privatestes Leben inspiriert oder durcheinander gebracht haben», aufzuschreiben.[4] Solche – wie immer ehrlich gemeinten – Distanzierungen waren wenig überzeugend. Gerade diejenigen Autobiographen, die am lautesten beteuerten, sie würden lieber schweigen, sprachen sich offen aus.

Einige von ihnen hinterließen den Eindruck, sie sprächen nur, weil sie einen unwiderstehlichen Drang dazu verspürten. Im 19. Jahrhundert gab es Autobiographien, die wie eine Therapie aussahen – tatsächlich wurde eine, nämlich Theodor Fontanes *Kinderjahre*, vom Arzt verordnet (siehe unten S. 179–83). Die Rückschau war eine Möglichkeit, das Unbewußte zur Rückkehr ins Bewußtsein zu bewegen. Stendhal, der die Landschaft seiner Vergangenheit durchstreifte, als betriebe er freie Assoziation, hegte die Hoffnung, beim Schreiben werde er grundlegende Wahrheiten über seinen Charakter entdecken: «Abends» – er vermerkt das genaue Datum, den 16. Oktober 1832, und notiert, daß er auf die fünfzig zugeht – «ziemlich gelangweilt von der Soirée des Gesandten zurück, kam mir der Gedanke: ‹Ich sollte mein Leben aufschreiben; vielleicht, wenn das in zwei oder drei Jahren geschafft ist, weiß ich dann endlich, wie ich war, vergnügt oder traurig, ein Mann von Geist oder ein Trottel, ein mutiger oder furchtsamer Mensch; und alles in allem glücklich oder unglücklich.» Zufrieden stellt er fest, daß es funktioniert: «Bei der Niederschrift dieser Memoiren entdecke ich viel über mich selbst.» Alles, was er noch brauche, so fügt er hinzu, sei ein Publikum! In ähnlichem Ton schreibt George Sand ihrem Verleger, als sie in der *Histoire de ma vie* nach der Darstellung ihrer Vorfahren auf ihre frühe Kindheit zu sprechen kommt: «Es ist fast ein Wunder, wie meine Kindheitserinnerungen erwachen, je mehr ich mich der Zeit nähere, in der ich von mir selbst erzähle.» Ihre religiöse Sprache ist fast wörtlich zu verstehen. «Die Toten sind wir, das ist gewiß, es gibt ein geheimnisvolles Band, durch das unser Leben sich von dem ihren nährt.»[5] Auch andere Autobiographen, die weniger zu mystischen Andeutungen neigten, meinten damals, daß das Gemüt, wenn es sich in sich selbst versenkt, fast immer unerwartete Schätze entdeckt.

Da sich die Leser des 19. Jahrhunderts für die eigentlichen Beweggründe des Autobiographen interessierten, stellten sie die allgemeinere Frage nach der Echtheit auch an sie. Mehr als zu anderen Zeiten mußten sie sich damals nämlich den Weg durch Minenfelder von Behauptungen und Zugeständnissen bahnen, wo nichts ganz war, was es zu sein vorgab. Erschwert wurden ihre Nachforschungen durch Diskrepanzen zwischen veröffentlichter Darstellung und unveröffentlichtem Belegmaterial, durch Widersprüche zwischen der Aussage von Zeitgenossen und den Worten des Verfassers sowie durch den oftmals fragmentarischen oder zweideutigen Erzählstil, der einen zum Rasen bringen konnte. Vorsichtiger Selbstschutz kann, wie wir wissen, im Gewand freimütiger Selbstenthüllung auftreten, aber zum Glück können die verbissensten Ausweichmanöver durch unfreiwillige Enthüllungen vereitelt werden. Das vermeintliche Sondieren entpuppte sich also häufig als Posieren – als eine Pose, die zumeist gar nicht auf eine Täuschungsabsicht, sondern auf den Druck unbekannter Triebregungen zurückging.

Goethes Autobiographie *Aus meinem Leben. Dichtung und Wahrheit*, mit deren Niederschrift er 1809 im Alter von 60 Jahren begann, rückt diese Verwicklungen ins Zentrum. Der Titel und der berühmtere Untertitel bilden zusammen eine geschickte Mischung von Verheißung und Abwehr: «*Aus* meinem Leben» suggeriert, daß der Autor eine Auswahl zu treffen beabsichtigt; das Wort *Dichtung*, das sowohl Erdichtetes als auch Dichtkunst bedeutet, kündigt an, daß er auf die ihm zur Verfügung stehenden imposanten literarischen Kunstmittel zurückgreifen will, um den nackten Tatsachenbericht auszuschmücken und womöglich durch Erfundenes zu ergänzen. Auf den ersten Blick liest sich Goethes hoch-stilisierter Bericht denn auch fast wie eine Gegenreaktion auf Rousseaus lockere Enthüllungen. Genau wie dieser beginnt Goethe zwar mit seiner Geburt und bändigt den kurvenreichen Strom seines gelebten Lebens, indem er ihn hübsch übersichtlich in symmetrisch aufgebaute Abschnitte einteilt, aber damit sind die größten Ähnlichkeiten auch schon erschöpft. Anders als Rousseau, der seine rührselige Geschichte bis zum Jahr der Niederschrift (1765) erzählt, als er fünfunddreißig ist, läßt Goethe *Dichtung und Wahrheit* mit seinem sechsundzwanzigsten Lebensjahr (1775) enden, mit dem Zeitpunkt also, als er – wie sich herausstellt, für immer – ins Herzogtum Weimar übersiedelt. Rousseau schreibt ungestüm, ge-stützt nur auf blitzartig auftauchende Erinnerungen, auf affektreiche Re-konstruktionen idyllischer Szenen und Ressentiments; Goethe dagegen befragt Augenzeugen und konsultiert Bücher über die neuere Geschichte, um seine Erinnerung an private und öffentliche Ereignisse, die er mit-erlebt hat, aufzufrischen und zu korrigieren.

Und das Wichtigste: Für Rousseau ist Diskretion der Feind, das Refugium der Heuchler, während Goethe Diskretion – oder besser: ge-schickte Indiskretion – zum Leitgedanken erhebt. Als Sir Francis Pal-grave 1816 *Dichtung und Wahrheit* rezensiert, zeichnet er ein großzügi-ges Bild von Goethes Versuchen, sein Seelenleben zu enthüllen: «Gewiß muß es jemandem, der sein Leben aufschreibt, gestattet sein, sich in den Vordergrund zu rücken: Und es ist seine Pflicht, zahlreiche Geheimnisse, die seine Person betreffen und die er allein hütet, zu lüften. Aber Goethe macht sich nicht die Mühe, diejenigen herauszusuchen, die es zu bewah-ren lohnt. Er zieht sich splitternackt aus und leert noch obendrein seine ganzen Taschen.» Nur wenige Leser von *Dichtung und Wahrheit* würden diese Affirmation von Goethes Offenherzigkeit unbesehen unterschrei-ben. Immerhin macht auch Palgrave rasch einen Rückzieher und be-dauert, daß Goethe seine Taschen doch nicht so restlos geleert hat: Die «Schilderung seiner Leidenschaften und seines Charakters ist fast immer verkrampft und unnatürlich».[6] Wie anders – so hört man heraus – und wie viel befriedigender sind da Rousseaus *Confessions*!

Palgraves Vorbehalte treffen die Sache besser als sein Überschwang, zumal wenn es um Goethes Liebesleben geht. Weit entfernt, sich splitter-nackt auszuziehen, war Goethe auch aus dem Abstand von vier Jahr-zehnten weder bereit zu erörtern, warum er mit einer bestimmten, besonders reizenden jungen Frau hätte brechen sollen, noch im einzelnen zu erklären, warum er sich aus einer sehr glaubwürdigen Verbindung zurückzog, noch zu beichten, worin die tiefere Bedeutung seiner Liebe zu seiner Schwester Cornelia besteht. Zu Schuldgefühlen und Ängsten gewährt er dem Leser allenfalls partiellen Zugang: Derlei spannende Episoden hüllt er lieber in einen Schleier der Teilamnesie.

Doch jeder Versuch, Goethes *Dichtung und Wahrheit* und Rousseaus *Confessions* als inkompatibel gegeneinander auszuspielen, ist zum Scheitern verurteilt. Jedes der beiden Bücher war auf seine Weise aufrichtig und unaufrichtig; jedes hat die Vergangenheit des Autors konstruiert, aber sich auch redlich um sie bemüht. In Rousseaus arglosen Selbstenthüllungen steckte mehr Arglist, als er je zugestanden hätte. Er schilderte seine Schuld, aber beteuerte seine Unschuld, er kolportierte Dinge, die vielleicht nie geschehen sind, und ließ andere weg, die es sehr wohl gab. Goethe hingegen, der seine Selbstenthüllungen mit vollendeter Kunstfertigkeit im Zaum hielt, tischte in fein kalkulierten Dosen Indizien für innere Kämpfe auf, Indizien, die den Damm seines würdevollen Schreibstils und seiner korrekten Prosa durchbrachen. Hat man sich als Leser erst einmal an seine erhabene Diktion gewöhnt, dann entdeckt man, daß seine intimen Mitteilungen gar nicht so einstudiert sind, sondern spontan empfunden, wenn auch taktvoll ausgedrückt. Zwar überläßt er den Lesern erheblich mehr Arbeit, als Rousseau für notwendig oder wünschenswert gehalten hätte, versorgt sie aber mit so viel Nahrung, daß jeder Rückschlüsse ziehen und Zugang zu eifersüchtig gehüteten Privatsphären bekommen kann. Wenn *Dichtung und Wahrheit* etwas lehrt, dann dies: Offenheit gewährt nicht das einzig richtige und oft auch nicht das beste Geleit auf dem Weg ins Innere.

Sein Bruchstück einer großen Konfession beginnt Goethe zurückhaltend, fast schüchtern, mit dem angeblichen (aller Wahrscheinlichkeit nach von ihm selbst geschriebenen) Brief eines Freundes, in dem dieser ihn bittet, die Lücke zwischen den Schriften und dem «Bild des Autors und seines Talents» zu schließen. Mit der demonstrativen Berufung auf den passenden Außenanstoß richtet Goethe sofort die Mauer des Vorbehalts zwischen sich und dem Leser auf. Dann, nach dem Eingeständnis, daß er der herzlichen Bitte gern nachkommt, füllt er die Leerstellen auf der Landkarte seiner Vergangenheit aus und macht sich daran, «den Menschen in seinen Zeitverhältnissen darzustellen und zu zeigen, inwiefern ihm das Ganze widerstrebt, inwiefern es ihn begünstigt».[7]

Angesichts dieses kühlen Beginns verspricht *Dichtung und Wahrheit* alles andere zu werden als ein erheblicher Beitrag zum Verständnis von Goethes Innenleben. Aber immer wieder beweist der Dichter ebensoviel

Interesse an der subjektiven wie an der objektiven Seite seiner persönlichen Geschichte. Kapitel für Kapitel dokumentiert er die feinen Verflechtungen zwischen seinen Gefühlsreaktionen und der Realität, sei's seines engsten Familienkreises, sei's der größeren Welt seiner geschäftigen Vaterstadt Frankfurt. Bei der Schilderung der festlichen Krönung von Kaiser Joseph II., die im April 1764 in Frankfurt stattfindet, schlägt er eine geschickte Brücke von den Informationen, die ihm sein Vater über die historische Bedeutung der farbenprächtigen, geheimnisvollen Zeremonie gibt, zu seiner jugendlichen Schwärmerei für ein etwas rätselhaft bleibendes Mädchen namens Gretchen, dem der junge Goethe seligen Herzens die dringlich erbetenen Erklärungen zuteil werden läßt. Und dort, wo er sich eingehend mit der Geschichte der deutschen Literatur befaßt, arbeitet er zugleich den Einfluß heraus, den seine Vorgänger auf ihn selbst gehabt haben; auch wenn es hochdidaktisch zugeht, wenn er als berühmter Dichter und Mann von Welt aus olympischen Höhen zurückschaut, hat er immer ein Auge für die persönlichen Faktoren und Motive.

Noch einen versteckteren Zusammenhang hat Goethe gesehen: zwischen Kindheit und erwachsenem Erleben. Liebevoll erinnert er sich an das Puppentheater, das die Großmutter ihm hinterließ, als er noch klein war: Das «unerwartete Schauspiel» der Puppen machte auf ihn «einen sehr starken Eindruck, der in eine große, langdauernde Wirkung nachklang». Bestätigt wird dieser Nachklang, so wissen Goethes Leser, durch die frühe Szene seines Romans *Wilhelm Meisters Lehrjahre*, in der der Held mit dem sprechenden Namen gleichfalls ein Puppenspiel geschenkt bekommt, das seine Leidenschaft fürs Theater weckt.[8] Als Erwachsener dann – ein Jahrzehnt nach der Zeit, da *Dichtung und Wahrheit* abbricht, aber in einer entscheidenden Episode, die allen Goethe-Lesern vertraut ist – ruft er längst vergessene Erinnerungen an die Rom-Prospekte wach, die sein Vater im Haus aufgehängt hatte, um einer Italienreise zu gedenken, die er sein Lebtag nicht vergessen wollte. Täglich, so Goethe, sah er diese römischen Stiche – das Kolosseum, den Petersplatz und vieles andere –, und die dargestellten Szenen «drückten sich mir tief ein».[9] Als er 1786 aus Weimar flieht, um lästigen Pflichten und einer komplizierten Liebesaffäre zu entkommen, sucht und findet er Befreiung in Rom, der Stadt, die seit der Kindheit in seiner Phantasie herumgespukt haben muß. Ohne ins Dozieren zu verfallen, zeigt Goethe in *Dichtung und Wahrheit*, wie sehr der psychologische Grundsatz zutrifft, daß niemand als das Kind der Vater des Mannes ist.

Nicht erst an Goethes Biographie läßt sich erkennen, daß er recht eigentlich der Dichter des Erlebten und Erfahrenen war. Ein Vergleich zwischen seinen Briefen, Tagebüchern und überlieferten Gesprächen mit seinen Gedichten, Romanen und Dramen erbringt eine Fülle von Belegen für seine Gabe, das Leben in Literatur zu verwandeln. Aber in *Dichtung und Wahrheit* spricht er expressis verbis von dieser Anlage. Als junger Mann, so heißt es dort, nahm er «diejenige Richtung, von der ich mein ganzes Leben über nicht abweichen konnte, nämlich dasjenige, was mich erfreute oder quälte, oder sonst beschäftigte, in ein Bild oder Gedicht zu verwandeln». Für ihn ist es das wirksamste Mittel zur Befreiung vom Aufruhr in seinem Innern: Seine – oftmals grellen – Wahrnehmungen der äußeren Verhältnisse kann er korrigieren, indem er sie im Kopf bearbeitet; er füttert seine Phantasie mit wirklichen Erlebnissen und gießt seine Liebesbeziehungen in eine literarische Form. So bekennt er etwa, daß seine sinnlosen Zänkereien mit Ännchen und die Schuldgefühle, die er wegen seines Betragens empfindet, ihn schließlich drängten, sich mit ihr zu identifizieren und das Ganze in der frühen Komödie *Die Laune des Verliebten* aufs Theater zu bringen.[10]

Die Liebesverwicklungen, die Goethe durchlebte und später in *Dichtung und Wahrheit* unsterblich machte – beides ist nicht ganz dasselbe –, führen deutlich vor Augen, wie viele Anleihen er bei dem konkret Erfahrenen gemacht hat; da er zugleich aber die größten Anstrengungen unternimmt, um weit zurückliegende und verstörende Erinnerungen in die ästhetische Form zu zwingen, sind diese Erlebnisse schwer herauszulesen. In seinen Liebesverhältnissen machte der erwachsene Goethe zahlreiche Anleihen beim Kind Goethe. «Die erste Liebe, sagt man mit Recht, sei die einzige», so nimmt er Freuds Einsicht um ein Jahrhundert vorweg, «denn in der zweiten und durch die zweite geht schon der höchste Sinn der Liebe verloren.» In einem Brief an einen Freund, in dem er von seiner heftigen, lang andauernden Liebe zu Charlotte von Stein spricht, schreibt er: «Sie hat meine Mutter, Schwester und Geliebten nach und nach geerbt».[11] Für Goethe ist Liebe eine ineins abwechslungsreiche und gleichbleibende Reihe von Variationen über ein und dasselbe Thema.

Wie immer nachdrücklich Goethe in seiner Autobiographie auf dem Zusammenhang zwischen Leben und Literatur beharrt, dieser Zusammenhang ist gleichwohl nicht die ganze Wahrheit über sein dichterisches Tun. Auf extrem schmaler Basis konnte er stattliche Werke errichten; indem er einen kleinen Vorfall ausspann, übersetzte er Erlebtes in Gedichte oder Romane, die eine sonderbare Zwischenstellung zwischen Tatsachen und Phantasie innehatten. Seine Liebeserlebnisse hat er dramatisiert, erweitert, spielerisch verwandelt oder zaghaft versteckt; er war Künstler, nicht Stenograph.

Dennoch hat Goethe fast sein ganzes Leben lang geliebt, und zwar viele unterschiedliche Frauen, verhängnisvollerweise auch seine Schwester. Verliebt war er so beharrlich, so intensiv, so programmatisch, daß er verdächtige Ähnlichkeit hat mit einem Mann, der seine Leidenschaft kultiviert, damit die Muse beschäftigt ist. Immer wieder, in seiner Autobiographie und in anderen Texten, bekennt er sich zu seinem überwältigenden Bedürfnis nach dieser Triebkraft des schöpferischen Tuns. «Verlangte ich nun zu meinen Gedichten eine wahre Unterlage, Empfindung oder Reflexion», schreibt er, «so mußte ich in meinen Busen greifen.»[12] Und was er dort fand, waren – wie er unablässig kundtut – Frauen, die ihn zum Dichtergesang inspirierten. «Wenn ich nur leben könnte ohne zu lieben», so heißt es einmal sehnsüchtig in einem Brief an Charlotte von Stein. Tatsache ist, daß er nicht ohne Liebe leben – oder genauer: dichten – konnte, und *Dichtung und Wahrheit* liefert zahlreiche, wenn auch versteckte Hinweise auf diese seine Wahrheit.[13]

Während Goethes Autobiographie transparenter ist, als es auf den ersten Blick scheint, verhält es sich bei Hans Christian Andersens erster zusammenhängender Autobiographie *Das Märchen meines Lebens ohne Dichtung* (1847) genau umgekehrt. Schon der Titel täuscht und bildet damit eine Ausnahme von jener Regel, daß der Autobiograph darin so etwas wie einen Vertrag mit dem Leser schließt. Andersen erhebt einen außergewöhnlichen Anspruch; mit der Ankündigung, er werde das Märchen seines Lebens *ohne Dichtung* erzählen, deutet er an, daß er weniger Hemmungen hat als Goethe, der ja ohne Dichtung nicht auskam. Besonders kühn ist das deshalb, weil Andersen sich sein Leben lang danach gesehnt – und buchstäblich darum gebetet – hat, ein Dichter zu sein, der neben Goethe bestehen könne. Wenn er sein Leben als *Märchen* bezeichnet, so soll das nicht heißen, er habe sich seine Vergangenheit ausgedacht. Vielmehr will er den Eindruck vermitteln, sein Leben sei eine Kette von so wunderbaren Triumphen gewesen, daß es aussieht wie eine jener Geschichten – wenigstens denen mit glücklichem Ausgang –, durch die sein Name um die Jahrhundertmitte in allen Teilen der westlichen Welt zum Begriff wurde.

Im ersten Absatz seiner Autobiographie bleibt Andersen noch bei der stimmungsvollen Metapher seines Titels: «Mein Leben ist ein hübsches Märchen, so reich und glücklich. Wäre mir als Knabe, als ich arm und allein in die Welt hinausging, eine mächtige Fee begegnet und hätte sie gesagt: ‹Wähle deine Laufbahn und dein Ziel, und dann, je nach deiner Geistesentwicklung und wie es der Vernunft gemäß in dieser Welt sein muß, beschütze und führe ich dich!› – mein Schicksal hätte nicht glücklicher, klüger und besser geleitet werden können. Meine Lebensgeschichte wird der Welt sagen, was sie mir sagt: es gibt einen liebevollen

Gott, der alles zum Besten führt.»[14] Gewiegt in Gottes liebendem Arm, ist Andersen aus extremer Armut zu Ruhm und Reichtum, aus einer von Entbehrung gezeichneten und durch Gespött vergällten Kindheit zu erstaunlichen Ehren sowie zu allgemeiner Gunst und Liebe gelangt.

Bis zum Ende seiner Lebensgeschichte hält Andersen an diesem hochtönenden Duktus der einleitenden Sätze fest; der süße Duft sentimentaler Selbstbeweihräucherung weicht an keiner Stelle. Zwar bestätigt er, daß er in Armut geboren ist und in der Armenschule sowie später in Kopenhagen, wo er sich als Heranwachsender durchzuschlagen suchte, Kränkung und Ablehnung erfahren hat. Aber obgleich er diese qualvollen ersten Jahre keineswegs beschönigt, schwelgt er zugleich darin. Er beschreibt sie als eine Zeit voll überschwenglicher Liebe und weist deutlich darauf hin, welch weiten Weg er in seinem an Wundern reichen Leben zurückgelegt hat. Seine aussichtslosen Anfänge haben ihn nicht zerbrochen, weil die, die ihm am wichtigsten waren, nämlich seine Eltern, ihn mit unvergleichlich hingebungsvoller Liebe umgaben. In ihrem Häuschen, das nur aus einem Zimmer bestand, lebten sie als junges Ehepaar, «welches sich unendlich liebte». Sein Vater, so Andersen, war ein freidenkender Schuhmacher, «ein sehr begabter Mensch, eine echt poetische Natur», der sich Napoleon zum Helden erkoren hatte; der kleine Hans Christian «besaß seine ganze Liebe». Seine Mutter war «einige Jahre älter, unbekannt mit der Welt und dem Leben, mit einem Herzen voller Liebe». Seine Eltern, die ihr einziges Kind anbeteten und verwöhnten, lebten nur für ihn.

Desgleichen seine Großmutter, die die Familie täglich besuchte. «Ich war ihre Freude und ihr Glück.» Sie brachte ihm Blumen und «liebte mich von ganzer Seele». Ein gefährlicher Zwischenfall – er liest sich wie eine Deckerinnerung – verdeutlicht, daß sich hinter seinem ostentativen Gefühl, er sei liebenswert, die Furcht, hassenswert zu sein, nur notdürftig verbirgt. Er war mit seiner Mutter zum Ährensammeln aufs Feld gegangen, als plötzlich ein Verwalter, der als rauher und brutaler Mensch bekannt war, sie mit einer «fürchterlich großen Peitsche» verfolgte. Als der Mann den Jungen gerade schlagen wollte, sah dieser ihn an und rief: «Wie darfst du mich schlagen, da Gott es sehen kann!» Der Verwalter hielt inne, tätschelte Hans Christian die Wange, fragte nach seinem Namen und gab ihm Geld. Seine Mutter war über diese Heldentat nicht allzu verwundert: Mein Sohn, läßt er sie sagen, «ist ein merkwürdiges Kind, ... alle Menschen sind ihm gut, selbst der böse Kerl hat ihm Geld gegeben».[15] Nach Andersens Darstellung reicht der Familienroman, der ihn sein Leben lang begleitet und vielen seiner Märchen zugrunde liegt, sogar über seine Familie hinaus. Unter seiner Feder werden seine Eltern – nicht nur die Andersens, sondern auch Ersatzfiguren wie reiche und adlige Verehrer – fast zu Übermenschen.

Einiges an diesem Märchen ist immerhin wahr. Nach mehreren Jahren, in denen er als Dichter und Dramatiker scheiterte, wurde Andersen von einer Reihe vertrauenswürdiger, reicher – und natürlich liebender – Gönner gefördert, die seine Gaben erkannten und ihn über alle Erwartung herzlich aufnahmen. Im weiteren Verlauf seines Lebens-Märchens läßt Andersen auf jeder Seite die Namen berühmter Künstler und Schriftsteller, adliger Gastgeber und königlicher Bewunderer fallen. Es war tatsächlich eine imposante Liste: Als reifer Erwachsener – wenn man ihn überhaupt so nennen kann – wurde Hans Christian Andersen als Romancier und Erfinder unvergessener moderner Märchen zu einem der Schmuckstücke im literarischen Erbe Europas. Für Andersen-Verehrer waren seine bekanntesten Märchengestalten – die kleine Meerjungfrau, das Mädchen mit den Zündhölzern, das häßliche Entlein – ebenso wirklich wie jede andere Romangestalt des bürgerlichen Jahrhunderts. Die Figur aber, die in Andersens Autobiographie im Zentrum stand, war natürlich er selbst: das häßliche Entlein, aus dem ein wunderschöner Schwan geworden war.

Schon die eine oder andere Stelle in der Autobiographie selbst weckt erhebliche Zweifel daran, daß Andersens Geschichte von dem auf eisigen Regen folgenden wärmenden Sonnenschein und vom allseitigen Glück wirklich auf restlos ehrlicher Wiedergabe seiner Gefühle beruht. So berichtet er auch ein paar furchterregende Erinnerungen – oder Phantasien: Als er einmal seine Großmutter im Hospital für Alte und Geisteskranke besucht, in dem sie arbeitet, sieht er in einer Zelle eine nackte Irre, die schreiend auf ihn zustürzt und den Arm nach ihm ausstreckt. Außerdem erzählt er, daß sein Vater verrückt wurde und früh starb und daß seine Mutter ihm einige ihrer schrecklichsten abergläubischen Vorstellungen einimpfte. Er spricht auch von seinem unregelmäßigen Schulbesuch und den Leiden, die ihm gefühllose, tyrannische Lehrer zufügten. Eine wichtigere Rolle in seiner Geschichte aber spielen die väterlichen Gönner, die ihm den Weg zu internationaler Größe ebneten. Im Jahr 1829, als er vierundzwanzig war, hatte er die Schul-Odyssee hinter sich: «Das Leben lag sonnenbestrahlt vor mir.»[16] Schon dieser ganze ungetrübte Sonnenschein macht mißtrauisch; besonders aber seine umfangreiche Korrespondenz und die ebenso umfangreichen, jahrzehntelang gewissenhaft geführten Tagebücher zeigen, daß *Das Märchen meines Lebens ohne Dichtung* in Wahrheit das Werk einer fast unverhüllten Wunscherfüllung war, Dichtung im Gewand einer Geschichte ohne Dichtung. Keine Autobiographie demonstriert besser, wie gefährlich es sein kann, dem durch nichts bestätigten Wort eines Autobiographen zu trauen.

Vertrauen verdient Andersens Lebens-Märchen schon deswegen nicht, weil es über einige peinliche Details aus seiner Familie hinweggeht, die erst von emsigen Forschern aufgedeckt wurden. Ganz im Gegensatz zu Andersens schmeichelhaftem Porträt war seine Mutter alles andere als eine unschuldige Jungfrau: Selbst ein uneheliches Kind, hatte sie schon vor der Begegnung mit Andersens Vater ein uneheliches Kind zur Welt gebracht, und die Eltern heirateten erst zwei Monate vor Hans Christians Geburt. Er verschweigt seinen Lesern auch, daß die Schwester seiner Mutter ein Bordell in Kopenhagen betrieb und daß sein Vater 1812 zur damals mit Frankreich verbündeten dänischen Armee vor allem deshalb ging, weil man ihm das Einspringen für einen anderen gut bezahlte und nicht weil er überzeugter Bonapartist war.[17]

So aufschlußreich Andersens Versuche sein mögen, die Flecken vom Familienwappen zu entfernen: für den Historiker, der nach Stellen sucht, wo die Selbstverhüllung mißlingt, sind interessanter noch jene spontanen Bekenntnisse, die mehr preisgeben, als der Autor preiszugeben meint. Schon als kleiner Junge, der für Geschichtenerzählen und Theater schwärmte, nähte Andersen aus zusammengebettelten bunten Lappen gern Puppenkleider; wenige Jahre später, als er in einer Tuchfabrik arbeitete, mußte er erleben, daß die anderen Gesellen sich über seine hohe Singstimme lustig machten und lästerten, er müsse in Wirklichkeit ein Mädchen und kein Knabe sein; von Kind an und noch lange als Erwachsener brach er beim kleinsten Anlaß in Tränen aus; und an einer Stelle, an der er beschreiben will, wie naiv er war, nennt er sich «jungfräulich blöde». Seine begierige Suche nach Männerfreundschaften läßt – zumal wenn man bedenkt, daß er sich sein Leben lang in Frauen verliebte, die unerreichbar für ihn waren – eine endlose, verzweifelte Suche nach sexueller Identität ahnen. Die schonungslos offenen Tagebücher bezeugen, daß seine erotischen Phantasien, für die er in der gedruckten Selbstdarstellung natürlich keinen Platz fand, Frauen zum Gegenstand hatten und anfallartiges Masturbieren – offenbar sein einziger Weg zur Befriedigung – auslösten.

Mit großer Wahrscheinlichkeit also hat Andersen das sei's offene, sei's verdrängte sexuelle Begehren des Erwachsenen nie erreicht, vielmehr blieb er emotional und erotisch unterentwickelt, ein ewiges Kind. Dieser Schluß ist keine Deutung, sondern gibt nur wieder, was Andersen selbst schreibt; an mehr als einer Stelle der Autobiographie nennt er sich ein Kind, besonders oft um die Weihnachtszeit.[18] Er blieb hilflos fixiert an frühkindliche Phantasien, sowohl Ängste wie Wünsche. Das gilt auch für seine Autobiographie: Sie ist ein Extremfall, bei dem das Bedürfnis zu posieren den Versuch zu sondieren – wenn auch weitgehend unbewußt – unter sich begraben hat.

3. Die Straße von Damaskus

In einem Jahrhundert, in dem der Kampf zwischen atheistischer Wissenschaft und christlichem Glauben sich zuspitzte, legten die Autobiographien persönlich empfundenes Zeugnis von diesen Religionskriegen ab. Am Ende von Königin Viktorias Regierungszeit war die Säkularisierung noch keineswegs gesichert; nicht zufällig hatte Andrew Dickson Whites *History of the Warfare of Science with Theology in Christendom* noch um die Jahrhundertwende viele Leser. Zwar wandte sich der moderne Intellekt, beflügelt von den Siegen der Wissenschaften, von den Tröstungen der Religion ab, doch die Gläubigen waren damit nicht zum Schweigen gebracht. Im Jahr 1895 nannte Emile Durkheim seine Epoche mit einigem Mißfallen «diese Zeiten des wiedererstehenden Mystizismus».[1] In dieser Epoche gab es nicht nur Charles Darwin, sondern auch Kardinal Manning, nicht nur die Angriffe französischer Säkularisierer auf die überkommenen Vorrechte der Geistlichkeit, sondern auch die Verkündung der Unfehlbarkeit des Papstes durch Rom. Im letzten Viertel des Jahrhunderts trennten sich einerseits Sozialisten in allen Teilen Europas demonstrativ von ihrem ererbten Glauben, andererseits publizierten katholische Schriftsteller religiöse Romane – in Wahrheit verkleidete Autobiographien –, in denen sie das Unbehagen, das ihnen die Vorstellung der Hölle oder der von Gott verfügten Notwendigkeit menschlichen Leidens bereitete, zum Ausdruck bringen. Streitlustige Ungläubige wie Marx oder Freud mußten zu ihrem Leidwesen, ja zu ihrer Verbitterung feststellen, daß es zur selben Zeit noch Glaubensverfechter gab – wie etwa den gelehrten protestantischen Theologen Albert Ritschl in Deutschland oder den katholischen Apologeten Léon Bloy in Frankreich. In diesem Klima konnte kein Autobiograph das Thema Religion – seine eigene Religion – gänzlich beiseite lassen.

In den Autobiographien des 19. Jahrhunderts finden sich kaum direkte Bemerkungen zu theologischen Fachfragen; reflektiert werden diese eher in zutiefst persönlicher, oft anrührender Form. Seit Beginn des bürgerlichen Zeitalters hatten die gebildeteren Kritiker die Einheit und folglich die göttliche Herkunft der Bibel in Frage gestellt; im Jahr 1835 hatte der deutsche Theologe David Friedrich Strauss mit seinem *Leben Jesu*, einer sachkundigen Biographie, die den Erlöser als Menschen darstellt, die Gläubigen schockiert und den Zweifeln Auftrieb gegeben. Skeptische Philosophen hielten am Vorsatz der Aufklärung fest, jeglichen Glauben als Aberglauben zu entlarven; zugleich aber bemühten sich sowohl die Oxford-Bewegung in England als auch der Sozialkatholizismus auf dem Kontinent um eine Rettung des Christentums: die erstere bekämpfte, der letztere vereinnahmte den theologischen Liberalismus. Materialistische Philosophen à la Ludwig Feuerbach schrieben ihre Streitschriften gegen den Offenbarungsglauben zwar keineswegs vergeblich; aber zu den meistgelesenen – und einflußreichsten – Selbstdiagnosen der Epoche gehörte auch John Henry Newmans *Apologia pro vita sua*, eine verführerische Schilderung seiner Odyssee, die ihn von der anglikanischen zur römisch-katholischen Kirche führte. Nicht zufällig beschwor man in Großbritannien und anderen Ländern mit großer Sorge eine «Glaubenskrise». Auf der Straße *von* Damaskus wimmelte es von Menschen, auf der Straße *nach* Damaskus weit weniger; in beiden Richtungen aber hörte man den Lärm der Bekenner, die von der Festigung, der Hinterfragung oder dem Verlust ihres Glaubens berichteten.

Viele Autobiographien, auch die von Newman, belegen – sofern es noch eines Beleges bedarf –, daß die Bürger des 19. Jahrhunderts, gleichgültig ob sie glaubten oder nicht, die Dogmenprobleme ernst nahmen. Sie zeugen von harten Kämpfen sowohl im Innern der Menschen als auch zwischen ihnen. Gewiß galten religiöse Überzeugungen als ernsthafte Privatsache, aber die Gesellschaft hatte ihren Anspruch darauf nicht einfach abgetreten; ungeachtet des Drucks, den der moderne Individualismus ausübte, lebten die damaligen Bürger fest integriert in Familie und Nachbarschaft, in der Kleinstwelt der Schulen und Freundschaften. Ihr jeweiliger Glaube war im Grunde öffentliches Eigentum. Deshalb waren relativ freimütige Äußerungen über die eigene religiöse Überzeugung seltener in den zur Veröffentlichung bestimmten Autobiographien, wo sie viel Schaden anrichten konnten, als in den nicht zur Publikation bestimmten. Liebevoll spricht der deutsch-jüdische Fabrikant Jacob Epstein in seinen umfangreichen Erinnerungen vom Einfluß, den seine «gläubige» Mutter auf seine Kindheit ausübte, und nicht weniger liebevoll von der «unabhängigen Denkweise» seines Vaters, «der von jedem Dogmenglauben frei war». Aber er räumt ein, daß «dieses religiöse Moment... gar manchmal den ehelichen Frieden meiner Eltern störte».[2] Genau deswegen hat Darwin so wenig über Fragen der Religion geschrieben und gesprochen: Er wollte keinen Streit entfachen und noch weniger die Gefühle seiner gläubigen Frau Emma verletzen.

Im privaten Rahmen seiner Autobiographie hingegen nahm Darwin kein Blatt vor den Mund. In Cambridge, wo er sich auf eine kirchliche Laufbahn vorbereitete, sei er noch, so Darwin, überzeugt gewesen, daß jedes Wort in der Bibel buchstäblich wahr ist. Im Rückblick findet er das komisch: «Angesichts der wilden Attacken, die die Orthodoxen gegen mich geritten haben, ist es schon eine richtige Ironie, daß ich mal Geistlicher werden wollte.» Aber an Bord der *Beagle*, wo er reichlich Muße zum Nachdenken hatte, überdachte er seine Position und kam zu dem Ergebnis, das Alte Testament sei eine Geschichte der Welt, der man nicht im mindesten vertrauen kann. Je mehr man über die Natur weiß, so schreibt er, desto unglaubhafter werden die Wunder, und christliche Dogmen wie etwa die ewigen Strafen für Ungläubige sind einfach «verdammenswert». Nie fand er einen religiösen Standpunkt, mit dem er ganz zufrieden war. Gegen Ende seines Lebens bezeichnete er sich als Deist und bekannte sich zu einem vorsichtigen Glauben an die Unsterblichkeit der Seele. Aber dann gesteht er auch, das «religiöse Gefühl» sei bei ihm nie stark entwickelt gewesen.[3]

In den Autobiographien unbekannter Bürger finden sich oft weit heftigere, weit strapaziösere Glaubenskämpfe, und von den Erinnerungen gebildeter und stilbewußter Autoren unterscheiden sich die meisten dadurch, daß sie weniger literarisches Raffinement aufweisen. Aber gleichgültig, ob sie unbeholfen oder geschickt schrieben, Hunderte fühlten das Bedürfnis, über ihre religiöse Erziehung, ihre religiösen Überzeugungen und religiösen Qualen zu sprechen. In den Erinnerungen der in deutschen Städten lebenden Juden, einer hochgebildeten Bevölkerungsgruppe, die nach 1800 gegen gewaltige Widerstände langsam ihren Platz in der Gesellschaft fand, wimmelt es von Mitteilungen über diese privatesten Probleme. Bleiben sie eher schablonenhaft, so erzählen solche Chroniken zumal von Dingen wie den in der Familie begangenen jüdischen Feiertagen oder Begegnungen mit Antisemiten und – überraschend häufig – freundlichen Nichtjuden in der Schule oder im Beruf. Nur die feinfühligsten unter diesen jüdischen Autobiographen, die festhalten, wie sie auf Verschiebungen der persönlichen Bedürfnisse und der kulturellen Trends reagiert haben, geben eine ergreifende Darstellung der Ratlosigkeit, in die sie entweder durch eine andere, konkurrierende Religion oder durch den modernen Unglauben gestürzt wurden.

Eine dieser Autobiographien, nämlich die im Eigendruck erschienenen *Erinnerungen* von Clara Geissmar, soll hier für viele andere stehen. Geboren in dem badischen Städtchen Eppingen, erinnert sie sich mit nostalgisch überhöhter Distanz und in liebevollem Detail an ihr orthodoxes Zuhause und ihre fraglose Übernahme uralter Glaubenssätze und Rituale. Die regelmäßigen Festtage und die feierlichen Segnungen, die Familiengebete und die Beschneidungszeremonie bleiben ihr bis ins hohe Alter in unauslöschlicher Erinnerung: «Ich hatte meine erste Kindheit in einem gläubigen Elternhause verbracht und Freuden und Leiden, die Entbehrungen und die innere Befriedigung, welche das Judentum seinen Bekennern zuteilt, durchgekostet.» In ihrem kindlich orthodoxen Glauben, der ihr, wie sie sagt, wohl und warm ums Herz werden ließ, habe sie eines gewußt: «Man gehörte einem Ganzen an, von dessen Segnungen nur derjenige etwas empfand, der all den Gesetzen und Vorschriften, mit welchen es sich gleich einem Zaun umgab, durch stetes Beobachten... gerecht wurde.» Dann heiratete sie mit 18 Jahren einen weltzugewandten, wenn auch an den alten Riten festhaltenden jüdischen Rechtsanwalt, und das neue Leben bescherte ihr unerwartete Freundschaften sowie niegekannte und ungelöst bleibende Spannungen, darunter auch die Verlockungen des Protestantismus. «Es drang in dieser neuen Welt so viel Gutes und Schönes auf mich ein, daß es fast für meine seelischen Verdauungskräfte zu viel war. Ich hatte Stunden, an welchen ich mich leer und unbefriedigt fühlte. Es gab ein Plätzchen in meinem Gemüt, welches weder die Liebe des Gatten noch die schönsten Stellen aus Shakespeare und Goethe auszufüllen vermochten. Mir fehlte die Zugehörigkeit zu einer Konfession.»[4] Ihr Mann wollte, daß die Kinder jüdisch-orthodox erzogen würden, aber Clara Geissmar, deren Gefallen an jüdischen Feiertagen es nun kaum noch mit dem Protestantismus aufnehmen konnte, fand, die Kinder sollten getauft werden. So ging die aufrichtige religiöse Auseinandersetzung mit ihrem Mann und im eigenen Innern ständig weiter, und all das schildert sie mit schlichten Worten in ihren Erinnerungen.

Viele – berühmte und weniger berühmte – Autobiographen berichteten, sie hätten qualvolle Jahre gebraucht, bis sie endlich einen befriedigenden Platz im Glaubensspektrum gefunden hatten. Dabei war Darwin noch gut dran: «Der Unglaube machte sich ganz langsam an mich heran», und zwar «so langsam, daß ich keinen Schmerz verspürte». Andere hingegen litten, gerade weil sie so lange brauchten, um sich von etwas zu trennen, das ihnen von ihrer ganzen Erziehung her lieb und teuer war. Newmans Freund R. W. Church, ein kenntnisreicher Geistlicher der anglikanischen Hochkirche in Oxford, schreibt gegen Ende des Jahrhunderts: «Die Veränderung einer Religion muß, wenn sie einen Menschen langsam überkommt – wenn sie nicht gleich willkommen ist, sondern im Gegenteil auf beharrlichen Widerstand stößt –, immer ein geheimnisvoller und befremdender Prozeß sein», ebenso unverständlich «für den am meisten Betroffenen wie verschleiert und nebulös für den Betrachter». Newman selber gesteht, auch er habe zur Klarheit des Glaubens erst gefunden nach «vielen Jahren der geistigen Ruhelosigkeit».[5] Aber sein sogenannter Roman *Loss and Gain*, in Wahrheit eine leicht retuschierte Darstellung seiner Konversion, zeigt, daß seine Ruhelosigkeit sich nicht bloß auf die Sphäre des Geistes beschränkte. Und darin hatte Newman reichlich Gesellschaft. Kein Wunder, daß der autobiographische Impetus in diesem Klima des Widerstreits und der Krise handfeste Nahrung fand.

Bisweilen spitzen sich solche ernsten Memoiren, die im 19. Jahrhundert von Gewinn und Verlust der Religion erzählen, zum Melodram zu. Zu den ergreifendsten Berichten vom Ringen um das Heilige gehören die Aufzeichnungen des eher unbedeutenden französischen Philosophen und Psychologen Théodore Jouffroy, der ein Anhänger des einflußreichen Eklektikers Victor Cousin war. Mit ihrer minuziösen Analyse seelischer Zustände im Augenblick der Katastrophe sind diese affektgeladenen Seiten wohl unerreicht geblieben. Aber sie sprechen auch für andere, denn wenn Jouffroy einbekennt, er fühle eine übermächtige Sehnsucht nach etwas, woran er glauben kann, vor allem nach einem Glauben, dem sich ein vernünftiger Mensch ohne Schwierigkeiten anzuschließen vermag, bringt er ein weitverbreitetes Problem zum Ausdruck. Ein glaubwürdiges religiöses System zu finden war etwas, wonach viele, für die die Offenbarungsreligion primitiv und unglaubwürdig geworden war, mit allen Kräften strebten. Schon einige Jahre, bevor Jouffroy mit seiner Krise konfrontiert wurde, schreibt der liberale politische Denker und Romancier Benjamin Constant: «Der Mensch ist nicht religiös, weil er sich fürchtet; er ist religiös, weil er Mensch ist.» In derselben Richtung argumentiert Pierre Leroux, jener radikale Verleger und Philosoph, der Jouffroys Schriften herausgegeben hat: «Der Mensch hat ein natürliches Bedürfnis nach Religion und Kult.» Kurz, «er ist religiös, weil er vernünftig ist».[6] Tatsächlich haben erstaunlich viele Naturwissenschaftler und Philosophen des 19. Jahrhunderts, die das Christentum ablehnten, auch den modernen Materialismus abgelehnt, weil er zu eng und zu kalt sei, um ihnen eine Heimstatt zu gewähren. Hilfe suchten sie deshalb eher beim Spiritualismus oder einer weltlichen Naturreligion. Der Anblick eines vom Göttlichen verlassenen Universums kam ihnen unerträglich vor.

Unter diesen aufrichtigen Suchern war Jouffroy der sprachmächtigste. In einem autobiographischen Essay rekonstruiert er die krisenhafte Begegnung mit seinem tiefinnersten Selbst, zu der es kam, als er sich zu dem Eingeständnis genötigt sah, daß er kein orthodoxer Christ mehr sein könne. Geboren 1796 in der französischen Provinz, kam er bald, als man seine ausgeprägten intellektuellen Fähigkeiten erkannte, an die renommierte École normale in Paris, wo die traumatische Wahrheit den 20jährigen jungen Mann dann in einer blitzartigen Erleuchtung überfiel. Als nüchterner *normalien* war Jouffroy besessen von der Philosophie, und zunächst hatte der Glaube seiner Väter noch befriedigende Antworten auf die von seinen Grübeleien aufgeworfenen unbequemen Fragen bereitgestellt. Damals schienen ihm die Umrisse seines gegenwärtigen und zukünftigen Lebens noch klar erkennbar, alles lag friedlich und ungetrübt vor ihm. Aber, so schreibt er, die Epoche, in die er hineingeboren war und an der der Sturm des Zweifels rüttelte, konnte diesem Glück keine Dauer bescheren, sondern ließ kluge und hartnäckige Einwände gegen die geoffenbarte Religion keimen.

Verzweifelt klammerte er sich an die Gewißheiten seiner Kindheit: «Die Majestät, Ehrwürdigkeit und Autorität des Glaubens, in dem ich erzogen war, meine ganzen Erinnerungen, meine ganze Phantasie, meine ganze Seele erhoben sich und rebellierten gegen dieses Vordringen eines Unglaubens, der sie zutiefst verletzte.»[7] Vergeblich: Sein Herz, so kommentiert Jouffroy ein wenig pathetisch, konnte es mit dem Verstand nicht aufnehmen. Kaum war das Ansehen des Christentums ins Wanken geraten, wurden die Erschütterungen seines neu entdeckten Skeptizismus in seinem ganzen Inneren spürbar. Bezeichnenderweise war diese «Revolution der Melancholie» nicht im «hellen Licht des Bewußtseins» vor sich gegangen; sie war «eine unfreiwillige Arbeit, bei der ich selbst nicht mittat».[8] Noch geraume Zeit, nachdem er aufgehört hatte, Christ zu sein, leistete er blinden Widerstand und konnte die Veränderung in seinem Inneren nicht einmal sich selbst eingestehen.

Doch sein Hang zu Aufrichtigkeit und Meditation – ein Selbstlob, das der Bericht bekräftigt – sowie das «arbeitsame und einsiedlerische» Dasein in der École normale machten es unmöglich, diese Scheinsicherheit lange aufrechtzuhalten. In einer furchtbaren Nacht der Selbstanalyse durchforschte er sein Unbewußtes, um den Konflikt ans Tageslicht zu bringen. «Nie werde ich die Dezembernacht vergessen, als der Schleier, der meinen Unglauben vor mir verbarg, in Stücke riß. Noch heute höre ich meine Schritte in dem engen kahlen Raum, in dem ich bis weit nach Schlafenszeit hin und her zu gehen pflegte; noch heute sehe ich den halb hinter Wolken versteckten Mond, der dann und wann sein Licht auf den kalten Fußboden goß. Die Nachtstunden glitten vorüber, ohne daß ich es merkte; angsterfüllt folgte ich meinem Denken, das Schicht um Schicht bis zum Grund meines Bewußtseins hinabstieg; eine nach der anderen zerstreute es die Illusionen, die mir bis dahin den Blick getrübt hatten, und ließ allmählich alle Entstellungen und Verdrehungen klar zutage treten.» Er fühlte sich wie ein Schiffbrüchiger, der sich an sein zerstörtes Schiff klammert. «Entsetzt über die unbekannte Leere, in die ich da trieb, griff ich ein letztes Mal nach meiner Kindheit, meiner Familie, meinem Land, nach allem, was mir lieb und heilig war. Der unerbittliche Strom meines Denkens war stärker; er zwang mich, alles fahrenzulassen: Eltern, Familie, Erinnerungen, Glauben. Die Prüfung wurde um so beharrlicher und strenger, je mehr sie sich dem Schluß näherte, und sie hörte erst auf, als dieser erreicht war. Da wußte ich, daß auf dem Grunde meines Selbst nichts mehr bestehengeblieben war.» Es war, so schließt Jouffroy, ein «grauenhafter Augenblick».[9]

Der Gewinn an Klarheit konnte das Entsetzen nicht lindern. Die kalte Dusche der siegreichen Vernunft brachte nicht Erfrischung, sondern Angst. «Als ich mich gegen Morgen zu Tode erschöpft auf mein Bett warf, hatte ich das Empfinden, als verlösche mein erstes, so freundliches und reiches Leben und als öffne sich hinter mir ein zweites, düsteres und menschenleeres Dasein, in dem ich von nun an allein leben würde, allein mit meinem verhängnisvollen Denken, das mich gerade ins Exil getrieben hatte und das ich allzu gern verflucht hätte. Die Tage, die auf diese Entdeckung folgten, waren die traurigsten meines Lebens.» Seine Erschütterung war, wie er entdeckte, im Wortsinn unbeschreiblich. Obgleich er stolz war auf sein Räsonnement, konnte sich Jouffroy an den quälenden Zweifel nicht gewöhnen. Immer wieder versuchten die ererbten Lehren verlorenes Terrain zurückzuerobern und fanden in der «Asche des vergangenen Glaubens Funken, die hin und wieder den Glauben neu zu entfachen schienen».[10] Aber nachdem er das Christentum einmal aufgegeben hatte, konnte es ihn nie wieder als treuen Gefolgsmann gewinnen.

Glücklicherweise, so fügt er aufatmend hinzu, hat dieser Verlust weder sein leidenschaftliches Interesse an philosophischen Fragen ausgelöscht noch ihn in die Arme eines passiven Skeptizismus getrieben. Obgleich er nicht glaubte, haßte er den Unglauben, und das gab, wie er schreibt, seinem Leben ein Ziel. Sein ganzes Dasein widmete er von nun an der Aufgabe, mit dem Licht der bloßen Vernunft nach der Lösung jener Fragen zu suchen, die die Schreckensnacht unbeantwortet gelassen hatte. Mit einem scharfen Blick auf die eigene Person und die meisten seiner Zeitgenossen beschreibt er sich als «unfähig, die Ungewißheit zu ertragen, in die das Rätsel des menschlichen Schicksals uns stürzt».[11] Weil der Mensch schwach ist, so Jouffroy, braucht er einen Glauben. Im Jahr 1825 löst er sein Versprechen ein und veröffentlicht im Organ der rebellischen französischen Romantiker, *Le Globe*, unter dem Titel «Comment les dogmes finissent», seine umstrittene Analyse einer toten Religion: einen Nekrolog auf das Christentum, aber nicht auf den Glauben an sich. Der Skeptizismus ist zwar, so Jouffroy noch einmal, ein mächtiges Instrument der Zersetzung, aber er kann nicht von Dauer sein. Der Ruf nach dem Glauben fordert eine Antwort. Ist ein falscher Glaube abgelegt, muß ein richtiger Glaube an seine Stelle treten. Nur das gibt Frieden.[12]

Alles an Jouffroys erschütternder Selbstprüfung klingt echt: der Todeskampf des Gläubigen, seine hartnäckige Weigerung aufzugeben, was er stets fraglos vorausgesetzt hat, seine klägliche Kapitulation vor dem rationalen Argumentieren, dem er von Berufs wegen verpflichtet war, seine Unfähigkeit, im Schwebezustand der Ungewißheit zu leben, und sein schließlicher Kompromiß mit dem drängenden Glaubensbedürfnis.[13] In einer beeindruckenden Demonstration der Treue zu seinen höchsten Bestrebungen hat der Psychologe Jouffroy sein Handwerkszeug auf das eigene Innere gerichtet, um sein Herz bloßzulegen.

Die Suche, auf die er sich begab, war durch und durch romantisch. Die Romantiker haben sich, wie wir sahen, anheischig gemacht, das Dilemma des heillosen Unglaubens auf diversen Wegen zu lösen. Während manche zu traditionellen Dogmen zurückkehrten, zimmerten sich die meisten selber neue, «wissenschaftlichere» Lehrgebäude zurecht. Daß Jouffroy dieses Streben nach Gewißheit teilte, weist ihn als gestandenen Romantiker aus. Und hält man sich an eine der reizvollsten Autobiographien des 19. Jahrhunderts, nämlich Ernest Renans *Souvenirs d'enfance et de jeunesse*, dann haben die Bürger mit ihren Seelennöten den romantischen Versuch einer Wiederverzauberung der Welt – Jahrzehnte nachdem die Romantik offiziell für tot erklärt wurde – in die zweite Hälfte des Jahrhunderts hinübergerettet.

In diesem 1883 erschienenen Buch des 60jährigen Renan mit seiner geschickt arrangierten Überfülle von Erinnerungen, Geschichten, Maximen und Stellungnahmen stellt er sich als Anhänger der «Romantik des Herzens» vor: Geboren sei er für eine «Romantik der Seele und der Phantasie, für das reine Ideal». Die unorthodoxen romantischen Sucher nach dem göttlichen Licht hat er nicht bloß zum Zeitvertreib gelesen. Im Priesterseminar von Issy, wo er Philosophie studierte, um sich auf das Priesteramt vorzubereiten, verschlangen er und seine Kameraden die Schriften der französischen Zweifler der Gegenwart, allen voran Cousin und Jouffroy. Seine frommen Lehrer hatten für diese Häretiker natürlich nur Verachtung übrig, aber gerade ihre Ablehnung trieb die Seminaristen zu weiterer Lektüre an. Er erinnert sich an das Jahr 1842, Jouffroys Todesjahr. «Wir waren berauscht von den schönen Worten dieses verzweifelnden Philosophen» – *ce désespéré de la philosophie*. Renan wußte sie auswendig, und seine Memoiren zeigen, daß er über diese begeisterte Gefolgschaft eigentlich nie hinausgekommen ist.

So nehmen denn auch die Jahre, die Renan in drei verschiedenen katholischen Priesterseminaren, zuerst in Tréguier, dann in Paris verbrachte, den Ehrenplatz in seinen *Souvenirs* ein; dominierend ist der Bericht vom Verlust des einen Glaubens und von der – nie ganz abgeschlossenen – Suche nach einem anderen. «Im Grunde spüre ich, daß mein Leben beherrscht wird von einem Glauben, den ich nicht mehr besitze.»[14] Seine beeindruckende Karriere als Wissenschaftler gibt ihm recht: Als Meister der semitischen Sprachen veröffentlichte er eine umfangreiche Geschichte des frühen Christentums, beginnend mit einem

Leben Jesu, sowie eine etwas weniger umfangreiche Geschichte des Volkes Israel. So hat er sich immer hauptsächlich mit Religion beschäftigt,
zuerst als Anwärter auf das Priesteramt und später als Frankreichs größter Orientalist. Dennoch war Renan nicht einfach ein Opportunist: Als er
1862 am Collège de France auf den Lehrstuhl für Hebräisch berufen
wurde, wagte er es, in seiner Antrittsvorlesung Jesus als «unvergleichlichen Menschen» zu bezeichnen – und verlor seine Professur prompt
wieder.

Trotz aller außergewöhnlichen Intelligenz, allen kritischen Scharfsinns
und wissenschaftlichen Könnens war Renans Rebellion gegen ererbte
Glaubensgrundsätze und gegen die Priesterweihe, für die seine Mutter
ihn ausersehen hatte, ein langwieriger und qualvoller Prozeß.[15] Erst nach
Jahren innerer Kämpfe erlangte er entfernt so etwas wie Selbstgewißheit,
und inneren Frieden fand er – daran lassen die *Souvenirs* kaum einen
Zweifel – eigentlich nie. «Trotz all meiner Gegenanstrengungen war ich
prädestiniert zu dem, was ich bin: ein Romantiker, der gegen die Romantik protestiert, ein Utopist, der in der Politik Realismus predigt, ein
Idealist, der sich vergeblich abmüht, als braver Bürger zu erscheinen – ein
Geflecht von Widersprüchen.» Kurz, «eine meiner Hälften muß ständig
damit beschäftigt gewesen sein, die andere zu zerstören».[16]

Während Renan sein Schicksal als Kind fast fraglos hinnahm, fand er
seine Ausbildung zum Geistlichen, obgleich sie auf hohem intellektuellen
Niveau stattfand, alles andere als befriedigend. Schließlich, in St. Sulpice,
dem letzten der Seminare, die er besuchte, wurden seine keimenden
Zweifel zu unüberwindlicher Ablehnung. Die Liebe zur Freiheit kam
spät, aber sie kam. «Die Mündigkeit, zu der so viele Menschen ohne
großes Nachdenken kommen, erreichte ich erst, nachdem ich mich durch
die gesamte deutsche Exegese durchgearbeitet hatte. Ich brauchte sechs
Jahre der Meditation und der zähesten Arbeit, um zu entdecken, daß
meine Lehrer nicht unfehlbar sind.»[17] Und da er ihnen nicht zutraute,
ihm den Weg zur spirituellen Befriedigung zu weisen, mußte er ihn selbst
finden.

Um sich gegen böse Gerüchte oder gegen den Verdacht zu wehren, er
habe sich nur aus Gründen der sexuellen Begierde vom Glauben abgewandt, hob er hervor, daß einzig und allein die Philologie ihn zum Verlassen des Seminars bewegt habe.[18] Aus seinen Hebräischkenntnissen
machte er eine Hauptwaffe im theologischen Kampf, in den er sich warf;
sie verschafften ihm Zugang zum Alten Testament in der Originalspra-
che. Dank der Verbindung zwischen seiner Sprachkompetenz und dem,
was er aus der deutschen Philologie gelernt hatte, kam er zu der Überzeugung, die Bibel sei alles andere als eine einheitliche Schrift. Sie stecke

voller Widersprüche und Legenden. Jesaja, so Renan, könne den zweiten
Teil des nach ihm benannten Buches gar nicht geschrieben haben und
Moses nicht den Pentateuch.[19] Widerwillig, ja verbittert zog er die Konsequenzen: Jeder logisch denkende Katholik müsse einräumen, daß ein
einziger Fehler im heiligen Text ihn als ein von Menschen verfertigtes
Schriftstück entlarvt. Aber Renan, der ebenso verzweifelt glauben wollte
wie Jouffroy, suchte nicht vergeblich nach etwas Transzendentem. «Der
größte Einfaltspinsel», schreibt er in einem der Vorworte zur *Vie de Jésus*,
«denkt, sofern er nur die Anbetung des Herzens betreibt, aufgeklärter
über die Wirklichkeit der Dinge als der Materialist, der meint, er könne
alles mit dem Zufall und der Endlichkeit erklären.»[20] Nachdem Renan
dem einen Extrem, der katholischen Orthodoxie, den Rücken gekehrt
hatte, war er außerstande, sich die andere Orthodoxie, den wissenschaftlichen Naturbegriff, zu eigen zu machen.

Mit seiner Suche nach einer von Legenden und Aberglauben gereinig-
ten Religion war Renan, wie wir sahen, nur einer von vielen suchenden
Bürgern. Doch der – zugleich ernste und anmutige, elegische und aphoris-
tische – Stil seiner Autobiographie ist sein höchsteigenes Spezifikum.
Jouffroy unternahm in einer einzigen schonungslosen Nacht einen ein-
maligen Versuch der Selbstanalyse; Renan unternahm in den späteren
Lebensjahren eine sehr viel länger andauernde Selbstprüfung.[21] In aller
Bescheidenheit belehrt er seine Leser: «Was man von sich sagt, ist immer
Dichtung».[22] Warnend schreibt er, die Eitelkeit eines Autobiographen
könne sich unbemerkt auch noch in der Selbstkritik geltend machen.[23]
Aber eigentlich meint er es gar nicht. Was er erlebt und erfahren hat, ist
für ihn die Wahrheit, und deshalb will er es so aufrichtig schildern, wie er
irgend kann. Im Jahr 1865 reist Renan das erste Mal nach Athen und
steigt auf die Akropolis, wo er von einem religiösen Erlebnis überwältigt
wird. Aus ihm heraus bricht ein Gebet, gerichtet an das griechische Wunder und den «Abgrund», den einzigen Gott; zum ersten Mal in seinem
Leben verspürt er den Drang, auf seine innere Vergangenheit zurück-
zuschauen, und findet ihn angenehm wie «einen frischen, durchdringenden Windhauch, der von weither kommt».[24] Renans Begegnung mit dem
göttlichen griechischen Abgrund bleibt zwar ein persönliches Intermezzo, ein schöner frommer Augenblick. Doch seine nicht nur kunst-,
sondern auch gefühlvolle Schilderung wirft ein Schlaglicht auf die religiösen Gefühle der weniger ausdrucksfähigen, gewöhnlicheren Bürger
des 19. Jahrhunderts.

Edmund Gosse, einer der Bürger des 19. Jahrhunderts, die da auf der
Straße von Damaskus zogen, hat mit seinem Buch *Father and Son* den

Klassiker geliefert, um den man nicht herumkommt. Diese 1907 publizierte Geschichte eines Knaben, der sich vom religiösen Fanatismus seiner Eltern befreit, wurde von ihrem Erscheinen an als Meisterwerk gepriesen – als bedeutsames, einzigartiges Werk. Ihre Bedeutsamkeit liegt freilich gerade darin, daß sie gar nicht einzigartig war, sondern einen Weg nachzeichnet, den unzählige Bürger gingen und viele von ihnen zu Papier brachten, wenn auch nicht mit demselben Können und Scharfblick wie Gosse. Dieses Juwel der Bekenntnisliteratur steht in verblüffendem Gegensatz zu dem, was der produktive Autor sonst hervorgebracht hat. In seinem langen, überaus erfolgreichen Leben – er starb 1928 mit 79 Jahren – widmete sich Gosse der europäischen Literatur vom frühen 17. bis zum späten 19. Jahrhundert. Während nur wenige eine hohe Meinung von seiner Lyrik hatten, gewannen ihm seine Essays und Biographien ein anerkennendes Publikum. Und die Welt honorierte sein Werk, indem sie ihm Ehrendoktoren und -titel, ja sogar einen Ritterorden verlieh. Trotz allem – und obgleich seine Schriften über skandinavische Literatur in England der Rezeption Ibsens und anderer Gegenwartsautoren des Nordens den Weg ebneten – ließ sein Ruhm nach seinem Tode rapide nach und erstand nie wieder. Es war, als wäre er zu verbindlich, zu charmant, zu affektiert – mit einem Wort: zu viktorianisch –, um noch dem Geschmack eines strengeren Jahrhunderts zu entsprechen. Nur seine Autobiographie erhebt sich als einsames Denkmal eines halb-gewollten Sieges emotionaler Freimütigkeit über verschämte Sittsamkeit.

Father and Son hält Überraschungen bereit, weil das Buch sich unbewußten Kräften verdankt, die der aufmerksame Gosse nicht völlig zu bannen vermochte. Nicht daß er es nicht versucht hätte. Pflichtbewußt präsentiert er die Autobiographie als «Bericht von einem Kampf zwischen zwei Temperamenten, zwei Bewußtseinsformen und fast zwei Epochen» und betont, seine Geschichte sei «in jedem Punkt wahr» und erfülle einen doppelten Zweck: als «Dokument», das von nunmehr vergangenen Erziehungs- und Glaubensverhältnissen zeugt, sowie als «Studie zur Entwicklung moralischer und intellektueller Vorstellungen im Kleinkindalter».[25] Unwillkürlich denkt man an das Programm, das John Stuart Mill für *seine* Autobiographie entworfen hat: an sein ganz und gar unpersönliches Vorhaben, etwas Licht in die aktuelle Erziehungsdebatte zu bringen.

Aber diese Distanzierungstricks helfen Gosse kaum, das innere Drama von *Father and Son* zu verbergen. Und seine im Titel angekündigte Auswahl der Protagonisten bedarf der Korrektur. Zwar ist Philip Henry Gosse die beherrschende Figur in der Autobiographie seines Sohnes. Doch bald schon erfahren wir, daß Vater Gosse in wichtigen Fragen ein bloßes Sprachrohr seiner Frau Emily war. «Bis zur Stunde ihres Todes übte sie, ohne es zu ahnen, eine fast hypnotische Macht auf Willen und Wesen meines Vaters aus. Beide waren stark, aber meine Mutter war ohne Frage die Stärkere.» Freimütig setzt Gosse hinzu: «Zwar fand der lange Kampf, von dem ich erzählen muß, zwischen mir und meinem Vater statt, aber hinter meinem Vater stand wie ein Schemen die Erinnerung an den Willen meiner Mutter; sie lenkte ihn, drängte ihn und band ihn an den unerschütterlichen Vorsatz, dem sie Gestalt und Inhalt gegeben hatte.»[26] Der Einfluß von Emily Gosse auf ihren Mann nahm mit ihrem Tod eher zu, statt aufzuhören. Der große Zweikampf, der in dieser Biographie bestanden werden soll, war in Wirklichkeit ein Dreierverhältnis; aber seine Mutter hat Gosse weitgehend verdrängt.[27]

Die stärkste Macht im Hause Gosse war eine Frömmigkeit, die in jede Ritze des Familienlebens drang. Die Eltern hatten sich zum extremen Fundamentalismus der calvinistischen Plymouth Brethren bekehrt: Der Vater gab den Methodismus, die Mutter den Anglikanismus zugunsten der strengeren Lehre auf. Diese Sekte glaubte, nur sie werde der Erlösung teilhaftig; jedes Wort der Bibel sei wahr; unbeeinflußt von jeder kirchlichen Obrigkeit müsse man Belehrung allein in der Heiligen Schrift suchen; jede Entscheidung, ob schwerwiegend oder geringfügig, ob in Fragen der Kindererziehung oder des Möbelkaufs, sei zu treffen in jenem Licht, das der gütige Gott in seinem göttlich inspirierten Text verbreite. Von christlichen Ritualen hatten die Brethren sich getrennt und feierten nur die Kommunion; als Vollmitglieder aufgenommen wurden nur die Bekehrten.

Als Edmund Gosse, von Geburt an dem Herrn geweiht, kurz vor seinem zehnten Geburtstag stand, beantragte der Vater seine Aufnahme in diese erlesene Glaubensgemeinschaft. Die feierliche Katechese und die darauf folgende öffentliche Ganzkörpertaufe bilden einen Höhepunkt in *Father and Son*. Die Initiation gab dem Knaben ein Gefühl unendlicher Wichtigkeit, ein Gefühl der Überlegenheit über geringere Geschöpfe. «Wenn ich der Wahrheit treu bleiben soll, dann muß ich erzählen, daß einige der anderen kleinen Jungen sich sofort beklagten» und daß, so erinnert Gosse, «ich ihnen während des Gottesdienstes hämisch die Zunge herausstreckte», um ihnen zu bedeuten: «Ich darf jetzt als einer der Heiligen das Brot brechen und ihr nicht». Als der erwachsene Gosse auf den Glauben seiner Familie zurückblickt, schildert er ihn zu Recht als «seltsame Mischung aus Bescheidenheit und Überheblichkeit».[28]

Es war ein strenger Glaube, und ebenso streng waren die Eltern Gosse. Ihr Familienleben füllten sie mit Beten, während alle leichtfertigen Vergnügungen ferngehalten wurden. Abends diskutierten sie über Theologie und übersetzten wissenschaftliche Vorträge. Für Poesie aller Art, jene verführerische Quelle der Lüge, gab es keinen Platz; Märchenbücher bekam der junge Gosse nicht zu sehen. Nicht zufällig war dieses Verbot das Werk seiner Mutter und nicht seines Vaters. Als Kind hatte sie eine lebhafte Phantasie, aber später verurteilte sie alle Literatur, weil sie nur zu Eitelkeit und Niedertracht ermuntere. So war sie auch genötigt, ihr Talent zum Geschichtenerzählen zu verleugnen; Gosse äußert die Vermutung, sie hätte durchaus eine vollendete Romanautorin werden können. Dieses mit eiserner Härte durchgesetzte mütterliche Programm – so schreibt Gosse mit einem hörbaren Anklang an Freud – war «ein qualvolles Beispiel für die Unterdrückung eines Triebes». Was immer an dieser Hypothese wahr ist, in jedem Fall war seine Lage «fast beispiellos unter den Kindern gebildeter Eltern».[29] Der unersättliche Hunger nach Literatur, den der erwachsene Gosse verspürte, wirkt wie eine späte und trotzige Rache an seinen Eltern, eine Entschädigung für die frühen Entbehrungen.

Zwar findet Gosse sein Familienleben ziemlich befremdlich, notiert aber gewissenhaft, seine Eltern hätten keineswegs Trübsal geblasen. Nach seinen Worten scherzten sie fast soviel, wie sie beteten, und waren miteinander und in ihrer Arbeit glücklich. Als bekannter Naturforscher verfaßte Philip Gosse renommierte Schriften zur Zoologie und korrespondierte mit Charles Darwin und anderen naturwissenschaftlichen Koryphäen; Emily Gosse fand eine sie befriedigende Tätigkeit, indem sie unterhaltsame religiöse Traktate schrieb und auf ihren Reisen Fremde ansprach, um sie zu bekehren – was ihr tatsächlich mitunter gelang. Dann aber, im Jahr 1857, als Edmund Gosse sieben Jahre alt war, wurde das Gespinst der Familieneintracht durch zwei traumatische Erlebnisse zerrissen: einen Tod und einen Mißerfolg. Emily Gosse starb nach unsäglichen Leiden, für die ein inkompetenter Arzt verantwortlich war, an Krebs und sprach auf dem Totenbett noch einmal aus, ihr Sohn solle dem Herrn geweiht sein: «Was für eine Last, unerträglich wie die Bürde des Atlas», ereifert sich Edmund Gosse ein halbes Jahrhundert später, «lag da auf den Schultern eines kleinen zarten Kindes!»[30]

Und so wie das Glück – wenn auch nicht der ergebene Glaube – des Vaters durch den Tod seiner Frau, so wurde sein Ruf als Wissenschaftler durch sein Buch *Omphalos: An Attempt to Untie the Geological Knot* zerstört. Es schildert eine pathetische Suche nach Möglichkeiten, das Unversöhnliche zu versöhnen, und zeugt vom unablässigen Zwang, an geliebten Überzeugungen festzuhalten, und mögen sie noch so unglaubhaft sein. Als Naturwissenschaftler, dessen ganze Freude das praktische Arbeiten im Gelände war, wußte Philip Gosse durchaus von der Existenz der Fossilien, die er nur durch einen langwierigen Schöpfungsprozeß hätte erklären können; als fundamentalistischer Christ aber bestand er darauf, Gott habe die Welt, genau wie im Alten Testament berichtet, in sechs Tagen erschaffen. Nicht als einziger machte er damals den Versuch, mit der Genesis in der Hand die Geologie zu erklären. Aber während andere gläubige Wissenschaftler des 19. Jahrhunderts die Erscheinungen zu retten suchten, indem sie die biblische Darstellung als Metapher auffaßten – manche sprachen von den sechs «Zeitaltern» der Schöpfung –, verschmähte Gosse all diese laschen Kompromisse: Ihm zufolge muß Gott in der von der Bibel eingeräumten kurzen Zeitspanne auch die Fossilien geschaffen haben. Gosse hoffte allen Ernstes, seine geniale Lösung werde dem damals tobenden Krieg zwischen Wissenschaftlern und Gläubigen ein Ende setzen. Aber statt Dankbarkeit erntete seine große Versöhnung nur Gelächter – und peinliches Schweigen. «Atheisten wie Christen schauten es an, lachten und warfen es fort.»[31]

Mit seinen sieben Jahren war Edmund Gosse natürlich nicht in der Lage, das intellektuelle Debakel seines Vaters in seiner ganzen Tragweite zu erfassen. Aber die eigentümliche Erziehung, die er in seinem isolierten, von endlosem Reden erfüllten Zuhause erhielt, hatte schon Keime des Zweifels in seiner jungen Seele hinterlassen. Als noch nicht Sechsjähriger entdeckte er «das Bewußtsein vom Selbst als Kraftquell und Gefährte». Und mit dem Bewußtsein vom Selbst kam das betrachtende Selbstbewußtsein: Er begann, sich bei seinem Tun, Reden und Denken zu beobachten. Nicht zufällig fiel ihm diese gleichermaßen großartige und fragwürdige Gabe genau in dem Augenblick zu, als er erstmals einen Unterschied zwischen seinem Vater und Gott feststellte. Zu seinem Entsetzen fand er nämlich heraus, daß der Vater über irgendeine geringfügige Sache nichts wußte. Seine «schreckliche Entdeckung» bescherte ihm «einen Gefährten und Vertrauten» – sich selber –, einen Mitfühlenden, der ein Geheimnis gegenüber der Welt und sogar seinem Vater hatte und ihn dergestalt mit einer Vorstellung von Individualität ausstattete.[32] Dieser erregende Augenblick kann als ein herausragendes Ereignis in der Suche des 19. Jahrhunderts nach dem Selbst gelten.

Auf den restlichen Seiten von *Father and Son* folgt der Autor der kurvenreichen Bahn seines Versuchs, zu innerer Freiheit zu gelangen. Bis ins Alter von sieben Jahren entwickelte er seine eigenen abergläubischen Vorstellungen. Als kleiner Kasuist verblüffte er seine Eltern mit theologischen Fragestellungen, und an einem unvergeßlichen Tag vollzog er einen kunstvollen Götzendienst, indem er einen Stuhl hochstellte und ihn anbetete – ohne die geringste göttliche Mißfallenskundgebung. Er wuchs auf unter den Heiligen, sein Vater schwebte über ihm und machte sich beständig Gedanken um seine religiöse Standfestigkeit. Mit zehn Jahren erhielt er die Erlaubnis, eine Tagesschule zu besuchen, wo er zum ersten Mal den Namen Shakespeare hörte, und nach der erneuten Verheiratung seines Vaters durfte er auch Dickens lesen. Als der Knabe in ein Internat ging, wurde die Distanz zwischen Vater und Sohn größer. Mit jedem Pfennig, den er sich von seinem Taschengeld absparen konnte, kaufte er Bücher; mit orgiastischer Begeisterung schrieb er Gedichte und Tragödien. Die Dogmen, die ihm eingehämmert worden waren, hatten weiterhin begrenzten Einfluß auf ihn, bis zu dem Tage, an dem er melodramatisch, mit etwas selbstbeobachtendem Blick, im Gebet darum bat, der Herr möge ihm erscheinen – und der Herr nicht erschien. «Von diesem Augenblick an, auch wenn es meinem Vater und selbst mir lange verborgen blieb, bewegten wir uns in entgegengesetzten Hemisphären des Seelenlebens.»[33]

Ursprünglich war die Autobiographie hier zu Ende. Auf dringliches Bitten von Freunden aber fügte Gosse einen Epilog hinzu, in dem er die Schilderung des Kampfes zwischen Vater und Sohn fortsetzte. Philip Gosse fuhr fort, den Sohn mit seiner Seelenverfassung zu tyrannisieren, selbst als dieser nach London gezogen war und dort eine bescheidene Stelle am Katalog des British Museum angetreten hatte; in affektreichen, tief verletzenden Briefen unterzog er ihn «der Tortur einer schriftlichen Inquisition». Diese zwanghaften Predigten brachten Gosse vor Wut und Elend zum Weinen, und mit 21 Jahren hatte er endgültig genug. «Es gab keine Möglichkeit des Kompromisses, keinen Waffenstillstand, der akzeptabel gewesen wäre. Es ging um ‹Alles oder Nichts›; und in dieser verzweifelten Zwangslage warf das Gewissen des jungen Mannes ein für allemal das Joch des ‹Geweihtseins› ab. So respektvoll er konnte, ohne sich in die Brust zu werfen oder Vorhaltungen zu machen, nahm er sich das Recht eines Menschen, sein Inneres selbst zu gestalten.»[34]

Dieses unvergleichliche Selbstporträt birst vor Spannungen. Kein Wunder, daß der sonst so redegewandte Gosse die Niederschrift seiner Autobiographie schwierig und die Stilisierung seiner Vergangenheit unumgänglich fand. Einige seiner publizierten Erinnerungen stehen in Widerspruch zu Briefen und zu Aussagen von Zeitgenossen. An bestimmten Stellen von *Father and Son* spitzt er, was er als Sohn von Philip und Emily Gosse tatsächlich erlebt hat, dramatisch zu: So übertreibt er seine Isolation als Kind und die Plötzlichkeit seines Bruchs mit dem Vater.[35] In seinen Bekenntnissen wimmelt es von rührenden – manchmal amüsanten – kleinen Szenen: sein Untertauchen bei der Taufe, seine Hilflosigkeit am Sterbebett der Mutter. Aber natürlich ist die Autobiographie angesichts des Berufs, den ihr Verfasser ausübt, zugleich ein Werk, das Buch eines Schriftstellers. Der Künstlichkeit entgeht sie dank der Eindringlichkeit, mit der der Gosse sein Thema darstellt. Allerdings bewahrt ihn das unbeirrte Suchen nach der Wahrheit seines vergangenen Lebens nicht davor, zu widersprüchlichen Urteilen zu kommen. Sein Vater, so versichert Gosse dem Leser ein über das andere Mal, sei großherzig und liebevoll gewesen, ein großartiger Mann, eine «einzigartige und edle Gestalt».[36] Zugleich aber liefert er reichlich Belege dafür, daß Philip Gosse so etwas wie ein Sadist war: Mit seinen bohrenden, inquisitorischen Fragen, seinem Versuch, den Sohn so zu beschämen, daß er sich der Religion beugt, bereitete er ihm höllische Qualen.

Ein wenig stimmt Gosse seine Leser auf derlei Diskrepanzen ein. Das Leben des Menschen, so läßt er sie wissen, sei eine komplizierte Mischung aus unvereinbaren Elementen.[37] Und tatsächlich sind Menschen, wie wir ja wissen, widersprüchliche Wesen, nicht zuletzt ein Mensch wie Philip Gosse. Doch die Inkohärenz der von Edmund Gosse gefällten Urteile wurzelt weniger im konfliktgeladenen Charakter seines Vaters als vielmehr in seinem eigenen. Seine Autobiographie ist das Produkt einer ungelösten, vermutlich auch unlösbaren, nicht ganz bewußt gewordenen Ambivalenz. Der Epilog des Buches verbirgt mit seiner entschiedenen Unabhängigkeitserklärung, daß die – ineins spannungs- und liebevolle, bewußte und unbewußte – Auseinandersetzung weitergeht. Am Ende fiel es Edmund Gosse leichter, seinen Glauben zu verlieren, als seinen Vater aufzugeben.

Dieser wichtige Textzusatz verbindet *Father and Son* mit unzähligen anderen Autobiographien der damaligen Zeit, auch den ganz und gar unreligiösen. Und er hilft erklären, warum dieses Genre bei den bürgerlichen Lesern des 19. Jahrhunderts so beliebt war. Sie gehörten einer Klasse an, die die Welt der Familie zum Ideal erhob, von ihren Vorzügen schwärmte und sich Sorgen über mögliche Bedrohungen ihrer Integrität machte. Und sie gehörten – was gut dazu paßt – jener Epoche an, in der Freud seine Theorie vom Ödipuskomplex, vom Drama machtvoller gemischter Gefühle, die Eltern und Kinder aneinander binden und auseinanderreißen, entwickelte und damit vielleicht die interessanteste Erkenntnis des ganzen Jahrhunderts über die Familie und ihre Zwänge lieferte. Auf die eine oder andere Weise haben bekannte oder unbekannte Autobiographen genau über dieses beängstigende und allgegenwärtige Dreieck geschrieben. Letzten Endes sind Autobiographen ja selber Söhne – oder Töchter –, die nichts sehnlicher wollen als herauszufinden, wer sie einmal waren und wie sie zu dem wurden, was sie sind. Dieses zentrale Thema beschert ihnen einerseits die ihren Erinnerungen innewohnende Kraft, andererseits – wie wir sehen werden – die hartnäckigsten Probleme mit der Glaubwürdigkeit.

4. Nachgedanken

Mittlerweile ist es ein Gemeinplatz, daß jede Autobiographie zwangsläufig von einem doppelten Bewußtsein hervorgebracht wird. Der alte oder doch alternde Autobiograph, der sich an seine Vergangenheit erinnert, tritt einem jüngeren Selbst gegenüber, und beide, normalerweise in einem unbehaglichen Burgfrieden aneinander gebunden, hinterlassen ihre Spuren in der gedruckten Erinnerung. Schon Rousseau hat diese Dualität bemerkt. «Indem ich mich gleichzeitig der Erinnerung an den damaligen Eindruck und dem jetzigen Gefühl hingebe», so heißt es in einem unveröffentlichten Fragment der *Confessions*, «schildere ich meinen Seelenzustand auf zweierlei Weise, nämlich im Augenblick, als mir das Geschehen widerfuhr, und im Augenblick, als ich darüber schrieb.» Das störte ihn freilich ebenso wenig wie seine Nachfolger im 19. Jahrhundert.[1]

Mitunter aber brach sich der Gefühlsüberschwang der Gegenwart doch Bahn, und vor dem Leser stand nackt und bloß der Autor im Augenblick des Schreibens. Die Autobiographie der produktiven, damals vielgelesenen schottischen Romanschriftstellerin und Journalistin Margaret Oliphant, die 1897 zwei Jahre nach ihrem Tod erschien, ertrinkt fast im Bedauern darüber, daß sie zuviel für Geld schreiben muß, und im trauernden Andenken an ihre toten Kinder. «Und nun», so schließt das Buch, «bin ich hier ganz allein. Ich kann nichts mehr schreiben.»[2] Freilich sind das seltene Momente direkter Kommunikation. Meistens ist der Autobiograph, selbst wenn man ihn am Schreibpult überrascht, zu sehr mit der Rückschau beschäftigt, um die Leser offen anzusprechen.

Der Stil konnte, wie man im 19. Jahrhundert entdeckte, eine Menge retten, aber für viele Autobiographen erwies sich die späte Einsicht als unsicherer Gewinn. Der Druck, den die zwischen der erinnerten Zeit und der Zeit des Erinnerns vorgefallenen Ereignisse ausüben, drohte – mehr oder weniger unmerklich – die Darstellung des eigentlich vor langer Zeit Geschehenen einzufärben. Unentdeckte Nachgedanken und veränderte Selbsteinschätzungen, die Versuchung, nostalgisch zu werden, und der Drang, sich zu verteidigen – all das wird häufig zur Quelle bewußter Entstellung, wenn die Autobiographen ihr aktuelles Fühlen und Denken an weit zurückliegende Erlebnisse herantragen. Die größte Gefahr für die Glaubwürdigkeit autobiographischer Berichterstattung, so notiert Edmund Gosse im Jahr 1907, bestehe darin, daß sie «durch Selbstbewunderung und Selbstmitleid verfälscht» wird.[3]

Eine vergleichsweise geringere Gefahr bildete wohl die Vergeßlichkeit. «Häuser, Straßen, Avenuen» – so lautet der bewegende Schlußsatz von

Marcel Prousts *Du côté de chez Swann* – «sind so flüchtig, ach!, wie die Jahre.» Gewiß, doch die Leser der Autobiographien im 19. Jahrhundert fanden das in der Rückschau Verfälschte wichtiger als das Verlorengegangene. Viele der damals publizierten Selbstporträts waren eindringliche Beispiele dafür, wie die Gegenwart sich der Vergangenheit aufdrängt, wie eigennützige Phantasien über die rauhe Wirklichkeit hinwegtäuschen. Der bekannte deutsche Dramatiker, Romancier und Essayist Friedrich Hebbel beschreibt seine Kindheit in mehreren autobiographischen Skizzen, die mit ihrer krampfhaften Heiterkeit in eklatantem Gegensatz zu der düsteren Aussage seiner Briefe und Tagebücher stehen. In seinen Selbstbildnissen verklärt er den «langen Winter» seiner Kindheit und das «Elend», das «meine Seele versteinert» hat, zur «freundlichsten», geräumigen und sonnenbeschienenen Wohnung seiner Eltern und zu ihrem kleinen Haus mit einem hübschen Gärtchen dabei. Gegen besseres Wissen veredelt er seine Empfindung, ein «Proletarier» zu sein, mit Phantasie-Anekdoten über sein Leben als «kleiner Aristokrat» in den «unteren Ständen». Die Erkenntnis, daß sein brutaler und depressiver Vater ihn «eigentlich [haßte]«, ersetzt er durch das harmlose Bild von der «ernsten Natur» des älteren Hebbel, von einem Mann, der wollte, daß daheim Ruhe herrschte, aber gern Choräle sang und es liebte, wenn die Kinder mit einstimmten.[4]

Noch irreführender als diese der Abwehr dienende Idealisierung war Hebbels Kapitulation vor einer Gefahr, der viele Autobiographen erliegen: Er interpretierte weniger sein eigenes Leben als vielmehr Goethes Autobiographie *Dichtung und Wahrheit*, die er inbrünstig verehrte. «Wer sein Leben darstellt», schreibt er in seinem Tagebuch, «der sollte, wie Goethe, nur das Liebliche, Schöne, das Beschwichtigende und Ausgleichende, das sich auch noch in den dunkelsten Verhältnissen auffinden läßt, hervorheben und das Uebrige auf sich beruhen lassen.»[5] Goethe ist, wie wir wissen, ein überzeugter und geschickter Harmonisierer, der in seinen Erinnerungen die scharfen Ecken und Kanten seiner frühen Jahre einfach abschleift, allerdings nie so beflissen und nie mit so verheerenden Folgen für die emotionale Wahrheit seines Lebens wie der ihn vergötternde Nachfolger.

Nicht minder bewußt als Hebbel hat der berühmtere Autobiograph François René Vicomte de Chateaubriand dafür gesorgt, daß seine späteren Gedanken die Oberhand über seine Erinnerungen gewinnen konnten. Ende 1848, als kurz nach dem Tode des Autors die ersten Lieferungen seiner Autobiographie in Fortsetzung erschienen, schrieb George Sand bedauernd an die mit ihr befreundete Romanschriftstellerin Hortense Allart: «Ich lese gerade die *Mémoires d'outre-tombe* und ärgere mich über so viel große Pose und Drapierung.»[6] Wenige Jahre später korrigierte auch sie in der *Histoire de ma vie* ihre Vergangenheit, freilich nicht in so selbstsüchtiger Manier wie Chateaubriand. Sainte-Beuve hat 1850 in einer seiner berühmten *Causeries du lundi* Sands vernichtendes Urteil bestätigt. Zu diesem Zeitpunkt allerdings waren schon so viele Teile von Chateaubriands Erinnerungen erschienen, daß man sich ein definitiveres Urteil zutrauen konnte. Wie sich herausstellte, waren sie eine bunte Mischung aus vor 50 Jahren Geschriebenem, fleißigem Überarbeiten und abschließendem Nachdenken aus jüngster Zeit. Im Jahr 1833, als er fünfundsechzig war, hatte Chateaubriand in einem «testamentarischen Vorwort» ausdrücklich vermerkt, schon 1811 habe er einen ersten ernsthaften Versuch zur Niederschrift seiner Lebensgeschichte gemacht; der Plan dazu ist offensichtlich sogar etwa acht Jahre älter.[7] In der Folgezeit fügte er, wann immer die melodramatischen Umwälzungen im politischen Leben Frankreichs ihm unerbetenen Urlaub von seinen öffentlichen Ämtern verschafften und wann immer er Lust verspürte, seine Vergangenheit zu betrachten, den ersten Texten Neues hinzu: so 1817, 1822, 1826 und mehrere Male in den 30er Jahren. Dann, Mitte der 40er Jahre, überarbeitete er das umfangreiche Manuskript noch einmal. Was dabei herauskam, war – so Sainte-Beuve lakonisch – «eine riesige Enttäuschung».[8] Es war einfach zu wenig Vergangenheit darin.

Nach Sainte-Beuves kritischem und feinfühligem Urteil zeigt sich die Unmittelbarkeit und Wahrhaftigkeit von Chateaubriands literarischem Genius am reinsten in den Jugendschriften wie etwa *Atala* oder *René*. Letztere hält er für Chateaubriands vollkommenstes Werk. Trotz aller Ähnlichkeit zwischen dem Autor der *Mémoires d'outre-tombe* und jenem jungen Romantiker gelte doch «der Unterschied, daß sich mittlerweile in seinem Innern mehrere offizielle Personen gebildet haben, die seinem Wesen gleichsam hinzugefügt wurden». In diesem «verwickelten Kampf zwischen dem natürlichen Menschen und derlei förmlichen Personen, in diesem Konflikt zwischen den zwei oder drei ineinander verschlungenen Wesensarten in seinem Innern», müsse man die Ursache für die ungleiche Qualität und die unangenehme Wirkung dieses «buntgemischten Werkes» sehen.[9]

Nach Sainte-Beuves Überzeugung ist der unerfreuliche Eindruck vor allem auf Chateaubriands achtlosen Umgang mit seinen prachtvollen Jugendtexten zurückzuführen. Der erste Teil der *Mémoires*, in dem er die Kinder- und Jugendjahre schildert, zeige «bei weitem den leichtesten und reinsten Stil, und ich wage zu behaupten, daß er noch stärker zur Geltung kommen würde, wenn der Autor ihn mit zunehmendem Alter nicht immer mehr beschwert hätte». Von der Mitte der 30er Jahre an sei der Stil

sichtlich schlechter geworden; Sainte-Beuve vermutet, daß «manche Seiten mit dem Datum 1822 im Jahr 1837 einen neuen Anstrich erhielten».
Was also zusätzlich zu Chateaubriands Kleingeist, Rachsucht und krassem Egoismus sowie seiner bequemen Amnesie in Sachen literarische
Quellen diese Autobiographie zugrunde gerichtet habe, sei sein Versuch,
an der Wahrheit seines Lebens herumzupfuschen. Bekanntlich war er ja,
wie Stendhal es ausdrückt, «der König der *Egoisten*«. Am meisten wirke
sich aus, daß «er die Empfindungen, die er sich im Augenblick des Schreibens zusprach, an die Stelle dessen setzte, was er im zurückliegenden,
erzählten Augenblick tatsächlich empfunden hatte». Er spreche, so
Sainte-Beuves Tadel, «nicht im Einklang mit dem ursprünglich Gesehenen und Gefühlten, sondern im Einklang mit seinen Gefühlen beim Redigieren».[10] Die Durch-Sicht verdirbt die Sicht.

Welche psychischen Mächte Chateaubriand die Feder führen, wenn er
über seine Gegner herzieht, seine Lehrmeister vergißt und seine Vergangenheit «korrigiert», ist nicht leicht herauszufinden. Es spricht aber
einiges dafür, daß die Eitelkeit, die Sainte-Beuve und andere bei diesem
Autobiographen feststellten, das Bedürfnis, grundsätzlich immer recht,
ausnahmslos den Vorrang vor anderen und bei jeder Gelegenheit die
richtigen Gefühle gehabt zu haben, sich aus einer lebenslangen, nie zu
beschwichtigenden Angst speiste, in Wirklichkeit könnte er minderwer-
tig und unfähig zu echtem Gefühl sein. Die Pose des Überlegenen und
Allwissenden wurde für Chateaubriand zur Notwendigkeit, und seine
Entstellungen und direkten Lügen sind hervorragende Wegweiser zu dieser unerfreulichen Wahrheit seines Charakters.

Die den Autobiographien des bürgerlichen Zeitalters eigene Doppel-
Sicht ist so schwer interpretierbar – und doch letztlich so aufschlußreich –, weil die originären Gedanken in diesen Lebensgeschichten häufig
von der Oberfläche weggedrängt wurden. Das lehrreichste Beispiel dieser
Gattung ist wohl John Stuart Mills *Autobiography*. In jeder Geschichtsschreibung, die sich mit der gefühlsgeladenen Suche des 19. Jahrhunderts
nach authentischer Selbstdarstellung befaßt, muß sie mitsamt ihren Fehl-
leistungen und Leistungen an zentraler Stelle stehen. Gewiß war Mill
alles andere als ein normaler Repräsentant seiner Klasse: Er war nicht nur
frühreif, mit unglaublichen Verstandeskräften begabt und Kulturaristo-
krat, sondern auch Autor einflußreicher Werke über Logik, politische
Ökonomie und Sozialphilosophie sowie Verfasser von Streitschriften zu
Frauenrechtsfragen und – nicht zu vergessen – einer bemerkenswerten
Selbstanalyse, mit der er sich weit über die gewöhnlichen Bürger seiner
Zeit erhebt. An dieser kurz nach seinem Tode, im Jahr 1873, erschienenen

Autobiography aber kommt niemand vorbei, der die Geschichte der bürgerlichen Kultur im 19. Jahrhundert schreiben will. Sie ist ein klassisches, unentbehrliches Beispiel für Nachgedanken – also nachträgliche Gedanken – in Aktion.

Zugleich ist sie – bei aller Verachtung, die Mill gegenüber dem Mittelmaß an den Tag legt – ein klassisch bürgerliches Werk, in dem die Leitideale der Mittelstandskultur gefeiert und in großem Maße auch illustriert werden: harte Arbeit, ehrenhafte Geschäfte, sittlicher Anstand, Öffnung der Karriere für die Begabten. Noch typischer für Mills Zeit und Klasse ist die *Autobiography* mit ihrem aufschlußreichen Amalgam aus Verschweigen und Offenherzigkeit, mit dem sie die inneren Kämpfe des damaligen Bürgers, der einerseits auf seiner Intimsphäre besteht und andererseits zögernd dem Zwang zur Freimütigkeit nachgibt, auf höchstem Niveau anschaulich vorführt. Wie Mill waren die meisten Bürger überzeugt, daß das Aussprechen der Wahrheit und nichts als der Wahrheit keineswegs heißt, daß man die ganze Wahrheit aussprechen muß. Die weniger Talentierten sahen sich also im Alltag und, sofern sie sich soweit vorwagten, in ihren schriftlichen Erinnerungen mit denselben ethischen und literarischen Fragen konfrontiert, die seine *Autobiography* geprägt haben.

Belastet ist das Buch denn auch durch seine ersten, so wenig aussagefreudigen Absätze und – was noch bezeichnender ist – durch all das, was fehlt. Nur Mills Briefe, das Zeugnis von Freunden, ein erster Entwurf zur Autobiographie und – als womöglich größte Hilfe – die Hinweise, die in der publizierten Fassung stehengeblieben sind, machen aus seinen unannehmbaren unbewußten Gefühlen ein mehr oder weniger offenes Geheimnis. Genau wie bei anderen Exemplaren der Gattung gibt der Beginn der *Autobiography* einen Vorgeschmack dessen, was kommt: «Es ist wohl angebracht, daß ich der folgenden biographischen Skizze eine Bemerkung voranschicke und die Gründe nenne, die es mir wünschenswert erscheinen ließen, diese Erinnerung an ein Leben zu hinterlassen, das so arm an Ereignissen war wie das meine.» Die förmliche, abgewogene und abwehrende Diktion sagt alles: Mit ihr entschuldigt er sich praktisch dafür, daß er dem Leserpublikum eine so unauffällige persönliche Geschichte aufdrängt. Trollope, der wenige Jahre später das Leben einer «so unbedeutenden Person, wie ich es bin», aufschreibt, muß bei Mill in die Lehre gegangen sein.[11] Ein krasserer Gegensatz zu der gefühlsbetonten und prahlerischen Einleitung, die Rousseau seinen *Confessions* voranstellt, läßt sich wohl kaum denken.

Die Auflistung der Gründe, mit denen Mill den Bericht über sein ereignisloses Leben rechtfertigt, ist sauber wie ein mathematischer Be weis und fast ebenso unpersönlich. Aber kaum überzeugend: Sein Wunsch sei es, in einer Zeit, die sich ernsthaft mit dem Studium der Pädagogik befaßt, von seiner «ungewöhnlichen und bemerkenswerten» Erziehung zu berichten, durch Nachdenken über seine eigene Erfahrung Licht auf eine «Zeit des Wandels der Anschauungen» zu werfen und Rechenschaft darüber zu geben, wieviel von seiner «geistigen und sittlichen Entwicklung» er anderen Menschen, insbesondere seinem Vater James Mill und seiner Frau Helen verdankt.[12] Man ahnt, daß das über Mill und seine Motive nicht alles ist. In seinem Bewußtsein bilden die beiden genannten Personen zusammen mit ihm selbst – als dem etwas beklommenen Zielobjekt – ein eng verklammertes Dreieck. Der alte Carlyle, dieser vereinsamte und verschrobene Prophet, dem sich Mill zwei Jahrzehnte zuvor wegen seines fanatischen Rassismus entfremdet hatte – taktvoll verschweigt die *Autobiography* diesen Bruch –, war der Ansicht, er habe «nie ein uninteressanteres Buch gelesen» und auch kein «dümmeres». Es sei «ein trauriges psychisches Kuriosum», die «Autobiographie einer Dampfmaschine».[13] Dieses vernichtende Epitheton zählt zu Carlyles eklatantesten Fehlurteilen. Mills *Autobiography* vibriert vor lauter mit Mühe und Not gebändigter Leidenschaft.

Schlagendstes Beispiel für den Sieg der entstellenden Selbstkontrolle über die widersprüchlichen Gefühle ist wohl, daß Mill in einem Selbstporträt, das sein Vater als Hauptfigur beherrscht, kaum ein Wort über seine Mutter verliert: eine – wie schon 1874 einer der ersten Rezensenten scharf sieht und beklagt – «eigentümliche Unterlassung».[14] In der publizierten Fassung macht Mill eine einzige Bemerkung über seine Mutter: Zu den «Nachteilen», mit denen sein Vater, der seine philosophischen Studien fortzusetzen gedachte, zurechtkommen mußte, gehörten die fehlenden privaten Einkünfte und die Hindernisse, «die er sich mit seiner Ehe aufhalste».[15] In einem Entwurf zur *Autobiography* aber, der weder vor den prüfenden Augen seiner Frau noch vor den eigenen bestand, beklagt sich Mill bitter darüber, daß er ohne eine «wirklich warmherzige Mutter» auskommen mußte, die aus seinem «Vater einen völlig anderen Menschen» gemacht und «die Kinder so großgezogen hätte, daß sie lieben und geliebt werden können». Seine Mutter sei ein Aschenputtel gewesen, freundlich, aber willensschwach. «So wuchs ich auf, ohne Liebe und mit Furcht.»[16] In der publizierten Fassung hat Mill diese erhellende Passage aufgegeben. Die Schicklichkeit war stärker als der lange empfundene Schmerz und die lange unterdrückte Wut. Dieser Sieg aber zeugt, wie immer versteckt, von etwas Unerledigtem.

Wie man weiß, übte Helen Taylor Mill erheblichen Einfluß auf ihren Mann aus, und dieser hat ihre intellektuellen Fähigkeiten maßlos über-

schätzt. Die Seiten seiner *Autobiography*, auf denen er sie als wahres
Wunderkind in den Himmel hebt, sind ein mitleiderregendes Beispiel für
die Verirrungen der Urteilskraft. Mill nennt sie «eine Person von hervorragenden Geistesgaben; als ihr Genius heranwuchs und sich auf dem Feld
des Denkens kundtat, ersann er mühelos eine Wahrheit nach der anderen,
mit denen er mir weit voraus war» – eine Idealisierung, die Mills Verächter zum Lachen und seine Verehrer in Verlegenheit brachte. Sir Leslie
Stephen, der nicht einmal zu den harten Kritikern gehörte, hielt dieses
Idealbild für eine «gezwungene und outrierte Eloge», eine unbewußte
Tarnung – denn Helen Mill gab nur seine eigenen Gedanken wieder –
seines Eigenlobs.[17] Mag sein, aber mehr noch hört es sich wie die trauernde Huldigung eines Mannes an, der nach einer Frau suchte, die er,
anders als seine Mutter, bedingungslos anbeten konnte.

Der Absatz über diese Mutter, den Mill aus der Druckfassung heraus-
strich, ist sogar noch aufschlußreicher. Gedacht war er als vernichtender
Tadel gegenüber einer Frau, die der Aufgabe, für einen hochintelligenten,
kalten, auf seine philosophische Weise arroganten und grausamen Ehemann sowie für neun Kinder (von denen die meisten sich der Verachtung
des Vaters für seine Frau anschlossen) zu sorgen, nicht gewachsen war.
Aber dahinter standen tiefergreifende Konflikte, die vorsichtig auf den
Vater verweisen. Aus dem Abstand mehrerer Jahrzehnte hat John Stuart
Mill nämlich eine Rettungsaktion unternommen, indem er die Kritik an
seinem abstoßenden Vater wenigstens zum Teil auf den Nationalcharakter
– und auf seine Mutter – verschob. «Persönlich glaube ich, daß mein Vater
eine sehr viel größere Empfindungsfähigkeit besaß, als er sie jemals entwickelt hat. Er war wie fast alle Engländer: Er schämte sich aller Anzeichen von Gefühl, und da er Gefühle nicht zeigte, ließ er sie verkümmern.
In einem Klima der Zärtlichkeit und Liebe wäre er zärtlich und liebevoll
gewesen; doch seine verfehlte Ehe und sein strenges Naturell machten ihn
unfähig, ein solches Klima zu schaffen.»[18] Wäre diese Apologie veröffentlicht worden, sie hätte die Gutgläubigkeit der Leser maßlos strapaziert:
Nichts ist wohl unwahrscheinlicher, als daß James Mill, dieser Zuchtmeister aus Neigung nicht minder denn aus Prinzip, zum zärtlich liebenden
Vater geworden wäre, hätte seine Frau nur die Intelligenz von Mary
Wollstonecraft oder den Witz von Jane Austen besessen.

John Stuart Mills Nachsicht gegenüber dem Vater ist also eher ein
Symptom als eine Erklärung. Der Pädagoge James Mill, der nicht Liebe,
sondern Angst weckte, der mit Tadel schnell bei der Hand und unfähig
war, Lob zu spenden, unterwarf seinen hoffnungsvollen Ältesten einer
rigorosen, strapaziösen intellektuellen Dressur, indem er ihn unter
strengster Aufsicht zu schwierigster Lektüre zwang. «Ich erinnere mich

nicht daran, wann ich anfing, Griechisch zu lernen», heißt es bei Mill.[19]
Er muß drei Jahre alt gewesen sein. Mit acht Jahren hatte er schon Latein
begonnen, las Platon und fing an, Arithmetik zu studieren und seine jüngeren Geschwister zu unterrichten, was er beides gleichermaßen haßte.
Mit zwölf kannte er Vergil und Horaz, Sallust und Ovid und Cicero und
natürlich auch Homer und Thukydides.

Trotz dieser irrationalen rationalistischen Fronarbeit hatte Mill offenbar den Eindruck, Kritik an oder gar Aufsässigkeit gegenüber diesem
Vater mit seinem unmenschlichen Anspruch sei gefährlich, selbst Jahre
nach dessen Tod. Die meistzitierten Seiten in Mills *Autobiography* dokumentieren seine Angst und bilden recht eigentlich ein katastrophales,
wenngleich immer noch indirektes, Eingeständnis seiner Feindseligkeit
gegenüber dem Vater. Ohne Kinderbücher, ohne die Freuden der Dichtkunst und ohne jede Anerkennung für seine frühen Schulleistungen
mußte John Stuart Mill in seiner Kindheit jene Wärme und Fröhlichkeit
entbehren, die die Mutter nach seiner Überzeugung im Vater nicht hatte
wecken können. «Für leidenschaftliche Gefühle aller Art», so sein Urteil,
«und für alles, was zu ihrem Ruhme gesagt und geschrieben worden ist»,
hatte James Mill nur «die größte Verachtung» übrig. «Er betrachtete sie
als eine Form des Wahnsinns.» In diesem Klima entwickelte Mill sich zu
einer Art «denkender Maschine».[20]

Mit zwanzig zahlte er den Preis: Im Herbst 1826 durchlitt er eine
psychische «Krise», einen immer schlimmer werdenden Depressions-
schub. Nichts – kein guter Nachtschlaf, keine angestrengte Denkarbeit,
nicht einmal seine Lieblingsbücher – konnte daran etwas ändern. Die
Verzweiflung, die ihn packte, war wie der Zustand, «in dem sich gemeinhin neu bekehrte Methodisten befinden, wenn sie vom ersten ‹Sünden-
bewußtsein› heimgesucht werden». In einer dunklen und intuitiven
Ahnung verknüpft Mill hier seine Depression mit Schuldgefühlen, die
sein Leben und jede nur denkbare Leistung wertlos erscheinen ließen.
«Mein Vater, bei dem ich doch in meinen praktischen Schwierigkeiten
natürlicherweise hätte Hilfe suchen sollen, war der letzte Mensch, der in
einem solchen Fall für mich als Beistand in Frage kam.» Von Kindheit an
dazu abgerichtet, alle Lösungen in der Philosophie zu suchen, fand er es
besonders kränkend, daß die utilitaristischen Lehren, die sein Vater ihm
oktroyiert hatte, seinen Jammer nicht zu lindern vermochten. Sein Lernen war vergeblich gewesen.[21]

Er arbeitete mechanisch weiter, ohne an irgend etwas Geschmack und
monatelang auch keine Hoffnung auf Besserung zu finden. Als der Winter der Melancholie kein Ende nehmen wollte, trug er sich mit dem
Gedanken an Selbstmord. Nach einem halben Jahr aber nahte die Ret-

tung, und zwar aus einer unerwarteten Richtung: Sie kam von der Autobiographie *Mémoires d'un père* des Franzosen Jean-François Marmontel,
eines Theaterautors und Literaturkritikers aus dem 18. Jahrhundert, dessen Erinnerungen zu Mills Zeit wieder in Mode gekommen waren. Die
Passage, die Mill aus dem lähmenden Gefühl der Erstarrung herausriß,
«erzählt vom Tod seines Vaters, der jammervollen Lage seiner Familie
und der plötzlichen Eingebung, mit der er, selbst noch ein Knabe, fühlte
und die anderen fühlen ließ, daß er ihnen alles sein werde – daß er ihnen
alles ersetzen werde, was sie verloren hatten.»[22] Marmontels Darstellung
des plötzlich gereiften Sohnes, der die Rolle des Pater familias übernimmt, ist sehr viel melodramatischer, als Mills maßvolles Resümee es
ahnen läßt. Der junge Marmontel ist in der Schule; bei der Nachricht
vom Tod des Vaters stürzt er nach Hause, selbstbewußt und trockenen
Auges – «Ich, der ich immer so leicht weine» –, um das Ruder in die
Hand zu nehmen. In einer kurzen Rede an seine verzweifelte Mutter und
seine jüngeren Geschwister versichert er, sie hätten in ihm einen neuen
Vater, der sich ganz für sie verantwortlich fühle: «Ihr seid keine Waisen
mehr.» Erschöpft von seiner Darbietung geht Marmontel ins Bett – in das
Bett des Vaters – und wird sofort krank.[23]

Etwas an dieser Geschichte rührte Mill zu Tränen – Tränen, die ihm
willkommen waren. Sie zeigten ihm an, daß er «kein Stock oder Stein»
geworden war. Von da an wurde die Last der Depression leichter, und
obgleich er Rückfälle erlitt, war ihm nie mehr so elend zumute wie zuvor.
Er lernte, die harten Umrisse der väterlichen Philosophie aufzuweichen
und die Freuden zu akzeptieren, die das Anhören «herrlicher Melodien»
und die Lektüre von Gedichten ihm verschafften.[24] Nach und nach löste
sich Mills «ichsüchtiges» und «in nichts zur Ehre gereichendes Elend»
auf, und im Herbst 1828 entdeckte er Wordsworth: «ein wichtiges Ereignis» in seinem Leben. Diese «Medizin» vollendete die von dem stimu-
lierenden Marmontel-Text begonnene Heilung. Die Wordsworthsche
Dichtung «brachte nicht nur äußere Schönheit zum Ausdruck, sondern
jene Zustände des Fühlens und des durch das Fühlen getönten Denkens,
die sich der Erregung durch das Schöne verdanken.» Ohne zum Romantiker zu werden – Mill nannte seine Depression ausdrücklich «sehr un-
romantisch» und blieb dabei auch, nachdem sie vorüber war –, kultivierte
er nun sein «Innenleben», was er nie zuvor getan und worauf sein Vater
ihn überhaupt nicht vorbereitet hatte; jenes Innenleben, in dem er jetzt,
wie er 1832 einem Freund schrieb, den «Hauptbestandteil» der menschlichen Existenz gewahrte.[25]

Wie einige aufmerksame Leser erkannt haben, war Mills Krise eine –
um das Kind beim Namen zu nennen – lang aufgeschobene, aber dafür

nur um so heftiger losbrechende ödipale Revolte: Die Bürde, seinen Vater gleichzeitig zu lieben und zu hassen, war ihm zu schwer geworden. Was seiner durch Zufall – und glücklichen Zufall – zustande gekommenen Begegnung mit Marmontels *Mémoires* die Heilkraft verlieh, war, daß sie ihn von seinem unerträglichen Gefühl der Vereinsamung befreite. Bezeichnenderweise sah Mill die heilende Kraft von Wordsworth, dieses «Poeten der unpoetischen Naturen», gerade in dessen gewöhnlicher Menschlichkeit; er war kein über alles erhabener Dichter, sondern hatte, wie Mill hocherfreut feststellen konnte, «dasselbe erlebt wie ich».[26] Marmontels beispielhafte Bewältigung des väterlichen Todes gab ihm die Lizenz für seine eigenen ambivalenten Gefühle, seinem Empfinden gegenüber einem Vater, dem er alles verdankte, den er offen bewunderte und den er, sicher ohne es zu wissen, am liebsten umgebracht hätte – wenn auch nur in der Phantasie. Mills beeindruckende spätere Schriften bezeugen, daß er die Auflehnung in sein Denken integrierte: Er problematisierte die utilitaristische Lehre seines Vaters, ohne sie je ganz aufzugeben. So einschneidend sein Zusammenbruch und die von ihm entdeckte Lösung für ihn waren, die Wende ging doch nicht bis zur Bekehrung.

Einschneidend aber blieb sie. Und immerhin hat Mill so viel verräterisches Material in die Druckfassung seiner Autobiographie hinübergerettet, daß der Interpret eine Vorstellung von der Tiefe seiner Schuldgefühle und von den poetischen Mitteln der Befreiung bekommen kann.[27]

Mills nüchterner und scheinbar ruhiger Ton war also ein Schutzschirm, hinter dem sich innere Dauerkonflikte verbargen.[28] Die beinahe komische Verehrung für seine Frau, die auch mit ihrem Tod nicht aufhörte, weist darauf hin, daß er all seinen Beteuerungen zum Trotz nie ganz mit dem beängstigenden Erbe fertig wurde, das seine Eltern ihm aufzwangen. Die *Autobiography* war nicht nur ein Bericht von den Ereignissen seiner Vergangenheit, sie war ein Versuch, diese Vergangenheit auszutreiben. In seinen Händen wurde die Selbsterkundung zu einer Form der Selbstanalyse.

Es war ein unvollständiges Selbstporträt, wohl nicht rundum zufriedenstellend, aber doch mitteilsamer, als es Mill für möglich oder wünschenswert gehalten hätte, mitteilsamer auch, als es seinen Mitbürgern lieb gewesen wäre, wenn sie dem Buch die erforderliche Beachtung geschenkt hätten. Ironischerweise haben die meisten Leser Mills *Autobiography* aus genau dem entgegengesetzten Grund abgelehnt: nämlich wegen ihrer angeblichen Kälte und Distanziertheit. Carlyles scharfe Kritik, das Buch sei nichts als «Haarspalterei», war nur der überspitzte Ausdruck eines allgemeinen Empfindens. «Die *Autobiography*», so resümiert Leslie Stephen die Mehrheitsmeinung am Ende des bürgerlichen

Zeitalters, «ist zwar ein sehr interessantes, aber für viele Leser alles andere als reizvolles Werk; und sein Mangel an Reiz ist, so scheint mir, ein Zeichen jener Schwäche, die mit dem Epitheton ‹denkende Maschine› zur Karikatur verzerrt wird.» Ein seltsames Verdikt, wenn man bedenkt, daß Stephen früher einmal feinfühliger geurteilt hat: «Nichts könnte für Leser der Autobiographie unverkennbarer sein», schreibt er in seinem Essay über die autobiographische Gattung, als «daß Mill von einer denkenden Maschine meilenweit entfernt, daß er ein Mann mit starken Gefühlen, ja mit weiblicher Empfindsamkeit war.»²⁹ Deuten läßt sich der Widerspruch in Stephens Urteil als Symptom einer Ungewißheit, die das Bürgertum des 19. Jahrhunderts nicht losließ: einer Unfähigkeit zu entscheiden, worin denn nun die angemessene Selbstenthüllung und die authentische Innerlichkeit besteht.

Mills Prüfung seiner Vergangenheit aus späterer Sicht und unter den wachsamen Augen seiner Frau hatte das mehr oder weniger unbewußte Ziel, sein Selbstporträt sowohl kühler im Ton als auch verschwiegener werden zu lassen. Andere Autobiographen des 19. Jahrhunderts hingegen benutzten die Doppel-Sicht ganz bewußt, um ihre Selbsterkenntnis zu mehren, statt sie zu kaschieren. Ein guter Vertreter dieser Richtung ist Theodor Fontane, der sich seine jahrzehntelange Praxis als Reporter und Romancier für die zweifache Forschungsreise in seine Kinderjahre zunutze macht. Er analysiert seine Gefühle nicht, weil er Lob oder Tadel verteilen, sondern weil er «Aufklärung über einen bestimmten inneren Vorgang» erhalten will. Unmißverständlich stellt er fest: «Das *Ästhetische* hat eben auch sein Recht.»³⁰

Geboren 1819 in der rund 60 Kilometer von Berlin entfernten Provinzstadt Neuruppin, von Beruf abwechselnd Apotheker, Dichter, Journalist, Kriegskorrespondent, Reiseschriftsteller, Theaterkritiker und Zelebrant seiner Heimat, der Mark Brandenburg, wurde er zum interessantesten deutschen Romancier zwischen Goethe und Thomas Mann. Äußerer Anlaß zu seiner systematischen Rückschau auf die Kindheit, über die er lange Zeit nicht einmal nachdenken wollte, war der beängstigende Zustand seiner Gesundheit und sein fortgeschrittenes Alter: Als er Anfang 1892 den ersten Band seiner Lebenserinnerungen in Angriff nahm, war er 72 Jahre alt.

Dieser Bericht, in dem er nur seine Kinderjahre herausgriff, erwies sich für Fontane als doppelte Therapie. Die Niederschrift von *Effi Briest*, jenes Romans, mit dem er seinen größten Kritikertriumph feierte, war ihm so schwer gefallen, daß er eine entkräftende und jeder Behandlung trotzende Schlaflosigkeit entwickelt hatte; jedem, der es hören wollte, erzählte er, sein Leben sei abgelaufen und seine Schöpferkraft versiegt. Seine Familie fürchtete um seine geistige Gesundheit. Sein Vater war mit 72 Jahren gestorben, und ihn verfolgte die Angst, auch er habe nun das Ende erreicht.[31] In diesem Augenblick des Jammers riet ihm sein Hausarzt, den Roman beiseite zu legen und mit einer Autobiographie zu beginnen. Der Erfolg dieser Taktik übertraf alle Erwartungen.[32] Als er um Weihnachten 1892 den ersten Entwurf fertig hatte, fand er, er habe sich gesund geschrieben, und fürchtete nur – zu Unrecht, wie sich herausstellte –, die unbedeutenden Details, die er da erinnerte, würden ihm die Leser entfremden. Aber er hatte sich erholt und konnte die Arbeit an *Effi Briest* wieder aufnehmen.

Die Rückbesinnung auf seine ersten Lebensjahre mit dem Ziel, ihn aus seinem depressiven Zustand zu befreien, hat sicher deshalb so gut und schnell gewirkt, weil sie Fontane die Möglichkeit gab, ein für allemal zu klären, was sein Vater für ihn bedeutete. In *Meine Kinderjahre* ist Louis Henri Fontane eine noch entschiedener dominierende Figur als James Mill in John Stuart Mills *Autobiography*. Aber obgleich die Aufstellung einer so persönlichen Bilanz ein gewisses Maß an Selbstenthüllung erforderte, lieferte Fontane doch nicht einfach ein ungeschminktes Selbstbildnis. Wie andere Autobiographen von Goethe bis Sand und darüber hinaus suchte er sich mit diskreten Distanzierungen vor womöglich allzu heftigen Gefühlswallungen zu schützen. Im Untertitel kündigt er das Buch als «autobiographischen Roman» an[33] und beginnt mit einem trockenen Tatsachenbericht von der Übernahme der Ruppiner Apotheke durch seine Eltern. «An einem der letzten Märztage des Jahres 1819 hielt eine Halbchaise vor der Löwen-Apotheke in Neuruppin, und ein junges Paar, von dessen gemeinschaftlichem Vermögen die Apotheke kurz vorher gekauft worden war, entstieg dem Wagen und wurde von dem Hauspersonal empfangen.» Es waren seine Eltern. Der Rest des Kapitels ist eine biographische Skizze von Henri Louis und Emilie Fontane; auch das zweite Kapitel befaßt sich mit ihnen und ihrer hugenottischen Herkunft. Der Knabe Fontane betritt die Bühne erst nach diesem kunstvollen Kulissenaufbau, und der alte Fontane beteuert zugleich, er habe eigentlich «herzlich wenig» an Erinnerungen aus jener Zeit anzubieten.[34]

Daß Fontane vergangene Ereignisse mit aktuellen Gefühlen überlagert, ist überall offenkundig. Seine allgemeinen Urteile über die Natur des Menschen, über das Glück oder die Erziehung machen *Meine Kinderjahre* als Frucht der reifen Erfahrung kenntlich. Und die Eingriffe, die er sich als Autor gestattet, lassen keinen Zweifel daran, daß er aus großer Entfernung zurückblickt. «Erst in meinen alten Tagen», sagt er mit Blick auf seine Mutter, «ist mir der Sinn für ihre Superiorität aufgegangen.» Als er sich erinnert, wie sein Vater sich weigerte, eine Medizin zu kaufen, die er dringend gegen ein hartnäckiges Fieber brauchte, weil er Medizin für «Luxus» hielt, zieht er den Stachel seines Vorwurfs sogleich zurück und erzählt «zu meiner herzlichen Freude» und im Bibelton, später habe ihm sein Vater, obgleich es ihm selber schlecht ging, «in hochherziger und rührender Weise», ohne große Redensarten geholfen. «Und so fügte sichs denn, daß er, der in guten Tagen in diesem und jenem wohl manches versäumt hatte, schließlich doch der Begründer des bescheidenen Glückes wurde, das dieses Leben für mich hatte.»[35] Es ist unübersehbar: Theodor Fontane schaut zurück, kommentiert, beurteilt, glättet.

Die Gegenwart wählt auf eigene Art und Weise aus, welche Bruchstücke der Vergangenheit überleben sollen. Fontane berichtet, Prügel habe immer sein Vater verabreicht, und zwar entweder, wenn er selbst es für richtig hielt oder wenn seine Frau ihn dazu aufforderte. «Jene haben keinen großen Eindruck in meiner Seele hinterlassen, aber diese, die bloß auf Befehl erfolgten, schmerzen mich bis diesen Tag.» An einem längst vergangenen bitteren Weihnachtstag hat Fontane sich von seiner Mutter die Festfreude verderben lassen; sie machte sich einen ungeschickten Spaß mit ihm und schenkte ihm eine wunderschön verzierte Lederpeitsche. Hatte er unrecht, sich über diesen «gutgemeinten, aber verfehlten Scherz» aufzuregen? «Ich glaube, nein. Jedenfalls, wie ich die Sache vor sechzig Jahren ansah, so sehe ich sie noch heute an.»[36] Der Groll des Knaben und das Urteil des alten Mannes decken sich.

Fontanes Bewunderung für seinen faszinierenden Vater überlebte das nochmalige Überdenken, ja wurde dadurch womöglich noch gesteigert. Sie inspirierte ihn zum sechzehnten Kapitel der Autobiographie mit dem Titel «Vierzig Jahre später. Ein Intermezzo», das den eigentlichen Höhepunkt des Buches bildet. Erzählt wird darin die letzte Begegnung Fontanes mit seinem Vater, die viele Jahre nach dem manifesten Ende des ersten Bandes seiner Lebensgeschichte stattfand. Louis Henri Fontane war ein freundlicher Mann, immer bereit, andere mit historischen Anekdoten und Geschichten aus seinem Leben zu unterhalten. Er hatte wenig schulmäßige Bildung genossen, aber als begieriger Leser von Zeitungen und Zeitschriften war er ein beliebter Gesprächspartner und warf sich gern auf den Kampfplatz der verbalen Auseinandersetzung. Fontane bezeichnet ihn als «Original».[37]

Leider hatte Louis Henri Fontane auch an den Auswüchsen seiner Tugenden zu leiden; gelangweilt vom Alltagskram und ungeschäftlich, wie er war, brachte er es nie zum erfolgreichen Apotheker. In ruinöser Weise frönte er der Spielpassion «und verspielte während der sieben Jahre von 1819 bis 26 ein kleines Vermögen». Diese Sucht, die zu anderen

Überspanntheiten hinzukam, vergiftete seine Ehe: Emilie Fontane warf ihrem Mann vor, er vernachlässige seine Familienpflichten und sei zu wirrköpfig, um seine Kinder aufs praktische Leben vorzubereiten. Als konventionelle und verantwortungsbewußte Bürgerin, die nach Eigentum und Wohlstand strebte, entfremdete sie sich den Eigenheiten ihres Mannes, und der kleine Fontane mußte mit ansehen, wie das Leben seiner Eltern zu einem – besonders von seiner Mutter aus – immer erbitterteren Zweikampf wurde. Nach jahrelangen ernsten und vorwurfsvollen Debatten zumal über die Schwächen des Ehemannes trennten sich die Fontanes. Beim Nachdenken über diese traumatischen Jahre stellt sich Fontane – obgleich er gewissenhaft versucht, seiner Mutter Gerechtigkeit widerfahren zu lassen – mit seinen 72 Jahren im wesentlichen auf die Seite des Vaters, nicht anders als er es mit siebzehn getan hatte. Er denkt «in Dank und Liebe» an ihn, weil er ein guter Mensch, ein glänzender, wenn auch laienhafter Pädagoge war.[38]

Diese Gefühle prägen das Intermezzo, das Fontane in *Meine Kinderjahre* einschiebt. Er schreibt es, wie er seinen Lesern erklärt, um «das Charakterbild meines Vaters nach Möglichkeit zu vervollständigen, will sagen, nach *oben* hin abzurunden. *Denn wie er zuletzt war, so war er eigentlich.*» Als Theodor Fontane noch ein Kind war, stand sein Vater «im Leben und in Irrtümern». Im Alter jedoch seien diese Irrtümer von ihm abgefallen. Je bescheidener seine Verhältnisse wurden, desto gütiger und anspruchsloser war er und erging sich nie in Anklagen, höchstens gegen sich selbst. So «verbrachte er seine letzten Tage comme philosophe.»[39]

Er lebte damals in einer kleinen, zu einem Dorf gehörenden Siedlung, in Gesellschaft einer treusorgenden Haushälterin, die er seinem Sohn gegenüber zutreffend als einfältig und sentimental bezeichnet – kurz, er lebte mehr oder weniger allein. Einmal im Jahr pflegte Theodor Fontane ihn in seinem eintönigen Alltag zu besuchen. Diese jährliche Wallfahrt unternahm er im Jahr 1867 noch einmal. Nach einer zärtlichen, allerdings stereotypisierten Begrüßung – mit seiner üblichen Genauigkeit spricht Fontane von einem «Kuß auf die linke Backe»[40] – beginnen Vater und Sohn jene Sorte von Unterhaltung, wie sie vertraute Menschen selbst nach langer Zeit miteinander führen: ein Gespräch in Bruchstücken, ohne Zusammenhang oder Ordnung, das vom Kleinen ins Große springt und zurück. Ein Vierteljahrhundert später faßt Fontane all das zusammen, ohne die langweiligen Partien zu unterdrücken. Der Vater neigt (wie der Sohn ihn freundlich mahnt) zur Wiederholung und kramt alte Sprichwörter sowie alte Anekdoten über Kriegserlebnisse oder seine ungebrochene Verehrung für Napoleons Marschall Ney heraus. Hin und wieder kommt er in seiner grüblerischen Art auf ernsthaftere Themen zu sprechen, zumal auf seine Spielsucht, die er als Schattenseite seiner jugendlichen Unschuld und Befreiung vom täglichen Einerlei wegerklärt. Seine Frau, so gesteht er freimütig, sei zwar streng mit ihm gewesen, aber sie habe ganz recht gehabt – in allem. Viel Familienkram also, aber Theodor Fontane ist nicht bereit, ihn zu verschmähen.

Ferner entdeckt er, daß ein neues Thema seinen Vater bedrückt: der Tod, der auf ihn wartet. Zartfühlend versucht er ihn von seinen Gedanken an dieses «Gruslige» abzubringen, aber Louis Henri Fontane kommt – mit Variationen – darauf zurück: «Alles marschiert ab ... Na, ewig kann es nicht dauern.» Unter Gesprächen nehmen beide Männer eine von der Haushälterin servierte Mahlzeit ein und machen dann einen Spaziergang durch das kleine Anwesen des Vaters. Auf diesem Spaziergang zitiert der Sohn mit viel Feingefühl für die Bedürfnisse des Vaters eine seiner Lieblingsstellen aus einer Schiller-Ballade. «Er klopfte mir sofort zärtlich auf die Schulter, weil er herausempfand, daß ich die zwei Zeilen bloß ihm zuliebe zitierte.» Dann kehren sie zum Kaffeetrinken ins Haus zurück, und schließlich ist es Zeit, Lebewohl zu sagen. Mit bewegter Stimme hofft der Vater auf einen baldigen neuen Besuch des Sohnes. «‹Ich komme wieder, recht bald.› Er nahm das grüne Käpsel ab und winkte. Und ich kam auch bald wieder. Es war in den ersten Oktobertagen, und oben auf dem Bergrücken», wo sie über Schiller gescherzt hatten, «ruht er nun aus von Lebens Lust und Müh.»[41] Dann kehrt Fontane zu seinem Kindheitsbericht zurück, genauso abrupt wie er ihn verlassen hat.

Nach zwei weiteren kurzen Kapiteln endet das Buch ganz ohne großes Trara, wie ein Violinkonzert von Mozart, in dem Augenblick, als der Zwölfjährige von zu Hause weggeht, um ein Gymnasium zu besuchen. Was er in diese Schule mitbrachte, war – wie Fontane im Schlußabsatz mitteilt – ein seltsames Gemisch aus allerhand Wissensstückchen: Lesen, Schreiben, Rechnen, historische Anekdoten und die Schillerschen Balladen, die ihm sein Vater beigebracht hatte. Im Grunde sei er, wie er bemerkt, darüber nie recht hinausgekommen. «Einige Lücken wurden wohl zugestopft, aber alles blieb zufällig und ungeordnet, und das berühmte Wort vom ‹Stückwerk› traf auf Lebenszeit buchstäblich und in besonderer Hochgradigkeit bei mir zu.»[42] Fontane schließt, wie er begonnen hat: Seine Kindheitserinnerungen benutzt er, um sowohl den Mann als auch den Knaben Fontane vorzustellen, und dank der kunstvollen Kunstlosigkeit des doppelten Bewußtseins macht er eine schwierige Reise in sein Inneres und kehrt mit der Trophäe der Selbsterkenntnis zurück.

Nichts zeigt besser, welche Ausdrucksmöglichkeiten dem autobiographi-schen Impetus zur Verfügung standen, als die zahlreichen Formen, in denen die Autoren des 19. Jahrhunderts mit ihrer Doppel-Sicht umgin-gen. Die Ankündigung argloser Offenheit muß immer argwöhnisch ma-chen, aber selbst das mag eine gewisse Gültigkeit haben, solange der Autor sich das Vertrauen der Leser gewissermaßen verdient hat. Hier etwa Mrs. Oliphant, 57 Jahre, wie sie im goldenen Gedenken an die Liebe der fast Sechzehnjährigen schwelgt: «Ich erinnere mich genau an das erste Kompliment (allerdings kein Kompliment im üblichen Wortsinn), das mir jenes verwirrende Glücksgefühl verschaffte, daß ich eines anderen Menschen Herz rühren kann – und das halb zum Spaß gesagt war und endlos zum Lachen reizte, aber doch auch etwas mehr tat. Ausgespro-chen hatte es ein junger Ire, einer der Pfarrer, die in unsere kleine Kirche kamen, weil die Pfarrstelle vakant war. Er hatte sich Frank» – ihrem älteren Bruder – «und mir zum Spaziergang angeschlossen, und als wir an einem wunderhübschen Landhaus vorbeikamen und es betrachteten, wie es da idyllisch in Gärten und Sträuchern am Hang von Everton lag, schaute er mich plötzlich an und sagte: ‹Das wäre Elysium.› Nachher lachte ich über die Worte, bis mir die Tränen kamen, aber im Augenblick selbst war ich ernst und bestürzt. Geblieben aber ist mir der kleine Vorfall wie so viele Szenen meiner frühen Jahre als ein in weiches, wunderbares Licht getauchtes Bild: die Glut in den Augen des jungen Mannes; die gesenkte und beiseite sprechende Stimme; das sanfte Prickeln der Bedeu-tung, das nichts und doch viel war. Wäre ich keine nach der Beschreibung solcher Szenen süchtige Romanautorin, würde ich mich vielleicht gar nicht daran erinnern nach – wie lange? Vierzig Jahren. Was für eine Zeit!»[43] Nie scheint es Mrs. Oliphant in den Sinn gekommen zu sein, daß ihr Schriftstellerberuf sie verleiten könnte, kleine unvergeßliche Vorfälle wie diesen zu erfinden oder auszuschmücken; nach ihrer Ansicht ist das Romanschreiben nur eine Erklärung dafür, daß ihr die Szene so scharf im Gedächtnis bleiben konnte. Und die meisten Leser werden die Ge-schichte als mehr oder minder wortgetreue Wiedergabe eines wirklichen Geschehens, das zwar lang zurückliegt, aber noch immer nachklingt, ver-trauensvoll hinnehmen.

Vorsicht aber heißt der Imperativ des Lesers, besonders wenn es um eine Zeit geht, in der – mit den Worten von Mrs. Oliphant – «die Mode der Selbsterklärung» herrschte und sich hartnäckig hielt.[44] Eine Autobio-graphie ist ein komplexes Sprechen, oftmals ein Sieg über die Angst, voll Schmeichelei, Entschuldigungen und Prahlerei, alles unter der Vorgabe, eine glaubwürdige persönliche Geschichte zu erzählen. Aber zusätzlich zu den anderen Auslösern der Entstellung wirkte auch der schlichte Zeitablauf: Oft drängte er dem Autobiographen eine Persona auf, die zur Maske erstarrte. Hätte Goethe sich schon mit vierzig und nicht erst mit sechzig zur Niederschrift seiner Jugendjahre entschlossen, dann hätte er sich vermutlich mit mehr Leidenschaft porträtiert, dann hätte er ohne die Panzerung des Kulturdenkmals geschrieben, zu dem er dann so schnell geworden ist.

Die Doppel-Sicht des Autobiographen kann sich also entweder als Falle für den Leichtgläubigen oder als Chance für den Aufmerksamen erweisen. Chateaubriand hat seine *Mémoires* wieder und wieder revidiert, hat Geschehnisse seiner Vergangenheit gestrichen oder ausgeschmückt, um ein idealisiertes Selbstbildnis zu schaffen, um sich als sittlicher, weitherziger und großartiger darzustellen, als es sein Charakter und seine Lebensgeschichte eigentlich hergaben. Seine Wahrheit zeigt sich in seinem Bedürfnis zu lügen. Fontane dagegen bedient sich seiner offen dargebotenen Perspektive, um für sich etwas Unerledigtes zu Ende zu bringen. Andere mögen seinen Vater ganz anders gesehen haben, aber was Fontane entdeckt und seinen Lesern mitteilt, ist *seine* Wahrheit. Und genau darauf kam es in den Autobiographien einer Epoche an, die das Innenleben wie ein Jäger bis in sein geheimstes Versteck verfolgte; genau darauf kommt es viel mehr an als auf die exakte, verifizierbare Wiedergabe der Ereignisse in ordentlicher und durchsichtiger Abfolge. In seinem Essay über die Autobiographie spricht Sir Leslie Stephen für seine Zeit, wenn er voll Zuversicht verkündet: «Niemand hat je eine langweilige Autobiographie geschrieben.» Er hat recht, denn die Wahrheit der Autobiographie war zwar nicht immer augenfällig, aber trotz aller taktvollen oder unaufrichtigen Rhetorik immer vorhanden: ein Selbst, das zu anderen spricht.

III. Auf der Suche nach geeigneter Vergangenheit

Das Selbstverständnis, das die viktorianischen Bürger von sich hatten, erweiterte sich durch das Verständnis, das sie von der Vergangenheit erlangten, freilich komplizierte es sich im Laufe der Jahrzehnte auch; und zwar erweiterte es sich in dem Maße, wie die Bürger en masse Biographien und Historien, Schilderungen fremden Lebens und ferner Vergangenheit konsumierten. Ihre Lektüre war dabei selten interesselos, vielmehr suchten sie häufig nach einer Vergangenheit, mit der sie auch etwas anfangen konnten. Wir werden noch sehen, daß Bürger, die eine gewisse Bildung besaßen, allmählich lernten, nach Büchern zu greifen, die durchaus mehr waren als bloße Handreichungen zur Wunscherfüllung. Zwar schwelgten sie tüchtig in mal platteren, mal ausgefeilteren Idealisierungen, bestürmten wohl auch Biographen und Historiker, den drängenden Tagesforderungen aus Religion und Politik Rechnung zu tragen. Was aber den Einfluß, den biographische und historische Werke des 19. Jahrhunderts auf die psychische Verfassung der Mittelklassen gehabt haben, näherer Betrachtung empfiehlt, ist dies, daß Autoren wie Leser konfligierenden Strömungen gegenüberstanden und sich mit ihnen in zuweilen unkonventioneller Weise auseinandersetzten. Die kollidierenden Ansprüche von Selbstgefühl und Wahrheit wurden auf dem Marktplatz der Ideen ausgefochten, oder prosaischer ausgedrückt: auf dem Marktplatz der Druckerzeugnisse. Auffällig ist, daß es über die Definition dessen, was von der Vergangenheit brauchbar sei, niemals irgendeine Übereinstimmung gab.

Daß das bürgerliche Zeitalter ausgesprochen stolz auf seine Verfügung über die Vergangenheit war, macht aus Biographien und historischen Darstellungen unvergleichlich gewichtige Zeugnisse des bürgerlichen Selbstbildes. Die Gebildeten wußten natürlich, daß es beide Gattungen bereits seit der Antike gab. Manch einer las seinen Thukydides und Plutarch, hier und da sogar im Original. Aber sie neigten dazu, ihre Vorväter zu schulmeistern, weil sie jene unendliche Distanz zwischen den vergangenen Zeiten und ihrer eigenen Epoche nicht angemessen gewürdigt und die entscheidenden Unterschiede hätten zu kurz kommen lassen, die einzig und allein frühere Zeiten zu einem Gegenstand wahrhaften historischen Verstehens erhöben. Historiker aus Profession, der große Leopold von Ranke an der Spitze, fanden sogar an den vielgerühmten Historiogra-

phen der Aufklärung – Hume, Voltaire, Robertson, Gibbon – etwas auszusetzen, weil sie ferne Zeiten aus ihrer beschränkten, selbstzufriedenen
Perspektive wahrnähmen und beurteilten. Statt also so etwas wie eine
retrospektive Soziologie zu betreiben, befürworteten die Biographen und
Historiker des 19. Jahrhunderts einen Ansatz, mit dem die Vergangenheit
gerade als Vergangene begriffen werden sollte. Daß sie selbst ihrem Programm nur selten gerecht wurden, mindert nicht dessen Bedeutung für
das Selbstverständnis des 19. Jahrhunderts. Im Gegenteil, gerade die Kluft
zwischen Ankündigung und Durchführung bietet der Untersuchung An-
haltspunkte dafür, wie komplex ihre innere Erfahrung war.

Nur wenige Biographen und Historiker gaben unumwunden dem Verlangen nach, Irrglauben und selbstgerechte Voreingenommenheit frei
Haus zu liefern.[1] Gewiß sollte das Rubrum «Disziplin», mit dem sie ihr
Tun zu kennzeichnen liebten, ein deutlicher Verweis darauf sein, daß sie
sich zur Selbstkontrolle verpflichtet fühlten, die ja als Charakterzug von
den Bürgern des 19. Jahrhunderts hochgeschätzt wurde. Und so er-
brachte denn auch die disziplinierte Lektüre der historischen Stoffe großartige Belege professioneller Redlichkeit, wie sie eine nicht nachlassende
Strenge für die Sache der Exaktheit, kurz, der Wissenschaft erforderte.
Das Ideal, zu dem sich diese Künstler ihres Faches bekannten, verhielt sie
dazu, vorschnelle Befriedigung und billige Popularität jener reineren
Lust, der fundierten Überzeugung nämlich zu opfern, ein richtiges Verständnis der Vergangenheit erlangt zu haben. Statt in die Kumpanei des
Schweigens oder der Verschleierung einzustimmen, machten sie sich, war
das Material erst einmal zusammengestellt, an die Korrektur der Erinnerungen ihrer eigenen Gesellschaft und stöberten auf, was diese gemeint
hatte unterdrücken zu müssen. Die nüchterne Wiederherstellung verzerr-
ter oder unerkannter Wahrheiten über die Vergangenheit erwies sich als
eine höchst problematische Aufgabe. Mehr und mehr füllten nun aber
Biographen und Historiker die Position eines zivilisationskritischen
Psychoanalytikers aus, der in vergangenen Zeiten herumgräbt, und hofften, auf diese Weise mißliebige Tatsachen ebenso wie berechtigte Gründe
zur Selbstzufriedenheit ins öffentliche Bewußtsein heben zu können, die
Sünden der Väter und ebenso ihre Tugenden. Es zeugt von tiefen Rissen
in den Mittelschichten, zugleich aber auch vom handfesten Selbstvertrauen großer Teile dieser Schicht, daß sich ungeachtet der lauten Rufe
nach propagandistischer Beschönigung ein Publikum herausbildete, das
bereit war, Biographien und historische Darstellungen zu tolerieren, ja
willkommen zu heißen, die keine Miene machten, die Schandflecken auf
dem Antlitz der Vergangenheit übertünchen zu wollen.

1. Der Hunger nach Biographien

Die Leser des 19. Jahrhunderts empfanden sehr deutlich, daß sie in einer Zeit lebten, in der fremdes Leben unter die Lupe genommen und erzählt wurde. Zu Beginn des Jahrhunderts nannte Coleridge es «emphatisch das Zeitalter der Persönlichkeit»; an seinem Ende geißelte der englische Redakteur und Essayist Charles Whibley, der selbst Biographien verfaßte, «die moderne Versessenheit auf Biographien.» Gewiß belegen die Vitensammlungen von Samuel Johnson und Giorgio Vasari bis zurück auf Plutarch, daß die Gattung der Biographie – ob nun Staatsmänner, Maler oder Dichter abkonterfeit wurden – älter war als das 19. Jahrhundert. Nun aber nahm das Erscheinungstempo biographischer Schriften derart zu, daß in den zwei Jahrzehnten von 1870 bis 1890 das, was Carlyle den «Hunger nach Biographien» genannt hat, nachgerade unersättlich wurde.[1]

Dies ist eine nur gelinde Übertreibung. Die hauptsächlichen Konsumenten der aufblühenden biographischen Literatur, der, wie auch dem sonstigen Lesestoff, eine spektakuläre Verallgemeinerung der Muße zugute kam, blieben trotz allem eine Minderheit: die Gebildeten und Möchtegerngebildeten. Ab den 40er Jahren des Jahrhunderts stellten Routledge in England und Hachette in Frankreich Eisenbahnbüchereien auf die Beine, die Reisende, denen es um leicht verdauliche Unterhaltung ging, mit Lektüre versorgen sollten, aber nur weniges aus ihrem jeweiligen Angebot gehörte in das Genre «Leben und Werk berühmter Männer». Ebenso verzeichneten die in jenen Jahren wie Pilze aus dem Boden schießenden, kostenlosen öffentlichen Bibliotheken und gleichermaßen die fahrenden Büchereien, daß religiöse Traktätchen, Verbrecher- und Abenteurergeschichten, Reiseführer und mehr und mehr billige oder – wenn auch selten – erbauliche Romane nach wie vor die beliebteste geistige Kost waren. Aber die biographische Gattung vermochte Schritt zu halten. «Obschon in den letzten fünfzig Jahren der Roman als solcher die Spitzenposition innehatte», heißt es bei R. C. Christie, einem gut informierten Beobachter, «scheint die Popularität der Biographie, wenn nicht relativ, so doch absolut in einem stetigen Wachstum begriffen.»[2] Seine Bemerkung steht für den Geschmack des oberen und mittleren Bürgertums; als er schrieb, war die Lust auf Biographien in den höheren Rängen der viktorianischen Bourgeoisie längst geläufig.

Allerdings wuchs sie ungleich schnell. So legten die Deutschen ihren überkommenen Hang zur Panegyrik nur ganz allmählich ab und ergossen nach wie vor ihre Lobhudeleien über gekrönte Häupter und militäri-sche Führer. Es muß immerhin überraschen, daß die erste belangvolle Biographie Goethes erst 1855, dreiundzwanzig Jahre nach seinem Tod, veröffentlicht wurde; überdies war ihr Verfasser ein Engländer, G. H. Lewes. Nach der Jahrhundertmitte freilich begannen auch die Deutschen ihre Rekruten für die neue Armee der Biographen zu stellen. Sie taten es den Franzosen beziehungsweise Amerikanern nach und erweiterten den Katalog denkwürdiger Größen, indem sie ordentliche Bürger – Kauf-leute, Ingenieure und sogar Philosophen – sowie ein paar bemerkens-werte Bohemiens, zumal bildende Künstler und Komponisten, in den Kreis der Heroen aufnahmen, die mit einem eigenen «Leben und Werk» bedacht zu werden verdienten. So ergänzte im Jahre 1877 ein deutscher Buchklub, der sich selbst *Allgemeiner Verein für Deutsche Litteratur* nannte, sein vermischtes Programm unterschiedlichster Werke – Ge-dichte, Erinnerungen, Aufsätze und gemeinverständliche Philosophie – um eine Biographie von Alfred de Musset, die der Redakteur, Bühnen-autor und Literaturkritiker Paul Lindau verfaßt hatte. Es sei, so be-hauptete dieser, die erste authentische Biographie von Musset.

Es war nur eine Frage der Zeit, daß die Biographie in Serie ging. So war es denn John Morley, ein produktiver Verfasser von Biographien englischer Staatsmänner und französischer Philosophen – unter anderen Burke, Diderot, Voltaire und Rousseau –, der bei Macmillan, einem an-gesehenen Verleger, dem das Vertrauen des großen Publikums sicher sein konnte, die Reihe *Englands Schriftsteller* inaugurierte. Sein Plan war, Biographien zu veröffentlichen, die, in gedrängter Form und ansprechend geschrieben, so korrekt sein sollten, wie menschliche Fehlbarkeit es zu-ließ; seine programmatischen Vorgaben wurden von einer eigens enga-gierten Riege von Schreibern, zu denen so geschätzte professionelle Schriftsteller wie Edmund Morley, Leslie Stephen, J. A. Froude, T. H. Huxley und Henry James gehörten, gewissenhaft in die Tat umgesetzt. Für Morley wie für viele seiner Zeitgenossen sollte die Biographie zu-gleich Kunstwerk und Wissenschaft sein. Daneben erhoffte er sich von ihr eine ungezwungene Form der Aufklärung, einen «nützlichen Beitrag zu Wissen, Kritik und Reflexion», durch den «diese drei brauchbaren Dinge einem breiten, vielbeschäftigten und in Anspruch genommenen Publikum zugänglich gemacht werden», mit anderen Worten: den Gebil-deten und den Bildungsbeflissenen.[3]

Sein Rezept fand im Inland wie im Ausland alsbald unzählige Nach-ahmer. Der Harpers-Verlag brachte die Reihe der Schriftsteller Englands in die Vereinigten Staaten, und der Macmillan-Verlag, der aus der offen-kundigen Popularität der Reihe nicht geringen Nutzen zog, folgte in den

80er Jahren des Jahrhunderts einmal mehr Morleys Empfehlung und legte die Reihe *Zwölf Englische Staatsmänner* auf. Morley sammelte als Autoren erneut klingende Namen um sich: er selbst nahm sich Lord Chatham vor, Lord Roseberry den jüngeren Pitt. Die Verleger begriffen, welche kommerziellen Gewinne durch Buchreihen anfallen würden, die sich mit berühmten Autoren schmücken konnten: jeder Titel würde gleichsam seine Wirkung aus allen übrigen beziehen.

Dies war denn auch das von Morley entlehnte Prinzip, aufgrund dessen der Publizist John T. Morse Jr. den Bostoner Verleger Houghton Mifflin überzeugen konnte, die Reihe *Amerikanische Staatsmänner* auf den Markt zu bringen.[4] Zunächst hatte er eine bequeme Lösung im Auge: ein Harvard-Absolvent überredet andere Harvard-Absolventen – Theodore Roosevelt, Charles Francis Adams, Henry Cabot Lodge –, Kurzbiographien nach englischem Vorbild zu schreiben. Aber das Ansehen, das Morses Reihe alsbald unter Rezensenten und Lesern gewann, brachte ihn dazu, über den Gartenzaun hinauszuschauen und auch Außenstehende wie den namhaften deutschstämmigen Amerikaner, den Biographen und Politiker Carl Schurz, um einen Beitrag zu bitten. Das Projekt mußte den Verleger Houghton Mifflin nicht gereuen, denn am Ende belief sich die Reihe auf 39 Biographien. Einer der am meisten verkauften Titel, Lodges Band über *Alexander Hamilton*, erschien 1887, fünf Jahre nach seiner Erstveröffentlichung, bereits in fünfzehnter Auflage. Die Franzosen ihrerseits, mit ihrer an den glänzenden literarischen Skizzen Sainte-Beuves geschulten Vorliebe für kurze Biographien, brachten Sammelwerke wie *Les Grands Ecrivains Français* heraus, die zu Beginn des 20. Jahrhunderts an die 40 Titel umfaßten. Einige davon wurden ins Englische übersetzt; die Reihe fand ihre Fortsetzung in meisterhaften biographischen Darstellungen wie etwa Gustave Lansons *Voltaire* aus dem Jahr 1910, den man immer noch mit Gewinn heranziehen kann.[5]

Die Popularität dieser Reihen ist ein Beleg dafür, daß das Lesen von Biographien für den gebildeten Mittelstand zum wichtigsten Zeitvertreib in den eigenen vier Wänden geworden war; folgerecht eroberten Verleger, die beileibe keine Philanthropen waren, spezifische Leserschichten, indem sie Reihen unter die Leute brachten, die bestimmte Sonderinteressen ansprechen sollten. Politiker, Dichter, Schriftsteller, alle kamen sie sozusagen an die Reihe. In den späten 80er Jahren kam der Verlag Methuen and Company mit der Reihe *Englische Religionsführer* auf den Markt, die – so das Versprechen des Verlegers – «frei von Parteilichkeit» sein würde, womit die Einsicht hervorgehoben wurde, daß Objektivität, zumal in unscheinbarer Verpackung, eine Qualität ist, für die man die Werbetrommel rühren muß.

Mochte auch die Kurzbiographie eine Reaktion auf die dickleibigen Leben-und-Werk-Bände sein, das Lesepublikum wendete sich gleichwohl nicht grundsätzlich von jenen umfangreichen Druckwerken ab. So erwarben sich Biographen wie der angesehene Literaturhistoriker Rudolf Haym mit seinen gewichtigen Lebensbeschreibungen Herders, Hegels und Schopenhauers in Deutschland deutliche, wenn nicht hohe Anerkennung. Noch scheuten die amerikanischen Leser vor den 12 Bänden zurück, die John G. Nicolay und John Hay auf die Schilderung von Lincolns Leben verwendet hatten. Aber letztlich konnten auch abschreckende und kostspielige Biographien durchaus ihren Weg auf dem Markt machen; so wurden von Morleys dreibändigem Buch *The Life of William Ewart Gladstone* noch im Jahr seiner Veröffentlichung – es erschien 1903 – mehr als 30000 Stück verkauft. Als dann billigere Ausgaben auf den Markt kamen, belief sich der Gesamtverkauf auf 130000 Exemplare in gerade 10 Jahren.[6]

Die Triumphe, die der dänische Literaturkritiker Georg Brandes mit seinen Biographien feiern konnte, hinterlassen den gleichen Eindruck. Brandes hatte sich dank seiner voluminösen Biographien von Disraeli, Ferdinand Lassalle, Shakespeare und anderen, die sämtlich in mehrere Sprachen übersetzt wurden und sich wegen ihrer enzyklopädischen Gelehrsamkeit und psychologisch einfühlsamen Darstellung höchster Wertschätzung erfreuten, seit den späten 70er Jahren den Ruf des maßgeblichen Interpreten der Kultur in Europa erworben.[7] Er verkörperte jene wissensdurstige Einstellung, für die, gegen Ende des Jahrhunderts, auch der Diplomat und Politikwissenschaftler Lord Bryce mit seinen an die 20 biographischen Skizzen englischer Politiker, Historiker und Schriftsteller stand, mit denen er «Charakter und Stärken jeder dargestellten Person zu analysieren» gedachte.[8] Daß ein Autor sich eine solche Aufgabe stellte, gehörte mittlerweile bereits zum guten Ton. Mochten auch spätere Literaturkritiker in ihrer Spottlust jene von den Biographen des 19. Jahrhunderts kundgetane Suche nach inneren Wahrheiten als Wichtigtuerei oder bestenfalls mitleiderregendes Scheitern schmähen, die Biographen selbst waren der festen Überzeugung, daß ihre unermüdlichen Grabungsarbeiten sie über die pure Oberfläche hinausbrächten.[9]

In diesem günstigen Klima lösten unternehmungsfreudige Verleger einen regelrechten Schwall biographischer Wörterbücher aus, in denen der Leser alle Informationen, die über große Männer – und einige große Frauen, darunter nicht nur gekrönte Häupter – zur Verfügung standen, in systematischer Form und häufig in charakteristischer Weise angereichert vorfand. Wörterbücher dieser Art gründeten auf einer lebendigen Tradition, die bis auf die Spätrenaissance zurückging und an Werke wie Pierre

Bayles im späten 17. Jahrhundert erschienenes *Dictionnaire historique et critique* anknüpfte – um nur das berühmteste zu nennen. Bayle hatte sich durch seine bemerkenswerte Gelehrsamkeit und seine listige Propaganda zugunsten eines religiösen Skeptizismus einen Namen gemacht. Ein Ehrenplatz gebührt den Gebrüdern Michaud, die mit Unterstützung einer «Gesellschaft der Gebildeten und Gelehrten» zwischen 1811 und 1828 eine 52bändige *Biographie universelle, ancienne et moderne* herausbrachten, die, in der Werbung als «vollständig neues Werk» angepriesen, das «öffentliche und private» Leben jener Männer zusammenfassen sollte, «die durch ihre Schriftstellerei, ihre Taten, ihre Anlagen, ihre Verdienste oder ihre Verbrechen» Beachtung gefunden haben. In der Einleitung zum abschließenden Band beglückwünschen sich die Herausgeber zu ihrer Unabhängigkeit und verweisen voller Herablassung darauf, daß ihr Werk noch vor seiner Vollendung in sämtliche Sprachen Europas übersetzt, kopiert und nachgeahmt worden sei, daß aber diese «Diebereien und Plagiate» ihre Vorrangstellung mitnichten beeinträchtigt hätten, ebensowenig wie ihre Verkaufszahlen, wie man vermuten darf.[10]

Dieser selbstbeweihräuchernde und streitlustige Ton ließ die Kämpfe vorausahnen, die noch kommen sollten; so fochten etwa Konkurrenten die Originalität der Michaud-Brüder an, um die eigenen Kompendien besser an den Mann zu bringen, oder sie druckten skrupellos ganze Artikel aus der *Biographie universelle* nach. Jahrzehntelang überzogen sich französische Verleger mit Prozessen, was die Vermutung nahelegt, daß bei diesen Publikationsvorhaben eine Menge Geld im Spiel war. Allerdings wurden die Bücher nicht nur wegen des erwarteten Profits aufgelegt. Die in Deutschland und Großbritannien verfaßten, sehr sachlich und akribisch angelegten biographischen Wörterbücher, die von Plagiaten absahen und schlampige Arbeit scheuten, statt dessen eine beharrliche Gelehrsamkeit an den Tag legten, kamen nicht ohne staatliche Hilfen aus oder bedurften eines Verlegers, dem es nicht aufs Geld ankam, wenn er seinem Vaterland oder seinem Ansehen nutzen konnte.[11]

Als Deutsche und Engländer, auf eifriges Betreiben von Akademikern und Zeitungsleuten, das bereits dicht besetzte Feld der biographischen Wörterbücher betraten, gingen sie denn auch die Sache zielstrebiger an, die Artikel waren fortan gut recherchiert, vorgefaßte Urteile unterliefen kaum noch. Die Deutschen setzten sich sogleich an die Spitze: die Historische Kommission der Kgl. Akademie der Wissenschaften zu München veröffentlichte «auf Veranlassung» und mit Unterstützung Maximilians II. von Bayern die *Allgemeine Deutsche Biographie*. Die Herausgeber hatten für die Fertigstellung aller 20 Bände ein Dutzend Jahre veranschlagt, tatsächlich benötigten sie ein Vierteljahrhundert, von 1875 bis

1900, und kamen auf 45 Bände. Am Ende konnten sie, wie sie in ihrem Abschlußbericht gewissenhaft vermelden, sich der Mitwirkung von 1418 Autoren versichern und 23 273 Lebensbeschreibungen liefern. Sie waren indessen keine Kleinigkeitskrämer: indem sie dem vorherrschenden zweifachen Ruf nach Wissenschaft und nach Literatur Folge leisteten, brachten sie die Hoffnung zum Ausdruck, einen «hohen wissenschaftlichen Werth» und einen gewissen «Reiz der Darstellung» erlangt zu haben.[12]

Das hatten sie, indessen übertrumpften die Briten ihre sämtlichen Rivalen, die Deutschen eingeschlossen. Schon 1849 hatten sie den *Who's Who* herausgebracht, jenes Verzeichnis gesellschaftlicher Geltung und Tribut an die persönliche Eitelkeit, der sich auf ausgesuchte Berühmtheiten beschränkte und alsbald im Ausland nachgemacht wurde. 1887 dann erweiterten die Herausgeber mit einem Schlag die Zahl der aufgeführten Personen auf über 5500 und streckten die Länge der einzelnen Artikel. Noch ausdauerndere Leser konnten auf ein Werk zurückgreifen, dessen Herausgabe Leslie Stephen, jener produktive Essayist, Biograph und Geistesgeschichtler, zusammen mit seinem Mitarbeiter Sidney Lee zwischen 1885 und 1900 besorgte: ein 63bändiges *Dictionary of National Biography*, zu dem 653 Autoren Artikel beisteuerten, die zusammen auf ungefähr dreißigtausend Seiten 29 120 Kurzbiographien ablieferten, ein Monument an Gelehrsamkeit, auf das schon 1901 der erste Ergänzungsband folgte.[13] Wie Morley legte auch Stephen Wert auf eine sorgfältige, ansprechende und knappe Darstellung – und die Autoren hielten sich daran. Das *DNB* war ein Beleg dafür, daß gegen Ende des Jahrhunderts Biographien gleichzeitig gelehrt und erschwinglich geworden waren, sie waren ein wertvolles Vademekum für umfänglichere Kompendien – enzyklopädische Nationalgeschichten, Dokumentensammlungen –, die die Vergangenheit nur um so gegenwärtiger sein ließen.

Wie wir gleich noch sehen werden, waren zumindest einige dieser Biographien inzwischen auch weniger weihevoll, verletzender gegenüber den Angebeteten in Religion oder Politik. Ein paar mutige Biographen gingen mit gutem Beispiel voran, entschlossen, eine Tendenz umzukehren, die nach ihrer Meinung für fast ein Jahrhundert dem Schreiben von Biographien zum Schaden gereicht hatte. Sie hatten sich vorgenommen, im Einklang mit einer beeindruckenden Zahl von Romanschriftstellern und Stückeschreibern, die Literatur geistloser Anhimmelei durch Werke zu ersetzen, die sich durch schlüssige Kritik auszeichnen sollten. Respektlose Dramatiker wie Henrik Ibsen oder George Bernard Shaw, aber auch realistische Romanautoren wie Emile Zola spähten in jene Ritzen und Schründe psychologischer Verirrungen und gesellschaftlicher Missetaten, die von ihren Vorgängern sorgsam ausgelassen worden waren. So lenkte im Jahre 1894 Ludwig Quidde, ein couragierter deutscher Historiker, geistreich, wenn auch nicht sehr geschickt, die Aufmerksamkeit auf die Ähnlichkeiten zwischen Kaiser Wilhelm II. und dem größenwahnsinnigen Kaiser Caligula. Er war seiner Zeit weit voraus, zumindest soweit es Deutschland betraf: die Satire ruinierte seine wissenschaftliche Karriere. Um die Jahrhundertwende schließlich zogen Skandalmacher wie etwa in den Vereinigten Staaten Ida Tarbell und Lincoln Steffens, denen die Lästermäuler anderer Länder in nichts nachstanden, mit der Enthüllung unangenehmer Wahrheiten über bis dato sakrosankte Persönlichkeiten den guten Namen von Politikern, Industriellen und Finanziers in den Schmutz. Sie waren Vorzeichen eines Zeitalters desillusionierter Biographieschriftstellerei, die auf Abruf bereitstand. Im ganzen westlichen Kulturkreis erwies sich das Entlarven vermeintlich unangreifbarer Personen nach und nach als eine prosperierende Tätigkeit. Damit wurde die Biographie unter der Hand zu einer Waffe im Sturmangriff auf die jüngste Vergangenheit, die sich zumal bei den fortschrittlichen Bürgern höchster Wertschätzung erfreute, obwohl – oder vielleicht weil – Hauptziel des Angriffs die unheilvollen Laster der Bürger waren.

Verallgemeinernde Aussagen über die Biographie im 19. Jahrhundert können allerdings die tatsächliche Verschiedenartigkeit des Genres nicht abdecken beziehungsweise seinen Anteil an der Innerlichkeit in Abrede stellen. Noch in den Jahrzehnten, in denen ganz entschieden Zurückhaltung geübt wurde, demonstrierten die seriösesten Biographen künstlerisches Geschick, Lebensnähe, plötzliche Anwandlungen von Offenheit, die aus dem Schleier der Diskretion hervorbrachen, ja sogar die Bereitschaft und zuzeiten auch das Können, die Maske, die die von ihnen Porträtierten über ihrem Bewußtsein trugen, zu durchdringen. Allerdings waren im 19. Jahrhundert die Scheu, gegen die Regeln der Schicklichkeit zu verstoßen, wie auch das Zurückschrecken vor widerwärtigen Einzelheiten aus dem Leben berühmter Persönlichkeiten keineswegs in jedem Augenblick und an jedem Ort dieselben.[14] Zwar müssen die Belege notgedrungen rudimentär und anekdotisch bleiben, aber es scheint irgendwann um die Mitte des Jahrhunderts unter Biographen nicht weniger als unter Schriftstellern ein Gipfel der Zimperlichkeit, eine wirkliche Verschwörung des Schweigens erreicht worden zu sein.

Die Gründe für dieses ängstliche Bestreben, alles zu meiden, was an Zügellosigkeit gemahnte, bleiben unklar, aber höchstwahrscheinlich hat die Ära der Revolution, die 1848 über Europa hereinbrach – außer über Großbritannien, wenngleich auch hier Symptome aufkeimender Panik nicht zu übersehen waren –, den Ehrbaren wie den Mächtigen die Gefahren der Freizügigkeit vor Augen geführt. Zu eben dieser Zeit – im Jahre 1857, um ganz genau zu sein – wurden Flaubert und Baudelaire in Frankreich vor Gericht gezerrt, ersterer wegen Schlüpfrigkeiten in *Madame Bovary*, letzterer wegen Schlüpfrigkeiten und Gotteslästerung in den *Fleurs du mal*. Schon 1841 hatte Dickens im Vorwort zur 3. Auflage von *Oliver Twist* die Figur der Nancy eine Prostituierte genannt; in der Ausgabe von 1867 löschte er dann diese anschauliche Bezeichnung.[15] In der Tat war zu beobachten, daß die Scheu, das Feingefühl junger Damen zu verletzen, zuweilen in recht widersprüchlicher Weise, in ein und derselben Person sich steigern und wieder schwinden konnte: so verspottete zum Beispiel Dickens in der Mitte der 60er Jahre des Jahrhunderts eben die Prinzipien der Schicklichkeit, die er sein ganzes Schriftstellerleben hindurch befolgt hatte. Kaum zwei Jahrzehnte später begann die Prüderie der Öffentlichkeit, ungeachtet ihres anhaltenden Einflusses, allmählich nachzulassen.[16] Mit anderen Worten, so wenig jenes schwer gearbeitete, üppig verzierte und gelegentlich bizarre Hausmobiliar, das auf der Großen Weltausstellung von 1851 Glanz verbreitete, ein verläßlicher Indikator für den Geschmack des bürgerlichen Zeitalters insgesamt war, so wenig waren die Auswüchse schamhafter Verschwiegenheit in der Mitte des bürgerlichen Jahrhunderts weder ein Extrem noch der herrschende Zug des Zeitalters.

2. Helden und Antihelden

Der Hunger nach Lebensbeschreibungen, der die bürgerliche Kultur des 19. Jahrhunderts so sichtbarlich prägte, brachte den Biographen einige grundlegende Konflikte ein, in denen sie sich zwangsläufig verheddern mußten. Bis zu welchem Grade sollten sie letztlich das Bedürfnis ihrer Leser nach Verklärung befriedigen, in welchem Maße sollten sie es ihnen verwehren? Diese oftmals im einzelnen Autor tobende Auseinandersetzung blieb ohne Ergebnis: häufig schien dem Leser nicht einmal bewußt zu sein, wie dringlich es ihn nach makellosen Vorbildern verlangte und wie wenig Risse das Bild seines Helden unbeschadet vertragen konnte. Biographen, die auf das breite Publikum eingestimmt waren, kamen ihm vorauseilend entgegen, andere wieder schrieben Werkbiographien, die einen höheren Anspruch vertraten, und auch die sollten sich in diesem bürgerlichen Jahrhundert ihre Lesergemeinde schaffen.[1]

Ganz unstreitig war Thomas Carlyles Buch *On Heroes, Hero-Worship, and the Heroic in History* die klassische Apologie des Helden im 19. Jahrhundert. Das Buch entstand aus einer Reihe von 6 Vorträgen, die er im

Mai 1840 gehalten hatte und die ein Jahr später veröffentlicht wurden. Carlyle war ein streitbarer Biograph und Historiker, sein Wort hatte daher eine gewisse Autorität. Dementsprechend wurde sein Buch ausgiebig besprochen und war Gegenstand heftiger Diskussionen. So sehr er das Vortragen auch verabscheute, diese Reihe von Lesungen wurde zu seinem größten Triumph auf dem Podium, größtenteils deswegen, weil seine Sache mit erfrischender Deutlichkeit verfocht und weil seine Thesen dem Bedürfnis der Zuhörerschaft entgegenkamen. Schon auf der Eingangsseite formulierte er kurz und knapp: «Weltgeschichte, die Geschichte dessen, was der Mensch in dieser Welt erreicht hat, ist im Grunde die Geschichte der Großen Männer, die in ihr gewirkt haben.» An späterer Stelle der gleichen Vorlesung sagte er es noch einmal, womöglich mit noch mehr Emphase: «Die Geschichte der Welt ist nichts anderes als die Biographie der großen Männer.»[2] Der Held ist der Retter seiner Zeit: die Theorie von den großen Männern, die Geschichte machen, könnte keine dezidiertere Formulierung finden. Carlyles frühere Schriften waren dazu lediglich eine Vorbereitung, seine späteren nichts als ein längerer Kommentar.[3]

Carlyles Verzeichnis großer Männer war ausgefallen und konnte bei Gottesfürchtigen schon einiges Erstaunen auslösen. Nicht nur, daß er menschlicher Vermittlung zugute hielt, was ein rechtschaffener Christ als Gottes Wirken anerkennen sollte, er empfahl mehr noch Götzendiener wie Mohammed und heidnische Gottheiten aus der nordischen Mythologie, ganz zu schweigen von jenem gotteslästerlichen, trunksüchtigen und wollüstigen Dichter Robert Burns einer wohlwollenden Aufmerksamkeit. Was allerdings Carlyles Vorträgen jenen für seine Zeit symptomatischen Ausdruck verlieh, das waren weniger die Gestalten, denen er Bewunderung zollte, als vielmehr, warum er es für notwendig erachtete, ihnen solche Bewunderung zu erbieten. Im Verlauf seiner Vortragsreihe bekräftigte er, daß «Heldenverehrung immerdar und überall besteht», wenngleich manche Zeitgenossen, die von Begriffen wie Freiheit und Gleichheit eingenommen waren, solche Verehrung verabscheuten. Freilich war dies ein verzweifelter Wunsch, der sich als feststehende Tatsache ausgab. Denn Carlyle hatte die Befürchtung, daß es seiner Zeit an Größe gebrach. «Heldenverehrung, das, was ich Heldenverehrung nenne, damit ist es angeblich zu Ende und unabänderlich vorbei.» Das Zeitalter «leugnet die Existenz großer Männer, leugnet, daß sie überhaupt erwünscht sind.» Wahrhaftig, so bekannte er Emerson, er lebe in einer «schändlichen» Epoche. 1852 ging sein Lamento gar in Pathos über: es werden keine Helden mehr geboren, Heldentum ist nirgend zu sehen, und während «der Genius der Welt auf Heldentaten lauert, tut er durch Verlockung oder Nötigung unermüdlich, was in seinen Kräften steht, sie zu hintertreiben und zuschanden werden zu lassen.»[4]

Viele Zeitgenossen, die diese schändliche Epoche und auch die folgende miterlebten, stimmten mit Carlyles Diagnose überein, ohne zwangsläufig sein Rezept gutzuheißen. Was er in Großbritannien und anderswo feststellen konnte, war bald Gemeingut: gegenüber dem Mittelalter war dies ein unheldisches, kurz gesagt ein ganz und gar bürgerliches Zeitalter. Das bleibende Vermächtnis der Romantik, insbesondere die volkstümlichen Romane und Gedichte, bekräftigten jene Diagnose noch: die Autoren der Romantik hatten Phantasien von furchtlosen Abenteurern und hinreißenden Liebhabern geweckt, die die prosaische Wirklichkeit des Jahrhunderts eigentümlich glanzlos erscheinen ließen, und so war denn auch der Wunsch nach Helden um so unbezwinglicher. Wenngleich also kein eindeutiger Zusammenhang zwischen dem Glaubensverlust und der ersatzförmigen Übernahme diesseitiger Gottheiten besteht, so ist es doch nach wie vor richtig, daß mit der schwindenden Macht alter Glaubensgrundsätze an ihrer Stelle neue Lehren aus dem Boden schossen, und unter diesen stand eine Neuauflage überlebter Heldenverehrung an erster Stelle. Die Sehnsucht des 19. Jahrhunderts nach uralten, legendären Giganten, die die Erde unter ihre Herrschaft nehmen; das Loblied auf militärische Führer, Opernsänger oder Klaviervirtuosen und die Empfänglichkeit für jene falschen Helden, die Demagogen, – all das waren Symptome einer inneren Leere, die mit Idealbildern ausstaffiert werden wollte. In seinem Buch *On Heroes* deutet Carlyle bei Gelegenheit der Erwähnung Shakespeares die psychologischen Bewegkräfte an, die in dieser Art von Verehrung am Werke sind, Bewegkräfte, die unweigerlich auch das Schreiben von Biographien durchdrangen: «König Shakespeare» wird überdauern, welche Reiche britische Waffen und britische Kolonialbeamte auch immer erobern mögen. Wo immer in der Welt englische Männer und Frauen leben, sie werden einander versichern können: «‹Ja, dieser Shakespeare gehört uns; wir brachten ihn hervor, durch ihn sprechen und denken wir; wir sind eines Blutes und einer Art mit ihm.›»[5] Wenn sie sich schon in ihren zutiefst bürgerlichen Phantasien nicht haargenau mit ihrem Helden identifizieren konnten, so konnten sie zumindest darauf Anspruch erheben, ihn ihr eigen zu nennen.

Ein mächtiges Motiv, das die Vergötzung kultureller Ikonen durch die Mittelklasse antrieb, war jenes unbehagliche Gefühl, daß die eigene friedfertige, krisenfeste und ohne jeden Unternehmungsgeist dahinlebende Klasse hoffnungslos unheroisch war. Gewiß konnten sich die Heldenverehrer des 19. Jahrhunderts nicht einhellig durchsetzen. Besonders in der zweiten Jahrhunderthälfte hatten sich die idealisierenden Biographien gegen eine rüde, antiheroische Ideologie zu behaupten. Deren glänzendste Vertreter – frühe Zeugnisse dessen, was eine spätere Generation Entlarven nennen sollte – waren Thackerays *Vanity Fair*, ein Roman ohne Held, Honoré Daumiers despektierliche Lithographien, in denen klassische Mythen und moderne Pseudohelden mit derbem Spott überzogen wurden, und Offenbachs ebenso despektierliche Verulkung antiker Heroen und Heroinnen in *Die schöne Helena* und *Orpheus in der Unterwelt*, ganz zu schweigen von der beißenden Verhöhnung militärischer Prachtentfaltung in *Die Großherzogin von Gerolstein*. Ein Zeitalter, das nach Helden verlangte, verlangte ebenso, wenn auch zugestandenermaßen weniger lautstark, nach Kritikern des Heldentums. Wen es nach der Rückverzauberung der Welt gelüstete, der mußte sich die hohntriefenden Bemerkungen gar manch eines amüsanten und treffsicheren Spötters gefallen lassen, dem an der Entzauberung eben des Heldenverehrers gelegen war. Und von dieser Antihaltung fand einiges Eingang auch in die biographische Literatur.

Dergleichen Angriffe auf das Heldentum waren hauptsächlich etwas fürs gebildete Publikum. Eine Stufe tiefer, für die Ungebildeten, lag der Akzent fast stets auf dem Positiven, dem eher Hochtrabenden, Höheren. Das trefflichste und für Jahrzehnte auch erfolgreichste Beispiel solcher Art von Literatur ist die Biographie Washingtons von Mason Locke («Pfarrer») Weems, eines Buchverkäufers, Vortragsreisenden, Morallehrers, Predigers, Geschäftsmanns, Plagiatoren mit einer feinen Nase für den Geschmack des Publikums. Seine Lebensbeschreibung des ersten Präsidenten der Vereinigten Staaten, ein zynisches kommerzielles Wagnis, das er als Druckschrift kurz nach Washingtons Tod im Jahre 1799 herausbrachte, lieferte einem nach Größe begierigen Lesepublikum den Landesvater, den uneigennützigen und aufrichtigen Patrioten, den Mann, der nicht lügen konnte. Weems ist es zu danken, daß die Legende von der Axt und dem Kirschbaum des kleinen George Washington in die amerikanische Folklore Eingang fand. Seine Absicht war, mit der ausladenden Pflege des Heroenkultes viel Geld zu verdienen, und das gelang ihm auch. 1808 gestaltete er die 6. Auflage zu einem eigenständigen Buch um, und 1825, kurz vor seinem Tod, hatten an die zwanzig Auflagen, die fortlaufend überarbeitet und erweitert wurden, dank maßvoller Verkaufspreise unter Bauern und Arbeitern ebenso ihre Abnehmer gefunden wie unter Lesern der Mittelklasse.

Das Geheimnis von Weems Erfolg lag in seiner Fähigkeit, seine Zuhörer mit unverhohlen erhobenem Zeigefinger auf seine – und auch ihre – Idole zu verpflichten. So wie Washington gewesen war, konnten auch andere sein, wenn auch in bescheidenerem Maße. Er wies die Jugend ernstlich an, sich den ersten Präsidenten des Landes zum Vorbild zu nehmen und ihm auf dem Pfade der Tugend – der Besonnenheit, der Großmut, der Ehrfurcht, des Mutes und der Vaterlandsliebe – nachzueifern. Ich habe an anderer Stelle das 19. Jahrhundert ein Zeitalter der Beratung genannt, und so hatten auch die Biographien unter jener unüberschaubaren Literatur von gedruckten Predigten, medizinischen Abhandlungen, Benimmhandbüchern, Romänchen über den Aufstieg vom Tellerwäscher zum Millionär, Ratgebern für einsame Herzen, junge Leute, Onanisten und Kaufleute in spe ihren Part zu übernehmen. In der Tat hatten die Biographien Ähnlichkeit sowohl mit Romanen wie mit didaktischer Literatur, aber anders als jene erhoben sie den Anspruch, wahr zu sein, und im Gegensatz zu letzterer bekräftigten sie ihre Botschaft nicht mit weitschweifigen Vorschriften, sondern mit konkreten Beispielen. Alles in allem waren die Biographien jedoch, mochte ihr Ausgang auch noch so erschüttern, mochten ihre Protagonisten vom Schicksal noch so heimgesucht, von übelwollenden Neidern oder tragischen Fehlschlägen noch so gebeutelt werden, im Kern Erfolgsgeschichten. So vielgestaltig die Biographien des 19. Jahrhunderts sich ansonsten ausnahmen, eine beträchtliche Anzahl unter ihnen war im Grunde nichts anderes als Beratung, die in Beispiele verpackt wurde.

Indem sie solcherart ihre pädagogische Pflicht erfüllten, schlossen sich also auch die Biographieschriftsteller jenen Bataillonen von Ratgebern an, die sich auf die allerorten mit dem raschen Wandel der Zeiten ins Kraut schießenden Ängste einließen, um sie anzugehen und eventuell zu beschwichtigen. Sie alle bedrängten ihre Leser, schüchterten sie ein, machten sich zu ihrem Anwalt, und die Biographen unter ihnen erzählten anregende Geschichten, die vor moralischer Bedeutsamkeit übertroffen. Manche Schriften in dieser lawinenartigen Literatur predigten Frömmigkeit, manche Sparsamkeit, manche sexuelle Enthaltsamkeit und manche all dies auf einmal. So sehr sie sich in ihren Empfehlungen auch unterschieden, in einem waren sich diese Anweisungen für ein besseres Leben einig: ihnen allen kam es auf die Bildung des Charakters an. Auf den Charakter hatten es in Frankreich und Großbritannien, in Deutschland und den Vereinigten Staaten, in Belgien und Italien sämtliche Zuchtmeister abgesehen, denn Charakter – und das hieß: der ordentliche Charakter – schloß alle Wesensmerkmale ein, die ein ordentliches Leben ausmachen: harte Arbeit, Selbstverleugnung, Mäßigung und Pflichtgefühl. Im Grunde – darin stimmten viele berufsmäßige Weltverbesserer überein – war Charakter wichtiger als Intellekt.[6] Und das Beste war, daß Charakter gelernt werden konnte.

Aber der Weg zu einem ordentlichen Charakter war mit Fallstricken und Tretminen nur so übersät. Auf Moralpredigten eingeschworene Verfasser exemplarischer Lebensläufe liebten es, sich über bezwungene Hindernisse, aus der Welt geschaffte Verwicklungen, abgewehrte oder als Lehrbeispiel dienende Versuchungen zu verbreiten. Ihre Geschichten pflegten sich zwar regelmäßig zu einem Höhepunkt historischer Triumphe aufzuschwingen – ein entscheidender Sieg, eine strahlende Symphonie, eine menschheitsbeglückende Tat –, aber sie ließen auch kaum Zweifel daran, daß ihr großer Mann, wäre nicht sein Genius, seine untadelige Natur oder sein beispielhafter, tiefer Glaube gewesen, höchstwahrscheinlich gescheitert wäre. Denn hinter ihren erklärtermaßen frohgemuten Reden verbargen jene Charkterbildner, ob nun Biographen oder nicht, nur allzu dürftig ihren tiefen Pessimismus über die Natur des Menschen. Die angeborenen Leidenschaften sind nicht zu zügeln und gebieterisch. Gier, Sinnlichkeit, Wut sind drängende und rastlose innere Energien, die gebändigt werden müssen. Ihre Zähmung bedeutet, den Strebungen der Natur zu trotzen, und das heißt, es ist ein Kampf mit ungewissem Ende und Ausgang.

Dementsprechend präsentierten sich die Biographien als lebensnahe Berichte über diesen Kampf und lieferten Lehrmaterial darüber, wie er siegreich zu bestehen sei. Vom einfachen Leser war zwar nicht zu erwarten, daß er die Großtaten eines Staatsmanns oder Entdeckers im eigenen Leben nachvollziehe, aber er sollte zu höherem Streben angehalten werden. «Mancher Schriftsteller hat sich ein hehres Ideal erkoren, das er am Leitfaden einer sorgfältigen Lektüre von Trevelyans ‹Macaulay› in Jahren eifrigster und erfolgreicher Mühen hochgehalten hat», so lesen wir in der Einleitung zu einer Schulausgabe von Robert Southeys seit seiner Erstveröffentlichung im Jahre 1813 über Generationen hin populären *Life of Nelson* aus dem Jahr 1896. «Manch erfolgreicher Gelehrte hat seine erste Anregung bei der Lektüre von Franklins ‹Autobiographie› oder Boswells ‹Life of Johnson› empfangen». Dem jungen Leser sollte, wenn er Nelsons Werdegang in sich aufnahm, durch dessen Beispiel «in seinem Herzen ein brennender Wunsch entfacht werden, vielleicht nicht für den Ruhm seines Landes zu kämpfen und notfalls zu sterben, aber doch wenigstens alles, was sich als seine Pflicht erweisen könnte, mit einem solchen Eifer, mit solcher Begeisterung und Entschlossenheit zu tun, daß er, wie widrig auch immer die Umstände sein möchten, ihnen den Erfolg entreißt, die Neider zum Schweigen bringt und die allgemeine Bewunderung erzwingt.»[7] Aus Southeys *Nelson* konnte man – wie nicht anders zu erwarten war – lernen, wie ein großer Mann sich über Schicksalsschläge erhebt. Ein billiger Erfolg war ja auch nur halb so interessant.

Diese Einleitung war geschrieben worden, als der Hang zu fürsorglicher Schulmeisterei schon wieder am Abklingen und der Kult der Anbeterei in Verruf gekommen war, aber bis zum Ende des bürgerlichen Zeitalters behielt die Heldenverehrung, wenn auch bereits auf dem Rückzug, viel von ihrer Macht über die Einbildungskraft des Publikums. Die von ihren Biographen gefeierten großen Persönlichkeiten schienen eine reinere Luft zu atmen als die gewöhnlichen Sterblichen. «Sogar in seiner Erscheinung», so will ein englischer Biograph an Friedrich Schiller bemerkt haben, «lag etwas Großartiges, wie er so mit festem, militärischen Schritt durch die Straßen stapfte», und «niemand konnte im Gespräch mit ihm seine hohen Ziele übersehen.» Ganz ähnlich findet sich in Lord Dovers zweibändiger Lebensbeschreibung Friedrichs des Großen eine Episode, die er mit einem besonders scharfen Kommentar bedenkt. Als nämlich der Preußenkönig begraben wurde, «legte man sein Schwert, das so viele Schlachten gewonnen hatte, auf seinen Sarg; dort blieb es, bis Napoleon als Eroberer nach Potsdam kam und es fortschleppte». Dies galt dem Autor als höchst verwerflich: «Ein Held sollte gewiß nicht ein so beredtes Andenken an einen anderen antasten.»[8] Nach Dovers Auffassung lebten große Persönlichkeiten, die häufig im Zirkelschluß als diejenigen bestimmt wurden, denen eine umfängliche Biographie zugedacht worden war, nach Maßstäben, die die einfachen Leute aus der Ferne nur bewundern, ihnen allenfalls nach besten Kräften nacheifern konnten.

Es war allgemein üblich, das außerordentliche Format der Helden in jenem hochtrabenden Tonfall des Vorworts, der für gewöhnlich dann auch im Text durchgehalten wurde, zu rühmen. «Einem Genius auf seinem siegreichen Geistesgange zu folgen», so leitete zum Beispiel Heinrich Düntzer seine Schiller-Biographie aus dem Jahre 1881 ein, «gehört zu den erhebendsten rein menschlichen Genüssen. Eine ganz besondere Anziehungskraft übt der durch sein frühes Scheiden» – Schiller war 1805, im Alter von 46 Jahren gestorben – «noch strahlender verklärte Lieblingsdichter des Deutschen Volkes aus, weil er mit den niederdrückenden Verhältnissen zu kämpfen hatte, die ihn zuweilen seitwärts, ja in den Abgrund zu ziehen drohten, aber sein Genius riß ihn immer wieder auf seinen Weg». Zeitweilig klebte an ihm etwas von «der unedlen Berührung mit gemeinen Verhältnissen (...). Der Mensch», so philosophierte Düntzer nach gängiger Art und Weise, «entwickelt sich durch lebendige Thatkraft im Kampfe mit seinem Schicksal, durch den er gerade wächst, ja eigentlich wird. Diesen in seinem Fortgange aufzuzeigen ist die Aufgabe jeder Lebensdarstellung eines bedeutenden Mannes.»[9] Düntzer sah zwar ausdrücklich von rhetorischen Tricks und unkritischen Lobeshymnen ab, konnte aber nicht umhin, Schiller als ein im Grunde überirdisches Wesen zu behandeln. Als er im Sterben lag, «[umschwebten] liebliche Bilder die Seele des Ermatteten». Seine Frau war stets um ihn, und «er [lächelte] sie mit himmlischer Liebe an». Einmal mehr bestand die Lektion im Triumph über das Schicksal: «[Durch] Thätigkeit und Beharrlichkeit [hatte Schiller] aus den engsten Verhältnissen, ohne seiner Ehre etwas zu vergeben, sich zu einer bedeutenden Stellung emporgeschwungen, sich die Liebe und den Dank des Deutschen Volkes verdient, (...) die sich immer steigern werden, (...) je höher wir ideale Dichtung und echten Menschenwerth ehren lernen.»[10] So konnte durch das Wesen eines Ausnahmemenschen das Wesen einer ganzen Nation geläutert werden, wenn denn nur diese Nation ihre Geistesriesen genügend zu würdigen wußte.

Die deutschen Verfasser von Lebensbeschreibungen waren beileibe nicht die einzigen, die diesen schwärmerischen Ton anschlugen. So beendete im Jahre 1894 M. A. Bardoux seine unkritische, einbändige Biographie des bedeutenden französischen Politikers und Historikers François Guizot mit einer flammenden Schlußrede, in der er Guizots charmante Natürlichkeit, seine Beredsamkeit im Gespräch, sein aufrichtiges Wesen, seine unerschütterliche Vaterlandsliebe und sein heiteres Gemüt pries. «So sei es denn laut und deutlich gesagt: die Zukunft wird ihm mehr Gerechtigkeit widerfahren lassen als seine Zeitgenossen. Er war eine große Zierde für unser Land und sein Name steht auf der ersten Seite unseres Goldenen Buches.»[11] Lobhudelei war ein international verbreitetes Symptom.

Während dieser gesamten Epoche erwiesen sich Biographie und Ratgeber als enge Verbündete. Ja, im Werk von Samuel Smiles, einer der meistgelesenen Ratgeberverfasser seiner Zeit, verschmolz beides. Seine äußerst einflußreiche Predigt über die Tugenden der Selbständigkeit, *Self-Help*, aus dem Jahre 1859 wurde innerhalb der ersten 12 Monate an die zwanzigtausendmal verkauft; innerhalb von 30 Jahren wurden 150000 verkaufte Exemplare gezählt. Die Folgebände *Charakter* aus dem Jahr 1871, *Sparsamkeit* von 1875 und *Pflicht* von 1887 waren nur unwesentlich weniger populär.[12] Alle Bücher bestanden im Grunde aus einer Sammlung von Anekdoten über große Männer, gelegentlich Biographien im kleinen, die sämtlich dazu gedacht waren, Smiles Hauptthese zu belegen, daß nämlich die für den Erfolg im Leben nötigen Mittel in einem selbst zu finden sind. Smiles illustrierte diese Mittel – harte Arbeit, Selbstvertrauen, Beherrschung der Leidenschaften, zweckmäßige Einteilung der zu Gebote stehenden Zeit und des verausgabten Geldes, alles in allem Eigenschaften, die von Kritikern der Bourgeoisie als schnöde Tugenden lächerlich gemacht werden sollten – mit bewunderungswürdigen Maximen und Lebensgeschichten.

Ein Zeitungsschreiber wie Smiles, der die Formung von Charakter und Geschichte unter derart individualpsychologischen Prämissen betrachtete, war wie geschaffen für das Metier des Biographen, und so leistete er denn auch insoweit einen historischen Beitrag zu diesem Handwerk, als er das Pantheon auch für Männer öffnete, die zuvor des Gedenkens in Form einer zünftigen Biographie nicht würdig erachtet worden waren. So verfaßte er hoch geschätzte und gewichtige biographische Kurzdarstellungen britischer Ingenieure und im Jahre 1857 mit *The Life of George Stephenson, Railway Engineer* ein Buch, in dem der bedeutende Pionier der englischen Eisenbahnen durch eine Art Homilie mit anderen Mitteln gefeiert wurde. Der des Lesens und Schreibens unkundige Sohn eines Bauern aus dem Norden des Landes, der sich unter Mühen selbst das Nötige beibringt, der begabte Tüftler, den der Drang zu immer neuen Erfindungen nicht losließ, der mannhafte Kämpfer gegen eine törichte und reaktionäre Gesellschaft, der Ausbund an Tugenden: Stephenson erschien hier als Inbegriff fleischgewordener Selbsthilfe, als geborener Selfmademan. Wie bei ihm üblich, gibt Smiles im Schlußkapitel eine Bewertung des Charakters seines Helden und beschreibt demgemäß Stephenson, wie er nur für seine Arbeit lebt, mit einem umfassenden gesunden Menschenverstand gesegnet, von großer Herzlichkeit und niemals herablassend gegenüber den Männern, die mit ihm zusammenarbeiteten und die ihn ausnahmslos liebten, ein aufopferungsvoller Ehemann und Vater, großzügig, sparsam, nachsichtig, unkompliziert, bescheiden, anspruchslos, ausdauernd, energisch und beherzt.[13] Der Stephenson von Smiles ist als Mensch unglaubwürdig, aber der Autor verfügte, als er über ihn schrieb, über den größten Teil des Tatsachenmaterials. Und er beschränkte sich auf diesen einzigen Band.

Es war dies eine vernünftige Entscheidung, denn schließlich war das Auffälligste – und später auch am meisten Kritisierte – an den Biographien des 19. Jahrhunderts ihr schierer Umfang. «Wer kennt sie nicht», so lautete Lytton Stracheys berühmte Frage in seinem Buch *Eminent Victorians*, diesem bitterbösen Abgesang auf den Viktorianismus, «jene zwei dickleibigen Bände, mit denen wir für gewöhnlich das Gedenken an unsere Toten pflegen und die uns mit ihren schlecht verdauten Stoffmassen, ihrem schlampigen Stil, dem Tonfall öder Lobeshymnik und einem betrüblichen Mangel an Geschick in der Stoffwahl, an Abstand gegenüber ihrem Gegenstand und an formaler Gestaltung traktieren?»[14]

Indessen benötigten die Bürger des viktorianischen Zeitalters keinen Strachey, um ihnen klar zu machen, daß Beschränkung dem Biographen durchaus zum Vorteil gereichen und literarische Qualität ein Gebot sein könne. So ist es bezeichnend, daß Southey, der ja zunächst Dichter war, bevor er sich der Biographie zuwandte, seinen *Nelson* John Wilson Croker widmete, der als Marineminister die «historische Richtigkeit» des Buches würdigen und als gebildeter Mann die «literarischen Meriten» anerkennen konnte. Viele Jahrzehnte später, im Jahre 1890, vertrat Frederick Wedmore in der Einleitung zu seinem *Life of Honoré de Balzac*, ein «schmales Buch» für einen «großen Gegenstand», die Ansicht, daß «eine literarische Aufgabe, so wie ich sie verstehe, dann schlecht ausgeführt ist, wenn nicht, nach ihrer Erledigung, festgestellt wird, daß die Arbeit des Weglassens, mag sie auch im wesentlichen unauffällig sein, den gewichtigsten Anteil ausgemacht hat.»[15] Dennoch hielten es etliche Biographen mehr mit dem Erweitern als mit dem Weglassen, aber es gab doch unter den Bürgern ausreichend Bücherkäufer, die ihren Geschmack und ihren Geldbeutel zu Rate zogen und dementsprechend eher kurzen als langen Biographien den Vorzug gaben.

Aber ungeachtet des wahren Sturzbachs an Kurzbiographien brachten doch jene Lebensbeschreibungen den Stil des bürgerlichen Zeitalters am besten zum Ausdruck, die als dickleibige Kompendien daherkamen, dickleibiger noch als Strachey behauptet hatte. Pierre Lanfreys Napoleon, Reinhold Kosers Friedrich der Große, Carl Justis Winckelmann oder J. A. Froudes Carlyle brachten es jeweils auf drei oder gar vier Bände. Gustave Desnoiresterres benötigte acht kompakte Bände, um das Leben von Voltaire nachzuerzählen. Abgesehen von ihrer Länge hatten diese Zeugnisse gründlicher Forschungsarbeit allerdings wenig miteinander gemein. Manche waren weitschweifige Lobeshymnen, mal als politische Ergebenheitsadresse, mal aus emotionaler Hingabe verfaßt, andere rangen um ihre Selbständigkeit gegenüber einer historischen Gestalt, deren Gegenwart sie nicht losließ; manche wieder waren nichts als die öde Ausbreitung trivialer Begebenheiten, andere gelungene Beispiele für gefällige Stilübungen und treffende Wendungen; manche nutzten eine Biographie faktisch zur Darstellung der Geschichte einer ganzen Epoche, andere wieder waren mit ihren dürftigen Skizzen des sozialen oder politischen Umfeldes geradezu ängstlich auf Verknappung aus. Die Motive, die die Biographienschreiber ihren Helden zugute hielten, waren so verschieden wie ihre Beweggründe, Jahre des eigenen Lebens der Darstellung eines einzelnen Menschen zu opfern.

Ein Grund für diesen Opfersinn, welcher, abgesehen von Liebe oder Haß, sich in all diesen Massen von Papier niederschlug, ist freilich in der Suche nach Gewißheit durch die schiere Zahl zu suchen, allerdings eher durch die Zahl der Seiten als das Zahlenwerk der Statistik. Und an diesem Punkt traf sich das Bedürfnis vieler Biographieautoren mit dem der Leser, denen daran gelegen war, der Lebensbeschreibung, die sie vor Augen hatten, über den Weg trauen zu können. Die einen wie die anderen begrüßten diese imponierende Dickleibigkeit der bekanntesten Biographien des Jahrhunderts als eine mehr oder weniger absichtlich ergriffene Schutzmaßnahme gegen Voreingenommenheit beziehungsweise den Vorwurf der Voreingenommenheit. Die Bürger des 19. Jahrhunderts sahen zwar ein, daß das bloße Aufhäufen von Fakten ohne jede Deutung eine Unmöglichkeit war, denn Quantität allein, das Auftürmen von Briefen, Tagebucheintragungen oder diplomatischen Depeschen, ist keine Garantie für Objektivität: Lobhudelei oder Mißfallen können gleichermaßen geschwätzig wie wortkarg sein. Aber unter dem Eindruck des Triumphzugs der zeitgenössischen Wissenschaft, jener großartigen Schatzkammer, in der die entdeckten, geordneten und gedeuteten Fakten ausgebreitet lagen, neigten auch die Verfasser von Biographien dazu, so viel Material aufzubieten, wie sie aufstöbern konnten, in der Hoffnung, daß es für sich selbst sprechen und einen überzeugenden Beweis dafür abgeben werde, daß ihre Ansichten wohlbegründet waren. Zu ihrem Leitbild erkoren sie Francis Bacon, in dem sie in aller Naivität den Vater der modernen wissenschaftlichen Methode begrüßten (und ziemlich mißverstanden). So wie der typische Verfasser von Biographien zuverlässige Proben von seines Helden eigenen Worten vorzulegen liebte, so genossen es seine Leser, sich in ihnen zu sonnen. Alles in allem war ihr Jahrhundert das der Autobiographien, der nicht selten redseligen Selbstenthüllungen in Briefen und Tagebüchern[16]. Ausgiebige Zitate brachten sie näher heran, ja holten sie beinahe in die Gegenwart: den großen Mann – gelegentlich auch die große Frau.

Wie bereits angemerkt, gibt es überreichlich Beweise dafür, daß in jenem langen Jahrhundert, das von Napoleon bis zum Ersten Weltkrieg reichte, das Verlangen nach Helden immerhin unter ausreichend vielen Lesern abebbte, um den Verfassern von Biographien jenen Abstand zu verschaffen, den sie für unabdingbar hielten, wollten sie statt einer Statue einen wirklichen Menschen darstellen. Insoweit das historische und damit auch biographische Wissen nach und nach höhere Maßstäbe anlegte, zeichneten auch die Biographen bereits erzählte Lebensläufe in weniger ehrerbietiger Manier nach und lüfteten Schleier, die ihre Vorgänger noch unangetastet gelassen hatten. Kurz gesagt, sie wurden nicht nur wissenschaftlicher, sondern auch persönlicher und kritischer.

Dieser Fortschritt sei an drei unterschiedlichen Berichten über das Leben von Lord Nelson dargestellt. Robert Southey zum Beispiel behandelte in seinem Buch *The Life of Nelson*, obschon es gleich nach seinem Erscheinen im Jahre 1813 als Klassiker begrüßt worden war, seinen Helden wie ein Denkmal, das nur um ein geringes weniger erhaben war als die Nelson-Säule, die 1843 eine dankbare Nachwelt dem Admiral auf dem Trafalgar Square errichten sollte. Southey mußte zugestehen, daß Nelson, während er selbst noch verheiratet war, eine amouröse Beziehung zu der Frau eines anderen Mannes unterhielt – jene «unglückselige Verbindung» mit Lady Hamilton. Während aber sein «Umgang» mit Emma Hamilton «in der Zerstörung von Nelsons häuslichem Glück endete», taucht die Dame beiläufig nur drei- oder viermal auf, so als ob sie in dem gewaltigen Drama von Nelsons Leben lediglich eine untergeordnete Rolle gespielt habe.[17] Es nimmt auch nicht wunder, daß Southey nur einen einzigen «Makel» an Nelsons öffentlichem Auftreten zu entdecken vermochte, nämlich sein Verhalten im Königreich Beider Sizilien im Jahre 1799, wo er mitverantwortlich war für die Hinrichtung neapolitanischer Jakobiner, obgleich diese sich ehrenhaft ergeben hatten. In dieser Angelegenheit ist Southey indessen unnachsichtig: «Ein erbärmliches Unternehmen! Ein Schandfleck auf dem Gedenken an Nelson und der Ehre Englands: Ihn zu beschönigen, wäre vergeblich; ihn zu rechtfertigen, wäre verrucht; wer sich nicht mitschuldig machen will, dem bleibt keine andere Wahl, als diese schimpfliche Geschichte mit dem Gefühl von Trauer und Scham niederzuschreiben.»[18] In der Auseinandersetzung zwischen Idealisierung und Entrüstung obsiegte dieses eine Mal die Entrüstung.

Der Nelson, der hier gemalt wurde, war ein leidenschaftlicher Patriot, den missionarischer Eifer beseelte, ein glänzender Seemann, den seine Männer ausnahmslos liebten, eine wahre Nemesis für jede Ruchlosigkeit, gottesfürchtig und menschlich gegenüber jedem Fehltritt, außer bei Franzosen und Meuterern; eine solche Gestalt bot reichlich Anschauungsmaterial für eine psychologische Lebensbeschreibung. Indessen blieb Southey nicht bei der Analyse stehen. Im Gegenteil, seine Leser hielt er mit einer Fülle von Anekdoten zu unkritischer Hochachtung an, die nicht weniger schmeichelhaft, allerdings plausibler waren als die Legende, die Prediger Weems überschwenglich um die Person von George Washington gewoben hatte: der klapperdürre, kränkliche Knabe, dem es bestimmt war, ein kühner Krieger zu werden, der von tiefer Trübnis umfangene Seemann, der durch eine mystische Vision, die ihm eine strahlende Zukunft im Dienste des Königs verheißt, von Selbstmordgedanken errettet wird, der im Sterben liegende Sieger an Bord der *Victory* nahe Trafalgar, der den Kommandanten seines Flaggschiffs um den Abschiedskuß bittet. Bei Southey wird Nelsons Pedanterie zu strengem Pflichtbewußtsein, Insubordination zum klugen Festhalten an der angemessenen Taktik, Beifallssüchtigkeit zu löblichem Ehrgeiz. Dieser Titan, so scheint es, hatte immer recht, selbst wenn der Augenschein gegen ihn sprach. Die wenigen häßlichen Flecken, die er überhaupt am Bilde Nelsons gelten ließ, verliehen diesem Retter des Vaterlands nur um so menschlichere Züge.

Nelsons Heldentum war erwiesen. Sein überragender Anteil an der Vereitelung von Napoleons Plänen gegen England steht gänzlich außer Frage, auch wenn er, wie es ja nicht anders sein konnte, trotz allem nur ein Mensch war. Und so räumte denn auch Alfred Thayer Mahan, ein anerkannter Marinehistoriker, im Jahre 1897 dem Menschen Nelson, bis in sein Innenleben hinein, mehr Raum ein, als Southey für wünschenswert oder gar möglich gehalten hätte. Neben der Untermauerung seiner Lieblingsthese, daß die Geschichte beherrscht, wer die Seemacht besitzt, sah Mahan die Gelegenheit für eine Biographie, die Nelsons «Innenleben ebensosehr wie seine nach außen wirkenden Taten» beleuchten würde. Was Mahan besonders interessierte, war, ganz im Geiste von Carlyle, Nelsons «innere Geschichte», sein «zugrundeliegender, natürlicher Charakter.»[19] Anders als die auf Faktenwissen erpichten Biographieschreiber versuchte Mahan, die privaten Ursprünge des öffentlichen Handelns seines Helden freizulegen. Und er konnte mit seiner Ankündigung, das Innenleben seiner Hauptperson zu erforschen, sich des Zuspruchs der Lesergemeinde sicher sein.

Zwar gebot der Auftrag, den Mahan sich selbst auferlegt hatte, auch eine Stellungnahme zu Nelsons Liebeshändeln, aber selbst dieser Anforderung entledigte sich der Autor mit einem Anstand, den spätere, freimütigere Leser mit einem überlegenen Lächeln zur Kenntnis genommen haben dürften. Gleichwohl entging ihm nicht, welch starken Einfluß Nelsons erotische Strebungen auf sein Verhalten gehabt haben. Keineswegs wollte er seine Leser mit schlüpfrigen Anekdoten unterhalten, aber er war überzeugt, daß eine aufrichtige Prüfung von Nelsons berühmter Affäre mit Lady Hamilton wertvolle Hinweise für das Verständnis von Nelsons Charakter und Handlungen als Seemann und Staatslenker bieten werde. Bekanntlich war das Gebiet des Sexuellen ein heimtückisches und ein den Biographen der bürgerlichen Epoche im allgemeinen verbotenes Terrain, auf das sich viele gar nicht erst vorwagten, manche nur widerwillig ihren Schritt lenkten, das einige wenige allerdings erfolgreich abschritten und von dort soviel Wahrheit mitbrachten, wie sich unbehelligt drucken ließ.

Der Raum, der Mahan zur Verfügung stand, ermöglichte ihm einen weitläufigen und in hohem Maße ungeschminkten Bericht über Emma Hamilton und ihre anrüchige Vergangenheit, ohne freilich Nelson selbst von seiner Verantwortung in dieser Angelegenheit freizusprechen. Ihr Geschick, Männer gefügig zu machen, war beträchtlich; sie bezauberte gleichermaßen ihren bejahrten und in sie vernarrten Ehemann, Sir William Hamilton, der Botschafter Großbritanniens im Königreich Beider

Sizilien war, wie ihren ergebenen Liebhaber Nelson, einen Mann, der auf
Schmeicheleien ebensosehr angewiesen und für Huldigungen empfäng-
lich war, wie er sich durch Leichtgläubigkeit auszeichnete. Daß sie Nel-
son eroberte, war durchaus von Belang, denn nicht bloß brachte ihn diese
Hörigkeit dazu, seine Ehe mit einer liebevollen und anschmiegsamen
Frau aufzulösen, sondern er gefährdete, mehr noch, in törichter und
eigensinniger Mißachtung britischer Interessen die von ihm selbst in den
späten 90er Jahren des 18. Jahrhunderts in Neapel betriebenen politischen
Vorhaben – bis hin zu den bereits erwähnten Greueln an den dortigen
Jakobinern. Nelsons kühne Fahrten zu Wasser und seine blendenden
Siege zur See – so Mahans abschließendes Urteil – machten aus ihm den
größten Seemann aller Zeiten, einen Titanen, dem kein Nachfolger erstehen konnte. Dennoch hatte er «teil an den Schwächen von uns Sterblichen», jener seltene Schmetterling, den der Biograph in seinem Netze
fing: er war ein Mensch aus Fleisch und Blut[20]

Damit war Mahan schon recht weit gegangen; als indessen David Han-
nay im Jahre 1911 einen umfangreichen Artikel über Nelson für die
11. Auflage der *Encyclopaedia Britannica* schrieb, konnte er sogar noch ein
bißchen mehr wagen. Auch Hannays Nelson ist ein großer Mann, aber
einer mit vielen Fehlern. «Er liebte es, geliebt zu werden. (...) Unersättlich
war sein Hunger nach Anerkennung. (...) Er nahm es hin, daß [Lady
Hamilton] sein Geld verpraßte, daß sie ihn ‹wie einen Tanzbären› herum-
führte, daß sie ihn zum Glücksspiel schleppte, obwohl es ihm von Natur
zuwider war. Ihr zu Gefallen beleidigte er alte Freunde und stritt mit seiner
Frau auf eine besonders gemeine und rohe Weise. (...) Der Rausch, den
Schmeicheleien bei ihm bewirkten, (...) konnte für seinen Geschmack
nicht stark und grobschlächtig genug sein.»[21] Lytton Strachey hätte das
nicht schonungsloser sagen können, wenn auch eher hintenherum.

Mit der kritischen Einstellung des Biographen, zuzüglich seiner Bereitschaft, die geistige Entwicklung seines Helden zu erforschen, war es
indessen nicht getan. Bei aller Berufung auf die gleich einem Rettungs-
anker festgehaltenen wissenschaftlichen Verfahrensweisen waren die Biographien des bürgerlichen Zeitalters keineswegs gegen ideologische Ver-
zerrungen gefeit, ebensowenig natürlich wie jene Männer – Caesar,
Cromwell oder Ludwig XIV. –, die Geschichte gemacht hatten. Vermutlich war es unvermeidlich, daß die Herren der Völker und Geschehnisse
sich im besonderen Maße dazu eigneten, den Zwecken späterer Generationen dienlich zu sein, obgleich dies couragierte Bemühen nicht von
einer unparteiischen Behandlung des Gegenstands abgehalten hat. Wenn
aber politische Leidenschaften den Biographieschreiber überkamen, dann

pflegte er die Diagnose des Charakters als ein Mittel der Lobhudelei oder der Attacke einzusetzen. Das war freilich keine bewußte Strategie, vielmehr ein Mangel an Selbstbeobachtung. Nichtsdestoweniger beurteilten die Leser, im Gegensatz zu dem, was man erwarten würde, die Biographien historischer Persönlichkeiten weniger nach den Taten, von denen berichtet, als nach dem Charakter, der analysiert wurde.

Unglücklicherweise stand den meisten Biographieschreibern des 19. Jahrhunderts nur eine nach eigenem Befinden zurechtgeschusterte Psychologie des gesunden Menschenverstands zu Gebote, die eine gewisse Hilflosigkeit gegenüber dem Wirken des Geistes offenbarte, den eigenen nicht ausgenommen. Dies zeigte sich in der Eile, in der sie bezeichnenderweise mit den Kinderjahren ihres Helden verfuhren.[22] Die große Masse der für Reihen wie «American Statesmen» oder «Les Grands Ecrivains Français» geschriebenen Biographien, aber letztlich auch die von der etwas teureren Sorte, hasteten mit einem fast hörbaren Seufzer der Erleichterung durch die Kindheit der großen Persönlichkeit. Kein Biograph aus jener Epoche, er mochte geschmacklos oder feinfühlig sein, kurz und bündig oder langatmig schreiben, hielt sich lange mit der Schilderung des Erwachsenwerdens seines Helden auf.

Tatsächlich waren die Autoren von Biographien ausreichend lange bei den Romantikern in die Schule gegangen, um den Einfluß der frühen Entwicklungsjahre auf das spätere Werk geringzuschätzen. Als Zeitgenossen einer Epoche, für die Charakter ein Dauerthema war, dachten sie viel darüber nach, wie sie gute Anlagen zustande brächten und schlechten Einhalt geböten. Sainte-Beuve etwa vertrat die Auffassung, daß der Biograph das innerste Wesen seiner Figur nur dann erfasse, wenn er dem familiären Hintergrund und dabei zumal der Mutter seine ganze Beachtung schenke. Und Carlyle stand durchaus nicht allein mit seiner Behauptung, daß die Geschichte der Kindheit einer Person eine «*un*deutliche, aber höchst bedeutsame Geschichte» sei.[23] Aber aus diesen Einsichten folgte nicht allzuviel. War der Zusammenhang zwischen Kindheit und Erwachsensein ganz und gar durchsichtig, dann pflegte der Biograph dem wohl ein oder zwei Absätze zu widmen. So räumte Samuel Smiles in seinem Buch *The Lives of the Engineers* den frühreifen «Vorlieben für Maschinen» seiner Helden beziehungsweise ihrer «ausgeprägten Neigung zur Beschäftigung mit Maschinen» – eine Vorahnung ihrer späteren Laufbahn – ein paar schematisierte Anekdoten ein.[24] Da er indessen die gleichen Schwachstellen aufwies wie seine Kollegen, konnte er kaum mehr tun, als dieses Faktum festzustellen, und fast nichts, um es verständlich zu machen.

Diese relative psychologische Unschuld ist ein Merkmal vieler, weit ausholender biographischer Verallgemeinerungen. So konnte ein so un-

gewöhnlicher Biograph wie Reinhold Koser in seiner maßgeblichen, vierbändigen *Geschichte Friedrichs des Großen* sogar einen Traum wiederge-
ben, aber er mochte und konnte ihn nicht deuten. Er wie seine Zunftgenossen begnügten sich auch weiterhin mit altehrwürdigen Gemeinplätzen
über Erbanlagen, Nationalcharakter, Einfluß der Eltern, Unterweisung
in Religion und angeborenes Genie. Gewiß waren einige kenntnisreiche,
einfühlsame und lebensnahe Biographien jener Epoche gründlich recherchiert, gleichwohl war das Licht, das sie in die Tiefen der Gefühle warfen,
oftmals nichts weiter als der Geistesblitz der persönlichen Einsicht des
jeweiligen Verfassers. Immerhin galt ihr systematisches Interesse fortan
den Quellen des Handelns.

Als Beleg dessen seien die im 19. Jahrhundert verfaßten Biographien
Napoleon Bonapartes herangezogen. Sie fungieren gleichsam als politischer Rorschachtest, bei dem die Autoren wie ihre Leser reichlich Gelegenheit hatten, über jenen Mann, der die geistige und geographische
Karte Europas neu gezeichnet hatte, ihren Gefühlen freien Lauf zu lassen. Der Widerstreit der Ansichten über die Beweggründe des Kaisers
setzte bereits vor seinem Tod auf St. Helena im Jahre 1821 ein, wobei die
Autoren ihren jeweiligen Standpunkt weniger durch sein Handeln als
durch die eigenen politischen Überzeugungen bestimmen ließen. Dementsprechend gab es die unterschiedlichsten Napoleons: verbohrte französische Monarchisten, dankbare deutsche Juden, dogmatische Liberale
und romantische Romanschriftsteller, sie alle suchten sich aus der verwickelten und widersprüchlichen Geschichte seines Lebens und Wirkens
gerade das heraus, was sie brauchten, und so bastelte sich jeder eine
Person zusammen, die mit der aller übrigen nichts gemein hatte. Er hatte
den Hof der Bourbonen nachgeäfft, die Ermordung von Widersachern
angeordnet, Maßnahmen zur Unterbindung der freien Meinungsäuße-
rung ergriffen, die Toleranzideale der Französischen Revolution in andere
Länder getragen, mit der zum Programm erhobenen und von ihm verkörperten Meritokratie dem Talent den Weg geebnet, einen überdauern-
den Verwaltungsapparat geschaffen und die Blüte der französischen Jugend in den Tod geschickt, all dies hatte er zweifelsfrei getan. Jeder
Biograph, der sich auf diesen Katalog seiner Taten einließ, hatte gewiß
einen Teil der Wahrheit beim Wickel, aber längst nicht die ganze Wahrheit.

Von Anfang an war das Verfertigen der Napoleon-Legende und gleichermaßen ihre Bekämpfung ein Werk der Dichter, Augenzeugen und
Flugblattschreiber. Verehrer, die die heroischen Zeiten beschworen,
wirkten ebenso an ihr mit wie Literaten, die beim Anblick der bourbonischen Nachfolger des Kaisers die Langeweile packte. Aber auch Napo-

leon selbst tat bekanntlich alles, um dieser Legende zum Leben zu ver-
helfen: sein *Mémorial de Sainte Hélène*, durch welches in großen Teilen
sein Bild für die Nachwelt geprägt wurde, besteht weitgehend aus Mono-
logen der Selbstrechtfertigung, die der Marquis Las Cases pflichteifrig
festhielt.[25] Danach waren alle Erfolge Frankreichs Napoleons Werk, alle
Mißerfolge waren Schuld voreiliger Untergebener und hinterhältiger
Feinde. Er war ein Mann des Friedens, dem das treulose Albion den Krieg
aufgezwungen hatte, und zugleich war er der größte Feldherr seit Alexander dem Großen. Darauf konnten die Verleumder Napoleons nur er-
widern, er sei ein Lügner und Mörder, und bemühten sich folgerecht,
ihre Vorwürfe zu untermauern.

Während die britischen Romantiker – William Hazlitt, John Lockhart
und sogar Sir Walter Scott – in den späten 20er Jahren das Schreiben
von Napoleon-Biographien zu einem blühenden Geschäft hatten werden
lassen, griffen die Franzosen lange Zeit auf Memoirenliteratur und allge-
meingeschichtliche Darstellungen jener Zeit zurück. Erst 1867 erschien
mit den ersten Bänden von Pierre Lanfreys *Histoire de Napoléon* eine
voluminöse Biographie. Mit einer einleitenden Wendung, die unter Biographen fast zu einer Pflichtübung avancierte, merkte Lanfrey an, daß,
anders als in den Jahrzehnten zuvor, als Napoleon von Bonapartisten in
den Himmel gehoben und von deren Gegnern dämonisiert worden sei, er
selbst sich frei fühle «gleichermaßen vom Affekt des Hasses und vom
Irrglauben blinder Verehrung».[26] Mit der aufgebotenen schieren Mate-
rialfülle seines Werks, den umfangreichen Quellennachweisen und seiner
besonnenen Haltung sah er sich in einer Reihe mit den Naturforschern
der Erinnerung. Ein solcher Anspruch war indessen eine Nummer zu
groß, denn Lanfreys Abneigung gegen Napoleon, den Neffen, färbte auf
das schonungslose Urteil über den Onkel ab. Er war in einem Polizist,
Anklagevertreter und Richter, der mit dem Strang schnell bei der Hand
war. Dabei gab es an Napoleon I. vieles, was der unversöhnliche Liberale
Lanfrey nicht anerkennen, ja nicht einmal sehen konnte. Gleichwohl hat
er einiges vom Menschen eingefangen. So war es für ihn denn auch Napoleons Charakter, durch den das endgültige Urteil über ihn gesprochen
war. In einem Jahrhundert, das, wie wir gesehen haben, auf alles, was
Charakter hieß, geradezu fixiert war, war dies eine durchaus glaubwürdige Position.

Band um Band liefert Lanfrey plausible Gründe dafür, daß man Napoleons Wesensart verabscheuen mußte. Nach seiner Meinung blieb sie
auch unverändert dieselbe. Es mochte zwar sein, daß einige der wider-
wärtigsten Charakterzüge des Menschen Napoleon durch die Versuchungen unumschränkter Macht oder durch den Druck kritischer Situationen

stärker hervortraten, im Grunde aber hatten sie nichts Überraschendes an sich. Da er über Napoleons frühe Jahre, die bekanntlich eher zur Legendenbildung taugen, als daß sie der Wahrheit auf die Sprünge helfen, wenig zu sagen wußte, glaubte er, über sie mit Gewißheit so viel behaupten zu können, daß der junge Napoleon Bonaparte von Vaterlandsliebe für Korsika durchdrungen war, daß er ein ernsthafter und resoluter Mensch war, streitsüchtig und schwermütig, arbeitsam, stur, sarkastisch und herrschsüchtig. Äußerst typisch war sein nicht zu stillender Tatendurst, gepaart mit der besonderen Fähigkeit, seine wirklichen Gefühle verbergen und seine Zuhörer in Bann ziehen zu können. Mochte er auch den Wunsch, dem Land seiner Geburt dienen zu wollen, zugunsten ehrgeizigerer Pläne fallen lassen, so behielt er doch jene Charakterzüge, die sich schon in seiner Jugend gezeigt hatten, auch als erwachsener Mann bei. Er blieb der perfekte Schauspieler, der leutselig seine Zuneigung für das gemeine Volk bekunden konnte, das er in Wahrheit verachtete, der es liebte, mit Literaten über Romane zu disputieren, wo es ihm doch nur darum ging, die eigene Stimme zu hören, der politische Gegner umbringen ließ und zugleich den Unwissenden spielte oder vorgab, dergleichen Verbrechen zu mißbilligen. Er war einer der bemerkenswertesten Massendemagogen, er liebte die Menschen nicht, er benutzte sie. Diesem Urteil hätten Napoleons entschiedenste Feinde wie etwa Madame de Staël durchaus beigepflichtet.

Lanfreys Biographie beweist, was kaum eines Beweise bedarf: daß das Schreiben von Biographien zwangsläufig ein endloses und kontroverses Unternehmen ist. Sein Napoleon ist, gleich dem Nelson von Southey, eine überlebensgroße Gestalt, aber anders als jener ist er ein umgekehrter Held, ein monumentaler Bösewicht. Sie beweist aber auch, daß die Leserschaft, für die sie geschrieben war, an Wissenswertem oder zumindest an Vermutungen über das Innenleben historischer Persönlichkeiten interessiert war.

3. Widerstreitende Ansprüche

Die zeitgenössischen Biographen wie ihre Leser hatten sich mit unvereinbaren Forderungen auseinanderzusetzen: ihr Held mußte zugleich ein Gegenstand der Wissenschaft und der Idealisierung sein. Dieses Dilemma spitzte sich durch eine andere, damit zusammenhängende Streitfrage noch zu, den Konflikt nämlich zwischen schutzwürdiger Privatsphäre und Objektivitätsanspruch. Wer ohnehin den Biographieschreibern der bürgerlichen Epoche am Zeug flicken wollte, wie etwa Lytton Strachey, für den war die von ihnen respektierte Privatsphäre und deren Abschirmung gegen neugierige Blicke lediglich Symptom einer allgemeineren gesellschaftlichen Untugend, nämlich der Heuchelei, eines bewußten, im Eigeninteresse durchgeführten Täuschungsmanövers, hinter dem sich wahre Abgründe von Habgier und Wollust verbargen. Ein derart feindselig gesonnener Kulturbeobachter wie Strachey, so sehr er sich ansonsten zum Anwalt der Komplexität machte, konnte das Dilemma, in dem sich die Biographen befanden, überhaupt nicht ermessen, konnte gar nicht erst bemerken, wie sehr diese Autoren darauf bedacht waren, ihr Bestes zu geben, um zwischen widerstreitenden Ansprüchen hindurchzulavieren. Während Strachey und seine Gesinnungsgenossen den Biographen der Väter- und Großvätergeneration generell ihre Schwatzhaftigkeit ankreideten, zielte indessen ihr schärfster Einwand gerade dahin, daß sie in Wahrheit viel zu wortkarg gewesen seien; dementsprechend lasen sie die Wortkaskaden als eine besonders abgefeimte Form eines in Ausflüchten sich ergehenden Schweigens.

Bertrand Russell, einer jener Empörer wider das 19. Jahrhundert, ging rückblickend in seiner *Autobiography* mit dem «Nebelschleier der viktorianischen Gefühligkeit» und dem «Getue der viktorianischen Tugendbolde»[1] scharf ins Gericht. Es ist nur allzu wahr, daß man nicht lange suchen muß, um in den Biographien jener Zeit – den umfangreichen wie den kurzen – Gefühlsduselei und Moralaposteltum auszumachen. Oft genug suchten die Biographen der viktorianischen Epoche Zuflucht vor unangenehmen Tatsachen aus dem Privatleben ihrer Figur, zumeist erotischen Erlebnissen, und fanden Halt an der Oberfläche, die ja eine so passende Bühne für die Heldenverehrung abgab.

Das Private war ja auch keine einfache Sache. Als eine moderne Kulturerscheinung genoß die Sphäre des Privaten in viktorianischer Zeit ein nie gekanntes Ansehen, nur um anschließend seiner Aura gleich wieder verlustig zu gehen. In früheren Jahrhunderten war viel von dem, was die Person betraf, mehr oder weniger auch eine Angelegenheit von jedermann gewesen. Im Zuge der Französischen Revolution indessen waren ehrbare Familien dazu übergegangen, sich einen eigenen Bereich abzustecken. Die Gründe für diesen ephemeren und stets unvollständigen Triumph des Privaten sind schwer dingfest zu machen, aber sie scheinen doch wirtschaftlicher, sozialer und politischer Natur gewesen zu sein. Der neue Wohlstand der Mittelschichten mit ihrer Bindung an das häusliche Glück, mochte dieses nun eine Tatsache, schiere Übertreibung oder regelrecht eine Einbildung sein, beförderte in einem gewissen Maß die Absonderung des privaten vom öffentlichen Leben. Diese Abspaltung wurde noch durch eine immer deutlichere Tendenz zur Trennung von

Arbeit und Wohnen, speziell beim Bürgertum, verstärkt. Das Familienleben mochte ein Gefängnis sein, zumal für junge Frauen, die ideologische Verklärung indessen, daß die Familie der Welt gegenüber einen Schonraum biete, war stark ausgeprägt und weithin anerkannt. Und überdies trug die Entstehung einer modernen politischen Öffentlichkeit, die nach und nach genügend Macht erlangte, um sich dem Eindringen des Staates in das ganz persönliche Leben des einzelnen zu widersetzen, das Ihre zu dieser Auffassung bei. Die Durchführung geheimer Wahlen, ein Verfahren, dem zunächst energischer Widerstand entgegengesetzt wurde, das sich aber in der zweiten Jahrhunderthälfte rasch durchsetzte, war ein Tribut an das Recht des Bürgers, seine politische Entscheidung nicht publik machen zu müssen.

Die Grenzlinie, durch die private und öffentliche Sphäre voneinander geschieden waren, unterschied sich von Gruppe zu Gruppe, von Familie zu Familie, von Person zu Person und von Gegenstand zu Gegenstand. Unausweichliche Grenzscharmützel machten zudem die Sache nicht einfacher. Es gab Geheimnisse, die man nur der eigenen Mutter, dem Ehegespons, seinem besten Freunde, dem Tagebuch oder gar nur sich selbst anvertraute. Auch war die Privatheit kein Geburtstitel, sondern eine Eroberung. Etwa wenn Kinder, die man ansonsten ermutigte, ein Tagebuch zu führen, feststellen mußten, daß ihre arglosen Bekenntnisse von den Erwachsenen mitgelesen – will sagen: zensiert – wurden, und dies bis in ein Alter, in dem sie ihre liebgewordenen, stummen Freunde vor allen Eindringlingen, die Eltern eingeschlossen, wegschließen konnten. Und wenn denn achtbare Leute manche ihrer Handlungen oder auch Wünsche dem Zugriff unbefugter Fremder entzogen sehen wollten, warum sollten die Biographen, die ja allesamt selbst Bürger waren, in dieses sorgsam abgeschirmte Terrain eindringen wollen?

Das Heroische dieses viktorianischen Ideals, wie es sich in den Hemmungen der Biographieschreiber darstellt, ist seinen Kritikern verborgen geblieben. Vor der Schlafzimmertür haltzumachen bedeutete, einer höchst anspruchsvollen Forderung nach Selbstverleugnung Folge zu leisten. Es bedeutete, der in frühester Kindheit entstandenen und in der Regel bis ins Erwachsenenalter hinein bewahrten natürlichen Neugier nach allem, was das geheime Leben der Mitmenschen betraf, Zügel anzulegen. Die Menschen sind eingefleischte Klatschtanten, triebhafte Voyeure. Dem Drang nach verbotenem Wissen zu widerstehen, das war ein Werk der Zivilisierung, das großenteils einem unendlichen Kampf gegen übermächtige Triebwünsche gleichkommt. Die Bilanz des bürgerlichen Kultes der Privatheit, sein Für und Wider ist denn auch mit bloßem Geschimpfe keineswegs abgetan.

Die Zeitgenossen waren sich des Anspruchs auf einen Privatbereich nachdrücklich bewußt und zeigten in ihrer großen Mehrheit auch volles Verständnis für dieses Recht. «Hinter dem äußeren Leben eines jeden Menschen, das er in Gesellschaft lebt», so schrieb Walter Bagehot, der Verfasser glänzender Essays, im Jahre 1853, «gibt es ein anderes Leben, das er nur für sich lebt.» Wir alle «finden uns zum Abendessen im Speisesaal ein, aber jeder hat ansonsten ein Zimmer für sich.»[2] Das Privatzimmer ist präzis die Metapher für den Zufluchtsort, an dem der einzelne sicher war. Trollope etwa bricht in seiner *Autobiography* eine Lanze für das Recht, wißbegierige Außenstehende fernzuhalten. Mit seiner Geschichte, so hebt er warnend hervor, beabsichtige er keinen «Bericht über mein Innenleben». Denn, so meinte er, «wenn je das Rascheln des Unterkleids einer Frau mein Blut in Wallung gebracht hat; wenn je ein Kelch voll des Weins mir Vergnügen bereitet hat; wenn ich eine Tabakrunde zur Mitternacht in heiterer Gesellschaft für ein Stück des irdischen Paradieses gehalten habe; wenn ich dann und wann am Kartentisch unbedacht eine 5-£-Note verspielt haben sollte; – was ficht das den Leser an?»[3] Diese Einstellung war repräsentativ für seine Klasse und seine Zeit.

Es konnte nicht ausbleiben, daß dieser Selbstschutzmechanismus Hindernisse für jene Biographieschreiber aufwarf, die entschlossen waren, den Dingen auf den Grund zu gehen. Entgegen der verbreiteten Ansicht späterer Gegner viktorianischer Kultur war dies nicht zwangsläufig gleichbedeutend mit Heuchelei, denn die impliziert ja, daß man das eine meint, aber anderes sagt. Dort, wo sie glückte, bot die Privatsphäre einen hervorragenden Rückhalt für die Entfaltung des bürgerlichen Selbst. Sobald sie nach allen Seiten gewappnet war, stand diese Festung schlechthin für die innere Freiheit, denn je unüberwindlicher die Festungsmauer, desto größer letztlich die Freiheit. In den Briefen von Ehepaaren aus der Mittelschicht zeigt sich immer wieder, daß sie in ihrem Refugium einen sehr freimütigen Umgang miteinander pflegen und ihren Gefühlen, bis hin zu ihren sexuellen Wünschen, mit Leidenschaft und einer gewissen Vertraulichkeit der Ausdrucksweise freien Lauf lassen konnten. Die Kultivierung der Privatsphäre war, bei sinnvoller Gestaltung, ohne Zweifel eine Errungenschaft, die die Bürger sich ohne weiteres als Verdienst anrechnen konnten.

Freilich nicht nur als Verdienst. Jene Männer und Frauen aus der Mittelschicht etwa, die die Behandlungsräume der Nervenärzte füllten oder eine modische psychotherapeutische Behandlung in Anspruch nahmen, sind Zeugen dafür, daß dem Kult der Zurückhaltung nicht selten weit über gerade noch begreifliche Grenzen hinaus gefrönt wurde. Das Beharren auf einem privilegierten Innenraum wurde überschattet von den Gefahren maßlosen Verdrängens. Ab der Mitte der viktorianischen Epoche kritisierten die Verächter jener zugeknöpften Geheimnistuerei der Bürger, daß die tonangebenden Klassen die Privatsphäre höchst eifrig zum Vorteil ihres eigenen seelischen Wohlbefindens schützen würden. Daß das geltende Verbot, drängende sexuelle oder aggressive Triebwünsche nach außen zu tragen, nachgerade in eine wütende Kampagne umschlagen konnte, die darauf hinauslief, deren pure Existenz in Abrede zu stellen, dieser Vorwurf enthält zweifellos etwas Wahres. Das Verbot hatte denn auch keineswegs zur Folge, daß die Triebwünsche verkümmerten, vielmehr lebten sie untergründig fort und wurden in Form von Symptomen – schlechten Träumen, psychosomatischen Gebresten oder Neurosen – an die Oberfläche gedrängt.

All dies war für nachdenkliche Bürger, die angesichts übertriebener Heimlichtuerei schon Jahrzehnte, bevor Freud eine psychoanalytische Diagnose der Verdrängungsmechanismen im Leben der Mittelschichten vorlegte, ihr Unbehagen bekundet hatten, durchaus kein Geheimnis. Gezieltes Aussparen der psychischen Konflikte war keineswegs das erklärte Ideal der Biographen des 19. Jahrhunderts. So hatte sich Carlyle in einem vielzitierten Aufsatz von 1832 darüber ausgelassen, «wie unsagbar beruhigend» es sei, «über unseren Mitmenschen Bescheid zu wissen; Einblick in sein Innenleben zu haben, sein Auftreten zu verstehen und das innerste Herz seines Geheimnisses zu entschlüsseln». Das war, wie wir noch sehen werden, mehr als glänzende Rhetorik. Indessen täuschte sich Carlyle nicht darüber, daß seine biographieschreibenden Zunftgenossen allzuoft vor solchen Geheimnissen zurückschreckten. «Wie taktvoll und unaufdringlich die Biographie in England doch ist», ließ er sich vernehmen, «gelobt sei ihre Leisetreterei!»[4]

Diese «Unaufdringlichkeit» war zumal um die Jahrhundertmitte tonangebend, und das nicht nur in Großbritannien. In den späten 70er Jahren des Jahrhunderts knüpfte indessen ein William Mathews bei seiner Einführung in eine englischsprachige Anthologie von Sainte-Beuves berühmten Montagsgesprächen an Carlyles Diktum an, indem er Sainte-Beuves Fähigkeit pries, «ins Wesen eines jeden Autors vorzudringen und ihm das ‹innerste Herz seines Geheimnisses› zu entreißen, – in seiner Gegenwart mit ihm zu leben, mit seinen Gefühlen zu empfinden und seine Gedanken zu denken, – kurz, vollständig mit ihm *en rapport* zu sein».[5] Mathews räumte wohl ein, daß Sainte-Beuves Einfühlungsvermögen exzeptionell, vielleicht einzig war, gleichwohl wurde seinem Programm, wo nicht seiner Leistung, weithin nachgeeifert. Und 1885, ein halbes Jahrhundert nach Carlyles harscher Kritik an der Zimperlichkeit der Biographen, hatte auch Gladstone, jener untadelige viktorianische

Bürger, nach Lektüre der Biographie von George Eliot, die gerade von ihrem Ehemann J. W. Cross veröffentlicht worden war, die gleichen Einwände vorzubringen: «Das ist mitnichten eine Biographie», bemerkte er, «das ist das große Schweigen in drei Bänden.»[6] Die Frage bleibt, in welchem Umfang die Biographien der viktorianischen Epoche ohne diese Form von Zensur wesentlicher Details auskommen konnten.

Es ist daher nur logisch, daß die Biographieschreiber des 19. Jahrhunderts sich prompt den Vorwurf zuzogen, sie würden schamhaft alles auslassen, was das Liebesleben ihrer Helden betraf. Lady Hamilton war gewiß eine zu unübersehbare Person im Leben Admiral Nelsons, als daß sie gänzlich hätte außen vor bleiben können. Ansonsten aber waren die Biographen der viktorianischen Ära der Ansicht, daß sie ihrer Leserschaft bedenkenlos gar manches Liebesabenteuer vorenthalten durften, gleich ob ihr Held darin nun Erfüllung oder Enttäuschung gefunden hatte. So ging etwa Elizabeth Gaskell in ihrem 1857 erschienen, viel bewunderten Buch *The Life of Charlotte Brontë*, das sie mit viel Liebe geschrieben und mit unendlichen Nachforschungen angereichert hatte, über Brontës unerwiderte Leidenschaft zu ihrem Französischlehrer in Brüssel, einem Herrn Heger, ein verheirateter Mann, über dessen Ehe eine eifersüchtige Frau wachte, ganz einfach hinweg. Gleichzeitig aber zögerte sie nicht, in höchst drastischen Worten jene Frau zu tadeln, die, als Gattin seines Arbeitgebers, Bramwell Brontë, den Bruder Charlottes, wie sie glaubte, verführt und dadurch das letzte bißchen, was ihm an Gesundheit und Verstand geblieben war, ruiniert hatte. Weil eine Verleumdungsklage drohte, tilgten sie und ihr Verleger umgehend die schmähenden Passagen aus der 3. Auflage des gleichen Jahres. Übrig blieben ein Rückzieher – «Über die Gründe dieser Verschlechterung darf ich nicht sprechen» – und ein paar unverblümte Sätze zu Bramwells Schmarotzerdasein, zu seinen Lügereien, seiner Trunksucht und seiner Opiumabhängigkeit.[7] Dieser Rückzug geschah eher aus Vorsicht denn aus Zimperlichkeit, denn Gaskell war in puncto Verläßlichkeit ihrer Informanten zu Recht etwas unbehaglich zumute. Wie dem auch sei, ihre in der 1. Auflage des Buches an den Tag gelegte Mischung aus Offenheit und Zurückhaltung ist jedenfalls ein prägnantes Beispiel für die selektive Verschwiegenheit, wie sie für so viele Werke des viktorianischen Schrifttums typisch war.

In etwa der gleichen Absicht ließ auch John Forster in seiner ebenso umfangreichen wie maßgeblichen Biographie von Charles Dickens aus den frühen 70er Jahren des Jahrhunderts nichts über die heimliche Affäre seines Busenfreunds mit der jungen Schauspielerin Ellen Ternan verlauten. Gleichwohl glaubte er sich berechtigt, eine kurze autobiographische

Erklärung zu veröffentlichen, in der sich Dickens zu jener Episode geäußert hatte, die er für die schmerzlichste und beschämendste seiner Jünglingszeit hielt, als er nämlich Schuhwichse verkaufen mußte, alldieweil sein Vater im Schuldturm saß. Und ebenso auch Paul de Musset, der es in einer 1884 erschienenen, liebevollen Biographie seines Bruders verstand, Alfred de Mussets lang und breit kolportierte Gefühlsverwirrungen unter Preisgabe intimer Details zu durchleuchten, ohne George Sands Namen zu nennen, obgleich Mussets Jugendaffäre mit der Schriftstellerin sich formend und spannungsreich auf sein späteres Leben auswirkte. Entscheidungen dieser Art hingen von der Einschätzung des jeweiligen Biographen ab, wieviel denn die Leser über ihren Helden wissen durften und wie sehr er selbst auf der Unverletzlichkeit der Privatsphäre bestehen müsse.

Man kann nicht sagen, daß diese Entscheidungen grundsätzlich unvorhersehbar waren, fanden es doch die Bürger des 19. Jahrhunderts allemal leichter, in gedruckter Form über Aggressivität als über Liebesverlangen zu reden. Man nehme nur das bekannteste Werk der deutschstämmigen Journalistin und Biographieautorin Lady Blennerhasset, nämlich ihre wortreiche, dreibändige Biographie der Madame de Staël. Diese war, in all ihrer theatralischen und hochgestochenen Art und Weise, eine ausgesprochen bestimmende Kraft im politischen und intellektuellen Leben ihrer Zeit. Es war nur folgerecht, daß die Biographie dieser «merkwürdigen Frau (sich) nicht anders als im Rahmen der von ihr mit durchlebten Ereignisse und Gedankenströmungen richtig beleuchten» ließ.[8] Dementsprechend vernachlässigte Lady Blennerhasset das Liebesleben der Madame de Staël oder umschrieb es derart umständlich, daß ihrer Heldin sämtliche Lebenskraft versiegen mußte. Trotz der spärlichen Auslassungen über die Leidenschaften blieb ihre Madame de Staël nichts weiter als eine Denkmaschine, ein bloßes *animal politicum*.

Zum Leidwesen dieser Biographieschreiberin muß indessen gesagt werden, daß Madame de Staëls sexuelle und politische Aktivitäten eine unauflösliche Verbindung eingegangen waren, in der das eine ohne das andere unverständlich bleiben mußte.[9] Zu ihren Liebhabern gehörten, neben vielen anderen, Talleyrand und Constant; ihr Sexualtrieb war unersättlich, ihr Verhalten überzogen, sie ostentierte Wutausbrüche und Ohnmachtsanfälle, erging sich in Bittbriefen und Selbstmorddrohungen. Freilich war nicht ihr ganzes erotisches Gehabe zwangsläufig nur Getue; davon zeugt ihre leidenschaftliche und vermutlich nie erfüllte Freundschaft mit der rätselhaften und bezaubernden Madame Récamier. Und als sie schon Mitte Vierzig war, unterstand sie sich, sich auf ein Techtelmechtel mit einem verwegenen und stattlichen, aber nicht sehr intelligenten Genfer Offizier namens Jean de Rocca einzulassen, der ihr Sohn hätte sein können und den sie später heimlich heiratete. Ansonsten aber waren, in Paris wie in Coppet, ihr Salon und ihr Schlafgemach nahezu austauschbar. Und all dies wurde in Lady Blennerhassets Buch *Frau von Staël. Ihre Freunde und ihre Bedeutung in Politik und Literatur* in Watte gepackt. Sie schrieb «Freund», wo «Liebhaber» der exaktere Ausdruck gewesen wäre. Sie schweigt sich über die Tatsache aus, daß keines von de Staëls Kindern ihren Gatten zum Vater hat. Sie stellt ihre idealisierte Heldin so dar, als wolle sie nichts anderes als nur eine glückliche Ehe. Es wirft ein Licht auf den Geschmack des bürgerlichen Publikums jener Zeit, daß Blennerhassets Biographie als so unentbehrlich für die lesebegierigen Zeitgenossen angesehen wurde, daß sie binnen kurzem vom Deutschen ins Französische und Englische übersetzt worden ist. Man muß es deutlich sagen: noch gegen Ende des Jahrhunderts gaben sich viele Käufer von Biographien aus der Mittelschicht mit den weißen Stellen auf den Landkarten des Lebens bedeutender Geister zufrieden.

Immerhin hat ein nicht unbeachtlicher Teil des bürgerlichen Publikums das Erscheinen von Biographien, die sich moralinsaurer Phrasen enthielten, durchaus begrüßt. In der Tat konnte ein geschickter, feinfühliger und aufrichtiger Künstler in kultivierter Sprache Erhellendes über das Intimleben mitteilen. Zwei eindrucksvolle und aufschlußreiche Biographien des 19. Jahrhunderts mögen hier für viele stehen, die Winckelmann-Biographie des deutschen Gelehrten Carl Justi, die den Titel trägt: *Winckelmann und seine Zeitgenossen*, und J. A. Froudes *Thomas Carlyle*. Zwischen 1866 und 1872 veröffentlichte Justi eine dreibändige, zum Standardwerk avancierende Biographie über Johann Joachim Winckelmann, jenen Autodidakten, der ein Jahrhundert zuvor recht eigentlich die Kunstgeschichte erfunden hatte. Winckelmann war, wie Byron etwa fünfzig Jahre später, eines Morgens des Jahres 1755 aufgewacht und war mit einem Schlage berühmt. Sein Büchlein über griechische Malerei und Bildhauerei mit dem Titel *Gedanken über die Nachahmung der griechischen Werke in der Malerei und Bildhauerkunst*, in dem er die Alten als den Gipfel der Kunst pries, ist nachgerade ein Klassiker. Das Ansehen, das er mit ihm erlangte, konnte er mit seiner *Geschichte der Kunst des Altertums* von 1764, ein umfassendes Meisterwerk, noch festigen. Für viele Jahrzehnte bestimmte Winckelmann die Kriterien, nach denen historische Epochen zu verstehen, der Sinn für die antike Bildhauerei zu schärfen und die Debatten über Originalität und Nachahmung zu führen waren. Seine gern zitierten Merksprüche erlangten in der Folgezeit ein Eigenleben; so etwa der das ganze 19. Jahrhundert hindurch unentwegt wiederholte Satz, daß die Monumente der griechischen Kunst durch «edle Einfalt und stille Größe» gekennzeichnet seien.

Alle jene, die in Winckelmann ihren Präzeptor sahen, lassen sich zu einer wahren Heerschau großer Namen der deutschen Kultur aufreihen: Lessing, Herder, Schelling, August Wilhelm Schlegel, ganz zu schweigen von Goethe, der mehr als drei Jahrzehnte nach Winckelmanns Tod im Jahre 1768 eine für ihn bezeichnende, besonders kluge Würdigung verfaßte. Als Justi sein Werk über Winckelmann veröffentlichte, war denn auch dessen Einfluß noch längst nicht verblaßt.

Justi empfand seine Aufgabe als mühevoll, denn Winckelmann war ein schwieriger, wenig anziehender Gegenstand. Geboren 1717 in tiefster Armut im preußischen Provinzstädtchen Stendal als Sohn eines Flickschusters, war er von frühester Jugend an von der Leidenschaft nach klassischer Bildung besessen. Er arbeitete hart, um eine fast legendäre Gelehrsamkeit zu erlangen, war als Schullehrer tätig, später als Bibliothekar bei einem Adeligen, und war erpicht darauf, Zeit für sich selbst zu haben und nach Italien reisen zu können. 1754 war diese Gelegenheit endlich da! Obschon in voller Übereinstimmung mit der Kritik der Aufklärung an der Offenbarungsreligion, konvertierte dieser moderne Heide um seiner Lebensaufgabe willen zum Katholizismus. Alle antiken Kunstwerke, die er bis zu diesem Zeitpunkt gesehen hatte, waren nichts als dürftige Kopien oder undeutliche Radierungen gewesen. Dem päpstlichen Nuntius in Sachsen war es gelungen, diesen verbissenen Gelehrten mit der Zusage abzuwerben, ihm eine sichere Stelle in Rom zu verschaffen, ihm den Zugang zu großen Bibliotheken zu ermöglichen, die Bekanntschaft mit berühmten Sammlern zu erleichtern und die beglückende Präsenz der antiken Kunst zugänglich zu machen. Nach langem, schmerzlichem Zögern faßte Winckelmann den Entschluß, daß Rom eine Messe wert sei. Es war dies Justis erster Prüfstein, an dem er sich glänzend bewährte. Er beschrieb Winckelmanns Abfall in aller Ausführlichkeit und tadelte ihn, den er doch zugleich bewunderte, mit scharfen Worten. Seine Handlungsweise sei unwürdig, seine Suche nach plausiblen Gründen nicht überzeugend. Und doch fand er eine Rechtfertigung für Winckelmanns nachgerade geschäftstüchtiges Überlaufen zum Katholizismus in dessen innerer Berufung und seinem ausgezeichneten Talent.[10] Der edle Zweck heiligte die schändlichen Mittel.

Die Behandlung, die Justi jenem anderen unangenehmen Thema in Winckelmanns Leben, nämlich seiner sexuellen Veranlagung, angedeihen ließ, war nicht minder eine Probe, die es zu bestehen galt. Sie zeigt den Beginn einer unterirdischen Veränderung an, in deren Verlauf das Unsagbare allmählich ansprechbar wird. Zu jener Zeit, als Justi an seinem Winckelmann arbeitete, war die Homosexualität schwerlich ein Gegenstand gesitteter Konversation. Nahezu bis zum Ende des viktorianischen Zeitalters war die Liebe zwischen Männern – die Liebe zwischen Frauen hielten viele im Grunde sowieso für undenkbar – fast buchstäblich eine Liebe, die ihren Namen nicht zu sagen wagte.[11] Gewiß wußte manch einer von «Unzucht» bei der Marine oder zerriß sich das Maul über einen Gesellschaftslöwen, der gezwungen war, in tolerantere Gefilde auszuweichen; und die niederen Stände, zumindest jene, die etwas für Hetzjagden übrig hatten, hatten sich lange Zeit einen Spaß daraus gemacht, einen armseligen Sexualtäter zu quälen, der, während er im Stock saß, dem öffentlichen Spott ausgeliefert war und mit schmutzigen Briefen bis zur Morddrohung bedacht wurde. Sexualskandale dagegen, in die besser situierte Persönlichkeiten, wie etwa die Rektoren englischer Internatsschulen oder millionenschwere deutsche Fabrikanten, involviert waren, wurden vertuscht oder waren ein gefundenes Fressen für die Sensationspresse, die für die meisten Mittelschichtleser ohnehin tabu war.

Eine Möglichkeit, die Sprache auf dieses Thema zu lenken, bestand darin, daß man die Griechen ins Spiel brachte. Jeder Schüler mit klassischem Bildungsgang – Winckelmann nannte Platon seinen «alten Freund» – wußte, daß es eine Zeit gegeben hatte – und ebenso eine glanzvolle Zivilisation –, in der bestimmte Formen homosexueller Beziehungen geduldet, ja gesetzlich geregelt waren. Bezeichnenderweise hatte schon Goethe Winckelmann einen Griechen genannt, und Walter Pater hat in einem Artikel von 1867, der vollgestopft war mit vorzüglichen Hinweisen und anspielungsreichen Passagen, Goethes Bemerkung nachgesprochen und Winckelmann als «durch und durch griechisch» bezeichnet.[12]

Es war diese Atmosphäre, in der Justi schrieb und zu der er selbst beitrug. Justi, der ein Ästhet war, bei dem aus jedem Abschnitt die Arbeit des Künstlers ersichtlich wird, ein Büchernarr und Gelehrter, der sich eher am Schreibtisch als am Pult zu Hause fühlte und der sein Leben lang Junggeselle blieb, erschien als der ideale Biograph Winckelmanns: ein hervorragender Stilist, der sich in das Denken eines anderen großen Schriftstellers einzufühlen vermochte, ein ungebundener, wissenschaftlich gebildeter Reisender, unvoreingenommen genug, um das Ambiente Italiens auf sich wirken zu lassen, ein weltabgeschiedener Forscher, der Freud und Leid eines anderen auf sich gestellten Pioniers in sich nachvollziehen konnte. Das Leid hatte die Freuden überwogen. Zeit seines Lebens suchte Winckelmann den Kokon der Einsamkeit zu durchbrechen, indem er Verhältnisse «von lebhafter, ja mitunter leidenschaftlicher Art» hauptsächlich mit jüngeren Männern einging. Auf aufschlußreichen Seiten über diesen «Kult» berichtet Justi von Winckelmanns rührenden Bemühungen, sich bei «süßen» Freunden einzuschmeicheln. Einem Schüler oder Bekannten nach dem andern beteuerte er seine uneingeschränkte

Liebe und suchte zaghaft, entsprechende Gefühle für sich zu wecken, wobei er stets fürchtete, er möchte zu unbeholfen wirken, um liebenswert zu sein. «Die Sehnsucht, die Verzweiflung, die Opferfreudigkeit, wovon in seinen Briefen so zahlreiche Proben vorkamen», so Justis Erläuterungen, «erscheinen uns wie eine Flamme, in die die Sinnlichkeit einiges Öl gegossen hat.» Winckelmann wollte «seine Freunde ‹mit Leib und Geist (...) genießen›». Darum lehnte er auch eine anderen so geläufige Unterscheidung ab: «Freundschaft [ist] Liebe», so resümiert Justi Winckelmanns erotische Auffassung, «Freundschaft ohne Liebe [ist] bloß Bekanntschaft.»[13]

Derlei Gefühlsergüsse waren nicht einfach Symptome verspäteter Jugend, denn Winckelmann suchte sein ganzes Leben lang Männer für die Liebe.[14] Diese «Freundschaftparoxysmen» ereilten ihn in Rom, wie sie es schon in Deutschland getan hatten.[15] Sogar sein Tod stand unter dem Zeichen seiner erotischen Triebregungen, wengleich Justi, wo er am Ende seines dritten Bandes zur schrecklichen Auflösung von Winckelmanns Lebensdrama gelangt, das erste und einzige Mal zurückschreckt. Winckelmann wurde in einem italienischen Wirtshaus wegen ein paar Goldmünzen, mit denen er sich vor einem Gassenjungen, der sein Gefallen geweckt hatte, brüstete, gewürgt und erstochen. Da Justi außerstande war, sich mit einer so gemeinen Ursache für den unzeitigen Tod seines Helden abzufinden, machte er weniger anstößige Gründe ausfindig, die Winckelmann dazu gebracht haben mochten, der Gesellschaft eines ungebildeten, rohen Reisegefährten zu pflegen.[16]

Justi war, bei aller disziplinierten Wahrhaftigkeit, kein neutraler Berichterstatter. Da er im Grunde als Anwalt der Verteidigung sprach, wollte er ganz sichtlich darauf hinaus, daß überschwengliche Freundschaften zwischen Männern seit Jahrhunderten in dem Versuch unterhalten wurden, eine «Verirrung» in den Dienst höchster Zwecke zu stellen. War nicht Freundschaft häufig das einzige «Asyl» für das Gemütsleben des Gelehrten, die Leidenschaft des Weisen, um mit Voltaire zu reden?[17] Justi war indessen zu gewissenhaft, um Winckelmanns sexuelle Not in allgemeinen Redensarten zu ertränken. Winckelmanns Verherrlichung der Freundschaft war nicht einfach nur hochgradig überspannt, hinzu kam «eine natürliche Gleichgültigkeit gegen das andere Geschlecht».[18] Und je leichter ihm die Enthaltsamkeit gegenüber Frauen ward, «desto empfindlicher war seine Einbildungskraft gegenüber männlicher Schönheit».[19]

Dies ist natürlich auch der Grund, weswegen sich Justi genötigt fühlte, sich mit Winckelmanns Freundschaften abzugeben, waren sie doch wesentlich für das Verständnis seiner Begeisterung für griechische Kunst.

Die subjektive Dimension seiner ausgeklügelten Periodisierung der antiken Kunst, seiner komplexen Beschreibungen klassischer Meisterwerke und seiner ideenreichen Wiedergabe der geographischen, ethnischen und politischen Inhalte jener einzigartigen historischen Form der griechischen Kultur lag dicht unter der Oberfläche seines Werks. Schließlich hatte Winckelmann selbst den Schönheitskult als die Quintessenz griechischer Kunstvollendung bestimmt, und diese Bestimmung, so gemahnte Justi seine Leser, hat «nur die menschliche Gestalt im Auge».[20]

Zudem war Winckelmann überzeugt – und Justi berichtet dies pflichtgemäß –, daß ein schöner Männerkörper Voraussetzung für die Wertschätzung großer Kunst sei und daß nur Männer, die sich von männlicher Anmut anrühren lassen, echten Sinn für Schönheit besitzen. Bis dahin war auch Justi einverstanden, aber weiter wollte er nicht gehen. Gegen Ende seines vierten Lebensjahrzehnts war Winckelmann zur «sentimentalen Überreizung» zurückgekehrt, die seine Jugend beherrscht hatte und die in der «frostigen Temperatur des Lebens dem Herzen die nötige Wärme» zuzuführen schien. Verwirrt von den «psychologischen Problemen, die ihre Wurzeln tief in die Sinnlichkeit und ihre Kapricen versenken», versagte es sich Justi, diese Tiefen auszuloten. «Wir wollen hier den dunklen Wurzeln nicht nachgraben.»[21] So setzte er sich seine eigenen Grenzen. Wenn freilich «prüde» ein Synonym für «viktorianisch» ist, dann ist Justis *Winckelmann* keine viktorianische Biographie.

Im Voranstehenden haben wir mithin sehen können, daß im Innersten der bürgerlichen Kultur des 19. Jahrhunderts – in den Biographien so gut wie anderswo – ein Konflikt arbeitete, bei dem Selbstverhüllung und Selbstoffenbarung um die Oberhand kämpften. Die Wirklichkeit der bürgerlichen Kultur wurde nicht vom Konsens bestimmt, sondern von Auseinandersetzung, Wortwechsel und Streit. Wie also hatte die repräsentative Biographie der bürgerlichen Ära zu sein? Vielleicht liefert die Kontroverse um die Biographie, die Froude über das Leben Carlyles verfaßte, einige Hinweise auf eine mögliche Antwort. Die Geschichte ist allgemein bekannt, aber sie verdient, noch einmal erzählt zu werden, denn sie steckt die Grenzen ab, in denen sich die Auseinandersetzung bewegte. Carlyle zeigte sich den Verfassern der eigenen Lebensbeschreibung gegenüber genau so unbeirrbar, wie er es selbst bei der Abfassung der Lebensbeschreibung anderer Personen gewesen war. Als er das Ende nahen fühlte, gab er Froude, der ihm sein Leben lang ein bewunderungsvoller Gefährte gewesen war, das Recht zur Auswertung aller seiner Papiere, einschließlich der allerpersönlichsten, für eine Biographie. Er wollte eigentlich keine Biographie, und insgeheim hoffte er, Froude würde das ihm anvertraute

Material verbrennen. Falls aber doch irgend jemand eine Biographie seines Lebens schreiben würde, dann sollte es Froude sein, und er gab ihm zu verstehen, daß Zugeständnisse an die Wahrheit, so unangenehm sie auch sein mochte, das letzte waren, was er wünschte.

Froude war eine glänzende Wahl. So verkündete etwa Frederic Harrison, jener geachtete positivistische Denker und Literat, in seinem abwägenden Urteil kurz nach Erscheinen der von Froude 1885 vorgelegten vier Bände: «Der größte Meister der englischen Prosa unserer Generation hat die Geschichte seines Lebens einem der fähigsten Schriftsteller unserer Tage anvertraut.»[22] Froude hatte sich mit einer mehrbändigen Untersuchung zur Geschichte Englands im Jahrhundert der Reformation einen Namen gemacht und sah, als hervorragender Stilist Justi ebenbürtig, keine Unverträglichkeit zwischen der Kunst und der Wissenschaft der Biographie. Die Leser haben also allen Anlaß, so gab Harrison zu verstehen, sich auf einen Leseschmaus zu freuen. Für ihn aber und auch für andere erwies sich die Carlyle-Biographie von Froude als ein harter Brocken. Hatte Froude seinem Meister durch Indiskretionen, die Carlyles Privatleben vor aller Augen bloßlegten, die Treue aufgekündigt? So lautete die Frage, über die mehr als ein Vierteljahrhundert lang heftig und gelegentlich bösartig gestritten wurde.[23]

Einige Rezensenten behaupteten, Froude habe in rein kommerzieller Absicht auf das Verlangen der Leser nach Klatsch spekuliert; andere begrüßten nicht weniger entschieden Froudes Wahrheitsliebe. Viele indessen offenbaren eine eigentümliche Unsicherheit. So spickte etwa die *Saturday Review* in den Jahren 1882 und 1884 ihre drei Artikel über das vierbändige Werk Froudes mit Bekundungen des Bedauerns und mit Vorwürfen an die Adresse des Autors. War es wirklich nötig, sämtliche Verfehlungen Carlyles haarklein aufzuzeigen, seine Gemeinheiten, all den Schmerz, den er den Seinen zugefügt hatte? Hätten nicht ein paar Beispiele vollauf ausgereicht? Carlyle, der doch keine Biographie gewünscht habe, sei «von jemandem aus dem Grabe heraufgerufen worden, der beteuert, für ihn die Liebe und Verehrung eines Sohnes zu empfinden, der indessen, mit einem unglaublichen Mißgriff seines Urteilsvermögens, genau das zustande gebracht hat, wonach sein ärgster Feind womöglich immer gesucht hat». Froude «kann fast der Bilderstürmer seines eigenen Idols genannt werden». Nachdem der Rezensent damit allerdings seine Pflicht, moralische Entrüstung zu demonstrieren, erfüllt hat, behält er den meisten Platz seines Aufsatzes der Darstellung von Carlyles Leben vor und übernimmt bei der Schilderung von dessen Schimpfereien, seines Jähzorns und der Drangsalierung seiner Frau, deren Leben er zu einem «langen Martyrium»[24] machte, Froudes eigene Worte. So war der Rezensent hin- und hergerissen zwischen Entrüstung und Bewunderung, vertraute aber doch dem Sohn, der den Vater verraten hatte.

Froude war stets als ein Jünger Carlyles bezeichnet worden, und das war er auch, obschon auf eine paradoxe Weise: seine Jüngerschaft war seinem Drang nach Darstellung der ungeschminkten Wahrheit untergeordnet. «Ich habe keine Achtung vor Biographien, die ein Idealbild vorgaukeln», schrieb er 1886, und die Bände über Carlyle sind denn auch ein Zeugnis dafür, daß er dies auch meinte. Allerdings war diese Standhaftigkeit zugleich die Form, in der Froude die von ihm hochverehrte Autorität besänftigte, indem er einfach die Maßstäbe seines Meisters mit den seinen gleichsetzte. Seine vielfache Abhängigkeit zeigte sich in der Zurschaustellung mannhafter Unabhängigkeit. Als Sohn eines kaltherzigen, strengen und anspruchsvollen Vaters, der offen seine Enttäuschung über ihn zeigte, war Froudes seelische Entwicklung gleichsam durch das quälende Bedürfnis verdüstert, die Anerkennung des Vaters zu erlangen und ihr zu trotzen. Während seiner Studentenzeit in Oxford Mitte der 30er Jahre des Jahrhunderts schwamm er im Kielwasser seines blitzgescheiten älteren Bruders Hurrell und erlag dem Einfluß jenes einschmeichelnden Überredungskünstlers John Henry Newman, der gerade seine Pilgerfahrt nach Rom angetreten hatte. Froude indessen erkämpfte sich seinen Weg und kam zu der Überzeugung, daß der Protestantismus einleuchtender und intellektuell schätzenswerter sei, als es nach den Predigten der Oxforder High-Church scheinen mochte. Seine «Straße von Damaskus» war für ihn wie für viele seiner Zeitgenossen eine Zeit der Marter. 1849 jedoch vollbrachte er und dokumentierte zugleich, mit seinem ketzerischen und reißerischen Bekenntnisroman *The Nemesis of Faith*, einen spektakulären Akt der Selbstbefreiung und entsagte seiner Oxforder Religionsgemeinschaft.

Seine Trennung vom frommen Anglikanismus der Hochkirche war durch eine neuerliche Kindschaftsbeziehung erleichtert worden. Zu Beginn der 40er Jahre war Froude auf Carlyle aufmerksam geworden und hatte dessen Botschaft vorbehaltlos übernommen. Insofern hatte er einen Vater durch einen anderen ersetzt.[25] Andere Bewunderer fielen von Carlyle ab, als dessen Stimme schriller und seine Verlautbarungen reaktionärer wurden, Froudes Treue indessen blieb unerschütterlich. Sein Carlyle, das war der Prophet, der mit Donnerstimme gegen die modernen Irrlehren des Utilitarismus, des Optimismus und der Maschinenanbeterei zu Felde zog: die Welt brauche nun einmal Helden, denn die Regierung sollte in den Händen derer liegen, die zum Herrschen geschaffen seien, und nicht jener unwissenden und in ihrer Meinung stets schwankenden demokratischen Öffentlichkeit preisgegeben sein. Was verblendete Zeitgenossen Fortschritt nannten, das war eine Illusion, ihre Zurschaustellung großherziger Menschenfreundlichkeit nichts als Wichtigtuerei. Als Carlyles peinliche Erklärungen in der Öffentlichkeit allerlei apologetisches Geschick verlangten, war es Froude, der ihm mit wohlwollenden Deutungen zur Seite sprang. Er bemühte sich sogar, das Rassistische an Carlyles berüchtigtem Artikel über «Die Negerfrage» in Schutz zu nehmen. Sein Ton, so räumte Froude ein, sei wohl des öfteren ungeschlacht gewesen, aber, so beteuerte er, der Kern seines Denkens verdiene keinen Tadel.

Jener Ton gab Froude freilich viel Anlaß zu Verdruß. Hatte es Carlyle doch schließlich geschafft, jedermann mit seinem Haß zu überziehen und alle Welt in einer Weise zu beschimpfen, die Gehässigkeit und Lust am Niedermachen mit Worten verraten. Und keinen dieser bösartigen verbalen Ausfälle enthielt Froude seinen Lesern vor.[26] Obschon er sie alle brav abdruckte, blieb er doch dabei, daß Carlyles «schonungslose» Sprache einen falschen Eindruck von dem Manne vermittle. «Er war wirklich der weichherzigste Mensch auf Erden. Seine Roheit war nichts als Zuneigung, die sich in Verbitterung verkehrt hatte.» Strafte er nicht selbst seine prinzipiellen Einwände gegen eine schematische Philanthropie Lügen, indem er Bettlern ein paar Groschen zusteckte?[27] Und in bezug auf Carlyles Briefe, von denen er Tausende gelesen haben will, meinte Froude, daß er darin «keinen Satz von ihm gefunden habe, von dem er hätte wünschen können, daß er nicht geschrieben worden wäre».[28] Nach Froudes eigenem Bekenntnis war dies ein parteiliches Urteil, das mehr vom eigenen als vom Charakter Carlyles offenbarte: der Jünger hatte den Richter in ihm übermannt.

Soweit Froude allerdings auf Carlyles Ehe zu sprechen kommt, läßt er alle Beschönigungen beiseite. War sein öffentlicher Carlyle verständnisvoll, mutig und vielfach mißverstanden, eine Kassandra in einer mit Blindheit geschlagenen, undankbaren Zeit, so war sein privater Carlyle dagegen eigensüchtig, ungerecht, geradezu ein Unmensch, unter dem seine begabte, kluge und sanftmütige Frau zu leiden hatte. Niemals kam es Froude in den Sinn, daß es zwischen diesen beiden Carlyles einen unauflöslichen Konnex geben müsse. Aber bei all seinen Rettungsversuchen legte Froude doch größtenteils die Zurückhaltung ab, an die die zeitgenössischen Durchschnittsleser gewohnt waren. Für eben diese Leser sprach Harrison, als er sich voller Entsetzen abwandte und sich mit einem Gegenangriff gegen all diese unliebsamen Mitteilungen zur Wehr setzte. Er wolle, so erklärte er, wirklich nichts mehr von den Entgleisungen in Carlyles Privatleben hören. Derlei Abhub gehöre in den Abfalleimer zurück, aus dem Froude ihn herausgeklaubt habe, weil er nichts zu dem Bild des Weisen beitrage, das den Mitbürgern weiterhin lieb und teuer sein müsse. Mit der Enthüllung unappetitlicher Personalia hatte Froude für manchen Geschmack die Grenze gesitteter Darstellungsform überschritten. Froude hatte seinen Verstoß gegen das Gebot der Diskretion noch dadurch verschlimmert, daß er nicht bloß jene schonungslose Biographie, sondern auch die *Letters and Memorials* von Jane Welsh Carlyle sowie Carlyles *Reminiscences* veröffentlicht hatte. Bei letzteren stand ein längerer, schuldgequälter Abschnitt über seine Frau im Vordergrund, den er 1866, unmittelbar nach ihrem Tod, verfaßt hatte.

Sie ließ ihren Gatten in Trauer und Reue zurück, Reue, weil ihm bei der andächtigen Durchsicht der Aufzeichnungen seiner Frau zuletzt doch noch bewußt wurde, wie unglücklich sie gewesen war, – wie unglücklich er sie gemacht hatte. In Froudes schmerzlicher Einsicht hatte sie ihn wie eine Dienerin umsorgt, sobald er nur eine Forderung stellte; sie unterdrückte ihren körperlichen Schmerz, während er wegen der kleinsten Unpäßlichkeit herumjammerte; sie rackerte sich ab, um ihr Heim angenehm zu gestalten, ohne dafür ein Wort des Dankes von ihm zu erhalten; sie erduldete seine Mißachtung wegen ihrer berechtigten Eifersucht auf Lady Ashburton, in die er sich in seinen mittleren Jahren verknallt hatte; sie munterte ihn auf, wenn er sich stundenlang in seinem Studierzimmer vergraben oder sich in sein eigenes Zimmer zurückgezogen hatte und jede Gesellschaft ihm unleidlich war und er sich beim geringsten Geräusch, das ihm auf die Nerven ging, in Wutanfällen auslebte; sie hatte ihren lebhaften Witz und ihren ausgeprägten Verstand einem Manne zu Füßen gelegt, den sie für ein Genie hielt, der sich aber erst, als es zu spät war, dazu herabließ, sie in mancher, nicht unbedeutender Hinsicht als ihm ebenbürtig, ja ihm überlegen anzuerkennen; und stillschweigend hatte sie sogar körperliche Mißhandlungen ertragen. Froude, der ab 1861 zum engsten Familienkreis gehörte, hatte vieles davon geahnt, aber erst ein Jahrzehnt später, als Carlyle ihm Unmengen privater Aufzeichnungen anvertraut hatte, wurde das Ausmaß des Elends von Jane Carlyle und der Anteil ihres Mannes daran ihm zu einer Last.

Und es sollte noch ärger kommen. Zu Beginn des Jahres 1887, er hatte von seiten schockierter Rezensenten harsche Verrisse und von der Carlyle-Familie wüste Beschimpfungen einstecken müssen, setzte er einen Rechenschaftsbericht seiner Beziehungen zu Carlyle auf, der erst im Jahre 1903 veröffentlicht werden sollte. Dieser Bericht zeigt einen kampfbereiten Biographen, der sich durch die einander widerstreitenden Ansprüche seiner Zeit hindurcharbeitet. Er ringt mit sich selbst, sobald er sich mit Gerüchten über die Ehe der Carlyles befaßt. Carlyle hatte ihm gesagt, allerdings unter Zurückhaltung genauerer Einzelheiten, daß die

Papiere ein Geheimnis enthielten und daß «ohne dessen Kenntnis keine
wahrheitsgetreue Biographie seines Lebens möglich wäre». Es war dies
ein Geheimnis, das Froude «unendlich viel lieber nie zur Kenntnis hätte
nehmen mögen wollen».[29] Da er aber Carlyle treu ergeben war, ging ihm
nicht aus dem Sinn, daß der Meister sich viele Jahre zuvor über das
«Damoklesschwert der *Reputation*« beklagt hatte, das «in England auf
ewig über dem Haupte eines armen Verfassers von Lebensbeschreibungen (wie im übrigen über jedem armen englischen Leben im allgemeinen)
aufgehängt ist und ihn an den Rand der Lähmung treibt».[30] Froude fühlte
sich daher gedrängt, dieses Geheimnis zu ergründen, um nicht in Lähmung zu verfallen.

Nachdem er es allerdings ergründet hatte, verschleierte er zum Teil
seine Entdeckung. «Das eheliche Leben von Carlyle und Jane Welsh», so
schreibt er in der Biographie, «war nicht glücklich im rosigen Sinne von
Glück.» Carlyle «fand in der Ehe nicht jene wundersame Verwandlung
der Natur, die er sich versprochen hatte. Er blieb einsam und mißge-
stimmt». Froudes Urteil, wenngleich maßvoll, fiel vernichtend aus. «Miss
Welsh, so viel ist wahrscheinlich, wäre heiterer durchs Leben gegangen,
hätte sie jemand aus ihrem eigenen Lebenskreis geheiratet; und Carlyle
selbst wäre gewiß glücklicher durchs Leben gekommen, wenn sich seine
Mutter oder eine Schwester um ihn gekümmert hätten.»[31] Das sind gra-
vierende Andeutungen, und noch andere finden sich, die Froude über
seinen ganzen, der Öffentlichkeit übergebenen Text verstreut. Zunächst
fragte er sich, ob das Geheimnis etwa darin bestand, daß die Carlyles
beschlossen hatten, kinderlos zu bleiben. Indessen brachte ihm eine Erklärung von Geraldine Jewsbury, Jane Carlyles engster Freundin und
einzigen Vertrauten, die Erkenntnis, die er brauchte und doch nicht haben wollte. «Carlyle gehörte zu jenen Personen, die niemals hätten heiraten sollen.» Seine «physische Konstitution» war fehlerhaft.[32]

Kurz gesagt, Froude gelangte zu der Überzeugung, daß die Kinder-
losigkeit der Carlyles mit den sexuellen Schlappen des Ehemanns zu tun
hatte. Nicht unwahrscheinlich ist, daß sich Carlyle in der Hochzeitsnacht
als impotent erwies und dies womöglich sein ganzes Leben lang war.[33]
Sollte darin tatsächlich Carlyles eigentliches Geheimnis gelegen haben,
dann erklärten sich damit auch die getrennten Schlafzimmer und ein
Gutteil seiner Reizbarkeit. Zudem wäre dies die Erklärung dafür, daß
Jane Carlyle am ärgsten nicht so sehr unter der Brutalität, dem Undank
und der Eigensucht ihres Gatten gelitten hat als vielmehr unter einem
Fehlverhalten, das weitaus quälender war. Aber in dieser Hinsicht
mochte nicht einmal Froude, der ein durch und durch viktorianischer
Wahrheitsdiener war, sich näher erklären.

Das brauchte er auch gar nicht. Denn schon 1903 veröffentlichten Alexander Carlyle und Sir James Crichton-Browne, ein renommierter Irrenarzt, mit ihrem Buch *The Nemesis of Froude* umgehend eine wütende Replik auf Froudes private Aufzeichnungen, die er unter dem Titel *My Relations with Carlyle* hatte erscheinen lassen. Froude mag vielleicht wirklich das ihm zur Verfügung stehende Material überinterpretiert und Jane Carlyles schwierige Seite unterschätzt haben, worauf es hier allerdings ankommt, ist die Art und Weise, wie die Autoren bei ihrem Versuch, jene Mitteilungen Froudes, die Carlyle am ehesten zum Schaden gereichen konnten, zu diskreditieren, sich einer Mixtur aus Zimperlichkeit und Entrüstung bedienen, die Russell, Strachey und ihresgleichen später als typisch viktorianisch anprangern sollten.[34] Froude war nicht mehr da, um noch antworten zu können; er war neun Jahre zuvor gestorben. Hätte er den Text gelesen, als er noch am Leben war, er wäre vielleicht ein bißchen von seinen eher spekulativen Schlußfolgerungen abgerückt. Zu einer Entgegnung wäre er allerdings voll und ganz berechtigt gewesen: auch wenn er nach wie vor für eine Minderheit im respektablen Kulturleben seiner Epoche stand, war er in seiner Wahrheitsliebe ein ebenso guter Repräsentant des bürgerlichen Zeitalters als seine deutlicher von Hemmungen geplagten Ankläger.

Dem Historiker, der sich mit der Bourgeoisie des 19. Jahrhunderts befaßt, zeigt der von Froudes *Carlyle* ausgelöste Sturm, wie mühevoll es im Grunde für die Rezensenten war, die Domäne des Privaten im einzelnen festzulegen. Insoweit sie sich für eine strikte Kategorisierung dessen stark machten, was dem Leser von Biographien zugemutet werden dürfe und was nicht, wurde offenbar, wenn auch eher indirekt, wie breit das Spektrum der Meinungen über die tatsächlichen Lesewünsche des Publikums war.[35] Tatsächlich waren die Biographien, die in dieser Hinsicht nur noch von den Romanen – ihres Vorstoßens in Phantasiereiche wegen – überflügelt wurden, recht eigentlich in der Bürgerwelt des 19. Jahrhunderts zu Hause, da sie zeigten, daß die Wünsche der Bürger in Erfüllung gehen konnten. Lebensbeschreibungen und Briefsammlungen verkündeten unverdrossen diese eine Botschaft, daß nämlich Ruhm und Glück, Größe in der Selbstverleugnung oder im Dienste der Öffentlichkeit, das Ergebnis harter Arbeit und ehrlicher Geschäfte waren, von Fähigkeiten, die ausgebildet, und Gelegenheiten, die genutzt worden waren. Die Darstellung von Größe half, die Ängste der Leser zu beschwichtigen, zumal jene Ängste, in Vereinzelung und Unwissenheit zu verharren.

Der Kummer über die Vereinzelung, den eine im Kopf des Lesers arbeitende Biographie zu lindern vermochte, war nicht zwangsläufig gleichbedeutend mit dem Pathos, das aus der Situation eines verkannten, aber begabten Kindes oder eines mittellosen, in einer Dachkammer hausenden Poeten erwuchs. In der Regel erfüllte sich darin die abstraktere und weniger Mühe machende Sehnsucht nach einer kulturellen, politischen oder religiösen Gemeinschaft. In der Darstellung des Lebens und Schicksals eines berühmten Dichters oder Premierministers vermochte die Biographie ihren Lesern das Gefühl zu vermitteln, daß einer der Ihren ein großer Mann gewesen war. Jene voluminösen Biographien Friedrichs des Großen, Voltaires, Lincolns oder Gladstones, wie sie typisch waren für das Ende des bürgerlichen Jahrhunderts, eigneten sich vorzüglich für diese Aufgabe. Eben dies hatte Carlyle mit seiner Rede von «König Shakespeare» gemeint, der der ganzen englischsprachigen Welt gehöre.[36]

Albert Bielschowskys Goethe-Biographie ist, einerseits in ihrer Machart und andererseits in den Reaktionen der Leserschaft, ein instruktives Beispiel für das glückliche Zusammenwirken eines Autors und seiner Leser. Gewiß hatten chauvinistische Deutsche Vorbehalte gegen jenen kosmopolitischen Dichter, der einmal angeregt mit dem Erzfeind Napoleon geplaudert hatte und dem die Wogen vaterländischer Begeisterung zuwider gewesen waren, die über die Deutschen während der Befreiungskriege hinweggeschwappt waren, dennoch konnten sie nicht hindern, daß Goethe bereits vor seinem Tod im Jahre 1832 zu einer Art Volksheld wurde. In den Jahrzehnten danach erschienen unzählige Ausgaben seiner Schriften, insbesondere seiner Gedichte und Romane, gab es regelrechte Wallfahrten nach Weimar und wurden philosophische Abhandlungen en masse publiziert. Gleichwohl war es äußerst merkwürdig, daß der Münchener Verleger Oscar Beck, als er in den 80er Jahren des Jahrhunderts die Literaturszene Revue passieren ließ, lediglich Lewes' Goethe-Biographie von 1855 und Herman Grimms 1876 veröffentlichte Vorlesungen ausmachen konnte. Die Biographie war, ungeachtet ihrer Meriten, inzwischen veraltet, die Vorlesungen waren zwar ein literarisches Vergnügen, aber gerade deswegen für einen Anfänger zu anspielungsreich. Wonach Beck suchte, das war eine populäre Biographie, und zu Beginn der 90er Jahre fand er endlich den Autor, der seinem Lieblingswunsch nachzukommen versprach: dem deutschen Volk eine Goethe-Biographie zu schenken, die des großen Mannes würdig wäre, und zugleich Gemeingut aller «Gebildeten» werden könne.[37]

Bielschowsky war ein schon fast im Ruhestand lebender Gymnasiallehrer, seine schwache Gesundheit führte zunächst zu einer Verschiebung des Projekts. Der erste Band seines flüssig und einfühlsam geschriebenen Buches *Goethe. Sein Leben und seine Werke* erschien dann im Jahre 1895; der zweite Band wurde posthum 1902, ein Jahr nach seinem Tod, veröffentlicht. Bereits zehn Jahre später ging das Buch in seine fünfundzwanzigste Auflage und blieb bis in die 20er Jahre ein ausgesprochener Verkaufsschlager. In einem Brief an Oscar Beck aus dem Jahr 1893 hatte Bielschowsky seiner Hoffnung Ausdruck gegeben, seinen Lesern etwas von Goethes «göttlicher Mission» vermitteln und ein Wissen verbreiten zu können, das ihn zu «jenem Ferment für das seiner weltgeschichtlichen Bedeutung entsprechende geistige Leben Deutschlands» werden lasse. Im gleichen Zeitraum erschienen weitere umfangreiche Biographien Goethes, die den Hunger nach Biographien belegen, den bis dato weder die Fachleute noch die Verleger zu befriedigen vermocht hatten. Dessen ungeachtet blieb Bielschowsky der Standardbiograph des Olympiers, dessen Buch in jeden bürgerlichen Bücherschrank gehörte. Mit seinem gefühlsbetonten Stil überflügelte er alle seine Konkurrenten ebenso wie mit seinem Geschick, die Flut von Quellentexten und Monographien für gebildete und ungebildete Leser gleichermaßen überschaubar zu machen. Bielschowsky Werk war seelenvoll und es war verläßlich, und damit bot es eine unschlagbare Mischung.

Noch eine andere Angst konnten die Biographien beschwichtigen, die der Unwissenheit. Zunächst einmal waren sie leicht zu lesende Einführungen in die Geschichte. John T. Morse Jr. etwa erinnerte daran, daß er als Herausgeber der biographischen Reihe *The American Statesman* die Absicht verfolgt habe, mit der vollständigen Reihe ein «Bild der Entwicklung des Landes (vorzulegen), welches Lesern, die sich getreulich durch sämtliche Bände hindurchgelesen haben, eine vollständige und unvoreingenommene Anschauung der Geschichte der Vereinigten Staaten bieten wird, das Ganze erzählt im Medium der Anstrengungen jener Männer, die das Schicksal unseres Landes gestaltet haben».[38] Darüber hinaus war die Geschichte durchaus nicht der einzige Gegenstand, über den die Biographien Belehrendes zu sagen hatten. So bestand der erklärte Zweck von Morleys Reihe *English Men of Letters* etwa darin, englischsprachigen Lesern mehr als nur die Lebensgeschichte von Swift oder Samuel Johnson beizubringen. Vielmehr sollten sie auch darin unterwiesen werden, wie denn das Werk dieser Autoren zu lesen sei. Der typische Ton, der in diesen Bänden angeschlagen wurde, war unweigerlich von Selbstsicherheit geprägt, von milder Herablassung, die die Gebildeten an den Tag legten, wenn sie den Halbgebildeten, jenen Männern und Frauen ihre Führung angedeihen ließen, die, in Gosses Worten, «im Dunkel, das über dem Büchermarkt liegt, nach dem Weg tasten».[39] Heute mag es so aussehen, als wären diese Biographen alles andere als Demokraten gewesen, nicht willens, ihre Funde mit ihresgleichen zu teilen, sondern vielmehr Bildungsaristokraten, die den geistig Unterlegenen das Ergebnis ihrer

Überlegungen aufdrängten. Indessen zeigen die beeindruckenden Verkaufszahlen ganz unzweideutig, daß ihre Leser keineswegs das Gefühl gönnerhafter Behandlung gehabt haben können, sondern daß sie die Unterweisung bereitwillig annahmen. Sie kamen auf diese Weise ihren Idolen näher.

Mit diesem Verweis auf die Ängste soll keineswegs das vorhandene, pure Lesevergnügen in Abrede gestellt werden, das sich einstellt, wenn man vom Leben anderer Menschen Kenntnis nimmt. Es war nicht allein die Tatsache, daß die Lektüre seichten Klatsch verhieß, denn wir haben ja gesehen, wie entschieden den Bürgern die Enthüllung intimer Details aus dem Leben von Berühmtheiten widerstrebte beziehungsweise wie schuldbewußt sie waren, wenn sie sich dazu hatten bringen lassen, an solcher Lektüre Vergnügen zu empfinden. Leser, denen es nicht so sehr auf ihre Bildung ankam, kauften und lasen Biographien, weil sie das Leben von Persönlichkeiten der Vergangenheit ganz einfach interessant fanden, wenngleich auch sie die Tugend belobigt und das Laster gerüffelt sehen wollten. Im übrigen gelangten die bürgerlichen Leser im Laufe des Jahrhunderts allmählich zu der Einsicht jener Grundtatsache des Lebens, daß nämlich ausnahmslos alle Erdenbewohner, bis hin zu denen, die man für würdig hielt, mit einer Biographie bedacht zu werden, auch nur Menschen waren. So hat Leslie Stephen mit Blick auf das *Dictionary of National Biography* Lebensbeschreibungen als «zu lang und zu götzendienerisch» abgelehnt, und sein Nachfolger Sidney Lee prägte das inoffizielle Motto ihres ehrgeizigen Unternehmens: «Es wird gebeten, von Blumenspenden Abstand zu nehmen.»[40] Entgegen ihrem Ruf waren die Bürger des 19. Jahrhunderts, zumal gegen Ende der Epoche, durchaus in der Lage, die Wirklichkeit zu großen Teilen zu verkraften. Daß ihre realistische Veranlagung in mancher Hinsicht zu der verbohrten Verachtung von Individuen, sozialen Klassen oder Nationen, die sich aus irgendeinem Grunde bei ihnen unbeliebt gemacht hatten, nicht so recht passen wollte, belegt nur, daß sie sich in der gleichen Weise menschlich verhielten wie jene Personen, deren Lebensbeschreibungen sie lasen.

4. Der Preis der Professionalisierung

Anders als die Biographen, deren Verhältnis zu ihrem bürgerlichen Publikum relativ unkompliziert war, sahen sich die Historiker, die an der Definition ihres Berufsbildes arbeiteten, ungleich größeren Spannungen ausgesetzt, Spannungen in ihrem Verhältnis zu anderen und Spannungen in ihnen selbst. Es wird sich zeigen, daß sie eine ambivalente Rolle spielten, weil auch sie, insofern sie die Autobiographie ihrer Gesellschaft schrieben, an der Suche des 19. Jahrhunderts nach dem Selbst teilhatten.

Erinnerungsstücke an vergangene Tage, mögen diese nun länger oder weniger lang zurückliegen, sind natürlich nicht nur in gedruckter Form überliefert. Man findet sie überall, und sie sind auch allen zugänglich: Denkmäler, Plätze, Nationalfeiertage, Ansprachen, bei denen Vaterlandsliebe gepredigt wird – all dies vereinte im 19. Jahrhundert gebildete wie ungebildete Bürger zu einer sich selbst beweihräuchernden Gemeinschaft. Der 4. Juli gab den Amerikanern jedes Jahr Gelegenheit, sich selbst als das unabhängigste aller Völker zu feiern, der 14. Juli erweckte regelmäßig aufs neue den Stolz der Franzosen über den Sturz des Ancien Régime. Allerdings waren die Mittelschichtangehörigen, was das Verständnis der Vergangenheit betrifft, zwangsläufig besser informiert und auch urteilsfähiger als ihre Landsleute aus den niederen Schichten. Dem Bürgertum standen reichlich Gelegenheiten zu Gebote, sich in der Geschichte häuslich einzurichten, und viele machten davon ausgiebig Gebrauch.[1]

Freilich waren die Verkaufszahlen für Geschichtswerke mit den Jahren nicht mehr ganz so eindrucksvoll wie zu Anfang. Die Lektüre von Biographien erwies sich demgegenüber als eine eher anspruchslose und daher vergnüglichere Art, seine Mußestunden zu verbringen, die eigene Phantasie zu beflügeln oder seinen Geist zu schulen. Anfangs hatten Historiker mit ausgeprägtem, literarischem Talent und einer eingängigen Botschaft mit einer riesigen Leserschaft gerechnet. So kam etwa Macaulays *History of England* Mitte der 70er Jahre, ein Vierteljahrhundert nach dem Erscheinen der ersten beiden Bände, auf annähernd 300000 verkaufte Exemplare, worunter teure wie preiswerte, reguläre und nachgedruckte Ausgaben gefaßt sind.[2] Zugegebenermaßen war der Anklang, den Macaulays Meisterwerk fand, geradezu sprichwörtlich zu nennen. Er hatte allerdings auch darauf hingearbeitet; schon 1841 hatte er verkündet: «Ich bin nicht zufrieden, bevor ich nicht etwas zustande gebracht habe, das für ein paar Tage den neuesten Moderoman von den Nachttischen der jungen Damen verdrängt.»[3] Auch andere schreibgewandte Autoren hatten es auf eine beträchtliche Auflagenhöhe gebracht. So verkaufte sich John Lothrop Motleys dreibändiges Werk *The Rise of the Dutch Republic* von 1856, ein Hymnus auf das historische Streben der Niederländer nach Freiheit, innerhalb eines Jahres 30000 Mal.[4] Und auch J. R. Greens 1874 veröffentlichte *Short History of the English People* ebenso wie deren ausführlichere Fassung in vier Bänden, die er im unmittelbaren Anschluß an jene zu Papier brachte, fanden in Großbritannien und den Vereinigten Staaten sage und schreibe Hunderttausende von Lesern. «Das Buch», so schrieb Lord Bryce, «war für Gebildete gerade philosophisch genug und für Schuljungen gerade populär genug gehalten.»[5] Bücher wie diese waren allerdings erfreuliche Ausnahmen.

Faktisch indessen war das Schreiben ernsthafter Geschichtswerke ein schweres Geschäft für den, der seinen Lebensunterhalt damit verdiente. So machte etwa Henry Adams anläßlich seiner Vertragsverhandlungen mit Charles Scribner über die Fertigstellung der ersten Bände seiner großartigen und erschöpfenden Darstellung der Amtszeit der Präsidenten Jefferson und Madison – für die er im übrigen nur mit einem kleinen, exklusiven Lesepublikum rechnete – die sarkastische Bemerkung, daß die Geschichtsschreibung seit je «die aristokratischeste literarische Sparte gewesen ist, da der Historiker ebenso reich wie gebildet sein muß». Er hatte nur zu recht, zumindest, was ihn selbst betraf: innerhalb eines Jahrzehnts wurde sein Werk allerhöchstens 3000 Mal verkauft.[6] Wenn die Historiker denn also auch weiterhin zur Formung des bürgerlichen Weltbildes ihren Beitrag leisteten, dann weitgehend auf indirektem Wege, nämlich durch Vorträge, durch treu ergebene Schüler, volkstümliche Ausgaben von Fachtexten und durch die geistige Autorität, die einflußreiche Leser ihrer Werke in ihrem jeweiligen kulturellen Umfeld ausübten. Schließlich waren sogar die Bände der *Histoire de la France moderne* von Jules Michelet nur in wenigen tausend Exemplaren verkauft worden.

Aber es gab die Zeitschriften, die Geschriebenes unter die Leute brachten. In ihnen wurden historische Werke in voller Länge besprochen. Sie fütterten das Bewußtsein ihrer Leser für Geschichte mit ausgemacht parteilichen Beiträgen. Berühmte Historiker feierten sie mit achtunggebietenden Epitheta. Die Seiten von Monats- oder Vierteljahrzeitschriften sowie von Journalen, die sich der Bildung annahmen, hallten wider von Kontroversen darüber, welche Art von Vergangenheit Kindern, Heranwachsenden und Studenten vermittelt beziehungsweise von ihnen ferngehalten werden sollte. Die emotional aufgeladenen Streitereien über den angemessenen Anteil an Patriotismus oder den der Religion im Studium der Geschichte gebührenden Platz bezeugen ja gerade, wie ernst das Bürgertum den Inhalt von Geschichtsbüchern nahm, wie unablässig man sich über deren Einfluß auf die Jugend Gedanken machte.[7] Die vorherrschende Psychologie in Sachen Bildung war simpel: historische Schriften, wie etwa Biographien, formen den Charakter der Leser, womöglich für ein ganzes Leben; folglich müssen die Schößlinge in die richtige Richtung gebogen werden. Geschichte, so schrieb denn auch der nationalistische preußische Historiker Johann Gustav Droysen, ist ein Prozeß, der der Selbsterkenntnis dient; «Geschichte ist das Bewußtwerden und das Bewußtsein der Menschheit über sich selbst».[8] Der Anspruch war unausgesprochen, aber er reichte weit: die Wahrheiten, die die Historiker über die Vergangenheit herausfinden und übermitteln, machen die Ausstattung der Innenwelt ihrer Zeitgenossen aus.

Als indessen die Historiker dazu übergingen, sich als eigener Berufsstand mit strengen Regeln zu konstituieren, da wurden sie von Rezensenten – darunter einigen, die selbst Historiker waren – der bewußten Absetzung vom breiten Lesepublikum der Mittelschichten bezichtigt. Trugen sie mit langweiligen Monographien und unlesbaren Kompendien nicht willentlich zur Ausdünnung ihres Leserkreises bei? Kam es am Ende nicht darauf hinaus, daß sie sich nur noch an ihresgleichen wendeten? Das Wissenschaftsideal, dem die meisten von ihnen anhingen, erwies sich somit – ganz im Gegensatz zu den Erwartungen seiner glühendsten Verfechter – als weitaus kostspieliger für sie. Es ist eigenartig, aber in eben dem Augenblick, als das professionelle Selbstverständnis und auch Selbstvertrauen der Historiker sich stärker auszubilden begann, schien die Zahl ihrer Leser zu schwinden. So ergab sich um die Jahrhundertwende eine paradoxe Situation, die sich die Historiker innerhalb der bürgerlichen Kultur selbst geschaffen hatten.

Eine logische Folge der Umbildung der Geschichtswissenschaft zu einer eigenen Profession im 19. Jahrhundert war deren Emanzipation von der Biographie. In den ersten Jahrzehnten noch waren prominente Autoren nicht müde geworden, Geschichtsschreibung als Biographie auf einer mit viel mehr Personen angefüllten Leinwand zu bestimmen, und sie waren damit kaum auf Widerspruch gestoßen. Carlyles oft zitierter Satz «Geschichte ist das Konzentrat ungezählter Biographien» und ebenso Emersons These «Es gibt eigentlich keine Geschichte, nur Biographie» waren Ausdruck einer allgemeinen Überzeugung.[9] Gewiß blieben die beiden Disziplinen lange Zeit eng miteinander verflochten: Noch ein in so starkem Maße selbstbewußter, handwerklicher Könner wie Ranke, dessen vorrangiges Thema der Zusammenprall der Großmächte in der frühen Neuzeit war, arbeitete in seine umfangreichen Geschichtswerke über die Päpste, die Reformation, über England, Frankreich und Preußen Charakterskizzen ein. Und Motley, der bekanntlich einer der meistgelesenen Historiker des Jahrhunderts war, machte aus seiner gewissenhaften Darstellung des Aufstands der Niederländer gegen die spanische Oberherrschaft letztlich einen Kampf zweier herausragender Persönlichkeiten, nämlich Wilhelms von Oranien und Philipps II. von Spanien, und durchsetzte seinen Text mit Dutzenden von Privatporträts unbedeutenderer Akteure des Geschehens.[10] Michelet verbrachte sein Berufsleben als Historiker damit, die Kollektivbiographie des französischen Volkes zu schreiben. Und Heinrich von Sybel, der Gründer der *Historischen Zeit-*

schrift, beschrieb anläßlich eines Überblicks über den seinerzeitigen Stand der historischen Wissenschaft in den deutschen Ländern die Biographie als einen «Zweig der Geschichtsschreibung», der, wie er freudig anmerkte, in jüngster Zeit zu kräftigem Leben erblüht war.[11]

Diese Beinahe-Gleichsetzung von Biographie und Geschichtsschreibung konnte nicht unwidersprochen bleiben. Es meldeten sich schwerlich zu überhörende Stimmen, die die These vertraten, daß jede ernsthafte Biographie einer epochemachenden Gestalt – etwa Luther oder Cromwell oder Napoleon – die Geschichte ihrer jeweiligen Zeit sein müsse.[12] Während die Carlyles und Motleys ihre über die Vergangenheit gebietenden Giganten aufmarschieren ließen, nahmen konkurrierende Auffassungen über das Kausalprinzip in der Geschichte, die den Einfluß des Individuums eher gering einschätzten, an Bedeutung zu. Tocquevilles revisionistische Studie zu den Auswirkungen des Ancien Régime auf die Französische Revolution oder Marx' sarkastische Kommentare zu den jüngsten Ereignissen in Frankreich, in denen er die mächtigsten Personen der Zeitgeschichte als bloße Marionetten beschrieb, rückten unpersönliche Kräfte in den Vordergrund. Nach ihren Vorstellungen waren widerstreitende Glaubensüberzeugungen, starre Institutionen, Entwicklungen in der Struktur von Wirtschaft und Gesellschaft und der Zusammenprall der Klassen die wirklichen Antriebe für gesellschaftliche Veränderungen. Auch für Historiker, die weder Tocqueville noch Marx Gefolgschaft leisten mochten, galt letztlich jenes «große historische Prinzip» als erwiesen, daß es – nach John Morley – «neben den herausragenden Männern einer Generation etwas gibt, was unterirdisch am Werke ist, ein sich ständig bewegender Strom, aus dessen Fluten sie geboren werden».[13] Diese Überzeugung machte die Biographie zwar nicht zu etwas Minderwertigem, wies ihr aber gleichsam den ihr zukommenden Platz zu. Mit einem Wort, die Anforderungen der Spezialisierung drückten der Erforschung der Vergangenheit ihren Stempel auf. Gegen Ende des Jahrhunderts wilderten nur noch wenige Historiker beziehungsweise Biographen auf jeweils fremdem Grund. Daß dies der Biographie im Wettstreit um die Gunst der Leser einen ausgesprochenen Vorteil gegenüber der Geschichtsschreibung verschaffte, war dann freilich eine andere Sache.

Insofern sich die Historiker des ausgehenden 19. Jahrhunderts den Zwängen der modernen Arbeitsteilung unterwarfen, paßten sie ihr Tun dem akademischen Betrieb mit seinen strengen Obliegenheiten ein.[14] Zwar überlebte der wohlhabende Dilettant bis in die zweite Jahrhunderthälfte hinein, aber die meisten Leuchten der Zunft hatten einen Lehrstuhl an den Universitäten. Jared Sparks und Lord Acton, Leopold von Ranke und Jacob Burckhardt, Jules Michelet und F. W. Maitland, Fustel de Coulanges und Theodor Mommsen hatten allesamt eine Professur. In ihren Anfangsjahren waren sie noch für ungeheure Bereiche der Vergangenheit zuständig gewesen; so hatte Sparks, der erste Professor für Geschichte an einer amerikanischen Universität, im Jahre 1839 die McLean-Professur für Alte und Moderne Geschichte in Harvard erhalten. Gegen Ende des Jahrhunderts war jedoch eine derartige obligatorische Allwissenheit undenkbar geworden: 1892 wurde in Harvard, in Anerkennung der neuen Realitäten, der erste Lehrstuhl für Wirtschaftsgeschichte eingerichtet.

Die Zunft machte eine einschneidende Entwicklung durch. Noch in den 60er Jahren waren die Geschichtsprofessoren an der Sorbonne verpflichtet, im Turnus alte, mittelalterliche und neue Geschichte zu lesen, aber bereits um diese Zeit ergingen an den Universitäten von Oxford und Cambridge erste Berufungen auf die 1724 ins Leben gerufenen, sogenannten Regius-Professuren, also mit Königlichem Patent gestiftete und patronierte Lehrstühle, für die Geschichte der Neuzeit, die lange Zeit eine Pfründe von Dilettanten wie Charles Kingsley gewesen waren, an seriöse Wissenschaftler. Damit war das altehrwürdige Bündnis von Geschichte und Literatur ernsten Belastungen ausgesetzt. In allen Ländern entstanden nach und nach historische Gesellschaften, die zugleich auch Zeitschriften herausgaben: so wurde die *Historische Zeitschrift* 1859 gegründet, die *Revue historique* folgte 1876, zehn Jahre später die *English Historical Review* und 1895 die *American Historical Review*. Andere Errungenschaften, die im Zuge dieser galoppierenden Professionalisierung massenhaft aufkamen, waren Kongresse und Konferenzen für Historiker, die denn auch nicht lange auf sich warten ließen. Nur ein paar Kassandren fühlten sich zu der Warnung bemüßigt, daß dies der Sieg nicht der Wissenschaft, sondern des Protzens mit Wissen sei.[15]

Eine aufschlußreiche Episode, die sich zu Anfang des Jahres 1903 ereignete, mag diese unerwartete Besorgnis illustrieren. Im Januar des Jahres hielt J. B. Bury im Rahmen seiner Verpflichtungen als Regius-Professor für Geschichte der Neuzeit in Cambridge seine Antrittsvorlesung, die er mit einigen streitbaren Thesen gespickt hatte. «Geschichte», so sagte er, «ist kein Zweig der Literatur.» Soweit sich historische Werke literarischer Kunstfertigkeit befleißigen, ist dies lediglich ihre ansprechende Aufmachung. Zur Stützung seiner Behauptung bot Bury das Beispiel Theodor Mommsens, «des größten lebenden Historikers», auf. Natürlich war ihm wie seinen Hörern bewußt, daß Mommsen soeben den Nobelpreis für Literatur erhalten hatte, aber dies machte ihn für seine Argumentation nur um so brauchbarer. «Mommsens Ansehen als großer Literat beruht auf seiner Römischen Geschichte; seine Größe als Historiker ist indessen weitaus weniger in jenem bestechenden Opus als vielmehr in

seinem *Corpus*, im *Staatsrecht* und in den *Chroniken* zu suchen», den
unvergänglichen Monumenten von Mommsens stupendem, wissenschaftlichen Fleiß und seinem Talent zur Organisation des Stoffs. Und
Bury schloß mit dem berühmten Satz, daß die Geschichte «wohl Material
für die literarische Gestaltung oder die philosophische Spekulation bei-
steuert, sie selbst aber ist bloß eine Wissenschaft, nicht mehr und nicht
weniger».[16]

Zu Burys Hörern zählte auch George Macaulay Trevelyan, der damals
Mitte Zwanzig war und später ein äußerst einflußreicher und auflagen-
starker Historiker in seinem Land werden sollte. Er war der Sohn von
George Otto Trevelyan und Großneffe von Thomas Babington Macaulay
und daher mit zwei Historikervorfahren verwandt, die beide für ihre
literarische Ader bekannt waren. Aufgebracht über das, was er für eine
Verunglimpfung des guten Stils und, ineins damit, zweier wissenschaftlicher Leuchten seiner Familie von seiten Burys hielt, ließ er eine scharfe
Erwiderung vom Stapel. Zehn Jahre später überarbeitete er jene vehemente Antwort, tilgte daraus Burys Namen und trug ein entschlossenes
Plädoyer für die Geschichte als Kunst vor. Er gemahnte seine Historikerkollegen an jene uralte Wahrheit, die bei seiner Generation in Vergessenheit geraten war, daß nämlich Klio letztlich eine Muse ist. «Wenn denn,
wie man uns immer wieder so fröhlich erzählt, die Tage der ‹literarischen
Geschichte› vorbei sind und niemals wiederkehren», so sein Mahnwort,
«dann bleibt uns eine ärmere Welt zurück.» Verschmähen die Historiker
ihre Muse, dann begeben sie sich eben jener Autorität, über die sie einst
geboten hatten.[17] Romanschriftsteller und Bühnenautoren hatten sich
von jeher eines besonderen Einflusses erfreut; jetzt aber überflügelten sie
mit Leichtigkeit die Historiker als Präzeptoren ihrer Gesellschaft.

Zwar erkannte Trevelyan an, daß der Wandel vom Liebhaber der Geschichte zum berufsmäßigen Historiker der Zunft handfeste Vorteile ein-
getragen hatte. Aber er meinte, die neuen, wissenschaftlichen Historiker
seien nur allzu leicht bereit, mit ihrer begrenzten Optik, ihren staub-
trockenen Fußnoten und ihren Statistiken dem treffenden Wort den
Garaus zu machen. Es seien dies aber falsch angelegte und im Grunde
schädliche Heilmittel gegen die eingebildeten Gefahren der Literatur.
«Wie kann den allen Ernstes Geschichte eine ‹Wissenschaft› sein?»[18] Völlig unmißverständlich war, wen Trevelyan damit aufs Korn nahm: den
Professor, der es gewagt hatte, sein Metier auf eine Wissenschaft her-
unterzubringen. Der und kein anderer war seine Zielscheibe.

Es war nicht abwegig, sich mit der Frage des Stils zu befassen. Jahrhundertelang waren die Historiker Diener der Theologie gewesen, die den
Gläubigen, oft in plumper Prosa, das Leben von Heiligen und Königen

nahebrachten, den durch göttlichen Willen bestimmten Gang der Weltgeschichte nachzeichneten und für die Nachwelt heilige Texte aufbewahrten. Mit der Aufklärung indessen war geschriebene Geschichte zu einem bewußten literarischen Geschäft geworden. Die philosophischen Lehrmeister des 18. Jahrhunderts hatten einer wie der andere elegante Geschichtswerke geschrieben, die ihnen eine aufgeschlossene Leserschaft sicherten. Ihre lautstarken Kritiker, zumeist gute Christen, die über die Gottlosigkeiten bestürzt waren, die Ungläubige wie Hume, Voltaire und Gibbon in ihren Schriften verbreiteten, mußten einräumen, daß sie zumindest gut schrieben – zu gut.

Die stilistische Eleganz der *philosophes* hatte ein Nachleben bis ins 19. Jahrhundert hinein, bis in die Zeit, da auch Historiker um jene Anerkennung zu buhlen begannen, die allein die Naturwissenschaftler auf sich zu sammeln schienen. Über Jahrzehnte hin hatten sie die Zuversicht, daß sie die konkurrierenden Ansprüche makelloser Stilsicherheit und exakter Wissenschaftlichkeit würden versöhnen können. Schon 1828, also Jahre bevor er überhaupt daran dachte, eine Geschichte Englands zu schreiben, legte Macaulay, in seiner für ihn typischen Einstellung, für sich den Grundsatz fest, daß «ein vollkommener Historiker eine Einbildungskraft besitzen muß, die kraftvoll genug ist, um seine Schilderung ergreifend und anschaulich werden zu lassen. Gleichwohl muß er sie so sicher im Zaume halten, daß er sich mit dem Stoff, den er vorfindet, zufrieden gibt und davon absteht, Mängeln durch eigene Zusätze abzuhelfen.»[19] Dies also war der Mann, der eine mit Romanen wetteifernde Geschichte schreiben sollte; für ihn lag der einzige Unterschied zwischen einer Geschichtsdarstellung und einem Roman darin, daß eine Geschichte wahr ist. Beide freilich waren literarische Hervorbringungen.

Auch Ranke sah keinerlei Widerstreit zwischen der Treue zur Wissenschaft und der zur Literatur.[20] Gleichwohl äußerte Burckhardt während seines Studiums bei Ranke in Berlin einige Zweifel, ob sein Lehrer dieses Problem so erfolgreich gemeistert habe, da er doch «seiner herrlichen Darstellung viel, sehr viel [von der Wahrheit] aufgeopfert» habe.[21] Ranke selbst indessen verspürte nie die Notwendigkeit, zwischen Form und Inhalt zu wählen. «Die Aufgabe des Historikers (...)», so schrieb er in seiner Geschichte Frankreichs, «ist zugleich literarisch und gelehrt; die Historie ist zugleich Kunst und Wissenschaft.»[22] Indes zeigen die ernsthaften Auseinandersetzungen der Historiker über das grundlegende Wesen ihres Metiers, daß die Verwirklichung dieser zweifachen Zielsetzung nicht so einfach sein würde.

Der Wendepunkt für die Art von Haltung, die für die Arbeit des Historikers als angemessen angesehen wurde, jener Wandel von gefühlsbetonter Selbstdarstellung zur sachlich-nüchternen Hintanstellung der eigenen Person, trat einige Zeit nach der Jahrhundertmitte ein. Vor diesem Umbruch war es die Regel, daß die Geschichtsschreiber Spuren einer romantischen Veranlagung in ihrer Darstellung hatten zum Ausdruck kommen lassen, wenn sie Geschichte als eine großartige, abwechslungsreich epische Gelegenheit zur Darbietung literarischer Talente und sittlicher Urteile behandelten. Aber es war ein Hinweis darauf, daß sich die Zeiten nach den 50er Jahren änderten, wenn nunmehr der selbstbezügliche und selbstbezogene Singular der ersten Person, den die Historiker bis dato mit so viel Stolz zur Geltung gebracht hatten, diskret ins Vorwort verbannt wurde. Noch 1848 konnte Macaulay den ersten Band seiner umfangreichen *Geschichte Englands* mit der eigenen Person anfangen lassen: «Ich beabsichtige, die Geschichte Englands von der Thronbesteigung König Jacobs II. bis hinunter in die Zeit zu schreiben, an die das Gedächtnis manch eines noch heute Lebenden wohl heranreicht.» Vier Jahrzehnte später eröffnete Henry Adams seine noch umfangreichere *Geschichte der Vereinigten Staaten unter der Präsidentschaft von Thomas Jefferson und James Madison* mit einem Satz, der in scharfem Kontrast dazu stand: «Nach der Volkszählung von 1800 wohnten 5 308 483 Personen auf dem Gebiet der Vereinigten Staaten von Amerika.» Die schier unübersehbare historische Literatur des bürgerlichen Zeitalters war überreich an Gegenströmungen, die allgemeine Tendenz indessen war unmißverständlich, und die hieß Wissenschaft, wenn nicht immer in der Sache, so doch im Vorsatz. Die Bürger, die ja nahezu die gesamte Leserschaft dieser Literatur darstellten, waren also Gewinner und Verlierer zugleich.

Zu jener Zeit, als Trevelyan seinen Einspruch vortrug, unterstellte er, daß der Bund von Literatur und Wissenschaft im Grunde auseinandergebrochen war. Seine Pfeile auf Bury zu richten, das kam mithin einem Schattengefecht gleich: er hatte sich einfach den falschen Gegner vorgenommen. Bury, der mit seinen zitierwürdigen Merksätzen nur so um sich warf, hatte zweifellos statt vernünftiger Parteinahme dramatische Effekthascherei betrieben, aber ein Kompilator furchteinflößender Abhandlungen war er nicht. Bury hatte einen Gelehrten zum Lehrherrn und besaß eine notorische Energie, eine vorurteilsfreie Neugier und ein beneidenswertes Talent für Sprachen. Er war in den entferntesten Winkeln des alten Griechenland und Byzanz ebenso zu Hause wie im Umkreis abendländischen Denkens quer durch die Zeiten. Er hatte Euripides herausgegeben und Gibbons *Decline and Fall of the Roman Empire*, beides anerkannte Leistungen. Er hatte aber auch seine Fähigkeit zur Popularisierung unter Beweis gestellt: seine *Geschichte Griechenlands*, als Erstveröffentlichung im Jahre 1900 erschienen und danach mehrmals überarbeitet, zeigt ihn als einen unaufdringlichen Mentor des gewöhnlichen Lesers. Trevelyans polemische Erwiderung war denn auch nicht weniger übertrieben als Burys kritische Spitzen gegen Zunftgenossen, die das Verlangen der Leser nach unterhaltsamen Geschichten, erbaulicher Belehrung und ungetrübter Information von oben herab behandelten. Er räumte aber doch ein – und das klang sehr nach Macaulay –, daß der Geschichte ein «Element» von beidem, von Wissenschaft und Kunst, zu eigen sei.[23] Er strafte seinen Pessimismus über die in der Zunft eingerissenen Zustände sogar Lügen, wenn er immerhin zugestand, daß ein Übereinkommen zwischen literarischen und wissenschaftlichen Historikern durchaus noch im Bereich des Möglichen liege.

Der literarische Stil konnte zwar, wie Jacob Burckhardt, eine der Zierden des Berufsstandes, herausfand, eine Menge dazu tun, um einem Werk Breitenwirkung zu sichern, aber er war nicht alles. Was die feste Überzeugung betraf, anständige Geschichtsbücher zu schreiben, stand Burckhardt gewiß niemandem nach, aber schon 1842, zu Beginn seiner Laufbahn, gelobte er, daß er an seinen literarischen Pflichten keinerlei Abstriche zulassen werde: «Ein Gelübde habe ich mir gethan: mein Lebenlang einen lesbaren Styl schreiben zu wollen (...).»[24] Seine *Kultur der Renaissance in Italien*, ein Klassiker der Geschichtsschreibung, ist denn auch Beweis genug, daß er dieses sich selbst abgenommene Versprechen gehalten hat. Und doch hat dieses höchst originelle Werk, das sich eines ganz erstaunlichen, posthumen Ruhms erfreuen konnte und als sein Meisterwerk gelten kann, lange Zeit nicht das Interesse des Publikums gefunden. Die anfängliche Aufnahme des Buches war frostig. Es gab nur wenige Besprechungen, kaum ein Historiker las es.[25] Ein Freund Burckhardts hatte es gegen Ende des Jahres 1860 veröffentlicht, im Frühjahr des Jahres 1862 waren erst 200 Exemplare verkauft; die Gesamtauflage von 750 Exemplaren war auch nach mehreren Jahren noch nicht vergriffen. 1868, als ein neuer Verleger eine zweite Auflage erbat, war das Buch schon einige Zeit unauffindbar. Ganz allmählich dann fand es neue Leser, und um 1885 lagen schließlich Übersetzungen ins Italienische, Englische und Französische vor.

Wie kam es zu dieser Verzögerung? Das zentrale Thema von Burckhardts Kulturgeschichte war ein grundlegender Wandel im Denken: er sah in der Renaissance, mit ihrer Entdeckung der Geschichte, der Antike und des modernen Menschen, die unmittelbare Vorläuferin seines eigenen Zeitalters. In Anbetracht der Verachtung, die Burckhardt für die Roheit und Rastlosigkeit seiner Zeitgenossen empfand, war dies ein zweideutiges Kompliment. Dementsprechend hätte eine sympathetische Lektüre der *Renaissance in Italien* den bürgerlichen Leser genötigt, die eigene Innenwelt mit all ihren Ungereimtheiten und Komplikationen genauer unter die Lupe zu nehmen. Indessen blieb die Relevanz des Buches auch und gerade für die Denkweise des viktorianischen Bürgertums Jahrzehnte über unbemerkt. Bedenkt man das feine Gespür des Werkes und seine anschaulichen, oft melodramatischen Passagen, dann sieht dieses Versäumnis verdächtig nach einer mehr oder weniger unbewußten Abwehr der Selbsterforschung aus. In einer seiner düstersten Prognosen hatte Burckhardt vormals vor der Heraufkunft der «schrecklichen Vereinfacher» gewarnt, und er hatte damit die Demagogen gemeint. Aber der Satz wirkte wie eine Kritik an den geistig am Mittelmaß ihr Genügen findenden Bürgern, die dem leichtverdaulichen Macaulay den Vorzug vor dem eher anspruchsvollen Burckhardt gaben. Und so konnten denn die viktorianischen Bürger gegen feinsinnige Gedankenleser, die mehr über sie zu erzählen vermochten, als sie eigentlich wissen wollten, durchaus ungnädig sein. Noch 1911, vierzehn Jahre nach seinem Tod, räumte die *Encyclopaedia Britannica* Burckhardt nicht mehr als eine routinemäßige, noch dazu fehlerhafte halbe Spalte ein – ein Siebtel des Platzes, der Ranke zustand – und bezeichnete ihn als «schweizer Kunstschriftsteller».[26]

Nichts von dem bisher Gesagten sollte allerdings als Hinweis darauf verstanden werden, daß die Geschichtsschreibung sich jeden Zugang zur Innenwelt des bürgerlichen Publikums verbaute. Ganz im Gegenteil: Wenn man manche Bürger hörte, dann hatte ihr Jahrhundert das Bewußtsein für Geschichte allererst erfunden. Dieser Anspruch ist ein Beispiel für die Selbstverblendung, der Zeiten auftrumpfender Selbstsicherheit leicht verfallen: das Gefühl für die Kluft gegenüber der Vergangenheit, für ihr pures Anderssein, geht letztlich auf die frühe Renaissance zurück. Allerdings kann man, nach der Flut von Geschichtsbüchern zu urteilen, die auf den Markt kamen – wie sehr diese auch im Beliebtheitswettbewerb gegenüber den Biographien zurückstecken mußten –, durchaus zugestehen, daß das 19. Jahrhundert vor allen anderen das historische Jahrhundert war. Geschichtsbücher wurden im Schulunterricht zugrunde gelegt, von Leuten gelesen, auf die es ankam, in Debatten und Rechtsgutachten zur Stützung einer These herangezogen; Geschichte und Geschichtsschreibung waren mithin in vieler Munde und in noch mehr Köpfen.

Als Brücke, über die im 19. Jahrhundert die Leser von Geschichtsbüchern den Historiographen unschwer zu folgen vermochten, diente eine professionelle Angewohnheit der Historiker, nämlich die einfühlende Identifizierung. Sie ist ein vielschichtiger, geistiger Akt, der um so schwerer zu fassen ist, als er zum Teil unbewußt abläuft. Ihre ersten, undifferenzierten Regungen treten sehr früh im Leben auf, und im Laufe der Zeit führen ihre Verästelungen zu einem reichhaltigen Repertoire an Gedanken und Gefühlen. In ihrer vernünftigsten Form ist Identifizierung ein Einfühlungsvermögen, ein Erkennen und Anerkennen vergangener Bewußtseinszustände in ihrem je eigenen Zusammenhang. Wo sie indessen mit größerem Eifer betrieben wird, kann Identifizierung zu einer Umklammerung ausarten, die keinen Unterschied mehr kennt, und in ihrer intensivsten Form sogar zu völliger Verschmelzung mit dem anderen führen. Wie stark sie auch immer war, für die Leser war Identifizierung eine gefühlsmäßige Reaktion, für die Historiker dagegen eine sorgsam austarierte Haltung. Zur Erforschung der Vergangenheit bemühten demnach die Historiker gerade eine Qualität, die die historischen Wissenschaften am nachhaltigsten von den Naturwissenschaften unterscheidet, die Identität nämlich des Wissenschaftlers mit seinem Stoff. Diese äußerste Vertrautheit war der Schlüssel für außerordentliche Einsichten. Die Leser historischer Werke hatten, auch wenn sie über deren bloße Feststellung nicht hinauskamen, ihren Vorteil von dieser differenzierten Innerlichkeit: für sie war sie die Garantie, daß sie unter solch sachverständiger Führung keine kostümierte Erörterung von Angelegenheiten des Jetzt und Hier, sondern wahre Geschichte vorgesetzt bekamen.

Es gab Zeiten, in denen diese Form der einfühlenden Identifizierung sich bis zu einer geradezu dramatischen Intensität steigerte. So hat etwa Fustel de Coulanges – auf dem Gipfelpunkt seiner Karriere als geachteter Historiker des alten Griechenland und des französischen Mittelalters – einmal eine aufrichtige Warnung ausgesprochen, um, gegen Schluß einer seiner berühmten Vorlesungen, Beifallsrufe seiner Studenten abzuwehren. «Applaudieren Sie nicht mir», so bat er sie, «denn nicht ich spreche zu Ihnen; die Geschichte spricht durch mich.»[27] Ganz offensichtlich war Fustel von der Überzeugung durchdrungen, daß Klio ihn zu ihrem auserwählten Sprecher bestellt habe. Diese Geste edler Zurückweisung jedweder Wichtigtuerei sieht verdächtig nach heimlicher Prahlerei aus, sie war aber letztlich, weit entfernt von jeder Anmaßung, eine erlernte Einstellung höherer Bescheidenheit. Wir werden sehen, daß die Historiker des 19. Jahrhunderts der Ansicht waren, daß, wenn sie nur in der rechten Weise geführt werde, die Auseinandersetzung mit der Gegenwart zu einem Schlüssel werden könne, der den Zugang zur Vergangenheit eröffne.[28] Um so zuversichtlicher waren sie, daß ihre Identifizierung mit der Vergangenheit kein Mangel sei, der der Korrektur bedürfe, sondern, bei allem Risiko, eine großartige Voraussetzung für die Einsicht in Geschichte; nicht weniger erhofften sie als das überwältigende Bewußtsein, in Augenblicke oder Gestalten der Geschichte einzutreten. Dieses ersehnte Dabeisein, diese Vergegenwärtigung der Vergangenheit wurde Teil ihrer mühsam errungenen Identität als professionelle Historiker.

Fustels dringliche Bitte an seine Studenten war freilich ein Höhepunkt, nicht ein Anfang. Über wenigstens zwei Generationen hatten Historiker sich dem Gefühl hingegeben, sie seien im Besitz der Vergangenheit. Der einfühlsamste und theatralischste unter ihnen tat gar so, als sei er von der Geschichte besessen. Augustin Thierry liefert uns dafür einen frühen schriftlichen Beleg. In seinen *Lettres sur l'histoire de France* aus dem Jahre 1827, eine Huldigung an die Bürger des mittelalterlichen Laon, fragt er sich, ob – und das heißt: er hofft, daß – die Leser seine Sympathie für die «unbekannten Namen jener Geächteten des 12. Jahrhunderts», die er gerade aufgezählt hatte, teilen werden. «Ich muß sie immer wieder lesen und wiederholt aussprechen, als ob sie mir das Geheimnis dessen enthüllen könnten, was die Männer, die jene Namen trugen, siebenhundert Jahre zuvor fühlten und ersehnten.»[29] So war es den Historikern wie ihren Lesern gleichermaßen möglich, durch eine wundersame Hingabe an die Vergangenheit eine lange entschwundene innere Welt wieder zum Leben zu erwecken.

Nicht alle Historiker identifizierten sich so ungestüm mit der Übermacht der Vergangenheit. Alle aber verteidigten sie ihr Metier als die Vermittlungsinstanz *par excellence* menschlicher Erfahrung von Generation zu Generation. Sie betätigten ihre zugleich freie und gezügelte Einbildungskraft, um das eigene Leben in weit entfernte Jahrhunderte hinüberreichen zu lassen. Geringfügiges gemahnte sie unmittelbar an Bedeutungsvolles. «Kaum betrete ich die Straße», schreibt Macaulay 1831, als er bereits ein gewandter Essayist war, «da bin ich auch schon in Griechenland, in Rom oder mitten in der Französischen Revolution. Die Genauigkeit der Daten, Tag oder Stunde, zu denen ein Mann geboren ward oder starb, wird zur unbedingten Notwendigkeit. Eine unbedeutende Tatsache, ein Satz, ein Wort, alles ist von Bedeutung für meine Geschichte. Pepys Tagebuch gab meiner Phantasie nahezu unermeßliche Nahrung. Jeden Zoll in Whitehall schien ich zu kennen», und er meinte das Whitehall nicht des frühen 19., sondern des späten 17. Jahrhunderts.[30]

Auch Jules Michelet, für den das Schreiben von Geschichte ein einziges rhetorisches Schwelgen war, arbeitete etwa zur gleichen Zeit in dieser Grundstimmung, allerdings mit deutlicherer Anwandlung zum Mystizismus. Bei Betrachtung der Französischen Revolution trat er in einen fesselnden Dialog mit sich selbst ein. «Was ist der Sinn meiner Lehre, so frage ich mich, meiner Geschichte und deren allmächtigem Dolmetsch, dem Geist der Revolution.» Da es ihm nicht genügte, bloßer Zuhörer zu sein, ernannte er sich zu Klios Bauchredner: «Lebendiger Geist Frankreichs, wo soll ich dich fassen, wenn nicht in mir selbst?» In seinem Tagebuch sprach er mit leiser Verzweiflung von dem «unmöglichen Ideal der Einfühlung», aber, ansprechend auf die hartnäckigen Echos vergangener Zeiten, mühte er sich heroisch, jenes Ideal zu erreichen, indem er abwechselnd zum Geist der Revolution, des Volkes oder seines geliebten Frankreich wurde.[31]

Mit seiner exaltierten, beinahe hypnotischen Prosa suchte Michelet deutlicher als die meisten seiner Kollegen die eigene Identifikation mit der Vergangenheit einem allgemeinen Leserkreis zu vermitteln. Historische Werke mit literarischem Anspruch, in markantem Unterschied zu den Monographien, die Trevelyan so fürchtete, aber gleich den Biographien, denen sie so ähnlich waren, hielten ihre Leser dazu an, sich heldische Gestalten zum Vorbild zu nehmen oder, womöglich noch überspannter, deren Platz einzunehmen. In Augenblicken des Hochgefühls war der Leser eines Geschichtsbuchs ein Luther, der die 95 Thesen an das Tor der Schloßkirche zu Wittenberg nagelt, oder ein Napoleon, der die Verbündeten bei Austerlitz zu Paaren treibt. Waren ihre Ansprüche bescheidener, dann konnten sie sich immerhin noch als schlichtere Akteure auf der Bühne der Geschichte fühlen, die als eingebildete Augenzeugen die Vergangenheit nacherlebten, wie sie etwa bei der Erstürmung der Bastille mit anderen kühnen Mannen den Burggraben durchqueren oder bei König Karls I. Martyrium sich der wehklagenden Menge anschließen. Selbst die historische Gestalt zu *sein* oder wenigstens *wie* sie zu sein oder sie immerhin zu *lieben*, das waren drei Möglichkeiten, wie sich das Lesepublikum des 19. Jahrhunderts fühlen konnte, sobald es anschaulich geschriebene Geschichtsbücher zur Hand nahm. Meistenteils waren natürlich derlei Phantasien, soweit man dem Leser seinen klaren Kopf nicht abspricht, ein munteres Spiel, stellte doch die Realität des Alltags in der Regel die nötige Distanz wieder her. Gleichwohl tat es gut, zumindest zeitweilig eine historische Rolle anzunehmen, wobei zudem immer auch neue Kenntnisse heraussprangen oder eigene Überzeugungen bestätigt wurden.

Scharfsichtige Leser merkten indessen alsbald, daß Einfühlung ebensogut eine Falle wie eine Chance sein konnte. Motley etwa ist ein glänzendes Beispiel für einen solchen glücklichen Fehlschlag; glücklich will sagen: im Hinblick auf den Verkauf. Er schrieb sein Buch über den *Aufstieg der Republik Holland* im lebhaften Bewußtsein seines Einfühlungsvermögens – auf das er nicht wenig stolz war – in die Vergangenheit der Niederlande. Motley war ein finanziell unabhängiger, gut betuchter und kluger Mann aus Boston, verwandt mit den besten Familien Neu-Englands, der 1851 mit zwei Romanen und einer Handvoll Essays, die ihm

alle Ehre machten, nach Europa ging und dort von Archiv zu Archiv
reiste. Bei seinem vierjährigen Aufenthalt, den er intensiv mit Lektüre
und dem Verfassen von Entwürfen zubrachte, vertiefte er sich in die
Vergangenheit des Landes, dem seine übergroße Liebe galt. «Zehn Stunden am Tag» sei er beschäftigt, schrieb er im Mai 1852 aus Dresden, und
verkehre «mit Leuten, die drei Jahrhunderte früher gelebt haben».[32]

Während sich Motley im späten Frühjahr 1853 in Brüssel aufhielt,
nahm sein Bericht immer stärker persönliche Züge an. Die vom Hôtel de
Ville beherrschte, prachtvolle Grand-Place zog ihn mit aufwühlenden
Assoziationen in Bann. «Ich muß diesen Platz immer wieder aufsuchen,
denn dort habe ich meinen Auftritt, er ist meine Bühne. Hier fanden so
viele bedeutsame Tragödien statt, so viele erhabene Dramen und auch so
viele Possen, die mir schon so lange vertraut sind, daß ich zwangsläufig in
meiner Vorstellung eine Art Eigentumstitel an diesem Platze besitze.»
Freilich, «die heutige Generation ist mir unvertraut. *En revanche* sind mir
die Toten dieses Platzes die liebsten Freunde», so daß «jeder Geist, der
nächtens über das mondbeschienene Geviert huscht, stracks von mir als
Mensch und Bruder angerufen wird. Ich rufe ihn gleich beim Vornamen».
Mit anderen Worten, er versenkte sich «in vergangene Zeiten» und sah
sich in der Phantasie «wirklich als Zeitgenossen jener Gefährten», über
die er schrieb.[33] Es war herzerhebend, mit den furchtlosen holländischen
Aufrührern in geistiger Gemeinschaft zu leben, die das mächtige Spanien
herausforderten. Motley empfand damals ebenso wie in seinem ganzen
späteren Leben Sehnsucht nach seinem «geliebten Sechzehnten Jahrhundert».[34]

Unwissentlich bezeugt Motley damit ebensowohl die Risiken der
Identifikation wie deren Verheißung. Als er am dritten Band des Zyklus
seiner *History of the United Netherlands* schrieb und beim Tode des
spanischen Königs im Jahre 1598 angelangt war, da genoß er diesen
Augenblick mit schimpflicher Freude. «Vor ein paar Wochen hatte ich das
Vergnügen, Philipp II. zu töten», schrieb er seiner Tochter Lily, «und
habe es ihm in seinem Nachruf tüchtig heimgezahlt.»[35] Motley benutzte,
kurz gesagt, seine Feder wie einen Dolch, um sich an den Feinden von
Vernunft, Fortschritt und Menschlichkeit zu rächen. Es ist denn auch
kein Wunder, daß seine Geschichte bei Metzeleien mit aufrichtiger Empörung verweilt, die ganz nach verhohlener und zweifellos unbewußter
Freude aussieht. Die Blutrünstigkeit der spanischen Regenten und Kom-
turen, ihr Sadismus, der sich als Strenge ausgibt, die Unmenschlichkeit
der spanischen Truppen, wenn sie die Weisungen ihrer Befehlshaber aus-
führten und diese durch abschreckende Extratouren mit Plünderungen
und Mord und Totschlag noch überboten, all dies gibt Motley einige

seiner höchst liebevoll ausgemalten Seiten ein. Identifikation konnte mithin der Aggression in gleicher Weise zugute kommen wie der Erkenntnis.

Höchst pointiert zeigt sich Motleys aggressive Identifikation in seinen Charakterskizzen. Wilhelm von Oranien und Philipp II. sind bei ihm als Verkörperung zweier konfligierender Prinzipien einander entgegengesetzt. Es war nicht eigentlich ein bloßer rhetorischer Trick, den er dabei durchexerzierte; vielmehr legte er seine einst vielgerühmten und wohleinstudierten Tableaus auf allgemeinere Gesichtspunkte hin an und zeichnete seine Protagonisten mit breiten Strichen bis hin zu trivialen, nach seiner Ansicht indessen aufschlußreichen Details des äußeren Erscheinungsbildes. Sagt nicht das Äußere etwas über das Innenleben einer Person aus? So hielt er zum Beispiel bei der Beschreibung der Halbschwester Philipps, Margarete von Parma, die ab 1559 Regentin der Spanischen Niederlande war, ihre männliche Erscheinung einschließlich ihres «berühmten Schnurrbarts auf der Oberlippe»[36] für erwähnenswert. Das war keineswegs als beiläufige Spottbemerkung gedacht, sondern als ein Schlüssel zu ihrem Charakter, gleichsam ein Sinnbild ihrer machiavellistischen Verschlagenheit, die sie bei den Jesuiten gelernt hatte.

Nicht besser kam Philipp II. weg. Der spanische König war das krasse Gegenbild zu Motleys Helden, Wilhelm dem Schweigsamen, den er als einen gebildeten und sprachkundigen Menschen, einen charmanten Gesellschafter, eloquenten Redner, verschwiegenen Zuhörer und unübertroffenen politischen Führer darstellt. Philipps Geist war «unglaublich beschränkt», seine Fähigkeiten lagen «sehr weit unterm Durchschnitt». Er war ein Sklave des Protokolls mit einer «plapperhaften Feder, freilich nicht aus Überfluß, sondern aus Mangel an Ideen», ein «grobschlächtig zügelloser» Mann, dessen «Hauptvergnügen» es war, «nächtens in Verkleidung außer Haus zu gehen, um sich in gemeinen Lasterhöhlen gütlich zu tun».[37] Am schlimmsten war indessen seine Frömmelei, die vor erbitterter Feindseligkeit gegen die Ketzer übertroff, und er war ein Unhold von geradezu opernhaftem Ausmaß. Wir hatten Motleys Verhalten vor den hier beschriebenen Ereignissen erwähnt, jetzt sehen wir, wie er Philipp II. mit unversöhnlichem Haß verfolgt. Niemand kann billigerweise Motley den Titel eines gewissenhaften und sogar enzyklopädischen Gelehrten versagen. Seine Popularität indessen beruhte zu großen Teilen auf seiner Fähigkeit, jeglichen Zweifel darüber auszuräumen, wer in seiner Darstellung denn die eigentlichen Helden und wer die Bösewichter seien. Gleich den volkstümlichen Romanschriftstellern des bürgerlichen Zeitalters konnten auch Historiker, die das Komplizierte vereinfachten und dies auch noch mit einigem Geschick, auf die Dankbarkeit des Lesepublikums rechnen, eine Dankbarkeit, die von den Schranken zeugte, die der durchschnittliche bürgerliche Geschmack nur ungern überschritt.[38] Zunftgenossen mit schärferem Urteilsvermögen als Motley brachten es zu differenzierteren Einsichten in die Natur des Menschen, aber sie gehörten auch nur selten zu den verkaufsträchtigsten Autoren ihrer Zeit.

Derlei Urteile von bestechender Schlichtheit fanden sich freilich nicht nur bei Motley, auch andere erfolgreiche Historiker standen dem nicht nach. So gab John Morley bei erneuter Lektüre von Macaulays *History of England* seinem Unmut Ausdruck und schrieb kurz und knapp in sein Tagebuch: «So, wie er sie schildert, passieren die Dinge nicht.» Solche dilettantischen Strichzeichnungen ließen einen eklatanten Mangel an Lebenserfahrung erkennen: «Ungeachtet seiner Größe fand Macaulay bei den meisten seiner Gestalten keinen Zugang zum Menschen in ihnen.»[39] Weit mehr noch als Macaulay betraf diese Kritik auch Motley. Als Mann, der eine Botschaft und eine Mission hatte, ließ er keinen Unterschied zwischen sich und seinen Urteilen gelten, und so verführten ihn denn auch seine moralisierenden Betrachtungen dazu, seine Neigung zur Identifikation von der Vergangenheit auf die Gegenwart überwuchern zu lassen. Geschichte sah er als Duell zwischen Gut und Böse: zwischen Freiheit und Sklaverei, Vernunft und Aberglaube, der modernen und der mittelalterlichen Welt. Und er war überzeugt, daß der Historiker, der diese grundsätzliche Wahrheit über die Vergangenheit erkennt, sich voll und ganz im Kampf für die Tugend verausgaben und das politische Verständnis seiner Leser entscheidend voranbringen muß: «Wenn, als Konsequenz meiner Schriften, 10 Menschen auf der Welt den Despotismus ein wenig mehr hassen und die bürgerliche und religiöse Freiheit ein bißchen mehr lieben, dann will ich es zufrieden sein.»[40] Motleys Einsatz für die Freiheit bedeutete keineswegs, daß damit seine politische Zielsetzung erschöpft war. Das Gute, so glaubte er, war leider keineswegs ein für allemal gesichert. Der Aufstand der Holländer war der erste Aufzug eines Geschichtsdramas gewesen, das immer noch auf dem Spielplan stand: die Glorreiche Revolution war ihr zweiter und die Amerikanische Revolution ihr dritter Akt, der Ausgang des Dramas indessen war immer noch ungewiß. Motley, der ein leidenschaftlicher Befürworter der Sklavenbefreiung war, sah im amerikanischen Bürgerkrieg einen «heiligen Kampf». Darum war Wilhelm von Oranien der geistige Urahn George Washingtons und, was noch bedeutsamer war, auch Abraham Lincolns: Motleys Briefe aus der Zeit des Bürgerkriegs sind ein Beleg seiner Überzeugung, daß das, was der niederländische Staatsmann begonnen hatte, vom amerikanischen Präsidenten vollendet werden müsse.[41] Man mag es Ironie nennen: Motley war ein bedeutender Gelehrter und

ein hinlänglich guter Schriftsteller, aber der Verdacht will sich nicht ab-
weisen lassen, daß seine politischen Ziele, die ihm die Kritik seiner Kollegen eintrugen, gerade das ausmachten, was ihn der großen Masse seiner
Leser anempfahl.[42] Denn schließlich bestand ja der auffälligste Nachteil
wissenschaftlicher Geschichtsschreibung darin, daß sie jedwede Einfühlung verwarf. Es brauchte schon einen speziell ausgebildeten Geschmack,
wenn man bei der Lektüre einer Untersuchung über die Kohleförderung
in Oberschlesien oder die Organisation des Schienenverkehrs in den Pariser Vorstädten nicht ins Gähnen kam. Nur Kollegen wußten eine historische Monographie zu schätzen.

5. Ranke

Wer die Geschichtsschreibung des 19. Jahrhunderts erforscht, für den ist
Ranke ein Monument, an dem er nicht vorbeigehen kann. Er war der
meistbewunderte, meistzitierte und meistimitierte Berufshistoriker des
Jahrhunderts. Sogar seine Kritiker gestanden ihm eine unerreichte Autorität zu.[1] Aber er war nicht nur ein Besitztum der Historikerzunft, er
gehörte der ganzen Nation. Tausende, die nie eine Zeile seiner 50 und ein
paar mehr Bände gelesen hatten, kannten seinen Namen und wußten,
zumindest annäherungsweise, wofür sein Name stand: Objektivität. Sein
Leben stand im Glanze des öffentlichen Interesses: im Laufe seines neun-
zigjährigen Lebens brachte er es auf eine Unmenge von Ehrentiteln, Mit-
gliedschaften in gelehrten Vereinigungen aller westlichen Länder, Auszeichnungen von Königshäusern, von prunkvollen Begängnissen seiner
Geburtstage oder Jubiläen und auf die Ehrenbürgerschaft seiner Wahlhei-
matstadt Berlin. Ein offizielles Porträt zeigt ihn über und über heraus-
geputzt mit bedeutenden Orden.

Rankes Konservatismus, seine Idealisierung des Staates und seine
Furcht vor der sozialistischen Bedrohung verdeutlichen, wie solide er im
Pulk des deutschen Bürgertums verankert war. Im Ausland, wo seine
politische Einstellung weitgehend ohne Belang war, wurde sein Berufs-
ideal, mochte es nun richtig verstanden worden sein oder nicht, als vor-
bildlich gerühmt. Als die *American Historical Association* im Jahre 1895
seines 100. Geburtages gedachte, gab deren Sekretär, Professor Edward
G. Bourne von der Yale-Universität, so heißt es, «eine würdigende Zusammenfassung der kritischen Methoden Leopold von Rankes, der einen
so großen Einfluß auf die Geschichtsforscher der Gegenwart gehabt
hat».[2] Dasselbe war etliche Jahre lang auch von anderen ausländischen
Gedenkrednern, sogar von Franzosen, zu hören gewesen.

Seine vertrauten Beziehungen zu Fürstenhäusern machten, daß er zweifellos kein normaler Bürger war. Seine verbindliche Beflissenheit gegenüber jenen, auf die es ankam – König Maximilian II. von Bayern, König Friedrich Wilhelm IV. von Preußen, einflußreiche Adelige, die ihm Zugang zu Archiven oder eine Beurlaubung für einen neuerlichen Forschungsaufenthalt im Ausland verschaffen konnten –, war keine Schmeichelei, die seiner gesellschaftlichen Stellung förderlich sein sollte, sondern die er einzig in den Dienst Klios stellte. Obgleich er sich ab 1865 Leopold *von* Ranke nennen durfte, verkörperte er – und gab sie auch nie auf – die bürgerlichen Tugenden der Gewissenhaftigkeit, der Zweckmäßigkeit im Tun, der Sorgfalt und des Primats der Arbeit.

Hierher gehört auch, daß Rankes Geschichtsverständnis und seine Art, Geschichte zu betreiben, einen Begriff von der Thematik geben, die für die Wallfahrt des 19. Jahrhunderts in die Vergangenheit grundlegend war und mit der man sich häufig genug schwertat. Die Befassung mit früheren Zeiten angesichts der Zwänge aktueller Politik, das Tauziehen um eine nationalstaatliche oder kosmopolitische Perspektive, die unterschiedlichen Anforderungen von Stil und Inhalt, all dies waren Spannungen, an deren Lösung Ranke mit mehr Erfolg als viele seiner Zunftgenossen arbeitete. Seine Bücher durchsetzte er mit Andeutungen, die einen Hinweis auf seine Absichten gaben, und erweiterte sie, indem er Gedichte und Briefe einschaltete, die von starken Gefühlen getragen waren. Der Einfluß, den er auf die Vorstellungswelt seiner Leser ausübte, ist schwerer zu beurteilen. Rankes Doktoranden, von denen einige selbst zu hervorragenden Historikern von eigenem Rang wurden, verbreiteten des Meisters Wort an Universitäten des In- und Auslands. Er war, wie Bourne sich ausdrückte, der Lehrer von Lehrern.[3]

Ganz gewiß konnten Werke wie die Geschichte Frankreichs, Englands und Preußens in der frühen Neuzeit, so glänzend sie auch geschrieben waren und so gekonnt er ihre Dramatik orchestriert hatte, was die Verkaufszahlen anging, zu keinem Zeitpunkt mit den Büchern eines Macaulay oder eines Motley konkurrieren. Aber auch sie fanden ihre Leser: sein Werk über die Reformation, dessen 6 Bände in erster Auflage zwischen 1839 und 1847 erschienen waren, ging 1909 in die achte Auflage. Und seine sich außerordentlich gut verkaufende Geschichte über die Päpste machte seinen Namen nachgerade zu einem Begriff: *Die römischen Päpste in den letzten vier Jahrhunderten* erschienen 1885, ein Jahr vor Rankes Tod, in achter Auflage und erlebten etliche Übersetzungen. Nicht weniger als fünf englische Übertragungen des Buches wurden gedruckt, und jedesmal in mehreren Auflagen.

Rankes Programm zielte auf eine behutsame Mischung von Engagement und Distanziertheit, die er in seinem praktischen Vorgehen denn auch weitgehend in die Tat umsetzte. Er hatte seine Identifikationen im Griff, machte sich die Gefühle, Werte und Überzeugungen ferner Zeiten mit kundiger und zugleich kritischer Zurückhaltung zu eigen. «Jede Epoche ist unmittelbar zu Gott», so lautete sein berühmtes Kredo, «und ihr Werth beruht gar nicht auf dem, was aus ihr hervorgeht, sondern in ihrer Existenz selbst, in ihrem eigenen Selbst.»[4] Dies und die gleichermaßen berühmte Formel, daß er sich bloß auf die Feststellung beschränke, «wie es wirklich gewesen ist», machen den obersten Wahlspruch der von ihm gegründeten historischen Schule aus, die darauf bestand, daß die Vergangenheit nicht so gesehen werden dürfe, wie sie vom Standpunkt der Gegenwart aus erscheine, sondern wie sie sich selbst erscheine.

Rankes Historismus war demnach ebenso ambitiös wie schlicht. Seine Behauptung, daß er *bloß* die historischen Tatsachen ausfindig mache und diese gleich nah zu Gott sehe wie seine eigene Zeit, war weniger ein Anspruch als dessen Aufkündigung. Er wollte der Vergangenheit mit Demut begegnen, gewissermaßen mit gezogenem Hut, damit er als getreulicher Vermittler jener Botschaften zu dienen vermöchte, die er zu enträtseln gelernt hatte. Diese Einfühlung verlangte von ihm, alle gängigen Interessen und privaten Vorlieben abzulegen, um dem neuzeitlichen Frankreich beziehungsweise England mit so wenig Reisegepäck wie möglich gegenüberzutreten. Mochte sich die Vergangenheit unter dem Blick des Wissenschaftlers als verschieden von der Gegenwart oder als ihr ähnlich erweisen, in ihrer Praxis hatten die Historiker ihre Identität zu opfern. Sie müssen sich «von aller heutigen Politik (entfernt)«[5] halten. Einmal sprach er sogar von Selbstauslöschung. Diese Aufforderung zur Selbstverleugnung ließ bei seinen Zunftgenossen ehrerbietige Zweifel aufkommen. Wie wir noch sehen werden, waren weder Thierry mit seinen Geächteten aus dem 12. Jahrhundert noch Sybel mit seinen neuzeitlichen Preußen im geringsten der Ansicht, daß sie durch ihre politischen Bindungen von einer Identifizierung mit der Vergangenheit abgehalten worden seien. Da sie Ranke indessen nicht von seinem Sockel zu stoßen vermochten, blieb der großen Mehrheit seiner Kollegen nur übrig, ihrer tiefen Bewunderung ob seiner Fähigkeiten und seines stupenden Fleißes Ausdruck zu geben. Er war freilich nicht ganz und gar jener einsame Pionier, den seine Anhänger in ihm sahen, aber er blieb die Eroberergestalt, die den Zugang zu einer neuen Welt eröffnet hatte.[6] Sogar Lord Acton, das unerbittliche Gewissen der Zunft, kam nicht umhin, Ranke heiligzusprechen. Er sah in ihm den «Repräsentanten jenes Zeitalters, welches das neuzeitliche Studium der Geschichte begründet hat. Er lehrte, kritisch, unparteiisch und modern zu sein. Überall treffen wir auf ihn, und so hat er denn mehr für uns getan als irgendein anderer Mann.» Acton meinte «unparteiisch» als Kompliment. «Er beschloß mit Erfolg, den Dichter, den Patrioten, den Parteigänger einer Religion oder Politik in seiner Darstellung zu ächten, sich für keine Sache in die Bresche zu werfen, sich selbst aus seinen Büchern zu verbannen und nichts zu schreiben, worin seinen eigenen Gefühlen freier Lauf gelassen oder seinen privaten Überzeugungen Ausdruck verliehen werde.»[7]

Ranke fehlte es an falscher Scham, und er würde ein solches Lob wohl gern angenommen haben. Zweifel daran, daß es ihm gelungen war, sein Ich aus seinen Büchern fernzuhalten, hatte er nie. Niemand würde je herausbekommen, so brüstete er sich einmal, ob er seine Geschichte der Päpste in der Neuzeit pro oder kontra geschrieben habe. Was Zyniker womöglich für die Quelle subjektiven Urteilens halten könnten, das war für Ranke der wesentliche Grund wissenschaftlicher Exaktheit. Er sah in der unparteiischen und leidenschaftslosen Erforschung der Vergangenheit eine religiöse Pflicht. Und es war eben diese selbstauferlegte Berufung zum weltlichen Priester, die sein hingebungsvolles Eindringen in frühere Jahrhunderte zu einem so überaus produktiven Unternehmen werden ließ. Er legte Zeugnis ab.

Rankes Geschichtstheologie war lutherischer Protestantismus mit anderen Mitteln. Ranke wurde 1795 im thüringischen Kleinstädtchen Wiehe geboren; seine frommen Eltern hatten ihn für ein kirchliches Amt vorgesehen, aber er wechselte zuerst zur klassischen Philologie und dann zum Studium der Geschichte über. Er suchte Gott auf den Pfaden, die dieser über Jahrhunderte hin in den Verhältnissen der Menschen angelegt hatte.[8] Ranke war durchdrungen von der deutschen Romantik, aber er entdeckte Gott nicht vermöge einer besonderen Fügung, sondern im Aufstieg von Reichen, im Aufeinanderprall der Nationen, im Werdegang großer Männer. Für ihn war die urkundlich belegte Vergangenheit «ein ewig Leben und Weben, ein Singen und Jauchzen in Gottes Fülle, ein selig Haben, Halten, Gewißsein (...)». Lehre war «ein Erinnern, eine Legende Gottes aus der Gegenwart und der Zeit».[9] Indem er so Protestantismus und Romantik neu deutete, bewahrte er sich seine Achtung für die wahre Bedeutung der großen historischen Gestalten und für sein Verhältnis zu ihnen. Entscheidend für seine Bekehrung zur Geschichte war seine Entdeckung, daß «das historisch Überlieferte selbst schöner» sei als Sir Walter Scotts Romane. Scott war ein allgemein beliebter Autor bei den Historikern jener Zeit und damit auch beim jungen Ranke, aber diesem diente er als eine Leiter, um an das einzig Wahre heranzukommen, an die historische Wahrheit.[10]

Nichts von alledem ließ Ranke indessen zu einem heimlichen Ungläubigen werden. «In aller Geschichte wohnt, lebt, ist Gott zu erkennen»,
schrieb er seinem frommen Bruder Heinrich in einem oft zitierten Brief
von 1820. «Jede Tat zeuget von ihm, jeder Augenblick prediget seinen
Namen, am meisten aber, dünkt mich, der Zusammenhang der großen
Geschichte. Er steht da wie eine heilige Hieroglyphe (...).« Dieser
Schimmer von Gottes heiliger Schrift nötigte ihn letztlich, sich der Geschichte zuzuwenden. «Noch immer hoff' ich ein Leben, das kindlich» –
ein solcher Wunsch durchzog, wie wir gesehen haben, die gesamte Kultur
Deutschlands im 19. Jahrhundert – «sicher, tätig, zweifellos wäre»,
schrieb er gegen Ende des gleichen Jahres.[11] Dies waren mehr als nur
Ergüsse eines jungen Mannes. «Meine alte theologische Richtung werde
ich nicht los», schrieb er 1833 an seinen Bruder Heinrich. Im Grunde
wurde er sie überhaupt nie los: er dachte auch späterhin mit dem gleichen
religiösen Wortschatz über sein Metier nach, der ihm seit seiner Kindheit
geläufig war. «Ich denke noch immer: ‹Unwissenheit ist auch Erbsünde›», heißt es in den späten 30er Jahren. Und als Gegensatz: «Seligkeit
bestünde in der Fülle der Einsicht.»[12] Daß diese Seligkeit Gottes Gnade
voraussetzte, war kein Einwand dagegen. Wenn man denn ein Werkzeug
in diesen Händen war und man infolgedessen ganz bestimmte, materielle
Belohnungen zu gewärtigen hatte, dann nahm Ranke diese als ein Zeichen dessen entgegen, daß Gott sich seines treuesten Interpreten angenommen hatte.[13]

Einige von Rankes kompetenten Lesern fanden diese Sorte von Frömmigkeit nicht sehr fromm. So hielt ihn etwa Lord Acton für «unbedarft,
was die Macht religiöser Gefühle angeht», und für «unfähig, ihnen den
angemessenen Platz im Leben anderer Menschen einzuräumen.»[14] Das ist
ein verblüffende Kritik an einem selbsternannten Diener Gottes, verblüffend, aber auch aufschlußreich, zeigt sie doch, daß noch bei den routi-
niertesten Historikern die Identifizierungen dem Anschein nach mangelhaft waren und einander ins Gehege kommen konnten. Rankes vertrauter
Umgang mit der Vergangenheit, so aufrichtig er auch war, endete abrupt
dort, wo auch sein Horizont aufhörte. Ebendies hatte Acton im Sinn,
wenn er feststellte, daß sich Ranke hauptsächlich mit der Zeit vom 16. bis
18. Jahrhundert befaßte, also dem Zeitalter der Konstituierung des Nationalstaats, und in diesem Zusammenhang von dessen Unfähigkeit sprach,
sich auf die Religiosität des Mittelalters einzulassen. Ranke «ist ein
Schönwetterhistoriker, der sich mit Aufstieg und Fortschritt befaßt, nicht
aber mit Niedergang und Verfall.»[15]

Eine so gewichtige Kritik berührt eine der wesentlichen Ursachen für
Rankes Einfluß auf seine Leserschaft in Deutschland, mochte diese nun

vor 1871 von der Reichseinigung träumen oder, nach vollzogener Einigung, sich daran begeistern: Rankes uneingestandene Aktualität bot den Gefühlen der Nation wissenschaftlichen Rückhalt. Was Wunder, daß Acton bei Ranke reichlich Belege für seine Kritik fand. «Große Völker und Staaten», schreibt Ranke etwa in seiner *Französischen Geschichte*, «haben einen doppelten Beruf, einen nationalen und einen welthistorischen».[16] Ungeachtet ihres unter dem knappen Dach der Weltgeschichte tobenden Überlebenskampfes, dem sich Ranke in seinen letzten Jahren zuwandte, sind die großen Mächte nach wie vor der bestimmteste Ausdruck des Planes, den Gott an der Menschheit ausführt. Darum war Ranke denn auch in eben jenem Zeitalter, in dem diese Mächte auf den Plan traten, gefühlsmäßig zu Hause. Seine These, daß jede Epoche gleich unmittelbar zu Gott sei, konnte freilich deutliche Vorlieben nicht verhehlen: manche Epochen schienen nämlich durchaus unmittelbarer zu Gott zu sein als andere. Rankes Augenmerk auf die Macht eines Staates engte seine Wahrnehmung der gestaltenden Rolle wirtschaftlicher Kräfte und gesellschaftlicher Zwänge im Inneren ein. Seine vielgerühmte Lehre, daß die auswärtigen Angelegenheiten den Primat vor den inneren Angelegenheiten haben, ist typisch für ihn. Nach Rankes Geschichtskredo sollte das Erste auch an erster Stelle stehen.

Gerade das Verständnis dieses Gesichtspunkts erleichterte sich Ranke, indem er sich große Staaten als zusammengesetzte Personen vorstellte, nicht unähnlich dem Hobbesschen Leviathan. In einem oft zitierten Dialog über Politik, der 1836 erschien, vertrat er die These, daß ein Staat niemals bloß eine Unterabteilung irgendwelcher allgemeiner Kategorien, sondern daß er ein lebendiges Wesen sei, ein «Individuum». Staaten sind «originale Schöpfungen des Menschengeistes, – man darf sagen, Gedanken Gottes».[17] Nach diesem Schema ist für Ranke der Konflikt unausweichlich, ja er wird herbeigewünscht. Das Gute kommt aus dem Bösen; Feinde sind wertvolle Sparringspartner, um die Energien eines Volkes auf höchstem Niveau zu halten. Jahre vor Darwin verfocht Ranke eine Art historischen Darwinismus: Liberale, Sozialisten, Demokraten und sonstige Unruhestifter in der Gegenwart sind unabdingbar für historische Auseinandersetzungen, aber kaum zum Herrschen geeignet. Mit einem Wort, Ranke gab dem Leiden einen Platz in seiner geschichtlichen Welt, nicht aber der Tragödie. Alles wird gut werden, die Ordnung wird obsiegen. Würde Gott sonst die großen Staaten als seine Gedanken denken? Die Menschewiken der Geschichte, die Verlierer, spielten für Ranke ihre Rolle weitgehend als Hintergrundfolie.

Aber obschon Patrioten sich seiner als eines Mittels deutscher Selbstbeweihräucherung bedienen konnten, war Ranke nicht einfach der Apologet früherer Sieger und gegenwärtiger Machthaber. Wenn für ihn Macht den einen Pol seines Selbstverständnisses als Historiker bildete, so war der andere Pol das Dienen, und das hieß nicht zwangsläufig Dienst *für die* Macht. Seine in sich verwickelten Identifikationen, die er nie zu überwinden oder auch nur zu versöhnen vermochte – er wollte ein guter Deutscher, ein realistischer Konservativer und ein vorbildlicher Historiker sein, dessen Auffassung von Geschichte nicht bei einem einzelnen Nationalstaat verharrte –, hielten ihn davon ab, jenes Ideal, das er sich gesetzt, nämlich die Geschichte ohne die Scheuklappen unbewußter Wünsche und bewußter Vorlieben zum Sprechen zu bringen, je zu erreichen. Man mag einwenden, daß er der Vergangenheit wohl mehr Gerechtigkeit hätte widerfahren lassen, wenn ihm seine deutschen Zunftgenossen behilflich gewesen wären, der Grenzen seiner historischen Einsichten gewahr zu werden. Statt dessen bemängelten sie an ihm, daß er nicht politisch genug sei: die Kritik, die er bekam, mit der konnte er nichts anfangen, und die er hätte gebrauchen können, die Kritik bekam er nicht. Gleichwohl blieb er, da er sich in ein passives Gefäß für die fundamentale Botschaft der Vergangenheit umzuschaffen suchte, ein Fanatiker, der unbeirrt davon überzeugt war, daß die Vergangenheit ihre Wahrheit kundtun werde.

Bevorzugtes Instrument zur Beglaubigung unverfälschter Identifikationen mit der Vergangenheit, ein Instrument, das Ranke regelrecht inaugurierte und so geschickt einsetzte wie nur irgendeiner, das war das Aufspüren von Schriftstücken. «Alles hängt zusammen», erklärte er in seiner Geschichte Englands, «kritisches Studium der ächten Quellen; unparteiische Auffassung; objective Darstellung; – das Ziel ist die Vergegenwärtigung der vollen Wahrheit.»[18] Gelehrsamkeit war für ihn wie für andere eine Barriere gegen das Übergreifen der Gefühle auf das Urteil. Wie schon bemerkt, wußten Philosophen und Dichter schon seit langem, daß wir sehen, was wir suchen, aber die Historiker des 19. Jahrhunderts meinten, ein sicheres Gegenmittel gegen diese Berufskrankheit entdeckt zu haben: das Studium direkter Zeugnisse.[19] Zwar könne man versuchen, den Schleier, der die Vergangenheit verdunkelt, durch eine kritische Lektüre der Werke von Kollegen und durch die unablässige Fortbildung des eigenen geschulten Über-Ichs wegzuziehen. Das eigentliche Mittel gegen Einseitigkeit und parteiisches Urteilen, auf das die damaligen Historiker den allergrößten Wert legten, war das Schriftstück. Einzig jene Perlen, die in den Archiven aufbewahrt sind, so Rankes These, gestatteten den Historikern die «Rückkehr zu der ursprünglichsten Mitteilung», erlaubten ihnen, «sich zu reiner Anschauung zu erheben».[20]

Sehr ausführlich äußerte sich Ranke zur therapeutischen Funktion der Primärquellen: «Jede Zeit und ihre hauptsächliche Richtung macht sich (die Historie) zu eigen und trägt ihre Gedanken darauf über. Danach wird Lob und Tadel ausgetheilt. Das schleppt sich dann alles so fort, bis man die Sache selbst gar nicht mehr erkennt. Es kann dann nichts helfen als die Rückkehr zu der ursprünglichsten Mittheilung.» Autopsie – selbst nachsehen – war die Losung. Mochten so lesehungrige Autoren wie Edward Gibbon auf Gedrucktes angewiesen sein; Ranke sollte Büchereien und Dachböden durchstöbern, um sich dem hinzugeben, was er liebevoll seine «archivalische Neugier» nannte. Er sah auf den «Materialismus» und die «Leere» der Historiker der Aufklärungszeit herab und betonte seine Distanz gegenüber den Vorgängern, indem er mit sichtlichen Stolz auf seine eigenen Forschungen verwies. Jeweils in den Vorreden zu seinen großen historischen Arbeiten, jede ein materialreiches, mehrbändiges Werk, benannte er die Fundgruben, die er aufgetan. Immer wieder war er der erste gewesen, der die Türen geöffnet hatte. «Das hiesige Archiv», schrieb er 1836 seinem Bruder Ferdinand aus Berlin, «ist noch ganz eine Jungfer. Mich verlangt nach dem Moment, wo ich bei ihr Zutritt habe, um ihr meine Liebeserklärung zu machen, sie sei nun hübsch, oder nicht.»[21]

Diese Metapher gibt einen spaßigen Hinweis auf die emotionalen Voraussetzungen von Rankes Drang nach Ungedrucktem und Unentdecktem. Er war ein unendlicher Vielfraß in Sachen Geist. Im Vorwort zum ersten Band seiner *Deutschen Geschichte im Zeitalter der Reformation* von 1839, das Lieblingsbuch des scharfsinnigen Burckhardt, zählte er Bestände in Frankfurt, Berlin, Dresden, Weimar, Dessau, Wien, Venedig, Rom und Florenz auf und beschrieb die Lappalien, die sie im einzelnen enthielten. «Ich sehe die Zeit kommen», so heißt es zuversichtlich, «wo wir die neuere Geschichte nicht mehr auf die Berichte, selbst nicht der gleichzeitigen Historiker, außer in soweit ihnen eine originale Kenntniß beiwohnte, geschweige denn auf die weiter abgeleiteten Verarbeitungen zu gründen haben, sondern aus den Relationen der Augenzeugen und den echtesten unmittelbarsten Urkunden aufbauen werden.»[22] Er war nie dafür, aus zehn vorhandenen ein elftes Buch zu schreiben.

Leichtgläubigkeit gehörte durchaus nicht zu Rankes Mängeln. Ihm waren die Risiken bewußt, die das Material, auch wenn es aus abgelegenen Zeiten stammt, für den Forscher bereithält. Es kann gefälscht sein; häufig ist es durch Einschiebsel unbrauchbar; es kann, ob nun selbstgefällig oder unterwürfig, eine unvollständige oder einseitige Geschichte erzählen.[23] Um so mehr Gründe gibt es, sämtliche Quellen anzuzapfen und womöglich auszuschöpfen. Oberste Regel war der Zugang, und Ranke nutzte bekanntlich alle seine akademischen, adeligen und diplomatischen Beziehungen, um sich Einsicht in argwöhnisch gehütete Bündel von Briefschaften, geheimer Kurierpost von Gesandten und in Vergessenheit geratenen Flugschriften zu verschaffen.

Keiner von Rankes Briefen vermittelt ein reineres Gefühl unbändiger Freude als eben jene, in denen er eine weitere Entdeckung ankündigt. Akten waren das Beutegut, auf das er es abgesehen hatte, seine fixe Idee waren die «bisher ganz vernachlässigten Quellen für die neuere Geschichte».[24] Das funkelnde Wort von den *Schätzen* zog sich durch die Berichte, in denen er seiner Familie, seinen Freunden oder Vorgesetzten von seinen Funden Mitteilung machte.[25] Sogar bei Reiseplänen für einen Besuch bei seinen Brüdern in der Provinz fragte er zuvor nach, ob nicht ein Adeliger am Orte einige interessante Papiere haben könnte: «(...) nur ein flüchtiger Gedanke! Bin ich aber einmal bei Euch, so könnte ich wohl auch danach sehen.»[26] Als er an den vertraulichen Memoranden Gefallen fand, die die Botschafter Venedigs aus den europäischen Hauptstädten nach Hause geschickt hatten – es handelte sich um offene und gut informierte Berichte, die von den Historikern bis dahin nicht beachtet worden waren –, nannte er sich bombastisch den Kolumbus der *relazioni*.[27]

Dieses Verlangen nach unmittelbarer Erfahrung des Gewesenen animierte, im Schlepptau von Rankes Flaggschiff, auch andere Reisende in die Vergangenheit. Zumal nach der Jahrhundertmitte konnten die Leser von Büchern zur Geschichte damit rechnen, daß im Vorwort letztlich pflichtschuldigst die Versicherung stand, alles, was folge, beruhe auf sauer erkämpftem Originalmaterial. Macaulay beruhigte seine Leserschaft, daß, sei er erst einmal durch die beiden Einleitungskapitel seiner Geschichte Englands mit Riesenschritten und wenigen Fußnoten hindurchgerauscht, er dann sein Wissen «sorgfältig aus den Quellen vermerken» werde, und es scheint, als habe sich dieser rastlose Reisende durch Englands Geschichtslandschaft und zugleich Sammler ungewöhnlicher Leckerbissen auf weitaus mehr Belege stützen können als alle seine Vorgänger.

Als Macaulay um die Mittes des Jahrhunderts diese Zusage machte, da konnte man seine Einstellung schon fast als repräsentativ für den Berufsstand ansehen. Auch Fustel de Coulanges sprach als guter Rankeaner, wenn er behauptete, daß einzig das «gewissenhafte und kritische Studium von Originaltexten» dem Berufsstand der Historiker die Möglichkeit verschaffe, «wahre wissenschaftliche Gewißheit» zu erlangen.[28] Und als der Ästhet Burckhardt sicher war, seine Berufung gefunden zu haben, fand er, daß er «allgemach gar prosaisch bei der Erforschung der vergangenen

Zeit» werde. Als er 1860 einem Freund sein gerade veröffentlichtes Werk über die *Renaissance in Italien* übersandte, schrieb er ihm: «*Einen* Lobspruch vernähme ich auch noch gern aus Ihrem Munde, daß nämlich Autor vielen Gelegenheiten, die Phantasie spazieren zu lassen, kräftiglich widerstanden und sich hübsch an die Quellenaussagen gehalten habe.»[29] In der Öffentlichkeit war ein Ergebnis eines solchen Verlangens von seiten der Gelehrten, daß die Skepsis der Leser beschwichtigt wurde. Gewissenhaftes Aufspüren, ordentliches Zusammenfassen und penibles Abwägen der Dokumente, darin bestand die Korrekturmaßnahme, über die das Realitätsprinzip des Historikers gegenüber dem Lustprinzip verfügte.

Die Wirkung archivalischer Forschung auf das historische Wissen können wir in Tocquevilles Vorrede zu seinem Werk *L'Ancien Régime et la Révolution* quasi in actu beobachten. Je genauer er die authentischen Aktenstücke untersucht habe, um «an das Herz» Frankreichs im 18. Jahrhundert zu rühren, desto mehr habe er sich davon überzeugen müssen, daß es «zahllose Ähnlichkeiten zwischen dem Frankreich jener Zeit und dem Frankreich des 19. Jahrhunderts» gebe. So sehr die Revolutionäre auch darauf beharren mochten, alles mögliche neu gemacht zu haben, so hatten sie in Wirklichkeit doch weitaus mehr von ihren verhaßten Vorgängern übernommen, als sie ahnten. Tocqueville gelangte zu dieser unerwarteten Einsicht, die, wie er betonte, so grundsätzlich verschieden war von der Ansicht anderer Historiker, nachdem er die *Cahiers de doléances*, jenen «Schwanengesang» des Ancien Régime, die zu Beginn des Jahres 1789 für die Generalstände zusammengestellt worden waren, die unverblümten und aufschlußreichen Handschriften des Innenministeriums sowie die Berichte gelesen hatte, die der Intendant von Tours, der oberste Königliche Beamte in jener Provinz, hinterlassen hatte. Tocquevilles Eigenwerbung enthielt einen Vorwurf an seine Mitbewerber: weil sie weniger tief in die Vergangenheit eingetaucht waren als er, hatten sie einige grundsätzliche Wahrheiten über das Ancien Régime in Frankreich verfehlt.

Aber im großen und ganzen legten auch seine Historikerkollegen genug Sorgfalt an den Tag. In der Vorrede zu seiner *Römischen Geschichte* belehrte Mommsen, dessen Können und Gewissenhaftigkeit niemand in Frage zu stellen wagte, seine Leser, daß die Belege aus der Frühzeit Roms so lückenhaft seien, daß vieles selbst nach eifrigsten Bemühungen Vermutung bleiben müsse, was implizit der Aufforderung gleichkam, sich seiner Führung in jenen Epochen anzuvertrauen, über die vollständigeres und faßlicheres Material vorliege. Parkman seinerseits fühlte sich in seiner siebenbändigen Geschichte *France and England in North America* mehrfach bemüßigt zu betonen, daß sein Werk ausschließlich «auf Originaldokumenten fußt». In der Vorrede zu seinem 1884 veröffentlichten Buch *Montcalm and Wolfe* lesen wir, daß «bei seiner Vorbereitung große Mengen unpublizierten Materials herangezogen wurden, das größtenteils aus Dokumenten besteht, die nach Originalen aus Archiven und Bibliotheken in Frankreich und England kopiert wurden»; und es folgt die entsprechende, ausführliche Auflistung. Die «Aussagen der Sekundärliteratur», schrieb er in *A Half-Century of Conflict* von 1892, «wurden nur insoweit übernommen, als sie mit den Zeugnissen von Zeitgenossen übereinstimmten, deren Schriften mit allergrößter Sorgfalt geprüft und verglichen wurden».[30] Wie schon andere amerikanische Historiker hatte auch Parkman die Lektionen Rankes gelehrig in sich aufgenommen.

Was war der Zweck all dieser Verrenkungen bei dem Bemühen um Einfühlung, warum all dieses Herumwühlen in staubigen Aktenbeständen? Eine Untersuchung über das Innenleben des 19. Jahrhunderts kann der Frage nicht ausweichen, wie denn überhaupt die Historiker bei ihrem Versuch, sich der Vergangenheit zu nähern und sie sich anzueignen, die menschliche Natur gesehen haben. Wir konnten feststellen, daß die von bloßer Unterhaltung bis zu krassem Chauvinismus reichenden Antworten der einschlägigen Historiker erfrischend abwechslungsreich, aber mitnichten rätselhaft sind. Demgegenüber ist der Umgang der Historiker mit Denkweisen der Vergangenheit schwerer zu fassen, überwiegend deswegen, weil sie darüber so selten konsequent nachdachten. Ganz gewiß waren sie vor allem damit befaßt, dem verborgenen Leben ihrer Helden auf den Grund zu kommen. So äußerte Mommsen in den 50er Jahren des Jahrhunderts seine Befriedigung darüber, daß er den «innersten Charakterzug» jener bahnbrechenden Gestalt des Julius Cäsar bloßgelegt habe.[31] Und Burckhardt empfahl das Studium des «Gewollte[n] und Vorausgesetzte[n]«, um so dem Historiker die Möglichkeit zu geben, an das Herz der Vergangenheit heranzukommen.[32] Indessen waren die ihnen zu Gebote stehenden technischen Ressourcen dürftig genug; ihre Mittel waren die, über die auch Dilettanten verfügten. «Der Nationalcharakter, der Genius eines Volkes», so schrieb ein wenig sonderbar der große englische Mediävist F. W. Maitland im Jahre 1901, «ist ein wundertätiger Geist, der dem leisesten Wink des einzelnen Historikers gehorchen muß.»[33]

Die Historiker wurden zu Psychologen, seit Thukydides das irrationale Verhalten der Athener während der ihre Stadt heimsuchenden Pest beziehungsweise ihr Machtstreben erforschte. Die Chronisten hatten dann zwar während der mehr als tausend Jahre unangefochtener Herrschaft des Christentums das Feld der menschlichen Natur weitgehend unbeackert gelassen. Gottesfürchtige Historiker hätten es für pietätlos gehalten, über Gottes Pläne Vermutungen anzustellen, die über die bloße Anerkenntnis seiner Handschrift im Gang der bedeutenden Ereignisse oder der Lebensgeschichte großer Männer hinausgegangen wären. Das von der Vorsehung geschriebene und aufgeführte Drama der Religion, in dem Männer und Frauen jeweils als Inbegriff der Gottesfürchtigkeit oder der Verruchtheit beziehungsweise als reuige, um Erlösung ringende Sünder auftraten, ließ für die weltliche Erforschung der Psyche keinen Raum. Dann aber waren die Historiker der Aufklärung, die sich in einer Welt einzurichten hatten, die ohne Wunder auskam, erneut darangegangen, die Gedanken der Menschen zu lesen, um die vielgestaltigen Beweggründe zu entschlüsseln, die Monarchen, Staatsmänner, Militär- und Religionsführer, Märtyrer und das gemeine Volk zum Handeln trieben; und oftmals legten sie dabei – man denke etwa an Gibbon – ein erstaunliches Geschick an den Tag. Die alten Vorbilder, zumal Thukydides und Tacitus, wurden tüchtig entstaubt, um eigene Diagnosen zu stellen, und auch dies ist eine Hinterlassenschaft des 18. Jahrhunderts, die das 19. Jahrhundert übernehmen sollte.[34] Während einerseits das Fach Psychologie immer deutlicher seine Brauchbarkeit unter Beweis stellte, war es andererseits unter den Hilfswissenschaften, die von den Historikern des 19. Jahrhunderts für ihre Zwecke aufgeboten wurden, nach wie vor nicht vertreten.

Dementsprechend war der deutsche Kulturhistoriker Karl Lamprecht, der gegen Ende des Jahrhunderts die Sozialpsychologie zur wesentlichen Grundlage historischen Verstehens erklärte, ein kampfentschlossener Außenseiter. Und wie verhielt es sich mit Hippolyte Taine, für den Geschichte mehr eine geistige als eine körperliche Welt war? Der Mensch, so schrieb er einmal mit sichtlicher Freude am Oxymoron, ist eine «geistige Maschine», und dies bedeute, so behauptete er kategorisch, daß Geschichte nichts anderes als angewandte Psychologie sei. Nicht unähnlich Balzac, war er überzeugt, daß eine *faculté maîtresse* das Leben jedes einzelnen Individuums forme, und damit bot er den Historikern ein eigenwilliges Programm. Die «Unmenge an Fähigkeiten und Gefühlen», die zur Innenausstattung des Menschen gehören, eröffneten der historischen Forschung einen «neuen Gegenstand»; die Deutung «früherer Gefühle» hatte dem Fach Geschichte, wie Taine mit Stolz anmerkte, zu seiner Zeit zu einer zweiten Geburt verholfen.[35] Indessen war Taine von Haus aus Philosoph, Psychologe und Literaturkritiker, der sich erst spät, nämlich unter dem Eindruck der verheerenden Niederlage seines Landes im Krieg von 1870, darangemacht hatte, eine Geschichte des modernen Frankreich zu schreiben, und er war zudem ohne Schüler geblieben. Weitaus typischer freilich für die Stimmung unter den Zunftgenossen war

Leslie Stephens beruhigende Maxime: «Hier und da mag ein wenig Motivdeutung notwendig sein; zum Beispiel wenn der Held, dessen Geschichte man schreibt, seine Hand in anderer Leute Taschen gesteckt hat, und man nachzuweisen hat, daß ein solches Verhalten auf bloßer Geistesabwesenheit beruhte. Allein, man muß sich immer wieder daran erinnern, daß eine einzige konkrete Tatsache oder ein Wort, in das ein Mensch seine ganze Seele gelegt hat, eine umfangreiche psychologische Analyse verdient.»[36]

Es war vorherzusehen, daß die Historiker seelischen Dingen gegenüber keine Einheitsfront darstellten. Ranke und seine Schüler etwa verfochten auch weiterhin die These, daß Identifikationen und das fleißige Aufsuchen der Archive der Königsweg für eine ordentliche Geschichtsschreibung seien. Als indessen naturwissenschaftliche Anschauungen auch in der Zunft der Historiker überzeugte Gefolgsleute fanden, gewann die Vorstellung, daß die Vergangenheit verifizierbaren Gesetzen unterworfen sei, immer mehr an Popularität und ließ infolgedessen etliche übertriebene Ansprüche aufkeimen. Als in den späten 50er Jahren des Jahrhunderts H. T. Buckle jene Gesetze festzulegen suchte, die den Verlauf der Vergangenheit bestimmt hatten, stieß er auf lebhaften Widerstand, hauptsächlich aber deswegen, weil seine allgemeinen Prinzipien zu starr und zu summarisch schienen. In seiner Straßburger Antrittsvorlesung im Jahre 1862 konnte Fustel de Coulanges, ohne Widerspruch gewärtigen zu müssen, den Satz sagen: «Geschichte ist eine Wissenschaft und sollte es auch sein.» Und sein Landsmann Taine hatte als äußerst radikaler Positivist die feste Überzeugung, daß die Menschen als Teil der Natur physikalischen Gesetzen gehorchen und daher ein durchaus tauglicher Stoff für eine naturwissenschaftliche Geschichte seien. Vielleicht waren nur noch sein englisches Pendant Buckle und dessen unverdrossener amerikanischer Bewunderer Henry Adams in gleicher Weise in die fixe Idee des wissenschaftlichen Determinismus verrannt.[37] Es war daher auch keineswegs ausgefallen, als John Morley im Jahre 1867 verkündete, daß «das Geschäft des wissenschaftlichen Historikers die Entdeckung der Gesetze» des historischen Kausalzusammenhangs ist, «eines Prozesses, für den eine exakte und streng wissenschaftliche Methode festgelegt worden ist».[38] Frederick York Powell, der um die Jahrhundertwende Königlicher Professor für die Geschichte der Neuzeit in Oxford war, faßte die Sache kurz und bündig in dem Satz zusammen: «Die Methode der Geschichte unterscheidet sich in nichts von der Methode der physikalischen Wissenschaften.»[39] Burys Antrittsvorlesung in Cambridge mag denn auch für die Verehrer der Muse Klio anstößig geklungen haben, ein Novum war sie indessen nicht.[40]

Solch wackere materialistische Rede übertraf indessen bei weitem den
Glauben der meisten Historiker an die Wissenschaft der Erinnerung.
Manch einer räumte bekanntlich ein, daß, soweit das Geschäft des Histo-
rikers die Wissenschaft ist, diese Wissenschaft ein ganz besonderes Ge-
präge hat. Die Ranke-Schule nutzte diese Besonderheit denn auch nach
Kräften aus. Anders als Chemiker oder Geologen gehen die Jünger der
Geschichtswissenschaft davon aus, daß zwischen ihnen und ihrem Gegenstand eine sozusagen stoffliche Identität besteht: Historiker sind
Menschen, die sich dem Studium anderer Menschen widmen. Daraus
ergibt sich, daß die zur wissenschaftlichen Objektivität erforderliche
Distanz im Grunde unmöglich durchzuhalten ist und die Forschungs-
ergebnisse sich grundsätzlich, womöglich sogar der Art nach, von den
Gesetzen unterscheiden, mit denen es der Naturwissenschaftler zu tun
hat. Kritiker aus den Reihen der Naturwissenschaftler monierten denn
auch, daß manche Wissenschaftshistoriker in ihrer Gedankenlosigkeit das
Wesen ihres Faches verkennen und sich mit einer Leichtfertigkeit über
ihre Methoden hinwegsetzen würden, in der sich ein klägliches Unwissen
darüber äußere, wie in den Naturwissenschaften tatsächlich gearbeitet
werde. Ein handfestes Schlagwort schien an die Stelle umsichtiger Reflexion getreten zu sein.

Merkwürdigerweise erwies es sich als eine heimliche Stärke der Historiker, daß exakte Definitionen nicht gerade einem brennenden Interesse
der Zunft entsprachen. Abgesehen von ein paar Fachleuten mit philosophischen Neigungen widerstrebte es ihnen, sich mit kniffligen Metho-
denfragen herumzuschlagen, geschweige denn mit Erkenntnistheorie. Als
fleißige Handwerker hoben sie ihre historiographischen Gedankenspiele
eher für einführende Handbücher, erinnerungsselige Augenblicke oder
festliche Gelegenheiten auf. Ranke zum Beispiel neigte zum Improvisie-
ren, wenn er historiographische Überlegungen in seine Vorträge oder
Vorreden einflocht. Die Historiker hatten bei ihren Grabungsarbeiten im
Archiv, oder wenn sie an ihren Schreibpulten standen, den unbezwing-
lichen Impuls, philosophische Anschauungen, auch wenn es die eigenen
waren, mit Mißachtung zu strafen: so war denn auch der von ihnen
gepflegte gesunde Menschenverstand häufig genug gepaart mit einem gewissen Banausentum. Hauptsache man kriegte die Vergangenheit richtig
hin. Diese vorherrschende Einstellung brachte Francis Parkman zum
Ausdruck, als er im Jahre 1877 ein bißchen trotzig den Satz zu Papier
brachte: «Ich denke, es wird für den unvoreingenommenen Leser deutlich werden, daß [meine] Geschichte nicht im Interesse irgendeiner Rasse
oder Nation erzählt wird, sondern ganz einfach im Interesse der historischen Wahrheit.»[41] Wie unanfechtbar indessen die von den Historikern

am Ende entdeckten Wahrheiten tatsächlich sind, das ist eine schon schwerer zu lösende Frage. Die Antwort auf sie hängt nicht so sehr an dem Problem, ob es die Vergangenheit überhaupt gibt – davon waren die damaligen Historiker im Unterschied zu manchen Kritikern heutzutage felsenfest überzeugt –, sondern am Maß der inneren Freiheit, das der Interpret der Vergangenheit gegenüber den Pressionen, die von der Gesellschaft und von ihm selbst auf ihn einwirken, aufzubringen vermag.

Wie wir festgestellt haben, sah Ranke, der Lehrer von Lehrern, keinen Gegensatz zwischen der Geschichte als Kunst und der Geschichte als Wissenschaft. Gewiß hatte er keinerlei Einwände gegen das Aufstöbern von Tatsachen oder die Entdeckung regelmäßiger Strukturen in der Vergangenheit. Aber wie schon die Biographen des 19. Jahrhunderts, die dem Zeugnis von Briefen oder Tagebucheinträgen zubilligten, den verläßlichsten Zugang zu ihrem Gegenstand zu ermöglichen, so zweifelte, wie wir gesehen haben, auch Ranke in keinem Augenblick, daß das direkte, durch keine sekundäre Darstellung befleckte Zeugnis der beste Garant von Authentizität sei. Der Historiker bemächtigt sich der Vergangenheit, indem er ihre Überbleibsel miteinander vergleicht, sie in sich aufnimmt und deutet. Schlüsselbegriff für Ranke war das «Verstehen», was ein Durcharbeiten des Materials mit dem Ziel gesicherten Urteilens bedeutete.[42] Die Vergangenheit in ihrem «Wesen zu begreifen», das bezeichnete er als sein Ziel.[43] Letzten Endes blieben Erfolg oder Mißerfolg des Versuchs, den Geist der Vergangenheit zu verstehen, für jeden – außer für die ausgemachten Wissenschaftsfanatiker unter den Historikern – eine individuelle Entscheidung, die weitaus weniger auf einer esoterischen Methodologie als auf solch unergründlichen Eigenschaften wie einem tüchtigen Verstand, einer weltgesättigten Erfahrung und einer gereiften Weisheit gründeten. Im Januar 1877, er war 83 Jahre alt und seine Augen ließen nach, aber seine Schaffenskraft war ungebrochen, schrieb Ranke in sein Tagebuch: «Der Historiker muß alt werden, nicht allein wegen des unermeßlichen Umfangs der Studien, welche die Erkenntniß der historischen Entwicklung erforderlich macht, sondern auch wegen des Wechsels der Zeitumstände, die in einem langen Leben eintreten.»[44]

Gleichgültig indessen, ob im Alter oder in jungen Jahren, Ranke entwickelte in seinem Werk eine in sich schlüssige Vorstellung vom Geist in der Geschichte. Es ist bezeichnend, daß er die «persönlichen Motive» zu den Elementen rechnete, die er für «eine völlig wahre Geschichte» als unabdingbar erachtete.[45] Ebenso aufschlußreich ist, daß seine Psychologie, wie es seiner Anschauung von der Geschichte angemessen war, als Sozialpsychologie angelegt war. Indem er Staaten als Individuen auffaßte, dachte er zugleich die Individuen, obschon jedes der alleinige Mittelpunkt der Erfahrung war, als in hohem Maße gesellschaftlich produziert. In einer bemerkenswerten Metapher verglich er Personen mit Bäumen, die ihre Kraft weniger aus dem Boden als aus ihrer Umgebung, aus «Luft und Licht, Wind und Wetter»[46] ziehen. Nur wenn das Individuum, ganz gleich wie groß es ist, sich in Übereinstimmung befindet mit dem Gang seines Zeitalters, dann kann es Geschichte machen. Rankes liebevoll in Einzelheiten sich ergehenden Charakterskizzen welthistorischer Persönlichkeiten wie Luther, Richelieu und Friedrich der Große sind keine Ausnahme von dieser Regel. In seiner Darstellung sind sie Musterbeispiele an Energie, Willenskraft und Zielstrebigkeit. Um aber Geschichte zu machen, mußten sie im rechten Augenblick auf der Bühne erscheinen. Der Weg mußte ihnen bereitet sein, und dann, so Rankes Überzeugung, werden sie von der Welt in Krisenzeiten zugleich gefördert und gefordert, denn nur solche Zeiten bringen große Gestalten hervor. «Allein erst im Sturme bewährt sich der Steuermann.»[47]

In den fortlaufenden Kommentaren zu der sich abarbeitenden Natur des Menschen, die seine Schilderung der Ereignisse durchziehen, erfüllte er diese Skizze mit Leben, ganz und gar mit der Intention, seine Sicht zu unterstreichen, daß es nämlich das Zusammenwirken bedeutsamer Umstände und persönlicher Reaktionen, weitreichender Tendenzen und günstiger Augenblicke sei, welches die Geschichte ausmacht. In dieser knappen Formulierung mag Rankes Psychologie banal erscheinen. Aber sie war ein riesiger Schritt weg von Carlyles Auffassung von der Geschichte als einer Summe unzähliger Biographien und hin zu einer richtigen historischen Psychologie. Historiker, denen Rankes unwandelbare Ehrerbietung gegenüber einem Gott, der die Welt denkt, seine undogmatische christliche Glaubensüberzeugung, die noch jede von ihm geschriebene Zeile trägt, nichts sagt, können immerhin noch mit seinen psychologischen Erkenntnissen arbeiten. Bis zur Jahrhundertwende hatten sie schließlich auch nicht mehr als dies.

6. Große und kleine Themen der Geschichtswissenschaft

Die Gründe, die die Bürger des 19. Jahrhunderts für das Lesen von Geschichtsbüchern hatten, waren alles andere als geheimnisvoll. Die Gymnasiasten zum Beispiel lasen dergleichen Bücher, weil man ihnen sagte, diese Lektüre läutere ihren Charakter. Erwachsene konnten sie sich zum Muster für die Amtsführung von Staatsmännern, zur Quelle des wohltuenden Gefühls von Überlegenheit über unbedeutendere Nationen, zur sehnsuchtsvollen Beschwörung der ruhmreichen Taten ihrer Vorfahren oder zum Beweis dessen dienen lassen, daß ihr Land Fortschritte gemacht hatte, weiterhin Fortschritte machte und auch in Zukunft unweigerlich Fortschritte machen werde. In England begehrten nur wenige Zeitgenossen auf, wenn sie Macaulays gehässige Vergleiche zwischen dem Zustand ihres Landes im 17. Jahrhundert und dem zu Beginn der viktorianischen Ära lasen, die ja ganz zum Vorteil der letzteren ausfielen.

Mehr noch – und das ist keineswegs zu vernachlässigen – konnten die Historiker mit stilistischen Glanzlichtern aufwarten: das treffende Epigramm, die geistreiche Beobachtung, der packende Abschnitt und die gekonnt erzählte Episode verliehen einer Darstellung, deren Ausgang der Leser bereits kannte, ihren Spannungsbogen. Der Künstler im Historiker konnte Geschichten erzählen und Bilder malen, und viele Historiker des 19. Jahrhunderts waren tatsächlich Künstler. Nur die Hartgesottensten konnten dem Schlußsatz aus Motleys *The Rise of the Dutch Republic* den Tribut einer Träne versagen, wenn sie die Zeilen lasen, wo Motleys Held, Wilhelm der Schweigsame, ermordet wird und das Volk nun seinen Tod bejammert. In geschickter Entlehnung aus einem zeitgenössischen Bericht schließt der Autor mit den Worten: «Zeit seines Lebens war er der Leitstern einer tapferen Nation gewesen, und als er starb, weinten die kleinen Kinder auf den Straßen.»[1]

Die Historiker konnten dem Lesepublikum des 19. Jahrhunderts bei seinen Wünschen um so bereitwilliger entgegenkommen, als das hinterhältige Einschmuggeln tagespolitischer Interessen in eine angeblich objektive Bestandsaufnahme der Vergangenheit gerade zu jener Zeit florierte, in der das Ideal der Identifikation, das stets als Schutzwall gegen die Gefahr der Gegenwartsbezogenheit angepriesen worden war, hoch im Kurs stand. Nicht daß die Historiker ihre Leser absichtlich in die Irre führten; es war nur so, daß viele überhaupt nicht einsehen wollten, wie sehr ihr Urteil durch ihre Scheuklappen, denen sie nicht genügend mißtrauten, verzerrt wurde.

Die stärkste Versuchung zur Parteilichkeit ging natürlich von der Politik aus, die Religionspolitik nicht ausgenommen, und sie wirkte gleichermaßen auf Leser wie auf Schreiber historischer Werke. Die Historiker machten ihre jeweilige Version der Vergangenheit damit schmackhaft, daß sie erklärten, ihre eigene politische Tätigkeit – und viele Historiker waren politisch überaus aktiv – beeinträchtige nicht im geringsten ihre Unparteilichkeit. So wies der französische Liberale Augustin Thierry, womöglich der konsequenteste Vorkämpfer der Bourgeoisie, den das Jahrhundert hervorgebracht hat, während der Restauration der Bourbonenherrschaft die Vermutung zurück, Parteilichkeit könne seiner Suche nach historischer Wahrheit abträglich sein. Er war nur einer von vielen französischen Historikern, der keine Gefahr in dieser Art von «neuer Geschichtsschreibung» sah, an der er gerade saß und die ihm gestattete, «Menschen früherer Jahrhunderte im Gepräge ihrer Zeit, aber in der Sprache unserer Zeit zu schildern». Die Geschichte Frankreichs, die er für dringend erneuerungsbedürftig hielt, zeigte sich ihm «unter zwei Aspekten, einem wissenschaftlichen und einem politischen». «Wissenschaft ineins mit Patriotismus» zu betreiben, so lautete die Aufgabe, der er lange Zeit seine besten Kräfte gewidmet hatte, ohne überhaupt zu besorgen, daß sein Urteil darunter leiden könnte. Feierlich erklärte er, daß das hingebungsvolle Bemühen um verläßliches Wissen wichtiger sei als materielle Freuden, als Reichtümer und sogar als die Gesundheit.[2] Seine Bundesgenossen, begabte und parteiische Historiker wie François Guizot und Auguste Mignet, die wie Thierry in der französischen Politik mitmischten, stimmten dieser Ansicht begeistert zu.

Das taten allerdings auch ihre gleichermaßen patriotisch gestimmten Kollegen in anderen Ländern. Heinrich von Sybel zum Beispiel, der ein eifriger Anwalt von Preußens vorrangiger Rolle bei der Reichseinigung und ein nicht minder eifriger Bewunderer Bismarcks war, blieb unerschütterlich bei seiner Überzeugung, als Historiker alles Gebotene getan zu haben. Hatte er nicht in seiner *Historischen Zeitschrift* verkündet, daß er sich der wahren Methode und der Wissenschaft verschrieben habe? Im Vorwort zu seiner umfänglichen Darstellung der Errichtung des Deutschen Reichs im Jahre 1871 bekräftigte er seine Hoffnung, daß, obwohl er zu keiner Zeit seine «preußischen und nationalliberalen Überzeugungen» abzuleugnen gesucht habe, der Leser nicht sein «Streben» verkennen werde, «die im eignen Lager vorgekommenen Fehler und Mißgriffe ohne Beschönigung einzugestehen»; um indessen seine ganz unapologetisch daherkommende Rechtfertigung ein wenig zu bemänteln, setzte er hinzu, daß er sich bemüht habe, «das Verhalten der Gegner (...) gerecht und billig zu beurtheilen, oder mit anderen Worten, die Motive ihres Thuns nicht aus Thorheit oder Schlechtigkeit abzuleiten, sondern nach den historischen Voraussetzungen ihrer ganzen Stellung zu begreifen».[3]

Derlei Verlautbarungen klangen naiv, wo nicht unaufrichtig. Allerdings sollte das Ideologische dieser Geschichtsschreibung nicht einfach damit abgetan werden, daß der betreffende Historiker einer Selbsttäuschung erlegen sei. Nur wenige ließen die Hindernisse, die den Weg zu einer wissenschaftlichen Geschichtsschreibung versperrten, schlicht außer acht. Schwerlich erwarteten sie, daß ein Amerikaner Gutes über Georg III. sagen, ein Katholik gute Worte für Martin Luther finden oder ein Anhänger der Französischen Revolution das Ancien Régime preisen würde. Sie wußten, daß auch kompetente und gewissenhafte Historiker

unter Umständen das, was Lord Acton den «Pferdefuß ihrer Herzensneigung für eine Interessengruppe»[4] nannte, überspielen könnten. Auf
ihrem ureigensten Terrain zur Rede gestellt, pflegten sie allerdings ihre
Ansichten damit zu verteidigen, daß sie auf unwiderleglichen Beweisen
beruhten und auf umfänglichen Akten aufbauten, die sie selbst sorgfältig
zusammengetragen und kritisch durchgesehen hätten. Hätten sie bei sich
selbst ein Vorurteil ausgemacht, so redeten sie sich wohl ein, sie hätten
ohne Zögern ihr Urteil fallenlassen. Was konnten sie als Wissenschaftler
denn noch tun?

Aber auch wenn ihr Status als Wissenschaftler eher Anspruch als Wirklichkeit war, so konnte doch auch eine Parteinahme, ja auch die politische
Parteinahme, wenn sie denn richtig gehandhabt und an die Kandare genommen wurde, durchaus als Schlüssel statt als Hindernis für die historische Erkenntnis dienen. Vorlieben, angeborene Neigungen, frühe Erlebnisse konnten dem Verständnis dienlich sein, indem der Historiker dank
ihrer etwas zu sehen vermochte, was andere, die weniger beteiligt waren,
nicht gesehen hatten. «Die Ereignisse der letzten fünfzig Jahre», so
schrieb zum Beispiel Thierry im Jahre 1840, «haben uns die Revolutionen
des Mittelalters verstehen gelehrt.»[5] Das war die eher unerwartete Hilfe
bei historischen Entdeckungen, an die Gibbon gedacht hatte, als er, im
Rückblick auf seinen Militärdienst, sich daran erinnerte, daß «der Haupt-
mann der Hampshire-Grenadiere (der Leser mag lächeln) für den Historiker des Römischen Reiches nicht ohne Nutzen gewesen ist».[6] Für den
Leser gab es indessen gar keinen Grund zu lächeln, denn immer wieder
haben Historiker den Beweis erbracht, daß ein politischer Blickwinkel
eine Chance eröffnet, die Wahrheit vom Wunschdenken zu scheiden.

Diesen Gewinn hatte auch Lord Acton im Kopf, als er betonte, daß es
Historiker mit einer parteilichen Position zur Französischen Revolution
gewesen waren, die mit ihrer kämpferischen Haltung zu neuen Erkenntnissen hatten vordringen können. «Niemand kann die Größe der Revolution empfinden, solange er nicht Michelet gelesen hat», sagte er in
den 90er Jahren zu seinen Studenten, «oder ihren Schrecken, solange er
nicht in Taine hineinschaut.»[7] Mit der ihm eigenen Geradheit faßte
er das Problem dann zusammen: «Wir wollen über diejenigen, die in par-
teiischer Einstellung schreiben, nicht allzuviel Schlechtes reden, denn wir
verdanken ihnen viel. Sie mögen nicht zuverlässig sein, aber sie sind
hilfreich, so wie der Anwalt dem Richter hilft. Und sie hätten ihre Sache
nicht so gut gemacht, wenn sie sich bloß von unvoreingenommener
Wahrheitsliebe hätten leiten lassen. Wir müßten wohl lange warten, wenn
wir nach dem Manne Ausschau halten wollten, der die ganze Wahrheit
kennt und den Mut hat, sie auszusprechen, der neben seinen eigenen auch

auf die Interessen anderer acht hat und sich müht, seinen Widersachern Genüge zu tun, der Großmut zeigt gegenüber jenen, die geirrt, gesündigt oder gefehlt haben, und der Freund und Feind nach gleichem Recht behandelt, vorausgesetzt, daß es bei einem aufrichtigen Historiker überhaupt denkbar ist, daß er einen Freund hat.»[8]

Eduard Bernsteins Ausgrabung der Diggers, jener kleinen und interessanten Gemeinschaft von Kommunisten im England des 17. Jahrhunderts, ist ein passendes Beispiel. Bernstein, ein deutscher Sozialdemokrat, der in den 90er Jahren des letzten Jahrhunderts in London im politischen Exil lebte und sich dort seinen dürftigen Lebensunterhalt mit journalistischen Arbeiten zusammenkratzen mußte, war als Koautor eines Bandes für ein anspruchsvolles historisches Gemeinschaftswerk über die Vorläufer des modernen Sozialismus gewonnen worden. Seine Aufgabe war es, die Jahrzehnte des englischen Bürgerkriegs zu bearbeiten. Zu der Zeit, als Bernstein seine Nachforschungen anstellte, stand gerade diese Periode an herausragender Stelle auf der Tagesordnung der englischen Historiker. In diesem Kontext war von besonnen vorgehenden Fachkollegen wie C. H. Firth und S. R. Gardiner mit der Herausgabe von Dokumenten und der Veröffentlichung von Darstellungen, die so unparteiisch waren, wie es einem Menschen überhaupt nur möglich ist, bereits erstklassige Arbeit geleistet worden. Dabei war ihnen keineswegs der radikale, ideologische Strang innerhalb der Bürgerkriegsauseinandersetzungen entgangen, hatten sie doch den radikalen politischen Forderungen der Levellers beträchtlichen Raum zugestanden. Die Diggers jedoch waren buchstäblich unsichtbar geblieben, bis Bernstein sie entdeckte, und er entdeckte sie, weil er, mit dem Blick durch die marxistische Brille, nach ihnen gesucht hatte.[9]

Die Gefahren eines derartigen Tunnelblicks, der scharf, aber eingeengt ist, liegen auf der Hand. Allzu leicht können von ihren voreingenommenen Wunschvorstellungen geblendete Historiker in der Vergangenheit etwas ausfindig machen, was nur in ihrem Kopf besteht, oder die Bedeutung ihrer Funde maßlos übertreiben. An genau dieser Stelle muß nun allerdings Disziplin, will sagen: Selbstdisziplin, einsetzen.[10] Wir wissen, daß die Menschen in gewissem Maße gesellschaftliche Konstrukte sind, zum Teil entstanden aus den zahlreichen Identifikationsleistungen, welche die Verbundenheit mit der eigenen Klasse, die gesellschaftlichen Vorurteile und Einstellungen gegenüber Arbeit und Spiel sowie die moralischen und sexuellen Entscheidungen bedingen und die sämtlich aus bedrängenden und eigentlich unwiderstehlichen äußeren Impulsen herrühren.[11] Vor den Historikern des 19. Jahrhunderts stand mithin, wie sie wohl wußten, die Aufgabe, in sich selbst hineinzuschauen, die eigenen

Strebungen anzuerkennen, zu überwinden oder bestenfalls zu zähmen und einzuspannen.

Dies war eine harte und oft undankbare Arbeit. Welches auch immer ihre privaten Überzeugungen sein mochten, die Historiker hatten zwangsläufig empörte Moralapostel, verzagte Strenggläubige, krachschlagende Politiker und eifernde Chauvinisten am Hals, denen sie idealisierende und vereinfachende Geschichtsbildchen frei Haus liefern sollten. Auf ihrer Suche nach einer brauchbaren Vergangenheit zeigten sich die Adepten Klios so beharrlich wie zudringlich. Dementsprechend erging an die Historiker das Ansinnen, ihr gestrenges fachspezifisches Über-Ich zu lockern. Ganz ohne Zweifel pflegten die meisten Historiker, wie wir gesehen haben, jede Anspielung, sie könnten je der Sache der Wahrheit, aus welchem Beweggrund auch immer, untreu sein wollen, mit Verachtung zu strafen. Soweit es freilich ihre Rivalen betraf, waren sie sich durchaus nicht so sicher. Bei ihren Rededuellen, die sie auf dem Vortragspodium oder in den Fachzeitschriften ausfochten, hatten sie ihre helle Freude, wenn sie an ihren Gegnern eine unbelehrbare Voreingenommenheit ausmachen konnten. Der Ideologe war stets der andere.[12] Wie alle anderen vor ihnen, so wurden mithin auch die Historiker des 19. Jahrhunderts geradezu bestürmt, sich zu einem schmeichlerischen Spiegel ihrer Zeit statt zu einem ungetrübten, auf vergangene Zeiten eingestellten Fernrohr zu machen. Jacob Burckhardt hat einmal gesagt, daß Geschichte eine Schilderung dessen sei, was ein Zeitalter am anderen interessant finde. Noch sarkastischer ausgedrückt könnte man sagen, daß es so aussieht, als ob die Historiker wohl eher das interessant fanden, was das Zeitalter an sich selbst an Schmeichelhaftem sah.

Dies sollte nicht überraschen, waren doch auch die Historiker ein unauflöslicher Bestandteil der gesellschaftlichen Textur. Die in der Gesellschaft dominierenden Standpunkte teilten sie ebenso wie viele der in ihr umgehenden Vorurteile, und so fanden sie, daß die Versuchung, als Sklaven statt als Herren ihrer Leser oder Hörer zu handeln, nicht einfach auf Bestechlichkeit beruhe, sondern von etwas viel Mächtigerem bedingt sei: von ihrem eigenen geistigen Habitus. «Jedes Zeitalter», so schrieb 1891 Frederick Jackson Turner, «sucht sich einen eigenen Begriff von der Vergangenheit zu bilden. Jedes Zeitalter schreibt die Geschichte der Vergangenheit aufs neue, unter Bezug auf die Bedingungen, die jeweils in der eigenen Zeit Geltung haben.»[13] Es sollte sich zeigen, daß die Objektivität weitaus weniger in Gefahr stand, ein Opfer von Käuflichkeit oder Opportunismus zu werden, als daß ihr jene so selbstgefälligen und, wie es schien, allgemein selbstverständlichen Überzeugungen zum Schaden gereichen konnten wie die von der angeborenen Überlegenheit der angelsächsischen Rasse, der offenbaren Bestimmung des amerikanischen Volkes oder der Mission Rußlands für die Welt.

Im Ringen mit den Lesern wie mit sich selbst waren die Historiker mithin empfänglich für psychologische Einflüsterungen, politische Imperative und religiöse Lehren.[14] Als Lord Acton 1895 sein monumentales Gemeinschaftswerk der *Cambridge Modern History* in Angriff nahm, das zum lebendigen Ausdruck seiner Überzeugung wurde, Geschichte sei eine «sich entwickelnde Wissenschaft», da drängte er seine Mitarbeiter, ihre jeweiligen Kapitel so leidenschaftslos zu schreiben, daß ihr Waterloo bestehende Streitigkeiten zum Schweigen bringe und Franzosen wie Engländer, Deutsche und Holländer unter den Lesern gleichermaßen zufriedenstelle. Rückblickend – und für manche sogar schon seinerzeit – liest sich dies wie eine utopische Forderung. Nicht daß die Historiker aufhörten, sich um Unparteilichkeit zu bemühen. Einer Zunft, die in dem von der Aufklärung überkommenen kritischen Geist arbeitete, war Selbstkritik natürlich nicht fremd. So beklagte Ranke in Gedankensplittern, die sich verstreut in privaten Aufzeichnungen, Briefen und veröffentlichten Schriften finden, wiederholt den Umstand, daß Probleme der Gegenwart das Antlitz der Geschichte verdecken könnten. Sich selbst nahm er von dieser Gefahr nicht aus; die «laufende Strömung», so schrieb er 1873 an seinen Sohn Otto, «sucht (...) die Vergangenheit zu beherrschen und legt sie eben nur in ihrem Sinne aus».[15] Eben dies meinte auch Lord Acton, als er vor dem «Pferdefuß der Herzensneigung» warnte. Und darum empfahl er auch den Historikern das Studium der Meister ihres Faches sowie ihrer Briefe an, denn dadurch seien sie eventuell imstande, ihre eigenen Vorurteile zu entdecken und unschädlich zu machen.[16]

Und wenn sie nicht in sich selbst hineinschauen würden, ihre Kollegen würden gewiß überaus erfreut sein, dies in Rezensionen und Polemiken an ihrer Stelle zu tun.[17] «Predigten zur Jahrhundertfeier, Reden zum Nationalfeiertag, ob nun zu diesem Zwecke gehalten oder im Gewande geschichtlicher Darstellung, davon gibt es übergenug», schrieb der bilderstürmerische amerikanische Historiker Richard Hildreth im Jahre 1849 im Vorwort zu seiner Geschichte der Vereinigten Staaten von Amerika. «Wir sind es unseren Vätern und uns selbst schuldig, wir sind es der Wahrheit und der Philosophie schuldig, einmal auf der Bühne der Geschichte die Gründer unserer amerikanischen Nation ohne das patriotische Rouge zu präsentieren, mit dem ihre Gesichter beschmiert wurden, und ohne den feingesponnenen Umhang aus Entschuldigungen und Rechtfertigungen, in den man sie einhüllte.»[18] Hildreth war ein Außenseiter, aber er stand nicht allein.

Geschichtswerke, die zum Verkaufserfolg wurden, bieten lehrreiche Beispiele für die Entschuldigungen und Rechtfertigungen, die ein Großteil des Lesepublikums von seinen Historikern verlangte, und auch Belege dafür, wie der Kampf gegen die Parteilichkeit in den Jahrzehnten des 19. Jahrhunderts zum Erliegen kam. Als ebenso erhellendes Quellenmaterial, zumal was die bürgerliche Geistesverfassung betrifft, erweist sich der Lesestoff, der den Schülern weiterführender Schulen als Pensum aufgegeben wurde. In der Regel waren diese Bildungseinrichtungen – in Deutschland das *Gymnasium*, in Frankreich das *Lycée* und in England die *Public School* – ein privilegiertes Refugium für die Sprößlinge der wohlhabenden Mittelschichten, und das blieben sie auch lange Zeit. Durch ihren klassischen Bildungsgang setzten sie sich von den Kindern der Armen ab, denen selbst an den reformierten Grundschulen nur eine rudimentäre Erziehung geboten wurde. Als Ganzes genommen, spiegeln sich in den Schulbüchern die Wunschvorstellungen ehrbarer Eltern, die sich beizeiten ausmalten, was ihre Kinder glauben und werden sollten. Sie waren Ausdruck von Träumen, die energisch verteidigt und wild entschlossen behütet wurden, denn in jenem auf die Umwälzungen der Französischen Revolution und der Ära Napoleons folgenden Jahrhundert, die eine spektakuläre Zunahme der Zahl von Lese- und Schreibkundigen mit sich gebracht und das besorgniserregende Faktum einer an den breiten Massen orientierten Politik geschaffen hatten, standen Fragen der Erziehung mehr als je zuvor in einem engen Zusammenhang mit allgemeineren Problemen der bürgerlichen Öffentlichkeit. Gewiß nahm der Unterricht in Geschichte, verglichen mit Griechisch, Latein und auch Religion, einen relativ unbedeutenden Raum im Bildungsgang ein. Aber die Art von Geschichte, die die Jugend sich aneignen sollte, sagt viel über das Selbstbild der Bourgeoisie, zumindest über ihre Wünsche.

Bekanntlich war das 19. Jahrhundert ein Zeitalter des Nationalismus, der ein machtvolles Symptom für das Verlangen nach Selbstachtung war; zugleich erwies er sich als ein Thema, das bei unterschiedlichen Leserkreisen Anklang fand. Ernest Renans großartige Vision von der Nation als eines täglich aufs neue abgehaltenen Plebiszits trat, zumal gegen Ende des Jahrhunderts, gegenüber den lauten Bekundungen eines wütenden Chauvinismus immer mehr in den Hintergrund. Gleichzeitig erlebte das Jahrhundert erbitterten Zank über der Frage, wem wieviel Bildung zustand. Am sichtbarsten waren vielleicht die religiösen Konflikte, bei denen Protestanten gegen Katholiken, liberale Juden gegen orthodoxe, Kirchengegner gegen Kirchenanhänger standen. Und wie um den Tumult um die Erziehung noch heftiger zu machen, brachte um die Jahrhundertmitte der laute Ruf nach technischer Bildung die ehrwürdigen Oberschulen, die stur auf ihrem klassischen Bildungskanon beharrten, regelrecht zur Weißglut. Es war unumgänglich, daß diese hochempfindlichen Themen miteinander verknüpft und in der politischen Arena lang und breit erörtert wurden. Genauso unvermeidlich war es, daß der Lehrplan in Geschichte die öffentlichen Auseinandersetzungen abbildete und in gewissem Umfang auch mitgestaltete.

Aber es war nicht nur die Politik. Überall wollten die Lehrer, im Einklang mit ihrer Zeit, gute Staatsbürger heranziehen, allein ihre Definitionen des guten Staatsbürgers waren alles andere als einhellig, und ebenso uneinheitlich war der Geschichtsunterricht, den sie erteilten. In Frankreich stand das ununterbrochene Nachbeten der ruhmreichen nationalen Vergangenheit im Zentrum des Unterrichtsprogramms. In anderen Ländern gab es jedoch Schulen, an denen nationalistische Töne weitaus gedämpfter waren. So zum Beispiel in Rugby unter Dr. Arnold, jenem charismatischen und erfinderischen Schulleiter von 1827 bis zu seinem vorzeitigen Tod 1842.[19] Obschon in Rugby, wie an jeder anderen Public School, die ja mitnichten eine öffentliche, sondern eine Privatschule ist, in England und anderswo, Griechisch und Latein alles andere in den Schatten stellten, wurde jedes Jahr von der ersten bis zur sechsten Klasse auch Geschichte gelehrt. Tatsächlich koppelte Dr. Arnold die Geschichte der neueren Zeit an die Alte Geschichte und verabreichte seinen Schülern großzügige Portionen von Herodot, Thukydides, Xenophon und Livius. Sie sollten diese Überlebsel aus fernen Zeiten nicht als eine Gelegenheit zur Erholung von aktuellen Problemen ansehen, sondern sie als äußerst weise, äußerst bedeutsame und im Grunde äußerst moderne Historiker begreifen. «Die Befassung mit der Geschichte Griechenlands und Roms», so behauptete er, «ist keine müßige Untersuchung ferner Zeiten und vergessener Einrichtungen, sondern ein lebendiges Bild von Dingen, die immer noch gegenwärtig sind und die nicht sowohl um der Befriedigung des Wissensdurstes der Gelehrten als um der Belehrung der Staatsmänner und Bürger willen da sind.»[20] So umfassend begriffen, sollte der Geschichtsunterricht in Rugby, nächst der Religionslehre, Charakterbildung vermitteln.

Zudem waren die in Rugby vorgeschriebenen Lehrbücher für Geschichte nicht einmal ausschließlich auf dieses Fach zugeschnitten. Zwei dieser Lehrbücher, Guizots *Histoire de la Révolution de l'Angleterre*, eine Darstellung des englischen Bürgerkriegs, und Mignets liberale *Histoire de la Révolution française*, brachten den Schülern das Französische ebensosehr nahe wie die Geschichte. Zu den Englisch-Lehrbüchern gehörte Mrs. Markhams geschickte und geschwätzige *History of England*, eine Darstellung der politischen Geschichte, ausgeschmückt mit farbigen

Anekdoten, gerade passend für die ersten beiden Unterrichtsjahre; weiterhin Auszüge aus Henry Hallams weitaus anspruchsvollerer *History of Europe during the Middle Ages* sowie aus William Russells schwer verdaulicher, aber erschöpfender *History of Modern Europe*.[21] Obgleich jedes dieser Bücher einen eigenen Standpunkt vertrat – Hallam zum Beispiel war ein konservativer Whig – und keines an Englands Vortrefflichkeit irgendeinen Zweifel zuließ, waren sie doch vergleichsweise frei von Selbstgefälligkeit. Das galt gleichermaßen für Dr. Arnold selbst. Als er daranging, sich mit den Opfern der Industrialisierung in seinem Land zu befassen, da wurden seine politischen Stellungnahmen zunehmend radikaler; gleich einem Dr. Johnson des 19. Jahrhunderts wandte er sich gegen «jenes Gefühl von Hoffart und Eigensucht», das «unter dem Namen des Patriotismus so lange versucht hat, sich als eine Tugend auszugeben». Unerschütterlich behauptete er, daß «dünkelhafter Patriotismus verworfen werden sollte» und als «eine der Narrheiten und Selbstsüchtigkeiten unserer unzivilisierten Natur» zu behandeln sei.[22] Moral und Christentum seien bessere Lehrer als nationaler Hochmut.

Rugby war nur im Hinblick auf die Folgerichtigkeit seiner edelmütigen Ansichten eine Ausnahme. Die Lehren, die die Schüler im England des 19. Jahrhunderts den Geschichtsbüchern entnehmen sollten, brachten ein eindrucksvolles Spektrum an Standpunkten zur Geltung und lösten jene nicht enden wollenden Kontroversen aus, die, wie wir mehr als einmal sehen konnten, ein Merkmal der bürgerlichen Kultur waren.[23] Und doch steigerte sich ab den 70er Jahren, als die Großmächte ihre imperialistischen Husarenritte immer häufiger unternahmen und rassistische Schlagworte zu anerkannten Waffen im Arsenal der Hurrapatrioten wurden, auch in Großbritannien das rhetorische Vokabular in eine immer größere Erregung hinein, und willfährige Lehrbuchverfasser taten es den Leitartiklern und Politikern nach, indem sie die nationale Überlegenheit Englands statuierten. Nicht daß diejenigen, die da die Trommel für ihr Land rührten, unverblümt Bücher voller Lügen gefordert hätten: in ihren Augen waren die bloßen Segnungen der englischen Kultur, der englischen Waffen und des englischen Menschenschlags so selbstverständlich, daß eine wahrheitsgetreue historische Darstellung das überaus Grandiose der Insel nur erhärten konnte.

Gewiß hätte Dr. Arnold eine dermaßen selbstgefällige Ideologie verabscheut. Aber selbst auf dem Höhepunkt der nationalistischen Welle während des Burenkrieges vergaßen die englischen Schulbücher nur selten den Verweis auf die sittlichen und religiösen Aspekte des Patriotismus. Mochte dieser oder jener das, was dann die wahre Vaterlandsliebe genannt wurde, als bequemes Alibi für die Kolonisierung «minderwertiger»

Völker mißbrauchen, so glaubten doch viele, daß Großbritannien für die eigene Größe Verantwortung übernehmen müsse. Erzieher beklagten die Verunglimpfung von Ausländern als unmoralisch, ja als kontraproduktiv; mancher getraute sich sogar, sie unenglisch zu nennen. Im Geschichtsunterricht an den englischen Schulen wirkte der Enthusiasmus, mit dem man sich der Bildung eines ordentlichen Charakters annahm, als Bremse für den nationalen Größenwahn.

Nicht einmal deutsche Pädagogen, die von mißgünstigen Ausländern häufig als Männer hingestellt wurden, die schamlos die Liebe zum Vaterland predigten, konnten sich diesen Auseinandersetzungen entziehen. Und doch übertrafen die deutschen Historiker, was die Schrillheit der vaterländischen Töne angeht, mit Leichtigkeit ihre britischen Kollegen. Als Zeuge dessen sei der theatralische Geschichtsprofessor und Demagoge Heinrich von Treitschke angeführt. Dessen einflußreiche Schriften zur jüngsten deutschen Geschichte, aufreizend im Ton und nationalistisch in ihrer Zielrichtung, sowie seine streitbaren Vorträge zur Politik verliehen einer bedenkenlos auftrumpfenden Deutschland-über-alles-Einstellung die Weihen und das Prestige eines angesehenen Lehrstuhlinhabers der Berliner Universität. Mommsen hoffte, indem er Treitschke den «Dichter der Geschichte Preußens» nannte, Mann und Werk ein für allemal um seinen Ruf gebracht zu haben.[24] Das war weit gefehlt, denn Treitschke war Sprachrohr einer weitverbreiteten Denkhaltung unter den Deutschen.

In der Tat war der Kampfruf: *Am deutschen Wesen soll die Welt genesen* nach der Reichsgründung 1871 nahezu in aller Munde.[25] Indessen klangen diese Superpatrioten unter den Historikern – und nicht allein Treitschke – bei aller Aggressivität auch wieder defensiv, als hätten sie, Bürger eines frisch aus dem Boden gestampften Reiches, dem Ausland oder sich selbst etwas zu beweisen. Gewiß war vor 1871 die Hoffnung auf ein geeintes Reich ein sehnlicher, inbrünstiger Traum gewesen, solange die Anhänger des Nationalstaats sich mit denen des Partikularismus, treu ergebenen Sachsen oder Bayern, heftige Wortgefechte lieferten. Als Bismarck aber erst einmal das Deutsche Reich geschaffen hatte, wenngleich die Einzelstaaten die Kontrolle über das Bildungswesen behielten, fand auch der Nationalismus eine Heimstätte. Gegen diese Realität hatte das, was von den kosmopolitischen Idealen des 18.Jahrhunderts und dem neoklassischen Humanismus des frühen 19.Jahrhunderts geblieben war, einen schweren Stand. Erbitterte Streitereien über damit im Zusammenhang stehende Themen, zumal über die Stellung der Wissenschaft und der klassischen Bildung an den Oberschulen, trugen zu einer weiteren Komplizierung der Situation bei. Aber dadurch wurden antinationalistische Positionen nicht gerade erleichtert.

In der Tat wurde diese Auseinandersetzung mit der Thronbesteigung Wilhelms II. im Jahre 1888 immer einseitiger geführt. Gewiß war der Geschichtsunterricht auch schon in den Jahren davor nicht unberührt von den aufwühlenden Ereignissen der damaligen Zeit geblieben, und Bismarcks verblüffende Erfolge bei der Errichtung des Staates reizten die Verfasser von Geschichtsbüchern zu kritikloser Unterstützung der glorreichen Gegenwart, die in ihren Augen nach unermüdlichem Einsatz für das Erfordernis des Nationalstaats und gegen eine engstirnige Verhaftung im Provinzialismus sowie für Maßnahmen zur Bekämpfung der umstürzlerischen Sozialisten verlangten, jener Männer, die – dies mußte, so traurig es auch war, gesagt werden – ihr Vaterland haßten. Als grundsatztreue Weltbürger scherten eine Handvoll Historiker, die älteren Idealen anhingen, und sogar Sozialdemokraten aus diesem Konsens aus, während jene Liberalen, die nicht zu Kreuze kriechen mochten und sich von Bismarcks Geniestreichen nicht hatten kirre machen lassen, sich gegen den Geschichtsunterricht wandten, der, so waren sie überzeugt, auf nichts anderes als auf Indoktrinierung hinauskam.

Der hartnäckigste und auch vernehmlichste Fürsprecher für eine klassische humanistische Bildung war Oskar Jäger, selbst Leiter eines Gymnasiums in Köln. In Reden, Artikeln, Flugschriften kam er immer wieder auf sein Bild vom Historiker als des Erforschers der ganzen Menschheit und auf dessen in seinem Beruf begründete Pflicht zurück, sich von nichts anderem als der Wahrheit leiten zu lassen. «[Die] Menschheit», so schrieb er 1895, «ist ein ethisches Ganze», und das «oberste Gesetz» des Geschichtsunterrichts ist, nur das darzubieten, «*was* wirklich auch geschehen ist». Kurz gesagt, entscheidend ist das Bemühen um «vollkommene Objektivität». Jäger hatte keine Verwendung für Erzieher, die meinen, daß «das Vaterländische (...) und das Nationale (...) alle Tage unserer Jugend recht laut in die Ohren gerufen werden solle», und die die Literatur der Alten durch moderne Geschichte, ja durch Zeitgeschichte ersetzen wollen.[26]

Die immer kleiner werdende Zahl Andersdenkender und ihre zudem isolierte Position hätten eigentlich das Lager der Konservativen beruhigen sollen, aber dort war man auch weiterhin in großer Sorge, daß die Schüler, statt zu viele Lektionen in Nationalstolz zu bekommen, viel zu wenige davon erhielten. Auch der junge Kaiser Wilhelm II. nahm sich dieser Sache an, und er war aufgrund seiner Stellung der einflußreichste Anhänger eines angepaßten, auf das Reich hin ausgerichteten Geschichtsunterrichts. Entschieden trat er dafür ein, daß die Schulen ihr Angebot an deutscher Literatur und zugleich an deutscher Geschichte erhöhen.[27] 1890, zwei Jahre nach seiner Thronbesteigung rief er in einer aufreizenden Rede vor dem deutschen Schulkongreß aus: «Wir sollten national-bewußte junge Deutsche heranziehen und nicht junge Griechen und Römer.» Der Krieg gegen die unpatriotische Umsturzbewegung war praktisch gewonnen.

Mochten auch einige Gegenströmungen fortexistieren, ihnen war nur noch geringer Erfolg beschieden. Die Zwänge eines in der Moderne sei-nen Platz suchenden deutschen Kaiserreichs, die zum Beispiel auf einen flexibleren Bildungsgang drängten, in dem mehr Platz für die Naturwis-senschaften bleibe, und die Forderung eines Staates mit expansiven politi-schen Zielen nach Festigung der Loyalität seiner Untertanen waren zu ausgeprägt. Gewiß votierte 1893 auf dem ersten deutschen Historikertag nach lebhafter Debatte eine ansehnliche Mehrheit für eine Resolution, die darauf zielte, daß das Fach Geschichte an den Schulen nicht der «Vor-bereitung auf die Teilnahme an Aufgaben des öffentlichen Lebens» durch die «systematische Unterstützung eines bestimmten Standpunkts» diene. Aber sogar diejenigen, die die Versuche des Kaisers mißbilligten, Ge-schichte als Schulfach zu politisieren, und sich für eine unerschrockene Wahrung der Unabhängigkeit des Berufsstandes aussprachen, legten sehr viel Wert darauf, daß kein Zweifel daran aufkommen konnte, daß auch sie gute Deutsche waren. Echter Geschichtsunterricht, so argumentier-ten sie, würde allein durch seine Wahrhaftigkeit die Liebe zum Vater-land einimpfen und die Bereitschaft zum Dienst am Ganzen stärken.[28] Selbst Jäger wurde schließlich in diesem Lager heimisch: die zweibändige *Deutsche Geschichte*, die er zwischen 1909 und 1910, gegen Ende seines Lebens, veröffentlichte, ist das umfängliche Bekenntnis eines Nationali-sten von 80 Jahren. Seine Schilderung strotzt vor Äußerungen des Stolzes und der Besorgnis, Stolz auf das deutsche Volk und Sorge vor der Gefahr des Sozialismus und dem Schaden, die eine selbstlose Vaterlandsliebe durch einen noch nie dagewesenen Wohlstand des Landes nehmen könnte. Wenn jemand, der sein Leben lang den klassischen Bildungsgang und die Unabhängigkeit der historischen Forschung verfochten hatte, diesen Ton anschlagen konnte, dann kann man sich leicht vorstellen, wie das Bild von der deutschen Geschichtswissenschaft ausgesehen hat, das deren frohlockende Gegner in ihren Werken ausbreiteten.

Jenes Ereignis, das Wasser auf die Mühlen der patriotischen deutschen Geschichtsschreibung goß, der Preußisch-Französische Krieg, gab auch in Frankreich dem Chauvinismus Auftrieb, natürlich aus entgegengesetz-ten Gründen. Das Prahlen der einen wurde an Heftigkeit von der Wut der anderen aufgewogen. In Frankreich hatte der Streit um die Erziehung jahrzehntelang, von den Zeiten der französischen Revolution an bis zum Sieg der Kirchengegner nach 1900 und noch darüber hinaus, das ganze

Land, angesehene Persönlichkeiten, das Parlament und die Presse beschäftigt. Alle Parteien waren darin einig, daß die Schulkinder Geschichtsbücher lesen sollten, damit sie Frankreich lieben lernten, aber welches Frankreich sollten sie eigentlich lieben? Der Einsatz war hoch und jedermann klar. Während Priester und Nonnen, die allgemein als Spender von Wohltaten und Seelenärzte bekannt waren, nach wie vor die in den Schulen angebotene religiöse Unterweisung anleiteten und natürlich den von den christlichen Bruderschaften betriebenen Schulen vorstanden, kam dem Staat in diesem Zusammenhang eine entscheidende Rolle zu. Wer den Staatsapparat kontrollierte, der kontrollierte die Schulen, und die Schulen zu kontrollieren bedeutete, über die Zukunft zu verfügen. Besonders dringlich war diese Frage für die französische Bourgeoisie, in deren Hand sich die Lycées befanden, an denen der Geschichtsunterricht sehr ernst genommen wurde.

Seit den Tagen Napoleons I. hatte die französische Regierung stets ein wichtiges Wort bei der Organisation des Erziehungssystems, bei der Bestimmung des Status der Lehrer und bei der Gestaltung der Bildungsgänge mitzureden gehabt. In Zeiten, in denen es politisch hoch herging und die Kirche eine günstige Gelegenheit sah, ihre Einflußnahme auf die Schüler zu festigen, setzten die Kirchenvertreter jedesmal eine regelrechte Lawine von Druckschriften in Gang, in denen gegen die Gefahren des Atheismus an weltlichen Schulen gewettert und die Vorzüge der von ihnen sogenannten «freien Schulen», nämlich ihrer eigenen, lautstark verkündet wurden. Eine solche Propagandawelle begann 1848 über das Land zu schwappen, als auch liberale, von jeder Frömmigkeit denkbar weit entfernte Bürger, in Angst und Schrecken versetzt von den revolutionären Unruhen, den Nutzen der von den Geistlichen mit so viel Erfolg an ihren Schulen verbreiteten Tugenden der Ehrfurcht und Gefügigkeit gegenüber der Gesellschaft zu würdigen lernten. Eine weitere Welle schwappte über das Land, als es galt, sich gegen den bedeutenden antiklerikalen Historiker Victor Duruy zu schützen, einen umfassend gebildeten Verfasser von Büchern zur Antike bis hin zur Moderne, den Napoleon III. 1863 zum Erziehungsminister ernannt hatte. Als tatkräftiger Reformer hinterließ Duruy in den spannungsgeladenen sechs Jahren seiner Amtszeit an sämtlichen Schulen seine Spuren. Er setzte sich für die weltlichen Lehrer an den staatlichen Schulen ein, verbesserte die sträflich vernachlässigte Erziehung der Mädchen, modernisierte die Bildungsgänge der Grundschulen und führte Geschichte als Pflichtfach ein.

Geschichte lag Duruy sehr am Herzen, und er war so mutig, zeitgeschichtliche Fragestellungen und damit politisch hochsensible Angelegenheiten in den Stundenplan aufzunehmen. Sein Unterrichtsprogramm für das Fach Geschichte war zwangsläufig bestimmt von seinen verwickelten politischen Positionen, war er doch gleichzeitig Liberaler und Bonapartist, Kosmopolit und Nationalist, ein Progressiver und ein Antisozialist, der nur in seiner Gegnerschaft zu Frankreichs bourbonischer Vergangenheit eindeutig Stellung bezog.[29] Unbeschadet der unüberbrückbaren Kluft zwischen der Art von Geschichtsunterricht, die Duruy durchsetzte, und derjenigen, die ein kirchenfrommer Erziehungsminister den französischen Schülern verordnet haben würde, einig wären beide jedenfalls in der Absicht gewesen, patriotische Franzosen heranzuziehen. Die Frage, welches Frankreich die Schüler zu lieben hatten, blieb umstritten, daß sie indes Frankreich lieben sollten, war über jede Kritik erhaben. Ernest Lavisse, der einer von Duruys Protégés und ein schreibwütiger, opportunistischer und politisch einflußreicher Historiker, Verleger und Verfasser von prägnanten, lesbaren Lehrbüchern für die Jugend war, brachte das Problem auf eine griffige Formel: Wird aus dem Schüler kein «Staatsbürger, der durchdrungen ist von seinen Pflichten, und kein Soldat, der sein Gewehr liebt, dann hat der Lehrer seine Zeit verschwendet».[30]

Dies klingt nach einem Votum für einen Geschichtsunterricht als bloße Propagandaveranstaltung; der Lehrer erscheint als Feldwebel vor Rekruten. Lavisse war indessen ein zu stark mit seinem Beruf verwachsener Historiker, zu sehr darauf aus, die Achtung seiner Kollegen zu erringen, um sich mit einer solchen Propagandarolle zu bescheiden. Das Frankreich aber, an das er sich wendete, litt unter der Demütigung durch das preußische Heer und dem Verlust seiner Provinzen. Mehr noch, Lavisse und seine kleine Truppe waren der Überzeugung, daß ihr geliebtes Vaterland nicht einfach deswegen in die Niederlage getrieben worden war, weil auf der anderen Seite eine tüchtigere Generalität und überlegene Waffen gestanden hatten, sondern weil die deutschen Soldaten auf der Schule einen Geschichtsunterricht genossen hatten, bei dem ihnen eine hohe Moral eingebleut worden war. Dem Feind war wenigstens darin nachzueifern, daß aus dem Geschichtsunterricht eine Erziehung zum Staatsbürger gemacht werden müsse. So schrieb etwa Gabriel Monod, der Herausgeber der *Revue historique* im Jahre 1876 in deren erster Nummer: Die «schmerzlichen Ereignisse» der jüngsten Vergangenheit haben «uns zur Pflicht gemacht, in der Seele der Nation das Selbstbewußtsein durch die vollständige Kenntnis ihrer Geschichte wiederzuerwecken».[31] Daß Lavisse wie Monod und deren Verbündete den wissenschaftlichen Charakter ihrer Schriften betonten, tatsächlich auch verdienstvolle Arbeit als Wissenschaftler leisteten und den eigenen Predigten durchaus Glauben schenkten, macht ihre Position nur um so problematischer.

Eine bohrende Frage bleibt indessen. Welchen bleibenden Niederschlag an allgemeiner Überzeugung, welchen Ansporn zu politischem Handeln hinterließen die in jener Zeit verfaßten Werke der Geschichtsschreibung im Bewußtsein der Bürger? Wie wir gesehen haben, waren Bücher, ob nun für Schüler oder Erwachsene, nur eine Quelle der Charakterbildung. Predigten, Leitartikel, Klatsch, Feste, Familientraditionen und Klasseneinstellungen taten das Ihre zur Gestaltung des Charakters und dies gelegentlich in einer Richtung, die sich mit der amtlichen Version der Nationalgeschichte nicht vertrug. Die in den Industriegesellschaften aufkommenden marxistischen Parteien boten ihren Anhängern, darunter nicht wenige linksbürgerliche und sympathisierende Intellektuelle, ein konkurrierendes Geschichtsbewußtsein, indem sie zu Lasten des Patriotismus die internationale Solidarität der Arbeiterklasse in den Himmel hoben. Zudem brachten diejenigen, die das Ideal erwählt hatten, statt dem Staate der Klio zu Diensten zu sein, ein Ideal, das durch eine solide Gelehrsamkeit noch bestärkt wurde, nicht selten Werke zustande, die von politischer oder religiöser Ideologie relativ frei waren.

Für die Mehrheit indessen war die vereinfachte Version der Vergangenheit, mit der sie an der Schule vollgestopft worden waren oder die ihnen von parteiischen Rednern oder Journalisten eingebleut worden war, die einzige Geschichte, die sie kannten, die einzige Brille, durch die sie die für sie entscheidende Vergangenheit betrachten und ihren Platz darin entdecken konnten. Man denke nur an den 4. August 1914 und die Tage danach: bejahrte Kaufleute, die sich freiwillig zur Front meldeten, würdige Professoren, die die ihnen von Universitäten des gegnerischen Lagers verliehenen akademischen Auszeichnungen zurücksandten und blasierte Literaten, die erneut eine tiefinnige Solidarität mit ihren Landsleuten empfanden, die sie jahrelang mit Verachtung gestraft hatten. Dieser Sturm der Begeisterung für die eigene Seite und des Hasses auf den Feind, der mit dem Heraufziehen des Krieges über Europa hinfegte, zeigt, daß im Augenblick der Krise das anspruchsvolle Ideal Rankes ohnmächtig war gegenüber der Macht regressiver und primitiver Gefühle. Aber auch, wenn dieses plötzliche Nachdenken über – oder besser Nachempfinden von – Geschichte im Rückblick abrupt erscheinen mag, der Boden dafür war wohlbereitet, und es war gerade jener volkstümliche, zunehmend anerkannte Strang in der historischen Literatur, durch den er bereitet worden war.

IV. Die Wahrheiten des Romans

1. Ins Herz des Schreckens

Im Verlauf des 19. Jahrhunderts erschloß sich die Romanliteratur, die bei der Bourgeoisie immer mehr an Zustimmung gewann, zunehmend das Innenleben ihrer Leser. Noch um 1800 hatten nicht wenige zumal der gottesfürchtigen Zeitgenossen den Roman, jenes gerade erst aufgekommene Genre, als frivolen, ja womöglich verderblichen Zeitvertreib verachtet. Mit köstlicher Ironie läßt Jane Austen in *Northanger Abbey*, natürlich auch ein Roman, eine der darin auftretenden Figuren einigermaßen verschämt einräumen, daß sie «nur einen Roman» lese.[1] Etwa um die gleiche Zeit hielt es ein so hochberühmter Literat wie Goethe für nicht unter seiner Würde, Romane zu schreiben; und in den frühen 30er Jahren schließlich hatte Sir Walter Scott den Roman zu einer angesehenen, ja schon modischen Literaturform gemacht. Ungefähr ein Jahrzehnt später, zu der Zeit, als Dickens und Flaubert, Balzac und Thackeray schrieben, konnten die Verfasser einfallsreicher Prosa auf ein gesellschaftliches Prestige rechnen, das ihre Vorläufer im 18. Jahrhundert, wie überragend sie auch immer gewesen waren, vergeblich eingefordert hatten.[2] So machte zum Beispiel Disraeli im Jahre 1849 bei Gelegenheit eines Kommentars zu seinem fünf Jahre zuvor veröffentlichten Roman *Coningsby* die Bemerkung, daß er anfangs nicht daran gedacht habe, sein Plädoyer für den modernen Konservatismus der Tories gerade in Form eines Romans zu halten, aber «nach reiflicher Überlegung beschloß er, sich eine Methode zunutze zu machen, die, entsprechend der damaligen Zeit, die besten Aussichten bot, auf die öffentliche Meinung einzuwirken».[3]

Zwar hatte eine Handvoll militanter Autoren und Kritiker des 19. Jahrhunderts, die die Lehre von der Literatur um der Literatur willen propagierten, den Roman zu einem reinen Kunstwerk erklärt; die Mehrzahl der Autoren indessen, und damit entsprachen sie eher der didaktischen Ausrichtung ihrer Zeit, priesen den Roman als Mittel zur sittlichen Besserung, zur Kulturkritik, ja sogar zu philosophischen oder religiösen Betrachtungen an. Thackeray ging gar so weit, seine Tätigkeit mit der eines Pfarrers gleichzusetzen. Das Haus des Romans, so könnte man, einem Satz von Henry James folgend, sagen, hat eben viele Fenster. Diese Ansicht wurde denn auch von vielen Autoren vertreten, die das Schreiben und Lesen von Romanen rechtfertigten und die zugleich in einem immer erhabeneren Tone einander bekriegten.

Romanschriftsteller setzten ihren ganzen Stolz darein, psychologischen Scharfsinn unter Beweis zu stellen. Sogar Karl May, jener überragende Verfertiger von Tagträumen, der seinesgleichen in Deutschland nicht hatte und auf den wir noch zurückkommen werden,[4] bezeichnete sich selbst als Psychologen. Die besten unter den Romanautoren suchten denn auch ernsthaft, Fieldings Programm für *Tom Jones*, nämlich die Ergründung der menschlichen Natur, in die Tat umzusetzen.[5] In einer vielzitierten Metapher verglich Stendhal den Roman mit einem Spiegel, der eine Straße entlanggeführt werde. Gewiß war es ein Zerrspiegel, der zudem nicht selten eingetrübt war, der aber, alles in allem, genügend Einsichten über die Gedankenwelt des 19. Jahrhunderts zurückwarf, um ihn als unumgänglichen Zeugen des bürgerlichen Innenlebens gelten zu lassen. Nathaniel Hawthorne sprach für die ehrgeizigeren unter seinen Zunftkollegen, wenn er sich selbst als jemanden beschrieb, der «für die Zwecke der psychologischen Erzählung nach besten Kräften in unser aller Natur nachgräbt», und auf diese Weise hofft, an «den schrecklichen Kern des Menschseins zu rühren». Ungefähr zwei Jahrzehnte später, im Jahre 1865, vertraute Leo Tolstoi, geblendet vom jüngst erworbenen, großartigen Image, seinem Tagebuch an, daß er die Perspektiven von *Krieg und Frieden* aufbessern werde, um eine «psychologische Darstellung der Geschichte von Alexander und Napoleon» zu versuchen.[6] Dies war ein denkwürdiger Augenblick in der Entwicklungsgeschichte des Romans im 19. Jahrhundert.

Heutzutage ziehen sich derlei ausgreifende Ambitionen zwangsläufig den Einwand zu, daß dem Roman schließlich ein eigener Bereich zustehe. Behandelt nicht auch diese selbstbewußteste aller literarischen Gattungen, auch wenn sich ganz konsequente Realisten ihrer annehmen, ihre Personen allzumal wie Marionetten? Kurz vor dem Ersten Weltkrieg betonten die russischen Formalisten, jene entschieden kompromißlosen Literaturtheoretiker, daß die Seelenerforschungen der Romanschrifsteller nur ihren Erzählexperimenten dienten und nicht umgekehrt die Erzählung ihrer Psychologie diene.[7] Exzentrische Romanciers aus dem 18. Jahrhundert wie Laurence Sterne oder ganz ebenso exzentrische Verfechter des L'art-pour-l'art im 19. Jahrhundert wie Stéphane Mallarmé oder Oscar Wilde wurden schließlich als Verkünder der radikalen Lehre begrüßt, daß Literatur in ihrer reinsten Form Zauberspruch sei und niemals Reportage, von Analyse ganz zu schweigen. Die Motive, von denen die literarischen Charaktere bewegt, und die Konflikte, von denen sie heimgesucht werden, gibt es nur, insoweit ihr Schöpfer sie zu zeigen bereit ist. Wie sie aussahen, bevor die Geschichte einsetzte, und was sie danach sind, geht den Leser nichts an.[8] Wie können die Historiker unter diesen Voraussetzungen annehmen, das Denken und Handeln imaginärer Personen lasse sich als Schlüssel zur Selbsterforschung des Bürgertums näher untersuchen?

Freilich wurde die radikale Unterscheidung von Kunst und Leben erst nach der bürgerlichen Ära zu einer beherrschenden Mode. Vor dieser Zeit glaubte im Grunde jedermann, von ein paar doktrinären Ästheten wie Théophile Gautier und Walter Pater abgesehen, daß literarische Charaktere so wirklichkeitsgetreu wie möglich zu sein hätten. Romane und Geschichten mußten der Wirklichkeit entnommen sein, sie sollten sie nicht einfach nur ausschmücken, sondern erklären. So wurde etwa Henry James in seinen vielen Vorreden, seinen Rezensionen und erfundenen Surrogaten nicht müde zu wiederholen, daß nur das voll und ganz ergriffene, voll und ganz erzählte Leben der wahre Gegenstand des Romanschriftstellers sei. Im gleichen Sinne verkündete auch Anton Tschechow, daß es seine höchste Aufgabe sei, «das Leben in seinen wahren Aspekten zu malen».[9] Dieses eine Mal waren beide Schriftsteller, Meister der Darstellung und nach Talent und Urteilsfähigkeit eine Ausnahme unter den Zeitgenossen, einer Meinung mit dem herrschenden Mittelmaß.

Entsprechend bestanden also auch jene Bürger, die der Literatur nicht den Zweck zugedachten, den Charakter der Leser zu bessern, auf der Pflicht des Romanschreibers zu absoluter Wahrhaftigkeit. Kurz gesagt, Romanschriftsteller und ihre Leser teilten die weitgehend unausgesprochene Erwartung, daß die erfundenen Personen sich wie menschliche Wesen verhielten. Selbst die Helden von Abenteuergeschichten oder die Heldinnen von Liebesromanen mußten in ihrem Verhalten erkennbar bleiben und nach nachvollziehbaren Motiven handeln. Das war, wie sich noch zeigen wird, eine ziemliche Selbsttäuschung. In jenen Romanen nämlich, die seinerzeit regelrechte Verkaufsschlager waren, beruhte die Faszination, die von den Protagonisten ausging, geradezu auf dem Umstand, daß sie so sprachen und handelten, wie nie irgendein Mensch gesprochen und gehandelt hatte. Indessen werfen diese zweidimensional dargestellten Figuren in all ihrer unglaubwürdig platten Charakterzeichnung, als Objekt sei's einer freudigen Identifikation, sei's eines genüßlichen Ekels, das dringend nötige Licht auf das rege Phantasieleben der Leser im 19. Jahrhundert und auf ihre nur allzu menschlichen Bedürfnisse.

Andererseits konnten die Leser anspruchsvollerer Romane durchaus verlangen, daß ihnen Figuren vorgesetzt wurden, deren Psychologie einen unverkennbar logischen Zusammenhang aufwies, was sie häufig auch bekamen. Gebildete Leser verbuchten eine unmotivierte oder schlicht unverständliche Verhaltensweise der Protagonisten als literarisches Manko, als mangelndes analytisches Einfühlungsvermögen oder als ungerechtfertigte Konzession an die billigen Tricks des Melodrams. Jedenfalls müssen die von einem Romancier nicht weiter ausgeloteten psychologischen Dimensionen in gewisser Weise, wie die dunkle Seite des Mondes, zum Ganzen passen. Und darum machten die Verfasser anspruchsvollerer Romane, was immer sonst ihre Absichten oder die intellektuellen Fähigkeiten ihrer Leserschaft waren, die menschliche Natur zu ihrem Untersuchungsgegenstand. Während also die Autoren in ihren Motiven und gelegentlich auch in ihrer Prosa undurchsichtig sein konnten, so beförderten sie geradezu heftige Phantasien unter ihren Lesern, häufig riefen sie sie eigentlich erst hervor, und trugen so dazu bei, daß sich individuelle wie kollektive Identitäten ausbildeten. Mögen Romanautoren von Haus aus außergewöhnliche Personen sein, gleichwohl sind sie fest in die sie umgebende Gesellschaft eingebettet. Insoweit zeigen sich in ihren Werken nicht bloß private Idiosynkrasien. Der breite Markt, an dessen Schaffung sie beteiligt waren, belegt, daß sie nicht nur für sich selbst oder für ihresgleichen schrieben. Gewiß waren die Reaktionen vieler Leser nachgerade stereotyp. Wie viele vor und nach ihnen, so beugten sich auch die gelehrigen Bürger im 19. Jahrhundert dem Diktat der Mode, schwammen mit dem Strom des jeweils herrschenden Geschmacks und teilten die geltenden gesellschaftlichen Vorurteile. Die aus dem kulturellen Zusammenhang ihrer Gesellschaft stammenden Signale konnten auch die harthörigsten unter ihnen nicht völlig ignorieren. Und doch, gleich ob die Werke der Romanliteratur von den Lesern nun auf eine authentische oder nur abgeleitete Weise rezipiert wurden, es entstand auf diesem Wege eine Gemeinschaft von Produzenten und Konsumenten, in deren Kontext die Literatur als Prüfstein für die seelische Befindlichkeit der Mittelschichten, ihr nacktes Herz, diente.

Obschon auf höhere Genüsse geeicht, waren den Liebhabern kräftigerer Kost, denn auch sie waren nur Menschen, einfachste Triebregungen nicht fremd; was Wunder, daß sie von ihren Lieblingsautoren deren Befriedigung verlangten. Sie wurden auch nur ganz selten völlig enttäuscht. Noch die kompromißlosesten und von sich selbst überzeugten Artisten der Feder der damaligen Zeit hatten etwas von einem Unterhaltungskünstler an sich, wenn sie heroische Rettungsaktionen, verbrecherische Übeltaten oder abrupte Schicksalswendungen ersannen. Sie konnten konventionelle Spannung erzeugen und ein gleichermaßen konventionelles Happy-End einfädeln und zugleich als Sittenrichter, Sozialkritiker und empfindsame

Gedankenleser auftreten – und manchmal tatsächlich auch als solche handeln. Es wird sich demzufolge zeigen, daß in der bürgerlichen Ära die Grenze zwischen leichter Unterhaltung und ernster Literatur alles andere als klar umrissen war. Einzig in ihrem Appell an rohe Gefühle ist die meistverkaufte Romanliteratur des 19. Jahrhunderts schamlos direkt, weitaus aufrichtiger in der Behandlung ihrer Themen als jene Romane, in denen sich ehrwürdigere Ambitionen geltend machten.

Schon zu Beginn des Jahrhunderts wurden die regressiven Reize des Romans nicht selten von ausgekochten Herausgebern und Verlegern geradezu ausgelöst. Um die Jahrhundertmitte befriedigten Tageszeitungen, Periodika, fliegende Buchhändler, Billigausgaben, die Buchläden und Bahnhofskioske überschwemmten, und immer mehr auch Leihbibliotheken in allen Industrieländern einen augenscheinlich unersättlichen Hunger nach der Erregung, die sich einstellt, wenn man das goldene Reich der Phantasie aufsucht. Der Spaß am Geschichtenerzählen war nur selten durch und durch ungekünstelt, nur selten frei von kommerziellen Schachzügen, hatten doch sowohl die Autoren wie ihre Förderer sich die Kunst der Reklame voll und ganz angeeignet und zielten mit ihrer Literatur verblüffend zielgenau und mit wachsendem Erfolg auf speziell ausgesuchte Lesergruppen.

So wurden zunächst einmal Leserinnen, die genügend Freizeit zu ihrer Verfügung und Geld im Portemonnaie hatten, zur leichten Beute der Verlagsindustrie[10]; sodann traf es die Jugendlichen, die erpicht waren auf Vorbilder, denen man nacheifern konnte, und die Leser von Zeitungen, Männer wie Frauen, die gerade über ebensoviel Muße verfügten, um die tägliche Dosis an Romanliteratur zu verkraften. So wurde der gezielte Ausstoß einer wahren Lawine von Romanen zu einem lebhaften Heimgewerbe. Und doch war diese Bestsellerproduktion en gros nicht einfach nur ein durchkalkuliertes Unternehmen. In den Werken der Romanautoren des 19. Jahrhunderts trafen die Tagträume der Produzenten vermutlich auf die der Konsumenten. Ein Unbewußtes sprach zu einem anderen Unbewußten.

Dem durchschnittlichen Mittelschichtleser, jener Erfindung der Statistik, war es gewiß schnuppe, beziehungsweise er brachte es nicht fertig, den literarischen Feinheiten von Benjamin Constant oder Anton Tschechow in alle Windungen zu folgen, von Henry James oder Marcel Proust ganz zu schweigen. Ein Abriß der Bestsellerliteratur zeigt, daß das Gros der bürgerlichen Leser von den Romanen wenig mehr als Ablenkung erwartete, angereichert vielleicht mit einer Prise moralischer Hebung. Mit zunehmender Kenntnis von Schreiben und Lesen und sensationellen Fortschritten bei der Herstellung und dem Vertrieb von Gedrucktem reichte die Leserschaft alsbald über den Kreis der Bürger hinaus. Romane wurden, im doppelten Sinne, billige Massenware. Gleichwohl blieben die Bürger, mochten sie sich noch so sehr durch ihr Bildungsniveau oder ihren gesellschaftlichen Schliff voneinander unterscheiden, die Haupt-abnehmer von Literatur, die ihnen eine Bereicherung ihres geistigen Haushalts, eine Aufladung ihrer seelischen Kräfte oder eine Ablenkung von ihren inneren Problemen brachte, insoweit sie zunehmend religiöse Erbauung durch angenehme Phantasiegebilde ersetzte.

Historiker, die sich mit den Lesergruppen im 19. Jahrhundert befaßt haben – und der Plural mag hier nützlich sein, insofern er vor eingängigen Simplifizierungen bewahrt –, haben ausgeklügelte Systeme entworfen, um die einzelnen Schichten der Buchkonsumenten in der Bevölkerung voneinander zu unterscheiden. Die Bürger selbst waren freilich schon mit einer Grobunterteilung zufrieden, in der den gewöhnlichen Lesern, die sich mit anspruchslosem Lesefutter beschieden, die außergewöhnlichen Geister gegenübergestellt wurden, die auf höhere Genüsse aus waren.[11] So kam der weithin bekannte deutsche Dichter, Bühnenautor, Literatur-theoretiker und Liberale Robert Prutz 1847 in einer für seine Zeit charak-teristischen Bewertung nach sozialen Kriterien zu dem Urteil, daß es an sich schon bemerkenswert sei, wenn Mittelschichtleser wie etwa kleine Kaufleute oder Beamte zu einem Buch greifen, um darin Unterhaltung und Entspannung zu finden. Man könne schwerlich von ihnen, die in ihre Läden oder Büros eingeschlossen seien, die Lektüre von Romanen er-warten, die einen Bildungsgrad voraussetzten, den sie nicht besäßen. «(Vielmehr greifen sie) nach der compacten Speise der Unterhaltungslite-ratur, einer Literatur, die keine anderen Voraussetzungen nöthig macht, als die der Neugier und Langeweile – was kann natürlicher sein.» Wirk-liche Kultur, auf die ernste Literatur angewiesen sei, war in der Sicht von Prutz einer verschwindend kleinen Minderheit des Mittelschichtpubli-kums vorbehalten.[12]

Ein so simples Schema konnte indessen den Unterschieden in den Lesegewohnheiten des 19. Jahrhunderts nicht gerecht werden. Wie be-reits angemerkt, durchbrachen die Schriftsteller ebensogut wie die Leser jene Grenzlinien, die die leichte von der ernsten Literatur trennten. Nicht wenige talentierte Romanautoren – und Charles Dickens war nur der berühmteste von ihnen – tanzten sozusagen auf zwei Hochzeiten und verurteilten damit jeden Versuch einer gewissermaßen amtlichen Fest-legung zum Scheitern. Zudem taten Zeitschriften für den Normalver-braucher das Ihrige, um die literarischen Genres noch stärker durch-einanderzubringen.[13] So räumten sowohl die englische *Graphic* wie die deutsche *Gartenlaube*, beides ungemein populäre Familienzeitschriften, die nicht gerade für einen hochgestochenen Geschmack bekannt waren, berühmten Romanschriftstellern Platz auf ihren Seiten ein: für jene griff Henry James, für diese Theodor Fontane zur Feder. Andererseits erholten sich auch gebildete Leser ab und zu von ihrer strengen Kost und ergötzten sich an einer seichten Liebesgeschichte. Um es noch einmal zu sagen, nicht alle Leser lesen ein Buch auf die gleiche Weise: so warnte ein Engländer davor, daß ein so skandalöser Importartikel wie Flauberts *Madame Bovary* den Roman dahin bringen könne, mit geschlechtlichem Kitzel aufzuwarten.

Zudem entsprechen unterschiedlichen Lebensstadien offensichtlich unterschiedliche literarische Geschmäcker. So mag die Abenteuererzählung, die einem Jugendlichen hilft, sich selbst in seiner Geschlechtsidentität zu begreifen, zwei oder drei Jahrzehnte später längst nicht mehr in gleicher Weise nötig sein. Und in den lange währenden, aber rascher Veränderung unterworfenen Jahrzehnten der bürgerlichen Epoche verschoben sich durch den bloßen Ablauf der Jahre jene Grenzen, die die populäre von der schwerer zugänglichen Romanliteratur trennten: so wurde aus dem völlig angemessenen Gefühl des einen Jahrzehnts die rührselige Gefühligkeit des anderen.[14] Manche Käuferkreise von Romanen blieben relativ stabil, andere wieder veränderten sich mit den Gezeiten, welche den literarischen Geschmack in den späteren Jahren der bürgerlichen Ära einem ungeschminkten Realismus annäherten. Aber gleich ob früh oder spät, leicht oder schwer, direkt oder indirekt, gering oder erhaben, der Roman jener Zeit schöpfte – wie der Roman anderer Zeiten auch – seine Energien letztlich aus Phantasien, mochten sie sexuelle oder aggressive Phantasien sein, die durch künstlerisches Geschick verhüllt, organisiert und geordnet worden sind.

Auf den ersten Blick scheinen die Lesefreuden der Mittelschichtleser schwer bestimmbar zu sein. Sie nehmen sich so unterschiedlich aus, wie etwa die Einkommensverteilung oder die Geschmacksausrichtung dieser Schichten verschieden ist. In ihnen äußere sich, so schrieb Freud in einem epochemachenden Text zur Psychologie der literarischen Produktion und Konsumption, eine «wahrscheinlich aus vielen Quellen zusammenfließende Lust». Die «Phantasien, Luftschlösser oder Tagträume», die einfallsreiche Schriftsteller übernehmen und verändern, sind keineswegs «starr und unveränderlich», sie «schmiegen sich vielmehr den wechselnden Lebenseindrücken an, verändern sich mit jeder Schwankung der Lebenslage».[15] Freud berührt hier eine der beglückenden Eigenschaften von Literatur. Mochte ihr Reiz im Grunde primitiv sein, die Erscheinungsformen, unter denen die Figuren der literarischen Fiktion auftreten konnten, waren nahezu unbegrenzt, hatten sie doch mehr Uniformen im Kleiderschrank als Kaiser Wilhelm II. Mit anderen Worten: der Roman des 19. Jahrhunderts rechtfertigte seinen Ruf als ein durch und durch proteisches literarisches Genre. Soviel allerdings scheint unbestritten: die – im übrigen leicht zugänglichen – emotionalen Wurzeln des Romans bedeuten nichts anderes als die Wunscherfüllung von Tagträumen.

2. Regression auf gegensätzliche Strebungen

In scharfem Gegensatz zu jener Romanliteratur, der im 19. Jahrhundert kanonische Geltung zukam, befriedigte der volkstümliche Roman die emotionalen Bedürfnisse seiner Leser, ohne lange zu fackeln. Er bot Ablenkung von einer tristen Gegenwart und die Möglichkeit des Rückzugs in weit entfernte oder längst vergangene farbenprächtige Welten; er garantierte das stellvertretende Vergnügen an haarsträubenden Abenteuern ohne deren Risiken; das Behagen mitzuerleben, wie Rohlinge ihre gerechte Strafe erhielten; die Genugtuung, einer Gemeinschaft gleichgesinnter, vaterländischer Büchernarren anzugehören, ganz zu schweigen von der heimlichen Teilhabe am Schauspiel erotischer Eroberungen. So hat zum Beispiel Karl May um 1909, gegen Ende seiner Laufbahn als unermüdlicher Vielschreiber von seichten Machwerken, Reiseberichten und hochtönenden Gleichnissen, die Art von Roman, wie er ihn verfaßte, als psychologisches Trostpflaster für die von der Gesellschaft «auf die Seite Geschobenen» bestimmt. Er ermögliche eine Rückwendung zu jenem Zauber, den eine grausame Welt ihnen geraubt habe. «Sie wollen wenigstens lesen, daß das Glück, nach dem sie sich vergeblich sehnen, wirklich vorhanden ist. Das Leben bietet ihnen nur Arbeit, Mühe und Plage, weiter nichts.» Ihr «Glaube ist weg. Das Gottvertrauen verschwand.» Vielleicht aber, so fragen sie verzweifelt, gibt es das Glück irgendwo? «Da kommt der Kolporteur. Er sagt: ‹Ja, es gibt noch ein Glück (...). Ich bringe es Dir. Hier, lies!›»[1]

May grenzte seine Analyse zwar auf die Benachteiligten und Entrechteten ein, aber sein Urteil, daß die literarische Fiktion eine Werkstatt ersatzbildnerischer Tagträume sei, konnte gleichwohl breitere Geltung beanspruchen. Reduziert man sie auf einen gemeinsamen Nenner, so könnte man sagen, daß Romane, wie trickreich auch immer die Einfälle sind, die darin zum Zuge kommen, wie gewunden auch immer ihr Verlauf, Phantasien im Leser erzeugen, die auf Identifikation mit männlichen Helden oder schmachtenden Heroinen oder auf die süße Rache an abscheulichen Bösewichtern hinauslaufen. Daß die Gehirnakrobatik der Leser zum Teil unbewußt ablief, machte sie nur um so zwingender, aber

auch lehrreicher: die großen Verkaufsschlager unter den Büchern des
19. Jahrhunderts sagen vor allem etwas über den Bewußtseinszustand
ihrer Leser aus. Ihr Beitrag zum Verständnis der geistigen Verfassung der
bürgerlichen Mittelschichten besteht mit anderen Worten im wesentlichen darin, daß sie dem Historiker Rückschlüsse auf ein Lesepublikum
erlauben, das nach derlei Kost geradezu süchtig war.

Die Menschen des bürgerlichen Zeitalters besaßen eine dunkle Ahnung
von diesem Sachverhalt. Klarblickende Literaten und Künstler mußten
anerkennen, daß jeder Akt des Lesens, alles, was nicht bloß passive Rezeption ist, eine höchst subjektive Begegnung ist, eine Art Absprache, die
beiden Seiten zugute kommt. So befaßte sich Otto Ludwig, ein berühmter deutscher Bühnenautor und Literaturtheoretiker, um die Jahrhundertmitte in einfühlsamen Versen mit dem Anteil des Lesers. So wie ein
Bild erst durch den Beschauer fertig wird, «So ists mit Büchern auch. Ein
Buch ist schlecht, / Wenns nicht den rechten Leser findet, der / Im Lesen
erst es fertig macht». Kurz gesagt, jeder Leser eignet sich das Buch, das er
liest, auf eine ganz ausgesprochen persönliche Weise an.[2] Und manche
aktiven Leser modeln die Bücher, die sie sich in Fortsetzungen zu
Gemüte führten, buchstäblich um, indem sie den Autor beknieten, sie
ihren Träumen noch näherzubringen. So hat etwa Dickens – und das ist
nur einer der bekannteren Fälle – das Ende seiner *Great Expectations* auf
Wunsch seines Freundes und Romanautors Bulwer-Lytton umgeschrieben, um wenigstens die Möglichkeit eines glücklichen Ausgangs für die
Protagonisten offenzulassen.

Auch George Grosz, jener glänzende und originelle, politisch links
eingestellte satirische Künstler, veranschaulicht in einem Rückblick auf
den leidenschaftlichen Beginn seiner Auseinandersetzung mit Büchern
und Zeitschriften während seiner Jugendzeit um die Jahrhundertwende
überaus treffend, wie Leser und Schreiber zusammenwirken, um jene
einzigartige innere Erfahrung zu machen, die sie verbindet. So erklärt er
auf ewig seine Dankbarkeit, daß die Erzählungen über verwegene Heldentaten ihn aus der faden Realität seines proletarischen Lebens errettet
hätten. «Es war, als bekämen unsere unbewußten Träume mehr Wirklichkeit, wenn unsere Gedanken, durch populäre Artikel und Zeichnungen
genährt, dahinschwebten – weit fort, hoch über die Kohlenhöfe, ameisen-
haft wimmelnden Straßen und gedrängten Wohnungen Berlins hinweg.»[3]
Dank seiner literarischen Ausschweifungen konnte Grosz seine be-
engende und düstere, von Fabriken und Bürogebäuden beherrschte Welt
vergessen. Zeitweise wurden in diesen Tagträumen Literatur und Leben
austauschbar, dann nämlich, wenn er sich mit den Helden identifizierte
und an den Geschichten, die er verschlang, lebhaften Anteil nahm. Grosz

sprach darin eine Erfahrung von Millionen von Lesern aus. Schon Ludwig hatte angemerkt, daß die Leser weitgehend das aus der Literatur herausziehen, was sie zuvor hineingetan haben, und der Schriftsteller dabei in der Weise tätig werde, daß er ihren Phantasien Gestalt verleiht.

Wir haben bereits erwähnt, daß den Tagträumen, die der Literaturbetrieb den Massen von Lesern zur Ergötzung auftischte, eine wesentliche Eigenschaft gemeinsam war: die Charaktere der populären Romane waren wandelnde und sprechende Klischees, Repertoirefiguren, die ohne große Einbuße von einer Erzählung zur anderen bugsiert werden konnten. Und die Autoren gaben sich auch große Mühe, die Rolle ihrer Geschöpfe in dem sich abspulenden Melodram beizeiten und ein für alle Mal festzulegen. Von seinem ersten Auftritt an war der Held ein Held, und ebenso geschwind stand der Bösewicht fest. Die Heldin war schön, rein, zupackend, begabt – erstaunlich groß war die Zahl der begnadeten Musikerinnen, die mit ihrem Spiel starke Männer zu Tränen rühren konnten –, kurz, sie war unendlich begehrenswert. Der modische Kunstgriff, die Kräfte des Bösen Schritt für Schritt zu entlarven, richtete sich nicht gegen das Erkennen der Guten und der Bösen: die Enthüllungen wurden nur erdacht, um die Welt in Erstaunen zu versetzen, kaum aber den Leser, der schon längst in das Geheimnis eingeweiht war.

Damit soll nicht in Abrede gestellt werden, daß die interessantesten unter jenen Phantasielieferanten überaus gewinnende Talente besaßen. Sie zeigten Gespür für Erzähltempo oder spritzige Dialoge und geradezu Instinkt für die Aufrechterhaltung von Spannung. Sie verstanden es, mit großem Geschick die Frage aufzuwerfen, die jedermann, auch der anspruchsvolle Leser an die Literatur zu stellen pflegt: was passierte dann? Zudem ersannen die findigsten Geschichtenerzähler, die auch hohe Auflagen verbuchen konnten, treffende Charaktere, die sich von der abgedroschenen Makellosigkeit abhoben, die der Markt ansonsten zu goutieren pflegte und auch bekam. Als Beispiel sei jener bemerkenswerte Bestseller-Roman *Les Trois Mousquetaires* von Alexandre Dumas genannt, der zwischen 1844 und 1845 als Fortsetzungsroman in der Pariser Tageszeitung *Le Siècle* erschien. Dumas ließ in diesem ausladenden historischen Roman, der im Frankreich des Kardinals Richelieu spielt und auf veröffentlichten Memoiren des 17. Jahrhunderts sowie den Mühen und dem Fleiß eines vom Autor verheimlichten Zuarbeiters beruht, nicht weniger als vier mit Makeln behaftete Helden auftreten und begeisterte damit seine begierigen Leser. Es sind dies: d'Artagnan, dem die drei Musketiere ihre Ergebenheit zu bezeugen lernen, als sie seinen klaren Verstand anerkennen, der aufbrausend ist und äußerst bedacht auf seine Ehre und der bei seinen Liebesaffären überhaupt keine Skrupel kennt;

der kräftig gebaute Porthos, ein Geck und Prahlhans, der dem Spiel ergeben ist; Aramis, der trotz seiner soldatischen Tapferkeit und Treue an einer geradezu krankhaften Sehnsucht nach dem Priesterstand leidet; und schließlich Athos, der ein dunkles Geheimnis mit sich herumträgt.[4]

Diese ausgeprägten Charaktermerkmale sicherten Dumas' Hauptpersonen eine gewisse Individualität und erlaubten dem Autor eine humorvolle Distanz, die ihr edles Betragen und ihre imponierenden Fertigkeiten im Reiten, Fechten, in der Liebe und bei der Bestreitung ihres ruinös aufwendigen Lebensstils erst hervortreten läßt. Bei genauerer Lektüre erweist sich allerdings, daß weder die Musketiere noch ihr schneidiger Freund durch diese genialischen Züge zu glaubwürdigen Menschen werden. Ihre scheinbare charakterliche Vielschichtigkeit ist ein ausgeklügelter Trug, der Dumas' Absicht, das Quartett von Anfang an als Lieblinge des Lesers einzuführen und in dieser Position zu halten, nicht verdecken kann. Zudem lassen erst die Bösewichter die Tugenden der Helden richtig erstrahlen. Richelieu etwa, der nichts als die Macht liebt, befehligt einen Haufen skrupelloser Günstlinge; besonders gefährlich ist die grausame und außerordentlich schöne Mylady, die als berufsmäßige Verführerin und kaltblütige Giftmischerin dargestellt wird. Gefangennahme, Prozeß und Verurteilung der Intrigantin kurz vor Schluß des Romans, von den vier Helden trüben Sinnes vollstreckt, hatten sich angedeutet und waren durch jene krassen Gegensätze unausweichlich geworden. Bei ihrer Hinrichtung waltet dementsprechend ausgleichende Gerechtigkeit: sie wird von einem Manne hingerichtet, dem sie beinahe ebenfalls tödliches Unrecht zugefügt hatte.

Es war dies ein richtiger Märchenstoff. Hatten nicht die Brüder Grimm, die Meister dieser aussterbenden Volksliteratur, mehr als eines ihrer Märchen mit der Versicherung einsetzen lassen, sie würden von einer Zeit erzählen, als das Wünschen half? Die Ähnlichkeit der populären Romane mit dem Märchen ist alles andere als überraschend; in der Phantasie kehrten die Erwachsenen gleichsam in die Kindheit zurück und suchten noch einmal die Geschichten auf, die sie vor langer, langer Zeit gehört hatten. Und so entdeckten sie hocherfreut, wie die strengen, immergleichen Erzählkonventionen, die ihnen einst so viel Lust bereitet hatten, einmal mehr bestätigt wurden. In jener Literatur, die die Bürger im 19. Jahrhundert verschlangen, wurden Rechnungen mit dem erleichternden Anschein der Endgültigkeit beglichen, wurde großzügig mit wundersamen Zufällen geschaltet und wurden sadistische Szenen liebevoll ausgewalzt, ganz genauso, wie es auch die Märchen getan hatten. So war zum Beispiel in den *Zwölf Brüdern* der Brüder Grimm die böse Stiefmutter dazu verurteilt worden, in einem Faß siedenden Öls und giftiger Schlangen zu sterben; oder in *Aschenputtel* waren den mißgünstigen Schwestern, die Aschenputtel gegängelt und gequält hatten, von Tauben die Augen ausgepickt worden.[5] Auch Rodolphe, der Held und Rächer, der die beherrschende Figur in Eugène Sues *Les Mystères de Paris* ist, weckt in etwa die gleichen Wünsche, wenn er einen unbußfertigen Dieb und Mörder zur Blendung verurteilt; ebenso heldisch sind die Apatschen in Karl Mays *Winnetou, der rote Gentleman*, indem sie einen hinterhältigen Weißen, der einen der Ihren gemordet hatte, einer erlesenen Marter unterziehen, bevor sie ihn erschießen.[6] Der populäre Roman der Epoche war sehr darauf bedacht, jene aggressiven Bedürfnisse, die sich früh entwickeln und im allgemeinen nur insgeheim fortleben, zu befriedigen.

Auch erotische Wünsche, die in den Märchen ebenso bezaubernd wie rasch erfüllt wurden, machte der zeitgenössische Roman umgehend wahr. In Märchen für Kinder entbrennt der junge König beim ersten Anblick in Liebe zu der verschmähten und reinen Schönen, die, nach den rituellen Liebesproben, als Königin herrschen wird; in Märchen für Erwachsene wird diese Haupthandlung dann ausgesponnen und mit weiteren raumfüllenden Verwicklungen gespickt, nimmt aber am Ende denselben Ausgang. Es ist also kein müßiger Vergleich, wenn man die Romane des 19. Jahrhunderts als Märchen bezeichnet: auch hier gab es Menschenfresser und Hexen, verzauberte Prinzen und Prinzessinnen, die wachgeküßt werden mußten, gütige, feengleiche Paten, die Träume wahr werden ließen. Es gab geheimnisvolle Schlösser, unglaubliche Befreiungstaten, verlorene Kinder und verlorene Eltern, die auf wundersame Weise zurückgegeben wurden, Romanschlüsse, die den beschränkten Möglichkeiten, die wir Natur nennen, Gewalt antaten.

Diese definitorische Qualität des seichten Romans jener Zeit ist unter Literaturkritikern des 20. Jahrhunderts so etwas wie ein Gemeinplatz geworden, aber Schriftsteller des 19. Jahrhunderts haben sie bereits vorweggenommen.[7] Manche von ihnen brachten ihre Romane schlankweg mit Märchen in einen Zusammenhang und streuten Erinnerungen an sie ein, um wehmütige Gefühle ihrer Leser zu binden. Den Autoren realistischer Romane der Jahrhundertmitte, die wütend gegen die beherrschende Stellung des Märchenhaften in der Literatur zu Felde gezogen waren, gelang es nie, jene in den Mittelschichten verbreitete Vorliebe zu tilgen.[8] Auch Dickens war sich, wie wir noch sehen werden, seiner Abhängigkeit von den Märchen bewußt und stolz darauf; und ebenso bewegten sich weniger große Schriftsteller auf dieser Schiene. So verglich Sir Arthur Conan Doyle seine Verwirrgeschichten, in denen Sherlock Holmes die Hauptperson war, mit Märchenerzählungen. Und auch Karl May beharrte noch

1910, zwei Jahre vor seinem Tode, darauf, daß der Zweck seines Schreibens gewesen sei, «Gleichnisse und Märchen (zu) erzählen, in denen tief verborgen die Wahrheit liegt». Und die Leser nahmen diesen Wink der Schriftsteller auf: 1895, also ein Jahr vor Erscheinen des Buches in den Vereinigten Staaten, nannte die *Atlantic Monthly* George du Mauriers Roman *Trilby*, ein rasant verkaufter Bestseller über Hypnose und deren okkulte Kräfte, ein «Märchen des 19. Jahrhunderts für erwachsene Männer und Frauen».[9] In den volkstümlichen Romanen jener Zeit wie in den Märchensammlungen der Brüder Grimm gab es nichts als Gegensätze.

Für den Akt des Lesens ist es von entscheidender Bedeutung, daß die frühesten Erfahrungen eines Menschen strikt gegensätzlich sind. Die Wünsche und Mißfallensempfindungen des Kindes, die Anwesenheit oder Abwesenheit seiner Mutter, seine aufkeimende Fähigkeit zur Unterscheidung von männlich und weiblich, die erlaubten oder verbotenen Bekundungen seiner Liebe und seines Hasses, all dies formt die Wahrnehmung des Kindes, daß die Welt in antagonistische Kräfte unterschieden und in den scharfen Konturen eines plumpen Holzschnitts gezeichnet ist. Wo Gegensätze herrschen, wird gekämpft. Und genau dies ist auch die Welt, die der populäre Roman den Lesern erneut zugänglich machte und dabei eine Einfachheit zurückgewann, die keine Nuancen kannte, in der kein Motiv unvermischt vorkam und keine Bosheit ungesühnt blieb. In Wahrheit können die Realitäten im Leben eines Kindes niemals so rein behütet werden, sind sie doch überschattet von der Angst vor Liebesverlust und den Zwängen des Erwachsenwerdens. Die frühkindliche Erziehung erzwingt bekanntlich eine widerstrebende Abkehr von schrankenlos mächtigen Träumen, sobald das Kind, zur Fügsamkeit angehalten, sich Zeitplänen und Verhaltensregeln unterwirft. Aber an solchen Wahrheiten war die eskapistische Romanliteratur nicht interessiert. Statt auf authentische Reminiszenzen zurückzuverweisen, erweckte sie primitive Phantasien zu neuem Leben, die lange Zeit verschüttet, aber nie ganz ausgelöscht waren und die rasch wieder aufleben konnten. Die populäre Literatur stellte verlorene Allmachtsgefühle wieder her.

Diese kunstvoll rekonstruierte Phantasiewelt war ein willkommenes Betätigungsfeld für den Erfindungsreichtum des Autors. Wenn jeder Ausgang von Beginn an festliegt, dann ergibt sich als dringliches Problem, den Leser über das erste Kapitel hinaus zum Lesen zu animieren. Die Lösung bestand natürlich darin, spannende Verwicklungen zu ersinnen. Dementsprechend schmückten die Romanciers ihre Phantasiegebilde mit reizvollen Ornamenten. Für den Leser war die geschickt eingefädelte Ungewißheit, in der er zeitweise belassen wurde, eine erträgliche Tortur,

die den glorreichen Ausgang der Geschichte nur um so angenehmer empfinden ließ. Die Autoren waren darauf bedacht, den Feind als erfinderisch
und – zumal am Schluß einer Fortsetzung – als scheinbar unüberwindlich
hinzustellen. Gelegentlich erdachten sie Bösewichter, die gütig und
fromm schienen, die aber hinter ihrer sozialen Verkleidung das schiere
Böse verkörperten. So genießt der Notar Ferrand, in Sues *Les Mystères de
Paris* einer der teuflischsten aller Teufel in Menschengestalt, den Ruf eines
grundanständigen Bürgers, bis die Wahrheit über seine mörderische und
wollüstige Natur ans Licht kommt. Und wann immer erforderlich, bot
gar mancher Autor die unwahrscheinlichsten Ausreden auf, um den Helden und die Heldin für eine gewisse Zeit in Trennung zu halten.

Ein sehr wirksamer und vielfach einsetzbarer Kunstgriff, der immer für
ein paar Kapitel gut war, in denen es auf seiten der Männer haßerfüllte,
finstere Blicke und auf seiten der Frauen bittere Schluchzer zu Hauf
gab, bestand in dem scheinbar verhängnisvollen, aber am Ende auflös-
baren Mißverständnis: ein Liebhaber mißdeutet ein ungeschicktes Wort,
eine zweideutige Geste, ein scheinbar abträgliches Zeugnis, und schon
fühlt er, daß alles aus ist. Schon Shakespeare hatte dieses Kunstmittel in
seinen Komödien nicht verschmäht, und die Schriftsteller des 19. Jahrhunderts bedienten sich seiner mit einer Begeisterung, der keine Wiederholung etwas anhaben konnte. «Bedauern Sie die Jahre, die dahin sind,
Bert? Tut es Ihnen leid, daß wir erst jetzt einander verstehen?»[10] Derlei
quälende Fragen wurden im Schlußkapitel der Romane gleich haufen-
weise gestellt.

Sehr bezeichnend ist, daß die populären Romane die ausgleichende
Gerechtigkeit in ihre Schilderung der Befriedigung roher Rachegefühle
aufnahmen, den Wunsch also, das Gleichgewicht einer durch verruchte
Taten aus den Fugen geratenen Welt wiederherzustellen. Auch dieses
literarische Rezept war aus anspruchsvollerer Literatur übernommen und
demokratisiert worden. W. S. Gilbert gibt eine fröhliche Version dieser
ausgleichenden Gerechtigkeit in seinem Bühnenstück *Mikado*, wo er sie
unbeschwert als eine dem Verbrechen ebenbürtige Strafe definiert: der
Billardbetrüger wird dazu verurteilt, sein Spiel auf einem unebenen Tuch
mit verbogener Queue und elliptischen Billardkugeln zu spielen. Die
Romanciers ihrerseits behandelten indessen diese Art von Sühne auf eine
gar nicht amüsante Weise. In den *Mystères de Paris* fangen sich die Fies-
linge in ihrer eigenen Schlinge. Wer ein Leben als Messerstecher führt,
der kommt auch durchs Messer um, und Ferrand, jener verbrecherische
Wollüstling, fällt einer Geheimagentin Rodolphes zum Opfer, einer sinnlichen, verführerischen Schönheit, die ihn buchstäblich in den Wahnsinn treibt.[11] Als Beleg für die Bandbreite dieser Vergeltungsform mag

eine charakteristische Geschichte gelten, die Amerikas meistverbreiteter Frauenzeitschrift *Godey's Lady's Book*, die zu Sues berüchtigtem Roman in einem denkbar großen Gegensatz stand, entnommen ist: in Mrs. C. Lee Hentz' Erzählung «Die Salonschlange» wird ein zänkisches und bösartiges Klatschmaul, das seine Freude daran hat, Liebende auseinanderzubringen oder glückliche Ehen zu zerrütten, von einem Unfall am Kiefer betroffen, der das Gesicht dieser Frau gräßlich entstellt und ihr fast die Sprache nimmt. So erwies sich die Durchsetzung ausgleichender Gerechtigkeit in der Literatur wie in ihrem seltenen Gelingen im wirklichen Leben als ein höchst respektables Alibi für Aggression, zumal bei rechtschaffenen Bürgern, die für ihr Umsichschlagen ständig nach einleuchtenden Gründen Ausschau halten mußten.[12]

Was sich also hinter der Faszination verbarg, die von der leichten Romanliteratur ausging, war unausbleiblich der immer gleiche Sachverhalt – die menschliche Natur. Jene Romane, nach denen die Leser Schlange standen, sei's um sie zu kaufen, sei's um sie auszuleihen, waren historische Romane, Abenteuererzählungen und, wie nicht anders zu erwarten, Liebesgeschichten. Allerdings gingen diese Genres reichhaltige, ungleiche Verbindungen ein. Die bis dato geltende Sortierung der Leser – Abenteuer für die Männer, Liebesgeschichten für die Frauen – war fortan so wenig maßgebend wie die zwischen den Gattungen bestehenden Unterschiede. Die historischen Romane, die im Anschluß an Sir Walter Scott international zum beliebtesten Genre avancierten, waren ineins politische Verlautbarungen, Erziehungshilfen und Kostümstücke. Aber im Grunde konnten sich alle diese effekthaschenden Ausflüge in eine verklärte Vergangenheit mit Protagonisten brüsten, die ebensowohl in Abenteuer- wie in Liebesgeschichten zu Haus waren.

Was die Abenteuergeschichten angeht, in denen ein männlicher Held prüft, aus welchem Holz er geschnitzt ist, indem er sich mit den grausamen Tücken der Natur oder hinterhältiger Schurken mißt, so quollen sie über von Entscheidungssituationen, in denen die Ausdauer des Helden, sein Scharfsinn und sein schierer körperlicher Mut bis zum äußersten auf die Probe gestellt wurden. Und ebenso boten jene Geschichten mehr oder weniger schickliche Leckerbissen in Sachen Erotik, um die Wünsche der Leser zu erregen oder auch zu verkörpern. Die Liebesgeschichten der viktorianischen Zeit schließlich, die vermutlich die begehrtesten Spiegel und Erzeuger von Phantasien waren, schmückten die gewundenen Pfade ihrer Handlung mit melodramatischen Stationen. Als Beispiel sei *Goldelse* genannt, jener Roman, mit dem die Karriere Eugenie Marlitts als Deutschlands beliebtester Unterhalterin weiblicher Leser begann und der zuerst 1866 in Fortsetzungen in der *Gartenlaube* veröffentlicht wurde. Die entzückende und temperamentvolle Heldin, wiewohl «mädchenhaft» und ängstlich, «überkam (mit einem Mal) ein wunderbarer Mut», als sie den Angriff eines Attentäters vereitelt, der seine Pistole auf den von ihr geliebten Mann richtet.[13] Episoden wie diese verlangten nach einem Platz in der häuslichen Lesekost: die liebenswerte Waise, die aus Anstand und zwecks Verehelichung durch Vermittlung eines väterlichen (freilich nicht gar zu väterlichen) Märchenprinzen gerettet wird; der Krüppel, der von einem wundertätigen (und annehmbaren) Gesundbeter wieder ganz gemacht wird; der intrigante Erbschleicher, der entlarvt wird, weil er seine Hand auf ein Vermögen legen will, das rechtens anderen gehört. Die Rezepte für Romane, die auf kommerziellen Erfolg aus waren, liefen auf das Durchspielen einer Handvoll Themen hinaus, die allesamt im Dienste regressiver Zwänge standen. Sie unterschieden sich hauptsächlich durch die jeweils aufgebotenen Nebenrollen – und durch die Temperatur, die gerade herrschte. Die theatralischen Auftritte, die den Liebesgeschichten und historischen Romanen die nötige Würze hinzufügten, waren für die Abenteuergeschichten natürlich das täglich Brot.

Der emotionale Gewinn, der bei den Liebesgeschichten heraussprang, bedarf keiner großartigen Analyse. Gegen Ende des Jahrhunderts bereits deutete Rudolf von Gottschall, ein angesehener Historiker der deutschen Literatur, eine allgemeine Erklärung an, als er in Marlitts Romanen eine Neufassung des Aschenputtelmärchens erblickte. Eine junge Frau mit Herkunft aus der Mittelschicht, die voller Begabungen steckt und einen unabhängigen Kopf besitzt, natürlich ist sie auch schön, dazu oft arm, aber glücklich, findet Liebesglück bei einem Manne höheren Standes – entweder einem gebildeten Bürgerlichen oder, wenn es zufällig ein Aristokrat ist, dann einem mit demokratischen Gefühlen. Zumal ein Motiv quetschten die Romanschreiber der Epoche unermüdlich und ohne Schonung für den Leser aus: eine unglückliche und in der Kindheit schlecht behandelte Waise wächst zu einer sichtbaren Schönheit heran, der, verehrungswürdig wie sie ist, ein vitaler, bärtiger Professor einen ehrlichen Antrag macht; die Tochter eines mittellosen, aber grundehrlichen Försters gewinnt Herz und Hand des ortsansässigen Gutsherrn. Die Träume, die in den meisten dieser Geschichten erzählt wurden, waren Mittelschichtträume.

Die darin agierenden weiblichen Protagonisten sind nicht so passiv wie ihre Ebenbilder im Märchen, die nur so hell wie die Sonne zu leuchten brauchten. In der Regel verstanden sie es, ihren Männern Frömmigkeit und Häuslichkeit beizubringen, jedenfalls soweit sie ihre pädagogische

Aufgabe ohne Schaden für die Auffassung des Helden von männlicher Überlegenheit wahrnahmen. Gelegentlich lief die Erziehung in eine andere Richtung. Die weiblichen Helden, von denen die meisten längst Vollkommenheit erreicht hatten, wurden nur selten genötigt, sich zu ändern, und doch finden sich in der didaktischen Literatur nicht wenige Geschichten, zumal in Frauenzeitschriften, in denen verwöhnte, aber im Grunde ihres Herzens unverdorbene junge Frauen entdecken, daß sie die Zuneigung ihrem Stolz und bleibende Werte protzigem Flitterkram überzuordnen haben. Normalerweise fiel der Denkzettel glimpflich aus: in einem typischen Beispiel lernt Dorothy, eine ehrgeizige, aber gefällige Frau, die lange Zeit nach einem Beruf gesucht hatte, von eben dem Mann, der sie erobert, daß ihre «Berufung» darin liegt, seine Frau zu sein.[14] In dieser Literatur ist das Aufbegehren gegen die hergebrachten Klischees über den jeweiligen Platz von Männern und Frauen in der Gesellschaft solchen Charakteren vorbehalten, die ein böses Ende nehmen. Ihrer Aussage nach waren die in Unmengen gelesenen Liebesgeschichten eine konservative Macht innerhalb der bürgerlichen Kultur, die den Entwicklungen des realen Lebens hinterherhinkte.

Der psychische Gewinn von Abenteuergeschichten, mochten sie auch hin und wieder auf das Revier der Gesellschaftskritik übergreifen, war kaum höher anzusetzen. Waren Anlage und Muster noch von James Fenimore Coopers Lederstrumpfgeschichten vorgebildet worden, die in Europa mit Begeisterung gelesen wurden, so vervollkommneten die Franzosen diese Modeerscheinung über die Zeitungen. Die einschlägigen Tatsachen sind allgemein bekannt. 1836 gründete der Pariser Unternehmer Emile de Girardin die Tageszeitung *La Presse* und unterbot die Konkurrenz, indem er das Blatt zu einem Jahresabonnementspreis von 40 statt der üblichen 80 Francs anbot. Armand Duracq tat es seinem früheren Arbeitgeber mit der Zeitung *Le Siècle* umgehend nach, und so machten es auch andere Verleger, als sie eine rasche Rendite witterten. Und um die Aufmerksamkeit breiterer Leserkreise zu fesseln, für die diese Massenblätter gemacht waren und die sie allererst schufen, begannen sie, in den zuvor für vermischte Nachrichten aus dem Kulturleben bestimmten Feuilletonspalten Romane abzudrucken. Zeitschriften wie die *Revue des deux mondes* hatten schon mehrere Jahre Fortsetzungsromane gebracht, nunmehr aber wurden Romane zu einem regelmäßigen Bestandteil der Zeitung gemacht. Das Projekt übertraf die kühnsten Hoffnungen seiner Erfinder; die Auflage schnellte in die Höhe, und die Romanschreiber hauten ihre Geschichten hin in dem Maße, wie die Nachfrage immer dringlicher wurde.

Mit Eugène Sues *Les Mystères de Paris*, deren erste Folge am 1. Juni 1842 im *Journal des débats* veröffentlicht wurde und die es auf eine Erscheinungsdauer von insgesamt fünfzehneinhalb Monaten brachten, kam der *roman-feuilleton* zu seinem Recht. Sue hatte bereits mit einigem Erfolg ein paar Romane veröffentlicht, jetzt aber schlug er die Franzosen in Bann – und alsbald nicht nur die Franzosen –, vom ungebildeten Hilfsarbeiter bis zum aufgeschlossenen Schriftstellerkollegen. Mit seinen Ausflügen in die Pariser Unterwelt und deren Sprache eröffnete das Buch der Literatur neue Horizonte und wurde damit zu einem außerordentlichen verlegerischen Erfolg, der vermutlich, wegen der unheimlichen Seiten des Romans, äußerst weitreichende Folgen hatte. Von Anfang an rankten sich zahllose Legenden um das Buch. So wurde berichtet, daß das französische Parlament sich so lange nicht an die Arbeit machte, wie die Abgeordneten die letzte Folge noch nicht gelesen hatten, und nach Théophile Gautiers oft zitiertem Witzwort vertagten die Sterbenden ihren Abgang von der Welt, bis sie herausgefunden hatten, wie der Roman endete. Er wurde zu einem Bühnenstück umgeschrieben, in ein Dutzend Sprachen übersetzt, in zahllosen Zeitungen und Zeitschriften ganz Europas abgedruckt, ernsthaft und mit erstaunlicher Ausführlichkeit von Literaturkritikern analysiert und immer wieder nachgeahmt.

Gewiß gab es auch abweichende Stimmen. Balzac zum Beispiel, der ja selbst ein Vielschreiber in Sachen Fortsetzungsroman war, war voller Mißgunst. Großherziger dagegen war George Sand, die ob des anrührenden Schicksals von Fleur-de-Marie, der unglücklichsten aller Figuren in den *Mystères*, reichlich Tränen vergossen hatte und ihre gemischten Gefühle eingestand: die Geschichte jener jungen Prostituierten reinen Herzens schien ihr zugleich «trivial und sublim». Thackeray seinerseits, der die ersten Teile der aufgeblähten und verwickelten Handlung des Romans für seine englischen Leser resümiert hatte, verwies auf die anfechtbarsten Aspekte des Genres, das Sue so ersichtlich beherrschte: ohne jede Scham war dies ein kommerzielles Unternehmen. Sue, so schrieb Thackeray nicht ohne einen Beigeschmack von Neid angesichts der Summen, über die der Mann verfügte, sei der raffinierteste unter Frankreichs «Literaturhändlern», ein «Marktschreier, (...) allerdings einer der gescheitesten Marktschreier, die man derzeit schreien hört.»[15] Andere Kritiker wie V. G. Belinskij in Rußland und Edgar Allan Poe in den Vereinigten Staaten waren darin einig, daß es sich bei den *Mystères de Paris* nicht um Literatur, sondern um Kommerz handele, wenn auch um gelungenen Kommerz.[16]

Die Wirkung von Sues Roman auf Leserschaft und schreibende Zunft ist leicht zu erklären. In aufgeregten, atemlosen und kurzen Absätzen, die über Hunderte von Seiten in Gang gehalten werden, rekapituliert Sue die Abenteuer des geheimnisvollen Prinzen Rodolphe de Gérolstein, der zwischen den Pariser Elendsvierteln und den Salons seines Hofes hin und her pendelt. Die Geschichte mäandert nach Belieben, schon bald aber, da Sue auf Briefe einging, mit denen er überschüttet wurde, auch nach dem Belieben seiner Leser, sind doch die *Mystères de Paris* einer der ersten Romane der Epoche, den die Leserschaft durch ihre Reaktionen mitgestaltet hat. Szenen verändern sich nach Gutdünken und Personen, die angeblich ermordet wurden, tauchen zu unpassender Zeit quicklebendig wieder auf. So viel blieb jedoch von jeder Umarbeitung ausgenommen: Rodolphe hat die Mission, Gutes zu tun und das Böse zu rächen, aus Buße für ein ödipales Verbrechen, das er nicht beging. Ungefähr siebzehn Jahre zuvor hatte er, in Hörigkeit einer Witwe verfallen, die so schön wie treulos war, den Dolch gegen seinen Vater erhoben, der diese Verbindung mißbilligte, und hätte ihn beinahe getötet, wäre nicht ein ergebener Diener ihm in den Arm gefallen. Auf seiner Bußfahrt begegnet Rodolphe eine absonderliche Auswahl an Personen, von denen die meisten – ausgenommen Ferrand – unmißverständlich auf der einen oder anderen Seite der moralischen Barriere stehen: ein Quacksalber, der sich als Giftmischer verdingt; Mörder, die Spaß an ihrer Arbeit haben; junge Liebende, die sich in arger Not befinden; Raufbolde, die, überwältigt von Rodolphes Stärke und Edelmut, zu dessen willigen Sklaven werden und ihm bis in den Tod zu Diensten sind. Im Grunde sind sämtliche Charaktere überlebensgroß, keiner ist irgendwie menschlich. Trotz eines ganzen Bündels von Motiven – Rodolphes Schuldgefühle, Fleur-de-Maries Entschlossenheit, dem ihr aufgedrungenen Gewerbe zu entkommen – haben diese Figuren kein erkennbares Innenleben.

Und Rodolphe, die Zentralgestalt des Romans, noch am allerwenigsten. Dessen ungeachtet, wurde er zum Vorbild für viele heiß geliebte Literaturhelden des 19. Jahrhunderts: ein charismatisches Wesen, das von der nüchternen Realität nicht ereilt werden kann. Seine Körperkräfte sind, wie seine Winkelzüge, unübertroffen; seine geistigen und geldlichen Ressourcen sind unerschöpflich. Sicher, einige von Rodolphes Doppelgängern sollten die Welt auch ohne seinen schier endlosen Nachschub an Gold beherrschen, aber sie machten dies durch einen Mut wett, der dem des Vorbilds nicht nachstand. Rodolphe ist der gnadenlose Richter, der alle Verbrechen sühnt, der allmächtige Retter, der alles Unrecht wiedergutmacht, kurz er ist der Traumvater, mehr Gott als Mensch, aber Mensch genug, um unter Geringeren zu wandeln und Liebesschmerz zu empfinden. Viele Helden, die von da an die Abenteuerliteratur bevölkerten, wie etwa Dumas' Graf von Monte Cristo, waren eine Reinkarnation

oder erkennbare Abkömmlinge jenes Übermenschen. Bei aller Verwick-
lung der Handlung und bei aller Ansammlung unkonventioneller Cha-
raktere ist Sues größter literarischer Erfolg kaum mehr als der ewige
Kampf des Lichts gegen das Dunkel und bestätigt damit einmal mehr den
Grundtrieb, der hinter der populären Literatur steckt, die Einteilung der
Welt in Gegensätze.

Unter den modernen Barden, deren Weltbild unter dem Prinzip der Ge-
gensätzlichkeit stand, verdient Karl May, der meistgelesene Geschichtenerzähler, den Deutschland im 19. Jahrhundert hervorbrachte, einen hervorragenden Platz. Nicht einmal Eugène Sue ist ein beredteres Zeugnis
für den Widerhall, den ein Buch bei Lesern finden kann, als gerade diese
vielgeliebte und vielgeschmähte Person Karl Mays. Bei keinem Autor
bestand ein größerer Einklang zwischen seinen fixen Ideen und den
Wunschvorstellungen der Leserschaft. Mays Leben war fast so unglaubwürdig wie die Erfindungen, die er als Tatsachen ausgab. Bis zu seinem
Tode im Jahre 1912 sind an die zwei Millionen Exemplare seiner Bücher
verkauft worden. Seine kaum von Sachkenntnis getrübte Bekundung, er
sei ein Anhänger der zeitgenössischen Psychologie, eine Wissenschaft,
deren zunehmende Bedeutung er verkündete, macht sein Zeugnis nur um
so wertvoller. Wie bereits vermerkt, propagierte May als Zweck seines
Lebens das Erzählen von Gleichnissen und Märchen, die eine tiefe Wahrheit verbergen. In seiner selbstgefälligen, ausweichenden und ungewollt
taktlosen Autobiographie aus dem Jahr 1910 setzt er sich, um sein großes
Ziel zu erreichen, den Imperativ: «Ich muß selbst zum Märchen werden,
ich selbst, mein eignes Ich.»[17] Damit gab May unwissentlich einen Hinweis auf die vielfache Irreführung, die er den Heerscharen seiner unkritischen Bewunderer durch seine selbstverherrlichenden, großspurigen Geschichten zumutete. Das Leben ist nicht wie ein Roman; ausgleichende
Gerechtigkeit findet nur ausnahmsweise statt: die Strafe, zu der May
wegen der Missetaten seiner Jugendzeit und seiner immerwährenden
Lügenhaftigkeit verurteilt war, wog weitaus schwerer als die Delikte,
deren er zu Recht bezichtigt werden mag.

Karl Friedrich May wurde 1842 in dem sächsischen Dörfchen Ernstthal
als Sohn eines unzuverlässigen und oft arbeitslosen Webers und einer
«Märtyrerin» von Mutter geboren, die eine sanftmütige und schwer arbeitende Hebamme war.[18] Er wuchs unzureichend ernährt und krän-
kelnd in bitterer Not auf, die gelegentlich von unverhofften Glücksfällen
erhellt wurde. Auf sein junges Leben scheint sich gestaltend ausgewirkt
zu haben, daß er infolge einer Kinderkrankheit erblindete und erst mit
fünf Jahren das Augenlicht zurückerlangte, ein Umstand, dem er sein

blühendes Phantasieleben zuschrieb, das zudem von einer geschichten-
erzählenden Großmutter liebevoll genährt wurde. Er wollte, so erinnerte
er sich, als Erwachsener so sein wie sie, und in gewisser Weise wurde er
das auch, was ihm zugleich zum Nutzen wie zum Erbarmen ausschlug.

Armut und Blindheit waren nicht die einzigen Gegenspieler des jungen
Karl May. Er und seine Schwestern wurden von einem Vater mißhandelt,
der, in Mays Worten, ein Mensch mit zwei Seelen war: zugänglich in
nüchternem Zustande, aber streitsüchtig und gewalttätig, sobald er ge-
trunken hatte; er pflegte seine Kinder mit einem speziell behandelten
Birkenstock zu züchtigen, bis er nicht mehr konnte – ein wiederholtes
Trauma, das in Mays späteren Romanen mit ihren sadistischen und in
abstoßender Ausführlichkeit wiedergegebenen Prügelszenen, bei denen
das Blut floß und die Haut in Fetzen hing, seine Spur hinterlassen hat.[19]
Und doch war das Talent des Knaben nicht zu unterdrücken, und als
Schüler eines Lehrerseminars stand er an der Schwelle einer bescheidenen
Karriere.

Eine Flut von zunehmend absonderlichen Vergehen ließ Mays Hoffnungen scheitern. Aus dem Seminar wurde er wegen Diebstahls von ein
paar Kerzen entlassen, die er vermutlich für den Weihnachtsabend mit
nach Hause hatte nehmen wollen, allerdings wurde ihm gestattet, seine
Studien an einem anderen Seminar abzuschließen, nur um eines noch
schwereren Diebstahls bezichtigt zu werden. Nachdem er seine Zeit abge-
sessen hatte, zog er als Betrüger durchs Land, was zwar von dem Reichtum
seiner großtuerischen Phantasie, nicht aber von einem klaren Verstand
oder von seelischem Gleichgewicht zeugt. Er trat in Kleinstädten und
Dörfern Sachsens auf, um leichtgläubige Zeitgenossen aufs Kreuz zu legen,
und benutzte dabei eine Vielzahl pompöser falscher Berufsbezeichnungen,
darunter bezeichnenderweise auch die eines Augenarztes. Die Ausbeute
dieser Diebereien und Hochstapeleien war schmal; sie nahmen sich aus wie
schuldgepeinigte Aktionen, mit denen ein groß gewordener kleiner Junge
Aufmerksamkeit provozieren möchte und die Verantwortung für die Wut-
anfälle des Vaters übernimmt, indem er nach Bestrafung verlangt. Wie auch
immer indessen die psychische Dynamik dieser Handlungen ausgesehen
haben mag, May landete 1874 für vier Jahre im Zuchthaus.

Der Gefängnisaufenthalt unterbrach Mays selbstzerstörerischen Kreis-
lauf: er erlernte das Handwerk des Schreibens und die Benutzung von
Nachschlagewerken, beides mit dem Eifer eines Besessenen. Er konnte
so einen kargen Lebensunterhalt mit miserabel bezahlten Geschichten
für Zeitschriften, alles in allem Probestücke für lohnendere Arbeit, zu-
sammenbringen, verkaufte sich aber dann leichtsinnigerweise an einen
ausbeuterischen Verleger, der sich auf kitschige Fortsetzungsromane spe-

zialisiert hatte. Zwischen 1882 und 1887 verfertigte er fünf solcher Kolportageromane, jeder weit über 2000 Seiten lang, ein einziger Wortschwall, dessen bloßes Vorhandensein ihn immer wieder quälen sollte. Für dieses gespreizte Geschreibsel dachte sich May hölzerne Marionetten, einfältige Intrigen und weitschweifige, unnatürliche Dialoge aus, deren einziger Wert – für ihn – darin bestand, daß damit rasch Seite um Seite zu füllen war.

Dann packte ihn der Ehrgeiz. Er schickte seinen Sklavenhalter von Verleger in die Wüste und brachte ab sofort jene Reiseerzählungen unter die Leute, die ihn in den 90er Jahren zu einer nationalen Größe werden ließen. Seine Abenteuergeschichten führten den Erzähler, offenkundig ein Stellvertreter für den ersichtlich vielgereisten Autor, in drei Kontinente. Im Vorderen Orient hieß er Kara Ben Nemsi – Karl, Sohn der Deutschen; in Amerika war er Old Shatterhand. Diese Phantasiegeschichten, mit denen er sich selbst beweihräucherte, besiegelten seinen Ruhm und verhalfen ihm zu Reichtum. Höchster Wertschätzung erfreute sich vor allem die Erzählung *Winnetou, der rote Gentleman* von 1893, ein Geniestreich, die er als Trilogie angelegt hatte, in der der Busenfreund des Erzählers, der tapfere und vielbetrauerte Apatschenhäuptling, die zentrale Figur war. May hatte dieses Muster eines Wilden schon in den späten 70er Jahren in seine Geschichten eingeführt; jetzt, da er ihn zu epischer Größe erhoben hatte, war er zur mythischen Figur umgeschaffen, deren Bücher bis auf den heutigen Tag in Deutschland ihre Käufer finden.

Der Wohlstand indessen verführte May zu gewagten Flunkereien: ähnlich wie sein früheres Versagen mobilisierte nunmehr der Erfolg ein Selbstbestrafungsbedürfnis, das sich darin äußerte, mit Diebesgut in den Händen entdeckt zu werden. So ließ er sich in Westerntracht vom Scheitel bis zur Sohle fotografieren, einschließlich eines Gewehrs, von dem es hieß, daß es eine geradezu legendäre Präzision und Reichweite besitze, und gab das Foto als eine Erinnerung an tatsächlich gemachte Reisen und an sein schlafwandlerisches Geschick im Umgang mit einer Flinte aus. Er behauptete, all diese Exkursionen in ferne Länder gemacht und jene exotischen Freundschaften geschlossen zu haben, von denen er in seinen, wahre Verkaufsschlager gewordenen Büchern eine so lebensnahe Beschreibung gegeben hatte: «Ich bin wirklich Old Shatterhand resp. Kara Ben Nemsi und habe erlebt, was ich erzähle.» Er wehrte sich heftig dagegen, daß seine Romane Romane genannt wurden – für ihn waren es Berichte. Er schmückte sich mit einem erschwindelten Titel, dem von den Deutschen so überaus geliebten «Dr.», den ihm angeblich eine französische Universität verliehen hatte. Für seine Verehrer verfaßte er detaillierte Lebensgeschichten seiner erfundenen Helden, Körpermaße inklu-

sive. Und in einem berüchtigten Brief behauptete er, er spreche und
schreibe alle wichtigen europäischen und asiatischen Sprachen sowie
Dutzende abgelegener Dialekte.[20]

Dieses wackelige Kartenhaus mußte früher oder später zusammenbre-
chen. May war, um es mit seinen Worten zu sagen, sein eigenes Märchen
geworden, und das in einer Welt, in der eine auf sensationelle Enthüllungen erpichte Massenpresse derlei Selbststilisierung in der Regel nicht unwidersprochen läßt. Um die Jahrhundertwende schlug ein Verleger aus
Mays Namen Kapital, indem er dessen scheußliche Fortsetzungsromane
aus den 80er Jahren noch einmal auflegte, Bücher, von denen May gehofft
hatte, daß er sie aus seinem Gedächtnis löschen könne. Bald darauf erwarben sich einige Journalisten flüchtigen Ruhm mit der Offenlegung
seines Strafregisters und zählten penibel alles auf, was sie ihm als moralische Schwäche ankreiden konnten. Die Gerichtsverfahren, durch die
May hoffte, seinen Namen reinwaschen zu können, machten seine letzten
Jahre zur Hölle. Ein paar Teilerfolge vor Gericht gegen einen Verleumder, der ihn einen geborenen Verbrecher genannt hatte, waren ein mage-
rer Trost. Keine von Karl Mays Erzählungen nahm ein so klägliches, so
gemeines Ende.

Sein Leben gewährt spannende Einblicke in das Bedürfnis der Leser
nach Helden, an die sie glauben konnten. Für seine riesige Leserschaft
war es nicht unerheblich, daß May, der aus den Widrigkeiten eines Arbei-
terlebens zum Wohlstand und zur Wohlanständigkeit der Mittelschicht
aufgestiegen war, erdichtete Identifikationen dadurch bestärkte, daß er
sich selbst die Attribute einer sagenhaften Kompetenz auf allen Gebieten
verlieh: er war der Bürger als Held, der seine Leser aufforderte, heldisch
zu sein wie er, und das in ihrem Ohrensessel. Das Erstaunliche ist nicht
so sehr, daß May, der bis zuletzt ein Hochstapler war, bloßgestellt
wurde, sondern daß ihm so viele über so lange Zeit glaubten. Natürlich
war er ein geschickter und ab den frühen 90er Jahren ein ausgebuffter
Geschichtenerzähler; mit sicherem Gespür arrangierte er tödliche Gefahren und den Wechsel in der malerischen Szenerie, ließ Bösewichter entkommen, damit sie anderntags wieder schurkisch sein konnten, bot geheimnisvolle Schätze auf, die in der Ferne winkten, und geizte nicht mit
sonstigen Stereotypen der Abenteuergeschichte. In einem Wort, Mays
Protagonisten, die so unverkennbar er selbst waren, hatten einen makellosen Ruf. Sie konnten besser schießen als eine ganze Kompanie ausgebil-
deter Schützen; länger und schneller reiten als sattelerprobte Cowboys;
schwimmen wie ein Fisch; den robustesten Gegner mit einem einzigen
Stoß zu Boden werfen; eine Fährte am Boden aufspüren und die Sprache
zerbrochener Zweiglein mit größerer Sicherheit deuten als der erfahren-

ste Kundschafter; einen unbekannten orientalischen Dialekt rascher beherrschen als ein berufsmäßiger Sprachwissenschaftler; Türen aufbrechen, die die stärksten ihrer Kameraden nicht zu öffnen vermochten. Und sie besaßen nicht nur die Stärke eines Ajax und den Edelmut eines Achill, sondern auch die Schläue eines Odysseus, die gebraucht wurde, um sich gegen raffinierte Feinde zu behaupten.

Das war aber nicht alles. Mays Held war der vollendete Pfadfinder: er rauchte nicht, trank nicht und fluchte nicht. Er war ein gescheiter und starker Don Quixote, der sich gütig zu seinen verschrobenen Sancho Pansas herabließ, die für etwas Humor sorgten und ihm treu dienten; in christlicher Nachsicht bat er stets um das Leben noch des gemeinsten Mörders. Tatsächlich mußten seine Helden, wie Untersuchungen von Mays Werk gezeigt haben, nur selten ein Leben auslöschen: andere führten für sie die Hinrichtungen durch, oder sie ließen ihre Feinde angelegentlich ertrinken oder von Bergen purzeln.[21] So war es denn auch vorhersehbar, daß Winnetou, Charlies Blutsbruder, mit einem Bekenntnis zu Christus auf den Lippen sterben würde. Daß May seine herkömmliche Kost mit einem gelinde fortschrittlichen Anliegen versah – die Weißen, die den Indianern ihr Land wegnehmen oder diese als Wilde bezeichnen, sind schlimmer als der unkultivierteste Stamm –, schmälerte keineswegs seinen Einfluß auf seine bürgerlichen Leser.

Die Faszination, die Karl Mays Märchen auf heranwachsende Jungen ausübten, ist jedenfalls naheliegend. Bemerkenswert ist indessen, wie sehr auch Erwachsene, häufig eine erzkonservative Fan-Gemeinde, noch dieser Faszination erliegen. May selbst mochte nicht als Jugendautor bezeichnet werden; er schrieb für alle Menschen. Sein Einwand hat einige Berechtigung, und zwar in dem verqueren Sinne, daß Mays erwachsene Leser, wie alle übrigen Konsumenten populärer Romane, mit Freuden auf jene Gegensätze regredierten, die schon früh ihr Schlüssel zur Welt gewesen waren. Es war das Kind in ihnen, das sie nach ihrem abgegriffenen Exemplar des *Winnetou* greifen ließ, entsprechend Freuds Bemerkung, daß niemand eine einst empfundene Lust aufgeben möchte.

3. Unmittelbarkeit

In den beliebtesten seiner Romane schlich sich Karl May dadurch in das Herz der Leser, daß er den Helden in der Ich-Form erzählen ließ. Indem diese Strategie unmittelbaren Zugang zum Innenleben des Helden gewährt, erlaubt sie dem Autor, ein geheimes Einverständnis mit dem Leser herzustellen. In *The Chimes* (*Die Zauberglocken*), einer Weihnachtsge-

schichte, die in der Ich-Form erzählt wird, erklärt es Charles Dickens für
«wünschenswert..., daß zwischen einem Erzähler und seinem Leser
möglichst von vornherein ein gegenseitiges Einverständnis bestehe».[1] Bei
solcher Romanprosa verkörpert der Sprecher gleichzeitig den Schriftsteller, den Erzähler und den Helden, alles in einer Person, die, wenn man so
will, in zwangloser, wenn auch einseitiger Unterhaltung mit dem Leser
begriffen ist. Anders als dem allgegenwärtigen, anonymen Erzähler, der
allwissend ist, das gesamte Terrain des Romans ständig im Auge hat und
nach Belieben in die verborgensten Gedanken seiner Figuren eindringt,
eignet dem Ich-Erzähler etwas Anheimelndes. Der Erzähler, der aus seiner eigenen Perspektive schildert, wie die Geschichte sich entwickelt,
verheißt die Art von vertraulichen Eröffnungen, wie man sie von einem
guten Freund erwartet, der in mitteilsamer Stimmung ist.

Wie der Name Dickens schon andeutet, befand sich Karl May in Gesellschaft einer großen Schar Gleichgesinnter, von denen ihm viele literarisch weit überlegen waren. Von Benjamin Constant bis zu Arthur
Schnitzler, von Gottfried Keller bis zu Jens Peter Jacobsen griffen im
19. Jahrhundert Autoren verschiedenster Richtung und unterschiedlichster Qualität auf solch einen Sprecher zurück. Fjodor Dostojewski
schrieb die meisten seiner frühen Geschichten und einige seiner späten
Arbeiten in der Ich-Form. Henry James kehrte wieder und wieder zu
dieser Darstellungsform zurück.[2] *The Blithedale Romance* (*Das Blithe-
dale-Abenteuer*) von Hawthorne, *David Copperfield* von Dickens, *Jane
Eyre* von Charlotte Brontë und Tolstois Trilogie *Kindheit*, *Knabenjahre*
und *Jugendzeit* sind alle in der Ich-Form geschrieben – die Liste ist
nahezu unendlich. Einfallsreiche Experimentatoren spielten mit Erzäh-
lern, die unzuverlässig waren oder Selbsttäuschungen unterlagen; der
Scharfsinn des Lesers war dann gefordert. Aber stets zeichnete sich die
Ich-Person durch Redseligkeit und Mitteilungsfreude aus, und darauf
kam es an. Einige Autoren, wie etwa Tolstoi bei der Einführung der Ich-
Form im ersten Band der Trilogie, beklagten sich, das Genre schränke die
Bewegungsfreiheit ein.[3] Dennoch bleibt aufschlußreich, wie attraktiv der
in der Ich-Form geschriebene Roman, der im Handumdrehen Intimität
erzeugte, für das von Hemmungen geplagte 19. Jahrhundert war.

Kein Wunder, daß sich die Anfangssätze großartiger Romane aus der
Zeit vor dem Ersten Weltkrieg der Erinnerung eingeprägt haben. «So
nennt mich denn Ismael» und «Mein Vater war ein Kaufmann» und
«Lange Zeit bin ich früh schlafen gegangen» rufen Herman Melvilles
Moby Dick, Adalbert Stifters *Nachsommer* und Prousts *A la Recherche
du temps perdu* ins Gedächtnis; letzterer ist vielleicht der tiefschürfendste
Roman in Ich-Form, der je geschrieben wurde. Diese Sätze sind wie eine

Einladung: sie verheißen privilegierten Zugang zum Innenleben einer wichtigen Romanfigur, die das Bewußtsein des Lesers einige Zeit beschäftigen und ihm im besten Fall unvergeßlich bleiben wird.

Weit entfernt davon, zur Stereotypie zu neigen, stellte der Ich-Erzähler-Roman in seinen vielen Formen den ganzen Einfallsreichtum der literarischen Phantasie unter Beweis. Einige Romanciers beschränkten den Erzähler auf die Rolle eines passiven Übermittlers von Dokumenten, andere griffen ihrem Augenzeugenbericht mit einem enthüllenden Brief unter die Arme, der im rechten Augenblick auftauchte. Manchmal, wie etwa in Dostojewskis Roman *Die Dämonen*, ist der Erzähler eine Randfigur, die sich weitgehend darauf beschränkt, das Geschehen zu schildern und in aller Kürze zu kommentieren. Oft genug mogelt der Erzähler – oder vielmehr sein Schöpfer – ein bißchen, indem er nicht nur berichtet, was er gesehen oder gehört oder erzählt bekommen hat, sondern auch, was in den Köpfen von Figuren vorgegangen ist, die gar keine Gelegenheit hatten, ihm ihre Gedankengänge zu enthüllen. Konfrontiert mit solch offenkundigen Verstößen gegen den stillschweigenden Vertrag, den der Erzähler mit ihnen geschlossen hat, unterdrücken die meisten Leser ihr Mißtrauen und unterstreichen damit die Tatsache, daß der Erzählmechanismus eine für Manipulationen offene Form ist. In der ersten Fassung seines klassischen Romans *Der grüne Heinrich* erzählte Gottfried Keller die Geschichte seiner Hauptfigur weitgehend in der dritten Person, nur um dann in der zweiten, für gültig erklärten Fassung gänzlich in die Ich-Erzählung zu wechseln. Wie künstlich Romane in der Ich-Form aber auch sein mochten, sie gaben jedenfalls, wie gesehen, ihren Autoren willkommene Gelegenheit, Tiefenpsychologie zu treiben.

Allgemein bekannt und nur allzu wahr ist, daß es sich bei vielen dieser literarischen Schöpfungen um kaum kaschierte Bekenntnisliteratur handelt. Aber auch wenn diese Romane zumindest einige, häufig bedeutsame Selbstenthüllungen einschließen, seien das nun bewußte Reminiszenzen oder unbewußte Überbleibsel, folgt daraus doch keineswegs, daß Romane in der Ich-Form einfach nur Autobiographien in anderem Gewande sind. Natürlich kann ein Schriftsteller nur über Dinge schreiben, über die zu schreiben ihm möglich ist: jedes literarische Werk, gleichgültig, ob veröffentlicht oder unveröffentlicht, belegt diese wenig aufschlußreiche Feststellung. Aber ein einfühlsamer und geschulter Romancier, der in verborgene Bereiche vorzudringen suchte, war nicht darauf angewiesen, bei sich selbst zu schürfen; er konnte mit Hilfe seines technischen Repertoires und seiner Einbildungskraft das Innenleben von Personen ergründen, das sich von seinem eigenen wesentlich unterschied.[4]

Anton Tschechow, der zu den reflektiertesten Geschichtenerzählern des 19. Jahrhunderts zählt, erfaßte das Problem mit dem ihm eigenen Sinn für Vielschichtigkeit. «Erfinde keine Leiden, die du nie erfahren hast», belehrte er seinen älteren Bruder Alexander, der sich in der Romanschriftstellerei versuchte, «und male keine Bilder, die du nie gesehen hast.» Das war weniger ein Plädoyer für die Beschäftigung mit sich selbst als vielmehr eines für Genauigkeit des Blicks, Aufrichtigkeit der Darstellung und Echtheit des Gefühls. Tschechow setzte niemals Romanprosa mit Bekenntnisliteratur gleich. Seine Kritik am Subjektivismus im Erzählen und sein korrespondierendes Lob der Objektivität enthielt die Forderung an den Autor, sich aller moralisierenden Sentenzen und Kommentare zu enthalten und die Romanfiguren für sich selbst sprechen zu lassen. «Nötig ist nur, daß man ehrlicher ist, daß man überall die eigene Person über Bord wirft», erklärte er seinem Bruder, «daß man dem Helden des Romans, an dem man schreibt, nicht seine Ansichten aufdrängt, daß man sich wenigstens eine halbe Stunde lang verleugnet.»[5] Ein guter Autor, so Tschechows Botschaft, zieht Nutzen aus dem Paradox, daß ihm gerade seine Distanz, seine Fähigkeit, angesichts des Unglücks seiner Romanfigur die Tränen herunterzuschlucken, Zugang zu dem entblößten Herzen verschafft, nach dem er sich sehnt.

Wieder und wieder verwarf Tschechow, der zu den am wenigsten doktrinären Schriftstellern seines Jahrhunderts zählte, die Vorstellung, phantasieentsprungene Figuren seien nichts weiter als getreue Schatten oder ideale Repräsentanten des Innenlebens ihrer Urheber. Im Oktober 1889 schrieb er mahnend an seinen guten Freund Alexej Suworin, den einflußreichen Herausgeber, der als erster sein Talent gewürdigt hatte: «Wenn jemand dir Kaffee vorsetzt, such' kein Bier darin.» Tschechow erläuterte und verteidigte seine gerade erschienene, umstrittene Erzählung «Eine langweilige Geschichte», deren Ich-Erzähler ein redseliger todkranker älterer Akademiker ist. «Wenn ich die Gedanken des Professors vor dir ausbreite, dann mußt du dich mir anvertrauen und nicht nach Tschechowschen Gedanken suchen, die sich darin verbergen.»[6] Er habe, schrieb er, die Geschichte erfunden. Aber das bedeute nicht, daß sie völlig aus der Luft gegriffen sei – Tschechow besaß und verlangte auch von anderen Schriftstellern die Gabe der Einfühlung im buchstäblichen Sinn: ein Gespür für das Leiden seiner Geschöpfe und die wahrheitsgetreue Darstellung dieses Leidens.[7]

Tschechow widersetzte sich allen Forderungen seiner liberalen und radikalen Freunde, in den politischen Debatten, die in den Reihen der russischen Intelligenz tobten, Partei zu ergreifen und seine Literatur in den Dienst der Reform zu stellen; er konzentrierte sich rückhaltlos auf die Aufgabe, den Lebenskampf seiner Figuren nachzuzeichnen. Wenn sie radikale Gemeinplätze oder betuliche Volksweisheiten von sich gaben, hieß das nicht, daß Tschechow dahinter stand; er ließ sie nur reden, wie ihnen der Schnabel gewachsen war. «Nach meiner Ansicht», schrieb er an Suworin in einem Brief vom Mai 1888, der praktisch ein Manifest ist, in dem er seine Überzeugungen niederlegt, «besteht das Amt des Schriftstellers nicht darin, Probleme zu lösen, die Gott oder den Pessimismus und so weiter betreffen; seine Aufgabe ist einfach nur, zu berichten, wer was und unter welchen Umständen über Gott oder den Pessimismus gesagt oder gedacht hat. Dem Künstler steht es nicht zu, über seine Figuren und ihre Äußerungen Gericht zu halten; seine Aufgabe erschöpft sich darin, unparteiischer Zeuge zu sein.» Mehr noch, «Folgerungen zu ziehen, ist Sache der Geschworenen, das heißt, der Leser». Der Schriftsteller war nicht dazu da, sich als allwissender Psychologe in Szene zu setzen, sondern die Tatsache zu bezeugen, daß im Leben, wie Tschechow eine seiner Figuren in der Erzählung *Lichter* feststellen läßt, nichts gewiß ist. «Nur Toren und Scharlatane wissen und verstehen alles.»[8] An *Anna Karenina* beeindruckte ihn besonders, daß Tolstoi nicht versucht hatte, den Eindruck zu erwecken, er biete für irgendetwas eine Lösung. Tschechow übertrieb seine Bescheidenheit: Eben dies, daß er nicht in Anspruch nahm, ungehinderten Einblick ins menschliche Wesen zu haben, machte ihn frei zu Einsichten in das Innenleben, um die ihn jeder Psychologe beneiden müßte.

Ein flüchtiger Blick auf die Flut unvergleichlicher Erzählungen, die Tschechow seit der Mitte der 80er Jahre des letzten Jahrhunderts produzierte, macht deutlich, daß er sein anspruchsvoll anspruchsloses Programm in die Tat umsetzte. Zu seinen Ich-Erzählern gehören ein gebildeter Jagdmann, der Zeuge einer Ehebruchs-Geschichte unter Bauern wird, ein junger Exzentriker, der seine Unschuld hinsichtlich verschiedener Vergehen beteuert, deren man ihn bezichtigt, ein wohlhabender, unausstehlicher, ziemlich sadistischer Gutsbesitzer, dem es Vergnügen bereitet, seine Frau zu drangsalieren. Auch dort, wo er nicht mit einem ausdrücklichen Ich-Erzähler arbeitet, gelingt es Tschechow, sich in das Bewußtsein der unterschiedlichsten Personen zu versetzen: in zwei besonders eindrucksvollen Kraftakten schildert er Geschehnisse aus der Sicht zweier kleiner Jungen, von denen der eine neun Jahre und der andere gerade einmal zwei Jahre und acht Monate alt ist.[9] Unbeschadet der Verachtung, die Tschechow für literarische Tricks und für Wortakrobatik hegt, stellen diese Geschichten, ob sie nun in der Ich-Form erzählt sind oder nicht, virtuose Leistungen dar, die allerdings dem Zweck dienen, Anmaßung und Sentimentalität bloßzustellen. Sie beweisen, daß Kunst und analytischer Verstand keinen Gegensatz bilden müssen.

Zu den Feinden einer der Wahrheit verpflichteten Literatur zählte für Tschechow neben den Parteigängern gesellschaftlicher Anliegen vor allem auch die hohe Philosophie. Die einzige Ideologie, die er frohgemut mit seinem Werk verknüpfte, war der Anspruch, ein massives Bollwerk gegen die Verlogenheit zu schaffen.[10] Deshalb bereitete es ihm soviel Kopfzerbrechen, als Tolstoi, für den er nie aufhörte, sich zu begeistern, in späten Jahren seine eifernde, handgestrickte Theologie entwickelte, seine Leidenschaft fürs Vegetarische entdeckte und seine Brandreden gegen die Wollust vom Stapel ließ. Aus Erzählungen Traktate zu machen war nach Tschechows Ansicht Verrat an der Berufung des Schriftstellers. Bei der Lektüre des Nachworts zur *Kreutzersonate*, jenem umstrittenen Roman, in dem Tolstoi allen Sexualverkehr einschließlich des ehelichen verdammt, sofern er nicht der Fortpflanzung dient, platzte Tschechow der Kragen. «Zur Hölle mit der Philosophie der großen Männer dieser Welt!» wetterte er gegenüber Suworin. Er fand den Roman, auch wenn er anregend und schön geschrieben sei, fast provozierend unbedarft in medizinischen Fragen – in denen sich Tschechow, der Arzt, natürlich auskannte.[11]

Tolstoi aber hatte, lange bevor er seine prophetische Sendung entdeckte und sich dadurch bewogen fühlte, literarische Meisterwerke herabzusetzen, die Tschechow und viele andere für unübertroffen hielten, in seiner eigenen Romanprosa eindrucksvollen psychologischen Scharfsinn bewiesen. Sein erster Roman, *Kindheit*, den er 1852 im Alter von vierundzwanzig veröffentlichte, ist das Gesellenstück eines Genies. Wie Tolstoi-Forscher bemerkt haben, steht der Roman tief in der Schuld von Sterne und Dickens, aber in nachfolgenden Entwürfen bemühte sich Tolstoi, die äußeren Einflüsse zu tilgen, um die eigene Stimme nur desto hörbarer werden zu lassen. Er legte *Kindheit* und danach *Knabenjahre* und *Jugendzeit* als biographische Romane an. Der Akzent lag auf «Roman»; als Nikolai Nekrassow, in dessen angesehener Literaturzeitschrift *Der Zeitgenosse* der Roman erschien, den Titel in *Eine Geschichte meiner Kindheit* umänderte, leistete Tolstoi wütenden Widerstand. Aus ihm sprach mehr als nur die Eitelkeit des Autors. «Wer», fragte er rhetorisch, «interessiert sich für die Geschichte *meiner* Kindheit?»[12] Wie noch zu zeigen sein wird, war indes der Roman im großen und ganzen genau dies: die Geschichte von Tolstois Kindheit. Er stellt eine frühe Etappe in Tolstois lebenslangem Bemühen dar, sich so schonungslos wie überhaupt menschenmöglich zu erforschen, und bildet ein Gegenstück zu dem Tagebuch, das er seit seinem neunzehnten Lebensjahr führte.[13]

Dennoch bleibt *Kindheit* ein Roman, in dem Tolstoi Erinnerungen der frühen Jahre und Geschichten, die er über diese Zeit erzählt bekommen hat, den ästhetischen Zwängen der Literatur unterwirft. Wichtige Momente werden erfunden oder neu gestaltet. So läßt er den zehnjährigen Erzähler, einen intelligenten Beobachter seiner selbst und seiner kleinen Welt, den Tod der Mutter erleben – das Kernstück des Romans, auf das wir zurückkommen werden –, obwohl in Wirklichkeit Tolstoi noch nicht einmal zwei Jahre alt war, als seine Mutter starb. Die Mutter in dem Roman ist weitgehend die Mutter seiner sehnsüchtigen Phantasie. Aber in solchen künstlerischen Freiheiten steckt Wahrheit, weil sie psychologischen Gegebenheiten die Treue halten. Wenn es stimmt, daß Tolstoi das Erzählen in der Ich-Form als beengend empfand, so zeigt dieser Roman, dem ein markanter, entscheidender Erfolg beschieden war, daß solche Vorbehalte seine Behandlung des Stoffs nicht beeinträchtigten.

Bereits mit dem ersten Satz führt uns Tolstoi den Ich-Erzähler, sein Alter und seine soziale Stellung wie auch seine Begabung für präzise Beobachtungen plastisch vor Augen. «Am 12. August des Jahres 18.., gerade drei Tage nach meinem zehnten Geburtstag, an dem ich so wundervolle Geschenke erhalten hatte, weckte Karl Iwanowitsch», sein Hauslehrer, «mich um sieben Uhr morgens dadurch auf, daß er gerade über meinem Kopf mit einer Fliegenklappe aus einem Stück Packpapier an einem Stock nach einer Fliege schlug.»[14] Die Fülle solcher Details aus dem psychischen ebenso wie aus dem physischen Bereich, die der Roman *Kindheit* enthält, macht aus ihm ein großartiges Zeugnis der für die bürgerliche Gesellschaft des 19. Jahrhunderts typischen Selbstreflexion.

Wie der Leser schon bald feststellen kann, erstreckt sich der unerbittlich beobachtende Blick des Erzählers auch auf das Innenleben. Als seine geliebte Sonja zusieht, wie er seiner senilen Großmutter die Hand zu entziehen sucht, und sich darüber vor Lachen ausschüttet, bis ihr die Tränen kommen, fragt er sich, ob sie ihn ernstlich verspottet, und ist erleichtert, daß dies nicht der Fall ist. «Ich begriff, daß ihr Lachen zu laut und zu natürlich war, um spöttisch zu sein...».[15] Der Roman ist voll von solchen Erinnerungsscherben, schartigen Bruchstücken, aus denen Tolstoi vor den Augen des Lesers ein Porträt zusammensetzt. Es ist eine psychologisch gerechtfertigte Eigentümlichkeit des Buches, daß seine Kapitel getrennte Episoden aus dem jungen Leben des Erzählers bilden, die durch dessen selektiven Erinnerungsprozeß zusammengehalten werden. Gleich Gemälden in einer Kunstausstellung sind es einzelne Kostbarkeiten mit einer gemeinsamen Thematik.

Durch die komplizierten, manchmal auch ambivalenten Reaktionen des jungen Erzählers auf die trivialen oder gewichtigen Dinge, die ihm begegnen, läßt Tolstoi den Roman zu einem Fest der Wahrnehmungsfähigkeit werden. Das Vermögen des Jungen, widersprüchliche Empfindungen bei sich selbst zu registrieren – wie wir sehen werden, führt hier der erwach-

sene Autor seinem jugendlichen Helden ein wenig die Hand –, ist sogar
noch eindrucksvoller. Autor und Ich-Erzähler schwingen sich hier zu
Einsichten empor, die den Verfassern populärer Unterhaltungsliteratur
absolut verschlossen bleiben. So erfährt man zum Beispiel vom Erzähler:
«Ich ärgerte mich sowohl über mich selbst als auch über Karl Iwanowitsch und wußte nicht, ob ich lachen oder weinen sollte...». Als er sich
klarmacht, daß er eine Weile ohne seine geliebte Mutter auskommen
muß, weil sein Vater vorhat, ihn nach Moskau mitzunehmen, tut ihm
seine Mutter «sehr, sehr leid, aber gleichzeitig freute ich mich bei dem
Gedanken, daß wir nun groß seien». Er ist sich schmerzhaft der Tatsache
bewußt, daß seine Empfindungen von Egozentrik vergiftet sind. Beim
Anblick seiner Mutter, die der abfahrenden Kutsche nachwinkt, muß er
weinen; auch als die Mutter schon nicht mehr zu sehen ist, «weinte [ich]
immer noch, und der Gedanke, daß meine Tränen ein Beweis für mein
tiefes Empfinden waren, freute und tröstete mich». Er gibt ehrlich zu,
daß der Kummer eines Kindes nur selten konkurrierenden Emotionen
standhält: «Und wieder traten mir die Tränen in die Augen, aber nicht für
lange.»[16]
Die Klimax des Romans, die diese Stränge eines gemischten Gefühlslebens in einer gewaltigen Krise zusammenführt, bildet der Tod der Mutter des Erzählers. Auf die Nachricht, daß sie todkrank ist, eilen der
Erzähler und sein Vater nach Hause, wo sie die Kranke bewußtlos und im
Sterben vorfinden. Der Erzähler sitzt neben ihrem leblosen Körper, trau-
ernd, aber gleichzeitig jedes Detail im Zimmer wahrnehmend – das trübe
Licht, die Geräusche, die Gerüche. Und die ganze Zeit über bleibt er
eifrig bemüht, die Familie und die Dienerschaft mit Bekundungen seines
beispiellosen Kummers zu beeindrucken; wenn er fürchtet, sie könnten
ihn der Gleichgültigkeit verdächtigen, fängt er an zu weinen. Während
des Begräbnisses gelingt es ihm keinen Augenblick, sich von seiner
Selbstbezogenheit zu befreien: «Ich verachtete mich selbst dafür, daß ich
nicht ausschließlich nur das eine Gefühl der Trauer empfand, und versuchte, alle anderen Gefühle zu verbergen; deshalb war meine Trauer
unaufrichtig und unnatürlich.» Er genießt die Freuden eines sanften Masochismus: «Außerdem genoß ich es irgendwie, unglücklich zu sein, und
bemühte mich, das Bewußtsein des Unglücks in mir wachzurufen, und
dieses egoistische Gefühl erstickte mehr als alles andere die echte, wahre
Trauer in mir.» Er vergießt reichlich Tränen, was ihn nicht hindert, mitten im feierlichen Zeremoniell zu bemerken, daß sein Jackett unter den
Armen kneift – ein grandioser Einfall. Wie er sich selbst beobachtet, so
beobachtet er auch andere und übt an ihnen ebenso strenge Kritik. Kaum
jemand von den Trauergästen ist reinen Herzens, ausgenommen die alte

Amme der Mutter und ein hübsches fünfjähriges Kind, das unablässig kreischt, während es hochgehoben wird, um den bereits übelriechenden Leichnam zu sehen. Kein Wunder, daß er seinen Vater beneidet, der blassen Gesichts, mühsam die Tränen zurückhaltend und mit publikumswirksamen Gebärden eine grandiose Figur macht: «...ich weiß nicht warum, gerade das mißfiel mir an ihm, daß er in diesem Augenblick so effektvoll wirkte.»[17]

Was zwar dem Tiefgang der Beobachtungen des Ich-Erzählers keinen Abtrag tut, es aber dem Leser erschwert, sich auf den Roman einzulassen, ist das doppelte Bewußtsein, das ihn durchzieht. *Kindheit* ähnelt Autobiographien mit ihrer Tendenz, in den Reflexionen zwischen jugendlicher Unmittelbarkeit und der Distanziertheit des Alters hin und her zu wechseln.[18] Die Stimme des Tolstoischen Erzählers in *Kindheit* gehört also sowohl zu einem Knaben, der seine Erlebnisse in aller kindlichen Unbefangenheit schildert, als auch zu einem Erwachsenen, der naturgemäß viel abgeklärter ist. «Viel Wasser ist seitdem ins Meer geflossen», sinniert an einer Stelle der Erzähler, «viele Erinnerungen aus der Vergangenheit haben für mich ihre Bedeutung verloren und sind blasse Phantasiebilder geworden...» Lebendige Unmittelbarkeit wechselt mit melancholischer Nostalgie. «Wenn man versucht, die Züge eines geliebten Wesens in seiner Phantasie wachzurufen, tauchen so viele Erinnerungen an Vergangenes auf, daß man diese Züge nur trübe sieht, wie durch einen Tränenschleier.» Es ist, als hörten wir Prousts Stimme aus dem Hintergrund.[19]

Aber nicht immer ist klar, wer jeweils in *Kindheit* spricht. Als der Hauslehrer, der sich von seinem Arbeitgeber geringschätzig behandelt fühlt, dadurch Rache nimmt, daß er seinem Schüler einen deutschen Satz diktiert, in dem Undankbarkeit getadelt wird, und ihn anschließend zu einer Geschichtsstunde verdonnert, fällt dem Erzähler auf: «Sein Gesicht war nicht mehr finster wie vorher; es drückte die Zufriedenheit eines Menschen aus, der sich für eine Beleidigung in würdiger Weise gerächt hat.»[20] Höchst unwahrscheinlich, daß ein Mensch im Alter des Erzählers den flüchtigen Gesichtsausdruck eines anderen so scharfsinnig, geschweige denn so artikuliert und ausdrucksvoll interpretieren könnte. An anderer Stelle erinnert sich der Erzähler: «Ich hatte schon früh bemerkt, daß viele Mädchen die Gewohnheit haben, mit den Schultern zu zucken, um durch diese Bewegung das herabgeglittene ausgeschnittene Kleid wieder an die richtige Stelle zu rücken.»[21] Ist das die Beobachtung eines Jugendlichen, der zitternd und zagend an der Schwelle zur Pubertät steht, oder ist es eine nachträgliche Einfügung? Die vorherrschende Stimme in *Kindheit* ist die eines frühreifen Knaben; die Handschrift ist die des erwachsenen Tolstoi.

In der Ich-Form gehaltene Enthüllungen über innere Zustände waren eine internationale Erscheinung. Aber da französische Schriftsteller mehr Freiheit als ihre Kollegen anderswo genossen, das Publikum an ihren seelischen Prozessen teilhaben zu lassen, erwiesen sie sich bei der Übersetzung seelischen Erlebens in literarische Kunst als besonders geschickt. Vielleicht das überzeugendste Beispiel für die Überführung von Autobiographischem in die Romanform, das wir aus der Zeit vor Prousts Meisterwerk kennen, war der ein halbes Jahrhundert früher, nämlich im Jahre 1863, erschienene Roman *Dominique* von Eugène Fromentin. Wir finden darin Anklänge an einige großartige Vorbilder: an Benjamin Constants *Adolphe*, einen halben Klassiker der Selbstanalyse aus dem Jahre 1816, der vom Pathos eines egoistischen, ja grausamen, aber ungemein hellsichtigen Liebhabers erfüllt ist; an den 1834 erschienenen Roman *Volupté* (*Wollust*) von Sainte-Beuve, der die Grenze zwischen Tatsachen und Fiktion durch die Beteuerung verwischt, es handele sich bei ihm überhaupt nicht um einen Roman, sondern um «die Analyse einer Neigung, einer Leidenschaft, ja eines Lasters»; und an Alfred de Mussets *Confessions d'un enfant du siècle* (*Die Beichte eines Kindes seiner Zeit*), worin der Ich-Erzähler als unverkennbarer Stellvertreter des Autors die Geschichte der politischen Desillusionierung Mussets mit einer relativ wahrheitsgetreuen Wiedergabe seiner stürmischen Affäre mit George Sand verschränkt. Aber auch wenn *Dominique* in einer vertrauten bekenntnisliterarischen Tradition stand, war der Roman doch ein vielbewunderter Text eigenen Gepräges und Beweis dafür, daß eine öffentliche Selbstzerfleischung nicht nur der Analyse inneren Aufruhrs, sondern auch der Befreiung von ihm dienen konnte.

Als Fromentin *Dominique* veröffentlichte, war er bereits ein kunstfertiger Maler exotischer Landschaften im akademischen Stil und ein hochgeschätzter Reiseschriftsteller. Der Haupterzähler in seinem einzigen Prosawerk, ein sozial denkender, glücklich verheirateter Landedelmann in mittleren Jahren, erinnert sich in aller Seelenruhe an eine lang vergangene Liebesaffäre mit unglücklichem Ausgang.[22] Er hat mit sich selbst seinen Frieden gemacht, «der größte Sieg, den wir über das Unmögliche erringen können».[23] Tatsächlich hatte Fromentin eine drei Jahre ältere Frau heftig geliebt, mit der er schon als Kind gespielt hatte und die deshalb immer für ihn die Ältere blieb. Sie heiratete einen anderen, wurde dann seine Geliebte und starb jung. Nach ihrem Tod behielt sie Fromentin als die Liebe seines Lebens, die er einst besessen und für immer verloren hatte, im Gedächtnis. In *Dominique* läßt Fromentin die Geliebte des Erzählers einen anderen heiraten, obwohl sie ihn allein liebt. Um ihn von seiner aussichtslosen Liebe zu heilen – als pflichtbewußte Ehefrau kann sie ihrem Mann unmöglich Hörner aufsetzen –, trifft sie ihn häufig, und zwar unter vier Augen. Wie nicht anders zu erwarten, kann das Heilmittel die Krankheit nur verschlimmern; deshalb trennen sich die zwei unglücklich Liebenden für immer.

Die Handlung ist von geringer Bedeutung, ist bloßer Rahmen für eine minuziöse psychologische Untersuchung. Mit allem Scharfsinn, über den er verfügt, erforscht Fromentin das emotionale Auf und Ab beim Ich-Erzähler, seine Wünsche und Enttäuschungen, seine Augenblicke der Hochstimmung und der Scham, wobei er vieles seiner eigenen, sorgfältig verschwiegenen Vergangenheit entlehnt. Zu Anfang des Jahrhunderts hatte Stendhal in seiner unvollendeten Autobiographie, *Vie de Henry Brulard* (*Das Leben des Henry Brulard*), bemerkt: «Man könnte in der dritten Person schreiben, *er* machte, *er* sagte. Aber wie würde man dann den inneren Bewegungen der Seele Genüge tun?»[24] Wir werden sehen, daß es vielen Romanschriftstellern gelang, diesen inneren Bewegungen auch höchst überzeugend in der dritten Person gerecht zu werden.

4. Der Preis der Vielschichtigkeit

Große Romanciers hatten mit den Lieblingen des breiten Publikums gewisse literarische Strategien gemeinsam, aber was sie von den Dumas jener Zeit unterschied, fiel mehr ins Gewicht: Sie schürften tiefer und verdienten (fast ausnahmslos) weniger. Sowenig die Lieferanten von Bestsellern authentische Charaktere schaffen konnten – oder wollten –, sosehr gelang es den vorrangigen Romanschriftstellern des hochbürgerlichen Zeitalters, der menschlichen Natur bis in ihre innersten Verstecke nachzuspüren. Und sie mußten einen Preis dafür zahlen. Im Jahre 1855 beklagte sich Nathaniel Hawthorne bitter bei seinem Verleger und guten Freund William Ticknor, daß tiefschürfende Erzählungen bestenfalls ein paar Tausend Leser fänden – von seinem *Scarlett Letter* waren ein halbes Jahr nach Erscheinen etwa fünftausend Exemplare verkauft –, wohingegen eine «verdammte Meute schreibwütiger Frauen» ihren Schund «zu Hunderttausenden» verkaufe.[1] Das war eine Stimme aus dem erbosten und mißmutigen Lager der gehobenen Literatur.

Gewiß, einige Romanciers, die im Oberhaus der Literatur einen Platz beanspruchen konnten, erfreuten sich einer Leserschaft und sogar eines bescheidenen Maßes an finanzieller Vergütung. Bald nachdem Tolstoi sich mit *Kindheit* in den gebildeten Kreisen einen Namen gemacht hatte, brachte er es als Autor auch zu Volkstümlichkeit. Aber Volkstümlichkeit war ein relativer Begriff. Ein Zeitungskorrespondent schrieb an Tolstoi

im Jahr 1855, sein Roman *Knabenjahre* habe, «wie man so sagt, ein-
geschlagen; ganz Petersburg redet darüber». Nur umfaßte leider «ganz
Petersburg» nichts weiter als die paar Gebildeten, von denen die literarischen Monatszeitschriften gelesen wurden. Im großen und ganzen
schätzten sie Tolstoi aus den richtigen Gründen, nämlich wegen seiner
«feinfühligen Analyse seelischer Prozesse» und wegen des Scharfsinns,
mit dem er «die verschiedenen Regungen der Seele» schilderte.[2] Aber der
Verkauf seiner Bücher erreichte sechsstellige Ziffern erst nach den Er-
folgen von *Krieg und Frieden* und von *Anna Karenina*, und das betraf
dann hauptsächlich die Kindergeschichten, die er Anfang der siebziger
Jahre geschrieben hatte. Seine *Gesammelten Werke*, die seit den achtziger
Jahren des letzten Jahrhunderts in kontinuierlich erweiterter Form her-
auskamen, wurden in Auflagen von 5000 oder mehr Exemplaren gedruckt, bis die vierzehnte Ausgabe von 1897 mit einer Auflagenhöhe von
16000 Exemplaren prahlen konnte.[3] Diese Zahlen stempelten Tolstoi zu
einem erfolgreichen Autoren. Und doch wirkten sie ernüchternd, wenn
man sie mit den Millionen von Lesern verglich, auf die ein Eugène Sue
oder ein Karl May zählen konnten, ganz zu schweigen von Harriet Beecher Stowe.

Die Publikationsgeschichte von George Eliot beschrieb eine ähnliche,
wenn auch verwickeltere Bahn. Nachdem sie als Romanautorin nur langsam in Gang gekommen war, kämpfte sich Eliot auf den höchsten Gipfel,
zur führenden englischen Autorengruppe, durch und fand sich mit
Dickens und Thackeray in einem Atemzug genannt und beiden oft an die
Seite gestellt. Die Sorge ihres Lebensgefährten und Kritikers, G.H.
Lewes, sie habe vielleicht nicht genug dramatisches Talent, erwies sich angesichts der Reaktionen auf *Adam Bede* als grundlos. Bis Mai 1859, drei
Monate nach Erscheinen des Buches, waren 3000 Exemplare verkauft,
und am Jahresende belief sich die Zahl auf 16000. Während er diesen
handgreiflichen Beweis für die Zustimmung der Leser begrüßte, machte
Lewes einen Unterschied zwischen populären Unterhaltungsbüchern
und ernsthafter Literatur, der typisch für das 19. Jahrhundert ist und der
seitdem die Literaturwissenschaft beherrscht hat. *Adam Bede*, schrieb er,
habe einen «größeren Erfolg» erzielt «als jeder andere Roman seit Scott
(Dickens ausgenommen)», um anschließend seine Behauptung näher zu
erläutern: «Damit will ich nicht sagen, daß er sich besser *verkauft* hat –
denn *Uncle Tom's Cabin* und *Les mystères de Paris* übertreffen in den
Verkaufszahlen alle anderen Romane.» Glücklicherweise, fügte er hinzu,
komme es in seltenen Augenblicken zu einer Überbrückung der Kluft:
«Was die *Wirkung* angeht und die Fähigkeit, den normalen ebenso wie
den kultiviertesten und klügsten Romanleser für sich einzunehmen,

kommt kein anderer Roman *Adam Bede* gleich.»[4] Und auch die meisten
von Eliots späteren Romanen konnten diesen ersten Erfolg nicht wiederholen – nur *Middlemarch*, das über ein Jahrzehnt später erschien, übertraf ihn noch. Sicher, von *The Mill on the Floss* (*Die Mühle am Floß*)
wurden 1860 binnen sieben Wochen nach Erscheinen 6000 Exemplare
verkauft und ein Jahr später von *Silas Marner* binnen Jahresfrist 8000
Exemplare, was respektable und finanziell lohnende Zahlen waren. Aber
Verleger, die auf Grund dieser eindrucksvollen Verkaufsziffern freigebig
in Eliot investierten – Blackwood 5000 Pfund für *Felix Holt* und George
Smith 7000 Pfund für *Romola* – bedauerten am Ende ihre großzügigen
Vorschüsse.[5]

Eliots Bemühungen um einen weiten Leserkreis beeinträchtigte der
Umstand, daß sie umstritten war und als schwierig galt. Daß sie in ihre
Romane philosophische Überlegungen einfließen ließ und daß ihr Glaube
an die Humanität verdächtig nach Atheismus roch, konnte die Vorbehalte
des Publikums nur verstärken. Solange die Gemälde, die sie vom Land-
leben entwarf, und ihre unsentimentalen, wenn auch warmherzigen Cha-
rakterporträts noch mit dem Etikett «niederländischer Realismus» versehen werden konnten, erregten ihre Romane wenig Unmut. Aber Eliots
Erkenntnis, daß Menschen durch die widerstreitenden Ansprüche der
Leidenschaft und der Vernunft innerlich zerrissen werden können und
daß sexuelle Bedürfnisse einen machtvollen Druck auf die Forderungen
der bürgerlichen Kultur nach Selbstunterdrückung ausüben, bereitete
den meisten ihrer Leser aus dem liberalen Bürgertum Unbehagen.

Tatsächlich waren es ihre Analysen des ebenso geheimnisvollen wie
mächtigen Sexualtriebes, durch die sie sich das Publikum entfremdete,
das seine Romanlektüre an Bahnhofskiosken kaufte oder sich aus Leihbüchereien besorgte – obwohl – oder gerade weil – diese Analysen keinerlei Ähnlichkeit mit der Freizügigkeit französischer Romane hatten.
Die einfühlsamsten unter ihren vielen Rezensenten bemühten sich, Eliot
dadurch Gerechtigkeit widerfahren zu lassen, daß sie ihre Fähigkeit würdigten, Menschen als komplexe Wesen wahrzunehmen, die von vielfältigen, häufig verborgenen Beweggründen angetrieben werden. Aber bei
der Erotik hörte der Spaß auf. Anläßlich ihrer Besprechung von *The Mill
on the Floss* übte die *Saturday Review*, die sich über Maggie Tullivers
skandalöse Liebe zu Stephen Guest ereiferte, unverhohlen Kritik an
Eliots Freimütigkeit. «Es gibt Gefühle, über die wir den Mantel des
Schweigens breiten sollten.»[6] Dieses Urteil verdankte sich zum Teil der
englischen Prüderie; französische Romanciers erforschten die Sexualität
schon seit Jahrzehnten und handelten sich dafür die heftige Schelte der
weniger aufgeschlossenen bürgerlichen Kulturen ein. Eliot schien sich,

aus welchen Gründen auch immer, den Franzosen beizugesellen und um die Erhellung jener Abgründe der menschlichen Seele zu bemühen, von denen anständige Leute nichts wissen wollten – zumal wenn die Autorin ihren Lesern mit einem unglücklichen oder zweideutigen Ausgang ihrer Romane das Herz beschwerte.

Sie ließ sich aber nicht irre machen. «In uns gibt es reichlich unerforschtes Gebiet», verkündete sie in *Daniel Deronda*, ihrem letzten Roman, und «die Menschen haben wie Planeten eine sichtbare und eine unsichtbare Geschichte.»[7] Ein ganzes Programm verbirgt sich in diesen Verlautbarungen. Unerforschtes Gebiet muß erforscht, unsichtbare Geschichte sichtbar gemacht werden. Eliots Untersuchungen über die Zusammenhänge zwischen erblichen Faktoren und äußeren Umständen einerseits und dem Charakter andererseits luden zu einer tiefgreifenden Neubestimmung und damit zugleich Ausdehnung des Erfahrungsbereichs ein, den ein wahrheitsliebender Schriftsteller mit Fug und Recht als sein Terrain beanspruchen kann. Diese Art von unbeirrter, oft rücksichtloser Erforschung des entblößten Herzens war die wichtigste Errungenschaft, durch die sich damals die großen Romanciers von ihren platteren und geschäftstüchtigeren Kollegen unterschieden.

Zwei Meister ihres Faches, Fjodor Dostojewski und Henry James, sollen uns dabei helfen, deutlich zu machen, worin die umstrittene Errungenschaft bestand. Als Erforscher der menschlichen Natur hatten die beiden auf den ersten Blick wenig gemein, da sie sich an ihre Beute auf markant unterschiedlichen Fährten heranpirschten und damit unter Beweis stellten, daß es mehr als einen Weg zu den Geheimnissen der Seele gibt. Aber mochten sie sich noch so sehr unterscheiden, der Konfrontation ihrer Protagonisten mit der Außenwelt und mit den anderen Akteuren angemessen Beachtung zu schenken, versäumte keiner von beiden. Dostojewski, der seit Beginn seiner Laufbahn an der Bürde eines politisch-religiösen Programmes trug – auch wenn sich dessen Inhalte radikal wandelten –, stellte die Verachteten und Ausgestoßenen den Geldsäcken, die Skeptiker und Atheisten den wahren Gläubigen, glücklose einzelne einem willkürlichen und korrupten Staatsapparat gegenüber. Und auch für James waren die Chancen und Grenzen seiner Figuren durch die Außenwelt und die Mitmenschen bestimmt. Wie die Dostojewskischen verrichteten allerdings auch die Jamesschen Dämonen ihr Werk weitgehend im Inneren der Person; nur geschah es in etwas zivilisierterer Form.

Dostojewski verfügte über ein kaum gezügeltes Übermaß an katastrophischer Phantasie, um den Ausdruck von James zu verwenden. Hier ist nicht der Ort für eine ausführliche Schilderung seines Lebens, aber ein paar Stichworte zur Biographie sind unerläßlich, denn seine apokalyptische Vision erwarb er sich redlich, und seinen Extremismus zog er sich auf natürlichem Wege zu. Er kam 1821 in einer Familie zur Welt, die gleichzeitig liebevoll und angsterregend war. Seine Mutter war offenbar die perfekte Hausfrau, pflichtbewußt und sanft, wenn auch temperamentvoll; sein Vater, ein Arzt, der im Dienste des Moskauer Armenhospitals arbeitete, war ein schwierigerer Fall. Dr. Dostojewski war ein Familientyrann alter Schule, aber dabei ein liebevoller Ehemann und Vater – soweit er Herr seiner selbst war. Er litt unter Depressionen und unter einem Mißtrauen, das an Paranoia grenzte. Den Wunsch seines Sohnes, Schriftsteller zu werden, durchkreuzte er, indem er ihn an die Akademie für Ingenieurswesen schickte. Die Akademie, die keineswegs eine intellektuelle Wüste war, eröffnete ihm Zugang zu russischen und ausländischen literarischen Klassikern. Aber sie entsprach nicht dem, was er im Leben wollte.

Man hat Dostojewskis Romane mit zwei quälenden Traumata in Verbindung gebracht, die ihn in einem Abstand von zehn Jahren heimsuchten, nämlich in den Jahre 1839 und 1849. Für diesen Zusammenhang spricht vieles; allerdings irrte er auch vorher schon in den Nebelschwaden exaltierter romantischer Phantasien und innerer religiöser Kämpfe umher.[8] Die alptraumhaftesten Vorstellungen von E. T. A. Hoffmann und Victor Hugo setzten ihm zu, als wären sie bedrängende Wirklichkeit.[9] Das tat auch die Seelenqual, die ihm eine gottlose Menschheit bereitete, ehe er sich dann Jahrzehnte später in einen reaktionären sozialen und religiösen Propheten verwandelte.[10] Dem Sinn des Menschen und des Lebens nachzuspüren wurde zu seiner erklärten Aufgabe.

Dann, im Juni 1839, starb plötzlich sein Vater, offenbar nach einem Schlaganfall; indes verbreitete sich rasch das Gerücht, er sei von seinen Leibeigenen erstickt worden. Ob das nun stimmte oder nicht, entscheidend ist, daß Dostojewski es glaubte.[11] Die Todeswünsche, die er gegen den Vater gehegt hatte, waren Wirklichkeit geworden und seine Schuldgefühle wurden allem Anschein nach durch das Bewußtsein verstärkt, daß er seinem Vater auf der Tasche gelegen und ihn sogar noch um Geld angegangen hatte, als dieser bereits in massiven finanziellen Schwierigkeiten steckte. War der Vater ermordet worden, weil ihn seine Not dazu getrieben hatte, seine Leibeigenen zu drangsalieren?

Aber die Literatur lockte, und im Jahr 1845 veröffentlichte Dostojewski seinen ersten Roman, *Arme Leute*, der begeistert aufgenommen wurde; Belinsky, der damals tonangebende Kritiker, begrüßte den Autor als großartiges neues Talent. Dostojewskis verführerische, unerwartete Stellung als Hätschelkind der Moskauer Literaturszene erwies sich als kurzlebig; er büßte die Gunst des Publikums ebenso schnell wieder ein, wie er sie gewonnen hatte, denn sein zweiter Roman, *Der Doppelgänger*, war in den Augen seiner enttäuschten Bewunderer ein völliger Mißerfolg. Aber Dostojewski schrieb weiter. Er begann auch, radikale politische Zirkel zu besuchen, und zwar just zu dem für derartige Verbindungen ungünstigsten Zeitpunkt: die Regierung von Nikolaus I. war entschlossen, jedes – selbst das kleinste – Anzeichen von staatsgefährdender Aktivität im Keim zu ersticken. Im April 1849 wurde Dostojewski verhaftet; im Dezember wurde er dann Opfer einer auf Befehl des Zaren veranstalteten teuflischen Scharade. Obwohl sein tatsächliches Urteil auf vier Jahre Zuchthaus lautete, unterwarf man ihn sämtlichen Stadien der Vorbereitung auf eine Hinrichtung – das Urteil wurde feierlich verlesen, der Priester waltete seines Amtes – und ließ ihn schließlich auf den tödlichen Schuß warten, der nicht erfolgte. Wie er später sagte, wurde er in diesem Augenblick neu geboren. Man transportierte ihn in Ketten nach Sibirien in ein Straflager, wo die Gefangenen zusammengepfercht, umgeben von Gestank, hausten; sein Leben war ein Scherbenhaufen. Die epileptischen Anfälle, die ihn bereits seit einigen Jahren heimsuchten, verschlimmerten sich. Vor dem Hintergrund dessen, was er schon alles vor seinem dreißigsten Lebensjahr hatte erdulden müssen, wirken die melodramatischen Personen und Ereignisse, von denen seine Romane voll sind, wie realistische Schilderungen aus seinem Leben.

Dostojewski hatte zehn Jahre in der Verbannung verbracht, als er im Jahre 1859 nach Petersburg zurückkehrte. Er schrieb wieder, wobei er freizügig Gebrauch von den entsetzlichen Erfahrungen des vergangenen Jahrzehnts machte; an Leib und Seele litt er Höllenqualen. Er reiste rastlos durch Europa, das er ebenso zu verabscheuen lernte wie die westlich orientierten Russen, die sich Europa zum Vorbild nahmen. Er gab Literaturzeitschriften heraus, die Mißerfolge waren oder das Erscheinen einstellen mußten; er hatte eine groteske Liebesaffäre und verheiratete sich unglücklich; immer wieder suchten ihn verheerende epileptische Anfälle heim. Bis er die Sucht mit Hilfe seiner zweiten Frau, die ihm eine Stütze war, loswurde, war er mehrere Jahre lang Dauergast in den Spielsalons europäischer Badeorte; den Spieltisch verließ er nie, ehe er nicht alles verspielt hatte. Und dennoch schrieb er, allen Anfechtungen zum Trotz, während dieser Zeit vier Meisterwerke, von *Schuld und Sühne*, das im Jahr 1866 erschien, bis zu *Die Brüder Karamasow*, das 1879 und 1880 in Folgen herauskam. Ein Jahr danach starb er als eine berühmte, wenn auch umstrittene Persönlichkeit.

Umstritten war er hauptsächlich deshalb, weil seine Bewunderer und seine Verleumder sich schon seit langem wegen seiner politisch-religiösen

Grundsätze ärger in die Haare bekamen als wegen seiner psychologischen Einsichten.[12] Sie feierten – oder schmähten – ihn als Evangelisten, als Mystiker, als Propheten; sie erkannten in ihm einen Seher oder einen Sadisten.[13] Durch den politischen Radikalismus seiner Jugendzeit hatte er sich einen wilden Haß auf alle Revolutionäre, Sozialisten, Atheisten, Katholiken und Verwestlicher eingehandelt; er predigte das Evangelium der Orthodoxen Kirche und des heiligen Rußland, die beide den ehrenvollen Auftrag hatten, die Welt zu missionieren – ein Auftrag, den ein Heer von Teufeln in Menschengestalt zu hintertreiben suchte.

Dostojewskis Romane sind von seinem missionarischen Eifer durchdrungen; sie alle sind Träger einer religiös-politischen Botschaft, die von extravaganten Protagonisten verkündet und gelebt wird. Raskolnikow, der Antiheld aus *Schuld und Sühne*, steht als Warnung für all jene da, die meinen, ohne Gott auskommen zu können; als ein Möchtegern-Napoleon begeht er zwei Morde, hauptsächlich um zu beweisen, daß Herrenmenschen nicht den religiösen und moralischen Einschränkungen unterliegen, die aus seiner anmaßenden Sicht die normalen Menschen in Herdentiere verwandeln. Der Held des Romans *Der Idiot*, Myschkin, «ein wahrhaft guter Mensch», bewahrt sich seine Unschuld inmitten eines widerlichen Schwarms von Genußmenschen und Ränkeschmieden, die in ihrer Gier, ihrer Wollust, ihrem Zynismus von Christus abgefallen sind. Der charismatische, kraß irregehende Stawrogin, die alles überragende Figur in *Die Dämonen*, Dostojewskis freie Übersetzung der nihilistischen Umtriebe seiner Zeit in fiebrige Romanprosa, strebt nach Erleben um jeden Preis; er ist ein Führer, der sich selbst nicht zu führen vermag und auf dessen sensiblem Gewissen die Schändung eines zehnjährigen Mädchens lastet; am Ende erhängt er sich. Die Brüder Karamasow stellen den gesamten Kompaß religiöser und moralischer Orientierungen dar: der fromme Aljoscha, der linkische, unzurechnungsfähige Dmitri, der kluge, ungefestigte Rationalist Iwan.[14]

Diese großen Sünder und Dulder agieren mit Unterstützung einer Reihe von Randfiguren, zu denen frühreife Masochisten zählen, neurotische, selbstzerstörerische junge Frauen, ältliche Damen der Gesellschaft, die sich wegen seichter Poeten zum Gespött machen, Fanatiker, die alles daransetzen, die Welt ihren wahnsinnigen Plänen gefügig zu machen, affektierte Liberale, die mit den abgedroschenen Weisheiten der westlichen Philosophie hausieren gehen, skrupellose Machtmenschen und flegelhafte Bürokraten, sexbesessene Lebemenschen, die vor keiner Schandtat zurückschrecken. Allesamt erleben sie plötzliche Ausbrüche der Liebe und des Hasses, das unwiderstehliche Bedürfnis zu sündigen und das Verlangen, Buße zu tun. Und sie alle führen endlose Gespräche mit den anderen und mit sich selbst, in denen es um Religion und Politik und um ihre innersten Empfindungen geht. Dostojewski schrieb, um eine Bemerkung seines Bewunderers Nietzsche zu paraphrasieren, mit dem Hammer. Seine Prosa ist eine einzige, lange Konfrontation: mit der Gesellschaft, mit Geliebten, mit politischen Gegnern, mit Gott, vor allem aber mit der eigenen Person. Überall lauert die Katastrophe; Dostojewskis Figuren neigen zu Selbstverstümmelungen, zu manischen Ergüssen, zu Anfällen von Raserei und in Schlüsselsituationen auch zur Gewalttätigkeit.

Die Hysteriker und Psychotiker Dostojewskis waren keine bloßen ideologischen Marionetten und hatten denen, die sich für das menschliche Innenleben interessierten, nur allzuviel zu sagen. Freud hat einmal bemerkt, daß die Neurotiker, indem sie normale Verhaltensweisen ins Extrem treiben, wertvolle Aufschlüsse über das Seelenleben der weniger gestörten Menschen liefern können. Etwas Ähnliches galt auch von Dostojewskis Figuren.[15] Er sah in seinen Geschöpfen eher wirkliche Personen als fremdartige Monster; in einem vielzitierten Brief erklärte er, was den meisten Menschen als phantastisch gelte, halte er für den wahren Kern, und bezeichnete sich als einen «Realisten im höheren Sinne, nämlich als einen Schriftsteller, der «die ganze Tiefe der menschlichen Seele» auslote.[16] Er praktizierte den Realismus George Eliots in seiner extremsten Form; es war, als führe er seine Figuren in ihrer Rohform vor, nachdem er brutal den Firniß der Zivilisation entfernt hatte. Raskolnikow und die anderen scheinen am hellichten Tage auszuagieren, was ins Dunkel der Nacht gehört. Bedürfnisse und Schrecken, die normalerweise verdrängt werden, Gefühlsregungen, die, wenn überhaupt, so nur in Form von absonderlichen Handlungen oder neurotischen Symptomen zum Ausdruck kommen, entfalten sich vor dem Leser, der gleichzeitig zutiefst irritiert und durch ihre unheimliche Bedeutung fasziniert ist. Nur konsequent, daß in seinen großen Romanen die Handlung in Mord gipfelt; für Dostojewskis männliche und weibliche Verrückte erweist sich das Töten als unausweichlich, fast als Selbstverständlichkeit. Für sie ist der Wunsch der Vater der Handlung.

Was den Realismus Dostojewskis so überzeugend macht, ist die Tatsache, daß selbst seine fanatischsten Charaktere den Erschütterungen der Ambivalenz ausgesetzt bleiben. Ihr Wille, das Tier in ihrem Inneren, oder ihr Gewissen, der verborgene Engel, unterminieren ihre dogmatischen Überzeugungen. Stawrogin, der die zentrale Rolle in *Die Dämonen* spielt, spricht für sie alle, wenn er in seinem letzten Brief vor dem Selbstmord erklärt: «Ich kann auch jetzt noch ganz so, wie auch früher immerzu, eine gute Tat begehen wollen, und empfinde es als eine Befriedi-

gung; daneben aber habe ich gleichzeitig auch Lust zu Bösem und empfinde dabei gleichfalls Befriedigung.»[17] Und der keiner Reue fähige
Raskolnikow, der bis zum Schluß außerstande ist, in seinem Doppelmord
ein Verbrechen zu sehen, giert nach Strafe und zeigt sich selber an, um das
schreckliche Gefühl der Leere zu beschwichtigen, das ihn quält. Selbst
der schlaue, bösartige, abstoßende Mörder und Selbstmörder Smerdja-
kow, der Schurke aus *Die Brüder Karamasow*, hinterläßt einen Brief, in
dem er großmütig alle von Verantwortung freispricht.

Der Text, der am greifbarsten die Spannungen vorführt, von denen
Dostojewskis Figuren gepeinigt werden, ist *Der Doppelgänger*, der er-
folglose zweite Roman. Noch im Jahr 1877 bezeichnete Dostojewski die
Geschichte als den ernsthaftesten Beitrag zur Literatur, den er je geleistet
habe, auch wenn er einräumte, daß der Roman in dramatischer Hinsicht
mißglückt sei.[18] Vor dem Hintergrund seiner berühmtesten Romane
scheint diese Einschätzung übertrieben, denn die Erzählung ist kein Meisterstück. Der Autor ist zu offenkundig von Abscheu gegen seinen Prot-
agonisten erfüllt, läßt es beim Erzählen an Disziplin fehlen und kann sich
bis zum Schluß nicht entscheiden, was der Doppelgänger verkörpern soll.
Aber als Schlüsselroman, der Aufschluß darüber gibt, worum es dem
Schriftsteller und leidenden Menschen Dostojewski wesentlich ging, ist
Der Doppelgänger außerordentlich nützlich. Goljadkin ist ein kleiner
Verwaltungsbeamter, eitel und dumm, mit einem Anflug von Dandy.
Sein Selbstbild schwankt gefährlich zwischen Dünkel und Selbsthaß.
Dieser «Held», wie ihn Dostojewski sarkastisch nennt, möchte die Toch-
ter seines Chefs heimführen. Als er in ihr Geburtstagsfest hineinplatzt,
wird er kurzerhand vor die Tür gesetzt, und während er um Mitternacht
durch die Straßen von St. Petersburg wandert, erscheint ihm sein Doppelgänger. Das eine Mal devot, das andere Mal voll Hohn, folgt ihm der
«jüngere Goljadkin» auf Schritt und Tritt und treibt ihn am Ende in den
Wahnsinn.

Das Doppelgänger-Thema lag natürlich seit der Romantik in der Luft.
Dostojewski war ihm in E. T. A. Hoffmanns Erzählungen und in den
Geschichten des bewunderten Gogol begegnet. Und seine späteren Romane bezeugen, wie wichtig es für ihn war: Iwan Karamasows Unterhaltung mit dem Teufel stellt unter den Neuauflagen des Goljadkinschen
Dilemmas nur das spektakulärste Beispiel dar. Und diese Doppelgänger,
die ein strenges Über-Ich repräsentieren oder auch Verkörperung der
niedrigsten Triebe sein können, geben dem Zwiespalt, den ihr Schöpfer
im Zentrum der menschlichen Seele aufdeckt, eine dramatische Zuspitzung. Nietzsche, der selber alles andere als ein schlechter Psychologe
war, bezeichnete Dostojewski als den einzigen Psychologen, von dem er

etwas lernen könne.[19] Das war eine leicht exaltierte, aber durchaus berechtigte Huldigung.

Anders als Dostojewski, der dadurch ins entblößte Herz seiner Figuren
vordrang, daß er sie in entsetzliche Situationen brachte, gelangte Henry
James ins Innere seiner Charaktere hauptsächlich dadurch, daß er kultivierte Begegnungen zwischen ihnen in Szene setzte, denen er dann durch
pointiert analytische Abschnitte theoretischen Halt gab. Und mit zunehmendem Alter nahm James Experimentierfreude bei der Suche nach der
passenden Stimmung, dem passenden Wort, der passenden Diagnose
nicht etwa ab, sondern zu. Ich habe bereits bemerkt, daß die ernsthaften
Romanciers des 19. Jahrhunderts dafür, daß sie ihre Romane mit menschlichen Wesen statt mit Marionetten bevölkerten, einen Preis zahlen mußten – und der war bei keinem höher als bei James.

In den meisten seiner Erzählungen leben James' Figuren in der exklusiven Atmosphäre eleganter Heime, eines weitgespannten Gesichtskreises,
erlesener Unterhaltungen und äußerst verwickelter Beziehungen. Nicht
einmal, wenn sie arm sind, legen sie das Flair eines Lebens im Reichtum
ab. Aber sie agieren allgemeinmenschliche Konflikte aus; ihre hohe Sicht-
barkeit erlaubt der Analyse einen um so genaueren Einblick. Was bei
Henry James wie Snobismus aussieht, war in Wirklichkeit die wohlver-
diente Gewißheit, daß er mit Einsichten in das menschliche Dasein begabt war, die gewöhnlicheren Autoren verschlossen blieben.

Anders als Dostojewski mußte sich Henry James nie mit einem elterlichen Veto gegen seine Berufung zur Literatur auseinandersetzen. Er, der
1843 in New York als Angehöriger einer kultivierten, redefreudigen Familie zur Welt kam, fand sich zu Hause von Kindesbeinen an in Streit-
gespräche verwickelt. Sein älterer Bruder William wurde von den fünf
James-Kindern am berühmtesten, am meisten geliebt wurde seine fragile
und hochsensible jüngere Schwester Alice. In der Familie las man
Dickens und Shakespeare vor, Emerson und Thackeray verkehrten dort.
Als Henry James 1875 beschloß, sich in Europa niederzulassen, um sein
Verlangen nach einem reicheren kulturellen Milieu zu befriedigen – London trug nach einem Jahr über Paris den Sieg davon –, hatte er den alten
Kontinent schon mehrfach besucht. Seit einem Jahrzehnt schrieb er da-
mals bereits Rezensionen und Kurzgeschichten und begann 1870 mit der
Romanproduktion. Das Ziel, das er sich von Anfang an gesetzt hatte und
von dem er nie abließ, waren «große, beispiellose Schöpfungen».[20]

Aber als er 1916 starb, hätte nur eine kleine, ausgesuchte Gemeinde
eingeräumt, daß er sein hochgestecktes Ziel erreicht hatte. Von all seinen
Werken konnte nur *Daisy Miller*, eine reizende Novelle über eine junge

Amerikanerin, die Europa erobert und dort stirbt, ein breiteres Publikum gewinnen: als das Buch im Jahre 1878 erschien, wurden über 20000 Exemplare davon verkauft. Ansonsten konnte sich James glücklich schätzen, wenn seine Romane fünf- oder sechstausend Käufer fanden. Und das Romantrio, das er zwischen 1902 und 1904 veröffentlichte – *The Ambassadors* (*Die Gesandten*), *The Wings of the Dove* (*Die Flügel der Taube*) und *The Golden Bowl* (*Die goldene Schale*) –, ein Dreigespann, dem sich sein Nachruhm weitgehend verdankt, stieß nicht nur bei den Käufern, sondern auch bei den Kritikern auf Ablehnung. Allerdings waren James' Schwierigkeiten mit dem lesenden Publikum, auch wenn seine letzten Romane die Situation noch verschärften, nicht erst eine Folge seines diffizilen späten Stils.[21] Im Jahr 1892 stellte er bei der Ausarbeitung seiner Erzählung *Owen Wingrave* bezeichnenderweise fest, er schreibe sie für die von Normalverbrauchern gelesene Londoner Wochenzeitschrift *Graphic* und dürfe sie «deshalb nicht ‹psychologisch› anlegen – davon verstehen sie nicht mehr als ein Esel vom Geigespielen»[22]. Das Bücher kaufende und Zeitschriften lesende Publikum weigerte sich, James bei seinen Vorstößen ins Labyrinth des menschlichen Geistes zu folgen.

James, der für die Launen des Marktes keineswegs blind war, setzte ihnen einen unerschütterlichen Perfektionsdrang entgegen. Bei seiner Arbeit ging es ihm «um Ruhm, um die Kunst, um Reichtum». Und obwohl er von Haus aus nicht unvermögend war, war ihm Erwerbsstreben alles andere als fremd, während er gleichzeitig die «ständige Notwendigkeit, auf der Stelle Geld zu verdienen»[23], beklagte. Mit Bedacht verkaufte er Geschichten und Romane getrennt an englische und amerikanische Verlage. Er paßte die Länge, manchmal sogar den Charakter seiner Erzählungen an die Vorgaben an, die seinen Verlegern ratsam erschienen. Er füllte seine Notizbücher, in denen er seine Einfälle für Geschichten und erste Handlungsentwürfe aufzeichnete, mit kleinen aufmunternden Ansprachen, die Zeugnis davon ablegen, daß auch im verkommenen «Zeitalter der Reklame und der Journaille» seine Ambitionen überlebten. Im Jahr 1882 feuerte er sich mit dem Satz an: «Wenn ich nicht etwas *Großes* vollbringe, bin ich ein Versager!»; neun Jahre später ermahnte er sich: «Versuch alles, tu alles, vollbringe alles – sei kompromißlos Künstler, sei auf der ganzen Linie etwas Besonderes.»[24] Er wollte verkaufen, ohne sich zu verkaufen. Aber da gab es diese gierigen Verleger, diese mediokren Rezensenten, diese geschmacklosen Leser!

James fürchtete, daß sein Jahrhundert dem schlimmsten aller sozialen Laster verfallen war, der Vulgarität – und vulgär zu sein war etwas, wozu sich James am allerwenigsten für fähig hielt.[25] Eine seiner ergreifendsten und am stärksten autobiographischen Geschichten, *The Next Time*, erzählt von einem Romancier, der ebenso eifrig wie ernsthaft versucht, Bestseller zu schreiben, aber feststellen muß, daß sich alles, was er anfaßt, in Meisterwerke verwandelt. Mochte James noch so bereit sein, dem Publikumsgeschmack Zugeständnisse zu machen, sein schweres Los blieb es, zur Größe verdammt zu sein.

Die Reserviertheit und oft auch Borniertheit, mit der sein Werk aufgenommen wurde, wirft also weit weniger ein Licht auf James als auf die Verfassung der lesenden Öffentlichkeit; die bürgerliche Einbildungskraft zeigte sich einem der tiefschürfendsten bürgerlichen Psychologen nicht gewachsen. Der Reaktion des Publikums haftete etwas Paradoxes an, denn vorgeworfen wurde James nicht, daß er zu tief, sondern im Gegenteil, daß er nicht tief genug eindringe. Selbst geschulte Rezensenten verwechselten seinen Scharfsinn mit Fühllosigkeit. Im Jahr 1881 beschrieb sich James in der Absicht, sein bisheriges Leben auf den Punkt zu bringen, als «jemand, dessen Leidenschaft das Beobachten und dessen Geschäft das Studium des menschlichen Lebens ist».[26] Es war das Jahr, in dem *The Portrait of a Lady* erschien, die bis dahin überzeugendste Untermauerung seines Anspruchs auf literarisches Format. Aber diejenigen, die James schlechtmachten – und von ihnen gab es viele – konzedierten ihm nur selten die Leidenschaft, die er für sich in Anspruch nahm. Sie warfen ihm vor, die literarische Perlstickerei, auf die er sich zunehmend verlegte, hintertreibe die erzählerische Dynamik. Sie ließen anklingen, er schreibe unmännlich. Sie verwarfen seinen Stil als kalt und blutleer. James, schrieb Oscar Wilde im Jahr 1899, «wird, fürchte ich, Leidenschaft nie erreichen.»[27]

Ausnahmsweise gab Wilde, Verächter allen Philistertums, in diesem Falle die Ansicht der phantasielosen Mehrheit wieder. Wie Wilde hielt auch Arnold Bennett große Stücke auf die technischen Fertigkeiten von James, bescheinigte ihm aber einen «enormen Mangel an emotionaler Kraft»[28]. Sogar William James hinderten seine Zuneigung und sein Mitgefühl nicht, sich über die labyrinthische Ziellosigkeit der späten Romane seines jüngeren Bruders zu beklagen – der allerdings hielt den Älteren für zu unmusikalisch, um den Wohlklang subtiler Prosa würdigen zu können. Henry James teilte das Schicksal von Wordsworth: er dürfte häufiger und bösartiger parodiert worden sein als irgendein anderer Romanschriftsteller. Soviel Ablehnung und Hohn taten unvermeidlich ihre Wirkung. Als H. M. Alden, der langjährige Herausgeber von *Harper's Magazine*, für seinen Verleger das Manuskript von *The Ambassadors* begutachtete – in James' Augen war es das Großartigste, was er je geschrieben hatte –, verlieh er einer gängigen Meinung Ausdruck: «Das Szenarium ist interessant, aber daß es ein populärer Roman wird, läßt sich nicht erwarten. Das Gewebe der Handlung ist zu feingesponnen, um allgemein gewürdigt werden zu können. Es ist subjektiv, ein in sich verfälteltes kompliziertes geistiges Gespinst, in dem der Leser sich verirrt, wenn seine arg strapazierte Aufmerksamkeit nachläßt.» Und er empfahl seinem Verleger, das Manuskript abzulehnen. «Wir sollten Besseres schaffen können.»[29]

Solche Einschätzungen sind keineswegs unbegreiflich; allerdings bleiben sie hoffnungslos seicht. Man konnte *nichts* Besseres schaffen – es sei denn, kommerziell. Leser mit wachem Sinn fiel es nicht schwer, seine Prosa überreich an Handlung zu finden; sie mußten nur den Begriff Handlung so weit neu bestimmen, daß er die inneren Regungen der Seele mitumfaßte. Die Dynamik, die in seinen Werken pulsierte, konnte nur Lesern entgehen, die auf ein billiges Vergnügen aus waren; das Instrument der Spannung handhabe James mit Geschick, ja mit diabolischer Raffinesse. Die Art, wie er in *The Wings of the Dove* die Lösung bis zu den atemlosen letzten Abschnitten des Buches hinausschiebt, ist typisch für ihn.[30] Aber selbst nach herkömmlichen Vorstellungen entbehrte James' Werk schwerlich der spannenden Handlung. Es kamen Treubrüche darin vor, schmerzliche Trennungen, Rollenverkehrungen, Scheidungen, dunkle Geheimnisse, qualvolle oder ersehnte Tode und gelegentlich auch ein Selbstmord. Der für James' Berührung empfängliche Leser findet dort Erkennungsszenen, die ihm durch Mark und Bein gehen. Und James verstand sich, wie wir gesehen haben, großartig auf Dreiecksverhältnisse – ein Mann zwischen zwei Frauen, eine Frau zwischen zwei Männern, ein Künstler zwischen Kunst und Kommerz oder, womit wir gefährlichen Boden betreten, eine Tochter zwischen ihrem Vater und einem Verehrer.

Der gewichtige Roman *The Princess Casamassima*, den James im Jahr 1886 herausbrachte, illustriert seine Fähigkeit, eine Handlung darzustellen, die gleichzeitig manifest und im Verborgenen abläuft. Eine plane Zusammenfassung der Handlung läßt den Roman wie ein schieres Melodram klingen, aber James reichert sie mit seinen Kenntnissen der Schattenseiten des Londoner Lebens an, die er auf langen nächtlichen Spaziergängen erworben hatte, und mit seiner großartigen Schilderung der Konflikte, die dem Helden zu schaffen machen. Hyacinth Robinson, ein intelligenter und empfindsamer Buchbinder, hat eine romantische Vergangenheit als illegitimer Sohn eines englischen Aristokraten und einer französischen Näherin, die ihren Verführer umgebracht hat. Früh schon mit nihilistischen Lehren vertraut geworden und ihnen nachhaltig verfallen, macht Hyacinth die Bekanntschaft einer gelangweilten reichen amerikanischen Erbin, die ihn unter ihre Fittiche nimmt und ihn in die

Schönheiten der Kultur und die Annehmlichkeiten der feinen Gesellschaft einführt – beides kraß unvereinbar mit seiner revolutionären Ideologie. Robinson, der zunehmend an letzterer zweifelt und sich zur ersteren hingezogen fühlt, wird vom Widerstreit seiner politischen Überzeugungen und seiner ästhetischen Entdeckungen buchstäblich zerrissen.
Beauftragt, durch die Ermordung eines Herzogs ein politisches Zeichen
zu setzen, richtet er die Waffe gegen sich selbst.

Ist Hyacinth ein Held oder ein Genasführter? Die Ungeduldigen unter
den Lesern, die wie üblich die Mehrheit bildeten, wünschten sich mit
solchen Fragen nicht aufzuhalten. Sie wollten mit der Geschichte voran-
kommen und klipp und klar gesagt kriegen, für wen sie Partei ergreifen
sollten. Fast schon trotzig weigerte sich James, durch Einebnung wider-
streitender Motive seine Figuren zu normieren. Während er sich zum
Kernbereich der menschlichen Natur vortastete, entsprang das Drama,
das seine Aufmerksamkeit in Anspruch nahm, den Zwängen zwischen
einerseits moralischen Skrupeln oder künstlerischen Forderungen und
andererseits den Verführungen des Luxus, den Versuchungen der Liebe,
der Sorge um das gesellschaftliche Ansehen, der Last der Erinnerung.

Aber bei all seiner Begabung für Entlarvungen war James doch eher ein
listiger als ein aufdringlicher Psychologe. Den Ausgangspunkt bildete bei
ihm fast immer eine Situation: die Geometrie der Erzählung hatte buchstäblich den Vortritt. Die Themen allerdings, auf die er immer wieder
zurückkam, waren Variationen seiner eigenen Erfahrungen, die tiefem
Erleben entsprangen und die er gewandt in seine unverwechselbare Prosa
übertrug: der Amerikaner, der unbedarft in eine überzivilisierte, häufig
korrupte europäische Welt eintritt; der Künstler im Angesicht einer vul-
gären Gesellschaft; das Opfer, das von unheimlichen inneren oder äußeren Schrecknissen heimgesucht wird; oder das noch persönlichere Motiv
des Helden, der durch strapaziöse innerfamiliäre Verhältnisse überfordert
wird. Die Konstellationen, mit denen James begann, waren banal genug;
meistens ging es um verwickelte amouröse Beziehungen, die von zerstö-
rerischen Geheimnissen überschattet waren – einem verheimlichten Sei-
tensprung, einer verborgenen Liebe, einem unehelichen Kind. Worauf es
indes ankam, war die Art und Weise, wie James mit diesem Rohmaterial
umging und wie jeder Bearbeitungsschritt die literarische Detektivarbeit
zuspitzte. Seine Annäherung an psychologische Wahrheiten war nicht
ohne Risiko: James fürchtete gelegentlich, sie könnte den Forderungen
nach Dramatik in die Quere kommen.[31] Um seine «Marionetten» lebens-
echt – und interessant – zu machen, mußte er Psychologie und situative
Umstände miteinander versöhnen. James' Notizbuch legt weidlich Zeugnis davon ab, daß er erst dann vom Begriff zur Geschichte gelangte, wenn

er seine Figuren *sehen* konnte. Wie er feststellte, war es für seine Art der literarischen Schöpfung unabdingbar, daß die Charaktere vor seinem inneren Auge erschienen.

Das heißt nichts anderes, als daß James sich verpflichtet fühlte, glaubwürdige menschliche Wesen zu schaffen. Sein Ideal war allzeit die Natürlichkeit. Er verschrieb sich damit nicht etwa der platten realistischen Doktrin, derzufolge literarische Prosa das Leben abbilden mußte: Er war Romancier, kein Reporter. Aber die Prosa mußte das Leben *einfangen*. Wenn er einem seiner verwickelten Handlungsabläufe nicht traute, gingen seine angestrengten Bemühungen dahin, ihn «entschieden dramatisch und natürlich» zu machen. Wie im Fall von *The Portrait of a Lady* (*Bildnis einer Dame*) fand er es gelegentlich außerordentlich schwierig, die verwickelten Vorgänge «natürlich» zu gestalten. Aber wenn er dann nach reiflicher Überlegung die «ehrliche» Überzeugung gewonnen hatte, daß sie in der Natur fundiert waren, machte er sich ans Schreiben. Hatte er eine Handlung entworfen, die ihm irgendwie fadenscheinig und künstlich erschien, so nahm er sie sich ganz besonders sorgfältig vor.[32] Aber wenn es ihm nicht gelang, der technischen Probleme Herr zu werden und aus Schattenrissen lebendige Personen zu machen, ließ er die ganze Geschichte fallen. «Kunst», davon war er überzeugt, «handelt von dem, was wir vor Augen haben, sie muß zuerst diesen Bestandteil mit vollen Händen greifen und darbieten, sie pflückt mit anderen Worten ihren Stoff im Garten des Lebens – wächst dieser Stoff anderswo, ist er steril und ungenießbar.»[33]

Wenn James Schriftstellerkollegen kritisierte, so war bezeichnenderweise sein gravierendster Vorwurf der, sie hätten es nicht geschafft, ihren Figuren menschliche Wahrheit einzuflößen. Obwohl er Dickens seit seiner Kindheit liebte, erklärte er 1865 als angehender Rezensent den Dickens-Roman *Our Mutual Friend* (*Unser gemeinsamer Freund*) für arg mangelhaft, weil er «ohne Schwung, gekünstelt, mechanistisch» sei. Dickens habe «nichts als leblose Figuren geschaffen. Zu unserer Kenntnis des menschlichen Wesens hat er nichts beigetragen.» Vielleicht aber am schlimmsten sei, daß man dem Buch seine Konstruiertheit anmerke: «Selten, scheint uns, haben wir ein Buch gelesen, das in so hohem Maße *geschrieben* und so wenig gesehen, gewußt oder gefühlt wirkt.»[34]

Dieses abschätzige Urteil geht um ein Vierteljahrhundert James' eigenem Spätstil voraus, der seine Prosa gleichfalls in hohem Maße *geschrieben* wirken läßt – nach James fester Überzeugung allerdings nicht auf Kosten der inneren Konsistenz. In jenen späten Romanen wurde James durch seine Bemühungen um immer feinere Abstufungen in der Motivationsanalyse dazu getrieben, Dialoge zu ersinnen, bei denen der Firniß der Konvention und der Vertuschung Schicht um Schicht abgetragen wird, bis nach quälend langen Aufschüben endlich die Einsicht dämmert. Diese Unterhaltungen, durchsetzt mit kleinen Mißverständnissen, die aber letztlich nur dazu da sind, größere Klarheit zu schaffen, sind Wortgefechte, aus denen unter Umständen tödliche Duelle werden können. Und so gern James die geistigen Bewegungen seiner Figuren dramatisierte – sein experimenteller Roman *The Awkward Age* (*Das unbeholfene Zeitalter*) aus dem Jahre 1899 ist praktisch ein einziger großer Dialog –, er ergänzte diese stilisierten Auseinandersetzungen noch durch autorschaftliche Einlassungen, die den Tatbestand kleiner psychologischer Abhandlungen erfüllen – all das im Dienste des Gesehenen, Gewußten, Gefühlten.

Während seine Entschlossenheit, das Gekünstelte und Unechte aus den Romanen zu tilgen, die Selbstdisziplin bezeugt, deren sich James im Namen der Natur befleißigte, deutet seine nervöse Behandlung der Sexualität darauf hin, daß hier Lebensaspekte berührt wurden, die ihm selbst zu schaffen machten. James schloß hinter seinen Liebenden die Schlafzimmertür und weigerte sich, den verborgenen erotischen Gründen für die Intimität seiner Figuren nachzuspüren. Es ist interessant, zu beobachten, wie er besonders in seiner späten Prosa das sinnliche Element durch Adjektive wie «reizend» und «schön» ästhetisiert, als bemühe er sich um die Sublimierung gröberer Bedürfnisse. Aber dieses ausweichende Verhalten war nicht einfach nur Flucht vor der eigenen verdrängten, unschlüssigen Sexualität. James' Zeitgenossen in der englischsprachigen Welt waren nicht aufrichtiger als er; in einer interessanten Mischung aus Neid und Mißbilligung äußerte sich James über die größere Freizügigkeit im damaligen Frankreich. Er bewegte sich am Rande des Zulässigen und war fast soweit, «den Vorurteilen des angelsächsischen Lesers»[35] die Stirn zu bieten, ohne es doch je wirklich zu tun. Als freischaffender Autor bemühte er sich um den Absatz seiner Bücher bei einem Publikum, das Wert auf Ehrbarkeit legte, und erkannte, welche Gefahren es barg, die durch den Markt gesteckten Grenzen zu überschreiten. Und doch sorgte er, zumal nach der Jahrhundertwende, zunehmend dafür, daß sich das tabuierte Thema in seinen Romanen zur Geltung brachte, wenn auch nach wie vor verhalten.

Schauen wir uns den 1902 erschienenen Roman *The Wings of the Dove* an. Kate Croy, eine schöne, selbstbeherrschte, unbemittelte Frau Anfang zwanzig besucht ihren Vater, Lionel Croy, und bietet ihm an, seine Armut mit ihm zu teilen. Ihre reiche, gesellschaftlich ehrgeizige Tante Maud hat Kate vor die Wahl gestellt, entweder bei ihr zu leben und nichts mehr mit ihrem Vater zu tun zu haben – den sie nicht ohne Recht als verantwortungslosen, egozentrischen Ränkeschmied verabscheut – oder aber den Kontakt zu ihm aufrechtzuerhalten und ihre Aussichten auf einen sozialen Aufstieg und am Ende auch eine gute Partie zu verlieren. Ebenso grausam wie zynisch weist Lionel Croy das Angebot seiner Tochter zurück, weil er sich offenbar ein paar Brosamen vom Tisch der Reichen erhofft, wenn Kate ihre strategische Position in der vornehmen Gesellschaft behält. Kate ist unklug genug, sich in einen Journalisten, Merton Densher, zu verlieben und ein Verlöbnis mit ihm einzugehen – heimlich, da Tante Maud mit ihrer Nichte große Dinge vorhat, zu denen ein mittelloser Schreiberling, mag er auch noch so sympathisch sein, partout nicht paßt.

Nun betritt Millie Theale die Szene, eine liebenswerte amerikanische Millionenerbin, die zwar dem Anschein nach bei bester Gesundheit ist, tatsächlich aber an einer obskuren und wahrscheinlich tödlichen Krankheit leidet.[36] Durch ihren weisen Arzt ermutigt, beschließt sie, das Leben so intensiv wie möglich auszukosten, solange sie dazu noch die Kraft hat. Eine Besichtigungstour durch Europa ist eine Möglichkeit, das Leben zu genießen, Kate Croys Freundschaft zu gewinnen eine andere. Dann entdeckt sie Merton Denshers männlichen Reiz. Millie Theales mysteriöse Krankheit treibt an sich schon die Verwicklungen über das Niveau einer normalen Dreiecksgeschichte hinaus; daß Millies Liebe Ausdruck des verzweifelten Versuchs ist, sich durch eine romantische Leidenschaft des Lebens zu versichern, kompliziert die Sache noch zusätzlich. Denn Kate Croy heckt mit dem stillschweigenden Einverständnis der Tante einen Plan aus, dessen Hauptfigur der halb widerstrebende Verlobte ist: das Paar wird Millie wissen lassen, daß Merton Densher Kate Croy liebt, ihr aber den entscheidenden Umstand, daß diese auch ihn liebt, verheimlichen. Sie hoffen natürlich, daß die sieche Erbin, von der Glut ihrer ersten und zugleich letzten Liebe erfüllt und ohne jeden Anhang in der Welt, ihren ungeheuren Reichtum dem einzigen Mann in ihrem Leben hinterlassen wird. Densher, der sich gewöhnlich Kates Willen fügt, beweist ausnahmsweise Initiative und willigt nur unter der Bedingung ein, daß sie zum Beweis ihrer Liebe zu ihm aufs Zimmer kommt und sich mit ihm vereinigt. Kate stimmt zu, und die Intrige nimmt ihren Lauf.

Das Gespräch zwischen Merton Densher und Kate Croy, an dessen Ende sie sich bereit erklärt, mit ihm zu schlafen, strotzt von sexuellen Anspielungen. Das gilt sogar noch stärker von Denshers Phantasien am nächsten Morgen. «Was in seinem Zimmer vorgegangen war, behielt eine Präsenz, die seine Sinne nicht losließ; als eine Zusammenballung lustvoller Erinnerungen erwachte es in jeder Stunde und in jedem Gegenstand zu neuem Leben; alles andere erschien daneben bedeutungslos und fade.»[37] Über Kate Croys Erinnerungen an ihre «Hingabe» schweigt James, aber das Vergnügen, das ihr die körperliche Berührung des Geliebten bereitet, läßt kaum Zweifel daran, daß die Vereinigung auch für sie genußvoll war.

Bald findet Millie, die bereits dem Tode nahe ist, die Wahrheit über das Täuschungmanöver heraus, das die beiden mit ihr veranstaltet haben; heroisch verwindet sie ihre Enttäuschung und hinterläßt Densher ein Vermögen. Die Gewissensbisse sind es, die Merton und Kate ihren Triumph vergällen. Densher weigert sich, das Erbe anzunehmen, und stellt Kate vor eine qualvolle Entscheidung: das Geld zu nehmen oder ihn. Daß sie sich so in die Klemme gebracht sieht, sorgt für eine packende letzte Seite. Sie äußert die Vermutung, Densher habe sich in Millies Andenken verliebt. Als er das bestreitet, erklärt sie: «‹*Ich* an deiner Stelle könnte es; und du bist jemand, dem das genügt. Ihr Andenken ist deine Liebe. Du *willst* gar keine andere.› Er ließ sie schweigend ausreden, während er reglos ihr Gesicht beobachtete. Dann sagte er nur: ‹Paß auf, ich heirate dich in einer Stunde.› ‹Es wird sein wie früher?› ‹Es wird sein wie früher.› Sie aber wandte sich zur Tür, und jetzt bedeutete ihr Kopfschütteln das Ende. ‹Wir werden nie mehr so sein wie früher.›»[38]

Bleibt die Frage, wie realistisch Kate Croy gezeichnet ist. Hübsch und proper, wie sie sich darbietet, und mit dem einmal erspähten Ziel fest im Blick, ist sie alles andere als gewöhnlich. Und sie ist auch nicht einfach nur habsüchtig; wäre sie das, hätte sie niemals zugelassen, daß ihre Gefühle ihr einen Strich durch die Rechnung machen und sie dazu bringen, sich für Merton Densher, den Mann ohne Perspektiven, zu entscheiden. Selbst ihrer großen Intrige haftet ein Moment von Uneigennützigkeit an – jedenfalls kann sie sich das vormachen. Warum soll sie ihrer todkranken Freundin nicht für die kurze Zeit, die dieser noch bleibt, die Gesellschaft eines attraktiven Mannes gönnen? Das ist zwar eine Rationalisierung, eine grandiose Deckadresse für Habgier, aber angesichts der freundschaftlichen Empfindungen, die sie für Millie hegt, eignet dem Argument eine gewisse Überzeugungskraft.

Kate Croys Geldgier, die stark genug ist, um sie zu einem niederträchtigen Verrat an ihrer reizenden amerikanischen Freundin zu bewegen, weckt demnach Zweifel an der Plausibilität der Figur. Den Versuch, diese Zweifel zu beheben, hat aber James bereits durch einen psychologischen Gewaltstreich in den Eingangskapiteln des Buches vorweggenommen – nämlich dort, wo Kate bereit ist, dem Vater vor der Tante den Vorzug zu geben.[39] In seiner Heruntergekommenheit und selbstsüchtigen Verlogenheit wird er für sie zu einem abschreckenden Beispiel, dem sie um jeden Preis entrinnen will. Und als nicht minder warnendes Beispiel gilt ihr auch die Ressentiments nährende ältere Schwester, die ebensosehr darauf aus ist, sie auszunutzen.[40] Die Besuche bei der Familie wecken aber in Kate Empfindungen, die noch viel tiefere Schichten berühren als bloß die Angst vor materieller Not. Auch wenn sie äußerlich gefaßt bleibt und keine Tränen vergießt, erfährt Kate die Kälte, mit der ihr Vater auf ihr Angebot reagiert, als überwältigende Ablehnung, die zweifellos nur die letzte einer ganzen Reihe solcher Zurückweisungen darstellt, als eine narzißtische Kränkung, die sich nur schwer verkraften beziehungsweise vergeben läßt. Kates Entschlossenheit, über eine so kalte und gleichgültige Welt mit allen ihr zur Verfügung stehenden Mitteln, einschließlich Energie, Intelligenz und Schönheit, den Sieg davonzutragen, schmeckt nach dem vernachlässigten Kind, das sich rächen will. Merton Densher, der versucht, Kate Croy zu einer Entscheidung zwischen Liebe und Geld zu zwingen, kann sie letztlich nicht retten. Das Bedürfnis ist ihr zur zweiten Natur geworden. Ihr Verhältnis zu Densher wird nie mehr so sein, wie es einmal war, weil sie immer bleiben wird, was sie aus eigenem geworden ist.

Kurz, über dem Ende schwebt zwar ein Hauch von Unbestimmtheit, aber durch ein Happy-End die psychologische Wahrheit seiner Figuren aufs Spiel zu setzen, war James nicht bereit. Die Leser haben Jahrzehnte gebraucht, ehe sie *The Wings of the Dove* als das erkannten, was es ist: als eine umwerfende Leistung in literarischer Psychologie. Wenige Schriftsteller seiner Zeit kamen James' Fähigkeit, Einsichten ins Labyrinth der menschlichen Natur aufeinanderzutürmen, auch nur entfernt nahe. Aber Jahrzehnte lang schrieb er für wenige Auserwählte. Die Verkaufszahlen seiner Romane zeugen beredt von der Weigerung des breiten Lesepublikums, James auf seiner Entdeckungsreise ins Innere zu folgen: in Großbritannien und den USA wurden nicht einmal 7000 Exemplare verkauft. Zu James' Lebzeiten waren selbst einfühlsame Bürger nicht bereit, dieser Art Prosaliteratur Bewunderung entgegenzubringen.

5. Dickens

Charles Dickens, der das 19. Jahrhundert wie kein anderer verkörpert, verdient ein eigenes Kapitel. Grenzen überschritt er leichtfüßiger als irgendein anderer Romancier des Jahrhunderts: Er war Unterhaltungskünstler und Moralist, Possenreißer und Tragiker – alles in einer Person. Als er im Juni 1870 mit achtundfünfzig Jahren starb, versank die ganze Welt in Trauer – jedenfalls hatten seine betroffenen Zeitgenossen diesen Eindruck.[1] Zu Hause, in Großbritannien, kamen die Trauerbekundungen naturgemäß noch viel stärker von Herzen. Luke Fildes, der Dickens' letzten, unvollendeten Roman, *The Mystery of Edwin Drood* (*Das Geheimnis um Edwin Drood*), illustriert hatte, hielt das allgemeine Verlustgefühl in einem berühmt gewordenen Bild fest, das Dickens' leeren Lehnstuhl und Schreibtisch, umringt von seinen berühmten Schöpfungen zeigt: von Mr. Pecksniff, Sam Weller und Mr. Pickwick, von Oliver Twist, der um eine Fortsetzung bittet, und von anderen aus der unnachahmlichen Schar. Ihre Majestät, die Königin Victoria, schickte ein ergreifendes Beileidstelegramm, und an Dickens' offenem Grab defilierten Menschenmassen tagelang vorbei. Sein Wunsch nach einer stillen Beerdigung auf dem Lande blieb unerfüllt; er wurde in Westminster Abbey beigesetzt, wie es sich für eine Perle der Nation gehörte.

Diese beispiellose Flut von Trauerbekundungen für einen Romancier spricht für Dickens' Reichweite. Er schien jedem Leser überall auf der Welt etwas geben zu können. Wenige Prosaschreiber hatten sich in so viele verschiedene Milieus gewagt: Londoner Slums und protzige Landsitze, Provinzstädte und Metropolen, Opiumhöhlen und Fischerdörfer. Zu seinen Figuren gehörten Zuhälter und Prostituierte, Kaufleute im Geschäftsleben und im Ruhestand, Leute mit Familienbesitz und Neureiche, Erbinnen und Heimkinder, schöne junge Frauen jeden Standes, Bedienstete, Lumpensammler, Anwälte, Müßiggänger, Büroangestellte, Krankenschwestern, Matrosen, Präparatoren, Bürokraten, Henker, Evangelisten und Geistliche, hartherzige Philanthropen, Hochstapler, Lehrer, Arbeiterführer, Gastwirte und ein ganzes Heer einfacher Leute, die in seinen opernhaft überbordenden Dramen als Statisten dienten. Ein Roman von Dickens vermittelt den lebhaften Eindruck eines Rokokopalastes: Kein Fleckchen des erzählerischen Bildes bleibt unausgeführt; der Autor verleiht noch den flüchtigsten Erscheinungen, einem Kellner, einem Dienstboten im Haus, selbst einer Fliege, denkwürdige Individualität. Einige gestrenge Kritiker sprachen ihm die Verständnistiefe ab, die sie nur einer Handvoll Romanciers vorbehalten sahen. Im Jahre 1865 nannte ihn Henry James anläßlich einer Besprechung seines letzten abgeschlossenen Romans, *Our Mutual Friend* (*Unser gemeinsamer Freund*), nicht ohne Grausamkeit «den größten unter den seichten Schriftstellern».[2] Aber selbst wenn ihm psychologischer Tiefblick abging – wir werden auf diese Frage zurückkommen –, entsprach Dickens den Bedürfnissen seiner riesigen Leserschaft, indem er jedem auf dessen eigenem Niveau zugänglich war.

Die Überzeugung, daß Dickens der universelle Erzähler des Jahrhunderts war, der Menschen jeden Alters und jeden Geschmacks, vom Hochadel bis zum kleinen Büroangestellten und sogar bis hinab zum

Mann auf der Straße, bestens unterhielt – diese Überzeugung bildete sich schon früh heraus.[3] Keine Frage, daß seine in monatlichen Folgen erscheinenden Romane eindrucksvolle Auflagenzahlen erreichten: die *Pickwick Papers* (*Die nachgelassenen Aufzeichnungen des Pickwick-Klubs*), die ihn berühmt machten, sammelten mit jeder Fortsetzung, die er auf den Markt warf, neue Leser, bis deren Zahl sich auf etwa 40000 belief. Im Jahr 1870 waren bereits mehr als eine Million Exemplare dieser Schildbürgerkomödie verkauft. Der harte Kern seiner treuesten Anhänger kam allerdings aus dem eigentlichen Mittelstand. Wie die hellsichtige Mrs. Oliphant, ihrerseits eine fruchtbare und beliebte Romanschreiberin, im Jahre 1855 bemerkte, war Dickens bei all seiner beredten Parteinahme für die Armen «vielleicht ausgeprägter als irgendein anderer Autor unserer Tage ein *klassengebundener* Autor, der Geschichtsschreiber und Vertreter einer bestimmten Gruppe in unserer vielschichtigen gesellschaftlichen Hierarchie».[4] Diese Gruppe war das Bürgertum. Zu Dickens' Zeit war es bereits sehr groß; seine Zahl, sein Selbstbewußtsein, sein Einfluß und seine internen Differenzierungen – all das nahm immer weiter zu. Und Dickens war sein Romancier – ein machtvolles Element im Erfahrungszusammenhang des Bürgertums des 19. Jahrhunderts und eines seiner geschätztesten Ausdrucksorgane.

Dickens' Publikum erwartete sich von der Romanliteratur vieles Verschiedenes, und er bot ihm alles: Humor, Pathos, Spannung, Erbauung, Satire. Er rührte breite Leserschichten mit einem Vokabular, das voller biblischer Reminiszenzen war. Er erwarb praktisch ein Patent auf drollige Käuze, die in ihrer Exzentrik manchmal schon monomane Züge trugen. Er entwarf verwickelte Handlungen, die nur mit Hilfe detektivischen Spürsinns zu entwirren waren. Er bereicherte die Literatur um Ich-Erzählungs-Romane wie *David Copperfield* und *Great Expectations* (*Große Erwartungen*). Mit den genannten beiden Romanen leistete er seinen Beitrag zur Tradition des Bildungsromans, der die prägenden Jahre eines Helden nachvollzieht, in denen dieser reisend und arbeitend die Schule des Lebens durchläuft und die lehrreichen Fehler eines unerfahrenen Herzens begeht.

Kurz, Dickens tauchte seine Erzählungen in eine Atmosphäre von magischem Realismus – bei dem häufig das magische Moment den Realismus überwog: Er bevölkerte die Welt seiner Phantasie mit gütigen Paten und Patentanten, die ihren Zauberstab schwangen, um unglückliche Helden und Heldinnen vor der Gefahr und der Not zu retten, in die sie durch streitbare Ungeheuer gestürzt wurden, die vor nichts zurückschreckten, nicht einmal vor Mord. Seine berühmten grotesken Figuren – Sairey Gamp, Mr. Micawber, Quilp – hätten gut in die Grimmsche Mär-

chensammlung gepaßt; daß sich seine Charaktere so mühelos als Gestalten aus dem Märchenbuch identifizieren lassen, ist bezeichnend. Im
Blick auf die bekannten Dickensschen Weihnachtserzählungen erinnerte
sich John Forster daran, daß «niemand so an Kindermärchen hing wie
Dickens; es bereitete ihm geheimes Entzücken, daß er sie nur in eine
gehobene Form brachte»[5]. Dieses Entzücken teilten seine Leser mit
ihm.

Daß Dickens praktisch ein Monopol auf Weihnachten errichtete,
scheint unter diesen Umständen nur logisch: Bereits in seinem Frühwerk
Sketches by Boz (*Skizzen von Boz*) hatte er Weihnachten als ein magi-
sches Fest der Versöhnung gefeiert und den Wunsch geäußert, es möge
das ganze Jahr hindurch dauern. In den *Pickwick Papers* verlieh er seiner
Begeisterung für diese Feiertage lebendigen Ausdruck und hielt sich lange
mit der Schilderung eines vergnüglichen Weihnachtsfestes auf, das von
guten Wünschen und Küssen unter dem Mistelzweig geradezu strotzte.
Und in rascher Folge veröffentlichte er fünf ungeheuer erfolgreiche Huldigungen an das Fest, wobei *A Christmas Carol* (*Ein Weihnachtslied*) im
Jahre 1843 den Anfang machte. Danach folgten seine nicht weniger beliebten Zeitschriften *Household Words* und *All the Year Round*, deren
spezielle Weihnachtsnummern alle anderen Ausgaben in den Schatten
stellten und von denen nicht weniger als eine viertel Million Exemplare
verkauft wurden. Es gab welche, denen der Ton der Weihnachtsgeschich-
ten unecht vorkam; Thackeray und andere fanden Dickens' jahreszeitlich
bedingten Glauben an das Gute im Menschen allzu süßlich. Aber diesen
boshaften Geistern war klar, daß es keinen Sinn hatte, die Dickensschen
Ergüsse zu kritisieren, geschweige denn sich über sie lustig zu machen:
das breite Lesepublikum segnete Dickens dafür, daß er sich auf die Seite
der Anständigkeit und Barmherzigkeit schlug.

Dickens war diese praktische und emotionale Zustimmung willkommen. In einer Rede anläßlich eines Banketts, das im Februar 1842 ihm zu
Ehren in Boston gegeben wurde, verkündete er feierlich seine «ernsthafte
und ehrliche Absicht, soweit in meinen Kräften liegt, zum allgemeinen
Bestand an gesunder Heiterkeit und Unterhaltung beizutragen».[6] Aber
seine Leser gewannen mehr aus seinen Romanen, als ein derart bescheide-
nes Programm versprach, und ihre liebevolle und anhängliche Bewunderung ist es, was Dickens für den Historiker des bürgerlichen Innenlebens
so interessant macht. Mochten pedantische Kritiker sagen, was sie wollten, die meisten Leser – und viele Rezensenten – schenkten ihm als einem
Kenner der menschlichen Seele Vertrauen. Sie rühmten an ihm, er sei ein
guter Beobachter, lasse in seinen Romanen lebendige Wesen auftreten
und bleibe auf dem Boden der Erfahrung. Alle seine Bücher seien, schrieb

G. H. Lewes, «Zeugnisse der menschlichen Natur», denen eine «tiefe, subtile Philosophie» eigne.[7] Keiner dieser Leser vom Fach schien Anstoß an Dickens' Wunderlichkeiten zu nehmen; sie hielten ihn für berechtigt, im Dienste größerer Wahrhaftigkeit Züge karikaturistisch zu übertreiben.

Tatsächlich nahmen diejenigen, die sich in den fünfziger Jahren des letzten Jahrhunderts durch Dickens herausgefordert fühlten, nicht etwa Anstoß an seiner Psychologie, sondern an seinen Ausflügen auf das Feld der Kritik an sozialen und politischen Verhältnissen. Sie sahen nicht gern, daß Dickens sich auf Gebiete vorwagte, mit denen er nicht vertraut war – das Rechtssystem, die Staatsverwaltung –, und entschieden, seine Kritik sei blindwütig, unfair oder überholt. Sein berühmtes «Umschreibungsamt» in *Little Dorrit* erschien ihnen als ein witziger Einfall, der aber zu weit von der Realität des Staatsapparats entfernt sei, um etwas zu treffen. Wäre er doch nur bei der vergnüglichen Erzählkunst seiner frühen Romane geblieben! «Wir klagen beim Autor von *Bleak House* und *Little Dorrit* den Autor der *Pickwick Papers*, des *Old Curiosity Shop* (*Der Kuriositätenladen*) und der besseren Teile von *Martin Chuzzlewit* ein», stöhnte ein Kritiker im Jahr 1857. «Nicht nur als Humorist sind Sie uns lieb und teuer, sondern auch als Tragiker, und im Blick aufs Pathos beugen wir uns Ihrer Macht.»[8]

Mit den Jahren allerdings blieben nicht alle Dickens-Leser im Banne seines Pathos. Was der einen Generation als erhaben galt, erschien der anderen kitschig. Der Gesinnungswandel fand dramatischen Ausdruck in der Reaktion auf den Tod von Klein Nell. Diese ausufernde Episode, die ein redendes Stück Kulturgeschichte des 19. Jahrhunderts ist, hat die Forschung verdientermaßen beschäftigt. Dickens' *Old Curiosity Shop* wird heute zu seinen zweitklassigen Romanen gezählt, war aber damals ebenso beliebt wie die *Pickwick Papers*; von den letzten Wochenausgaben wurden bis zu 100000 Stück verkauft. Ende 1840 und Anfang 1841, als der Roman sich auf seinen Schluß zubewegte und das gute Waisenkind Klein Nell immer stärker bedroht schien, lösten sich starke Männer in Tränen auf; Dickens wurde von Lesern angefleht, das Leben der kleinen Nell zu schonen.

Von seiner eigenen Sentimentalität in Rührung versetzt, genoß Dickens, daß die Welt «an meiner kleinen Heldin» solchen Anteil nahm. Er antwortete auf Post von zwei Kontinenten; die Briefe kamen aus Großstädten ebenso wie aus Camps in der Wildnis.[9] Offenbar halfen seine Seiten über Nells Tod anderen dabei, Verluste, die sie selbst erlitten hatten, ein bißchen leichter zu ertragen. Seine empfänglichsten Bewunderer drangen in Dickens, weitere, ähnlich pathetische Szenen in seine

Romane aufzunehmen; diesem Begehren willfahrte er mit dem Ableben des kleinen Paul in *Dombey and Son* (*Geschäfte mit der Firma Dombey und Sohn*) und mit dem Tod von Jo, dem des Schreibens und Lesens unkundigen Straßenkehrer, in *Bleak House*. Szenen wie Nells Tod gingen Tausenden ans Herz.

Auch ihm selbst, wenn man seinen Briefen glauben darf. Daß er mit seinen Romangestalten lebte, als wären es wirkliche Wesen, war bei ihm üblich, aber als er *The Old Curiosity Shop* schrieb, tat er das mehr als jemals zuvor. Das «Kind» verfolge ihn nachts, berichtete er im November 1840. «Es stimmt mich sehr trübsinnig», erzählte er im folgenden Januar John Forster, «wenn ich bedenke, daß alle diese Leute unwiederbringlich für mich verloren sind; mir ist, als könnte ich mich nie mehr an irgendeine neue Reihe von Figuren gewöhnen. Er fand die traurige Logik seiner Geschichte, von der ihn Forster überzeugt hatte, ebenso schwer erträglich wie zwingend. Im März, als die schwere Arbeit vollbracht war, gestand er, wie sehr ihm sein «Nellizid» wehgetan hatte.[10] Die Empfindungen, die einige seiner engsten Freunde bekundeten und mit ihm teilten, bestätigten ihn nur in seiner genußvoll selbstquälerischen Haltung. Forster, dem die Rührung fast – aber nicht ganz – die Sprache verschlug, nannte Nell ein «literarisches Meisterstück» und erlebte ihren Tod als «eine Art Zuchtmittel des Gefühls und der Emotionen, das mir bleibenden Nutzen brachte.»[11] Er befand sich in zahlreicher Gesellschaft. Der alte Lord Jeffrey, Herausgeber, Essayist, Richter, der gerne Tränen über rührenden Romanszenen vergoß, gestand seinem «lieben, lieben Dickens», dieser habe mit Nelly, jener «süßen, bewegenden» jungen Frau, sein Herz gewonnen; er hielt Nelly für eine ebenso großartige literarische Gestalt wie Shakespeares Cordelia.[12]

Das war starker Tobak. Der Tod von Klein Nell provozierte aber auch ein paar entgegengesetzte Reaktion, die erst in den folgenden Jahrzehnten an Lautstärke gewannen. Daß die religiöse Presse gegen den säkularen Charakter des Todesfalls à la Dickens zu Felde zog, gehört in die lange Auseinandersetzung um Dickens' freigeistige, antikirchliche Religiosität; größere Bedeutung für eine Beurteilung der Dickensschen Behandlung des menschlichen Innenlebens kommt dem Umstand zu, daß einige Kritiker seinen Nellizid als billigen Trick verspotteten. Daß die Nachrufe auf Dickens, die drei Jahrzehnte später die britischen Zeitungen und Zeitschriften füllten, sein Pathos unkritisch als liebevoll und aufrichtig feierten, ist verständlich genug.[13] Aber bissigere Stimmen ließen sich vernehmen. Im Jahre 1869 bezeichnete ein Rezensent Nell als ebenso «über die Maßen fade» wie Tiny Tim in *A Christmas Carol* und nannte das Dickenssche Pathos «unnatürlich und unschön».[14]

Das abschätzige Attribut «unnatürlich» trifft Dickens, den Psychologen, mitten ins Herz. Scharfsichtige Literaturkritiker, die sein Lebenswerk Revue passieren ließen, griffen es in immer neuen Variationen auf. «Die meisten kritischen Leser», schrieb G. H. Lewes im Jahre 1872, «halten Nell für sentimental und unecht». Und im folgenden Jahr erinnerte William Dean Howells an Lord Jeffrey, der durch die kleine Nell und Paul Dombey zu Tränen gerührt wurde, und schloß die rhetorische Frage an: «Gibt es heute noch einen Würdenträger im Königreich, der wegen des Schicksals der beiden Tränen vergösse?» Oscar Wildes boshaftes Bonmot «Wer beim Tod von Klein Nell ernst bleiben kann, muß ein Herz aus Stein haben»[15], war offensichtlich als Provokation gemeint. Aber zugleich bezeugte es eine seismische Veränderung im Gefühlsleben des Mittelstands, deren schüchterne Anfänge sich bis in die Zeit der Abfassung von *The Old Curiosity Shop* zurückverfolgen lassen.

Die vernichtendste Kritik an Dickens' Form der Beschäftigung mit der menschlichen Natur kam von Anthony Trollope und findet sich in dessen posthum erschienener *Autobiography*; sie ist um so verheerender, als Trollope einräumt, die Verbreitung der Dickensschen Bücher überall im Land, die Kanonisierung seiner Romanfiguren zu sprichwörtlichen Typen und die Woge der Trauer bei seinem Tod – das alles sei Bestätigung seiner überragenden Bedeutung. «Zeugnisse wie diese sind unwiderstehlich.» Schließlich sei «primäres Ziel eines Romanciers, Vergnügen zu bereiten, und die Romane dieses Mannes sind als so vergnüglich empfunden worden wie die keines anderen Schriftstellers.» Und doch setzte Trollope, als er für die führenden englischen Romanciers, als wären sie Berufsboxer, eine Rangliste aufstellte, Dickens hinter Thackeray und George Eliot auf den dritten Platz. Trollope, der sich sehr wohl bewußt war, daß er damit gegen herrschende Überzeugungen verstieß, bestritt den als Originale gefeierten Dickensschen Figuren die Qualität menschlicher Wesen. Und seine Unzufriedenheit erstreckte sich auf sämtliche Geschöpfe Dickens': «Überhaupt keiner der Charaktere, die Dickens gezeichnet hat, ist menschlich.»[16] Forsters Angabe, *The Old Curiosity Shop* habe «mehr als jedes andere seiner Bücher (...) das Band zwischen ihm und seinen Lesern zu einer persönlichen Bindung» werden lassen, war durchaus zutreffend, aber es war nicht die ganze Wahrheit.[17] In eben dem Maß, wie Dickens seine Macht über den bücherkaufenden mittelständischen Normalverbraucher verstärkte, stieß er anspruchsvollere Leser vor den Kopf.

Diese Spaltung in seinem Anhang kompliziert zwangsläufig jeden Versuch, Dickens auf der Landkarte des bürgerlichen Selbstverständnisses im

19. Jahrhundert eindeutig zu orten. Die höhnischen Attribute, mit denen gestrenge Literaturkritiker Dickens belegten – rührselig, gefühlsduselig, unnatürlich, mehr als nur ein bißchen platt – sind zu ätzend, um sie einfach ignorieren zu können. Und diese Urteile waren nicht erst Entdeckungen des 20. Jahrhunderts, auch wenn sie von neueren Kritikern aufgegriffen wurden. Im Jahre 1858 beklagte Walter Bagehot, der aus seinem Herzen nie eine Mördergrube machte, Dickens' «großes, um nicht zu sagen vollständiges Unvermögen, eine Liebesgeschichte zu schreiben». Unfähig, überzeugende Dialoge für seine Paare zu ersinnen oder von seinen Heldinnen ein annehmbares Bild zu entwerfen, «flüchtet er sich in peinliche Gefühlsergüsse, als wolle er die geringe Qualität durch Wortreichtum wettmachen».[18] Und in den 60er Jahren des letzten Jahrhunderts äußerte Hippolyte Taine in seiner berühmten *Histoire de la littérature anglaise* die Vermutung, das auf Anstand bedachte protestantische Publikum in England zwinge Dickens, in Liebesdingen moralistisch statt aufrichtig zu sein, fade Liebhaber zu erfinden und seine jungen Frauen als ideale Gouvernanten erscheinen zu lassen.

Fassen wir die Vorwürfe zusammen: Dickens ist ein bemerkenswert unausgewogener Schriftsteller. Er verfügt über eine unbegrenzte Energie, hat aber keinen Geschmack. Erhabenes löst sich ihm in einen Wortschwall auf. Seine Randbemerkungen – an den Leser, an die Herrschenden, an die Welt – sind peinlich. Wenn er «GOTT», diesen gütigen, weihnachtssüchtigen Philantropen, beschwört, wird er ausfällig gegen die Gläubigen und geschmacklos gegenüber den Ungläubigen. Sein vielgerühmter Humor zeichnet sich durch Anflüge von Sadismus aus. Seine männlichen Helden sind steif und wenig überzeugend. Und was noch schlimmer ist: seine Frauen sind körperlos und schweben als eine ungute Mischung aus Kind und Engel durch die Seiten seiner Romane. Man kann sie sich nur schwer beim Geschlechtsverkehr vorstellen, auch wenn sie es auf geheimnisvolle Weise zu Nachwuchs bringen. Einzig Estella in *Great Expectations* beweist eine gewisse Lebendigkeit, und sie ist eine Kombination aus Hochmut und Boshaftigkeit. Wenn Dickens seine Liebenden sich küssen läßt, wird er unerträglich keusch. Das alles konfrontiert uns am Ende mit der heiklen Frage, ob ein Schriftsteller, der gleichzeitig so zimperlich und so theatralisch ist, uns überhaupt etwas Wissenswertes über das Innenleben zu sagen hat – außer vielleicht, daß er uns unabsichtlich verrät, wovor sein Publikum, das seine Romane wie ein Rauschmittel verschlang, auf der Flucht war.

Sogar aber diejenigen, die Dickens' Psychologie für äußerst kritikwürdig hielten, ließen sich dadurch – und dies schafft die Komplikation – nicht davon abbringen, seine Romane mit offenbarem Gewinn auch weiterhin zu lesen und sich wieder und wieder vorzunehmen. Und die Flut von kritischen Würdigungen, Wiederauflagen und gesammelten Ausgaben legt Zeugnis davon ab, daß der kanonische Rang seiner Bücher nie in Frage stand. Und schwerer wiegt noch die lange Liste bedeutender Schriftsteller, die Dickens beeinflußte: Dostojewski, Proust, Shaw, Kafka. Tolstoi nannte ihn kurz und bündig «den größten Romanschriftsteller des 19. Jahrhunderts».[19] Daß er erfolgreich die bescheidene Aufgabe erfüllte, brave Bürgersfamilien aufzuheitern, reicht allein nicht aus, seine lebenslangen Triumphe und seinen bleibenden Ruhm zu erklären. Tatsache ist, daß die Anspruchsvolleren unter seinen Bewunderern ihn nicht nur aus Fluchtgründen lasen; weniger bedeutende Romanciers hätten für solche seichten Bedürfnisse ebensogut oder sogar besser getaugt.

Ein vielzitierter Brief von Freud kann vielleicht einen Ausweg aus diesem Dilemma weisen. *König Ödipus* von Sophokles habe durch die Jahrhunderte seine «packende Macht» behalten, schrieb Freud im Oktober 1897, denn er «greift einen Zwang auf, den jeder anerkennt, weil er dessen Existenz in sich verspürt hat. Jeder der Hörer war einmal im Keime und in der Phantasie ein solcher Ödipus.»[20] Mit anderen Worten, ein Roman, der wahrhaft erinnerungswürdig sein und nicht bloß vorübergehend Ablenkung verschaffen will, der also über die primitive Wunscherfüllung hinausgeht, muß die Verführungskraft einer glücklichen literarischen Hand – der Fähigkeit, geistreich zu formulieren, einen guten Stil zu schreiben, Spannung zu erzeugen – mit der geschickten Nutzbarmachung universaler psychischer Erfahrungen verschmelzen. Und diese Verschmelzung war die eigentliche Quelle der Macht, die Dickens ausübte.

Zugegeben, was den Konflikt zwischen kulturellen Rücksichten und persönlichem Wagemut betrifft, der in jeder echten schriftstellerischen Aktivität ausgetragen wird, war Dickens bei all seiner sonstigen Aggressionslust der konventionelle Beschöniger vom Dienst. Er machte sich spitzzüngig über die Prüderie lustig, die nicht einmal erträgt, wenn ein junger Mensch verschämt errötet, war aber in seinen eigenen Schilderungen um kein Jota weniger prüde und wurde dafür auch noch gepriesen. Nicht einmal seine Slumbewohner oder seine Prostituierten lassen unkeusche Gedanken aufkommen. Mehr noch waren seine Parteinahmen häufig verkappte Ablehnungen. Indem er seine ausgeflippten Typen schilderte, als kämen sie direkt aus der Welt des Märchens, verniedlichte er ihre unheimliche Realität. Indem er sich, wenn es der Handlungsfaden geboten erscheinen ließ, über Plausibilitätsforderungen hinwegsetzte, die aus den Gesetzmäßigkeiten der menschlichen Natur folgten, gab er Verstehensmöglichkeiten preis, die er anderswo wahrgenommen hatte.[21]

Daß er auf diese Weise gegen die Wahrscheinlichkeit verstieß, tat allerdings seiner Fähigkeit, Pathologisches darzustellen, keinen Abbruch. Man denke an «Geschichte einer Selbstquälerin», jenes merkwürdige Kapitel, das in *Little Dorrit* eingeschoben ist, oder an eine von Dickens' letzten Geschichten, *George Silverman's Explanation*. Beides ist in der ersten Person abgefaßt, und in beiden Fällen sind die Ich-Erzähler wenig vertrauenswürdige Berichterstatter, die den Leser zu anderen Einsichten führen, als sie eigentlich vermitteln wollen. Das erste ist der in Hinsicht auf die Motivation überzeugende Rechtfertigungsversuch einer jungen asozialen Frau mit einer Spur von homosexueller Neigung; sie ist die verkörperte Wut und Frustration, die in paranoider Weise alle Wohltaten, die ihr von anderen erwiesen werden, als raffinierte Aggressionshandlungen interpretiert. Die zweite, nicht minder plausible Geschichte zeigt die bleibenden Folgen einer mütterlichen Erziehung, die darauf abzielte, dem Sohn von sich selbst das Bild eines «egoistischen kleinen Unholds» zu vermitteln. Der Heranwachsende erschreckt und empört seine kleine Welt durch Projekte, die der fixen Idee entspringen, Uneigennützigkeit unter Beweis zu stellen. Was er dafür bekommt, ist der Gipfel der Ironie: Während er mit selbstzerstörerischen Beweisen seiner Selbstlosigkeit um sich wirft, muß er feststellen, daß die anderen darin nur verkappten Egoismus sehen. Und zu den Dingen, die Dickens am intensivsten fesselten, zählte das verdrehte Bewußtsein von Mördern – bemerkenswert ist, daß es bei Dickens fast so viele Mörder gibt wie bei Dostojewski.[22]

Dickens' psychologischer Scharfsinn beschränkte sich nicht auf isolierte Untersuchungen im Bereich des Neurotischen. Wichtige Themen, die seine Romane beherrschen, drehen sich um den zentralen Unruheherd, die Familie, und um ihre versteckten Geheimnisse. Aus quälenden Kindheitserinnerungen und aus halb bewußten, halb verdrängten Emotionen zimmerte er unvergeßliche Literatur: Dabei kam er wieder und wieder auf seinen erfolglosen, schmarotzenden Vater und auf seine, wie er meinte, herzlose Mutter zurück sowie auf jenen innig geliebten Engel, seine Schwägerin Mary Hogarth, deren Andenken er förmlich vergötterte. Den Lesern ist nicht entgangen, daß Dickens mit Vorliebe schildert, wie sich anscheinend unerotische Familienbande so entwickeln, daß aus geschwisterlicher Liebe schließlich eine ehelich besiegelte sexuelle Verbindung wird. Nur ein Schriftsteller, der die Mechanismen der Ambivalenz und die Konflikte des Inzesttabus verstand – oder jedenfalls einen ausgeprägten Sinn dafür hatte –, konnte Liebesgeschichten wie die zwischen Agnes Wickfield und David Copperfield, zwischen Amy Dorrit und Arthur Clennam, zwischen Florence Dombey und Walter Gay ersinnen.

Genauso eindrucksvoll ist, wenn er seine Romanfiguren auf der Suche nach Vater oder Mutter durchs Leben stolpern und danach streben läßt, durch die Aufdeckung ihrer wahren Herkunft Frieden zu finden. Arthur Clennams hartnäckiges «Ich will es wissen» zieht sich wie ein Leitmotiv durch große Teile von Dickens' Werk. Er schildert den sich entfaltenden Familienroman und läßt ihn pikante Wendungen nehmen. Oliver Twist, der kleine Niemand, das verachtete Heimkind, erfährt zu guter Letzt die Geschichte seiner Eltern und endet als der adoptierte Sohn eines wahrhaft gütigen Mannes; in *Bleak House* findet Esther Summons heraus, daß Lady Dedlock ihre Mutter ist; und in einer verblüffenden Umkehrung der Situation erweist sich die stolze Estella in *Great Expectations* als die Tochter zweier Sträflinge. Eine auffällige Variante dieses Familienromans besteht darin, daß der Vater lebt und sein verachtetes, gemiedenes oder ausgebeutetes Kind verzweifelt nach einem Fünkchen Zuneigung unter der eisigen Oberfläche sucht. Florence, die Tochter des reichen, hartherzigen Mr. Dombey, dessen anfängliche Abneigung gegen sie sich bis zum Haß steigert, findet jenen Funken schließlich; und das tut auch die immer vergebungsbereite Amy Dorrit, indem sie Tugenden in ihrem Vater entdeckt, die er nie wirklich besessen hat.

Bei solch spannungsreichen Verwicklungen steht in Dickens' Romanen unfehlbar das Kind im Mittelpunkt des Geschehens. Daß Dickens ein außerordentlich ausgeprägtes Gefühl für die Psychologie von Reifungsprozessen hatte, machten nicht nur seine Bewunderer geltend, sondern räumten auch seine Kritiker ein. Eine seiner Entdeckungen, die er nie ausdrücklich thematisierte, aber mit großem dramatischem Effekt nutzbar machte, ist die Neigung von Kindern, die Sünden ihrer Eltern auf sich zu nehmen und sich eine erdrückende Schuld aufzuladen, die gar nicht die ihre ist. Esther Summerson, die von einer strengen, rachsüchtigen und von heiligem Zorn erfüllten Patin aufgezogen wird, hat das Gefühl, daß sie an ihrer unehelichen Geburt, die ihr regelmäßig vorgehalten wird, irgendwie selber die Schuld trägt; dieser Geburtsmakel macht sie ihrer eigenen irrigen Überzeugung nach unwert und reizlos. George Silverman, der das grausame Urteil seiner Mutter übernimmt und sich für ein dem Teufel verfallenes Weltkind hält, kann dem Schatten, den ein anderer über ihn geworfen hat, niemals entrinnen.

Bei diesen Entdeckungsreisen in das Gefühlsleben seiner Figuren wich Dickens auch nicht dem Dreiecksverhältnis aus, das wir als ödipale Situation zu bezeichnen gelernt haben. Der Ödipuskomplex ist mehr als ein einfacher Konflikt, bei dem der Sohn den Vater aus dem Weg und die Mutter für sich allein haben möchte. Zuerst einmal ist er für die Tochter eine ebenso bedeutungsvolle Erfahrung. Und außerdem ist er eingetaucht in einen Morast gemischter Gefühle. Der kleine Hans, einer der Fälle, über die Freud geschrieben hat, veranschaulicht gut, wie sehr ein Kind den Elternteil ablehnen kann, nach dem er sich sehnt, und sich nach dem Elternteil sehnen kann, den er ablehnt. Der Ödipuskomplex steht für machtvolle, normalerweise ambivalente Leidenschaften, mit denen die kleinen aggressiven Liebenden – beziehungsweise liebenden Aggressoren – lernen müssen, zu Rande zu kommen. Die schlüssigste Ausarbeitung des Dickensschen Familiendramas stellt *David Copperfield* dar.

Mit seinen aufreizenden autobiographischen Beimengungen kann *David Copperfield* unbestritten Anspruch darauf erheben, den Schlüsseltext für die Dickens-Forschung abzugeben. Wie allgemein bekannt, erklärte Dickens das Buch 1869, zwanzig Jahre nach seinem ersten Erscheinen als Fortsetzungsgeschichte (inzwischen waren ein halbes Dutzend weiterer Romane erschienen), zu seinem «Lieblingskind». Auch wenn *Bleak House* von vielen den Vorzug erhielt (und bis heute erhält), hielten doch Leser der verschiedensten Bildungsniveaus – unter ihnen auch Tolstoi – *David Copperfield* übereinstimmend für Dickens' Meisterwerk.[23] Und es war ein ausgeprägt bürgerliches Meisterwerk, dessen Titelheld die vielgerühmten Mittelstandstugenden verkörpert und hochhält: Willensstärke, Arbeitsfleiß, Selbstvertrauen, Ehrlichkeit in Geschäften, Sinn für die häusliche Liebe. Bezeichnenderweise würdigte Matthew Arnold den «bezaubernden und lehrreichen» Roman *David Copperfield* als eine «alles enthaltende Schatzkammer», die Einsichten sowohl in die strenge als auch in die eher heitere Seite der «Kultur des englischen Mittelstandes» vermittelte.[24] Und dazu zählte nicht zuletzt die Einsicht in die Funktionsweise bürgerlichen Bewußtseins.

Seine einzigartige Stellung verdankt der Roman auch dem nichtliterarischen, von überflüssiger Klatschsucht geprägten Interesse, das sich an ihn geheftet hat: das heißt, den autobiographischen Enthüllungen, die er wirklich oder vermeintlich bietet. Aber wie sehr auch immer Dickens' Vergangenheit in die Textur dieses «Lieblingskindes» verwoben sein mag, wer die biographischen Spuren auf Kosten der literarischen Eigenschaften des Buches in den Vordergrund stellt, tut Dickens' Fähigkeit unrecht, Rohmaterialien und verschüttete Phantasien in eine einbildungskräftige Prosa und in ein überzeugendes Romanporträt umzuwandeln. John Forster, der besser als jeder andere über die Parallelen zwischen diesem Roman und dem Leben seines Verfassers Bescheid wußte, warnte nachdrücklich davor, David Copperfield mit Charles Dickens gleichzusetzen. Das tat auch der Autor selbst. «Ich glaube wirklich, es ist mir glänzend gelungen», schrieb er an Forster im Juli 1849, als er mit der Veröffentlichung der Folgen gerade erst begonnen hatte, «wobei Dichtung und

Wahrheit kompliziert ineinander verschlungen sind».[25] Seine emotionale Beteiligung hinderte Dickens zweifellos nicht daran, jene Distanz zu wahren, die ein Autor braucht, um seine Schöpfungen nicht bloß mit heftiger Bewegung, sondern auch mit klarem Verstand zu betrachten. Geradeso wie Goethes Faust nicht Goethe ist, obwohl viel Goethe in ihm steckt, ist auch David Copperfield nicht Charles Dickens.

Unter Dickens' Geschichten von jungen Männern, die einen Reifungsprozeß durchmachen und die nach Minenfeldern des Irrtums und der Verblendung Selbstbeherrschung gelernt haben und in Beruf und Privatleben glücklich werden, sticht *David Copperfield* als ödipaler Bildungsroman hervor.[26] Nur *Great Expectations* kann mit ihm konkurrieren. Davids Vater, der doppelt so alt wie seine Mutter ist, stirbt Gott sei Dank vor Davids Geburt, so daß dieser sein Leben im Wonnetaumel eines erotischen Monopols beginnt, überschüttet mit verführerischen Liebkosungen und restlos glücklich. Diese Idylle wird von einem Eindringling zerstört, dem finsteren Mr. Murdstone, einer Art von verkniffenem, verknöchertem, selbstgerechtem Sadisten. Dadurch, daß sie diesen unpassenden Verehrer heiratet, schafft die weltfremde, einfältig eitle Clara Copperfield ein ödipales Dreiecksverhältnis, das für Mutter und Sohn gleichermaßen katastrophale Folgen hat. Der böse Vater kann den Sohn nur hassen und bestrebt sein, ihn zugrunde zu richten. Weil David in den Unterrichtsstunden nicht spurt, prügelt ihn Mr. Murdstone aus Leibeskräften und verdoppelt seine Anstrengungen noch, als David ihn beißt – der Roman ist reich an Aggressionen. Anschließend wird David auf jene Art von Schule geschickt, wie sie Dickens gern aufs Korn nimmt – eine Schule, die von geldgierigen und korrupten Ignoranten betrieben wird. Dort verliebt sich Dickens in Steerforth – anders kann man die Sache nicht ausdrücken! –, einen charmanten, herrschsüchtigen bemittelten Draufgänger, der den unglücklichen David unter seine Fittiche nimmt. Diesem zweifelhaften Hort wird David indes entrissen, als seine Mutter stirbt und Mr. Murdstone ihn als Lehrling in eine Weingroßhandlung gibt, wo er unter rohen Bengeln Weinflaschen säubert und etikettiert, bis er, zu Tode gedemütigt und verzweifelt, ausreißt und zu einer Tante flieht, die er noch nie gesehen hat.

Nirgends in dem Roman überschneiden sich Leben und Kunst so eindrücklich wie in dieser Episode. Nicht lange, ehe er mit dem Roman begann, hatte Dickens einen autobiographischen Bericht entworfen, den er zur Seite legte, sobald die Figur von David Copperfield seine Aufmerksamkeit fesselte, als sei der Roman der Ersatz für die Bekenntnisse. Unmittelbar vor Dickens' zwölftem Geburtstag wurde sein Vater John, der ständig Probleme hatte, mit seinem Geld auszukommen, als Schuldner verhaftet und verbrachte einige Monate im Schuldgefängnis. Diese Zeit der Schande wurde für den sensiblen und frühreifen jungen Dickens dadurch noch schlimmer, daß er währenddessen in einer Großhandlung für Schuhwichse arbeiten und Dosen beschriften mußte. «Die heimliche Verzweiflung, die meine Seele erfaßte, als ich in diese Gesellschaft herabsank, läßt sich nicht schildern», erinnerte er sich in seinem Memoirenfragment; der Satz findet sich Wort für Wort in *David Copperfield* wieder.[27] Und er brachte seinen Vater in den Roman und lieh seine Züge, sogar seine drolligen Sprechgewohnheiten, jenem unsterblichen Clown, dem sorglosen, Sprüche klopfenden Mr. Micawber, einem Mann, der einen auf die Palme treiben und auch rühren kann und der zwischen überschäumenden Hoffnungen und grenzenloser Verzweiflung wechselt.

Nun aber tritt die Feder in den Dienst der reinen Erdichtung. David Copperfield, der seine schrullige Tante rasch für sich einnimmt, bekommt alles, was er braucht: anständige Kleider, regelmäßige Mahlzeiten, beständige Zuneigung und eine gute Erziehung. Er findet Beschäftigung als Rechtsanwaltsgehilfe und wird dann Schriftsteller, nachdem er sich vorher noch rasch in die Tochter seines Arbeitgebers verliebt und sie geheiratet hat. Die reizende, hübsche, völlig unpraktische und unreife Dora ist eine Neuauflage von Clara Copperfield, ein klarer Hinweis darauf, daß Davids ödipale Erziehung noch alles andere als abgeschlossen ist: Immerhin regrediert er auf seine erste Liebe. Davids Tante bezeichnet Dora ebenso zärtlich wie treffend als Kind, und auch Dora selbst sieht sich so. Erst eine Weile, nachdem sie tot ist – die Fehlgeburt, an der sie stirbt, wird von Dickens so diskret behandelt, daß der Leser Gefahr läuft, das Ereignis gar nicht mitzubekommen –, schafft es David schließlich, erwachsen zu werden. Durch den Todesfall erschüttert, unternimmt er eine lange Reise durch Europa, auf der er sich selbst entdeckt. Nachdem Dora im wirklichen Leben gestorben ist, muß sie gewissermaßen auch noch in ihm selbst sterben, ehe er die Bürde des Erwachsenenlebens auf sich nehmen kann. Er kehrt zurück, um Agnes Wickfield zu heiraten, eine junge Frau, die er schon seit der Kindheit kennt und die er zu ihrem heimlichen, entsagungsvollen Kummer immer als Schwester behandelt hat.

Praktisch alle anderen Familien im Roman, die in der Geschichte von Davids Ödipuskomplex und seiner Durcharbeitung und Überwindung die Rolle des Chores spielen, sind ebenfalls unvollständig und fügen sich damit bestens in das Schema. Die Dreieckskonstellationen sind auf Paarverhältnisse reduziert und erinnern damit an Davids eigene beneidenswerte infantile Situation: die Todeswünsche des Kindes sind Wirklichkeit geworden.[28] Davids erste Frau Dora lebt glücklich mit ihrem verwitweten

Vater; als er kurz vor ihrer Verheiratung stirbt, ist sie untröstlich. Auch Davids zweite Frau Agnes hat mit ihrem Vater allein zusammengelebt und war ihm eng verbunden. Davids energische Tante, Betsey Trotwood, die eine gereifte, scharfzüngige Ausgabe seiner Mutter ist, steht gewissermaßen für ödipale Besetzungen zur Disposition: verheiratet mit einem im Hintergrund bleibenden Tunichtgut – von dem sie getrennt lebt –, steht sie, abgesehen von der Treue, die sie dem verrückten Mr. Dick beweist, David in emotionaler Hinsicht praktisch ganz zur Verfügung. Das ist noch nicht alles: Die Mutter von Davids geliebtem Freund Steerforth ist Witwe und liebt ihren Sohn auf so besitzergreifende Art, daß man an ursprüngliche, präödipale Bindungen zwischen Mutter und Sohn erinnert wird. Sogar der Hauptschurke, Uriah Heep, Mr. Wickfields «demütiger» Angestellter, der seinen Arbeitgeber in die Falle lockt und dessen Tochter begehrt, sonnt sich in solch einer Liebe: sein Vater lebt im Gedächtnis seiner Witwe und seines Sohnes als Verfertiger «demütiger» Moralpredigten fort und steht der zärtlichen Bindung dieses abstoßenden, aber anhänglichen Paares nicht im Wege.

Wie *David Copperfield* die Probe aufs Exempel der Dickensschen psychologischen Kompetenz ist, so ist Agnes Wickfield der gewichtigste Einwand gegen die Inanspruchnahme solcher Kompetenz. Agnes hatte fast von Anfang an eine schlechte Presse.[29] Kritiker im 19. Jahrhundert warfen Dickens vor, es sei ihm nicht gelungen, ihr eine eigene Persönlichkeit zu geben. Selbst der von kultischer Verehrung für Dickens erfüllte Forster gab Dora, «der liebenden kleinen Kindfrau» vor dem «Eheengel Agnes» mit ihrer «allzu unfehlbaren Weisheit und aufopferungsvollen Güte» den Vorzug. Und R. H. Hutton, der hochangesehene Literat, schlug sie kurzerhand der Gesellschaft anderer weiblicher Heiliger Dickensschen Formats zu und schmähte sie als ein «abscheuliches» Weib, das «partout himmelwärts weisen muß»[30].

Diese mahnende Geste dürfte der peinlichste Augenblick im ganzen *David Copperfield* sein, für den eine einleuchtende Erklärung zu finden zugleich am schwersten erscheint. Während Dora in einem Schlafzimmer droben im Sterben liegt, möchte sie ihre geliebte Agnes unter vier Augen sprechen. Sie will, wie sich erst später herausstellt, ihren Mann der einzigen Frau anvertrauen, die ihn wirklich verdient. Als Agnes zu David zurückkehrt, der drunten wartet, ist alles vorbei, und sie hebt die Hand und weist feierlich zum Himmel. Ein Jahr danach, als David Copperfield von der langen Reise durch Europa, auf der er Trauerarbeit geleistet und sich erneuert hat, zurückkehrt, erinnert er Agnes an die damalige Geste und bringt sie mit ihrer unschätzbaren Gabe in Verbindung, ihn «immer zu Besserem zu führen, auf Höheres zu weisen». Und damit nicht genug:

auf der letzten Seite, wo Copperfield auf sein Leben zurückblickt und alte Gestalten im «Nebel der Erinnerung» verschwinden, bleibt nur eine übrig – «ein Antlitz spendet mir Licht, als sei es vom Himmel gesandt» –, Agnes. «O Agnes, meine Seele» – mit dieser Apostrophe schließt der Roman – «möge dein Antlitz noch bei mir sein, wenn ich einmal mein Leben beschließe; möge ich dich, wenn die Wirklichkeit sich um mich auflöst wie die Schatten, die ich jetzt entschwinden lasse, noch immer an meiner Seite finden, himmelwärts weisend!»[31] Was damit der armen Agnes – und der Geduld des Lesers – abverlangt wird, ist ungeheuerlich. Man kann sich vorstellen, was Jane Austen von diesem Schlußabschnitt gehalten hätte.

Die Informationen, die uns der Erzähler über Agnes' Lebensgeschichte liefert, können indes zu einem abgewogeneren Urteil anregen. Für David ist Agnes eine Heiligenfigur, ein übermenschliches Über-Ich, das auf edlere, reinere Ziele hinlenkt. Er bezeichnet sie weiß Gott oft genug als Engel. Aber das ist sein Problem, nicht ihres. Nach allem zu urteilen, was wir von ihr erzählt bekommen, hat sie sich in ihren häuslichen und beruflichen Rollen als kompetent erwiesen; ihrem alleinstehenden Vater führt sie ebenso fleißig und tatkräftig den Haushalt, wie sie später eine kleine Schule betreibt. Es gibt noch mehr über Agnes zu sagen. Seit frühester Zeit, als sie noch ein kleines Mädchen war, bemuttert sie ihren verwitweten Vater, der ihr, wie sie später einräumt, mit einer «krankhaften Liebe» anhängt. Seine Vernarrtheit in die Tochter ist neurotischer, als ihm bewußt ist; sie stellt eine Art von Sadismus dar, der sich hinter der Maske verzehrender väterlicher Zuneigung versteckt. Wie Agnes nur allzusehr bewußt gemacht wird, ist ihre Mutter im Kindbett gestorben; die bloße Gegenwart der Tochter erinnert den Vater an die angebetete Frau, die er verloren hat. Agnes kann deshalb gar nicht umhin, in der Zuneigung ihres Vaters zu ihr den gravierendsten Vorwurf zu erblicken: kurz gesagt, er klagt sie an, durch ihre bloße Geburt sein Musterbild an Ehefrau auf dem Gewissen zu haben.[32] Und wie bei Kindern üblich, internalisiert Agnes den Vorwurf und nimmt die Schuld am Tod ihrer Mutter und am unstillbaren Kummer ihres Vaters auf sich. Ihre beispielhafte Heiterkeit, ihre Geduld und Seelenstärke sind Symptome; sie laufen auf eine extreme Passivität hinsichtlich der erotischen Aspekte der Liebe hinaus, und das betrifft auch ihre ganz unschwesterlichen Gefühle für David.

Agnes könnte sich natürlich zu Recht überlegt haben, daß ein Mann, der sich in ein so flatterhaftes und unreifes Geschöpf wie Dora verliebt, noch nicht reif für sie ist, und daß es deshalb für sie das Vernünftigste ist, sich in Geduld zu fassen. Jedenfalls wäre das für ihre Zeit und ihren Stand

ein angemessenes Verhalten: Das gutbürgerliche 19. Jahrhundert verurteilte eine Frau, die bei der Brautwerbung die Initiative ergriff, als
aufdringlich; die Anstandsregeln sahen vor, daß David den ersten Schritt
tat. Aber diese absichtliche Zurückhaltung war keine unumstößliche Vor-
schrift im bürgerlichen Leben des 19. Jahrhunderts und auch nicht in der
damaligen Romanliteratur, nicht einmal in Dickens' Romanen: in dem
unmittelbar vor *David Copperfield* erschienenen Roman *Dombey and
Son* läßt der Autor Florence Dombey Walter Gay auffordern, sie zu
heiraten. «Wenn du mich zur Frau nimmst, Walter», sagt diese untadelige
Dickenssche Heldin, «werde ich dich von ganzem Herzen lieben.»³³ Dik-
kens muß gewußt oder geahnt haben, daß Agnes' Charakter durchsetzt
mit Hemmungen ist.

Nicht, daß sie sich mit ihren Konflikten nicht auseinandersetzt. Unmittelbar bevor David sich ihr endlich erklärt, fragt er sie, ob sie jemanden liebt; in einer großartig beobachteten Szene läßt Dickens sie daraufhin die Beherrschung verlieren. Sie bricht zusammen und weint; sie bittet
ihn, sie gehen zu lassen; sie sagt ihm, ihr sei nicht wohl und sie werde ihm
schreiben. Aber durch genau die Anstrengungen, die sie unternimmt, ihr
Geheimnis vor ihm zu verbergen, liefert sie ihm die Hinweise, die ihn
begreifen lassen, daß der Mann, den sie ihr ganzes Leben lang geliebt hat,
niemand anderer als er selbst ist. Eros hat zu guter Letzt triumphiert.

Ihre unerschütterliche Freundlichkeit und ihre Zurückhaltung nehmen
sich also wie Abwehrmechanismen gegen eine immer wieder aufbrechende
innere Wunde aus. Von größter, fast schon das Menschenmögliche über-
steigender Freundlichkeit zu sein, ist eine Methode zu verleugnen, daß
man sich selber für schlecht hält. In einer langen, selbstquälerischen Ti-
rade, mit der sie David heimsucht, als sie noch seine «Schwester» ist, klagt
sie: «Ich habe fast das Gefühl, Papa ein Feind gewesen zu sein und nicht
sein liebendes Kind.» Sie bekennt, daß sie sich grausam bewußt sei, wieviel
er um ihretwillen aufgegeben habe, «und wie seine Sorgen um mich sein
Leben überschattet und seine Kraft und Gesundheit untergraben haben».
Bitterlich weinend, wünscht sie sich, ihm seine Fürsorge vergelten zu
können. «Wenn ich das doch nur wiedergutmachen könnte. Wenn ich doch
nur seine Wiederherstellung bewirken könnte, nachdem ich so nichts-
ahnend die Ursache seines Niederganges gewesen bin.»³⁴ Ein halbes Jahrhundert vor Freud wußte Dickens bereits, daß die Unschuldigsten sich
unter Umständen als die Allerschuldigsten verdammen. *David Copperfield* ist voll von solchen Einsichten.

Allerdings liegen sie nicht zutage. Dickens' Einsichten in die Tiefen der
Seele müssen herauspräpariert werden, denn durch seine reich ausge-

schmückten – spaßigen, melodramatischen, oft überdrehten – Texte werden sie vielleicht nicht weniger überdeckt als dargelegt. Dickens schrieb
beileibe nicht planlos: die strengen Schemata, die er für seine Romane
entwickelte, bezeugen, wie sehr er verstandesmäßig kontrollierte, was er
schrieb. Aber er war schwerlich ein geduldiger, geschweige denn systematischer Denker; er las eher aufs Geratewohl als gründlich. Seine Philosophie – wenn ein so hochgestochener Begriff hier überhaupt am Platze
ist – war ein persönlicher, undogmatischer christlicher Glaube, der stark
unter dem Einfluß des Unitarismus stand; Dickens baute auf das Leben
und die heilende Kraft der Liebe und haßte Mächte wie den doktrinären
Protestantismus, der nach seiner Ansicht das Leben und die Liebe gleichermaßen einzuzwängen drohte. Was er zu seinem Glück besaß, waren
eine beispiellose Vitalität, eine scharfe Beobachtungsgabe und brillante
Einfälle.

Tatsächlich gewannen ihm gerade die Reibungen, die anspruchsvolle
Leser in seinen Romanen entdeckten, noch stärker die Zuneigung seiner
treuen bürgerlichen Gemeinde. Was spätere Kritiker bei Dickens als ein
unentschiedenes Hin und Her zwischen dramatischer Begabung und
selbstvergessenem Salbadern anprangerten, bei dem der Sinn fürs Schickliche dem Verlangen nach Aufrichtigkeit den Schneid abkaufe – das priesen seine vielen Bewunderer als gelungene Balance zwischen Literatur
und Moral, Ausdruckskraft und Zurückhaltung. Mit diesen wesentlichen
Kompromißbildungen erwies sich Dickens einmal mehr als der arche-
typische Bourgeois der Mitte des 19. Jahrhunderts. Er war auch ein guter
Bourgeois in seiner Achtung vor jenem grundlegenden, wenn auch viel-
umstrittenen zentralen Ideal des 19. Jahrhunderts, dem Anspruch auf un-
gestörte Privatsphäre – bei seinen Romangestalten ebensosehr wie bei
seinen Lesern. Und, wie man hinzufügen muß, auch im Blick auf sein
eigenes Leben: seine zunehmend unglückliche Ehe, die Erziehung seiner
Kinder, seine rastlosen Reisen ins Ausland, die er mit ausgesuchten
Freunden unternahm, seine schwindende Gesundheit – all das waren
Dinge, von denen nur ein Kreis engster Vertrauter etwas wußte und
manchmal sogar nur der treu ergebene Forster. Daß sich die Trennung
von seiner Frau vor den Augen der Öffentlichkeit vollzog, fiel aus dem
Rahmen und war ein Fauxpas; die Art, wie er seine Affäre mit Ellen
Ternan geheimhielt, war für die damalige Zeit weit typischer.

In den Auseinandersetzungen um den angemessenen Geltungsbereich
des Seelenlebens fiel dem Roman eine strategisch wichtige Rolle zu. Insofern er private Angelegenheiten öffentlich zur Sprache brachte, kämpfte
er zur gleichen Zeit auf beiden Seiten mit. Ein wesentlicher Teil seiner
Mission bestand darin, sich in jenen allerpersönlichsten Bezirk, den Be-

reich der Leidenschaften, vorzuwagen; gleichzeitig war seine Aufgabe, nicht zu weit oder zu rücksichtslos einzudringen. Zumindest im Roman blieb – außer natürlich bei den Franzosen – das Schlafzimmer eine heilige Stätte, wo man zur Welt kam oder starb oder schlief, aber damit basta. Nur wenige Leser verlangten allerdings von den Romanschriftstellern, daß sie so taten, als existierten die grundlegenden Triebe, über die sie höchstens in Andeutungen schreiben durften, überhaupt nicht. Man kann nicht oft genug wiederholen, daß viele Bürger des 19. Jahrhunderts durch ihre Tagebuchaufzeichnungen, ihre vertrauliche Korrespondenz und ihr privates Verhalten belegen, wie sehr man ihre Erfahrungswelt falsch einschätzt, wenn man annimmt, sie hätten die Dinge, über die sie nicht sprachen, auch nicht gekannt, nicht praktiziert oder nicht genossen. Es war Dickens' Genialität, daß er diese Einstellungen verstand, teilte und in denkwürdige Romanfiguren übersetzte, in denen seine riesige Leserschaft sich wiedererkennen – und sich vor sich selbst verstecken – konnte.

V. Bilder des Geistes

Im Einklang mit ihrem Sinn für rührende Musik, romantische Liebe, vertrauliche Enthüllungen, gründliche historische Untersuchungen und Romane mit Bekenntnischarakter fanden die Bürger des 19. Jahrhunderts auch in den bildenden Künsten einen bereitwilligen Bundesgenossen, der bestrebt war, durch die verdeckenden Hüllen ins Innenleben vorzudringen. Wir erinnern uns, daß Carlyle seine Epoche als «diese unsere autobiographischen Zeiten» apostrophierte und den «Biographiehunger» des Zeitalters registrierte – zwei fast identische Ausdrücke für ein und dasselbe Bedürfnis. Die Maler des 19. Jahrhunderts übertrugen diese vordringliche Beschäftigung mit dem Selbst, dem eigenen oder auch dem der anderen, auf Leinwände, Papier oder Radierungen. Der auffälligste Beitrag der bildenden Künstler zur Selbsterforschung war zweifellos das Selbstbildnis; aber wie sich zeigen wird, war dies nur einer von mehreren möglichen Wegen ins Innere. In aller Kürze gesagt, die Beteiligung der bildenden Künstler des 19. Jahrhunderts an der Selbsterforschungsthematik war ein komplizierter Prozeß; eine Schilderung, wie die künstlerische Arbeit auf die bürgerliche Selbsterfahrung einwirkte, muß sich hier wie auch bei anderen Formen künstlerischen Ausdrucks sowohl mit den Erzeugern als auch mit den Konsumenten der Kunst befassen. Auf den folgenden Seiten wird die Darstellung zwangsläufig zwischen den beiden Positionen hin und her wechseln müssen.

Häufig waren die Verfertiger und die Betrachter von Bildern uneins; zwischen ihnen gab es Spannungen, ja es herrschte Feindseligkeit. Zwar ist Tatsache, daß die Künstler in ihrer Mehrzahl Stiltraditionen pflegten, die den Kunstliebhabern des Mittelstands angenehm vertraut waren, und daß sie also bemüht waren, den herrschenden Geschmack zu bedienen. Die Hauspostillen, die um die Mitte des Jahrhunderts die zivilisierte Welt überfluteten, waren voll von Reproduktionen anspruchsloser, anekdotischer Gemälde, deren Zweck sich darin erschöpfte, dem Betrachter ein amüsiertes Lächeln oder einen mitfühlenden Seufzer zu entlocken. Aber die Individualisten unter den Künstlern gingen gewöhnlich über solche Geschmacksvorstellungen hinaus. Beflügelt durch das romantische Ideal des schöpferischen Genies, das es verschmäht, sich nach der Mode zu richten, nahmen Maler, die nach Originalität strebten, wenig Rücksicht auf ein Publikum, das sie als philisterhaft und materialistisch schmähten.

Das bürgerliche Publikum des 19. Jahrhunderts eignete sich also, wie wir sehen werden, Kunst auf vielfältige Weise und in ebenso interessanten wie überraschenden Bestimmungen an.

1. Ego

Am 3. August 1913 malte der deutsche Postimpressionist Lovis Corinth, während er im Tiroler Kurort St. Ulrich Ferien machte, ein bemerkenswertes Selbstbildnis. Im Verlaufe einer sehr langen und sehr produktiven Karriere – sein Geburtsjahr war 1858 – hatte Corinth viele Male in den Spiegel geschaut. Jahrelang malte er sich regelmäßig am 21. Juli, seinem Geburtstag; der systematische Katalog seiner Bilder zählt nicht weniger als zweiundvierzig Selbstporträts in Öl auf; die mit anderen Techniken gefertigten Selbstbildnisse – Zeichnungen, Radierungen, Lithographien – dürften sich auf eine nicht minder große Zahl belaufen.[1] Wie seine drallen Akte und kraftvollen Porträts strahlen auch viele seiner Selbstbildnisse eine mitreißende Vitalität aus, gelegentlich sogar eine rohe, sinnliche Energie. Aber manchen von ihnen läßt sich entnehmen, daß die Zurschaustellung männlicher Hochstimmung dazu diente, dunklere Gemütszustände zu kaschieren. Von Jugend auf hatten ihn immer wieder Depressionen und Selbstmordgedanken heimgesucht; 1911, zwei Jahre bevor er sich in St. Ulrich malte, erlitt er einen Schlaganfall, der ihn dauerhaft schwächte.[2]

Corinths großartige Selbstdarstellung aus dem Jahre 1913 legt Zeugnis ab von der Reibung zwischen Erscheinung und Wirklichkeit. Mit seinem hellen blauen Hintergrund und der akribischen Angabe des genauen Zeitpunkts und Orts wirkt das Bild fast wie eine Ansichtspostkarte. Der Maler trägt eine fesche jagdgrüne Jacke, die nach Landessitte ein auffälliges Karomuster hat und oben durch einen Streifen des strahlend weißen Hemdkragens abgeschlossen wird; auf dem Kopf trägt er einen Tirolerhut nebst Feder. Aber Corinths mürrisches Gesicht straft den unmittelbaren Anschein gründlich Lügen; der finstere Blick steht in einem schmerzhaften Gegensatz zum mechanischen Frohsinn seiner Touristenaufmachung. Seine Augenbrauen sind zusammengezogen, die Lippen preßt er unter einem buschigen, ergrauenden Schnauzbart fest aufeinander; das Hochrot, das er auf seine Wangen geklatscht hat, sieht nicht nach einem Sonnenbrand, sondern nach fiebriger Glut aus. Und das Auffälligste sind seine Augen, in denen ein Ausdruck der Anspannung, fast der Angst, liegt. Diese Reibung zwischen überdeckendem Gewand und unübersehbarem Elend fesselt als erstes die Aufmerksamkeit des Betrach-

ters. Und was noch faszinierender ist: Auf der Höhe der Hutkrempe hat
Corinth die lakonische Erläuterung «Ego» hingeschrieben.

Sicher, das Wort könnte einfach nur als beiläufiger Gruß dastehen.
Sieben Jahre später variierte er diese verbale Anwandlung bei einem anderen Selbstbildnis, auf das er schrieb: «Ich, 62 Jahre.» Aber der Maler, der
jenes bedeutungsschwere kleine Wort auf seine Leinwand malte, hatte
weitreichendere Mitteilungen im Sinn. Der Künstler, scheint er sagen zu
wollen, nimmt auch in den Urlaub seine Pinsel mit. Corinths Landschaften und Porträts aus demselben Jahr und vom selben Ferienort belegen,
daß er einen Arbeitsurlaub machte. Auf diesem Bild hält er Pinsel und
Palette steif in der Hand, als posiere er damit; diese Haltung unterstreicht
die emblematische Qualität der Utensilien und dient als Hinweis auf
Corinths hohe und anspruchsvolle Aufgabe. Aber das Gemälde erschöpft
sich nicht in bloßer Eigenwerbung: Corinth hat auch sein Ego dabei mit
allem, was es peinigt. Durch sein täuschendes Äußeres lugt die Angst.

Die Selbstbildnisse, die er nach dem Zusammenbruch malte, legten
auch weiterhin freimütig Rechenschaft von seiner Erscheinung ab und
schilderten in lockeren, zittrigen Pinselstrichen sein Ringen um die Wie-
dergewinnung seiner großartigen malerischen Verfügungsgewalt. Die Bilder sind alles andere als Dokumente der Resignation; es sind trotzige,
traurige Gemälde; nichts verwunderte Corinth mehr als die Tatsache, daß
sich das Publikum von ihm das Bild eines leichtlebigen, lebensbejahenden
Menschen machte. Aber schließlich leistete Corinth dieser verbreiteten
Mißdeutung seines Innenlebens ja auch durch Selbstbildnisse Vorschub,
die ihn als genüßlichen Feinschmecker, als mittelalterlichen Ritter, als
zupackenden Liebhaber zeigten. Meistens verbarg er seine leidende Seele
in seinem athletischen Körper. Aber gelegentlich, besonders in seinen
späten Jahren, ließ er die Hüllen fallen, um sich zu offenbaren und sich zu
der Qual in seinem entblößten Herzen zu bekennen. Das waren Enthüllungen, die der Betrachter sehen, an denen er vielleicht sogar Anteil
nehmen sollte.

Zu der Zeit, als Corinth das aufschlußreiche Selbstbildnis von 1913
malte, war die Tradition, in die er sich damit stellte, bereits rund fünfhundert Jahre alt. Seit seinen ersten experimentellen Anfängen in der Renaissance hatte das Genre die glanzvollsten Vertreter der bildenden Kunst in
seinen Bann gezogen: Jan van Eyck, Albrecht Dürer, Leonardo da Vinci,
Peter Paul Rubens, Rembrandt van Rijn, Nicolas Poussin, Diego Velázquez.[3] In der zweiten Hälfte des 17. Jahrhunderts fing Cosimo Medici III.
an, in den Uffizien die Selbstporträts von Künstlern zu sammeln, und um
1800 beherbergte seine Florentiner Galerie bereits weit mehr als zweihundert Exemplare. Danach machte die künstlerische Selbsterforschung

eine rasante Entwicklung durch und beanspruchte wachsendes kulturelles Gewicht: Das 19. Jahrhundert drückte der Kunst des Selbstporträts seinen unverwechselbaren Stempel auf.

Zutiefst erfüllt von historischem Bewußtsein, bezogen sich die Maler der hochbürgerlichen Zeit auf die künstlerische Tradition, in der sie standen, aber auch wenn sie sich an ihren Vorgängern orientierten, brachten sie eine ganz eigene Ernsthaftigkeit ins Spiel und verwandelten das Genre unwiderruflich. Sie wußten selbstverständlich, daß große Maler vor ihnen, vor allem Dürer und Rembrandt, ebenso aufschlußreiche wie häufige Gemälde, Zeichnungen und Radierungen von sich angefertigt hatten.[4] Auch das 18. Jahrhundert hatte ihnen vorgearbeitet. Wir besitzen ein Dutzend Selbstbildnisse von Reynolds, und Anton Raphael Mengs, der bekannteste unter den deutschen Malern, bildete seine Person mindestens fünfzehnmal ab; er malte sich als vielversprechenden Jüngling, als erwachsenen Mann, als gebrechlichen Greis.[5] Und auf das Konto der Ausnahmeerscheinung Anton Graff, des Schweizer Porträtisten, der sein letztes Selbstbildnis 1813 schuf und im gleichen Jahre siebenundsiebzigjährig starb, ging ein Lebenswerk, das über achthundert Modelle, 1600 Ölbilder und mindestens achtzig Selbstporträts umfaßte. Interessanterweise lobten die Zeitgenossen an Graff nicht so sehr seinen Fleiß oder die Ähnlichkeit seiner Konterfeis als vielmehr seine psychologische Scharfsicht.[6] In seinen Fußstapfen wandelnd, taten sich die europäischen und amerikanischen Maler des 19. Jahrhunderts keinen Zwang an, ihre Fertigkeiten vor dem Spiegel zu erproben; die Liste der Maler, die sich nicht selber malten, wäre wahrscheinlich kürzer als die Liste derer, die das taten. Der Maler, der sich selbst malt, stellt eine eindeutig moderne Form von ästhetischem Exhibitionismus dar; und die Künstler des 19. Jahrhunderts widmeten sich dieser öffentlichen Selbsterforschung mit Lust. Aber während Graff sich selbst einfach nur als eines seiner Modelle betrachtete, zielten die späteren Maler nach eigenem Bekunden darauf ab, die Fassade der äußeren Zurschaustellung zu durchdringen. Ihnen ging es nicht um Darstellungsfülle, sondern um inneren Sinn. Sie strebten nach getreuer Wiedergabe und wollten ihren Geist bis ins Innerste erforschen.

Deshalb äußerte Gustave Courbet nichts Außergewöhnliches, als er seinem Förderer Alfred Bruyas im Jahre 1854 erklärte: «Ich habe im Laufe meines Lebens und im Zuge meiner sich wandelnden Einstellung eine ganze Reihe von Porträts geschaffen. Man könnte sagen, ich habe meine Autobiographie geschrieben.»[7] Drei Jahrzehnte einer energiegeladenen Produktion beweisen, daß dies keine leere Prahlerei war: Courbet dokumentierte seine Entwicklung als politischer und künstlerischer Rebell durch mehr als ein halbes Dutzend eindrucksvolle Selbstbildnisse, die ihn

als pfeiferauchenden Jüngling, als verwundeten Mann, als Maler in seinem Atelier, als Cellisten, als politischen Gefangenen zeigen. Er schrieb
seine Biographie so, wie er es am besten verstand: mit dem Pinsel. Aber
er schrieb sie auch mit Bildern, die nicht das Etikett Selbstporträt trugen:
Wenn die Künstler des 19. Jahrhunderts beanspruchten, Zugang zu ihrem
Inneren zu gewähren, so war dieser Anspruch entweder umfassend oder
er war null und nichtig. Auch wenn nur wenige damalige Künstler explizit darauf bestanden, daß ihre Selbstporträts nicht als besonderes Genre
betrachtet werden sollten, war dies doch bei vielen stillschweigende
Implikation; sie wollten ihr gesamtes Werk – Stilleben, Landschaften, Porträts, Genreszenen – als Teile eines großen Bekenntnisses verstanden wissen. Mit den Worten des Goya-Biographen V. Carderera aus dem Jahre
1835 «sind die Schöpfungen eines Künstlers gewöhnlich die lebendigsten
Spiegelungen seiner Seele».[8] Caspar David Friedrich, der interessanteste
deutsche Maler zu Anfang des 19. Jahrhunderts, hatte bereits die Parole
ausgegeben: «Jedes Bild», schrieb er um 1830, «ist mehr oder weniger eine
Charakterstudie dessen, der es gemalt, so wie überhaupt in allem Tun und
Lassen eines jeden sich der innere geistige und moralische Mensch ausspricht.»[9] Dabei hatte er nicht zuletzt sein eigenes Werk im Sinn.

Courbets vieldiskutierte «Wirkliche Allegorie», die er 1855 ausstellte,
unterstreicht, wie wenig Mühe ein Bilderstürmer hatte, traditionelle Vorstellungen beiseite zu setzen und sich selbst durch die anderen hindurch
sichtbar werden zu lassen. Mitten auf einer riesigen Leinwand ist der
bärtige Künstler im Profil zu sehen (man fühlt sich an einen stattlichen
Assyrer erinnert), wie er eine Landschaft malt, während links davon
Atelierrequisiten zu einem Stilleben versammelt sind und auf beiden Seiten eine Anzahl von Personen herumstehen, von denen ihn manche beobachten und andere miteinander beschäftigt sind: ein weibliches Akt-
modell, das ihre Blöße mit einem Laken bedeckt, während sie ihm beim
Malen zuschaut, ein Bettler, ein Priester, ein Jude, an den er sich aus
London erinnerte, ein Liebespaar, ein kleiner Junge, der Courbet bei der
Arbeit bestaunt, Kunstliebhaber, Freunde wie Baudelaire und Pierre
Joseph Proudhon. Der Titel, den Courbet diesem Selbstbildnis gab und
den er durch ein Scheibchen Autobiographie würzte, *Das Innere meines
Ateliers, eine wirkliche Allegorie, die sieben Jahre meines Lebens als Maler
darstellt*, ist eher mystifizierend als erhellend. In einem Brief an Bruyas
identifizierte er zwar sorgfältig die Personen, vermied es aber ebenso
sorgfältig, die allegorische Bedeutung des Bildes offenzulegen. «Sie müssen es verstehen, so gut Sie können», schrieb er und sorgte auf diese Weise
dafür, daß die Kunstgeschichtler über ein Jahrhundert lang beschäftigt
waren.[10] Aber was auch immer Courbet mit seiner wirklichen Allegorie

sagen wollte, sie belegt jedenfalls, daß die Grenzen zwischen Selbstabbildung und anderen Selbstenthüllungen sich zunehmend verwischten. Die romantische Sicht von der Kunst als einem Ausdrucksmedium blieb bis in die Jahrzehnte des Realismus und darüber hinaus erhalten.

Um die Mitte des Jahrhunderts war die Vorstellung bereits gang und gäbe, daß Künstler Schatzgräber waren, die in ihrem verborgenen Sein schürften und ihre innere Geschichte vor einem Publikum ausbreiteten, von dem sie hofften, es werde auf ihre freimütigen Enthüllungen gerührt reagieren. Es ist bezeichnend, daß Maler, die heute praktisch nur noch dem kunstwissenschaftlichen Fachmann bekannt sind, sich auf ihren introspektiven Scharfsinn ebensoviel zugute hielten wie ihre berühmteren Kollegen. Um 1872 malte Barthélemy Menn ein *Selbstbildnis mit Strohhut*, das ihn nüchtern gekleidet und gut in Form zeigt, mit gestutztem grauem Bart und einem breitrandigen Hut, der die Augen beschattet. Genfer von Geburt, vielgereist und gut ausgebildet, Schüler von Dominique Ingres, Freund von Camille Corot und Lehrer von Ferdinand Hodler, zimmerte sich Menn eine wohlüberlegte, produktive Karriere als Professor für Malerei. Die heutigen Schweizer Künstler verdanken seinem Unterricht und seinen Landschaften viel. In seinen späten Fünfzigern schaute er in den Spiegel und erhob die Leinwand zu einer Kurzfassung seiner Lebenserfahrung, machte sie zu seinem «Testament», seinem «Ausweis», der den vergleichsweise bescheidenen Platz umriß, den er in der Welt der Kunst einnahm. Das Bild war seine «Autobiographie».[11] In dem feierlichen Spiel ästhetischer Selbstenthüllung, mochte dieses sich nun explizit des Selbstporträts bedienen oder auch nicht, konnten sich ein draufgängerischer Subversiver wie Courbet und ein braver Bürger wie Menn die Hände reichen: Ihre Seelen zu erforschen und ihr oft widerstrebendes Publikum daran teilhaben zu lassen, waren beide gleichermaßen bemüht.

Zu erklären, warum Künstler ein Bild von sich malen, ist selten so einfach, wie es auf den ersten Blick scheint. Die französischen Impressionisten und die englischen Präraffaeliten zum Beispiel porträtierten sich nur in Ausnahmefällen selbst, obwohl sie sich gelegentlich gegenseitig malten; hingegen schufen die Postimpressionisten – van Gogh, Gauguin, Cézanne – Massen von Selbstbildnissen. Armut, mangelndes Selbstbewußtsein, Stolz aufs eigene Aussehen, vordringliche Beschäftigung mit der Außenwelt – das alles spielte eine Rolle. Der eine Künstler – man denke etwa an van Gogh – möchte seinen Freunden oder Förderern ein persönliches Andenken vermachen. Ein anderer, wie Corot, hinterläßt seinen Eltern ein Erinnerungsbild, als er zu einem langen Aufenthalt nach Italien aufbricht. Ein dritter, zum Beispiel Edouard Vuillard, erforscht sein Erscheinungsbild, während er mit einem neuen Stil experimentiert. Ein vierter – und hier wären viele zu nennen – stellt seine ingeniöse Kunstfertigkeit unter Beweis, indem er ausgefallene oder schwer faßliche Gesichtszüge festhält. Ein fünfter findet sich aus narzißtischer oder auch masochistischer Perspektive so lohnend, abstoßend oder interessant, daß er der Versuchung, sich zu porträtieren, einfach nicht widerstehen kann: Die Bilder von Max Liebermann künden von Selbstliebe, die von Egon Schiele dagegen von Selbsthaß, während die von Berthe Morisot Ein-übungen in die Kunst resoluter Selbsterforschung sind.

Kurz, berufliche Zwänge, ästhetische Vorstellungen, Charaktereigen-schaften, das Verlangen nach Ruhm oder Vergeltung spielen bei der Ver-fertigung von Selbstbildnissen eine Rolle und bieten dem Maler vielfältig Gelegenheit, sich als seriöser Künstler, als feinfühliger Psychologe oder als Philosoph von eigenen Gnaden – oder als all dies zusammen – dar-zustellen. Einfache Erklärungen sind verdächtig. Ende 1889 schreibt van Gogh an seinen Bruder Theo, er arbeite an zwei Selbstporträts «in Er-mangelung eines anderen Modells», und weil es «jetzt höchste Zeit (ist), daß ich ein wenig in Figuren arbeite».[12] Aber das ist zu simpel, um die ganze Wahrheit zu sein: Nach allem, was wir über van Gogh wissen, waren es weit interessantere Gründe, die ihn auf sich als Modell verfallen ließen. Seine Selbstbildnisse waren verzweifelte Versuche – vergebliche Versuche, wie sich erwies –, der destruktiven Kräfte Herr zu werden, die in ihm wüteten.

Mögen Selbstporträts noch so private Gründe haben, sie besitzen eine kulturelle Dimension; sie enthüllen mehr als ein einzelnes Selbst. Sie imitieren oder konfrontieren herrschende Sitten; sie setzen künstlerische Stilrichtungen fort oder stellen sie in Frage. Selbst wo sie in freiwilliger Absonderung einer herrschenden Manier Trotz bieten, sind sie durch-drungen von Werten und Konflikten ihrer Zeit. Als bildliche Sprechakte stellen sie eine stumme Kommunikation dar, die irgendein Publikum, sei dieses auch noch so ausgesucht, voraussetzt; sie sind eine Botschaft des Egos des Malers an das des Betrachters. Die Kunst des Selbstporträts ist ein Spielen mit Erscheinungen, mit Nebensächlichkeiten, mit Darstel-lungsweisen; aber das Spiel gehorcht Regeln und verwendet ein Vokabu-lar, das in fast allen Fällen andere gemacht haben. Maler, die sich wie Paul Gauguin als Außenseiter betrachteten und danach gierten, ihren Indivi-dualismus so provokativ wie möglich zur Schau zu stellen, arbeiteten doch immer noch auf der Schattenseite der Kultur, die sie verabscheuten. Es zeugt von der relativen Offenheit – oder, wie Kritiker sagen würden, dem haltlosen Charakter – der Gesellschaft des 19. Jahrhunderts, daß sich so viele Selbstporträts über die Schranken bürgerlicher Wohlanständig-

keit hinwegsetzten, nur um später wegen ihres Wagemuts Anerkennung
zu finden.

Unter den typischen Posen, die man in der Selbstporträtkunst antrifft,
dürfte die des Malers, der sich beim Malen malt, die naheliegendste sein.
Dieser Akt der Selbstwahrnehmung geht auf Dürer zurück und fand im
17. Jahrhundert mit Velázquez und Rembrandt zu überwältigender Ausdruckskraft.[13] Und angefangen mit Dürer sahen sich die Maler, die in
ihrer beruflichen Eigenschaft posierten, etlichen faszinierenden Problemen konfrontiert. Wenn der Maler nicht umdreht, was er sieht, bleibt das
Bild, das er vom Spiegel abliest – und dieser war vor Erfindung der
Photographie das einzige verfügbare Hilfsmittel –, ein Spiegelbild, bei
dem die Seiten vertauscht sind. Kniffliger noch ist die überzeugende
Wiedergabe der Hand, die den Pinsel hält, eine bekanntermaßen schwierige Aufgabe.[14] Wie den Kunsthistorikern nicht entgangen ist, erweist
sich auch als lästig, daß sich der Maler, der seine Physiognomie einzufan-
gen versucht, mit einem Gesichtsausdruck auseinandersetzen muß, der
nicht unbedingt der normale ist; der auf Bildern üblicherweise anzutref-
fende bohrende Blick ist Konsequenz der steifen Haltung, die eine konzentrierte Selbstbeobachtung erzwingt. Wir können mit Fug und Recht
annehmen, daß nicht alle Selbstporträtisten so finster waren, wie ihr
Konterfei suggeriert. Aber gerade weil der Maler gezwungen war, mit
solch technisch schwierigen Bedingungen fertig zu werden, können die
Selbstbildnisse als triumphale Zeugnisse dafür gelten, daß die entmuti-
genden technischen Probleme dennoch bewältigt wurden. Diese Hom-
magen an die Kunstfertigkeit – und emphatischer noch an den die Kunstfertigkeit Beweisenden – sind wesentlicher Bestandteil der modernen
Suche nach dem Selbst, sind eine Bekräftigung des inneren Werts der
Person, wobei die Bekräftigung nichts an Wert verliert, wenn sie mit dem
Eingeständnis neurotischen Aufruhrs einhergeht. Ob das dem normalen
Kunstliebhaber nun behagte oder nicht, die Bilder schienen zu sagen, daß
der Künstler Achtung verdiente, eben weil er ein Künstler war.[15]

Aber auch unabhängig von seinem beruflichen Status verdiente er Achtung. Indem die Maler das Konzept der Selbstoffenbarung so weit aus-
dehnten, daß es neben dem Selbstporträt auch andere Genres umfaßte,
begannen sie, Anspruch auf philosophisches Niveau zu erheben. Dadurch, daß sie sich als Kronzeugen und Gewährsleute für Zwecke der
Selbsterkenntnis zur Verfügung stellten, halfen diese Künstler mit, die
klassizistische Rangordnung über den Haufen zu werfen, derzufolge Gemälde nach ihren inhaltlichen Themen eingestuft wurden. Vor allem die
Landschaftsmalerei, die bis dahin einen untergeordneten Rang eingenommen hatte, erfuhr als Darstellung der Schöpfungen der Natur eine Neu-

bewertung und erlebte einen neuen Aufschwung. Die Maler konnten auf
einige grandiose Vorbilder aus dem 17. Jahrhundert zurückgreifen, und
sie bemühten sich intensiv, einem Jacob van Ruisdael, Peter Paul Rubens,
Nicolas Poussin oder Claude Lorrain nachzueifern. Sogar für das Malen
im Freien gab es schon Vorbilder. Die einflußreichen Kunstwächter allerdings, von denen die großen Ausstellungen organisiert wurden, gaben
auch weiterhin der historischen, der monumentalen, der moralisierenden
und – für heitere Anlässe – der anekdotischen Malerei den Vorzug. Indes
gab es überall Anzeichen, daß sich etwas bewegte: In Großbritannien
waren es die Landschaftsmaler von Richard Parkes Bonington bis William Turner, in Frankreich die Vertreter der Schule von Barbizon, in
Amerika die Maler vom Hudson River, im neugegründeten Königreich
Italien die Macchiaioli, die zum Malen ins Freie zogen. Und mehr noch:
Viele von ihnen bestanden darauf, daß ihre Bäume, Seen und Berge von
tiefem philosophischem Sinn erfüllt seien. Sie waren bemüht, der Landschaft auf der Karte bedeutungsvoller Kunst einen Platz zu sichern.

Mochten sie nun Romantiker sein oder nicht, mochten sie ihre Überzeugungen äußern oder nicht, diese Künstler waren durchdrungen von
Gedanken einer Religion der Natur. Einige der Besten aus ihren Reihen,
denen der theologische oder metaphysische Hintergrund Unbehagen bereitete, gaben sich damit zufrieden, die Wirklichkeit liebevoll abzubilden,
und verzichteten auf weiterreichende Forderungen an ihr Publikum. John
Constables Aphorismus «Malen ist ein anderes Wort für fühlen» ist viel
zitiert worden, aber das Gefühl, das er meinte, war im wesentlichen die
Fähigkeit, die bleibende Zuneigung sichtbar zu machen, mit der ihn die
Szenerien erfüllten, die ihm seit seiner Jugend vertraut waren, die lieblichen Hügel und Täler, Licht, Schatten und Wolken.[16] Die Landschaft,
äußerte er einmal, sei seine Geliebte und Herrin, wobei der Akzent auf
letzterem lag: das sorgfältige, niemals endende Studium der Natur war
sein Lebenszweck. Bei all seiner Bescheidenheit mußte jedoch auch er
den Preis dafür zahlen, daß er seinen eigenen Weg ging. «So wenige unter
den Käufern und Verkäufern von Bildern verstehen etwas von ihnen»,
sagte Constable 1836, nicht lange vor seinem Tod; solches Verstehen
entsprang nach seiner Ansicht nur einer ernsthaften Beschäftigung mit
der Natur.[17] Er sprach für die Wagemutigeren seiner Kollegen. Sicher,
man erhob seine Bilder in den Rang eines nationalen Kulturguts – aber
erst nach seinem Tode.

Camille Corot, der sein Verhältnis zur Malerei nicht entfernt so deutlich in Worte faßte wie Constable, der diesem aber in seinem unablässigen
Streben nach einer naturgetreuen Wiedergabe glich, ging es nur wenig
besser. In seinen letzten Jahren – er starb 1875 im Alter von neunundsieb-

zig Jahren – wurde er von seinen dankbaren französischen Kollegen zum
Vater der modernen Landschaftsmalerei erklärt, während die Sammler für
seine Gemälde exorbitante Preise zahlten. Aber er hatte bereits ein Vierteljahrhundert lang gemalt und war an die fünfzig, ehe sein Werk – die
klassischen Stadtbilder des antiken Rom und die diesigen Szenen im
Freien, auf die man durch fiedriges Laub einen Blick erhascht – bei einem
breiteren Publikum Anklang fand.

Anders als Constable und Corot mit ihrem ernsthaften, aber schlichten
Programm verkündeten andere Maler das Evangelium «einer Landschaftsmalerei höheren Stils». Für diese hochtrabende Phrase war Louis
Noble verantwortlich, der sie in seiner 1853 erschienenen Biographie
über den amerikanischen Landschaftsmaler Thomas Cole verwendete. In
großangelegten Zyklen wie *Die Reise des Lebens* oder *Die Bahn des
Imperiums* tat er seine Überzeugung von der «Großartigkeit und Ernsthaftigkeit» der «Mission» kund, die er als Maler zu erfüllen hatte; mit
seinen ehrgeizigen Themen, seinen weiten Horizonten und seinen überdimensionalen Leinwänden hoffte er, über die «leblose Nachahmung von
Dingen» hinauszugelangen und seine Bilder «mit einer Empfindung erfüllen oder mit einer Wahrheit durchdringen» zu können.[18] Eine Zeitlang
erwarb sich Cole durch seine mit Tiefsinn aufgeladene Darstellung imaginärer oder realer Landschaften eine Berühmtheit, wie sie kaum ein anderer amerikanischer Maler beanspruchen konnte. Aber sein Ruhm war nur
von kurzer Dauer und verblaßte, wie vorhersehbar, rasch wieder. Man
sollte annehmen, daß der bildliche Pantheismus der metaphysisch gestimmten Maler, der zumeist keine konfessionelle Bindung verlangte,
geradezu prädestiniert war, breiten Anklang zu finden. Auf der Leinwand einen Naturkult zu zelebrieren – der Empfindungen weckte, die
ganz andere waren als das sinnliche Vergnügen, das der Aufenthalt im
Freien bereitet – schien ein bequemer Weg, sich Zutritt zur bürgerlichen
Gefühlswelt zu verschaffen. Wer seine Malerei unter dieses naturkultliche
Credo stellte, bot dem bilderkaufenden Publikum eine ästhetisch-reli-
giöse Erfahrung, auf die es dank ländlicher Spaziergänge, lyrischer Gedichte und alter holländischer Gemälde eigentlich vorbereitet sein mußte.
Die Geschichte der Landschaftsmaler des 19. Jahrhunderts bis hin zum
Impressionismus belegt indes, welch mühseliger Weg diejenigen erwartete, die sich über die traditionelle Rangordnung in der bildenden Kunst
hinwegsetzten.

Caspar David Friedrich, dessen Bedeutung als Künstler und Zeitzeuge
erst in neuerer Zeit außerhalb Deutschlands zur Kenntnis genommen
wurde, ist in dieser Hinsicht ein lehrreiches Beispiel. Das zweifelhafte
Kompliment «Metaphysikus mit dem Pinsel» wurde zuerst ihm verlie-

hen, und er verdiente es voll und ganz.[19] Aber nachdem er 1840 gestorben war, wurde er jahrzehntelang von den Kunstkritikern geringschätzig abgetan, von den Kunsthistorikern vergessen, von den Sammlern übergangen und von den Museen im Magazin verstaut. Erst nach 1900 wurde er wiederentdeckt, und da spielte er bezeichnenderweise die Rolle eines Faustpfands im mörderischen Kampf, der innerhalb des deutschen Bürgertums tobte: die Bildungsbürger, die Friedrich würdigten, spielten seine «gesunde» Innerlichkeit gegen den «Materialismus» und die «Oberflächlichkeit» der Wilhelminischen Kultur aus.[20] Das Erstaunliche an dieser Wiederentdeckung ist nicht, daß es dazu kam, sondern daß sie sich erst so spät ereignete: In seiner Religiosität und seiner Innerlichkeit war Friedrich ein typischer Vertreter seiner Zeit, seiner Klasse und seiner Kultur. Seine Botschaft war nur einfach zu anspruchsvoll, nicht hinlänglich leicht verständlich.

Friedrich selbst stellte den Bekenntnischarakter seiner Kunst nie in Frage. Im Laufe seiner langen Karriere schuf er rund zehn explizite Selbstbildnisse, in der Mehrzahl Zeichnungen. Aber praktisch alle seine Gemälde dienten als Beweis für seine Ansicht, daß jedes Bild im Grunde ein Selbstbildnis ist. Und mit dieser Sicht von seiner Tätigkeit stand er nicht etwa allein: Wenn er für eine ozeanische Identifizierung mit der Natur eintrat, so war diese Haltung unter seinen Romantikerkollegen gang und gäbe.

Dennoch gaben seine gemalten Autobiographien dem breiteren Publikum eine harte Nuß zu knacken. Im Jahre 1815 beschrieb er einer Künstlerkollegin eine seiner symbolischen Landschaften: «Das Bild ... ist bereits angelegt, aber es kommt keine Kirche darauf, kein Baum, keine Pflanze, kein Grashalm. Am nackten, steinigten Meeresstrande steht hochaufgerichtet das Kreuz, denen, so es sehen, ein Trost, denen, so es nicht sehen, ein Kreuz.» Dieser Satz tönt wider von den Ansprüchen der Kunst des 19. Jahrhunderts auf die Funktion einer Selbstoffenbarung wie auch von ihren vexierbildlichen Seiten. Friedrichs Enthüllungen waren programmatisch; in einem Strom von Briefen, Gedichten und Aphorismen versicherte und veranschaulichte er wieder und wieder, wie sehr es ihm darum ging, seine innersten Gedanken und Empfindungen festzuhalten. «Der Maler soll nicht bloß malen, was er vor sich sieht», erklärte er, «sondern auch, was er in sich sieht. Sieht er aber nichts in sich, so unterlasse er auch zu malen, was er vor sich sieht.»[21] Diese Äußerungen erübrigten sich eigentlich: Es ließ sich kaum bezweifeln, daß Friedrichs wahres Thema sein inneres Selbst war oder daß sein ganzes Werk auf eine mit ganzem Herzen betriebene Übung in religiöser Autobiographie hinauslief.

Friedrich hatte mit der Malerei vor 1800 begonnen, als Novalis noch lebte und Hölderlin noch nicht dem Wahnsinn verfallen war. Vier Jahrzehnte lang übersetzte er die Theologie der deutschen Romantik in Malerei, wobei er stark beeinflußt war von der ästhetischen Religiosität Schleiermachers, Tiecks und Schellings und sogar von dem intellektuell anspruchsvollen Hegel. Alles andere als ein eigenständiger Denker, entnahm er ihren Schriften die hingebungsvolle Emphase, die er bereits in sich selbst entdeckt hatte. Als malender Metaphysiker zog er für die Romantik in den Kampf, um die Welt dem Glauben zurückzuwinnen, die schöpferische Macht der Phantasie neu zu begründen und die zentrale Bedeutung des schlichten Selbstes unter Beweis zu stellen. Zerfallen mit seinem «seichten» Zeitalter, forderte er: «Was unsere Urväter in kindlicher Unschuld oder Blindheit geglaubt und getan, das sollen auch wir trotz aller bessern Erkenntnis noch immer glauben und tun.» Seine Ölgemälde von Bergen im Dunst, windschiefen Bäumen auf dem Feld, einem Mönch, der von der einsamen Küste aufs verlassene Meer hinausblickt, zwei Männern, die mit dem Rücken zum Betrachter zum Mond hinaufschauen – alle legten sie Zeugnis ab vom Wirken der Gottheit. Das taten auch seine zahllosen Skizzen von Blättern und Zweigen, deren Präzision belegt, mit welch unendlicher Treue er der Natur folgte; sie waren Ausdruck seines Glaubens an den Gott, der sie gemacht hatte. Ein Gemälde, davon war Friedrich überzeugt, mußte «die freie geistige Nachbildung der Natur» sein; die Natur zu kopieren reichte nicht aus, man mußte sie fühlen.[22]

Daher reichte bloße Technik, wiewohl Friedrich sie meisterhaft beherrschte, niemals aus. Wenn er an einem anderen Künstler lobte, er sei «mehr Dichter als Maler», so faßte er sein eigenes ästhetisches Ideal in Worte. Daß er in seinem persönlichen Selbst seinen eigentlichen Lehrer sah, war da nur konsequent. «Wer selber Geist hat, kopiert nicht andere», schrieb er. «Des Künstlers Gefühl ist sein Gesetz. Die reine Empfindung kann nie naturwidrig, muß immer naturgemäß sein.» Da er sich über Künstlerkollegen normalerweise abschätzig, ja, bösartig äußerte, ist es bemerkenswert, daß er bei einer der seltenen Gelegenheiten, wo er sich über einen anderen Künstler lobend äußerte, diesem eine «kindlich reine Seele» bescheinigte. In typisch romantischer Manier verglich Friedrich die Wissenschaft mit einem Erwachsenen und die Kunst mit einem Kind, wobei man wissen muß, daß damit der Vergleich zugunsten der Kunst entschieden war.[23]

In Zeiten der Hochstimmung fühlte Friedrich, wie sein Selbst mit dem Werk verschmolz. Gegen 1810 äußerte er die Hoffnung: «Vielleicht ist es mir gelungen, nach Verlauf von einem halben Jahr meine Gedanken auf der Leinewand hingepinselt zu haben.»²⁴ Aber während die inneren Wahrheiten, die er vermitteln wollte, viele vor Rätsel stellten, hatten die Empfänglicheren nach eigenem Bekunden keine Schwierigkeiten, seine Hieroglyphen der allmächtigen Natur zu entziffern. Er bestand darauf, daß seine Landschaften esoterische Gebilde, daß sie allesamt Allegorien waren. Viele von ihnen belebte er – wenn das der richtige Ausdruck ist – mit einsamen Gestalten, die in die Ferne schauen, auf einen Hafen mit abfahrenden Schiffen, in eine trostlose Winterlandschaft, in einen schwindelerregenden Abgrund, auf einen nächtlichen Friedhof, auf weite öde Gebirgslandschaften. Sie scheinen den Betrachter einzuladen, sich ihnen beizugesellen und an der ehrfürchtigen Betrachtung des göttlichen Schauspiels teilzuhaben, das der Künstler beschwört. Erfüllt vom hohen Ernst seiner Mission, sah Friedrich in der Kunst eine «Mittlerin zwischen der Natur und dem Menschen».²⁵

Dementsprechend behandelten einige der ersten Interpreten Friedrichs seine Bilder wie durchsichtige Träume, zu deren Verständnis ein einfacher Katalog von Symbolen den Schlüssel liefern konnte; leichtgläubige spätere Interpreten übernahmen diese Sicht. Ein Kreuz steht dann für den Glauben, ein Fels für Stabilität, eine Fahne für Patriotismus, ein Schiffswrack für Untergang. Aber solch eine mechanistische Verfahrensweise trivialisierte Friedrich, auch wenn sie eigentlich dazu gedacht war, ihn zu verklären. Die Konturen seiner Frömmigkeit bleiben unausgemacht, und das hätte er auch nicht anders gewollt. Er sah es nicht als seine Aufgabe an, die Mitmenschen zu seiner höchstpersönlichen Ausprägung des lutherischen Glaubens zu bekehren. Als Seher lud er andere dazu ein, ebenfalls zu sehen. Das hielt er für ausreichend, aber jahrzehntelang war es das nicht.

Die Reaktion der Öffentlichkeit auf die Maler der Schule von Barbizon bestätigt Friedrichs Erfahrung. Wie ihr Meister Corot es getan hatte, richteten sich ihre Hauptvertreter Théodore Rousseau, Charles-François Daubigny, Constant Troyon, Jean François Millet und andere ihr Atelier im Dorf Barbizon ein und stellten ihre Staffelei im Wald von Fontainebleau auf, um die Natur unmittelbar vor Augen zu haben und zu malen. Mit missionarischem Eifer bemühten sie sich, das Gefühl zu vermitteln, das die buchstäblich so verstandenen Wunder der freien Natur in ihnen weckten; sie hofften, die Herzen des bilderkaufenden Publikums erreichen und ansprechen zu können. «Alle Kunst», verkündete Millet, «ist eine Sprache, die dazu da ist, die eigenen Gedanken zum Ausdruck zu bringen.»²⁶ Und Rousseau interpretierte diese Gedanken, indem er davon schwärmte, wie er in der Stille der Wälder die Bäume und die Steine zu ihm reden höre. Aber jahrelang gewann kaum jemand ihrer Botschaft etwas ab. Außer Corot, dem es gutging, und Millet, der zu einer öffentlichen Kultfigur aufstieg, wurden die Künstler der Barbizon-Schule von den Sammlern und den Kunstrichtern der Salons, der jährlichen Kunstausstellungen im Louvre, lange Zeit abgelehnt und verbrachten Jahrzehnte in Armut, ehe der Kunstbetrieb ein paar von ihnen anerkannte und ehe sie, die bereits im fortgeschrittenen Alter standen, ihre Landschaften zu passablen Preisen verkaufen konnten.[27]

Diese Lebensgeschichten pinselbewaffneter Metaphysiker des 19. Jahrhunderts machen deutlich, daß die meisten Kunstkonsumenten aus den besseren Kreisen ihre Zeit brauchten, ehe sie die Selbstenthüllungen der modernen Künstler verdaut hatten. Für die Traditionsbewußten war solche Malerei mit Bekenntnisanspruch nichts weiter als narzißtische Zurschaustellungen, die sich nur an einige Künstlerkollegen richteten. Aber in einem Zeitalter des radikalen Wandels veränderte sich auch der Kunstgeschmack und ließ die neuen Ansprüche der Künstler für das bürgerliche Publikum, das die Museen besuchte, verständlicher werden, ja, sogar einen Reiz gewinnen.

2. Kultbilder zum Träumen

Geradeso wie die Künstler mehr als einen Grund hatten, in Gemälden, Zeichnungen und Radierungen ihr Herz bloßzulegen, hatten auch die bürgerlichen Betrachter ihrer Kunst mehr als einen Grund, darauf anzusprechen. Die Kultivierteren im Mittelstand waren zutiefst von der Wichtigkeit der Kunst überzeugt. Das 19. Jahrhundert war eine Zeit der Amateurkünstler; das Zeichentalent zu pflegen und Meisterwerke in den Museen zu kopieren war vielfach fester Bestandteil der Bildung im Mittelstand; und mancher Reisende machte nützlichen Gebrauch von dem Erlernten. Diese Übung vermittelte vielen Gebildeten ein gewisses Gefühl für die Botschaften, um deren Verbreitung es den Berufskünstlern zu tun war. Wachsende Teile der bürgerlichen Öffentlichkeit lernten – sei's als rezeptive Betrachter, sei's als großzügige Mäzene – die Künstler zu schätzen, vorausgesetzt, diese wichen nicht zu radikal von den akzeptierten Stilrichtungen ab.

Unterschiede im bürgerlichen Geschmack gingen in beträchtlichem Maße auf Unterschiede in den Vermögensverhältnissen zurück. Der Mittelstand des 19. Jahrhunderts war in zahlreiche ökonomische und soziale Schichten zerspalten, die von der Großbourgeoisie bis zum Kleinbürgertum, vom Bildungs- bis zum Spießbürgertum reichten; selbstverständlich hatte der Platz, den man in diesen Rangordnungen einnahm, Einfluß

darauf, welche Kunst man sich an die Wand hängte. Der Bankier in Paris,
der Fabrikant in Liverpool, der Rentier in Köln, die Frau des Großindu-
striellen in Chicago konnten Originale sammeln, während weniger be-
tuchte Bürger sich mit Kopien oder, weit häufiger noch, mit Reproduktionen zufriedengeben mußten. Aber welche Art Kunstwerk dem Käufer
gefiel, ließ sich nicht mit letzter Sicherheit vorhersagen. Die Überzeugung, daß Kunst etwas mitzuteilen hatte, das nicht in visuellen Reizen
oder protzigen Geldausgaben aufging, komplizierte die Kaufentschei-
dungen und wies zumindest teilweise über ökonomische oder soziale
Statusrücksichten hinaus.

Die Ratgeberliteratur, die ungezählte Scharen aufstrebender Bürger im
19. Jahrhundert so unentbehrlich fanden, trug diesen Tatsachen Rechnung. «Wertlose Bilder in prunkenden Rahmen wird kein Gebildeter in
seiner Wohnung dulden», erklärte Konstanze von Franken streng in
ihrem Benimmbuch, das dem mittleren Bürgertum in Deutschland gegen
Ende des Jahrhunderts Gesetz war. «Kannst du dir gute Ölbilder an-
schaffen, so werden sie der schönste Schmuck deiner Wohnung, deinen
und fremden Augen eine Erquickung sein; sind dir gute Ölbilder zu
teuer, so ziehe schöne Photographien, Stahlstiche und ähnliche Nachbildungen berühmter Gemälde, wie man sie jetzt in seltener Vollendung und
für geringe Kosten bekommt, schlechten Gemälden oder wertlosen Öl-
druckbildern vor.»[1] Zu dieser Zeit waren dank einer bereits hochentwik-
kelten Kunstindustrie Meisterwerke leicht zu bekommen. Im Jahre 1874
sang *Die Gartenlaube*, die weltliche Bibel der deutschen Mittelstandskultur, das Lob der Techniken, die das möglich gemacht hatten: «Unter den
vervielfältigenden Künsten, dem Holzschnitt, Kupfer- und Stahlstich,
nimmt neuerdings die Typographie der Malerei als Öldruck und Photographie einen immer höheren Rang ein, weil dadurch der großen Menge
die seltensten und teuersten Schätze aller Zeiten und Zonen allgemein
zugänglich gemacht werden...» Unter beflissener Ausblendung der bangen Ressentiments, die bei den Malern jene neuerfundene, tückische
Konkurrentin – die Photographie – erregte, äußerte *Die Gartenlaube* die
Hoffnung, exakte Farbreproduktionen bald schon Wirklichkeit werden
zu sehen; sie konnte sich «vorläufig kaum einen schöneren Triumph auf
dem Gebiet der Kunst und der Lebensverschönerung denken».[2]

In diesem Klima zeigten sich die professionellen Ratgeber zwar bereit,
individuellen Vorlieben einen großzügig bemessenen Spielraum zu gewähren, hielten aber gleichzeitig den mahnenden Zeigefinger hoch und
forderten Sinn fürs Angemessene. «Die Möblierung eines Wohnzimmers
kann dem Geschmack und der Phantasie der Dame des Hauses überlas-
sen bleiben und sollte sich nach dem Vermögensstand richten», stellte im

Jahre 1885 ein französisches Benimmbuch fest. Und die Verfasser taten ihrer Leserschaft kund, daß «guter Geschmack» bei der Auswahl der Kunstwerke nicht weniger wichtig sei als beim Silberzeug oder der Tapete.[3] Solche Ratschläge an die Gebildeten und der Bildung Zugänglichen waren es, die mithalfen, den Kunstgeschmack vom Diktat des Einkommensniveaus unabhängig zu machen. Und das Bürgertum, ob reich oder arm, setzte auch kein bestimmtes Genre als allgemein bevorzugtes durch: Porträts, Landschaften, religiöse und säkulare Genremalerei – das alles fand seine Anhänger quer durch die ökonomischen Schichten und über die nationalen Grenzen hinweg, wobei die Vorlieben gemäß den Strömungen des Geschmackes wechselten.

Ein weiteres Unterscheidungsmerkmal, das für die vorliegende Untersuchung von besonderem Belang ist, war die Fähigkeit und die Bereitschaft der Kunstliebhaber, unter die Oberfläche vorzudringen. Viele konnten oder wollten offenbar nicht die Unterhaltung der Selbsterforschung opfern. Die beliebten Gemälde, die sich in Familienzeitschriften immer wieder abgebildet fanden, belegen das: der röhrende Hirsch, die trinkfesten Mönche, die strahlend vor einem Glas Wein sitzen, die Kätzchen, die mit einem Wollknäuel spielen, die Kleinkinder, die das Ärmchen zur mütterlichen Wange ausstrecken, ein hochkolorierter Heiland, der die Volksmenge segnet – dies sollte ein Schmunzeln oder eine Träne der Rührung hervorlocken, nicht aber zu tieferen Gefühlen, geschweige denn zur Selbstprüfung Anlaß geben. Kitsch war ein Schutz gegen Innerlichkeit. Manchmal allerdings endete etwas als Kitsch, was als Kunst begonnen hatte; die Popularität steckte voller Überraschungen. Ein Blick auf zwei Maler, die beide beim Publikum Erfolg hatten, Jean François Millet und Arnold Böcklin, kann die Situation verdeutlichen.

Millet war der einzige Vertreter der Schule von Barbizon, der phasenweise schon zu Lebzeiten und dann noch eindrucksvoller nach seinem Tod im Jahre 1875 Anerkennung genoß. Der Maler, der berühmt dafür war, daß er im Zentrum seiner Landschaften die undeutlichen Gestalten von Männern und Frauen bei der Landbestellung zeigte, kam ohne einen Pfennig in der Tasche nach Barbizon, freundete sich rasch mit seinen ebenso mittellosen Malerkollegen an und blieb. Die Begeisterten, die seine Bilder lobend rezensierten und die später die Monographien und Biographien über ihn schrieben, haben sich mit Vorliebe auf die Leidensaspekte seiner Karriere gestürzt: auf die Kunstrichter der Salons, die seine Bilder verwarfen, weil sie ihnen gemein erschienen, auf seine hungernde Familie, die begierig auf die Nachricht wartete, daß er wieder eines seiner unkonventionellen Bilder verkauft hatte, darauf, daß ihm das Leben durch philisterhafte Fehldeutungen seiner Absichten verbittert wurde.

Dieses finstere Bild von seinem Leben ist nicht aus der Luft gegriffen: Millet malte Bilder, die in den Kreisen der besseren Gesellschaft abgelehnt wurden, er hatte eine Lebensgefährtin und viele Kinder zu ernähren, er hatte Geldsorgen. Und doch traut, wer Millets Elend auf Kosten seiner Erfolge herausstreicht, allzusehr dem Zeugnis antibürgerlicher Ideologen, der nostalgischen Verklärer ländlicher Unschuld ebenso wie der radikalen Sprecher einer literarisch-politischen Avantgarde. Im Streit mit dem Bürgertum liegend, prangerten beide Gruppen eifrig die Beschränktheit und Unbildung an, die den respektablen – das heißt mittelständischen – Galeriebesucher nach ihrer Ansicht charakterisierte.

Es war eine für diese angriffslustige Truppe typische Reaktion, daß Théophile Gautier, als Millet im Salon von 1848 das Bild *Le Vanneur* ausstellte, diese Darstellung eines robusten Bauern beim Dreschen als ein Gemälde beschrieb, «das alles hat, was nötig ist, um dem glattrasierten Bürger einen Schauer über den Rücken zu jagen». Als er die Salons der fünfziger und sechziger Jahre des letzten Jahrhunderts Revue passieren ließ, pries der glänzende Kunstkritiker Théophile Thoré, der kein Blatt vor den Mund zu nehmen pflegte, Millet als Hoffnungsschimmer für die französische Kunst in einer Zeit des Verfalls, wenngleich – oder vielmehr weil – das Bürgertum ihn verabscheue.[4] Tatsächlich wurden viele der von Millet eingereichten Bilder im Salon ausgestellt; großzügige Freunde und schlaue Händler sorgten dafür, daß er bei Kasse blieb; und in den sechziger Jahren erlebte er, daß die Auktionspreise seiner Bilder sich vervierfachten. Und die Kunstkritiker, die im Paris der Jahrhundertmitte ein lautstarkes, streitsüchtiges und florierendes Völkchen waren, nahmen ihn ernst genug, um sich über den Wert seines Werkes in die Haare zu kriegen. Im Jahre 1867 erhielt Millet sogar den begehrten Orden der *Légion d'honneur* – für einen Maler, der Bauern malte, eine unverhoffte Ehrung. Sein engster Freund und erster Biograph Alfred Sensier aber, dem dies alles noch nicht genügte, tat ein übriges und legte Millet den reichen und frommen Sammlern durch die hochdramatische Schilderung seiner anfänglichen Armut ans Herz, wobei er geflissentlich die Tatsache verschwieg, daß er mit der Lebensgefährtin, mit der er neun Kinder hatte, in wilder Ehe lebte.

Sicher, Millet kam als Bauer zur Welt, wurde als Bauer aufgezogen und verleugnete nie seine bäuerliche Jugend in einem Dorf in der Normandie, ungeachtet der Kenntnisse in klassischer und moderner Literatur, die er sich später erwarb. Er schöpfte im Gegenteil Kraft aus seinem bäuerlichen Erbe: Er vermochte die Landbevölkerung, die er so gut kannte, ohne Herablassung und, wie er hoffte, auch ohne Idealisierung zu porträtieren. Als er für Thoré seine *Paysanne revenant du puits* analysierte,

legte er Wert auf die Feststellung, er habe «wie stets mit einer Art panischer Angst alles vermieden, was in Richtung Sentimentalität weisen
könnte».⁵ Er zeigte Bauern beim Säen, Ernten, Spinnen, Schafehüten,
Holzfällen, Reisigsammeln, zeigte ihre Gesichter tiefgebräunt von der
Arbeit im Freien und ihre Rücken gekrümmt von der ewigen Plackerei,
zeigte ihre rauhen Hände und ihren leeren Blick. Nach anfänglichen
Ausflügen in die Kunst des Porträts und des Selbstporträts und in die
Aktmalerei erhob er die Bauern praktisch zu seinem einzigen Thema und
zu seiner einzigen Ideologie – der Bauer als überwältigende Natur-
erscheinung. Was seine Bewunderer daraus machten, ist eine erstaunliche
und erhellende Geschichte.

Am besten läßt sie sich vor Augen führen, wenn wir uns kurz an-
schauen, was mit dem 1895 fertiggestellten Gemälde *Angelus* passierte.
Millet war an Kritik und Auseinandersetzungen gewöhnt: Sein Bild *Les
Glaneuses* von 1857 erschien manchen als revolutionäres Manifest, während andere *L'homme à la houe*, das fünf Jahre später fertig wurde, als
Beweis für Millets Hang zu «unedlen» Modellen oder «extremistischen»
politischen Überzeugungen betrachteten.⁶ Das waren massive Anwürfe,
und Millets Mann mit der Hacke provozierte in der Tat starke Reaktionen; dennoch ließ sich ein weit größeres Publikum auf zwei Kontinenten
nicht davon abbringen, nach dem Beispiel des Verfassers einer amerikanischen Flugschrift aus dem Jahre 1889 in Millet den Maler des *Angelus*
zu sehen.

Zwei bäuerliche Personen stehen auf einem gepflügten Acker mit land-
wirtschaftlichem Gerät zu ihren Füßen. Die Frau ist in Licht gebadet, hat
den Kopf gebeugt und die Hände zum Gebet gefaltet; der Mann steht ihr
gegenüber mit dem Rücken zur Sonne und fingert an seinem Hut herum.
Sie begehen den heiligen Augenblick, in dem die Glocke der Dorfkirche,
die im Hintergrund sichtbar ist, zum Angelus läutet, der täglichen Andacht, die den Gläubigen an die Menschwerdung Christi erinnert. Unabhängig von der Absicht, die der Maler mit ihm verknüpft haben mochte,
war das Bild rasch ein fester Posten im geistigen Haushalt des Bürgertums und in dem Maß, wie billige Reproduktionen erhältlich waren, auch
der ärmeren Familien. In den aufwendigen, reich illustrierten Büchern
über Millets Werk, die in den neunziger Jahren des letzten Jahrhunderts
erschienen, diente das *Angelus* gewöhnlich als Frontispiz oder schmückte
die Titelseite. Dichter schrieben für die Zeitungen Verse darüber. Drucke
zu passablen Preisen und noch billigere Radierungen und Farblithogra-
phien von dem Bild sorgten für seine Verbreitung unter Zigtausenden von
Leuten, die normalerweise keine Gemälde kauften; Aussteller machten
mit ihm die Tour durch die großen Städte Amerikas, während Fabri-

kanten gängige Haushaltsartikel mit ihm bedruckten: Servietten, Hand-
tücher, Wandschmuck, Medaillons, Lampen, Porzellan, Salzbüchsen.[7]

Der Kult, der mit *Angelus* getrieben wurde, und seine Verkaufsge-
schichte bestärken einen in dem Eindruck, daß hier ein Kunstwerk außer
Kontrolle geriet, eine Eigendynamik entwickelte. Millet verkaufte das
Bild, das von einem Amerikaner in Auftrag gegeben, aber nie abgeholt
wurde, für lumpige 1000 Francs; mit jedem der zahlreichen Besitzer-
wechsel stieg der Preis rasch immer weiter an. Ende der sechziger Jahre
kaufte Durand-Ruel, Millets Kunsthändler, das Bild für 30000 Francs,
nur um es kurz danach mit einem saftigen Gewinn wieder zu veräußern.
Die Preissteigerung erwies sich, einmal in Gang gekommen, als unaufhaltsam: im Jahre 1881 erzielte das Gemälde 160000, und es dauerte nicht
lange, da war der Preis auf 300000 geklettert. Dann fingen die Amerikaner an mitzubieten, und als die Franzosen die Mittel nicht mehr aufbrin-
gen konnten, erwarb der Amerikanische Kunstverein *Angelus* für alles in
allem 580650 Francs. Die Presse in den USA und in Frankreich kochte
den Wettstreit zu einer Sensationsgeschichte hoch; zu guter Letzt siegte
der französische Patriotismus über die französische Sparsamkeit. *Angelus*
kehrte für die fürstliche Summe von 800000 Francs ins Heimatland zurück und bezog 1909 Dauerquartier im Louvre. Der Nationalstolz hatte
sich als teurer Spaß erwiesen.

Nicht die Publizität allein ließ *Angelus* für die vielen zu einem Augen-
und Seelenschmaus werden. Die hitzigen Debatten um das Gemälde, die
Reden in der Deputiertenkammer, die Briefe an die Redaktion, die Erklärungen der Museumsdirektoren konnten das Interesse höchstens
anstacheln; für die glühenden Bewunderer des Bildes lag sein entschei-
dendes Geheimnis in der Botschaft, die sie in es hineinlasen. Diejenigen,
die sich – oft überschwenglich, selten mit Augenmaß – mit Millets Werk
analytisch auseinandersetzten, waren schwerlich für den Erfolg des *Angelus* verantwortlich zu machen. Sie zitierten ihn gern mit der Absichts-
erklärung, «das Triviale für den Ausdruck des Sublimen zu nutzen», und
sie akzeptierten seine Dementis: Was auch immer tendenziöse Geister
sagen mochten, Millets heroische Bauern waren kein Protest gegen soziale Ungerechtigkeit, kein Angriff gegen das Zweite Kaiserreich, kein
sektiererisches Glaubensbekenntnis. Hatte er nicht mehrfach betont, daß
er kein Sozialist, kein Revolutionär war? In Würdigung der Monumenta-
lität seiner Figuren konzentrierten sich Essayisten und Biographen auf
die Art und Weise, wie Millet realistische Darstellungen der ländlichen
Armen zu universaler, symbolischer Bedeutung erhob.[8]

Millets leidenschaftlichere Bewunderer kamen indes dem Kern seiner
Popularität näher. Sie nannten ihn einen Realisten mit Dichterseele; für

die inbrünstigsten unter ihnen war er weit mehr als ein Realist: was er verkünde, schrieb einer, sei «eine Wahrheit viel höherer Ordnung», er sei ein «Seher», dessen Berührung veredelnd wirke. Sie stellten Millet als jemanden vor, der die Öffentlichkeit ins Vertrauen zog und andere sehen und empfinden ließ, was er selbst gesehen und empfunden hatte. Durch die prosaische Darstellung bäuerlicher Genreszenen hindurch wirkte ein elektrisierender Funke, der vom Geiste eines großen Meisters auf die Massen übersprang: Millets «gewissenhaftes Studium der Natur» machte es möglich, daß von seinen herrlichen Ölgemälden «eine große religiöse und mystische Emanation» ausstrahlte. In den USA, wo man *Angelus* ins Herz schloß, wurde Millet als «Bauernapostel» und als «Evangelist der Felder» bezeichnet. Ob die Reaktion seine unverbrüchliche Hingabe an die heimatliche Scholle rühmte oder ob die Radikalen in seinen gebeugten Figuren einen Aufruf zum sozialen Kampf sahen – für beide verkörperte er ein heiliges Anliegen. Im *Angelus*, schrieb der katholische Pfarrer George McDermot, «sieht man wie in einer Art von Verzückungszustand Linien, die gleich Strahlen der göttlichen Gnade die Bauern auf dem Feld mit dem Lichte des Lebens jenseits des Grabes verbinden». Was Millets Bauern davor bewahre, als bloße grobe Tölpel zu erscheinen, erklärte ein anderer katholischer Bewunderer, sei «jene Stimme vom Himmel».[9]

Das war schiere Projektion. Wir wissen, daß Millet beim Malen des *Angelus* nostalgisch eine Lebenserinnerung aufgefrischt hatte: er habe, schrieb er einem Freund, das Bild gemalt und dabei an seine Großmutter gedacht, die jeden Tag ihre Arbeit auf dem Feld unterbrochen habe, um das *Angelus* zu beten. Millets Verehrern reichte das nicht; sie nahmen *Angelus* nicht als Hommage an eine bestimmte gottesfürchtige Bäurin, sondern als ein an die Welt gerichtetes Glaubensbekenntnis. Ganz unabsichtlich hatte Millet, der kein praktizierender Katholik war, einen Nerv getroffen, jenen Nerv, den Friedrichs Malerei nicht in Schwingungen hatte versetzen können, weil es ihr an Unverblümtheit fehlte: die Sehnsucht nach einem Leben, das von seiner Gottlosigkeit befreit war. Den Kern der Faszination, die von dem Bild ausging, bildete die Verheißung einer mühelosen Religiosität. «Die Welt ist entgöttert», schrieb der deutsche Kunsthistoriker Albert Dresdner im Jahre 1904, «es gilt, sie von neuem Gott und das Göttliche erkennen und ehren zu lehren.»[10] Es sagt viel aus über die seelischen Bedürfnisse der Bürger des 19. Jahrhunderts, daß Dresdner diese Forderung in einem Essay über Millet erhob.

Arnold Böcklin ist Millets gefährlichster Konkurrent, wenn es darum geht, welcher Künstler auf den Titel eines idealen Repräsentanten bürgerlichen Bewußtseins Anspruch erheben kann. Seine Gemälde fanden nicht so große Verbreitung wie die von Millet; das Prestige, das sie erwarben, blieb auf den deutschsprachigen Raum beschränkt, wo seine Art zu empfinden ganz eigentümlich hinzupassen schien. Aber ungeachtet dieser Beschränkung lohnt es, ihn sich genauer anzuschauen, weil er wie wenige andere Maler seines Jahrhunderts die mittelständische Phantasie erfaßte. 1827 in Basel geboren, führte er jahrelang ein Wanderleben. Er studierte in Düsseldorf, kehrte mehrfach nach Basel zurück und ließ sich in Zürich, in München und zuletzt in Italien nieder, wo er im Jahre 1901 starb. Italien bot ihm Sonne und Ruhe, Ansichten, die sich malen ließen, und ein Gefühl von Heimat, was ihn nicht hinderte, sich trotzig als der deutscheste aller Maler zu sehen, womit er sich bei vaterländisch Gesinnten Zustimmung und Beifall sicherte. Anfangs stießen sich Kritiker und Kunstkenner an dem Kult der Häßlichkeit, den sie Böcklin vorwarfen, und an seinem handgestrickten Pantheon aus Göttern und Satyrn. Aber nach und nach gewann er eine Gefolgschaft von glühenden Verehrern, die durch Wagner aufs Mythisieren eingestimmt, des Realismus überdrüssig, von den französischen Importen unbeeindruckt und für Böcklins rauhe Erotik empfänglich waren. Die Stimmungen, die Böcklin bei der Behandlung seiner Themen erzeugte – sie waren es, die ihn nach einer gewissen Zeit unwiderstehlich werden ließen. «Erst höhnten, dann vergötterten sie ihn», erinnerte sich der Böcklin-Partisan Maximilian Harden in einem lyrischen Rückblick.[11]

Das ist nur unwesentlich übertrieben. Vor dem Ende des Jahrhunderts, als Böcklin auf dem Gipfel seiner Popularität stand, ging der angesehene Literat und Essayist Franz Servaes so weit, ihn mit Goethe und Beethoven auf eine Stufe zu stellen und in einer deutschen Trinität zu vereinigen. Die Fähigkeit der zivilisierten bürgerlichen Kultur des 19. Jahrhunderts, avantgardistische Aufrührer zu integrieren, ist ein beeindruckendes Phänomen. In der bildenden Kunst wie in der Literatur schafften es die mittelständischen Kunstkonsumenten, ihre heftigsten Angreifer in Kultfiguren zu verwandeln.[12]

In seinen frühen Jahren hatte sich Böcklin auf schwermütige Landschaften spezialisiert, wiewohl sein Ruf als großer deutscher Künstler sich auf die phantasievollen Gemälde gründete, auf denen lebenstrotzende heidnische Geschöpfe wie Kentauren und Seejungfrauen, Nymphen und der Gott Pan sich in wilden Wäldern und in schäumenden Wogen tummeln. Nach seinem Tod begann sein Ruhm zu verblassen, allerdings nicht bei seinen entschiedenen und lautstarken Bewunderern. Als Böcklin starb, schrieb Harden: «Das Scheiden des Dichters wurde beweint.» Daß er von Dichter, nicht von Maler sprach, war wohlüberlegt. Schließlich war es doch der *Dichter* Böcklin, der «den Menschen

eine neue Mythologie, den Traum eines neuen Lebens in junger Schönheit geschenkt» hatte.[13] Seine sämtlichen Arbeiten, nicht nur seine Selbstporträts, legten Zeugnis davon ab, daß er nach Erneuerung in der Kunst
durch Selbsterneuerung gestrebt hatte. Was auch immer Böcklin bei seinen Auslandsaufenthalten gelernt haben mochte, «die wahre Heimat seiner Kunst war eben in ihm selbst», wie Fritz von Ostini, einer seiner
ersten und begeistertsten Biographen, im Jahr 1904 feststellte. Seine ungeheuer starke künstlerische Persönlichkeit entsprang der Tatsache, daß
er «alles, was er war, aus sich heraus geworden» war.[14]

Daß Böcklins Selbstbildnisse zu seinen emphatischsten Gesten gehörten, paßte zu einem Künstler, der allein aus sich selbst schöpfte. Zweifellos die bekannteste und aufschlußreichste dieser Selbstdarstellungen ist
das *Selbstbildnis mit fiedelndem Tod* von 1872. Man sieht Böcklin mit der
Palette in der einen und dem malbereiten Pinsel in der anderen Hand
aufmerksam einem grinsenden Skelett lauschen, das eine geisterhafte Violine streicht, während es ihm ins Ohr flüstert. Die Konstellation ist in
höchstem Maße dramatisch: Der Tod erscheint als vexierbildliche Gegen-
version zur kraftvollen Männlichkeit des vollbärtigen Künstlers. Etwa
zwei Jahre danach präsentiert er sich wachsam und auftrumpfend: Er
steht leicht aggressiv – will heißen, abwehrbereit – mit verschränkten
Armen da; die Halbfigur posiert vor Marmorsäulen und Lorbeerbäumen,
Symbole des Ruhms und der Unsterblichkeit. Ein paar Jahre später wiederholt er diese Selbstidealisierung und plaziert die gleichen Embleme
historischer Größe abermals im Hintergrund.[15] Einer seiner ersten Biographen, Franz Hermann Meissner, war von der Entdeckung hingerissen,
daß sogar noch im Jahre 1893 dem mittlerweile grauhaarigen Böcklin auf
der Leinwand «etwas Löwenhaftes», «das Selbstvertrauen eines Riesen»
eigne.[16] Auf sieben Selbstbildnissen, deren Entstehung in die Zeit von
1861 bis 1894 fällt, präsentiert sich Böcklin in unterschiedlichen Haltungen: gestützt auf seine Frau, allein und aufrecht stehend, elegant gekleidet, vor einer großen Palette. Eine dieser Selbstdarstellungen zeigt ihn
mit einem Weinglas in der Hand, wie er selbstbewußt Vitalität zur Schau
stellt; das Bild dürfte nicht so sehr als Darbietung seiner Persönlichkeit
zu verstehen sein, sondern als Übermittlung der pointierten Botschaft,
daß allem Todesgefiedel zum Trotz der mitten im Leben stehende Künstler immer noch von Leben umgeben ist.

Verständlicherweise ermunterte das sensationellste seiner Selbstporträts von Anfang an zu Spekulationen; die meisten betrachteten es als ein
Stück Autobiographie. Manche, die den Tratsch in eine Eloge verkehrten,
sahen in dem Gemälde ein «schwermütiges Merkzeichen...», wie weit der
leidende Künstler schon ins Jenseits geschaut und wie deutlich er das

Sphärenklingen bereits vernommen hat».[17] Angesichts verläßlicher Hinweise darauf, daß der fiedelnde Tod eine nachträgliche Hinzufügung war, wurden solch hochgestochene Mutmaßungen gegenstandslos. Aber das hinderte nicht, daß auch weiter eine gefühlsselige Suche nach Böcklins tieferem Sinn betrieben wurde, die mehr über die emotionalen Bedürfnisse des Kunst konsumierenden Publikums als über die ästhetischen Absichten des Künstlers verriet.[18]

Das umstrittenste und einflußreichste Erzeugnis der Böcklinschen Innerlichkeit war indes gar kein Selbstbildnis im engeren Sinne, sondern eine Seelandschaft, nämlich das berühmte Bild *Toteninsel*. Wie das Selbstbildnis von 1872 gemahnt auch dieses Bild an den Tod. 1879 von einer jungen Witwe in Auftrag gegeben, die ein «Bild zum Träumen» wollte, und im folgenden Jahr fertiggestellt, erwies es sich als so attraktiv, daß Böcklin in den nächsten paar Jahren vier weitere Versionen davon malte. Es dauerte nicht lange, da war dieses Gemälde (das 1883 von dem Kunsthändler Fritz Gurlitt, der in Böcklin ein einträgliches Geschäft zu sehen begann, endgültig den Namen *Toteninsel* erhielt) als Gesprächsthema in aller Munde. Ein Nachen mit einer weißgewandeten Gestalt, die neben einem zugedeckten Sarg steht, gleitet einer Insel entgegen, aus deren felsigem Boden eine Burgruine aufragt, deren Trostlosigkeit eine Reihe schwärzlicher Zypressen noch verstärken. Die Stimmung drückt Schwermut aus, vielleicht Lebensüberdruß, bleibt aber unbestimmt genug, um Raum für viele Phantasien zu lassen, die jedenfalls keine fröhlichen sind. Daß sich kein eindeutiges Vorbild für die Szene angeben ließ – eine etruskische Grabstätte, eine italienische Insel, ein Verbund aus Phantasievorstellungen und Erinnerungen beim Künstler: das alles kam in Frage –, trug nur zur hypnotischen Verführungskraft des Bildes bei. Wie andere Bildungsbürger kannte auch Freud seine Böcklins und träumte von ihnen.[19]

Konfrontiert mit diesem undurchdringlichen Werk, projizierten die Betrachter in die *Toteninsel*, was auch immer ihnen an Tiefgründigem in den Sinn kam. Wer war die stehende Gestalt im Nachen? War es ein Schutzengel, der liebevoll einen Künstler geleitete, den der Tod seinem frohen Schaffen entrissen hatte? Der Priester einer längst vergangenen und vergessenen Religion? Eine trauernde Frau, die ihrem Liebsten folgte, ohne nach dem Wohin zu fragen? Manche hielten das Bild für eine Elegie auf die sterbende Antike; andere sahen darin lieber das Bildnis «versteinernder Einsamkeit». Gescheite Kunstkenner verglichen die einzelnen Versionen miteinander und fanden in allen ein «Gefühl der Einsamkeit, Wildheit und Verlassenheit». Bereits im Jahr 1888 sprach der Essayist Otto von Leixner von «jener ‹Toteninsel›, vor welcher noch in fernen Tagen fühlende Herzen mit Bewunderung stehen werden».[20]

Die Wunder der modernen Drucktechnik sorgten dafür, daß sich der Ruhm des Bildes rasch ausbreitete. Nicht lange, so brachten Radierungen, Druckplatten und Photolithographien das Bild als Allerweltsschmuck in die Salons des deutschen Mittelstandes und verliehen geruhsam hinplätschernden, ereignislosen Leben einen Hauch von Exotik und Geheimnis. «Zwischen 1885 und 1900», erinnerte sich der Bühnenautor und Romanschriftsteller Max Halbe, «durften in keinem guten Bürgerhaus diese Reproduktionen Böcklinscher Bilder... fehlen»; dabei war die *Toteninsel* der unbestrittene Favorit.[21] Der alles überragenden Stellung des Bildes zollte Sergej Rachmaninow mit einem symphonischen Gedicht Tribut; das Bild gehörte zu den vier Böcklin-Gemälden, die Max Reger zu Kompositionen inspirierten. Nicht lange nach dem Tode des Malers benutzte Odol, das sich stolz als *«nachweislich«* das «beste Mundwasser der Welt» apostrophierte, in einer Werbekampagne Böcklins verlassene Burg, während eine andere deutsche Firma einen dicken Böcklinschen Wassermann, der sich in den Wellen tummelte, für ihre Schaumweinreklame heranzog. Das sagt viel über die Faszination, die Böcklin ausübte: die Werbefachleute, die ja gewiß nicht zu Sentimentalitäten neigten, wußten, daß vom Mundwasserkäufer bis zum Champagnerkonsumenten jeder in der Öffentlichkeit die Anspielung verstand. Ostini übertrieb demnach kaum, als er behauptete, Böcklin sei nachgerade der populärste Künstler seiner Zeit. «Es wird bei uns bald keinen Haushalt gebildeter Menschen mehr geben, in dem nicht Nachbildungen seiner Werke zu finden sind. Die Preise seiner Bilder sind im Kunsthandel mit an die allererste Stelle gerückt.» Tatsächlich, fügte er hinzu, fingen die Snobs der Echtheit bereits an, sich über ihn zu alterieren.[22]

Ein Hauptgrund für Böcklins beneidenswerte Prominenz lag zweifellos in dem philosophischen Gewicht, mit dem sein Werk befrachtet war. Im Jahr 1905 startete der über die Maßen rechthaberische Kunsthistoriker und Kunstkritiker Julius Meier-Graefe, der auf Manet und Monet eingeschworen war, einen heftigen Angriff gegen das Lieblingskind der Bourgeoisie. Er wurde indes prompt von den Gläubigen zurechtgewiesen, die sich über seinen «scheinbaren Tiefsinn» lustig machten und ihn als «fanatischen Bewunderer und Verehrer des modernen französischen Impressionismus» abtaten.[23] Eine ganze Reihe von Jahren lang hielten die meisten deutschen Bürger an der Überzeugung fest, daß Böcklin zu den tiefsinnigsten Landsleuten zähle, daß er ein von Innerlichkeit geprägter Dichter mit dem Pinsel sei, der für jedermanns Erbauung den Abglanz überirdischer Erfahrungen auf die Leinwand banne. Im gleichen Jahr, in dem Meier-Graefe diese übereinstimmende Überzeugung zu erschüttern suchte, stellte ein anderer Kritiker hochgestochene Reflexionen über

Kunst und Religion an und fügte in seinen Traktat ein Kapitel über
«Böcklin als Erzieher» ein – eine herausfordernde Anspielung auf Julius
Langbehns *Rembrandt als Erzieher*, das 1890 erschien und von dem noch
die Rede sein wird. Ein anderer nannte Böcklin einen Helden, «einen der
Ewigen», der in einem Zeitalter, das sich vom Idealismus abgewandt
habe, das menschliche Geschlecht in einsamer Größe überrage.[24] Böcklin
gestand man eine Vision zu, die den oberflächlicheren Malern des Impressionismus abgesprochen wurde, auch wenn unklar blieb, worin
eigentlich diese Vision bestand.

Böcklin versorgte dieses wortreiche Verwirrspiel mit jeder Menge
Brennstoff, was zur Folge hatte, daß er auch weiterhin eine wohltuend
große Publizität genoß. Allein im Jahre 1888 malte er ein *Vita Somnium
Breve*, bei dem Figuren, die allegorisch für die Generationen stehen, in
komprimierter Form den Kampf zwischen Leben und Tod, Freude und
Trübsal darstellen, und die *Lebensinsel*, ein wohlüberlegtes Gegenstück
zur *Toteninsel*, das heitere Baumgruppen, Tanz und festlich gekleidete
Männer und Frauen zeigt, die das Leben feiern, während das Gewässer
unten auf dem Bild von Schwänen, Nixen und Wassermännern bevölkert
ist. Böcklin, dessen Aussprüche von Biographen weidlich zitiert wurden,
äußerte einmal: «Wozu über Bilder schreiben? Die sprechen für sich
selbst.»[25] Das galt aber nicht für *seine* Bilder: Ein Maler wie Böcklin lebte
davon, daß über ihn gesprochen wurde. Zugegeben, die literarischen und
lebensgeschichtlichen Bezüge seiner Gemälde waren für sich genommen
ziemlich leicht zu erkennen. Aber ihr innerer Sinn war eine ganz andere
Sache. Daß seine Interpreten, die danach suchten, sich nie einig werden
konnten, außer darin, daß sie alle die Bilder für tiefsinnig hielten, zeigt
nur, daß diese Masse von begeisterten Anhängern, in der Mehrzahl Bürger, die stolz auf ihre Bildung waren, den Drang empfanden, Tiefen selbst
dort aufzuspüren, wo gar keine waren. Beim Anblick dieser Bilder, von
denen sich so viele angerührt fühlten, reagierten die Betrachter mehr auf
die Bedürfnisse des eigenen Inneren als auf das, was die Künstler damit
ausdrücken wollten.

3. Teutonische Spiegel

Ein Selbstbildnis, das explizite ebenso wie das implizite, ist ein denkbar
individualistisches Unternehmen; aber auch es kann sich der Geschichte
nicht entziehen. Und in einem Zeitalter, das sich der Selbsterforschung
verschrieben hatte, bestimmte die Deutschen ihre Geschichte dazu, sich
radikaler als andere Nationen nach innen zu wenden. Wir erinnern uns an

Schiller, der über die Heraufkunft eines von Mord und Totschlag wider-
hallenden Jahrhunderts nachsann und einem Freund riet, «aus des Lebens
Drang» «in des Herzens heilig stille Räume» zu fliehen, in die Freiheit,
die es «nur in dem Reich der Träume» gebe.[1] Die Briten und Franzosen
des 19. Jahrhunderts dagegen, ganz zu schweigen von den demokratischen Amerikanern, tauschten die Position des Untertanen gegen die des
Bürgers – so eingeschränkt die Möglichkeiten hierzu auch noch sein
mochten. Sie hatten teil an einem Experiment, von dem die Deutschen
weitgehend ausgeschlossen blieben: der Schaffung einer politischen Öffentlichkeit. Blieb indes die Möglichkeit, Ohnmacht in Großmannssucht
zu verwandeln! Der Anspruch der Deutschen auf überlegene Innerlichkeit war ihre Methode, politische Enttäuschung in ein politisches Programm zu überführen. Auch wenn die Erforschung der Seele nicht ihr
ausschließliches Privileg war, verschaffte den deutschen malenden Meta-
physikern der Aufenthalt im Reich der Träume doch unübertroffen gute
Gelegenheiten dazu. Ein nicht unbeträchtlicher Teil der deutschen
Künstler strebte nach der Würde des Großen Weisen. Ihnen genügte es
nicht, ihre Fähigkeiten als Maler und ihr psychologisches Feingefühl unter Beweis zu stellen – sie erhoben mit ihrem Werk mehr noch den
Anspruch, an grundlegende Wünsche und Ängste zu rühren.

Die deutsche Romantik hatte bereits den Weg gewiesen. Als Friedrich
Schlegel dem wahren Künstler «die *Poesie* in dem Gemälde» abverlangte,
hatte er eine Rekonstruktion der Wirklichkeit durch die Phantasie im
Sinn, deren wesentliche Mittel eine glückliche Farbgebung und harmoni-
sche Komposition waren.[2] Forschere Landsleute wollten sich mit solch
bescheidener Zielsetzung nicht zufriedengeben und beanspruchten, ihrer
Kunst die «Poesie» wesentlicher Ideen einzugeben. Zu Anfang des Jahrhunderts wählten die Nazarener, jene von sehnsüchtiger Frömmigkeit
erfüllten jungen Deutschen, die ihrer religiösen Malerei zumeist in Italien
frönten, für ihre Gemeinschaft den klangvollen Namen Lukasbund, um
an den heiligen Lukas zu erinnern, den Apostel, der die Jungfrau Maria
gemalt hatte. Franz Pforr, der redegewandteste unter ihnen, mahnte sie,
der buchstäblichen Heiligkeit ihrer Berufung eingedenk zu bleiben.[3] Wie
um diese Haltung zu unterstreichen, malte sich Friedrich Overbeck unter
dem beherrschenden Einfluß Pforrs auf einem Selbstbildnis mit der Bibel
in der Hand.[4]

Der Rückgriff auf die Heilige Schrift war nur einer der möglichen
Wege, um über das bloß Dekorative oder die oberflächliche Präzision
hinauszugelangen. Philipp Otto Runge, Maler und Schriftsteller, entwarf
den Zyklus *Vier Zeiten*, der allerdings unvollendet blieb; in den Entwürfen sind allegorische Figuren, zumeist Kinder, verstreut, die im weiten

Raum schweben und einen geheimnisvollen eklektischen Kult symbolisieren. Andere befrachteten, wie wir gesehen haben, Landschaften und Alltagsbegebenheiten mit so tiefer Bedeutung, wie diese normalerweise unauffälligen Genres sie nur selten hatten tragen müssen.

In einer Neufassung der moralistischen Tradition der säkularen Kunst im nördlichen Europa, insbesondere einer Wiederaufnahme der schroffen Mahnung, daß wir mitten im Leben vom Tod umgeben sind, brachten deutsche Künstler altersgraue Symbole – den Totenschädel, die Seifenblase, das Stundenglas – als konkrete Erinnerungen an das unentrinnbare Los der Sterblichkeit wieder in Mode. Dieser Stimmung entsprachen die Gedanken, die sich Caspar David Friedrich über den Tod machte. «Warum, die Frag' ist oft zu mir ergangen, / Wählst du zum Gegenstand der Malerei / So oft den Tod, Vergänglichkeit und Grab?», fragte er in einem kurzen Gedicht und gab zur Antwort: «Um ewig einst zu leben, / Muß man sich oft dem Tod ergeben.»[5] Man glaubt, Novalis' Stimme zu hören, die durch das Jahrhundert widerhallt.

Das Selbstbildnis, das Arnold Böcklin im Jahr 1872 malte, kam also nicht von ungefähr. Offensichtlich behielten die romantischen Ansichten über den Tod ihre Anziehungskraft. Zu der Zeit, als Böcklin sich zu malen begann, war das Publikum tatsächlich schon darauf eingestimmt, sich durch solche Schaustellungen rühren zu lassen, auch wenn die innere Beteiligung des Künstlers selbst sich in Grenzen hielt. Drei Jahre später, im Jahre 1875, stellte Hans Thoma, einer der beliebtesten Maler in Deutschland, der mindestens zehn Selbstbildnisse gemalt hat, sich ebenfalls in Gesellschaft des ihn heimsuchenden ungebetenen Gastes dar. Er war damals sechsunddreißig. Der Tod lauert gespenstisch hinter Thomas rechter Schulter und flüstert ihm ins Ohr, während dieser mit dem Pinsel in der Hand ins Weite starrt; währenddessen schwebt ein leicht fade wirkender Cupido – Eros, der große Gegenspieler des Todes – mit dem Bogen in der Hand über Thomas linker Schulter, bereit, für die Sache des Lebens den Kampf aufzunehmen. Wenngleich das Thomasche Selbstbildnis sich an das Böcklinsche anlehnte, war seine Botschaft optimistischer als die des Vorbildes, bei dem das freudlose Zusammentreffen den Eindruck vermittelt, daß der Tod das Heft in der Hand hat. Was auch immer Thoma mit der Szene ausdrücken wollte, sie zu malen, muß er jedenfalls genossen haben, denn er kam mehr als einmal auf sie zurück: In den späten siebziger Jahren des letzten Jahrhunderts malte er sich und seine Frau zweimal als ein Liebespaar, das sich vertraulich unterhält und nicht mitbekommt, daß direkt über seinen Köpfen ein beherzter, kleiner, geflügelter Eros im Begriff steht, gegen den Tod, der als Gerippe erscheint, seinen Pfeil abzuschießen.

Anscheinend kam Thoma häufig der Tod in den Sinn, jedenfalls, wenn er vor der Leinwand saß. Im Jahr 1871 hatte er bereits *Der Tod und das Mädchen* gemalt, ein Landschaftsbild, das sich auf Schubert bezog: Ein Bauernmädchen, das Blumen pflückt, wird von einem voll bekleideten Gerippe mit Sense über der Schulter belauert, das ihm in gebührendem Abstand folgt. Zwei Jahre danach malt Thoma die gleiche Szene wieder: Diesmal pflückt eine junge Frau die Blumen, während der Feind, der mit seiner Sense schaurig anzusehen ist, in unmittelbarer Nähe lauert. Der Tod hat die Jugend eingeholt. Der Tod drang sogar, ganz unkanonisch, in Thomas Bild vom Paradies ein: Auf zwei Gemälden, die aus den achtziger und neunziger Jahren stammen, läßt er ein Gerippe zusehen, während eine liebliche, nackte Eva nach dem unheilvollen Apfel greift.

Wie Böcklin begann auch Thoma als Landschaftsmaler und hielt immer an der Naturdarstellung fest; seine Felder und Flüsse bevölkerte er mit Landleuten, Göttinnen und biblischen Gestalten. Jahrelang stießen seine Gemälde auf Ablehnung, weil man sie als zu unkonventionell empfand; später allerdings erhob man ihn in den Rang eines archetypischen deutschen Künstlers. In einer extravaganten Würdigung bezeichnete der Romanschriftsteller, Essayist und Satiriker Julius Bierbaum, unter völligem Verzicht auf den sonst bei ihm üblichen scherzhaften Ton, Thoma als einen «Dichter», dessen Bilder «nicht bloß ein Stück Wirklichkeit in Kunst übersetzen, sondern außerdem noch eine Darstellung poetischer Empfindungen bedeuten». Und damit nicht genug: nach Bierbaums Überzeugung ist «Thomas Kunst religiös ohne eigentlich Beziehungen zu einer Kirche zu haben». Der Kunsthistoriker Henry Thode, Thomas beharrlichster und einflußreichster Propagandist, konnte sich dem anschließen: Seine Bilder waren «Werke, die eine so schlichte, deutlich seelenvolle Sprache redeten» und die «Seele» des Künstlers ausdrückten.[6] Seelen- und Wesensfülle – dies war es, was Thomas wahrhaft eigentümliches Werk von der Selbstdarstellungskunst der Ausländer oder der deutschen Vertreter des Impressionismus unterschied, in deren Arbeiten sich kein Nationalcharakter kundtat.

Auf die unübersehbaren nationalen Charakterzüge ihres Favoriten wiesen die Anhänger von Thoma mit Vorliebe hin und wollten damit in Erinnerung rufen, daß ein Künstlerherz vieler Empfindungen fähig war, auch des Nationalstolzes.[7] Die «seichten» französischen Impressionisten, die bei den Sammlern an Boden gewannen, waren für die vaterländisch Gesinnten ein besonderer Ansporn, das Lob der Innerlichkeit zu singen, deren Erfindung oder jedenfalls Vollendung sie gerne ihren Landsleuten zuschrieben. In einem Zeitalter des Materialismus, des Egoismus und der Habgier hatten die authentischen deutschen Künstler die vornehme und wenig beneidenswerte Aufgabe, das Feuer der emotionalen Tiefe lebendig zu erhalten, das von einer «verwissenschaftlichten Generation» aufs Spiel gesetzt wurde.[8] Thode sah in Thoma eine Reinkarnation der deutschen Meister des 16. und 17. Jahrhunderts; von Wagner und anderen beispielhaften Teutonen inspiriert, hatte er sich als «ein Dichter» erwiesen – ein deutscher Dichter.[9]

Die Berufung auf eine nationale Kunsttradition, die den deutschen Kritikern und Malern von Herzen kam, hinterläßt den Eindruck, daß Thoma sich mit seiner Gegenüberstellung von Leben und Tod auf ein tiefverwurzeltes, nach wie vor lebendiges kulturelles Erbe stützte. Tatsächlich schufen das ganze 19. Jahrhundert hindurch weniger bekannte deutsche Maler Selbstbildnisse, auf denen sie in Begleitung eines Gerippes oder auch einfach eines Totenschädels zu sehen sind. Dagegen war Cézannes Angewohnheit, auf seinen Bildern gelegentlich den Tisch mit einem Totenschädel zu bestücken, offenbar kaum der Rede wert. Als wolle er sich zu dieser Stammestradition bekennen, hatte Böcklin sein *Selbstbildnis mit fiedelndem Tod* einem Porträt in München, *Sir Bryan Tuke*, nachgebildet, das Hans Holbein dem Jüngeren zugeschrieben wurde.[10] Und es sollte auch niemanden überraschen, daß der Totentanz, jener typische Moralitätszyklus des späten Mittelalters und der frühen Neuzeit, in der deutschen Kunst besonders freundliche Aufnahme fand: Holbeins Folge von plastischen Holzschnitten, die zeigen, wie der Tod erbarmungslos Bauern und Priester, Bürger und Beamte von ihren Geschäften wegzerrt, war unzählige Male in preiswerten kleinen Büchern reproduziert worden. Den meisten Deutschen des 19. Jahrhunderts war der Zyklus zweifellos vertraut.

Noch vertrauter wurde er ihnen durch Alfred Rethels brillant ausgeführten Zyklus von Holzschnitten, *Auch ein Totentanz*, mit dem er 1848 begann. Rethel, der 1859 im Alter von dreiundvierzig depressiv und umnachtet starb, hatte sich als Maler ehrgeiziger historischer Wandgemälde einen Namen gemacht. Berühmt aber ließ ihn seine moderne Version der Holbeinschen Allegorie werden; die Blätter des Zyklus, schrieb Josef Ponten im Jahre 1911 in einer gehaltvollen Monographie, seien «Stücke der Volksseele geworden wie die Volkslieder, bei denen man keinen Verfasser sucht.» Rethels Selbstbildnisse, die hauptsächlich aus den dreißiger Jahren des letzten Jahrhunderts stammen, zeigen einen gutaussehenden, begabten jungen Künstler mit hängendem Schnauzbart; über den Aufruhr in seinem Inneren verraten sie nicht das Geringste. Um so vernehmlicher sprach seine übrige Kunst davon. «Von jeher war Rethel der Heldensänger des Todes gewesen», urteilt Ponten. «Der Tod war der eigentliche Held, dem er diente», der «Tod in allen Gestalten», dem er vor allem in seinem Meisterwerk, dem modern-mittelalterlichen Totentanz, huldigte.[11]

Angeregt durch die Vorgänge während der revolutionären Tage des Jahres 1848, in denen er Ausschreitungen demokratischer Volksverhetzer sah, zeigte Rethel den Tod, der als ein mit passenden Kleidungsstücken notdürftig bedecktes Gerippe auftritt, wie er Städte und Dörfer Deutschlands verwüstet. Er reitet auf das moderne Köln zu, während eine Bauersfrau in Panik flieht; er hetzt mit aufreizenden Reden Volksmassen auf; er verführt die Leichtgläubigen mit den Schlagworten Freiheit, Gleichheit und Brüderlichkeit; er kommt als ein Freund, der die Alten von der Last des Lebens befreit. Dann, gegen Ende des Jahrhunderts, im Jahre 1889, gab der exzentrische Maler, Bildhauer und Radierer Max Klinger, der das Publikum mit Vorliebe in Staunen versetzte, dem Totentanz eine eindeutig moderne Szenerie. In diesem Zyklus, fand ein Kunsthistoriker, erweise sich Klinger als echter deutscher Künstler mit hohem geistigem Anspruch. Der Tod in Gestalt eines nackten Gerippes sucht Kindergärten, Autobahnen und Eisenbahnlinien heim. «Wir fliehen die Form des Todes, nicht den Tod, denn unser höchster Wünsche Ziel ist Tod...», schrieb Klinger in die letzte Folge seines quälenden Zyklus *Der Tod als Heiland*.[12]

Einiges deutet darauf hin, daß zumindest Klinger dieses feierliche Pathos mit einem Schuß selbstkritischem Humor versetzte; aus dem Jahr 1880 datiert eine anstoßerregende Zeichnung, *Der Tod am See*, die ein Gerippe zeigt, das, auf seine Sense gelehnt, in einen See pinkelt; in dieser Szene straft die banale Handlung die Schreckensgestalt Lügen. Jedenfalls hatte zum Ende des hochbürgerlichen Zeitalters die verspätete romantische Todesfaszination offenbar eine nicht unbeträchtliche Anhängerschaft gewonnen. Im Jahre 1896, zu eben der Zeit also, da jene Künstler sich großer Beliebtheit erfreuten, trug Lovis Corinth zu dem Corpus an einschlägigen Bildern ein Selbstporträt in Halbfigur bei, das in seiner Unverblümtheit ganz besonders beunruhigend wirkt. Der Maler steht stämmig, gebräunt, in Hemdsärmeln und Schlips, vor Atelierfenstern, hinter denen die sonnenüberflutete Szenerie einer Industriestadt zu sehen ist; aber neben ihm hängt an einem Eisenhaken ein Gerippe.

Aus dieser allgegenwärtigen kulturellen Attitüde erklären sich einige bemerkenswerte Raubzüge in die Vergangenheit, die Deutsche mit historischer Bildung im 19. Jahrhundert unternahmen. In ihrer ostentativen Würdigung eines Dürer oder eines Rembrandt verquickten sie die Kunstgeschichte mit politischen Ansprüchen. Romanschriftsteller, Professoren, Journalisten und Politiker machten mit Hilfe phantasievoller Zuord-

nungen, andächtiger Biographien und weihevoller Gedenkfeiern diese
Meister politischen Programmen dienstbar. Wie Wagners Musik der Zukunft, wenn auch weniger beabsichtigt, setzten sich die Selbstbildnisse
von Dürer und Rembrandt im mittelständischen Bewußtsein fest und
wurden zu kulturpolitischen Waffen. Nichts im 19. Jahrhundert belegt so
dramatisch das direkte Austauschverhältnis zwischen persönlichem und
gesellschaftlichem Leben, Privatsphäre und Öffentlichkeit wie diese
merkwürdigen Transaktionen.[13]

Die Anerkennung, die Dürer im 19. Jahrhundert in Deutschland fand,
entsprang keiner Laune des Gefühls. Zum Ausgang des 18. Jahrhunderts
besuchte der junge romantische Schwärmer Wilhelm Heinrich Wackenroder, der die Kunst buchstäblich anbetete, auf einem Nürnberger Friedhof das Grab Dürers und verkündete: «So ruhen die vergessenen Gebeine
unseres alten Albrecht Dürers, um dessentwillen es mir lieb ist, daß ich
ein Deutscher bin.» Daß in Wahrheit Dürer schon lange in der Erinnerung fortlebte, daß Besucher an seinem Grab in Tränen zerflossen und
Gelehrte seine Kunst detailliert untersuchten, tat Wackenroders elegi-
scher Botschaft keinen Abbruch: Durch widerstreitende Fakten ließ sich
die schwermütige Vision in seinem Inneren nicht beirren. Aber bei all
seiner vaterländischen Gesinnung war er doch kein Chauvinist. Wie seine
Zeitgenossen sah er in Raphael, dem größten aller Maler, einen würdigen
Genossen Dürers. «Liegt Rom und Deutschland nicht auf einer Erde?»
fragte er rhetorisch. «Nun, so muß auch mehr als *eine* Liebe in der Brust
des Menschen wohnen können.» Schließlich waren die Alpen nicht un-
überschreitbar![14]

Im Jahre 1811 verlieh der Nazarener Franz Pforr diesem Kosmopolitismus des Genies bildlichen Ausdruck, indem er Dürer und Raffael zeichnete, wie sie Seite an Seite mit andächtig gefalteten Händen vor der Kunst
knien, die als Jungfrau Maria vor ihnen thront, mit der Sonne als Heili-
genschein hinter ihrem wunderschönen Haupt. Aber in dem Maße, wie
der Ruf nach der deutschen Einheit schriller wurde, trat Raffael im
Bewußtsein des Publikums in den Hintergrund, während Dürer zu einsamer Größe emporwuchs. Die deutschen Mythenbildner konnten zwar
schwerlich leugnen, daß Dürer zweimal Italien besucht hatte, aber sie
versicherten, er sei nach Süden gegangen, um zu lehren, nicht um zu
lernen.[15]

Bereits ehe Dürer im Jahre 1528 starb, hatte er sich internationalen
Ansehens erfreut, nicht weniger wegen seines Charakters als wegen seiner Vielseitigkeit als Maler, Radierer, Kupferstecher, Entwerfer, Autobiograph, Kunsttheoretiker. Seine Verehrer machten aus ihm ein Musterbild des guten Deutschen: fleißig, fromm, mannhaft, von Schönheit

gerührt, aber unverderbt durch Sinnlichkeit. Mit dem Entstehen einer selbstreflexiven germanischen Kunst und Literatur unmittelbar vor der Heraufkunft des 19. Jahrhunderts und mit ihrer Ausbreitung während der Blütezeit der Romantik erreichte die Wertschätzung Dürers einen unvergleichlichen Gipfelpunkt. Eine Dürer-Renaissance bedeutete, die deutsche Nation, der er angehörte, und sein «gemütliches deutsches Herz, das wiedergeht in allen kindlichen und großen Herzen»[16], wiedererstehen zu lassen. Ein erwachsenes Kind zu sein galt, wie bereits bemerkt, als auszeichnender Charakterzug. Wurde dadurch nicht in das Erwachsenenleben eine Zeit liebenswerter Durchsichtigkeit hineingetragen? Bei Kindern war das unverhüllte Herz noch nicht von einem Firnis der Heuchelei oder Förmlichkeit bedeckt. Man sieht, warum Dürer von seinen Anhängern heiliggesprochen wurde. Er war ein Deutscher unter Deutschen. Kein Wunder, daß ihn die Kultdiener höherer Geistigkeit mit Bach in eine Reihe stellten.

Garanten der Größe Dürers waren seine Selbstbildnisse. Durch vier Jahrzehnte hatte er sich in einer Vielzahl von Haltungen und Kleidungen gezeichnet und gemalt; dazu gehörte auch eine fesselnde Zeichnung in Dreiviertelfigur, die ihn unbekleidet zeigte. Er stellte sich als stutzerhaften Bräutigam, als selbstbewußten Künstler, als kränkelnden Patienten und in einer anrührenden späten Zeichnung als Schmerzensmann mit vollständigem Passionsinstrumentarium dar. Aber kanonischen Rang erlangte im Deutschland des 19. Jahrhunderts die eindrucksvolle Frontalansicht aus dem Jahre 1500; sie wurde über die Maßen bewundert und endlos reproduziert. Dieses symmetrische Halbfigur-Porträt, auf dem der modisch gekleidete Dürer mit weit geöffneten Augen den Betrachter anstarrt, dürfte das berühmteste Selbstbildnis in der Geschichte der deutschen Kunst sein. Der Dichter, Erzieher und Reisende Friedrich Matthisson, der es 1794 in Nürnberg sah, leistete seinen Beitrag zur Festigung des einhelligen Urteils. Dürer habe «eine ächt deutsche Kernphysiognomie, voll Mannsinn und Biederkeit» verewigt.[17]

Siebzehn Jahre später stieß Bettina von Arnim, liberale Publizistin und Sammlerin von Zelebritäten, in einem Brief an Goethe in das gleiche Horn. Das Selbstbildnis von 1500 zeige einen klugen, ernsten, kompetenten Dürer, erklärte sie, und bezeuge den Triumph der Innerlichkeit. Goethe sagte seit Jahren so ziemlich das gleiche. Andere Betrachter des Selbstporträts feierten den Ernst in Dürers Augen, seine Frömmigkeit, Seelengröße und Poesie, seine edle Ernsthaftigkeit und religiöse Tiefe, seine Festigkeit und Rechtschaffenheit. Unnötig zu sagen, daß diese Wallfahrer zur Kultstätte Dürer solche Eigenschaften als urdeutsch ansahen, als Ausdruck der Innerlichkeit schlechthin. Dürers Werke, schrieb im

Jahre 1862 Gustav Friedrich Waagen, Kunstkenner und Wegbereiter auf kunstgeschichtlichem Gebiet, seien «der treue Spiegel eines edlen, reinen, wahren, echt deutschen Gemüts».[18]

Dieser Kult entwickelte sich in den deutschen Mittelschichten schon seit einigen Jahrzehnten. Im Jahre 1828 versuchten die Organisatoren der Feierlichkeiten zum dreihundertsten Todestag Dürers unter dem Deckmantel scheinbar reiner Kunstbeflissenheit vorzuführen, wie sich die Wiederauferstehung eines alten Künstlers in den Dienst der Schaffung einer neuen deutschen Kunst stellen ließ. Bei der Gedenkfeier in Berlin schlugen die Redner einen kraß vaterländischen Ton an: «Weder den Namen Raffaels noch eines anderen seiner Zeitgenossen erborgen wir, um ihn zu ehren.» Italien hatte Dürer nichts Gleichwertiges an die Seite zu stellen. Dennoch blieb, aufs Ganze gesehen, das Fest von einem friedlichen Geist beseelt: für politische Phantasien von einem geeinten Deutschland bot die Subjektivität, wie sie Dürers Selbstbildnisse zum Ausdruck brachten, keinen geeigneten Nährboden. «Wer hat des Geistes inn'res Leben / Im Menschenangesicht verklärt wie du? / Des frommen Herzens leises Beben / Des Seelenfriedens göttlich heitre Ruh'?» fragte Konrad Levezow feierlich in der Kantate, die bei diesem Anlaß aufgeführt wurde und zu der er den Text geschrieben hatte. Aber die Zukunft gehörte streitlustigeren Positionen. Der Anspruch auf eine Tiefe, die den minderwertigeren Nationen bestritten wurde, stieß in der Politik mehr noch als in der Ästhetik auf Widerhall. Interessanterweise wurde der Musik, die Felix Mendelssohn für die Kantate komponierte, eine «weiche, zärtliche Haltung» vorgeworfen.[19] Das künftige Deutschland, Dürers Deutschland, verlangte nach strengeren, mannhafteren Tönen.[20]

Dürers Kunstkollegen und die Kunstgeschichtler waren nicht weniger kultisch gestimmt. Und als die Rhetorik in Sachen Dürer sich erst einmal eingespielt hatte, sank sie nur noch selten unter das Niveau atemloser Begeisterung. Im Jahre 1866 erklärte Herman Grimm, ein gebildeter und vielgelesener Biograph, wie man Dürers Haus zu besuchten hatte: «mit Andacht». Dürer hatte den Status eines bloßen Künstlers hinter sich gelassen und war zum nationalen Kultbild avanciert. «Die ihn nicht kennen», behauptete Grimm, «denen fehlt ein Teil Kenntnis unserer Geschichte; die ihn kennen aber, für die muß, wo Dürer genannt wird, sein Name einen Klang haben, als wenn gesagt wird: Deutschland, Vaterland.» In hohem Maße waren es seine Selbstbildnisse, die ihn zu einem exemplarischen Vertreter seiner Kultur machten. «Am klarsten aber tritt dies Naturgefühl», in dem Grimm das auszeichnende Charakteristikum Dürers sah, «eben in den Porträts hervor, in denen Dürer sich selbst darstellt.»[21] Grimm traf etwas an Dürers Selbstporträts, aber seine andächtige Haltung, die an die Stelle realistischer biographischer Kritikfähigkeit trat, zwang ihn, jeden Anflug von Skepsis systematisch zu unterdrücken: Die Veröffentlichung des schriftlichen Nachlasses Dürers im Jahr 1828 förderte einen Künstler zutage, der zotig in seinen Briefen war und – vielleicht nur aus zweiter Hand – an der Hurerei und den sonstigen Ausschweifungen teilnahm, worin sein enger Freund Pirckheimer sich mit Vorliebe erging.[22]

Die wissenschaftlichen Biographen im 19. Jahrhundert, die deutschen wie auch die von außerhalb, taten nichts, was diesem Kult hätte abträglich sein können. «Mehr als bei jedem anderen Meister der Renaissance spielt das Selbstporträt in Dürers Tätigkeit eine Rolle», schrieb Moriz Thausing im Jahre 1876 in einer als fundiert gepriesenen, umfänglichen Lebensgeschichte Dürers. Die «Freude an der eigenen Persönlichkeit» finde zwar auch im «gehobenen Selbstbewußtsein der Zeit ihre Erklärung»; aber selbst wenn er damit nicht alleingestanden habe, sei er doch in emphatischerem Sinne seiner selbst inne gewesen als andere in der Renaissance. «Der Hang zur Selbsterforschung, zur Vertiefung des eigenen Wesens, der in Dürer stets lebendig war, führte ihn auch zur sorgfältigen Beobachtung seiner äußeren Erscheinung. Gern und oft hat er das eigene Antlitz zum Gegenstande seines Studiums gemacht.» Thausing gab allgemeine Ansichten wieder: Die bedeutungsvollste der Dürerschen Reisen ins eigene Innere hatte natürlich in dem Selbstbildnis von 1500 ihren Niederschlag gefunden. «Vornehmlich in der Gestalt dieses Bildes lebt Dürer in der Vorstellung der Nachwelt fort. Wer kennt ihn nicht, den herrlichen Mann...!» Auch Grimm findet Dürer verehrungswürdig: «So zu arbeiten, scheint zumal im deutschen Charakter zu liegen.» Unter entsprechenden Umständen konnte die Entblößung des Herzens ideologisch folgenreich sein. Im Jahre 1869, unmittelbar vor der Reichsgründung, faßte Cosima Wagner die Dürerreligion zusammen: «Gewiß ist keiner romanischen Nation jemals ein solcher Sohn geboren worden», schrieb sie in ihr Tagebuch.[23] In ihren – und nicht nur in ihren – Augen hatten die Deutschen die Innerlichkeit mit Löffeln gefressen.

Wenn die vaterländisch gesinnten Deutschen des 19. Jahrhunderts, die sich etwas auf ihre unvergleichliche Innerlichkeit zugute hielten, Dürer drei Jahrhunderte nach seinem Tod für ihre Sache in Anspruch nahmen, so hatten sie dafür wenigstens noch den Hauch eines Alibis. Schließlich war er ein Deutscher. Beglückwünschten sie sich hingegen zu Rembrandt, so war das Recht, mit dem sie sich diese Feder an den Hut steckten, weit weniger einleuchtend; Georg Brandes, der große dänische Kritiker, sprach von einer geistigen Annexion.[24] Diese Aneignung ging viel weiter, war viel aggressiver als die Feststellung Eugène Fromentins in seiner klassischen Studie der niederländischen Kunst, *Les Maîtres d'autrefois*, von 1876: Rembrandt, «dessen Sphäre das Reich der Ideen ist», sei «der am wenigsten holländische unter den holländischen Malern».[25] Daß Rembrandt kein Deutscher war, stand außer Frage. Und doch muß, wer sich mit der Selbstwahrnehmung des modernen Deutschland auseinandersetzt, auf seine gefeierte Reihe von Selbstporträts unweigerlich zu sprechen kommen. Geradeso wie die Deutschen nach der grandiosen Übersetzung Shakespeares durch Tieck und Schlegel halb im Ernst von «*unserem* Shakespeare» reden konnten, versuchten sie auch, zumal gegen Ende des Jahrhunderts, Rembrandt die Statur eines naturwüchsig exemplarischen Deutschen zu verleihen und «*unseren* Rembrandt» aus ihm zu machen.

Was die damalige Zeit in Rembrandt sah, ist für den Historiker der Kultur des 19. Jahrhunderts erheblicher als die Vorstellung, die er selbst von sich hatte. Im Jahre 1906 machte sich der Kunstkritiker Georg Fuchs zum Sprachrohr seiner Landsleute, als er in einer Sammlung ästhetischer «Bekenntnisse» versicherte, Rembrandt sei ein «spirituelles Phänomen», ein gewaltiges «Ereignis» von unermeßlicher Tragweite; er habe Werke hinterlassen, die den späten Streichquartetten Beethovens vergleichbar seien.[26] Wenige Deutsche hätten sich getraut, dem Beispiel Fromentins zu folgen und auf Rembrandts «Manie, vor dem Spiegel zu posieren und sich selbst zu malen», ironisch herabzusehen. Anders als Rubens in seinen heroischen Selbstbildnissen zog Rembrandt es nach Fromentins Ansicht vor, «im engen Rahmen, den Blick in die eigenen Augen versenkt, für sich zu bleiben und für den kargen Lohn eines spröden Lichteffekts oder einer noch selteneren Halbtönung an den runden Flächen seines großen Gesichtes zu arbeiten».[27] Demgegenüber entdeckten Rembrandts deutsche Verehrer in seinen Selbstbildnissen tiefe Wahrheiten, die weit über das Streben nach sinnlicher Befriedigung hinausgingen. Aber was konnte man von Fromentin auch anderes erwarten? Schließlich war er Franzose.

Der moderne Museumsbesucher dürfte es im Zweifelsfall als ausgemacht ansehen, daß Rembrandt van Rijn als Psychologe alle anderen Maler der Kunstgeschichte überragt. Rembrandt hatte sein Gesicht zahllose Male und mit nie ermattender Geduld und beispielloser Ehrlichkeit erforscht, hatte die verräterischen Zeichen festgehalten, die der Fortgang der Zeit seinen Wangen und seiner Stirn eingrub. Und nach der Überzeugung vieler hatte er dies ebensosehr für die Nachwelt wie für sich selbst getan.[28] Vor solch intensiver Selbsterforschung verblaßten sogar van Goghs Anstrengungen, obwohl auch dieser von seinem Gesicht besessen

war. Seit etwa 1800 galt den Kunstliebhabern Rembrandts Autobiographie in Bildern als bewegendes Zeugnis einer heldenhaften privaten
Odyssee, als eine unvergleichliche künstlerische Offenbarung.

Bleibt der ärgerliche Umstand, daß Rembrandt praktisch nichts überliefert hat, was Aufschluß über die Motive geben könnte, die ihn dazu
brachten, entgegen der damals üblichen Malpraxis, ungezählte Stunden
vor dem Spiegel zu verbringen.[29] Daß er von den künstlerischen Gepflogenheiten abwich, steht außer Frage. Er war ein Individualist, der
sein Leben lebte, Geld borgte und malte, wie es ihm paßte. Seine ersten
Biographen aber ignorierten fast vollständig eben jene Gemälde, die das
19. Jahrhundert so sehr faszinierten; nur einer von ihnen, Arnold Hou-
braken, hält in seiner kurzen Lebensbeschreibung Rembrandts ein Selbstporträt für erwähnenswert.

Dennoch luden die Zeugnisse, die Rembrandt von seinem Gesicht hinterließ, ihre beispiellose Vielzahl und unendliche Vielfalt, zu Spekulationen ein. Auf einigen seiner Halbporträts sieht man ihn mit launigen
Spielereien beschäftigt oder exotische Stoffe liebkosen; andere zeigen den
modisch gekleideten Maler bei der Arbeit oder fordern in der geistreichen
Manier der damaligen Zeit berühmte Vorgänger wie Tizian in die Schranken; wieder andere experimentieren mit dem Gesichtsausdruck oder
stecken voll erotischer Energie und verewigen einen bacchanalischen
Augenblick. Mehr sogar noch als diese Bilder erschienen den Betrachtern
des 19. Jahrhunderts, und nicht nur den deutschen, die späten Selbstporträts Rembrandts, die zumeist bar aller Zutaten oder situativer Ein-
bettung waren, als hochgradig reflektierte psychologische Studien, als
Gipfelpunkte eines lebenslangen Strebens nach Einsicht in das eigene
Selbst. Daß sich der Maler beziehungsweise diejenigen, die ihn kannten,
darüber nicht geäußert hatten, wurde als Einwand nicht geltengelassen;
falls Rembrandt wirklich nichts anderes als die objektive Wiedergabe
seiner Person im Sinn gehabt hatte, so konnte das nur bedeuten, daß er
die tieferen Einsichten, von denen seine Bilder zu erzählen wußten, unbewußt zutage gefördert hatte. Für den wichtigen holländischen Kunsthistoriker Carl Vosmaer war Rembrandt «der Maler des Lebens und der
menschlichen Seele», damit zwangsläufig auch der eigenen.[30] Ob diese
Ansicht über die Selbstbildnisse nun die Projektion der Museumsbesucher des 19. Jahrhunderts waren oder in einem tatsächlichen Bemühen
des Malers um die Bestimmung des eigenen Selbst gründete – so oder so
kam der Selbstporträtist Rembrandt der Innerlichkeitssucht des 19. Jahrhunderts auf ideale Weise entgegen.[31]

Zu den ersten Deutschen, die Rembrandt hochschätzten und ihn auf
eine Stufe mit den anerkannten Meistern der Vergangenheit stellten,

zählte der junge Goethe; er tat das auf die ihm eigene unverwechselbare Weise.[32] Aber die Art, wie er Rembrandt zusammen mit Raffael und Rubens als wahren Säulenheiligen der Kunst würdigte, war nur ein schwacher Vorgeschmack auf den Rembrandt-Kult, der Jahrzehnte später fast obligatorisch wurde. Von Goethes Prestige zehrend, nahmen die Deutschen Rembrandt ins Pantheon idealisierter Vorfahren auf und verbanden diesen Akt der Würdigung damit, daß sie ihre frühere brüderliche Hochschätzung italienischer Schönheit mehr und mehr ablegten. Als im Jahre 1860 der Romanschriftsteller Gustav Freytag erfuhr, daß sein Schriftstellerkollege Wilhelm Raabe eine Reise nach Süden vorhatte, protestierte er heftig. Er frage sich, was die deutschen Künstler ständig in Italien zu suchen hätten. Sie sollten statt dessen nach Holland gehen. Dort sei für die deutsche Kunst das Gelobte Land.[33]

Unterdes zollten Selbstporträtisten wie Wilhelm Busch und Arnold Böcklin Rembrandt den großen Tribut, ihn zu imitieren. Franz von Lenbach, der bekannteste und bestbezahlte Porträtmaler im kaiserlichen Deutschland, erwies sich als ein sogar noch eifrigerer Rembrandt-Schüler. Seine düster gehaltenen Kaiser, Staatsmänner und Größen der Gesellschaft schulden dem Rembrandtschen Helldunkel nicht eben wenig. Das gilt auch für Lenbachs Selbstbildnisse: Sein finsteres, lichtgetränktes Gesicht hebt sich von einem kahlen, praktisch unstrukturierten Hintergrund ab. Und Lovis Corinth verehrte Rembrandt sein ganzes Leben lang. Nachdem er im Jahre 1925 gestorben war, fand seine Witwe eine aufschlußreiche Notiz: «Lebensbeschreibung oder Biographie: der Maler würde es ein durch Worte geschaffenes Selbstporträt nennen. Selbstporträts habe ich bereits die schwere Menge hinter mir, von Biographien einige – das Merkwürdigste ist, alle fallen anders aus, trotzdem der innerste Charakter immer zutage kommt. Siehe Rembrandt.»[34]

Siehe Rembrandt: In diese aufgeheizte, quasireligiöse Atmosphäre platzte der extremistische Pamphletist Julius Langbehn, «ein Deutscher», mit einer bösartigen anonymen polemischen Schrift, *Rembrandt als Erzieher*. Die Titelseite war mit einer schlechten Reproduktion des flotten Rembrandtschen Selbstbildnisses von 1639 geschmückt. Obwohl sich in den Rezensionen spürbare Reserve und verblüffte Hochachtung mischen, war das Buch ein sofortiger Erfolg und blieb über Jahre hinweg ein vieldiskutierter Bestseller. Langbehns ungereimte Diagnosen, sein rhetorischer Überschwang und seine verquasten Vorstellungen von einer deutschen Wiedergeburt waren geradezu peinlich, aber die Absurdität des Ganzen wurde durch die kulturkritische Aktualität überdeckt, die seine begeisterten Fürsprecher dem Buch bescheinigten.[35]

Langbehns These ist rasch zusammengefaßt. Die deutsche Kultur war in höchster Gefahr, «Bescheidenheit, Einsamkeit, Ruhe, Individualismus, Aristokratismus, Kunst», kurz, all die Eigenschaften einzubüßen, derentwegen sie einst zu Recht hochgeschätzt wurde, weil sie mit den falschen Götzen der Habsucht, des Materialismus, der Oberflächlichkeit, des Rationalismus und der großstädtischen Schnellebigkeit Unzucht trieb. Die Feinde des reinen, arischen Germanentums – Geldscheffler, Journalisten, Frankophile, trockene Fachphilosophen, assimilierte Juden, die ihre ehrwürdige Tradition verraten hatten –, sie waren es, gegen die Langbehn Rembrandt aufbot, den größten aller Niederdeutschen. Ihn mußten sie – in dem provokativen Sinn des Buchtitels – zu ihrem Erzieher machen. «Musik und Ehrlichkeit, Barbarei und Frömmigkeit, Kindersinn und Selbständigkeit sind hervorragendste Züge des deutschen Charakters; indem Rembrandt ihnen auf künstlerischem Gebiet gerecht wird, zeigt er sich vorzugsweise als einen echten Deutschen.» Dieser romantische Kult um die kindliche Unschuld, den «Kindersinn», ein typisch deutsches Phänomen, erlebte durch Langbehn eine unheimlich anmutende Wiederaufnahme. Rembrandts «Innerlichkeit geht weit»; dies lasse ihn zu einem verläßlichen Führer heraus aus dem Sumpf werden. Als waschechter Arier werde er «die germanische Eigenart... neu beleben». Durch den ruhigen und machtvollen Atem des Rembrandtschen Geistes neu belebt, würden typische germanische Tugenden wiedererwachen.[36] Und den bildungsbürgerlichen Schichten des lesenden Publikums, die im Zeitalter des literarischen Massenkonsums, des Kults um die modernen Naturwissenschaften und des verderblichen Triumphs des Mammons von Verfallsängsten heimgesucht wurden, sprach Langbehn aus dem Herzen.

Langbehn benutzte Rembrandt als willkommenen Strohmann. Sein rhetorisches Muskelspiel, seine Geschichtsklitterung und seine zweifelhaften Etymologien – das alles ist für das Studium der Innerlichkeit des 19. Jahrhunderts – die, wie von Anfang an erkennbar, nicht weniger bedrohlich als segensreich sein konnte – von geringerem Belang als der Umstand, daß Rembrandt zum idealen Erzieher erkoren wurde. Rembrandt war das Gegenstück zu Martin Luther, dem Heroen, der das deutsche Volk wieder auf die Füße gestellt hatte. Selbsterkenntnis, dies machte Rembrandt unmißverständlich klar, war der erste Schritt zur Ausmerzung des Krebsgeschwürs der Mittelmäßigkeit. Er tauchte tief hinab, um Perlen zurückzubringen. Die Fähigkeit, die Rembrandt mit Luther und Bismarck teilte, selbst mit den Niedrigsten ohne Herablassung zu kommunizieren, sein gesunder Appetit und seine heitere Gemütsart, seine Liebe zum Leben, deren Kraft die dunklen Töne, in denen er malte, keinen Abbruch taten – von all dem war sein ganzes Werk

durchdrungen. Und seinen Selbstbildnissen, den Zeugnissen seiner vollständigen Autobiographie, konnten die Deutschen am unmißverständ-
lichsten entnehmen, worin ihre historische Sendung bestand.[37]

So abenteuerlich der Mißbrauch war, den Langbehn mit Rembrandt
trieb, er beflügelte die deutsche Phantasie. Im Jahre 1904 sang der alles
andere als anspruchslose Albert Dresdner jenes Loblied auf den schlichten deutschen Charakter, das mittlerweile zu einem abgedroschenen, aber
offenbar unverwüstlichen Gemeinplatz geworden war: «Der Verfasser
von ‹Rembrandt als Erzieher› hat mit Wahrheit und Wärme den Gedanken vertreten, daß die deutsche Wiedergeburt von der deutschen Kinder-
natur ausgehen müsse.» Daraus schließt er dann: «... jetzt, wo wir der
Natur so sehr entfremdet sind, ist es an der Zeit, daß wir uns von dem
Kinde, das der Natur am nächsten steht, selbst wieder erziehen lassen...»[38] Dresdner, wie übrigens auch Langbehn, ließ sich nicht träumen, was für Männer dieses Kind in die Welt setzen würde.

Mit Langbehns Plädoyer für die Neubelebung deutscher Innerlichkeit
konnten demnach sogar Skeptiker sympathisieren. Schließlich war die
Forderung nicht neu. Bereits im Jahre 1824 hatte der junge Ludwig Richter, der durch seine anheimelnden Illustrationen in Deutschland zu einem
festen Begriff wurde, in sein römisches Tagebuch notiert: «In der Kunst
soll Tiefe und Einfachheit mein Bestreben sein», und diese Maxime mit
seiner Nationalität in Zusammenhang gebracht: Sein Ziel war es, «immer
nach *alter*, *deutscher* Weise streng rechtschaffen zu leben und rein zu
bleiben in Handel und Wandel». Im Jahre 1828, aus Anlaß der Dreihun-
dertjahrfeier für Dürer, beging Richter, der damals noch Student war, das
festliche Ereignis in der Weise, daß er «am stillen Abend ganz einsam» in
Dürers Holzschnittzyklus *Marienleben* blätterte «und die ewig jungen,
unverwelklichen Blüten seines Geistes mit Wonnegefühl betrachtete und
mich in sie hineinlebte».[39]

Das war eine typische Haltung. Wie wir gesehen haben, nahmen die
deutschen Maler ihre Arbeit todernst und sahen sich in einer Kultur am
Werk, in der die selbstkritische Analyse, von Humor ganz zu schweigen,
Seltenheitswert hatte. Solchen Seltenheitswert, daß es ausländischen Be-
obachtern wie auch ein paar unberauschten Deutschen auffallen mußte.
Im Jahre 1820 brachte Sir Charles Eastlake, Kunstkritiker, Maler und
späterer Leiter der National Gallery in London, die Sache auf den Begriff: «Die Engländer haben die Materie und die Deutschen den Geist der
Kunst.»[40] Wenig später beklagte Heinrich Heine in komischer Verzweiflung, während die Briten die See beherrschten und die Franzosen das
Land, erhöben die Deutschen Anspruch auf den Himmel. Rembrandt
war vielleicht kein wirklicher Deutscher, aber offenbar gab es vieles, was

er – im Verein mit Dürer – die Deutschen lehren konnte. Mitte der achtziger Jahre des letzten Jahrhunderts erkannte Friedrich Nietzsche in *Jenseits von Gut und Böse* das Verwickelte, Labyrinthische, Unfaßbare als Markenzeichen der deutschen Seele: «... so liebt der Deutsche die Wolken und alles, was unklar, werdend, dämmernd, feucht und verhängt ist...»[41] Für solch eine Seele stellten Selbstbildnisse Ausdrucksgesten dar, die den Zugang zum unermeßlichen Reichtum ebenso nobler wie geheimnisvoller Innenwelten eröffneten.

Es wäre eindeutig ungerecht, diese Subjektivität zu einer ausschließlich deutschen Angelegenheit zu erklären; nicht alle Spiegel im 19. Jahrhundert waren teutonische Fabrikate. Man braucht nur an die Skelette zu denken, die im Werk des belgischen Malers James Ensor eine so große Rolle spielen, wie auch an seine makabren Selbstporträts, um zu erkennen, daß es sich bei dem Anspruch von Künstlern, mit der eigenen Seele und in der Konsequenz auch mit der des Betrachters privilegierten Umgang zu pflegen, um ein in der zweiten Hälfte des 19. Jahrhunderts weitverbreitetes Phänomen handelte. Aber angesichts der Haltungen, die von der deutschen Romantik ausgebildet wurden, kann niemanden überraschen, daß es deutsche Künstler waren, die jenen Anspruch am nachdrücklichsten erhoben und die ihr Innenleben mit einer Konsequenz und Ernsthaftigkeit erforschten, die sie in der Tat zu idealen Kronzeugen dafür werden ließ, wie weit die Verfechter der Innerlichkeit zu gehen bereit waren – ohne daß dabei ihr bürgerliches Publikum irgendwann auf der Strecke geblieben wäre.

VI. Der verbindende Stil

In der zweiten Hälfte des 19. Jahrhunderts vertrauten die Angehörigen der bürgerlichen Klasse in noch nie dagewesener Zahl und mit beispiellosem Eifer ihren Briefen und Tagebüchern Dinge an, die Einblick in ihr Innerstes gewährten. Diese Zwiesprache mit anderen und mit sich selbst konnte ohne Frage im Dienste des Selbstschutzes und der Selbstverschleierung stehen. Wenngleich nur für ein sorgfältig ausgewähltes Publikum bestimmt, wurde sie indes zum bevorzugten Vehikel der Selbsterforschung und damit der Selbstenthüllung. Sie macht deutlich, bis zu welchem Punkt die Bürger bereit waren, ihr Herz zu entblößen. Wie sich zeigen wird, neigten sie zu weit rückhaltloseren Bekenntnissen, als ihre Kritiker sich das gern vorstellen.

Es fehlt nicht an Belegen dafür, daß ein großer Teil dieser buchstäblich unzähligen Schriftzeugnisse langweilig im Ton und arm an reflexivem Niveau war.[1] Aber in der Qualität dieser privaten Verlautbarungen gab es auffällige, manchmal unvorhersehbare Schwankungen. Die Annahme scheint naheliegend, daß bedeutende Schriftsteller auch denkwürdige Briefe schrieben, aber eine Garantie dafür gab es nicht: Die Briefe von Anthony Trollope waren ebensosehr Allerweltsbriefe, wie die von Gustave Flaubert oder Henry James voll Leidenschaft und brillant waren. Aufs Ganze gesehen, durften in Gesellschaften, die sich am frühesten für das Ideal der Liebesheirat und für den Primat des Gefühls vor dem berechnenden Verstand gewinnen ließen, die Schriftsteller in ihren Büchern freier äußern, was sie dachten, als in Gesellschaften, die am altersgrauen Brauch festhielten, Zurückhaltung in erotischer Hinsicht zu fordern und bei Eheschließungen praktischen Erwägungen Vorrang einzuräumen. Aber nicht allein solche unterschiedlichen kulturellen Gepflogenheiten, sondern darüber hinaus auch Alter und Geschlecht wirkten bei den Briefschreibern und bei denen, die Tagebuch führten, gruppenbildend. Der Bildungsbürger konnte dank seines größeren Wortschatzes und seiner besseren Darstellungsmodelle leichter Zugang zum Innenleben gewinnen – beziehungsweise auch den Weg dorthin effektiver verlegen – als der Kleinbürger, dessen an die eigene Person oder an andere gerichteten Botschaften in ihrer Unbeholfenheit oft rührend anmuteten. Wie nicht anders zu erwarten, hielten Männer in ihren Aufzeichnungen andere Erfahrungen fest als Frauen: Sie konnten über ihre Arbeit, über Geschäfte, über die Politik schreiben, Betätigungsfelder, die den meisten Frauen wegen ihrer Beschränkung auf die häusliche Sphäre verschlossen waren.

Dennoch wird sich zeigen, daß die Klischeevorstellung vom verstandesbestimmten Mann und von der gefühlsbestimmten Frau in den Briefen und Tagebüchern der damaligen Zeit keine beherrschende Rolle spielte. Die vertrauliche, bekenntnishafte Mitteilungsform, die Bürgern aller Glaubensrichtungen, Protestanten, Katholiken und Juden ebenso wie Ungläubigen, zur Verfügung stand, war bei Männern und Frauen gleichermaßen im Schwange. Das romantische Eintreten für ein Verhältnis wechselseitiger Liebe als für den einzig denkbaren Rahmen, in dem man sich dauerhaft binden und seinen Gefühlen freien Lauf lassen konnte, war schließlich ein internationales Phänomen von anhaltender Wirksamkeit, das die Adepten ermunterte, mit ihren Bekenntnissen nicht hinterm Berg zu halten – und dabei aber selbstverständlich immer die Grenzen des Anstandes zu wahren.

Naturgemäß ist es unmöglich, die unzähligen Millionen von Briefen und Tagebüchern zu sichten, die das Zeitalter damals produzierte; zweifellos übertreffen die vernichteten oder auf Dachböden vermodernden Zeugnisse an Zahl bei weitem die Tausende von Belegen, die uns erhalten geblieben sind. Es wäre voreilig anzunehmen, daß nur die Gebildetsten ihre Papiere den Archiven und Bibliotheken hinterließen; viele Dokumente haben trotz eklatanter Ausdrucksschwächen, ja, sogar orthographischer Mängel ihren Weg in die öffentlichen Magazine gefunden. Und wir können auch nicht davon ausgehen, daß die vertraulichsten, offenherzigsten Enthüllungen automatisch ganz oben auf der Verlustliste stehen. Die Verwüstungen durch die Zeit, die unvermeidlichen Einbußen, die mit Wohnungswechseln einhergehen, ein gewisses Maß an Selbstzensur bei den Tagebuchschreibern, die aus ihren eigenen Eintragungen Stücke eliminierten, wie auch bei Briefempfängern, die Stellen unleserlich machten – das alles sorgte ebenso effektiv dafür, daß intimes Material der Zukunft vorenthalten blieb, wie die Eingriffe von Familienangehörigen oder Freunden, die den guten Namen des Schreibers zu schützen suchten. Aber es haben immer noch genug Briefe und genug Tagebücher unterschiedlichsten Charakters überlebt, darunter auch solche, die von den Zeitgenossen als skandalös betrachtet worden wären, um die Zuversicht des Historikers gerechtfertigt erscheinen zu lassen, daß seine Auswahl vergleichsweise repräsentativ für das bürgerliche Gefühlsleben ist.

1. Das Briefgeheimnis

Der Brief blickt auf eine lange Geschichte zurück. Platon schrieb denkwürdige Briefe, und das taten auch Cicero und Paulus. Aber diese antiken Episteln unterschieden sich grundlegend von ihren modernen Gegenstücken. Nicht, daß es ihnen an Gefühl fehlte, aber sie stellten weit stärker soziale Dokumente als persönliche Mitteilungen dar und waren an eine interessierte Öffentlichkeit, manchmal sogar an künftige Generationen gerichtet. Cicero faßte seine Briefe in einem Stil ab, der weniger durchreflektiert war als der seiner Reden und philosophischen Abhandlungen; er hielt sich auf die «Ungezwungenheit – *neglegentia*« seiner Briefe und auf ihren «Gesprächston» etwas zugute.[1] Aber dennoch wollte er sie veröffentlicht sehen. Die bewegenden Liebesbriefe zwischen Heloise und Abaelard wiederum, die uns erhalten geblieben sind, stellen eine Mischung aus Moralpredigt und Vorweis klassischer Bildung dar und wurden höchstwahrscheinlich nachträglich für ein weiteres Publikum überarbeitet. Bis in die neuere Zeit hätte kein Brief, abgesehen von geheimen diplomatischen Depeschen, die für das 19. Jahrhundert so typische Bitte des Verfassers enthalten, das Schreiben niemandem zu zeigen oder es, besser noch, zu vernichten.

Sogar die vielgerühmten Briefe, die zu Ende des 17. Jahrhunderts Madame de Sévigné an ihre weit entfernt wohnende Tochter schickte, können höchstens teilweise Ausnahmecharakter beanspruchen. Diese Briefe, die in den zwanziger Jahren des 18. Jahrhunderts erstmals veröffentlicht und dann hundert Jahre später in wissenschaftlich bearbeiteten Ausgaben herausgebracht wurden, sind außergewöhnlich offenherzig, lebendig, intelligent, abwechslungsreich, scharf beobachtend – und persönlich. Aber Madame de Sévigné wußte sehr wohl, daß ihre Briefe, auch wenn sie für die Tochter bestimmt waren, abgeschrieben und herumgezeigt wurden, daß sie für die wenigen Glücklichen, die ihrer habhaft wurden, die Funktion eines handgeschriebenen Skandalblatts erfüllten. Und auch die Vertraulichkeiten, mit denen die berühmtesten Briefschreiber des 18. Jahrhunderts – Lord Chesterfield, Horace Walpole, Voltaire – aufwarten, lassen sich den gefühlsbetonten Innenansichten, die viele Briefschreiber des 19. Jahrhunderts bieten, nicht an die Seite stellen. Weit entfernt davon, daß es sich bei ersteren um spontane Mitteilungen gehandelt hätte, waren sie das Werk raffinierter Techniken; sie putzen die Empfindungen des Schreibers mit klugen Sentenzen, scharfsinniger Logik und vor allem mit geistreichen Bemerkungen heraus und bezeugen damit, daß bei Briefen Stilbewußtsein im Zweifelsfall der Tod echter Vertraulichkeit ist.

Die Lage änderte sich mit dem Empfindsamkeitskult des 18. Jahrhunderts, der später von den Romantikern zur Norm erhoben wurde: Das 19. Jahrhundert lernte viel von den postalischen Bekenntnissen, mit denen die Elterngeneration den Anfang gemacht hatte. In der Romanliteratur wie auch in der Korrespondenz experimentierte die Mittelstandskultur mit zarteren, menschlicheren, manchmal auch rührseligeren Attitüden. Dieser Geist war es, den die ungeheuer populären Briefromane der damaligen Zeit, von Richardson bis Rousseau und Goethe, ineins bezeugten und beförderten; er nährte unvermeidlich das Verlangen nach Austauschformen, die noch freimütiger und noch weniger formelhaft waren. Quer durch Europa machten sich die tonangebenden Kreise daran, den Formalismus in der Schriftsprache zu ersetzen. Im Jahre 1751 veröffentlichte der Akademiker, Lustspielschreiber und Romanschriftsteller Christian Fürchtegott Gellert, den seine in Verse gefaßten Fabeln berühmt gemacht hatten, eine allseits geschätzte Mustersammlung von Briefen, die das Evangelium der Natürlichkeit und der Ablehnung aller Affektiertheit verkündeten; dies wurde zum Grundrezept fürs Briefeschreiben, und das nicht allein in Deutschland.[2]

Allerdings gab es auch Widerstand dagegen. Im Jahre 1788 legte Adolph Freiherr von Knigge, der sich zum führenden Benimm-Experten für den deutschen Mittelstand aufgeschwungen hatte, seinen Lesern dringend ans Herz, beim Briefeschreiben äußerste Zurückhaltung zu üben, den Kreis der Briefpartner zu beschränken und vor allem Vorsicht walten zu lassen; ein unbedachtes, schriftlich fixiertes Wort könne unermeßlichen Schaden anrichten. Aber mochten selbst Gellerts Briefbeispiele sein Programm nur unvollkommen in die Tat umsetzen, der Wind blies Knigge ins Gesicht; das belegt besonders eindrücklich der Sturzbach von Briefen, mit dem der junge Goethe seine geliebte Schwester und ein paar andere Vertraute überschüttete. Er hatte bei Gellert an der Universität Leipzig studiert und zeigte nun, was die Lehre seines Professors bedeutete, wenn man Ernst mit ihr machte. Er schrieb in großer Erregung, streute französische oder englische Ausdrücke ein, sooft ihm danach war, machte großzügigen Gebrauch von Ausrufezeichen, abgebrochenen Sätzen, unvollständigen Wendungen und wilden Bekundungen der Zuneigung oder Verzweiflung, kurz, er teilte sich mit. Für den von der Neigung zur impulsiven Selbstenthüllung ergriffenen jungen Goethe waren *Die Leiden des jungen Werther*, der Roman, der ihn berühmt machte, eine Fortsetzung seiner Briefwechsel in einem anderen Medium.

Andere Korrespondenzen mochten zwar Goethes unvergleichliche Ausdruckskraft nicht erreichen, imitierten aber doch seine Inbrunst, und sie wurden von den Zeitgenossen dafür mit Beifall bedacht. Im Jahre 1891 widmete Georg Steinhausen in einer gewichtigen Geschichte des deutschen Briefes dem 18. Jahrhundert, dem «Jahrhundert des Briefes», breiten Raum. Er entdeckte dort eine regelrechte «Briefleidenschaft», die dem damaligen Freundschaftskult in nichts nachgestanden habe; seine These belegte er mit einer Blütenlese gefühlvoller Äußerungen, durch die Goethes Zeitgenossen der Macht des geschriebenen Wortes Tribut zollten. Ein Gewährsmann sah im Brief die «Sprache des Herzens», einem anderen galt er als «Abdruck der Seele». Lessing brachte das Programm auf den Begriff: «Schreibe, wie du redest», riet er seiner Schwester, «so schreibst du schön.» Zu Anfang des 19. Jahrhunderts konnte solch ein Ratschlag bereits den Rang eines Gemeinplatzes beanspruchen: «Ich habe es jetzt zur wahren Kunst des Briefeschreibens gebracht», schrieb Jane Austen an ihre Schwester Cassandra im Jahre 1801, «die, wie wir immer zu hören bekommen, darin besteht, auf dem Papier genau das zu äußern, was man der angesprochenen Person mündlich sagen würde. Ich habe den ganzen Brief hindurch fast so schnell mit dir gesprochen, wie es mir möglich ist.»[3]

Was Austen propagierte und eigenhändig vorführte, war jener entspannte und ungekünstelte Stil, mit dem die Romantiker die Schranken der Konventionalität durchbrachen und der sich im Laufe der Zeit auf direktem und auf indirektem Wege in die Kultur des ehrbaren Bürgertums Eingang verschaffte. Man mußte kein Romantiker sein, um gefühlvolle und vom Pathos der Selbstenthüllung getragene Briefe zu schreiben, aber die Romantiker schrieben, wie ihre gesammelten Korrespondenzen beweisen, fast aus Prinzip in diesem Stil. «Der wahre Brief», schrieb Novalis, «ist seiner Natur nach poetisch.»[4] Mit anderen Worten, er ist eine Offenbarung des Selbst. Auch Byron überschüttete Freunde und Geliebte mit einem Feuerwerk von Botschaften, die zwischen Unterhaltsamkeit und Melancholie wechselten, stets offenherzig und selten sentimental waren und denen er durch den freizügigen Gebrauch von Gedankenstrichen ein teuflisches Tempo verlieh. Sich an Worten berauschend, reihte er diese aus schierer Redelust aneinander, ohne die Pflichten des reflexiven Berichterstatters zu versäumen, die er sich selbst auferlegt hatte. In einer Mitteilung an Mary Shelley brachte er seinen Briefstil auf den Begriff: «Ich bin kein behutsamer Briefschreiber und sage gewöhnlich, was sich mir im Augenblick gerade aufdrängt.» Damit faßte er das romantische Programm für das Schreiben von Briefen in einem Satz zusammen.[5]

Gewiß, Byron gehörte dem Hochadel an, aber ein Romantiker wie Keats, der aus dem Mittelstand kam, übte ebensowenig Zurückhaltung, wenn er auch nicht entfernt so obszön war, unbeschadet der sexuellen

Not, von der seine Briefe an Fanny Brawne, seine Verlobte, künden, die er schrieb, als er bereits wußte, daß es mit ihm zu Ende ging. In der Zeit vor diesen späten Briefen aber verband sich das Vergnügen, mit dem Keats sein Innerstes in Briefen an geliebte Personen ausschüttete, perfekt mit seiner hochgehaltenen dichterischen Berufung. Er pflegte Verse in seine Briefe einzufügen, die er gerade erst gedichtet hatte und die quasi noch warm waren, als könne er es nicht erwarten, andere auf die best-mögliche Art an seinen innersten Empfindungen teilhaben zu lassen. Das taten auf ihre eher prosaische Weise auch die Gebrüder Schlegel, die offenherzige, oft gereizte Briefe wechselten und mit ihren eigenen Seelen-nöten nicht hinterm Berg hielten. Achim von Arnim und seine Frau Bettina, geborene Brentano, dieses deutsche Erzromantikerpaar, tausch-ten freimütige Liebesbotschaften aus: «Komme ich aber zurück», schrieb er an sie, «so soll mich nichts abhalten, geradezu unter deine Bettdecke zu fahren. – Amen, Amen, es geschehe!» Ihre nur unwesentlich zurückhal-tendere Antwort lautete: «Ach, ich wollt, ich hing an Deinem Hals und dürft nur Dich ansehn bis in Tod.» Er war ihr «lieber, seidner Leib», sie wollte er «tausendmal» küssen. Dieser Gefühlsüberschwang existierte Seite an Seite mit prosaischeren, aber nicht weniger intimen Mitteilungen: «Kauf dir doch um Gottes willen einen Hosenträger», mahnte sie, «und bring den Kindern Äpfel mit.»[6]

Unter den französischen Romantikern beherrschte Stendhal diesen Stil besser als jeder andere. Meisterhafter Regisseur, der er war, pflegte er seinen Korrespondenten das Szenarium für den privaten Plausch vor Augen zu stellen: «Paris, 26. Dezember 1829», begann er einen Brief an seinen Freund Prosper Mérimée, «fünf Uhr am Nachmittag, ohne Kerze.» Mérimée war es auch, dem er die wahre Geschichte hinter der Fassade seiner Novelle *Armance* anvertraute: Der Held sei impotent und verschaffe seiner ihm treu ergebenen, geduldigen Ehefrau «allnächtlich per Hand zwei oder drei Verzückungen».[7]

Das war nicht die Sorte Informationen, die Bürgersleute normaler-weise untereinander austauschten; der eine oder andere allerdings kam solcher Offenherzigkeit ziemlich nahe. Während sich Harriet Beecher Stowe auf einem ihrer ausgedehnten Kuraufenthalte befand, wurde sie von ihrem Mann, Calvin Stowe, in einem sehnsuchtsvollen Brief daran erinnert, es sei «fast 18 Monate her, seit ich eine Ehefrau hatte, die mit mir schlief». (Die Trennung war für das Paar das einzige Mittel zur Empfängnisverhütung.) «Das kann jeden Mann umbringen, zumal einen wie mich.» Er schwächte seinen Vorwurf ab beziehungsweise kompli-zierte ihn, indem er hinzufügte: «Wenn mich die Verzweiflung packt und ich es nicht mehr aushalte, hole ich mir den lieben, netten, gutherzigen

Br[uder] Stagg ins Bett, und er legt seine Arme um mich und drückt mich an sich, bis mein Herz sich zufriedengibt.»[8] Weder Calvin Stowe, ein ordinierter Geistlicher, noch seine Frau, die bald schon zur landesweit machtvollsten Vorkämpferin der Sklavenbefreiung werden sollte, waren Romantiker, aber das Erbe der Romantik hallt in diesem pathetischen Aufschrei eines frustrierten Liebenden wider.

Wodurch sich demnach die Briefschreiberei des 19. Jahrhunderts auszeichnete, war weniger ein besonderer Stil als ihre massenhafte Verbreitung. Damals schätzte und kaufte man hübsch dekorierte Bände mit Briefsammlungen; die Biographien waren vollgestopft mit umfangreichen, wenn auch häufig frisierten Briefexzerpten. Verleger erhofften sich Gewinne, wenn sie eine Blütenlese von Brautwerbungsbriefen, eine Sammlung von Briefdokumenten zu kulturellen Gepflogenheiten der vergangenen beiden Jahrhunderte oder die interessantesten Briefe berühmter Leute herausbrachten.[9] Wir haben bereits feststellen können, daß sich das Zeitalter darauf verstand, der breiten Masse zugänglich zu machen, was zuvor einigen wenigen vorbehalten war. Als der bekannte englische Herausgeber und Kritiker Philip Gilbert Hamerton von seiner Zeit als von «dieser Ära der Kommunikation» sprach, verlieh er einer verbreiteten und völlig gerechtfertigten Überzeugung Ausdruck.[10] Das Hauptwerkzeug, das der Demokratisierung geschriebener Selbstzeugnisse Vorschub leistete, war die Technik; sie erwies sich als ein unverhoffter, aber wirkungsvoller Bundesgenosse der Romantiker bei ihrem Bemühen, das Gefühlsleben auf die Tagesordnung zu setzen. Der Ausbau des Straßensystems, die rasante Ausbreitung der Eisenbahn mit ihrer erstaunlichen Geschwindigkeit und der Zuverlässigkeit ihrer Fahrpläne veränderten das Postwesen von Grund auf. Revolutionierend wirkte sich auch die schlichte Erfindung der Briefmarke aus.

Die Geschichte dieser Erfindung ist wohlbekannt, verdient es aber, an dieser Stelle noch einmal rekapituliert zu werden: Im gleichen Jahr, in dem Königin Victoria den Thron bestieg, 1837, schlug der akademisch gebildete, selbstbewußte und im Umgang außerordentlich schwierige Reformer Sir Rowland Hill in einer berühmt gewordenen Schrift, *Post Office Reform: Its Importance and Practicability (Die Reform des Postwesens: Ihre Bedeutung und Durchführbarkeit)*, eine durchgreifende Neuordnung des Briefverkehrs vor. Als er seinen Reformplan niederschrieb, war das britische Postwesen ein einziger Sumpf aus Vorschriften, gravierenden Unannehmlichkeiten und überhöhten Portogebühren. In den Zeiten vor der Reform, so erinnerte sich Rowland Hills Tochter in einem biographischen Lobgesang auf ihren Vater, «mußte ein ‹einzelner› Brief auf ein einziges Blatt Papier geschrieben werden, was zu der heute nicht mehr üblichen Sitte des «Überschreibens in Querrichtung» führte, durch die ein Brief so gut wie unlesbar wurde; angesichts der damaligen hohen Postgebühren blieb gar nichts anderes übrig.» Tatsächlich «wurde das Porto verdoppelt, sobald man ein zweites Blatt oder auch nur das kleinste Stück Papier hinzufügte».[11] Das Porto für einen Brief hing damals nicht nur von der Zahl der Blätter, sondern auch vom Gewicht, von der Entfernung und von lokalen Gebühren ab; bei Einbeziehung der Lokalpost betrug das durchschnittliche Porto mehr als sechs Pence. Mit wachsender Entfernung stiegen die Kosten nachhaltig: Die Gebühr für einen einzigen Brief von London nach Edinburgh oder Glasgow betrug zum Beispiel einen Shilling und 3 1/2 Pence, was für die Armen eine unvorstellbare Summe und auch für die meisten «besser Betuchten» keine Kleinigkeit war. Ganz zu schweigen von den «niederen Ständen», wo Familien durch das hohe Porto praktisch auseinandergerissen wurden, wie Harriet Martineau, Biographin, Historikerin, Volkswirtschaftlerin und unübertroffene Meisterin in der Popularisierung drängender Zeitfragen schrieb: «... im weiteren Mittelstand gab es nur wenige Familien, die das Briefporto nicht als lastenden Haushaltsposten empfanden; und wenn die jungen Leute nur einmal in vierzehn Tagen nach Hause schrieben, stellte die Summe am Ende des Jahres bereits ein ganz schön gravierendes Problem dar.»[12]

Erschwerend kam noch hinzu, daß der Briefverkehr alles andere als zuverlässig war und bei den Sendungen Verluste, Diebstähle und Schmuggel ebenso häufig vorkamen wie unmäßige Verspätungen. Die Not gebar Schwindeleien: Viele kommunizierten, indem sie portofreie Zeitungen verschickten, in denen eine Nachricht durch markierte Wörter übermittelt wurde. Das alte Privileg der Frankosendungen, das Angehörigen beider Häuser des Parlaments, Offizieren und nahen Freunden der Betreffenden gestattete, Briefe portofrei zu versenden, hatte bis ins 19. Jahrhundert überdauert und riß die Kluft zwischen denen, die sich den Briefverkehr ohne weiteres leisten konnten, und denen, die das nicht konnten, noch weiter auf. Die Gegner der hohen Gebühren sahen darin eine Besteuerung der Information; zugleich handelte es sich in ihren Augen um eine Vergesellschaftungssteuer, da persönliche Äußerungen mit einer Abgabe belegt würden. Weil das Porto zumeist vom Empfänger bezahlt werden mußte, mußten die Briefträger diese auffinden und das fällige Geld kassieren – eine zeitaufwendige und reichlich Ärger verursachende Prozedur. «Mißwirtschaft, Verschwendung und Betrug» waren dem Fazit von Hills Tochter zufolge praktisch unvermeidlich.[13] Seine nüchterne Beurteilung der Situation führte Hill zu zwei Vorschlägen von umwerfender Einfachheit: Alle Briefe sollten im voraus bezahlt werden, und die Post sollte ein einheitliches Porto einführen: einen Penny für Briefe, die fünfzehn Gramm oder weniger wogen.

Obwohl ihr jenes Moment von Vernünftigkeit eignete, das die Bürokratie so häufig zur Sabotage herausfordert, wurde die Penny-Post im Jahre 1840 Wirklichkeit. Die offiziellen Zahlen für England und Wales dokumentieren das umwerfende Ergebnis: Im Jahre 1839, unmittelbar vor Durchführung der Reform, betrug die Zahl der beförderten Briefe rund 76 Millionen. Im folgenden Jahr verdoppelte sie sich, um dann zu explodieren: 347 Millionen im Jahr 1850, 564 Millionen zehn Jahre danach, 3,5 Milliarden im Jahr 1914. Kurz, das Briefeschreiben war unter den Schriftkundigen zu einer Hauptbeschäftigung geworden: Wenn im Jahre 1839 der Brite im Durchschnitt drei Briefe pro Jahr schrieb, war unmittelbar vor Ausbruch des Ersten Weltkrieges diese Zahl bereits auf 75 angestiegen.[14] Um die dürre Statistik in Worte zu fassen: Wie Hill in seiner Schrift versprochen hatte, ließ die Modernisierung des Postwesens für beträchtliche Teile der Öffentlichkeit das Briefeschreiben zur Gewohnheit werden und wurde den Gebildeten zum Anreiz, einen vielfältigen und regelmäßigen Schriftverkehr zu pflegen. Hill hatte der ganzen Bevölkerung, den Reichen wie den Armen, Nutzen bringen wollen, einschließlich der mittleren Schichten, die sich «von drückenden und anstoßerregenden Forderungen, denen sie nur widerwillig nachkommen», befreit sehen würden.[15] Für diejenigen, die über die nötige Muße verfügten, wurde die Erledigung der Korrespondenz zum festen Bestandteil ihres Alltags. Im Rückblick zählte Gladstone 1866 «die Einführung des billigen Posttarifs für Briefe, Dokumente, Schnittmuster und Drucksachen und die Abschaffung jeder Besteuerung von Druckerzeugnissen dem Katalog der Freihandelsgesetzgebung» und damit all den «großen Maßnahmen» zu, «die Teil des großen Gesetzeswerks der industriellen Emanzipation» waren.[16] Das Wort «Emanzipation» spricht Bände: Gladstone kannte kein größeres Lob.

Andere Länder folgten rasch Hills Vorbild. Im Sommer 1845 schrieb in Connecticut eine junge Amerikanerin namens Catherine Huntington ihrem Vetter Joseph Huntington, mit dem sie in einem koketten Briefwechsel stand: «Wie gefällt Dir die Post-Reform: Ich für meinen Teil kann demjenigen, der die Reform in Gang gesetzt hat, meinen von Herzen kommenden Dank abstatten. Möglicherweise werden die Briefe in solchen Mengen auf Dich herabregnen, daß Du Dir die alten Postgebühren zurückwünschst.»[17] Sie bezog sich auf ein Gesetz aus dem März des gleichen Jahres, das ein beschwerliches, teures Postsystem durch ein viel einfacheres ersetzt hatte. Vor Verabschiedung des Gesetzes hatten Briefe von sechs bis zu fünfundzwanzig Cents und sogar noch mehr gekostet;

die Höhe des Portos war abhängig von zahlreichen Gebührenzonen, die sich durch die Staaten und die Territorien zogen, sowie von der Anzahl der Briefblätter. Das Gesetz unterschied zwei Portostufen: 5 Cents für Briefe, die weniger als 450 km weit befördert wurden, und das Doppelte für Briefe, bei denen die Entfernung höher lag; wie in Großbritannien war das Porto außerdem vom Gewicht der Briefe abhängig, wobei das Maß 15 Gramm betrug. Zwei Jahre später brachte die Post in den USA die ersten klebenden Briefmarken heraus; bereits 1855 mußten alle Sendungen im voraus bezahlt werden. Eine neue Ära der Kommunikation war angebrochen. Auch hier sprechen die Zahlen wieder für sich: In dem entscheidenden Jahrzehnt zwischen 1845 und 1855 nahm die Zahl der mit der Post beförderten Briefe in den USA um mehr als das Dreifache zu, nämlich von rund 40 Millionen auf 132 Millionen; Joseph Huntington war augenscheinlich nicht der einzige, auf den die Briefe herabregneten. Die Postkarte, die 1869 im Habsburger Reich und ein Jahr später in Großbritannien eingeführt wurde, erhöhte zwar nicht den vertraulichen Charakter der Sendungen, wohl aber ihre Häufigkeit. Es dauerte nicht lange, da folgte die heitere Ansichtskarte, ein Tribut an die zunehmenden Vergnügungsreisen, die nun auch Leute mit mittlerem Einkommen unternahmen. So oder so wurde es zu einem Gewohnheitsrecht, daß man von Ferienreisenden Nachricht bekam. Bereits 1897 konnte der Herausgeber einer deutschen Briefsammlung im Eingangssatz seines Buches, ohne Widerspruch befürchten zu müssen, feststellen, man werde in der weiten Welt der zivilisierten Nationen niemanden mehr finden, der nicht Tag für Tag vor der Notwendigkeit stehe, sich schriftlich auszutauschen.[18] Sechzig Jahre zuvor hätte er dies noch nicht schreiben können.

Jahrzehntelang erreichte besonders in ländlichen Regionen die Post ihren Bestimmungsort nicht allein per Eisenbahn, sondern mittels berittener Postboten oder der Postkutsche. In dem Maße, wie die Gelegenheiten zum vertraulichen, oft romantischen Briefverkehr zunahmen – die enorme, stetig wachsende Masse an geschäftlicher und behördlicher Post ist nicht Gegenstand unserer Untersuchung –, nahm sich die Populärkunst des Postmotivs an und verstärkte damit die Aura, von der das Postwesen umgeben war. Die Künstler malten und radierten den Postboten, der gegen den Schneesturm ankämpft, die Postkutsche, die ohne Rücksicht auf Verluste über die Landstraße rast, und natürlich vor allem die verschämte Jungfrau, die auf einen Liebesbrief wartet. Schon vor den Postreformen hatten die Bürger sich an der «großartigen Idee» ergötzt, daß, wie einer von Joseph Huntingtons Freunden im Jahre 1843 schrieb, «man trotz noch so großer räumlicher Trennung Gedanken und Gefühle ungehindert austauschen kann».[19] Nachdem das Hillsche Zeitalter sich fest etabliert hatte, wuchs diese Freiheit in geometrischen Sprüngen; Gedanken und Gefühle wurden zunehmend freimütiger kommuniziert.

Briefe und später dann auch Postkarten zu schreiben und zu erhalten erlangte in der Ökonomie des bürgerlichen Gefühlslebens in der zweiten Hälfte des 19. Jahrhunderts eine ausgesprochene Vorzugsstellung. Weit häufiger als jemals zuvor ging das Korrespondieren mit dem Bedürfnis nach Reziprozität einher; selbst ein Brief, in dem nicht ausdrücklich um Antwort gebeten wurde, war eine stillschweigende Aufforderung zu einem Ferngespräch in schriftlicher Form. Das Bild drängte sich auf und war, wie gesehen, mindestens so alt wie Cicero; die Menschen des 19. Jahrhunderts machten reichlich Gebrauch davon. In Rußland hatte es bereits 1819 Einzug gehalten: In einem Essay über das Briefeschreiben zollte ihm N. I. Gretsch einmal mehr Tribut: «*Briefe*, im strengen Sinne des Wortes, sind Unterhaltungen oder Gespräche mit Abwesenden.»[20] Ungezählte Millionen müssen das gleiche empfunden haben wie Joseph Seldon Huntington, Jr., ein junger Student in Yale, der 1886 seinem Tagebuch praktisch täglich anvertraute, als erstes sei er morgens zum Postamt gegangen, um zu sehen, ob Post für ihn gekommen war.[21] Besonders für verliebte Männer und Frauen verwandelte sich der Briefträger in einen fast mythischen Sendboten, in jemanden, der höchste Seligkeit oder tiefstes Elend brachte. In einem Land nach dem anderen setzte sich bei Verliebten und mehr noch bei Verlobten der getreulich befolgte Brauch durch, einander täglich zu schreiben.

Die Briefe, die manche jüdischen Paare im Deutschland des 19. Jahrhunderts wechselten, sind besonders erhellend. Sie bezeugen, wie romantische Gepflogenheiten und ein im Entstehen begriffener internationaler Stil bei Liebesbriefen bereits auf Gruppen übergriffen, während diese noch vom Hauptstrang der bürgerlichen Kultur des 19. Jahrhunderts abgeschnitten waren. Jahrzehnte bevor den Juden in den deutschen Staaten die volle Gleichberechtigung zugestanden wurde und während noch vielen von ihnen verboten war, sich in bestimmten Städten niederzulassen oder bestimmte Berufe auszuüben, gossen sie ihre Empfindungen in eine Sprache, die sich in nichts von der ihrer Gastgeber unterschied. Sie schrieben mittelständische Briefe, die in jeder Hinsicht typisch waren; wären da nicht die Namen der Korrespondenten und die gelegentliche Erwähnung religiöser Dinge, alle Mutmaßungen über ihre Herkunft zielten ins Leere. «Du meine Theure, warst heute wie gewöhnlich mein erster Gedanke», schrieb der junge Rabbiner Meyer Keyserling an seine angebetete Bertha Philippson am 4. Februar 1861 aus Berlin, wo er für eine Biographie über Moses Mendelssohn Material sammelte. «Um 7 1/2 Uhr klopfte der Briefträger mit Deinem theuren Brief.»[22]

Briefe zu schicken war ebenso aufregend, wie sie zu erhalten. Am
nächsten Morgen entsandte Keyserling der Frau, die er bald ehelichen
würde, seinen Gruß: «Guten Morgen, mein Herz! Weiter wollte ich Dir
nichts sagen, mit einer neu aufgesteckten Feder einen Morgengruss für
Dich niederschreiben.» Der Briefträger war noch nicht gekommen, und
Keyserling erwartete an diesem Tag keine Nachricht von seiner Verlobten. «... aber morgen früh! Du glaubst es mir, wie selig Deine Briefe
mich machen, ich lese sie immer wieder bis der jüngste durch einen
jüngeren ersetzt wird.» Er merkte mit unverkennbarer Rührung an, daß
auch seine Mutter seinen letzten Brief jeweils aufgehoben und in Erwartung des nächsten immer wieder gelesen habe: «Sie liebte mich, wie ich
Dich liebe.»²³ Die wahrscheinlich diplomatische Antwort der Verlobten
ist uns nicht erhalten geblieben.

Wer das anspruchsvolle Programm des täglichen Briefwechsels nicht zu
erfüllen vermochte, wurde vom Partner ständig ermahnt, bald wieder zu
schreiben; er mußte versprechen, in Sachen brieflicher Zuwendung mehr
Eifer an den Tag zu legen. «Innigstgeliebter Adolph!», schrieb Nanny
Herzberg im Mai 1856 an ihren Verlobten, Adolph Koritzer, einen Pelz-
händler in Leipzig: «‹Ein redlicher Mann hält sein Wort!› trotzdem ich
kein redlicher Mann bin und nur ein Mädchen, ob redlich oder nicht, so
will ich doch mein Wort halten, da ich Dir einmal versprochen habe,
gleich nach Empfang Deines Briefes zu antworten.»²⁴ Ein Bündel von
neunundvierzig Briefen, die zwischen dem 15. Mai und dem 23. Dezember 1856 geschrieben wurden, belegen, daß Nanny, auch wenn sie nur ein
Mädchen war, zu ihrem Wort zu stehen wußte.

Bei allen augenfälligen kulturell bedingten Abweichungen und eigentümlichen Unterschieden in den Ausdrucksformen waren sich demnach
die Liebesbriefe im Kern allesamt gleich. Das läßt sich durch Briefe aus
Gesellschaften belegen, in denen verabredete Ehen noch die Regel waren.
In strenggläubigen jüdischen Familien Osteuropas, wo die jungen Leute,
die einander versprochen waren, sich oft erst bei der Hochzeit kennenlern-
ten und wo der Austausch von Briefen einer besonderen Erlaubnis bedurfte, mußte Eros sich selbst zurechtfinden. Gewiß kann nur, wer die
erdrückenden Belege für elterliche Willkür, für die erzwungene Passivität
der Frauen und für das Elend in der Ehe geflissentlich übersieht, über
solche Verbindungen den Schleier der Gefühlsseligkeit breiten. Aber in
seltenen Fällen verliebten sich junge Leute, die von ihren Eltern auf solche
Weise zusammengeführt worden waren, buchstäblich auf den ersten Blick,
wobei ihre Einbildungskraft sicher gute Vorarbeit geleistet hatte.

Einen bemerkenswerten Fall, der ebenso beredt wie außergewöhnlich
ist, stellt der Liebesbrief dar, den Tschonon Wengeroff, der Sohn eines

reichen Kaufmannes im ukrainischen Konotop, im Juli 1849 an seine
Braut Pauline schrieb. Er hatte nur zwei- oder dreimal mit ihr geredet.
Diesen Brief – den ersten, wie sie sich Jahrzehnte später erinnerte, den sie
überhaupt je bekommen hatte – hob sie mit allen anderen ein halbes
Jahrhundert lang auf. «Vielgeliebte und teure Peschinke, leben sollstu
mir, gesund sein, einzige Seele mein! Jetzund seinen wir in Sluzk. Du bist
schojn gewiß zu Haus, bin schojn von dir weit 275 Werst. Nur erst
gestern bin gewen leben Dir [neben Dir], und ich habe gehört Deine
süße, liebe Rede! O, wie glücklich ich bin gewen... Ober jetzund seh ich
einzig, daß nach zwei Stunden, wos der Vater will hier verbrengen, wel
ich müssen weiterfahren und weiter, mit jeder Minut, jeder Sekunde
derweiten [entfernen] sich von Dir, meine teure Pessunja. Meine teure,
einzige Seele Pessunja, Du kennst sich [Dir] vorstellen, wie mir ist gewen,
als ich hob mich gesetzt in Wogen, die Reise zu machen, und zwei Sekun-
den nachdem hob Dich schojn mehr nit gesehn! Wie es ist mir gewen
nochdem, konnte ich Dir beschreiben Seiten, aber ich fürcht mich efscher
[vielleicht] west Du sein unruhig; nor Du kennst allein verstehen, Engel
meiner, einzig das wet kennen sein mein Trost, als ich wel lesen Deine
mir teure Handschrift, in welche ich wel lesen Deine Gefühle zu mir. Oh,
das wet mich neugeboren machen.» Und so weiter, noch eine ganze Seite
lang.²⁵

Kurz, ein Brief war Unterpfand, das entscheidende Unterpfand, wahrer Zuneigung, war der Beweis, daß der andere nicht zögerte, kostbare
Zeit zu opfern, um sich die geliebte Person vor Augen zu stellen und mit
ihr zu sprechen. Briefe konnten Ausdrucksmittel tiefer Empfindungen
sein, zumal zwischen Paaren, die einander in aller Form versprochen
waren; beide gingen davon aus – oder oft drängte der Forschere von
beiden den Partner, diese Ausgangsposition zu akzeptieren –, daß sie
einander rückhaltlos alles anvertrauten, die qualvollsten Erlebnisse
ebenso wie die sorgfältigst gehüteten Geheimnisse. Briefe waren Ersatz
für heiß ersehnte körperliche Nähe. «Du fragst, geliebtes Weib, ob ich
Deine Briefe auch *öfter* lese. Mein Kind, jeden Abend, wenn ich nach
Hause komme, sperre ich den Briefschrank auf und lese sie im Bett
immer u. immer wieder», beruhigte Ulrich Levysohn seine Verlobte
Clara Herrmann im Jahre 1876, dem Jahr ihrer Hochzeit.²⁶ Die Briefe als
Bettlektüre waren zwar kein vollgültiger Ersatz für die fehlende Bett-
genossin, aber bis zur Hochzeit mußte er sich damit begnügen. Und
wenn ein Partner bei der Erfüllung des ungeschriebenen Vertrags, der
zum vertraulichen, häufigen Austausch verpflichtete, säumig war,
schickte ihm der andere eine Mahnung, deren Ton normalerweise liebevoll, manchmal aber auch scharf war.

Schweigen erregte Unmut oder Angst. «Meine liebe gute Emilie! Ich schrieb Dir erst vorgestern und sehe erwartungsvoll auch Deinen öfteren Briefen entgegen, ich sagte Dir es ja schon mündlich meine Liebe, dass Du mir öfters schreiben mögest, wenn ich auch damit etwas zurückbleibe, weil ich denn nur durch Geschäfte davon abgehalten bin.» So die sanften Vorhaltungen, die Marcus Pflaum, Kaufmann in München, am 11. Juni 1833 seiner in Karlsruhe lebenden Verlobten, Emilie Hoeter, machte. Am nächsten Tag – sein Brief war wie gewöhnlich schnell eingetroffen – ging sie zum Gegenangriff über: «Obschon ich Dir recht böse war, will ich mich dennoch nicht revengiren und beantworte Dir daher schon heute, Deinen schon *längsterwarteten* Brief, ja mein lieber Marcus recht verlegen war ich dieses Mal, denn schon Sonntag glaubte ich welchen zu erhalten und so blieb ich bis Mittwoch in dieser Verlegenheit. Das darfst Du nicht mehr thun, ich denke Du wirst mir doch ein Stündchen widmen können.» Und auch wenn sie erklärte, keine Vergeltung üben zu wollen, tat sie es doch, indem sie eine plötzliche Erkrankung in der Familie, die ihr großen Kummer gemacht hatte, in Einzelheiten schilderte. Der Verlobte wußte indes ihren Vorwürfen die Spitze abzubrechen. Seine Ungeduld, erklärte er ihr, habe ihren Grund einzig darin, daß er ihre Briefe wegen ihres Stils und ihrer Spritzigkeit so sehr bewundere und mehr von ihnen erhalten wolle.[27] Geplänkel dieser Art waren normalerweise rasch beigelegt und richteten weiter keinen Schaden an.

Der Lust, sich über herkömmliche Schranken der Diskretion hinwegzusetzen, leistete merkwürdigerweise jene moderne Erfindung Vorschub, die wir unter dem Namen eines Rechts auf Privatleben kennen. Wie so vieles im bürgerlichen Jahrhundert war auch dieses Recht umstritten; die Grenzen, die den Privatbereich absteckten, waren unklar, zumal innerhalb der Familie, wo das Bedürfnis der heranwachsenden Jungen und Mädchen nach einer von den Eltern respektierten Privatsphäre mit deren Anspruch kollidierte, sich in die Angelegenheiten ihrer Kinder einzumischen. So schrieb, um nur einen Beispielfall anzuführen, im Jahre 1849 Richard Cary Morse, ein amerikanischer Zeitungsverleger und geweihter Geistlicher, an seine Frau, er rechne damit, daß ihre Tochter Elizabeth über seine Gewohnheit, das Siegel von Briefen, die an sie adressiert waren, zu erbrechen, empört sein werde. Sie müsse aber wissen, daß «ich die Heiligkeit eines Siegels und des Siegels ihrer Briefe nicht weniger achte als andere, und wenn Anlaß zu der Annahme bestünde, daß Vertraulichkeit gewahrt werden müßte, würde ich mich auch nicht dazu berechtigt fühlen, das Siegel zu erbrechen, wie übrigens auch unter keinen Umständen, wenn es gegen ihren erklärten Willen geschähe. Aber ich gehe davon aus, daß sie volles Vertrauen in mich setzt und daß ihre Geheimnisse, falls ich sie entdecke, bei ihrem Vater sicher aufgehoben sind. Kinder können aber nie ermessen, welchen Anteil die Eltern an ihnen nehmen. Kinder gelten uns als Teil unserer selbst.»[28] Das war ohne Frage Schmonzes; aber der innerfamiliäre Kampf um Elizabeth Morses Recht auf Privatsphäre war symptomatisch für eine umfassendere und für viele Menschen schmerzhafte Veränderung, die im zunehmenden Anspruch der Jugendlichen bestand, aller althergebrachten elterlichen Autorität zum Trotz ein eigenes und eigenständiges Gefühlsleben zu haben. Und der Generationskonflikt, der daraus entsprang, wurde häufig auf postalischem Wege ausgetragen.

Selbst wer die Heiligkeit des Postgeheimnisses verletzte, bekannte sich zum Recht auf Privatsphäre. Wenn in einem verfassungsmäßigen Staat Regierungsbeamte Briefe öffneten, die nicht an sie adressiert waren, so hüllten sie ihre Handlungen in den Mantel des tiefsten Geheimnisses; wurden sie bei ihrer Schnüffelei ertappt, erklärten sie hochtrabend, das öffentliche Interesse habe Vorrang vor dem Ideal der Unverletzlichkeit des Postgeheimnisses: sie verfolgten Verbrecher oder schützten die nationale Sicherheit. Im Jahre 1844 wurde aufgedeckt, daß die politische Korrespondenz von Giuseppe Mazzini, der sich damals in England im Exil aufhielt, vom Innenministerium erbrochen und der Inhalt an die Behörden in Italien übermittelt worden war; der Verrat kostete eine Reihe von idealistischen Verschwörern in Venedig das Leben. Diese schäbige Tat empörte viele, die Mazzinis Zorn über die, wie er sagte, «unenglische Handlungsweise» teilten. Unterhausabgeordnete richteten entrüstete Anfragen an die Regierung, Minister fühlten sich so sehr unter Druck gesetzt, daß sie ihre Zuflucht zu Lügen nahmen, Macaulay geißelte den Versuch, «die Post in ein Vehikel der Polizei» zu verwandeln, als «absoluten Greuel für das öffentliche Empfinden». Und Carlyle fühlte sich in einem Brief an die *Times* bewogen, eine Charta des Rechts auf Privatsphäre im Briefverkehr zu formulieren: «Für uns ist es lebenswichtig, daß versiegelte Briefe in einem englischen Postamt als Heiligtümer respektiert werden; bislang nahmen wir auch an, daß dies der Fall sei.» Das Öffnen von Post bezeichnete er als «eine Praktik, die dem Diebstahl und anderen, noch übleren und verhängnisvolleren Spitzbübereien nahekommt».[29] Aber von der Frage, ob es sich hierbei um Spitzbüberei oder um politische Notwendigkeit handelte, blieben die normalen Briefschreiber unberührt, sie konnten ihr Herz ausschütten, ohne befürchten zu müssen, daß der Staat sich für ihre Angelegenheiten interessierte.

Die Gefahr einer Offenlegung ihrer persönlichen Korrespondenz ging deshalb auch für die Männer und Frauen aus dem Mittelstand nicht von der Polizei aus, sondern von ihren eigenen, neugierigen Familien. Die einfallsreichen Methoden, durch die man sich unliebsamer Aufmerksamkeit zu entziehen suchte und die man in Romanen so anschaulich geschildert findet, entsprangen deshalb einer tatsächlichen Notwendigkeit: Liebende suchten sich diskrete Vertrauenspersonen, mieteten ein Postfach, lernten Stenographie, um ihre amourösen Briefwechsel vor Schnüfflern zu schützen, versteckten Zettel mit intimen Botschaften in harmlosen Briefen, die man unbesorgt der Familie zeigen konnte. Es kann nicht überraschen, daß die Verlegenheiten, in die sich Liebende durch pietätvoll aufbewahrte und unseligerweise entdeckte Liebesbriefe gestürzt sahen, im wirklichen Leben eine ebenso große Rolle spielten wie im Roman als Mittel einer dramatischen Zuspitzung der Handlung. Seinen bekanntesten Roman, *Effi Briest*, der darin kulminiert, daß der Ehemann im Nähkästchen seiner Frau belastende Liebesbriefe findet, entnahm Theodor Fontane dem Leben.

Andererseits standen die Briefschreiber des 19. Jahrhunderts unter ständigem Druck, ihre Muster Büchern zu entnehmen und den Eigenbau durch elegantere Fabrikate zu ersetzen. Am oberen Ende der Bildungsskala konnte man sich auf Vorbilder wie die Briefe von Madame de Sévigné stützen: Die Großmutter von Prousts Romanfigur Marcel war nur eine von vielen gebildeten Leserinnen im Frankreich des 19. Jahrhunderts, die diese Briefe in Ehren hielt. Andere polierten vielleicht ihren Ausdruck dadurch auf, daß sie bei Alexander Pope oder Voltaire oder bei fast schon zeitgenössischen Größen wie Byron oder Balzac oder auch beim Briefwechsel zwischen Goethe und Schiller Anleihen machten – wobei die Briefsammlungen, auf die sie sich stützten, gewöhnlich von anstößigen Stellen gereinigt waren. Bei besorgten Moralisten allerdings führte die Auswahl solcher Vorbilder zu Problemen ganz eigener Art. Manche vielzitierten Briefschreiber waren offenbar unwürdige Verführer: im Jahre 1852 warnte H. Hastings Weld die Leser von *Godey's Lady's Book* vor der veröffentlichten Korrespondenz von Horace Walpole, «die allenthalben begierig gelesen wird». Ihre amoralischen Züge reichten hin, «den Charakter des Briefwechsels eines ganzen Zeitalters zu verderben. Ihre schlechten Eigenschaften, Frivolität, Klatschsucht, Lügenhaftigkeit, laden zur Nachahmung ein und können den Schreiber, wenn es ihm an Besonnenheit fehlt, zu frecher Mißachtung der Wahrheit und der Rechte anderer verführen.»[30] Besonnene Klugheit, jene Erztugend des Bürgers, war ein Schutz gegen alle möglichen Versuchungen – gegen Zynismus, Spielsucht, Promiskuität.

Den Briefschreibern auf den unteren Etagen der sozialen Stufenleiter, die mit der Feder nicht sonderlich geschickt umzugehen wußten – und das war offenbar bei der Majorität des Kleinbürgertums der Fall –, stand zur Behebung ihrer Ausdrucksnöte eine beachtliche Palette von einschlägigen Handbüchern zur Verfügung. Jahrhundertelang diente das «ebenso schlichte wie nützliche Briefmuster-Buch, der ‹Briefschreiber›», wie ein amerikanischer Autor, R. Turner, ihn 1835 betitelte, all denen, die gebildeter scheinen wollten, als sie waren, als Schreibhilfe. Die Mustersammlung bemühte sich vor allem um vielseitige Verwendbarkeit und enthielt Briefe an die Frau, die man liebte, den Verehrer, den man abwies, den Heranwachsenden, den man mit Ratschlägen traktierte, den Adligen, an den man ein Bittgesuch richtete, den Arbeitgeber, bei dem man sich bewarb, den Kunden, dem man um den Bart ging, den Gegner, dessen Forderung zum Duell man zurückwies, und ähnliches mehr. Schon der Titel von Turners Vademecum, typisch für ein Zeitalter, das lange Titel schätzte, vermittelt einen Eindruck von dem angesprochenen Publikum: *Ein Briefschreiber für gesellschaftliche Anlässe und Sekretärsgehilfe: Enthält Originale Briefe zu allen Lebenslagen, Geschrieben in bündigem, geläufigem Stil und an die Bedürfnisse beider Geschlechter angepaßt, Nebst Glückwunschkarten, Testamentarischen Verfügungen, Verträgen usw.*[31] Während Turner auf Volumen setzte, waren unzählige dieser Handbücher, die in einer Vielzahl von Sprachen verfaßt wurden, schmale Bändchen, die sich leicht in die Jackentasche oder Brieftasche stecken ließen, schmächtige Broschüren, die nur Musterbriefe für typische Anlässe enthielten und sie kommentarlos abdruckten. In einer Welt, in der jedermann nach Selbstvervollkommnung gierte, herrschte ein augenscheinlich unerschöpflicher Bedarf an solcher Schulungsliteratur.

Es gab auch einen Markt für stärker enzyklopädische Leitfäden, bei denen das Briefeschreiben zwar im Zentrum stand, aber von einer Reihe anderer Wegweiser zu bürgerlicher Kultiviertheit flankiert war. Man schaue sich etwa das enzyklopädische Buch von Otto Friedrich Rammler, *Deutscher Reichs-Universal-Briefsteller oder Musterbuch*, an. Erstmals im Jahre 1834 in Leipzig erschienen, wurde es in regelmäßigen Abständen überarbeitet und erweitert. Im Jahre 1892 bezeichnete der Herausgeber das Werk im Vorwort zur zweiundsechzigsten Auflage stolz als «Volksbuch» und hob die Eigenschaften hervor, durch die es sich in all den Jahren ausgezeichnet hatte: Es sei «wissenschaftlich und praktisch».[32] 1907 erlebte Rammler seine dreiundsiebzigste Auflage; die Verkaufsziffer belief sich ingesamt bereits auf 310000 Exemplare. Der vollständige Titel war sogar noch länger und umfänglicher als der von Turners Buch; die Themenpalette reichte vom deutschen Wortschatz bis zu fremdsprachlichen Ausdrücken, von Testamentsvordrucken bis zu Grundlagen der Arithmetik, von der Sprache der Blumen bis zu Warnungen vor unsicheren und ungesunden Erzeugnissen, mit denen sich ein gieriges und unkritisches Zeitalter vergifte. Die Autoren solcher Kompendien waren

schlau genug zu erkennen, daß diejenigen, die in Sachen Korrespondenz
Hilfe bei ihnen suchten, insgesamt wenig Ahnung von der Welt hatten
und von löblicher Begierde erfüllt waren, mehr über sie zu erfahren.
Wenn solche Bücher etwas über das bürgerliche Herz verraten, dann dies,
daß sein Innerstes von banger Sorge erfüllt war.

Wie nicht anders möglich, paßten diese bescheidenen, wenn auch häufig prätentiösen Handbücher ihre Lektionen den nationalen Gepflogenheiten beziehungsweise den sich wandelnden Zeiten an. Aber in einem
Punkt stimmten sie insgesamt und jederzeit überein: nämlich darin, daß
ein Brief sich vor allem davor hüten müsse, affektiert zu sein. Die «feine
Gesellschaft», erklärte Turner seinen Lesern, lege Wert darauf, daß Briefe
«ungezwungen und natürlich» seien, da es sich bei ihnen schließlich um
«ein Gespräch zwischen abwesenden Personen» handele. Das war auch
die Ansicht des anonymen amerikanischen Herausgebers von *The Letter
Writer's Own Book*, das 1846 in Philadelphia erschien: «Briefe sind
Nachbildungen von Gesprächen», schrieb er und ließ sich begeistert über
die Möglichkeiten des Genres aus: «Briefe sind die Lebenskraft des Handels, der Treibstoff der Liebe, die Lust der Freundschaft, das tägliche
Brot des Politikers und der Zeitvertreib des Neugierigen.» Rammler verkündete seinen deutschen Lesern in etwa die gleiche Botschaft. «Natürlichkeit muß der Charakter des Briefes sein»; besonders «an Verwandte,
Freunde und Geliebte schreibt man in eben dem Tone, mit eben den
Ausdrücken, deren man sich in der mündlichen Unterredung mit ihnen
bedienen würde. Solche Briefe enthalten ganz den reinen und unver-
fälschten Ausdruck der Sprache des Herzens.»[33]

Dabei verstrickten sich aber diese Autoren ebenso wie ihre vielen Konkurrenten in einen Widerspruch, den sie nicht aufzulösen vermochten, ja
den sie nicht einmal bemerkten. Der Freiheit das Wort redend, forderten
sie Selbstzucht. Überschwang des Gefühls, zumal in der Liebe, war ein
köstlicher, aber unbesonnener Luxus, den man sich unbedingt versagen
mußte. Allen gegenteiligen Beteuerungen zum Trotz, fand sich also in der
Weltordnung dieser Ratgeber die Natürlichkeit der Verstellung konfrontiert und zwangsläufig zum Opfer gebracht. Turner riet seinen Lesern,
die Kunst des Briefeschreibens sorgfältig zu studieren, um zu lernen, wie
man Briefe verfaßte, denen Klarheit, die richtige Länge, innere Stimmigkeit, Aufrichtigkeit, Adrettheit und Einfachheit eignete. Der Anonymus
aus Philadelphia blies ins gleiche Horn: Um die Regeln und Formalien
des Briefeschreibens zu erlernen, müsse man sich monatelang intensiv mit
der Materie beschäftigen. Und Rammler bestand darauf, daß selbst der
vertraulichste Briefwechsel nicht die Grenzen der Schicklichkeit verletzen dürfe. Kurz, diese Einweiser in die Kunst der schriftlichen Unter-

haltung verlangten von ihren Lesern, gleichzeitig spontan zu sein und sich der Spontaneität zu enthalten.

Tatsächlich genoß Spontaneität nicht durchweg Wertschätzung. Im Jahre 1834 erhielt Joseph Huntington die folgende Notiz: «Lieber Freund. Diese Zeilen sind in Eile geschreibt und sind nicht ser gut lese diese Brief und zerreiße ihn zeik ihn nimand er ist so schlecht geschreibt.» Und es gab Briefschreiber, für die Spontaneität ein Ding der Unmöglichkeit war. Im August 1888 schrieb Marcel Proust, der damals ein siebzehn Jahre alter Schüler am Lycée Condorcet war, seinem Freund Robert Dreyfus die folgenden hastig hingeworfenen Zeilen: «Verzeih meine Handschrift, meinen Stil, meine Rechtschreibung. Ich lese mich nicht noch einmal, wenn ich gehetzt schreibe! Ich weiß sehr wohl, daß man nicht gehetzt schreiben soll. Aber ich habe soviel zu sagen. Es kommt über mich wie eine Sturzflut.»[34] Man kann ihm Glauben schenken: Im 19. Jahrhundert mußten die Schüler Schönschrift üben; Schreibschnelligkeit und Lesbarkeit kamen deshalb nicht selten zusammen vor. Aber wir wissen, daß Proust ein Liebediener von Geblüt war; niemand paßte sich besser den mutmaßlichen Erwartungen des Adressaten an, niemand verstand sich besser darauf, den Bedürfnissen des anderen entgegenzukommen. Halsbrecherisches Tempo und zwangloser Ausdruck konnten deshalb nicht garantieren, daß die Pose rückhaltloser Offenherzigkeit so spontan war, wie sie zu sein vorgab. Schließlich ist der Geist schneller als die Feder.

Auch wenn in den Ratgebern die Selbstbeherrschung stets über die spontane Regung den Sieg davontrug, waren doch die Beispielfälle, die sich die Briefsteller ausdachten, oft bemerkenswert einfallsreich. *The Ladies' and Gentlemen's Letter-Writer*, ein Ratgeber, der 1871 in London erschien, enthält neben den üblichen Briefen ein Bittschreiben, bei dem es «um einen Zulassungsschein für ein krankes Kind zum stationären Aufenthalt in einem Hospital» geht, und einen Entschuldigungsbrief, in dem «eine Schneiderin einer Dame mitteilt, daß sie den verabredeten Termin nicht einhalten kann». Ein Handbuch aus dem Jahre 1854 mit dem Erscheinungsort Philadelphia, das den Titel *The Universal Letter-Writer, or, Complete Art of Polite Correspondence* trägt, wagt sich noch weiter vor und bietet den Brief «einer Tochter an ihren Vater, in dem diese mit aller Ehrerbietung Einwendungen gegen die von ihm vorgeschlagene Ehe mit einem Herrn erhebt, der erheblich älter ist als sie», sowie den Brief «einer Kaufmannswitwe an eine vornehme Dame und entfernte Verwandte, bei der sie sich für ihre beiden verwaisten Kinder verwendet».[35] Aber selbst diese Musterbriefe, die wahrscheinlich wirklichen Situationen entnommen waren, standen der üblichen Briefstellerkost in nichts nach.

Und das konnte auch gar nicht anders sein, da diese Prototypen, die den bürgerlichen Lesern zur Nachahmung empfohlen wurden, frei von jedem persönlichen Gefühl fabriziert worden waren. Als Versuche, menschliche Empfindungen in flüssigen Stil zu verpacken, klangen diese Musterbriefe wie Leseproben aus Schundromanen.

Nehmen wir ein Beispiel, das für Tausende stehen mag, den Brief einer Frau an ihren Geliebten, ersonnen von Otto Friedrich Rammler oder einem seiner Redakteure: «Lieber Karl! Was gäbe ich darum, wenn mich an dem Jahrestage Deiner Geburt die Flügel meiner Liebe zu Dir trügen! Ein Gedanke nur ist's, aber ein Gedanke, der mich mit Wonne erfüllt. Ich Glückliche, die Dich den ihrigen nennen kann! Nein, liebster Karl, es ist kein Traum, keine Täuschung, daß ich in Dir alles habe, was die Welt für mich haben kann; nein, diese beseligende Überzeugung erfüllt mein Herz mit der lebhaftesten Freude und drängt mich, Dir meine innigsten Glückwünsche für Deine Gesundheit und Dein Glück darzubringen. Nimm zugleich das Angebinde, das diese Zeilen begleitet. Meine Hände haben es gemacht. Es ist freilich nur wenig, aber Du weißt, lieber Karl, wie beschränkt meine Zeit ist, und ich kenne Dich, daß Dir das Kleine ebenso wert sein wird, als hätte ich Dir etwas Großes senden können. Ich bitte Gott für Dein Wohl, Du Teuerster meines Herzens. Möge es Dir bald gelingen, wieder zurückzukehren, dies wünscht Deine Luise.»[36] Eine Bourgeoisie, die eine Radierung von Millets *Angelus* an der Wand hängen hatte, mußte diese Art Brief ansprechen.

Auf Hilfen zum Erwerb verfeinerter Ausdrucksformen herabzublicken ist nicht schwer. Die diesen Handbüchern eigentümlichen Konflikte blieben weitgehend unbewußt; sie waren Symptome des allgegenwärtigen Kampfes zwischen dem Drang nach Äußerung und dem Zwang zur Selbstbeherrschung, der die Menschheit seit jeher heimsucht und der in einem Zeitalter, in dem die Übersetzung innerer Freiheit in öffentlichen Diskurs eine ebenso nachdrückliche Forderung bildete, wie sie eine greifbare Möglichkeit schien, besondere Brisanz gewann. In den Briefstellern schlug sich dieser zerreißende Konflikt zwischen Verlangen und Angst, der dem Bürger zu schaffen machte, nieder. Dabei liegt auf der Hand, daß die Briefsteller, all ihren geschraubten Formulierungen zum Trotz, keinen Ersatz für originalen Ausdruck bieten konnten.

Zahllose Menschen aus dem bürgerlichen Mittelstand aber führten ihre Korrespondenz, ohne jemanden anderen als sich selbst zu Rate zu ziehen; sie verschmähten fremde Ratgeber, gleichgültig, ob diese sich ihnen offen oder heimlich aufdrängten, ob ihnen also die Musterbeispiele durch Romane, Briefsteller oder die veröffentlichten Briefsammlungen bekannter Persönlichkeiten nahegelegt wurden. Auch wenn sie oft um die Worte rangen und ihre Zuflucht zu Gemeinplätzen nahmen, um den tiefen Gefühlen, die sie nicht in Worte zu fassen vermochten, Ausdruck zu verleihen – nicht selten brachten sie es zu eleganten Formulierungen und gewannen eindrucksvolle Einsichten in komplexe Sachverhalte. Aber mochten die Briefe nun klischeebefrachtet oder artikuliert, mochten sie im Ton ängstlich oder beherzt sein, sie griffen jedenfalls Themen auf, die den Musterbüchern als tabu gegolten hätten, und versuchten sich an der Lösung von Problemen, die außerhalb des Rammlerschen Horizonts lagen. Sie schrieben über die Freuden des Ehebettes, die Nöte und Belohnungen der Schwangerschaft, die Qualen religiösen Zweifels; sie führten vor, wie man Eltern belügt, Kinder beeinflußt, Ehegatten in Erregung versetzt. Daß sie auf ihre eigenen Möglichkeiten zurückgeworfen waren, garantierte die Echtheit ihrer Selbstenthüllungen – beziehungsweise die Intensität ihrer Selbstverheimlichung.

Bei ihren Enthüllungen bewiesen die Briefschreiber des 19. Jahrhunderts ein feines Gefühl für das, was sich gehörte; ihre offenherzigsten Mitteilungen behielten sie den Personen ihres Vertrauens vor – dem Ehegatten, der Schwester, dem engsten Freund. Gelegentlich führte die Lust an der Geheimniskrämerei dazu, daß die Grenzen kluger Besonnenheit mißachtet wurden, aber im allgemeinen schenkten die Briefschreiber ihr Vertrauen denen, die es verdienten. So berichtet eine gutbürgerliche Frau ihrer Schwester von einer schmerzhaften Fehlgeburt, die sie gerade durchgemacht hat; sie bietet an, ihr die Auskünfte über Empfängnisverhütung weiterzureichen, die der Arzt zu liefern versprochen hat. Ein nicht weniger gutbürgerlicher Ehemann berichtet seiner Frau von widernatürlichen Träumen, die beweisen sollen, wie sehr ihn nach ihr verlangt. In einem dritten Brief peinigt eine Frau ihren Mann, der Dienst in der Armee leistet, mit der Schilderung ihres Wohlgeruchs nach einem Bad, das sie gerade genommen hat. In einem vierten Brief verrät ein junger Mann der züchtigen jungen Dame, von der er erfahren hat, daß sie seine Liebe erwidert, er sei daraufhin aus schierer Freude über sein Sofa gesprungen. Wenn in den Briefen von antizipierten oder erinnerten sexuellen Genüssen die Rede war, nahmen die liberaleren Paare in der zweiten Hälfte des 19. Jahrhunderts unter Umständen fast ebensowenig ein Blatt vor den Mund wie zuvor die Romantiker.[37]

Tatsache ist zwar, daß viele es für unschicklich hielten, ihre erotischen Sehnsüchte dem Papier anzuvertrauen. Aber die anderen, die es taten – und bei denen es sich keineswegs um extreme Ausnahmen handelte –, liefern uns vielsagende Hinweise auf die wichtige Rolle, die der erotischen Befriedigung, der tatsächlichen wie der erhofften, im Leben gutbürgerlicher Frauen kaum weniger als in dem ihrer männlichen Gegenüber zukam. Selbst ziemlich verschleierte Liebesbriefe, die mit papierenen Küssen um sich warfen und an süße Umarmungen erinnerten, können mit ihren sentimentalen Ergüssen und mit ihrer romantisierenden Blumigkeit als Anspielung auf erotische Begierden verstanden werden. Briefe schienen demnach ein ideales Medium für die Offenlegung tieferer Empfindungen beim Liebeswerben; Liebhabern fiel es allem Anschein nach leichter, ihre Gefühle per Post zu übermitteln, als sie in eigener Person vorzutragen. Im Jahre 1862 brachte ein hoffnungsvoller amerikanischer Verehrer gegenüber der jungen Dame, in die er verschossen war, die Sache auf den Punkt: «Wir Männer sind auf dem Papier solche Draufgänger.»[38] Man hat das Gefühl, daß in der Tat das Papier der einzige Ort war, wo erotisches Draufgängertum geduldet wurde. Weibliche Verlobte, die dem geliebten Mann briefliche Umarmungen anboten, männliche Verlobte, die per Brief Tausende von Küssen schickten – sie waren in der Wirklichkeit nie weiter gegangen, vielleicht nicht einmal so weit.[39] In Briefen ließen sich die Schranken bürgerlicher Wohlanständigkeit leicht überwinden.

So wesentlich die Rolle aber auch war, die dieser in der Phantasie ausgelebte erotische Wagemut spielte, das alles beherrschende Thema der persönlichen Korrespondenz im 19. Jahrhundert bildete die Gesundheit, meist die des Schreibers, die nur selten nicht zu wünschen übrigließ und normalerweise durch Beschwerden in Frage gestellt war, die in allen klinischen Details und mit einer Nüchternheit geschildert wurden, der man die Schicksalsergebenheit anhörte. Krankheiten waren schließlich derart allgegenwärtig, und die Ärzte derart machtlos! Viele dieser Leiden waren nach heutiger Einsicht psychosomatischer Natur: Ohnmachtsanfälle, Anwandlungen unerklärlicher Erschöpfung und Mattigkeit, Magen- und Darmbeschwerden ohne organische Ursache – Anfechtungen, die manchmal ebenso rasch wieder verschwanden, wie sie aufgetaucht waren. Andere Erkrankungen waren um so tödlicher, und wenn Choleraepidemien ausbrachen, was das ganze 19. Jahrhundert hindurch in Abständen der Fall war, betrachteten es die Briefschreiber als ihre Pflicht, Familie und Freunde vor den heimischen oder fremdländischen Städten zu warnen, in denen sie wütete.

Nachrichten über den gesundheitlichen Zustand der Familie und der Freunde waren in dieser bruchstückhaften medizinischen Autobiographie natürlich miteinbegriffen. Die Sorge um die anderen war fast so groß wie die Sorge um die eigene Person. Im Dezember 1856 versicherte etwa Nanny Herzberg ihrem Verlobten, den offenbar Andeutungen in Sorge um ihren Gesundheitszustand versetzt hatten: «Heute bin ich vollständig *gesund*. Ich gebe Dir darauf mein *Ehrenwort*.»[40] Die Briefschreiber streuten in ihre Berichte Neuigkeiten über Todesfälle in der Familie und in ihrer Bekanntschaft ein; um der Vergänglichkeit und Hinfälligkeit des Lebens inne zu werden, brauchte man nicht religiös zu sein.

Natürlich waren die Briefe auch voll von Berichten darüber, wie es dem Schreibenden im Geschäft oder im Beruf erging, was die Kinder in der Schule trieben, welche Besuchspläne bestanden, und über all die anderen Dinge, die den Betreffenden in seiner kleinen Welt beschäftigten. Aber die Briefe erschöpften sich nicht in Liebesbekundungen, Gesundheitsberichten und Zustandsprotokollen. Auch Besorgnis, Empörung, ja sogar Wut verschafften sich, wenn auch häufig durch familiäres Zusammengehörigkeitsgefühl in Zaum gehalten, auf postalischem Wege Ausdruck. Jenes nur allzu geläufige häusliche Drama, der Konflikt zwischen den Generationen, insbesondere zwischen Vater und Sohn, schlug sich in Duellen nieder, die mit der Feder ausgetragen wurden; die Streitenden setzten in diesem psychologischen Krieg alle ihnen verfügbaren Waffen ein: Drohungen, Vorwürfe, gutes Zureden, Alibis, Erpressung, sogar Schweigen – Briefe, die ausblieben, konnten ebenso beredt sein wie Briefe, die eintrafen. Auch diese Botschaften waren autobiographische Bruchstücke: Wer anderen Aufsässigkeit oder Pietätlosigkeit vorwarf, gab damit etwas über sein eigenes Innenleben preis.

Ein aufschlußreiches Beispiel solch eines ödipalen Krieges stellt die spannungsgeladene Korrespondenz dar, die der junge Österreicher Hermann Bahr, der gerade eine Karriere als Journalist, Theaterkritiker, Romanschriftsteller und Stückeschreiber begann, mit seinem Vater Erich Bahr wechselte. Im Jahre 1883 hatte er sich als Student an der Universität Wien öffentlich für «die heiligste Sache, die großdeutsche Republik» eingesetzt und lief damit Gefahr, von den gereizten Behörden des Habsburgerreiches der Universität verwiesen zu werden. Es wäre Feigheit, wenn er gegen seine Überzeugungen handelte, erklärte er seinem Vater und machte ihm den raffinierten Vorwurf: «Warum hast Du mich zu einem ehrenhaften Menschen herangezogen?» Sein Vater drängte ihn, politisch neutral zu bleiben, zumindest bis er sein Examen habe; in Anwendung einer altehrwürdigen Strategie führte er die kränkelnde Mutter, den verantwortungslosen jüngeren Bruder und die Schwierigkeiten, sich anständig zu erhalten, ins Feld: «So trete ich mein 50. Lebensjahr an – ich muß ja lebhaft wünschen, gar kein weiteres mehr anzutreten zu haben!»[41] Das haben wir bereits kennengelernt; Selbstmitleid war unter Umständen eine wirksame Form brieflicher Aggression.

Die Auseinandersetzung zwischen den beiden Bahrs zog sich jahrelang hin. Der Sohn hielt an seinem großdeutschen Patriotismus und an seiner Überzeugung von der dringenden Notwendigkeit revolutionärer wirtschaftlicher Reformen fest und beklagte ständig seine finanzielle Abhängigkeit; der Vater pries das Habsburgerreich, schalt seinen ungehorsamen Jungen, hatte ein wachsames Auge auf dessen Studium – Hermann Bahr war an die Universität Berlin gewechselt – und schickte Geld. Die utopischen Ideen des Sohnes und seine Langsamkeit bei der Promotion riefen beim Vater Zorn und Enttäuschung hervor; wiederholt gab der Vater dem Sohn die Schuld an seinem schlechten Gesundheitszustand. «Der Hauptsitz des Leidens, das ein neuralgisches genannt wird, ist in den Nerven, und mit dem kommt man namentlich dann nicht so bald in Ordnung, wenn man Kinder und einen Beruf hat, die stets neuerlich aufregend wirken.» Mit den Veröffentlichungen seines Sohnes konnte er nichts anfangen. «Ich möchte übrigens nur eines wissen», schrieb er nach der Lektüre von Hermanns erstem Roman, «was soll der Menschheit mit solchen Geisteserzeugnissen gedient sein?»[42] Und schickte weiter Geld.

Die Religion war womöglich ein noch brisanteres Thema für tadelsüchtige Briefschreiber als die Politik. Wir erinnern uns an die «hochnotpeinliche Befragung», der Philip Gosse seinen Sohn Edmund per Post unterwarf; er machte sich heftige Sorgen um das Seelenheil des jungen Mannes, der in London weilte, und sah ihn schon zu ewigen Höllenqualen verdammt. Dieses Problem war auch lebhaft diskutiertes Thema der Korrespondenz zwischen Seldon Huntington, einem Kaufmann und Bodenspekulanten aus Connecticut, und seinem Sohn Joseph; der Briefwechsel dauerte von 1833, als der Sohn ins Internat kam, bis 1846, dem Todesjahr des Vaters. «Ich hoffe, Du denkst mit Dankbarkeit an Deinen Schöpfer», schrieb Selden Huntington im November 1833 seinem Sohn. «Versäume auf keinen Fall, Gott zu bitten, daß Du im Glauben an Jesus Christus leben mögest.» Im März des folgenden Jahres kam die gleiche Ermahnung von der Mutter: «Vor allem laß mich Dich inständig bitten, mein Sohn, daß Du ‹in den Tagen Deiner Jugend Deines Schöpfers nicht vergissest›.» Im März 1835 war wieder der Vater mit Dozieren an der Reihe: «Hoffe, Du bist fleißig am Lernen und vergißt keinen Augenblick, was Du dem Wesen schuldest, das Dich geschaffen hat und Dich bewahrt und Dein Leben erhält.» Im gleichen Jahr erinnerte Josephs Kusine Sybil ihn daran, daß «uns nur eine kurze Zeit auf Erden gegeben ist und daß eine gewissenhafte Vorbereitung auf die Prüfungen nötig ist, die wir bestehen müssen, wenn wir in das Dunkle Tal des Todesschattens eintreten.»[43] Einem Sünder Angst einzujagen, damit er Gottesfurcht lernte, war für Briefschreiber in der zweiten Hälfte des 19. Jahrhunderts eine legitime Strategie.

Bei diesen Attacken dienten allerdings Huntingtons Mutter und Kusine dem Vater bestenfalls als Hilfstruppen. «Unsere Aufgabe ist es, so zu handeln, wie wir meinen, daß unser Heiland uns handeln lassen würde, wenn er hier wäre.» Entsprechend dieser Sentenz vom Oktober 1835 ging es weiter. 1838: «Gott nimmt sich stets unserer an – wir schulden ihm allezeit Anbetung und Lobpreis.» Drei Jahre später wählte dann Huntington Senior den altvertrauten, auf die Erzeugung von Schuldgefühlen berechneten Weg zum verstockten Herzen seines Sohnes: «Seit ich in Windsor war, verschlechterte sich meine Gesundheit zusehends; ich konnte dies keiner anderen Ursache zuschreiben als meiner Besorgnis um Dein Wohlergehen. Ich gewann den Eindruck, daß Du sehr gefährdet warst, denn bei Ansichten über Gott und die göttliche Vorsehung, wie Du sie zu hegen schienst, kann nichts Gutes herauskommen.» Er hatte allen Grund zur Beunruhigung. Die Mutter hatte Joseph bereits im Jahre 1836 wegen mangelnder Rücksicht auf seine «unsterbliche Seele» gescholten, aber der Sohn ließ sich nicht überzeugen. «Manchmal denke ich», erklärte er 1842 seinem Vater, «daß ich gern religiös wäre, wenn die Religion irgendeinen Trost für mich bereithielte, aber ich sehe nicht, wie sie das kann, auch wenn Du sagst, sie könne es.»[44] Nach den wiederkehrenden Mahnbriefen seines Vaters zu urteilen, gelangte der Sohn nie zur Einsicht. Vielleicht war das so, weil Joseph Huntington wußte, daß der Vater, seinem tyrannischen Frömmlertum zum Trotz, alles andere als ein Heiliger war: In einem Streit hatte er sich gegen seine Frau gewalttätig betragen, und das Paar wurde Ende der dreißiger Jahre geschieden. Aber daraus läßt sich nicht schließen, daß er in seinen Briefen an den störrischen Sohn nicht vollständig aufrichtig war.

Daß es sich beim Briefeschreiben praktisch nie um eine einzelgängerische Aktion handelt, liegt klar genug auf der Hand. Außer wenn man narzißtisch an sich selbst schreibt, ist der andere stets gegenwärtig – als Foto auf dem Schreibtisch, als eine gepreßte Blume zwischen den Seiten eines Buches, als inneres Bild, als jemand, der darauf wartet, unterrichtet, zurechtgewiesen, vor allem aber zufriedengestellt zu werden. Wie wir gesehen haben, ließ die Briefstellerliteratur Cicero im modernen Gewand wiederauferstehen und machte aus seiner Wahrheit, daß Briefeschreiben eine Art Gespräch sei, einen Gemeinplatz. Aber wie natürlich oder einstudiert ist dieses Gespräch?

Die Frage wirft schwierige Interpretationsprobleme auf. Was ist der Preis der Aufrichtigkeit? Hat ein Briefschreiber hinlänglich praktische Erfahrung und Weltkenntnis erworben, so werden gefällige Formeln für ihn zur zweiten Natur und kommen ihm automatisch, ohne Zögern und Nachdenken, in den Sinn. Das bedeutet aber nicht, daß es sich bei routiniert geschriebenen Briefen zwangsläufig um heuchlerische Elaborate, um ein bloßes Spiel mit Emotionen handeln muß. Und es bedeutet auch nicht unbedingt, daß sich das Innenleben des Schreibers dem Einblick entzieht: Das Bedürfnis, andere zu umwerben und zu umschmeicheln – beziehungsweise von anderen umworben und umschmeichelt zu werden –, ist ein Phänomen des Seelenlebens, das der Erforschung ebenso zugänglich ist wie andere Phänomene. In der nur halb ernst gemeinten Frage «Wie kann ich wissen, wer ich bin, bevor ich nicht weiß, was ich geschrieben habe?» steckt eine gewichtige Wahrheit: Das Briefeschreiben kann zu einer Übung werden, die der Selbstfeststellung dient. Wie natürlich oder gekünstelt Briefe auch sein mögen, in jeder Form können sie zu Bruchstücken eines großen Bekenntnisses werden.

Dies sind heikle Fragen. Bezeichnenderweise kümmerte sich das Bürgertum der zweiten Hälfte des 19. Jahrhunderts wenig um solche Finessen. Zur Mitte des Jahrhunderts war das Briefeschreiben für den Mittelstand bereits zu einem kulturellen Imperativ geworden; wer sich daran beteiligte, nahm als selbstverständlich an, daß ein Brief, sofern er nicht aus reinen Floskeln bestand, dem Empfänger einen gewissen Einblick in das Seelenleben des Absenders gewährte. Der Romanschriftsteller und Essayist Barbey d'Aurevilly formulierte 1876 in einer Besprechung von *La Correspondance de Balzac* diese Sicht vielleicht am klarsten. Die Briefe, versicherte er, vermittelten der Welt vom Menschen und Schriftsteller Balzac ein vollkommeneres Bild, als bildliche Darstellungen das je könnten. Sie seien «unendlich besser als ein Porträt, selbst wenn ein Michelangelo oder ein Raffael der Maler ist. Hier ist Fleisch und Blut, Kopf und Herz, Seele und Leben eines Mannes, der in der Kunst der Literatur an Großartigkeit und Tiefe alle übertrifft und Raffael und Michelangelo in einer Person ist.»[45] Er verlieh damit einer der stillschweigenden Überzeugungen des normalen Bürgers Ausdruck. Wenn das veröffentlichte Werk den Schriftsteller gestiefelt und gespornt vorführte, so zeigten ihn seine privaten Briefe in Morgenmantel und Pantoffeln, um es salopp zu sagen.

Das hilft uns, eine rätselhafte Angewohnheit des 19. Jahrhunderts zu verstehen, aus der heutige Historiker dankbar Nutzen ziehen. Jahrhundertelang hatten die Menschen Briefe aufgehoben und verwahrt – sei's in einer Schreibtischschublade, sei's in einem eigens für diesen Zweck konstruierten Behältnis. Aber in der zweiten Hälfte des 19. Jahrhunderts gingen die Empfänger von Briefen noch weiter. Sie maßen der Geheimhaltung ihrer Briefe größtes Gewicht bei – «*geheim, geheim, geheim*» lautete das oberste Gebot.[46] Und sie bewahrten Briefe auf, selbst wenn ihnen eingeschärft worden war, sie zu vernichten. Handgeschriebene Briefe, die ihr handschriftlicher Charakter zu um so beredteren Zeugnissen ihrer Verfasser machte, schienen ein unabdingbarer Bestandteil jedes menschlichen Wesens von Bedeutung. Allem Anschein nach hatten auch Menschen, die frei von Aberglauben waren, das dunkle Gefühl, daß man einem Absender irgendwie Schaden zufügte, wenn man seinen Brief verbrannte, oder daß man sich selbst dadurch einer Kostbarkeit beraubte: der Gegenwart eines Abwesenden. Daraus folgte, daß man Zeugnisse der eigenen Person unter keinen Umständen in unwürdigen Händen lassen durfte. Die Menschen der damaligen Zeit sahen es als selbstverständlich an, daß bei der Auflösung einer Verlobung alle Geschenke – Ringe, Bücher, Photographien – zurückgegeben wurden. Das galt auch für die Briefe, die gewechselt worden waren. Man brachte die eigene Person buchstäblich, nämlich in Gestalt der Buchstaben, in denen sich auf den handgeschriebenen Seiten das Selbst verkörpert hatte, in Sicherheit.

2. Der diskrete beste Freund

Wie hinlänglich gezeigt, stellt ein Brief, auch ein nicht beantworteter Brief, einen wirklichen oder imaginierten Dialog dar. Das gleiche gilt im 19. Jahrhundert auch für Tausende von Tagebüchern und persönlichen Aufzeichnungen.[1] Die abgedroschene Anrede «Liebes Tagebuch», die damals so beliebt war, läßt an einen schwärmerischen Halbwüchsigen denken, der die Seelennöte der Pubertät durchleidet und über den man milde lächelt. Aber sie liefert in einem wichtigen Punkte Aufschluß über das Innenleben der Menschen jener Zeit: nämlich über ihr ausgeprägtes Bedürfnis, sich einer Vertrauensperson mitzuteilen, selbst wenn sie diese fingieren oder einen Teil der eigenen Person abspalten und in die Zuhörerrolle versetzen mußten. Große Tagebuchschreiber früherer Jahrhunderte – Samuel Pepys oder John Evelyn oder James Boswell – verliehen ihren Gefühlen der Frömmigkeit, der Liebe oder der Reue Ausdruck, ohne zu diesem Zweck einen besonderen Adressaten erfinden zu müssen. Wer dagegen in der zweiten Hälfte des 19. Jahrhunderts eines dieser im Wortsinne selbstzentrierten Zeugnisse schuf, behandelte es ausdrücklich so, als wäre es ein ebenso diskreter wie intimer Freund. Man verlieh seinem Tagebuch menschliche Eigenschaften, indem man es als männlichen oder weiblichen Gefährten vorstellte, sich bei ihm dafür entschuldigte, daß man es vernachlässigt habe, und ihm liebevoll für seinen treuen Beistand dankte. Wenn Tagebuchschreiber damals ein Heft vollgeschrieben hatten und ein neues begannen, nahmen sie vom alten aufrichtig betrübt Abschied.

Diese von Empfindsamkeit strotzende Haltung war gang und gäbe, geradezu alltäglich. «O mein *cahier*», erklärte der französische Dichter Maurice de Guérin im Jahre 1834, «du bist für mich nicht bloß ein Stoß Papier, nicht fühllos oder ohne Leben; nein, du lebst, du hast eine Seele, Verstand, Liebe, Güte, Mitleid, Geduld, Nächstenliebe und reine, ständige Einfühlsamkeit. Du bist für mich das, was ich unter den Menschen nicht gefunden habe, ein zartes, hingebungsvolles Wesen, das einer schwachen, kränkelnden Seele in Zuneigung verbunden ist», ein Wesen, das ihm gab, was er ersehnte und nicht gefunden hatte: Liebe.[2] Der fromme, gequälte, von schlechter Gesundheit geplagte Guérin war zwar kein Bürgerlicher, sondern Sproß einer vornehmen, wenngleich verarmten Adelsfamilie, aber die bürgerlichen Tagebuchschreiber klangen ganz ähnlich wie er. Wie bei den Briefen hatten auch bei den Tagebüchern und persönlichen Aufzeichnungen der damaligen Zeit der Empfindsamkeitskult des ausgehenden 18. Jahrhunderts und die leidenschaftliche Selbstsuche der Romantik ihre Spuren hinterlassen. Als Gefäße, die der Aufnahme tiefster Empfindungen dienten, wurden die Tagebücher in den Rang echter Alter egos erhoben.

Mit einiger Berechtigung hat man geltend gemacht, daß sie im bürgerlichen Milieu, zumal wenn dort Wohlstand herrscht, besonders heimisch sind. Sieht man von den kindischen Kleckereien sieben- oder achtjähriger Kinder ab, hinter denen die Eltern stehen, so ist das typische Alter für die Einrichtung eines Tagebuchs die Zeit des Heranwachsens – ein Stadium zwischen Kindheit und Erwachsenenalter, das eigentlich erst im 18. Jahrhundert Gestalt annahm und dann seine volle Ausbildung im 19. Jahrhundert erlebte. Manche, wie zum Beispiel Nietzsche, waren frühreif. «Endlich», schrieb er im Jahre 1856, «ist mein Entschluß gefaßt, ein Tagebuch zu schreiben, in welchem man alles, was freudig oder auch traurig das Herz bewegt, dem Gedächtnis überliefert, um sich nach Jahren noch an Leben und Treiben dieser Zeit und besonders *meiner* zu erinnern. Möge dieser Entschluß nicht wankend gemacht werden, obgleich bedeutende Hindernisse in den Weg treten.»[3] Andere begannen relativ spät mit den Aufzeichnungen. Die amerikanische Architektin Theodate Pope Riddle, Wegbereiterin in einem Beruf, der damals Frauen noch weitgehend verschlossen war, machte ihre erste Tagebucheintragung am 31. Januar 1886, zwei Tage vor ihrem neunzehnten Geburtstag: «Onkel Jud hat mir einen guten Rat gegeben. Er schlug vor, ich solle ein Tagebuch führen, und meinte, ich könne dadurch meinen Geist für die Bewältigung schwierigerer Themen schulen.» Daß es nicht bei dem formalen Selbstschulungsprogramm blieb, belegen die weiteren Seiten, die von Zeiten der Niedergeschlagenheit und der Freude über verwirklichte Projekte berichten.[4]

Die meisten Tagebuchschreiber allerdings warteten nicht, bis sie erwachsen waren; die Aufbruchsstimmung und die inneren Tumulte in der
Pubertät legten es offenbar besonders nahe, sich auf eine im Sinne des
Wortes eigeninteressierte Selbsterforschung einzulassen. Nehmen wir das
Tagebuch von Julie Manet, der Tochter von Berthe Morisot und Nichte
von Edouard Manet. «Ich habe oft mit dem Gedanken gespielt, ein Tagebuch zu führen; ich glaube, ich fange jetzt damit an», beginnt sie ihre
intimen Aufzeichnungen, die ein Juwel darstellen, auf das wir noch zu
sprechen kommen werden. Sie scheint ein wenig verwundert, daß sie sich
nicht schon früher dazu entschlossen hat: «Mir kommt es ein bißchen
spät vor, aber je länger ich warte, um so später werde ich anfangen, und
schließlich bin ich ja auch erst vierzehn Jahre alt» – tatsächlich war sie fast
fünfzehn. Der sanfte Tadel, mit dem sie sich bedenkt, ist ein Hinweis
darauf, daß viele andere in früherem Alter mit dem Tagebuchschreiben
begannen.[5]

Das stille Gespräch, das Tagebuchschreiber führten, wurde durch ein
anderes kulturelles Phänomen der Moderne begünstigt, von dem bereits
die Rede war: nämlich vom Recht auf Privatsphäre. Sie konnten sich in
ihren persönlichen Aufzeichnungen so freimütig äußern, weil sie erwarten
durften, daß ihrem im Schreibtisch eingeschlossenen oder andernorts einfallsreich versteckten Tagebuch Unverletzlichkeit garantiert war. Wie die
Briefe vermochten sich auch die Tagebücher als Bekenntnisliteratur nur zu
entfalten, wenn ihre Verfasser sicher sein konnten, daß kein Unbefugter sie
las. Die von sich selbst eingenommenen und um ihr öffentliches Image
bemühten Wenigen, die es auf bleibenden Ruhm abgesehen hatten – Politiker, Generäle, Künstler –, mochten quasi sich selbst über die Schulter
schauen, während sie Eintragungen drechselten, die das Interesse der
Biographen wecken und bei späteren Generationen Bewunderung erregen
sollten. Im Jahre 1835 begann der deutsche Dramatiker Friedrich Hebbel
seine persönlichen Aufzeichnungen, die sich im Laufe der Jahrzehnte zu
einem weitschweifigen, vielbändigen Unternehmen auswachsen sollten, in
einer Stimmung extravagantesten Selbstvertrauens: «Ich fange dieses Heft
nicht allein meinem künftigen Biographen zu Gefallen an, obwohl ich bei
meinen Aussichten auf die Unsterblichkeit gewiß sein kann, daß ich einen
erhalten werde. Es soll ein Notenbuch meines Herzens sein und diejenigen
Töne, welche mein Herz angibt, getreu, zu meiner Erbauung in künftigen
Zeiten, aufbewahren.»[6] Im Bemühen, durch den zweiten Satz die ruhmsüchtige Prahlerei des ersten Satzes abzumildern – eine altbewährte Taktik –, tat Hebbel des Guten zuviel: Unbeschadet des persönlichen Lustgewinns, den er irgendwann einmal aus seinen Aufzeichnungen ziehen
mochte, schrieb er, das wußte er genau, für die Nachwelt.

Bemerkenswert ist, wie oft diese Aufzeichnungen von ihren Verfassern benutzt wurden, um sich zu ehrgeizigen Plänen zu bekennen beziehungsweise auch anzustacheln. Nehmen wir das Tagebuch von Marie Bashkirtseff, das veröffentlicht wurde, nachdem sie schon mit vierundzwanzig an Tuberkulose gestorben war, und das sich Ende des 19. Jahrhunderts internationaler Beliebtheit erfreute. «Jawohl, es steht fest», erklärte sie auf der ersten Seite, «daß ich das Verlangen, wo nicht die Hoffnung, hege, in der einen oder anderen Form auf dieser Erde zu *überdauern*. Wenn ich nicht jung sterbe, hoffe ich, als große Künstlerin zu überdauern; falls ich aber jung sterbe, möchte ich gern, daß mein Tagebuch veröffentlicht wird – es kann gar nicht anders als interessant sein.»[7] Der populäre französische Romanschriftsteller Jules Renard brachte in seinen posthum veröffentlichten persönlichen Aufzeichnungen mit Datum vom Neujahrstag 1897 ähnliche Regungen zum Ausdruck: «Heute, seit dem Morgengrauen, habe ich eifrig über ein Buch nachgedacht, das ich als ein Neujahrsgeschenk schreiben möchte und dessen Titel mir gefällt: ‹Die Gewohnheiten, Vorlieben, Ideen eines Dreißigjährigen.› Ich bin sicher, daß dies ein schönes und gutes Buch wird und daß es mich berühmt macht.»[8] In einer jener Anwandlungen von Ehrlichkeit, die man bei Tagebuchschreibern ebensohäufig findet wie Widersprüche, vermerkte er gleich anschließend, daß er in Wahrheit dreiunddreißig sei. Er meinte indes, in dem Tagebuch, das er sich vorgesetzt hatte, gleichzeitig fesselnd und wahrheitsgetreu sein zu können.

Der Ehrgeiz der meisten Tagebuchschreiber war beschränkter. «Gut, daß dieses Tagebuch nur für meine Augen bestimmt ist», schrieb im Jahre 1849 G. L. Reed, ein gedankenvoller Farmer aus Pennsylvania, «da manche absonderlichen Abschnitte die Lachlust der meisten Nüchterndenkenden erregen würden; oder wenn sie einigen meiner klatschsüchtigen Freunde in die Hände fielen, würden sie ihnen reichlich Stoff zur Erheiterung bieten.» Andere versicherten, was sie dem Tagebuch anvertrauten, müsse ein Geheimnis bleiben und lasse sich nur unter dieser Bedingung zu Papier bringen. Melchior Meyr, ein unbedeutender deutscher Dichter und Stükkeschreiber, der vorzugsweise philosophische Aphorismen über den Kulturverfall seiner Zeit zimmerte, vermerkte 1861 in seinem Tagebuch: «Ich schütte hier mein Herz aus, wenn es allzu bedrückt wird; denn gewisse Dinge kann man niemand sagen.»[9] Niemandem außer diesem stummen Freund – der tatsächlich oft über Unaussprechliches sprach.

Die in der zweiten Hälfte des 19. Jahrhunderts verbreitete Sitte, täglich oder in größeren Abständen vertrauliche autobiographische Aufzeichnungen zu kompilieren, war eine alles andere als neuartige Form der Beschäftigung mit sich selbst. Als der Londoner Buchbinder John Letts im Jahre 1812 damit anfing, gebundene Hefte zu verkaufen, die sich eigneten, solche intimen Protokolle aufzunehmen, war diese Form der Innerlichkeit bereits eine vertraute Erscheinung; das Repertoire an Beweggründen für Selbstgespräche dieser Art war praktisch bereits komplett. Die Frommen trieben bereits seit Jahrhunderten religiöse Selbsterforschung; soziale Aufsteiger brüsteten sich schon lange mit den bedeutenden Persönlichkeiten, die sie hatten kennenlernen dürfen, und mit den Mitteilungen, die der oder die Betreffende ihnen gemacht hatte; die Reisetagebücher des 19. Jahrhunderts konnten auf eine eindrucksvolle Ahnenreihe zurückblicken; sogar schon vor den Romantikern hatten Schriftsteller die Feinfühligkeit ihrer Reaktionen auf die Welt durch die Aufzeichnung von eventuell bedeutsamen Ereignissen, Gedanken und Eindrücken unter Beweis gestellt. Wodurch sich die Tagebuchschreiber des 19. Jahrhunderts von ihren Vorgängern unterschieden, war wie bei den Briefen weniger eine qualitativ neue Intention als der quantitative Umfang ihres Treibens.

Unternehmende Fabrikanten standen bereit, auch die schlichtesten Tagebuchschreiber mit dem Nötigen zu versorgen. 1839 hatte Thomas Letts, der in das Geschäft seines Vaters eingetreten war, die Produktpalette und die Verkaufsziffern bereits ungeheuer gesteigert. Letts & Co. boten an die achtundzwanzig verschiedene Ausführungen an, vom großzügigen Folioband mit Platz für endlose Ergüsse bis zum winzigen Taschenkalender, der äußerste Sparsamkeit im Ausdruck erzwang; der Kundenkreis des Unternehmens umfaßte Hunderttausende.[10] In einer «Predigt» zu Neujahr 1862, die «Von Letts Tagebuch» handelte, zollte Thackeray mit der ihm eigenen Mischung aus sardonischem Humor und salbungsvollem Moralisieren der Firma Tribut: er hoffe, daß seine Leser im neuen Jahr nicht erneut die schlechten Angewohnheiten ihrem Tagebuch anvertrauen müßten, die sie im vergangenen Jahr die Ehrlichkeit gezwungen habe, dort einzutragen, und daß es nicht wieder traurige Nachrichten wie den Verlust von Freunden durch Todesfall oder Zerwürfnis zu vermelden gebe. «Wie absonderlich lesen sich manche Eintragungen ins Tagebuch!» Gegessene Mahlzeiten, erzählte Witze, bezahlte Rechnungen, beobachtetes Mienenspiel, erinnerte Jahresfeste, erwiesene Wohltaten, vergossene Tränen – für all das war Platz im Tagebuch. «Mein Gott! Jeder, der diese Seite umwendet, hat sein eigenes kleines Tagebuch, sei's auf Papier geschrieben, sei's auf den Tafeln des Gedächtnisses verzeichnet; darin sind die Vorgänge des jetzt dahingegangenen Jahres festgehalten.»[11] Wenn damals bürgerliche Eltern ihre Kinder, Lehrer ihre Schüler, moralisierende Schriftsteller ihre Leser dazu anhielten, über sich selbst privatim Buch zu führen, waren die dafür nötigen Utensilien rasch besorgt. Kurz, diese Art von Selbstentblößung wurde zu einem sichtbaren Bestandteil des bürgerlichen Erfahrungszusammenhanges.

Tagebücher und persönliche Aufzeichnungen sind seit einiger Zeit Gegenstand anhaltenden wissenschaftlichen Interesses und Inhalt zahlreicher Anthologien; dabei wird deutlicher denn je, daß die Beweggründe für die Abfassung solcher schriftlichen Berichte über die eigene Person ungeheuer vielfältig waren. Entsprechend vielfältig waren auch die Stufen der Selbstbeobachtung. Sich als Subjekt wahrzunehmen bestand unter Umständen einfach nur darin, aus schierer Gewohnheit oder Langeweile Alltägliches aufzuzählen – Lebensmittelpreise, Begegnungen mit dem Nachbarn, erhaltene Briefe –; es konnte aber auch heißen, daß man seine sexuellen Eroberungen festhielt, weil man das Bedürfnis hatte, sich seiner intakten Männlichkeit zu versichern, daß man Sentenzen sammelte, um später etwas aus ihnen zu machen, daß man Beweismaterial für spätere Selbstrechtfertigungen zusammentrug und, oft genug, daß man einfach mit seinem Innenleben in Kontakt bleiben wollte.[12] Viele Tagebücher waren Übungen in Zartgefühl und Verleugnung. «Ein Tag ähnelt dem anderen so sehr im Blick auf Verrichtungen und Unternehmungen», schrieb Fanny Anne Burney Wood Ende August 1835, «daß es für mein Tagebuch nichts zu berichten gibt»; eine interessante Eintragung, weil sie in die Flitterwochen der Schreiberin fällt, auch wenn diese gleich hinzufügt: «Ich bin nach wie vor sehr glücklich an diesem ruhigsten aller ruhigen Orte.» Nicht, daß es Fanny Wood an Gefühl fehlte, aber manche Gefühle waren sogar für ihr Tagebuch zu intim; zwei Wochen zuvor, an ihrem Hochzeitstag, hatte sie offen darüber geschrieben, wie *«sehr, sehr schmerzlich»* ihr die Trennung von der Familie sei.[13]

Tagebücher dienten also vielen Zwecken. Sie konnten als eine Therapie fungieren, die der Betreffende sich selbst verordnet hatte oder die ihm gar von seinem Arzt verschrieben worden war. Im Jahre 1902 machte ein Arzt dem amerikanischen Schriftsteller Theodore Dreiser, der mit wenig Zukunftsaussichten von der Hand in den Mund lebte und nach dem Mißerfolg seines ersten Romans, *Sister Carrie*, erkrankt war und an Depressionen litt, den Vorschlag, über seinen Gesundheitszustand Buch zu führen. Dreiser griff den Vorschlag auf, ging bald schon über den ursprünglich gesteckten Rahmen hinaus und reihte in gleichmäßigem, neutralem Ton die Begebenheiten seines Lebens aneinander, gleichgültig, ob er festhielt, was er zu Mittag gegessen, wieviel er für einen Artikel bekommen oder welche Frau er verführt hatte.[14]

Andere entschlossen sich zu Aufzeichnungen über sich selbst, um die flüchtigen Vorgänge des Lebens festzuhalten und ihre Erfahrungen in den Bernstein des geschriebenen Wortes einzuschließen. Der Drang, sein Leben auf diese Weise nachzuerleben, konnte unwiderstehlich werden. Aber wie aus Äußerungen deutlich wird, in denen die Schreiber sich für ihre Säumigkeit entschuldigten, war Disziplin nötig, um ein Tagebuch zu führen; nur zu viele Tagebuchschreiber ließen Tage und Monate verstreichen, ohne sich um ihren Intimus zu kümmern, und kehrten dann reumütig zu ihm zurück. Im Jahre 1839 lieferte der angesehene amerikanische Entomologe Asa Fitch eine konkrete Begründung dafür, daß er die vernachlässigte Praxis wiederaufnahm. «Habe beschlossen, wieder mit den Tagebuchaufzeichnungen zu beginnen. Hatte kürzlich ein Gespräch mit meinem liebsten und geschätztesten Freund auf Erden, G. F. Horton, und wurde dadurch veranlaßt, mit Hilfe meiner alten Tagebücher einige der Zeiten, die wir zusammen verbracht haben, Revue passieren zu lassen; das rückt mir den Wert solcher Aufzeichnungen mit doppeltem Nachdruck vor Augen.» Sein Entschluß motivierte ihn, sich an ein empörendes Ereignis von vor zwei Wochen zu erinnern, das er im Gedächtnis behalten wollte. Beim Besuch von Mrs. Sutherland, der Gastwirtin am Ort, hatte er erfahren, daß ein reicher, kriecherischer «Döskopp» Joan, die Tocher des Hauses, eine «rechtschaffene, hochgesinnte, allseits geschätzte und muntere» Person, geschwängert, zur Abtreibung zu bereden versucht und dann verlassen hatte. «Oh Gott! Was für ein vernichtender Donnerschlag hat das Glück dieser Familie zertrümmert.» Auf der Heimfahrt dachte Fitch an die «arme Joan»; blutenden Herzens schrieb er ein kleines Gedicht, das er mit einigem Stolz in sein Tagebuch einfügte.[15]

Im September beschäftigte sich Fitch in einer Eintragung mit einem weiteren Skandal. Er hatte gerade einen Mann besucht, der sich eine Geschlechtskrankheit zugezogen hatte, und berichtete: «Ein würdiger, moralischer Mensch, der in guten Verhältnissen lebt, kam eines Abends vor zwei Jahren leicht angesäuselt aus Warrensburg zurück, ging in das Haus jener, deren Haus den Weg zur Hölle weist, und stieg hinab in die Kammern des Todes. Nicht lange, so trat die Syphilis auf; seine Frau hat sich ebenfalls angesteckt.» Aber auch wenn Fitch das Verhalten des Mannes mißbilligte und in der Bibel nach einschlägigen Stellen suchte, war er doch kein Pharisäer: «Armer Kerl, man muß Mitleid mit ihm haben.» Durch medizinische Behandlung sei der Betroffene zwar von den Symptomen befreit, aber er werde weiterhin «ständig von dem Gedanken gequält, daß der Virus noch in seinem Organismus lauert»; die Folge sei, daß er sich der Religion in die Arme geworfen habe. «Wie unerforschlich sind die Wege der Vorsehung», erklärte Fitch, der selbst ein frommer Mensch war.[16] Wo hätte Fitch seine hochgradig persönliche Reaktion auf Ereignisse dieser Art, eine Mischung aus frommer Entrüstung und humaner Anteilnahme, besser artikulieren können als in der stillen Klause seines Tagebuchs?

Zu verhindern, daß die persönliche Vergangenheit dem Vergessen anheimfiel, und sie immer neu heraufzubeschwören war ein angenehmes Geschäft, das beträchtlichen narzißtischen Lustgewinn und köstliche regressive Empfindungen bescherte. Im Jahre 1822 schrieb der junge deutsche Dichter und Romancier Wilhelm Waiblinger, der in extravaganter Ausführlichkeit Buch über seine Gefühle, Erlebnisse und Freundschaften mit anderen Dichtern führte: «In meinen Tagebüchern zu lesen, ist mir eine unendliche Wonne: Da werd ich in die süsseste Behaglichkeit geschaukelt.» Ein Drittel Jahrhundert später, Anfang Januar 1856, äußerte sich Macaulay, nachdem er in seinem Tagebuch die Eintragungen von vor drei und vier Jahren wiedergelesen hatte, ganz ähnlich: «Keine Lektüre ist so köstlich, so faszinierend wie diese minuziöse persönliche Geschichte eines Menschen.» Oscar Wilde bringt mit dem ihm eigenen Scharfsinn in *The Importance of Being Earnest* eine tiefe Wahrheit zum Ausdruck, wenn er Honorable Gwendolyn Fairfax zu Miss Cecily Cardew sagen läßt: «Ich verreise nie ohne mein Tagebuch. Man sollte im Zug immer etwas Aufregendes zu lesen haben.» Einigermaßen nüchterner notierte am 20. Dezember 1848 G. L. Reed: «Da ich wiederholt etwas vermißt habe, das die Ereignisse vergangener Tage ins Gedächtnis rufen und die alltäglichen Vorgänge im Leben zum Zwecke künftiger Erbauung und Erheiterung festhalten kann, habe ich dieses Tagebuch begonnen. Darin beabsichtige ich, einen sachgetreuen und wahren Bericht von meinen wesentlichen Handlungen und Gedanken zu geben, damit ich sie mir inskünftig vor Augen führen und sie abwägen kann.» Worüber Reed bis zum Jahresende berichtete, waren Themen wie das Wetter, seine Meinung über eine Predigt, seine für die nahe Zukunft erwartete Eheschließung, die erregenden politischen Vorgänge des gerade vergangenen Jahres – und die kürzlich abgehaltenen Wahlen in den USA. Reed hatte für den siegreichen Kandidaten, Zachary Taylor, nichts übrig: «Erneut hat diese große Nation einen Präsidenten gewählt, und ich bedaure, daß ihre Wahl auf jemanden gefallen ist, den offenbar nichts weiter auszeichnet, als daß er ein Kriegsheld ist.» Wir erhalten den Eindruck eines sachlichen, politisch reifen Verstandes.[17]

Sein sachlicher Ton hinderte Reed nicht, auch inbrünstigere Gefühlsregungen zuzulassen. Kurz vor seiner Ehe fragte er sich, warum er in ein baufälliges Haus gezogen sei und seine liebenden Eltern sowie eine halbwüchsige Schwester, die seiner Leitung bedürfe, verlassen habe, und gab sich selbst die Antwort: «Ich habe Zuhause, Eltern und Schwester um einer Person willen verlassen, die ich mehr liebe als alle übrigen, die versprochen hat, dieses Haus mit mir gemeinsam zu bewohnen, die versprochen hat, ein Zuhause daraus zu machen. Wird ihr das gelingen? Hoffnung und Liebe sagen mir, daß sie es schafft. Kann ich sie glücklich

machen? Werde ich sie immer so lieben wie jetzt? Der Himmel gebe, daß
es so sein wird. In der Leidenschaft junger Liebe sind Versprechungen
leicht gemacht, aber manch ein jugendliches Paar, das mit ebenso frohen
Hoffnungen und glänzenden Aussichten aufbrach, hat den Kelch der
Enttäuschung leeren müssen» – ein Schicksal, das ihm offenbar erspart
blieb.[18]

Auch eine Situation verhaßter Einsamkeit war ein machtvoller Anreiz,
ein Tagebuch zu führen. Im Mai 1889 begann Alice James, die hoch-
begabte, behinderte Schwester von William und Henry James, mit ihrem
Tagebuch in der erklärten Absicht, ihr überwältigendes Gefühl der Isolation zu lindern: «Ich glaube, wenn ich mir angewöhnen kann, ein wenig
über das, was passiert oder vielmehr nicht passiert, zu schreiben, verliere
ich vielleicht ein wenig das Gefühl von Verlassenheit und Trostlosigkeit,
das mich nicht losläßt. Da die Umstände mir nichts weiter erlauben, als
einsilbige Reflexionen hervorzustoßen, kann ein geschriebener Monolog
jenes höchst interessanten Wesens, *meiner selbst*, noch zu entdeckende
Tröstungen bereithalten.» Das Tagebuch biete vielleicht, fügte sie hinzu,
«ein Ventil für jenen Geysir aus Emotionen, Sinnesempfindungen, Mutmaßungen und Gedanken, der in meinem armen Kadaver zur Strafe für
seine Sünden ständig gärt; hier also der Startschuß für mein erstes Tagebuch!»[19] Mit vierzig war sie eine Spätstarterin.

Vorangegangen war ihr bereits der besessenste und weitschweifigste
aller Tagebuchschreiber des 19. Jahrhunderts, der Genfer Akademiker
und Kritiker Henri Frédéric Amiel. Im September 1864, im siebzehnten
Jahr seiner Sucht, fragte er sich: «Wozu dieses Tagebuch fortführen?» Die
Antwort des lebenslangen Junggesellen, der allem Anschein nach lebte,
um ein Tagebuch zu führen – mit seinen 16840 eng beschriebenen und
sorgfältig durchnumerierten Seiten dürfte es das längste des Jahrhunderts
sein –, bestand in einer dramatischen Schilderung seines Verlangens, der
Verbannung aus dem Leben zu entrinnen, und seines gleichzeitigen Un-
vermögens, die dazu nötige Kraft aufzubringen: «Weil ich allein bin. Es
ist mein Gespräch, meine Gesellschaft, mein Gefährte, mein Intimus. Es
ist auch mein Trost, mein Gedächtnis, mein Sündenbock, mein Echo, der
Hort meiner intimsten Erfahrungen, mein psychologischer Reiseführer,
mein Schutz gegen den Mehltau des Denkens, die Rechtfertigung meines
Lebens, fast das einzige Nützliche, das ich hinterlassen kann.»[20] Jedenfalls war es die einzige von Amiels Schriften, die man in späteren Jahrzehnten noch für lesenswert hielt.

Die Selbsterforschungen der Tagebuchschreiber belehren einen, daß
Amiels Aufzählung trotz ihrer Länge immer noch nicht vollständig war.
Gewiß, viele Tagebücher sind vielsagend nur in ihren Auslassungen, wäh-

rend sie in aller Knappheit Geschäftsvorgänge, die täglichen Verrichtungen auf der Farm, Haushaltstätigkeiten und wenig mehr verzeichnen.
Erwähnenswert ist hier das ungewöhnliche Tagebuch einer Hausfrau, in
dem diese gegen ihr häusliches Sklavendasein und ihren ungefälligen
Herrn und Meister vom Leder zieht und das wie ein vereinzelter Licht-
strahl wirkt, der einen ungewöhnlichen, höchst lehrreichen Blick auf
Ressentiments ermöglicht, die weitverbreitet gewesen sein müssen und
die aber von den Frauen zumeist verborgen gehalten, wo nicht überhaupt
verdrängt wurden.[21] Die meisten Berichte aber, selbst wenig mitteilsame,
sind von mehr als beiläufigem Interesse. Da gab es Tagebücher, die dazu
dienten, im Gedächtnis außergewöhnliche, manchmal traumatische Erlebnisse zu verankern, wie etwa die Teilnahme am deutsch-französischen
Krieg oder am amerikanischen Bürgerkrieg. Andere richteten eine Privatsphäre für zwei Personen ein und tauschten ihre Tagebücher mit der
Person aus, die ihnen am meisten bedeutete – Richard Wagner und seine
Geliebte Mathilde Wesendonck, Leo Tolstoi und seine Frau Sophie waren
nur die berühmtesten unter diesen heimlichen Teilhabern –, als Zeichen
des Vertrauens und Liebesbeweis oder als Waffe im permanenten Ehe-
krieg. Wieder andere wollten ihr tägliches Leben den Kindern überliefern
oder machten allen Ernstes geltend, ihre Charakterentwicklung überwachen und dabei lernen zu wollen, wie man Herr über seinen ungezügelten
Willen wird.[22]

Die Sache wird dadurch noch komplizierter, daß die Tagebuchschreiber häufig mit zunehmender Reife den Zweck ihrer Eintragungen neu
überdachten. Als Beispiel hierfür können die ausführlichen und beredten
Ausführungen von Emily Shore, der Tochter eines anglikanischen Geistlichen dienen, deren Los es war, mit neunzehn an Tuberkulose zu sterben, ein Schicksal, das sie fromm und gottergeben akzeptierte. Eine ehrgeizige, wissensdurstige Intellektuelle, die ihrem Schicksal geradezu
stoisch ins Auge sah, konnte sie im reifen Alter von achtzehn Jahren
bereits auf Gedichte, Theaterstücke und historische Arbeiten eigener
Produktion zurückblicken; sie hatte sich einen Arbeitsplan fur den
Selbstunterricht verordnet, der einen John Stuart Mill beeindruckt hätte:
Geographie, Geschichte, Zeichnen, mit Italienisch anfangen, mit Französisch, Latein und Griechisch in Übung bleiben und mit Deutsch auf der
Warteliste. Im peinigenden Bewußtsein ihres schlechten Gesundheitszu-
standes – die letzten Eintragungen zeigen, daß sie sich über ihren nahen
Tod im klaren ist –, hatte sie noch vor ihrem zwölften Geburtstag mit
dem Tagebuch begonnen, in das sie auch ihre Freunde Einblick nehmen
ließ. Nach einiger Zeit aber, so schrieb sie im Juli 1838, dem Jahr vor
ihrem Tode, habe es «seinen Charakter geändert» und sei mit seinen bald

impulsiven, bald reflexiven Aufzeichnungen zu einem wertvollen «Verzeichnis meines Geistes» geworden. «Ich habe auf diesen späteren Seiten mein Herz ausgeschüttet», das heißt, «vieles geschrieben, was ich nur sehr wenigen zeigen würde, und vieles, von dem ich um keinen Preis wollen würde, daß es ein anderer Mensch zu Gesicht bekommt.»[23] Ihr Innerstes ging nur sie selbst etwas an.

Interessanterweise bestand Emily Shores erste Eintragung in einer sachlichen Aufzählung von Menschen und Orten: «Unsere Familie besteht aus Papa, Mama und fünf Kindern»; in diesem Ton fährt sie dann ein halbes Dutzend Abschnitte oder länger fort und widerlegt so die herkömmliche Meinung, daß die ersten Äußerungen in einem Tagebuch über die Machart des übrigen entscheiden. Hier gibt es noch keinen Hinweis auf die grüblerische Beschäftigung mit der Religion, mit ihrer – für niemanden sonst sichtbaren – Sündhaftigkeit und mit dem Tod, von der die späteren Seiten so sehr überschattet sind.[24] Ein anderes Beispiel: «Wir verließen England am 13. September, zwei Tage nach der Heirat [meiner Schwester] Georgia», so beginnt Beatrice Potter – bekannter unter ihrem ehelichen Namen Beatrice Webb – unvermittelt ein Tagebuch, das sie gewissenhaft führte und Jahrzehnte später für ihre Autobiographie nutzbar machte. «Da die Leute nichts Besonderes waren, fand ich die Überfahrt nicht gerade aufregend.» Die damals Fünfzehnjährige war unterwegs nach New York.[25]

Die überwiegende Mehrzahl der Tagebuchschreiber allerdings stürzte sich in das ungewisse Abenteuer der Selbstprotokollierung, ohne sich lange mit Präambeln aufzuhalten; in den einleitenden Passagen wurden bereits die Themen angeschlagen, die im folgenden tonangebend sein sollten. «Ein Brief von Guldberg.» So beginnt Hans Christian Andersen im September 1825 im Alter von zwanzig sein Tagebuch, während er bemüht ist, einen schulischen Rückstand aufzuholen. «Mein Gott! Mein Gott! wie gut bist du, das habe ich nie verdient – ich habe einen Freund, einen Vater, o Gott, wie liebe ich ihn!»[26] Das ganze Pathos, all das überschwengliche Gefühl, an das wir bei dem großen Fabulierer gewöhnt sind, liegt in dieser Anfangseintragung bereits offen zutage. Der Spätstarter Tolstoi wiederum ist mit neunzehn die verkörperte Offenheit und verrät weit mehr als Beatrice Potter, die schon bald nach ihren nüchternen Eingangspassagen dazu überwechselt, ihre Stimmungen und Leidenschaften unter die Lupe zu nehmen: «Es ist nun sechs Tage her, seit ich ins Krankenhaus gekommen bin, und sechs Tage lang war ich fast mit mir im reinen. *Les petits causes produisent des grands effets.* Ich habe mir einen Tripper geholt, wo man ihn sich halt so holt.»[27] Offensichtlich war Tolstoi von Anfang an darauf vorbereitet, sich vollständig zu entblößen.

Er sah keinen Sinn darin, sich selbst etwas vorzumachen. Und das gleiche galt auch für Marie Bashkirtseff, die ihr Tagebuch mit einer herausfordernden rhetorischen Frage begann: «Wozu lügen und Spiegelfechterei treiben?»[28]

Was genau bedeutete es, im Umgang mit sich selbst ehrlich zu sein? Eine eifrige, begabte und wortgewandte junge Amerikanerin, Rachel Van Dyke, behauptete im Jahre 1810, nachdem sie ihr Tagebuch mit dem eines Freundes verglichen hatte und der Vergleich zu ihren Gunsten ausgefallen war: «Wenn man in meinem Tagebuch liest, so liest man, einige wenige Stellen ausgenommen, in meinem Herzen, wie ich wohl sagen darf – seines dagegen ist ein bloßes Zeitprotokoll.» Sie war damals zwanzig. Auch Marie Bashkirtseff, der ihr Tagebuch, wie wir gesehen haben, posthumen Ruhm eintragen sollte, wiederholte ihr nachdrückliches Bekenntnis zur Wahrheit. «Erst schrieb ich lange Zeit, ohne daß ich daran dachte, gelesen zu werden, und jetzt, da ich hoffe, gelesen zu werden, bin ich eben deshalb von Grund auf ehrlich. Wenn dieses Buch nicht die *sorgfältige, absolute, strikte Wahrheit* ist, so hat es kein Recht zu existieren. Nicht nur sage ich stets, was ich denke, ich habe auch nie nur einen Augenblick daran gedacht, Dinge zu verheimlichen, die mich lächerlich oder in einem schlechten Licht erscheinen lassen könnten. – Außerdem finde ich mich so großartig, daß ich an mir schlechterdings nichts auszusetzen habe. – Kurz, geneigter Leser, du kannst sicher sein, daß ich mich auf diesen Seiten vor dir entblöße.»[29] Das war ein beherzter, nicht sehr gängiger Versuch, zwei augenscheinlich unvereinbare Ansprüche miteinander zu verknüpfen: den Anspruch auf persönliche Ehrlichkeit und auf literarischen Rang.

Kein Wunder, daß manche Tagebuchschreiber an der Opportunität einer rückhaltlosen Selbsterforschung zweifelten, auch wenn sie dabei gar nicht an eine spätere Veröffentlichung dachten. Einige schämten sich der Mittelmäßigkeit oder Schlechtigkeit, deren sie sich in Anfällen von Selbstzerfleischung beschuldigten – schrieben aber dennoch nieder, was sie von sich hielten; andere fürchteten, ihre Bekenntnisse könnten in falsche Hände fallen – und machten auch diese Ängste zum Gegenstand ihrer Aufzeichnungen. Die Angst vor unerwünschter Publizität war es, was nach Emily Shores Ansicht ihr dringendes Bedürfnis, frei herauszureden, hatte «verkrampfen» lassen. Ausführungen des bekannten englischen Dissenter-Geistlichen und Essayisten John Foster über das Schreiben einer Autobiographie hatten sie dazu gebracht, einmal mehr über sich selbst nachzudenken und sich Gedanken darüber zu machen, daß ihr Tagebuch vielleicht «irgendwann später, wenn ich im Grab liege, von jemandem gelesen wird». Und wenn schon! «Ich habe mich in meinem Tagebuch keineswegs offenbart; ich habe nicht mein ganzes Herz geöffnet.» Und deshalb «findet *die geheime Kammer des Herzens*, von der Foster so eindrucksvoll spricht, in meiner Feder nicht den Schlüssel, der sie öffnen könnte».[30] Keine Frage, daß sie in überdurchschnittlich hohem Maße von Skrupeln heimgesucht war. Aber auch Tagebuchschreiber, die nicht zwischen Enthüllungsprogramm und Angst vor Entdeckung hin- und hergerissen waren, stellten sich der beunruhigenden Frage, wie nahe Tagebücher und Aufzeichnungen dem Ideal vollkommener Transparenz eigentlich zu kommen vermochten.

Eine besonders aufschlußreiche Autobiographie in Fortsetzungen, das Tagebuch von Julie Manet, kann uns als Zeugnis gleichermaßen für die Möglichkeiten und für die Grenzen dieser Darstellungsform im Rahmen der bürgerlichen Kultur des 19. Jahrhunderts dienen. Sicher, sie war keine ganz gewöhnliche Bürgerliche. Wie schon bemerkt, war sie mit zwei bedeutenden Malern verwandt: mit Berthe Morisot und mit Edouard Manet. Auch ihr Vater, Eugène Manet, hatte als wohlhabender, gebildeter Mäzen mit Kunst zu tun. Erzogen wurde sie weitgehend in der liebevollen Atmosphäre ihres Zuhauses; sie durfte sich väterlicher Freunde wie Auguste Renoir und Stéphane Mallarmé rühmen. Die Impressionisten kamen zu ihr zu Besuch und verbrachten zusammen mit ihr die Ferien. Sogar der Frauenhasser Edgar Degas gab zu, sie zu mögen. Klug, wach und attraktiv, konnte Julie Manet es gar nicht besser treffen: In der anregenden Atmosphäre ihrer Familie durfte sie ihre Talente entwickeln – ihre Beobachtungsgabe, ihre verbale Ausdruckskraft, die zunehmende Unabhängigkeit ihres Geistes. Schon geraume Zeit, ehe sie im Alter von vierzehn mit ihrem Tagebuch begann, malte sie an der Seite ihrer Mutter. Und es kann ihrem erwachenden Selbstbewußtsein nur Auftrieb gegeben haben, daß ihre Mutter sie malte, daß sie sich immer wieder, fast manisch, auf die Tochter konzentrierte, als gebe es gar kein anderes Motiv für sie. Und doch war ihr behütetes und von Liebe umgebenes Leben durch und durch mittelständisch, bar jeder Affektiertheit, snobistischen Exklusivität oder Bohemien-Liederlichkeit. Sie lebte im Schoße einer richtigen Familie, die auf die klassenspezifischen Konventionen hielt, las die passenden Bücher, verbrachte Zeit mit ihren Kusinen, hielt sich in Kurorten auf, die von wohlhabenden Bürgern besucht wurden. Was Julie Manet für den Historiker so wertvoll macht, ist die Tatsache, daß die günstigen Umstände, unter denen sie aufwuchs, ihr die Ausdrucksfähigkeit verliehen und das Bedürfnis in ihr weckten, ihren innersten Empfindungen nachzuspüren, während gleichzeitig die selbstgesteckten Grenzen solch jungfräulicher Selbsterforschung sichtbar werden.

Sie führt ihr Tagebuch mit ein paar vielsagenden Unterbrechungen vom August 1893 bis Ende Dezember 1899, als sie im Begriff steht, sich zu verheiraten. Ein Großteil der Eintragungen bewegt sich auf der Oberfläche des alltäglichen Lebens und hält Familienpicknicks, Malstunden im Freien zusammen mit der Mutter, den Besuch eines Ateliers, einen Abend in der Oper fest. Aber von Anfang an schilderte Julie Manet diese Alltagserlebnisse lebendig und mit großer Treffsicherheit. Wenn sie andere Gäste im Hotel beobachtet, gestattet sie sich leicht boshafte Kommentare über deren Aussehen und spekuliert darüber, ob die Art, wie sich die Betreffenden aufführen, Aufschluß über ihren verborgenen Charakter liefert. Und sowenig sie im stillen Kämmerlein ihres Tagebuchs im Blick auf andere ein Blatt vor den Mund nimmt, so wenig schont sie auch sich selbst. Im Oktober 1897, sie ist fast neunzehn, wird sie eher mit Schrecken als mit Freude gewahr, daß sie Fortschritte gemacht hat – in ihrer Malerei, ihrem Kleiderstil und nicht zuletzt auch ihren Tagebuchaufzeichnungen: «Wenn ich bedenke, was ich seit Beginn dieses Tagebuches alles gesagt, alles geschrieben habe, finde ich, daß ich ganz schön kindisch, ganz schön dumm war, und mir scheint, daß ich immer noch ziemlich idiotisch bin. Und so ist es jedesmal: Lächerliches und Albernheiten bemerke ich erst im Nachhinein, das wird mein ganzes Leben lang so bleiben, was ein bißchen betrüblich ist.»[31]

Glücklicherweise gibt es viel für sie zu genießen. Da sind die Ferien mit ihren geliebten Kusinen und Freunden in lieblichen, abwechslungsreichen französischen Landschaften. Da ist die Musik – ihre Geige liebte sie fast so sehr wie ihre Malpinsel –, vor allem die Wagnersche Musik. Als sie den ersten Akt von *Tristan und Isolde* hört, fühlt sie sich überwältigt von der «übernatürlichen Schönheit» dieser Musik mit ihrem «harmonisch Fließenden» und ihrer «Atmosphäre, die der eines schönen Gemäldes gleicht». Als Tochter und Nichte großer bildender Künstler, die selbst etwas von einer Malerin hat, bringt sie gern Metaphern aus der vertrauten Schwesterkunst ins Spiel, wenn sie beschreiben will, wie tief die Musik ihre Seele anrührt. Glucks *Iphigenie* ist «eine herrliche Zeichnung mit klaren Linien». Wie es zahllosen anderen jungen Tagebuchschreibern gegangen sein muß, geht es auch ihr: Sie findet, daß «keine Kunst dich so erheben, keine Kunst so sehr zur Seele sprechen kann wie die Musik». Und dann ist da natürlich die Malerei, die eigene und die von anderen: Im Januar 1898 besucht sie Renoirs Atelier und erklärt sein neuestes Werk für «hinreißend», weil er «in diesem Winter köstlichere Dinge geschaffen hat als je zuvor». Was ihre eigene Arbeit betrifft, so gibt es Zeiten, wo sie «an nichts anderes als ans Malen» denkt, verkündet, sie sei «verrückt nach Malen», und soviel Zeit an der Staffelei verbringt, wie sie nur irgend erübrigen kann.[32]

Dann ist da noch Ernest Rouart, der Mann, den sie heiraten wird. Als die wohlerzogene Bürgerliche, die sie ist, tut sich Julie Manet mit der Wahl des Partners schwer und schweigt sich über ihre erotischen Bedürfnisse sittsam aus, besteht aber auch auf ihrer persönlichen Unabhängigkeit. Als ihr jemand erklärt, sie habe die Pflicht, zu heiraten und Kinder zu kriegen, sträubt sie sich: «Geht diese Pflicht so weit, daß man jemanden heiraten muß, den man nicht mag, nur um Frankreich zu bevölkern?» Der Mann, der sie verdient, muß ihre Interessen teilen und ihre Leidenschaft wecken. Ende 1898 führt Paul Valéry ihre Kusine Jeanne zu Tisch, während sie selbst an Ernests Arm geht; anschließend vertraut sie ihrem Tagebuch an: «Mich durchfährt ein Freudenschauer; mir scheint, es gibt eine Chance, daß diese erste Begegnung eine Fortsetzung findet.» Mit ungewohnter Kühnheit setzt sie hinzu: «Ich frage mich, ob wir an diesem reizenden Abend nicht am Arme dessen gehen, mit dem wir so das Leben durchwandern werden.» Dann läßt sie den Gedanken rasch wieder fallen, als fürchte sie sich vor ihrer eigenen Courage: «Nichts ist weniger gewiß.»[33] Solche Dinge brauchen ihre Zeit.

In Wahrheit war nichts gewisser. Am 14. November 1899 macht sie sich aus Anlaß ihres einundzwanzigsten Geburtstages Gedanken über sich und bekennt scheu: «Ich zögere nicht mehr, mir einzugestehen, daß er es ist, den ich will.» Sie ist erleichtert, zu sehen, wie sehr sein Charakter ihrem eigenen ähnelt: Beide sind sie ihrer Ansicht nach äußerlich kühl und innerlich leidenschaftlich; sie macht geltend, es sei «gerade das Übermaß» an «unterdrückter Leidenschaft» und die Angst, sentimental zu erscheinen, «was meine Kälte hervorruft». Aber ihre grundsätzliche Charakterverträglichkeit kommt den beiden zu Hilfe und hüllt sie in «eine Atmosphäre unaussprechlichen Wohlbefindens. Ah, es ist der Traum einer Liebe, den ich ausspinne, einer geistigen Liebe, einer Liebe zweier Seelen!» Nicht nur durch ihre sorgfältig kultivierten und gut aufeinander abgestimmten Bedürfnisse erhält diese Liebe Bestand, sondern auch dadurch, daß sie die gleichen Maler und Komponisten bewundern. «Mir scheint», schließt sie und zieht sich auf den Selbstschutzmechanismus bürgerlicher Wohlanständigkeit zurück, «ich werde regen Gedankenaustausch haben, werde seinen Geschmack teilen.»[34]

Auch wenn Julie Manets Tagebuch in seiner Grundstimmung heiter ist, zieht sich doch ein Anflug von Melancholie hindurch, ausgelöst durch familiäre Todesfälle. Ihr Vater war im Frühjahr 1892 gestorben, ein Jahr bevor sie mit ihrem Tagebuch anfing; die Mutter pflegte Julie noch, als diese im Januar 1895 heftig an Grippe erkrankte, zog sich dann eine Lungenentzündung zu und starb zwei Monate später. Julie Manet berichtet von ihrer Seelenqual und ihren Gebeten; anders als die Eltern, die durch und durch irreligiös waren, nahm sie ihren katholischen Glauben ernst, ging zur Kommunion und setzte ihr Vertrauen in Gott. Am 1. März 1895 verflucht sie ihre Ohnmacht, während sie zuschauen muß, wie qualvoll ihre Mutter leidet – von Schmerzen gepeinigt, hatte Berthe Morisot Schwierigkeiten, zu atmen und zu schlucken. Die Familie, einschließlich der Kusinen, war versammelt, der Arzt wachte über der Kranken, aber was konnte sie tun? «Ich würde einfach alles geben, sie rasch wieder auf den Beinen zu sehen, es ist so qualvoll, sie so krank zu erleben. Es fällt mir schwer, nicht in Tränen auszubrechen, und außerdem kann ich mich nicht nützlich machen, ich weiß nicht, wie ich sie pflegen soll, und sie wollen, daß ich nachts schlafe. Wie traurig das alles ist, o lieber Gott, mach Mama gesund.»[35]

Julie Manets Kummer ist tiefempfunden und ausdrucksvoll. Ihre nächste, von Trauer überschattete Eintragung macht sie am 17. April, nach einer siebenwöchigen Unterbrechung: «Oh! Schmerz, seitdem ich zum letzten Mal schrieb, habe ich Mama verloren, sie starb am Samstag, dem 2. März, um 10 Uhr 30, ich kann gar nicht sagen, wie groß mein Elend ist, wie tief mein Kummer. Ich bin jetzt eine Waise, binnen drei Jahren haben meine Eltern mich verlassen.» Sie möchte sich an die letzten Tage ihrer Mutter in allen Einzelheiten erinnern: Berthe Morisot wollte nicht, daß ihre Tochter ins Krankenzimmer kam, damit sie nicht eine gar zu traurige Erinnerung an ihre vom Tod gezeichnete Mutter zurückbehielt; aber Julie sah sie an ihrem letzten Morgen, wo sie der Tochter schön wie eh und je erschien. «Ach, niemals hätte ich etwas so Schreckliches für möglich gehalten.» «Wenn es doch einfach nur ein Alptraum wäre!» «O mein Gott, hilf mir, diesen Verlust zu ertragen.» Im Krankenzimmer hatte tiefes Schweigen geherrscht, dann waren Stimmen zu hören; man überredete sie, schlafen zu gehen; sie wußte, was geschehen war und konnte es nicht glauben. «Ach, wenn ich mich an die Qualen jenes Tages erinnere, will mir schier das Herz brechen.»[36]

Das Leben ging weiter, und auch ihre Trauer dauerte an. Wieder herrscht langes Schweigen, bis Julie Manet die nächste Tagebucheintragung macht: Sie datiert vom 20. Juli und kreist um den Verlust. Unterwegs in die Bretagne, erinnert sich Julie, daß sie ein Jahr zuvor eine ähnliche, höchst vergnügliche Reise unternommen hat – mit ihrer Mutter. «Bei jeder schönen Landschaft sage ich mir: ‹Wie gut hätte Mama das gemalt.›» Sooft sie an ihre Eltern denkt, wird sie von Traurigkeit befallen. Zu nachdenklich und zu ehrlich, um sich bereden zu können, daß künstliche Fröhlichkeit eine Lösung darstellt, schreibt sie mit achtzehn: «In bestimmten Augenblicken wird man von kummervollen Vorstellungen heimgesucht, dann weint man in sich hinein, man kann über seine Traurigkeit nicht immer sprechen» – außer natürlich zum Tagebuch –, «auch wenn man sich ins Vergnügen stürzt; aber das Vergnügen bleibt oberflächlich, im tiefsten Herzen ist man mehr und mehr von Trübsal erfüllt, dann sehe ich wieder, wie es damals, am Tag nach dem 13. April 1892, war, als ich mit Mutter im Wagen weinte und nicht glauben konnte, daß Papa tot war.»[37]

Solche Erinnerungen werden durch ein Geflecht unauslöschlicher Gedankenverbindungen fast täglich in ihr wachgerufen. Malen, eine Kunst, die sie «anbetet» und die ihr «großes Vergnügen» macht, ist ihr kostbar, weil sie «mit denen verknüpft ist, die ich liebte und die dahingegangen sind». Bei einer Ausstellung der Bilder ihrer Mutter schwelgt sie in deren «Pracht», erinnert sich an die Zeit und den Ort, wo die Bilder jeweils gemalt wurden, und ruft aus: «O Mama, gib mir Inspiration!» Als sie das posthum erschienene Tagebuch von Marie Bashkirtseff liest, findet sie es faszinierend, abgesehen von den Klatschgeschichten und Bashkirtseffs «lästiger» Begeisterung für «schlechte Maler». Aber entscheidend ist, daß die Lektüre sie an ihre Eltern erinnert, die sich in ihrer Gegenwart über das Buch heftig gestritten hatten. An Vertrauen in die eigene Urteilskraft fehlt es ihr nicht; sie ist sich gewiß, daß sie als «junges Mädchen» besser in der Lage ist, das Bashkirtseffsche Tagebuch zu verstehen, als sogar ihre Eltern. Aber nicht Anmaßung bestimmt ihr Denken, sondern ein nicht zu beschwichtigendes Gefühl der Entbehrung: Am gleichen Tag lobt sie Renoir, weil er der jüngeren Generation gesunden geistigen Beistand leiste, und übt verhaltene Kritik an Mallarmé, weil dieser es daran fehlen lasse. «Die Leute sagen, daß die Jüngeren aus dem Rat älterer Männer keinen Nutzen ziehen könnten; ich finde das falsch; selbst wenn man vermeintlich keinen Nutzen daraus zieht, denkt man doch viel darüber nach, und verdiente Männer sollten für die Jungen immer eine Leitfunktion haben.»[38] Sie spricht von dem, wonach sie am meisten verlangt und was sie niemals wiederbekommen wird. Bei aller Lebenslust, die sie erfüllt, ist dies das Hauptthema ihres Tagebuchs. Nur konsequent, daß sie mit Tagebuchschreiben schlagartig aufhörte, als sie sich dem Erwachsenenleben verschrieb und durch die Heirat mit Ernest Rouart ihre Trauerarbeit vollendete.

Es wäre naiv anzunehmen, daß die Tagebuchschreiber des 19. Jahrhunderts, selbst so aufrichtige wie Julie Manet, imstande waren, jede geheime Kammer des Herzens aufzuschließen, um es mit Emily Shore zu sagen. Wie andere Menschen setzten auch die Bürger des 19. Jahrhunderts Abwehrmechanismen ein, um verpönte Wünsche in unzugängliche Tiefen zu verbannen; diese gelangten nur verschleiert oder in der entstellten Form unerklärlicher Empfindungen oder seltsamer Träume an die Oberfläche des Bewußtseins; auch wenn sie gebührend zur Kenntnis genommen wurden, blieben sie unhinterfragt. Die Sprache ihres Unbewußten konnten die Tagebuchschreiber nicht lesen. Hinzu kommt, daß der bürgerliche Kult der Zurückhaltung und Verschwiegenheit sogar bestimmte Gefühle, die von Bewußtsein begleitet waren, von der Mitteilung an den vertrauten Gefährten und Tröster in Zeiten der Einsamkeit ausschloß. Die Zensur, die allen Menschen innewohnt – und alle Menschen kontrolliert –, war in den damaligen Bürgern der gehobenen Schichten besonders rege. Indem sie aber den Zugang zu ihren Bekenntnissen auf die wenigen oder den einen beschränkten, die nach ihrer Ansicht ihr Vertrauen verdienten, verschafften sich die Tagebuchschreiber die Möglichkeit, geheime Empfindungen gewissermaßen publik zu machen; wie gesehen, war dabei häufig genug der einzige Vertrauenswürdige der diskrete Freund selbst, das verschwiegene Tagebuch. Die menschliche Natur und die Kultur des damaligen bürgerlichen Mittelstandes arbeiteten also Hand in Hand, um ein gewisses Maß an Transparenz herzustellen und zugleich die volle Offenlegung zu vereiteln. Sicher, es gab auch geachtete Bürger und Bürgerinnen, die ihre sexuellen Begierden und Freuden dem Papier in aller Ausführlichkeit anvertrauten; aber wie vorher und auch später blieben sie die Ausnahme.[39]

Das soll keine Kritik am Bürgertum des 19. Jahrhunderts sein. Die Achtung der Privatsphäre hatte kulturelle Belohnungen im Gefolge, die kein Vorwurf – ja nicht einmal das Faktum – der Hohlheit und Heuchelei in Mißkredit bringen kann. «Adam fertigte Feigenblätter, deren ebensosehr der Geist wie der Körper bedarf», notierte die Dichterin Elizabeth Barrett im Jahre 1831 auf der ersten Seite ihres Tagebuchs und brachte damit in einem Satz auf den Begriff, wie sehr die Zivilisation ihrer Möglichkeit nach von partieller Verdrängung abhängt.[40] Bei den meisten Bürgern des 19. Jahrhunderts waren die Feigenblätter groß und unverrückbar an ihrem Platz – allerdings nicht für alle. Es deutet einiges darauf hin, daß den trockenen Berichten, die jeder Selbstbeobachtung aus dem Wege gingen, mindestens ebenso viele korrespondierten, die daran ihr Gefallen fanden. Und tiefschürfende Selbsterforschungen waren auch nicht Privileg heranwachsender Mädchen, verheirateter Frauen und gehobener bürgerlicher Schichten. Zwar neigten, wie bereits bemerkt, geübte Schriftsteller und Menschen, die über Muße und Bildung verfügten, zweifellos eher als ihre weniger gutgestellten Mitmenschen dazu, den Spiegel ihrer Phantasie, wie es ein deutscher Romantiker einmal ausgedrückt hat, blank zu halten. Aber ein kleines Heer von Bürgern aus der unteren Mittelschicht und von Menschen aus kleinbürgerlichen Verhältnissen häufte ebenfalls tiefschürfende private Aufzeichnungen an.

Es lohnt sich, noch einmal darauf hinzuweisen, daß jede pauschale Verallgemeinerung bezüglich der Beweggründe für die Abfassung von Tagebüchern angesichts der sinnverwirrenden Vielzahl unterschiedlicher Motivationen zum Scheitern verurteilt ist. Einige Tagebuchschreiber erwarteten, daß ihr Tagebuch die Rolle eines Über-Ichs übernahm und ihnen dabei behilflich war, sich so zu sehen, wie sie in Wirklichkeit waren. «Ich werde schreiben», erklärte Elizabeth Barrett kategorisch, «ich muß schreiben – und je häufiger ich mich bei Irrtümern ertappe, um so weniger werde ich in einem Punkte irren – um so weniger *eingebildet* werde ich sein.» Auch Gladstone benutzte sein großes Tagebuch, eine Mischung aus kurzen, trockenen Eintragungen über gelesene Schriften oder politische Kontakte und aus schuldgeplagten Grübeleien, um den «Selbsttäuschungen der Eitelkeit» zu steuern.[41] Anderen hingegen – man denke an Marie Bashkirtseff – diente ihr Tagebuch zum genau gegenteiligen Zweck: Sie machten mit ihm ihre hochfliegenden Ansprüche an die Welt geltend. Zu den bevorzugten Gründen für die Einrichtung eines Tagebuchs zählten Familienbrauch, Druck von seiten der Altersgruppe, Anregung durch Lehrer, der schiere Spaß daran, ausgedehnte Reisen Revue passieren zu lassen, Hoffnung auf Trost nach Katastrophen oder Angst vor dem drohenden Tod, das Bedürfnis, sich der eigenen Heilsaussichten zu versichern oder sich von Schuldgefühlen zu entlasten, der Wunsch, sich besser kennenzulernen – oder aber mehrere dieser Beweggründe zusammen. Die Motive, die den Tagebüchern des 19. Jahrhunderts zugrunde lagen, waren ebenso vielfältig wie die Formen, die sie annahmen.

Und was war mit der Selbstschöpfung, der Selbstfindung? Auch diese Absicht gehört zum Repertoire der Beweggründe, denn eine Reihe von Tagebuchschreibern führten Buch über sich, um das zu finden und dingfest zu machen, was so außerordentlich schwer zu fassen war: ihre Identität. Daß sie dem bunten Treiben in ihrem Innern durch die Niederschrift eine gewisse Objektivität verliehen, sollte ihnen dabei helfen, sich zu dem zu machen, was sie waren. Im Jahre 1824 vertraute Eugène Delacroix seinem Tagebuch, das fast so berühmt werden sollte wie seine Gemälde, nachdenklich an: «Ich habe gerade das Vorangegangene überflogen; ich bedaure die Lücken.» Er war damals sechsundzwanzig und hatte nach mehreren vergeblichen Anläufen zwei Jahre zuvor ein Tagebuch begonnen. Er wolle, schrieb er, sich selbst gegenüber aufrichtig sein – wer auch immer er selbst war. «Mir kommt es so vor, als sei ich immer noch Herr der Tage, die ich schriftlich festgehalten habe, obwohl sie vergangen sind. Die Tage, die dieses Papier nicht erwähnt, sind dagegen so, als wären sie nie gewesen.» Grüblerisch fragte er sich: «In welche Finsternis bin ich verstoßen? Muß sich etwa erweisen, daß mir in meiner menschlichen

Schwäche ein armseliges, hinfälliges Stück Papier zur einzigen Erinnerung an mein Leben wird, über die ich verfüge?» In dieser Notlage hoffte er, durch die regelmäßige Arbeit an seinem Tagebuch «ins restliche Leben Ordnung zu bringen». Durch Vergegenwärtigung der Vergangenheit meinte er ein Leben führen zu können, das sich im besten Sinne des Wortes als Doppelleben verstand.[42]

Aber die Menschen sind niemals einfach nur Wortschöpfungen, nicht einmal, wenn die Worte die eigenen sind. Möglich, daß man sich, manchmal ohne es zu wissen, hinter einem falschen Selbst versteckt. Aber auch die phantasievollsten Konstruktionen können sich den Zwängen der inneren Geschichte, die der Tagebuchschreiber durchlebt hat, nicht entziehen. Genau wie ihre in sich zusammenhängenderen Verwandten, die Autobiographien, reden auch die Tagebücher allesamt Wahrheit, die ausweichenden und verlogenen nicht weniger als die anderen. Sie alle legen direkt oder indirekt Zeugnis ab von Sehnsüchten und Ängsten, von Freuden und Traumata, von inneren Konflikten, die mit schreibstiftbewehrter Hand aufgedeckt und manchmal auch ausgetragen werden. Julie Manets Anerkennung des Spannungsverhältnisses zwischen ihrer äußeren Zurückhaltung und ihrem leidenschaftlichen Verlangen, Emily Shores offenes Eingeständnis ihrer Unfähigkeit zur Offenheit, Friedrich Hebbels widersprüchliches Streben nach Ruhm und Privatheit, G. L. Reeds Bemühen, die neue emotionale Situation zu verstehen, vor die seine Heirat ihn stellt, und zahllose andere Eintragungen dieser Art sind ein verläßlicher Beweis dafür, daß sich auch jene Bürger des 19. Jahrhunderts, die keine förmliche Autobiographie verfaßten, für sich selbst interessierten.

Die eigene Person für interessant zu halten war eine persönliche Entscheidung, der die Bürger des 19. Jahrhunderts zum Rang einer kulturspezifischen Erscheinung verhalfen. Nicht ohne Zittern und Zagen: Interessant zu sein barg die Gefahr, aus dem herrschenden Konsens auszubrechen und sich zu isolieren. Was konnte da gelegener kommen als ein Tagebuch, jenes diskrete, völlig unkritische Gefäß für die Aufnahme großmannssüchtiger Phantasien, masochistischer Selbstvorwürfe und heimlichen Verlangens nach Liebe! Überraschend an den Versuchen der Bürger des 19. Jahrhunderts, Selbstanalyse zu treiben, ist nicht, wie viel, sondern wie wenig sie verheimlichten – und wie zahlreich sie waren. Ganz abgesehen von den besonderen Kostbarkeiten, die diese Selbstbeobachtungszeugnisse dem Historiker liefern, bilden die Tagebücher schon durch ihre bloße Masse eine gewichtige Ergänzung zu dem übrigen eindrucksvollen Belegmaterial – denken wir an den Siegeszug der romantischen Liebe, die neue Begeisterung für Autobiographien, Biographien, Geschichtsschreibung und Romane, die Ansprüche, Kunst und Musik in

den Dienst der Selbstbeobachtung zu stellen! –, das wir durchgemustert
haben, um zu zeigen, welch unwiderstehlichen Reiz die mehr oder
minder weitgehende Entblößung des Herzens auf das Jahrhundert ausübte.

Für das von sturzseeartigen, tiefgreifenden Wandlungsprozessen überflu-
tete Bürgertum des 19. Jahrhunderts war das eine Reizsituation voller
Unwägbarkeiten. Wir haben gesehen, daß den bürgerlichen Subjekten
zwei grundlegend divergierende Verhaltensweisen gegenüber ihrem
Innenleben möglich waren: defensive Zurückhaltung oder kühner For-
schungsdrang – häufig genug von beidem etwas. Der geistige Konservati-
vismus, das unwiderstehliche Bedürfnis, die Dinge so zu lassen, wie sie
sind, ist der menschlichen Natur tief eingegraben. Dieser Konservativis-
mus nährt das beruhigende Gefühl, daß man den von der Kultur errichteten Wegweisern getrost folgen kann, daß die Verlaufsform der eigenen
Vergangenheit quasi die Garantie enthält, daß im Blick auf den eigenen
Standort in der Welt und die wesentlichen Bindungen, die man in ihr
unterhält, auch die Zukunft wenig Überraschungen birgt. Das 19. Jahrhundert aber, das sich den Neuerungen verschrieben hatte, bedeutete für
eingefleischte Gewohnheiten eine ebenso beglückende wie beunruhigende Herausforderung. In praktisch allen Bereichen des Lebens machte
es dramatische Aufbruchserfahrungen.

Aufbruch ist in der Tat das Grundphänomen, das Geschichtsbücher
über das 19. Jahrhundert durchzieht. Die Liste ist lang: Aufbruch vom
Land in die Stadt, von Kontinent zu Kontinent, vom Pferdewagen zum
Eisenbahnwaggon, von heimeligen Feinkostgeschäften zu palastartigen
Kaufhäusern, vom gemächlichen und gelegentlichen Schriftwechsel zur
rasanten und häufigen Korrespondenz, von verabredeten Ehen zu Liebes-
heiraten sowie – wahrscheinlich die traumatischste Erfahrung! – von religiöser Gewißheit zu religiösem Zweifel. Das Bürgertum des 19. Jahrhunderts mußte mit bahnbrechenden Entdeckungen in der Wissenschaft, mit
atemberaubenden technischen Großtaten fertig werden, ganz zu schweigen von der Modernisierung der politischen Sphäre und den heftigen
Auseinandersetzungen um die Ansprüche des Nationalismus. In einem
Jahrhundert, das in eine unbekannte Zukunft raste, hatten viele Bürger
guten Grund, sich um die Stabilität ihres Selbst Sorgen zu machen. Die
Rationalität hatte nie zuvor eindrucksvollere Erfolge erzielt, und doch
gedieh unter zahlreichen Masken die Irrationalität, wie sie das viele Jahrzehnte lang nicht mehr getan hatte. Im Jahre 1904 zählte in ein und
derselben Ausgabe der anspruchsvollen Zeitschrift *Hochland* der eine
Mitarbeiter die Triumphe der technischen Entwicklung auf, während sich

ein anderer über das Wiederaufleben eines rückwärts gewandten Mystizismus erregte.[43]

Diese spannungsreich gemischten Reaktionen dürfen nicht auf die
leichte Schulter genommen werden. Sie zeigten weit mehr an als einfach
nur die Sorge, wie sich unter ungewohnten Bedingungen mit ungewohnten Aufgaben fertig werden ließ. Sie warfen Fragen auf, die ans grundlegende Selbstverständnis rührten; Entwurzelung, egal ob geistiger oder
physischer Natur, konnte in tiefe Krisen stürzen oder ein lebenslanges
Gefühl der Heimatlosigkeit nach sich ziehen. Seit Menschengedenken
hatte man das Neue als pietätlosen Abfall von überkommenen Wahrheiten
gebrandmarkt. Das ungestüme Programm der Aufklärung aber, das einer
Wissenschaft vom Menschen und von der Gesellschaft galt, und die Zuversicht der Aufklärungsphilosophen, daß der Lohn des Wissens größer sein
werde als die mit ihm verknüpften Gefahren, hatten begonnen, das Ansehen zu usurpieren, das einst das Gewohnte und Vertraute genoß.

So kam es, daß sich im 19. Jahrhundert das auf dem Fortschritts-
programm des 18. Jahrhunderts aufbauende Streben nach Neuem als gleichermaßen verderblich für lähmende Erstarrung in Vorurteilen und für die
beruhigende Sicherheit des Althergebrachten erwies. Der Individualismus, jene moderne Doktrin, die ein Erbe der Renaissance war und deren
Siegeszug sich in der zweiten Hälfte des 19. Jahrhunderts beschleunigte,
war gleichermaßen ein Weg zur persönlichen Freiheit und zur psychologischen Vereinsamung. Der fast schon hysterische Kult um die Heiligkeit der Familie, den das 19. Jahrhundert trieb, stellte ein Symptom dar, das
sich als Ideal maskierte: Er zeugte von dem Bewußtsein, daß liebgewor-
dene Überzeugungen ins Wanken gerieten. Kurz, der bürgerliche Mittelstand zahlte einen persönlichen Preis für den gesellschaftlichen Fortschritt.
Zumindest suchten ihn Bedenklichkeit und Verwirrung heim. Die auf
breiter Front vorgetragenen Angriffe gegen die Tradition waren nicht dazu
angetan, die Identität des Selbst so sicher zu verankern, wie die Optimisten
sich das erhofft hatten. Das aber setzte das entblößte bürgerliche Herz
gravierendsten Belastungen aus.

Anhang

Anmerkungen

Einleitung

1. Siehe die Anmerkung des Herausgebers in: Baudelaire, *Œuvres complètes*, hrsg. von Y. G. Le Dantec, überarb. von Claude Pichois (1961), S. 1722.
2. Kant: *Anthropologie in pragmatischer Hinsicht* (1798; 2. Aufl. 1800), in: *Werke*, hrsg. von Wilhelm Weischedel, 6 Bde. (1956–64), Bd. VI, S. 408 [Erster Teil, Erstes Buch]; Mill: «Bentham» (1838), *Dissertations and Discussions Political, Philosophical, and Historical*, in: *Collected Works of John Stuart Mill*, hrsg. von J. M. Robson u. a., 33 Bde. (1963–91), Bd. X (1969), S. 92; Wordsworth: zit. nach Jerome Hamilton Buckley, *The Turning Key: Autobiography and the Subjective Impulse since 1800* (1984), S. 1.
3. Iwan Turgenew, *Vorabend. Väter und Söhne*, Berlin und Weimar 1983, S. 180.
4. Genaueres siehe bei Peter Gay, *Die zarte Leidenschaft* (1987), und *Kult der Gewalt* (1996).
5. Emerson, «The American Scholar: An Oration Delivered before the Phi Beta Kappa Society, at Cambridge, August 31, 1837», in: *Selected Essays*, hrsg. von Larzer Ziff (1982), S. 101.
6. Poe: Daniel Hoffman, *Poe, Poe, Poe…* (1972), S. 2; Thackeray: *The History of Pendennis: His Fortunes and Misfortunes, His Friends and His Greatest Enemy* (1848–50), in: *The Works of William Makepeace Thackeray*, Centenary Biographical Edition, hrsg. von Lady Ritchie, 26 Bde. (1910–11), Bd. III, S. 401 [Kap. 31].
7. Goethe: *Bedeutende Fördernis durch ein einziges geistreiches Wort* (1823), in: *Werke, Hamburger Ausgabe*, hrsg. von Erich Trunz u. a., 14 Bde. (1948–72; 7. überarb. Aufl. 1975), Bd. XIII, S. 38; Goethe an Lavater, 4. Oktober 1782, in: *Briefe von und an Goethe*, hrsg. von Karl Robert Mandelkow, 6 Bde. (1962–69; 3. und 4. Aufl. 1988), Bd. I, S. 408; Disraeli: Robert Blake, *Disraeli* (1967; Aufl. 1968), S. 36.
8. Ribot: Anna Robeson Burr, *The Autobiography: A Critical and Comparative Study* (1909), S. 145; Emerson: zit. nach Buckley, *Turning Key*, S. 4.
9. Laurence Sterne, *Tristram Shandy* (1759–67; World's Classics, 1903), S. 479 [Buch 7, Kap. 33]; Goethe, *Wilhelm Meisters Lehrjahre* (1795–96), in: *Werke*, Bd. VII, S. 411 [Buch 6].
10. Die folgenden drei Absätze sind die Kurzfassung eines ausführlicheren Definitionsversuchs in Peter Gay, *Die Erziehung der Sinne* (1986), Allgemeine Einleitung.

11. Metternich, «Profession de foi. Geheime Denkschrift Metternich's an Kaiser Alexander», in: *Aus Metternich's nachgelassenen Papieren* (1881), Bd. III (Zweiter Teil, Erster Band), S. 413.

12. Auf dieses Thema komme ich weiter unten, im Zusammenhang mit der Analyse der Autobiographien, noch zurück (siehe S. 130 ff.).

Die Kunst des Zuhörens

1. Von Mount siehe *Rustic Dance after a Sleigh Ride* (1830), *Dancing on the Barn Floor* (1831), *Self Portrait with Flute* (1828), *Dance of the Haymakers* (1854), in farbiger Reproduktion bei Martha V. Pike, «Catching the Tune: Music and William Sidney Mount», in: *Catching the Tune: Music and William Sidney Mount*, hrsg. von Janice Gray Armstrong (1984), S. 12, 10, 15.

2. Peter G. Buckley, «The Place to Make an Artist Work», ebd., S. 34. Einige amerikanische Gemälde bilden rassisch gemischte Musikgruppen ab; siehe etwa von Thomas Hicks *The Musicale, Barber Shop, Trenton Falls, N. Y.* (1866, im North Carolina Museum of Art in Raleigh), wo sechs Frauen und ein Mann einem kleinen Orchester zuhören, das aus schwarzen und weißen Musikern besteht.

3. So auch Dante Gabriel Rossetti, wenn er 1865 *The Merciless Lady* malt. Eine schöne junge Frau mit einem Instrument zieht die Aufmerksamkeit eines hübschen jungen Mannes auf sich und lenkt ihn ab von einer Frau, die verzweifelt nach seiner Hand greift und zu der verführerischen Sängerin hinüberschaut, weil sie ihn gerade an die mitleidlose Musikerin verliert.

4. De Quincey: Grevel Lindop, *The Opium-Eater: A Life of Thomas De Quincey* (1981), S. 47; Hunt: Ian Jack, *English Literature, 1815–1832* (1963), S. 409.

5. Gluck: James H. Johnson, «Musical Experience and the Formation of a French Musical Public», in: *Journal of Modern History*, Bd. LXIV (Juni 1992), S. 216–26; Lapécède: *Poétique de la musique*, 2 Bde. (1785), Bd. I, S. 8–9, siehe Johnson, ebd., S. 221.

6. Dr. Charles Burney, «Essay on Musical Criticism», in: *A General History of Music from the Earliest Ages to the Present Period (1789)*, 4 Bde. (1776–89; 2 Bde., hrsg. von Frank Mercer, 1935), Bd. II, S. 7 [Vorwort zu Buch 3].

7. Lahalle, *Essai sur la musique, ses fonctions dans les moeurs, et sa véritable expression* (1825), S. 2–3, 1.

8. So hat etwa gegen Ende des 18. Jahrhunderts Gottfried, Freiherr van Swieten, der mehrmals im Jahr beeindruckende Konzerte in seiner Wiener Villa veranstaltete, seinen Gästen Manieren beigebracht: «Kam es irgendwann vor, daß jemand zu flüstern anfing, dann erhob sich Seine Exzellenz, der gewöhnlich in der ersten Reihe saß, feierlich, richtete sich zu voller Größe auf, wandte sich zu den Übeltätern um, fixierte sie mit einem langen und ernsten Blick und nahm langsam wieder Platz. Es wirkte, und zwar immer.» *Thayer's Life of Beethoven*, überarb. und hrsg. von Elliot Forbes (1964; überarb. Aufl. 1967), S. 157.

9. Siehe ebd., S. 155.

10. De la Morlière: *Angola. Histoire indienne*, 2 Bde. (1746), Bd. I, S. 69, zit. nach Johnson, «Musical Experience», a.a.O., S. 201; Stendhal: *Vie de Rossini* (1824; 1968), Bd. I, in: *Œuvres complètes*, 50 Bde. (1968 ff.), hrsg. von Victor del Litto und Ernest Abravanel, Bd. XXII, S. 233.

11. Hell erleuchtetes Opernhaus: P. D. Olivero, *Interno del Teatro Regio di Torino* (ca. 1740); Mozart: M. Ollivier, *Mozart al piano* (ca. 1766); beide Bilder in: [Giampiero Tintori], *Vedere la musica* (1985), S. 137–39, 132–33.

12. Wolfgang Amadeus Mozart an Leopold Mozart, 8. April 1781, in: *Briefe und Aufzeichnungen. Gesamtausgabe*, hrsg. von Wilhelm A. Bauer und Otto Erich Deutsch, 7 Bde. (1962–75), Bd. III, S. 103.

13. Stendhal, *Vie de Rossini*, S. 66.

14. D'Alembert: *Discours préliminaire de l'Encyclopédie* (1751; Aufl. 1763; hrsg. von F. Picavet, 1929), S. 49; Burney: «Essay on Musical Criticism», a.a.O., Bd. II, S. 7; Sulzer: Carl Dahlhaus, *Die Idee der absoluten Musik* (1978), S. 10. In der Mitte des 19. Jahrhunderts läßt Gottfried Keller in seinem Roman *Der grüne Heinrich* seinen Helden auf «einige Bände» von Sulzers Werk stoßen, wobei ihm folgender Gedanke durch den Kopf geht: «Dies Buch muß seinerzeit eine gewaltige Verbreitung gefunden haben, da man es fast in allen alten Bücherschränken findet und es auf allen Auktionen spukt und für wenig Geld erstanden werden kann.» [Erster Band, Zwanzigstes Kapitel]

15. Die Romantiker brachten zwar, wie sich noch zeigen wird, die ausgefallensten Plädoyers für die Musik vor, waren sich aber in diesem Punkt gar nicht ganz einig. In seinem Buch *Le génie du christianisme* übt Chateaubriand heftige Kritik an der «modernen Musik» – er meint weltliche Musik –, weil es ihr nicht gelinge, «die Wahrheit der Leidenschaften zum Ausdruck zu bringen». Als Beispiel führt er Liebeslieder an: Sie «imitieren die Wollust der Sinne, sind aber falsch in ihrer Moral oder wenn es um die Seele geht». *Le génie du christianisme* (1802; 2 Bde., hrsg. von Pierre Reboul, 1966), Bd. II, S. 483. Natürlich macht sich Chateaubriand hier einseitig für die fromme religiöse Musik stark. Aber es bleibt doch, daß er in der Musik als solcher keine höheren Kräfte am Werk sieht.

16. Eduard Hanslick, *Geschichte des Concertwesens in Wien*, 2 Bde. (1869–70), Bd. I, S. 42.

17. Rossini: Herbert Weinstock, *Rossini: A Biography* (1968), S. 27 (*Ciro* wurde zwar als «Oratorium» bezeichnet, eigentlich aber war es eine Oper mit religiösem Thema, und deswegen konnte das Werk während der Fastenzeit aufgeführt werden); Blessington: *The Magic Lantern; or, Sketches of Scenes in the Metropolis* (1822), S. 59.

18. Zitat: Hoffmann, *Kreisleriana*, Zweite Folge, Nr. 1, «Brief des Barons Wallborn an den Kapellmeister Kreisler» (1814), in: *Werke*, hrsg. von Herbert Kraft und Manfred Wacker, 4 Bde. (1967), Bd. I, S. 236. Zur Bestätigung wieder Lady Blessingtons Anmerkungen: «Ein wirklicher Musikliebhaber würde, davon bin ich überzeugt, das Parkett einer Oper selten und eine Loge nie betreten, wenn das schöne Geschlecht nicht aus beiden verbannt worden wäre. Im ersteren ist ein pausenloses Tuscheln zu hören, und in der letzteren schrillen einem, selbst mitten in der himmlischsten Soloarie oder im Duett, die Ausrufe der Damen in den Ohren: «wie entzückend», «ganz bezaubernd», «das ist

göttlich». (...) Das schöne Geschlecht meint wohl, es genüge, der Musik Beifall
zu spenden, auch ohne ihr die Aufmerksamkeit zuzuwenden. Ja, diese Ansicht
scheint in der großen Mehrheit des Publikums, wenn nicht gar bei allen
Zuhörern vorzuherrschen; denn mitunter ist gerade bei den schönsten Takten
eines phantastischen, wunderbar gesungenen Quartetts der Beifall so laut, daß
er den Gesang unterbricht, weil er im Lärm untergeht.» Blessington, *The Magic
Lantern; or, Sketches of the Scenes in the Metropolis* (1822), S. 55–56.

19. Siehe Hoffmann, *Kreisleriana*, Nr. 3, «Gedanken über den hohen Wert der
    Musik» (1812), in: *Werke*, a.a.O., Bd. I, S. 31–36.

20. Ebd., S. 35.

21. Dieser sogenannte große Krieg zwischen dem kulturlosen Bürgertum mit
    seiner Liebe zum Geld und seinem Haß auf die Kunst einerseits und den
    Malern, Dichtern, Architekten – und Komponisten – der Avantgarde ande-
    rerseits, denen Hoffmann erhebliche Schützenhilfe zukommen ließ, war et-
    was viel Komplizierteres, als er und seine Bewunderer gern meinten.

22. Berlioz, *Mémoires de Hector Berlioz comprenant ses voyages en Italie, en
    Allemagne, en Russie et en Angleterre (1803–1865)*, 2 Bde. (1870; 2. Aufl.
    1881), Bd. I, S. 27 [Kap. 5].

23. «Wiener Skizzen», in: *Signale für die musikalische Welt*, hrsg. von Bartholf
    Senff, Bd. XVIII, 9 (26. Januar 1860), S. 76.

24. Goethe an Franz Ludwig Albrecht v. Hendrich, 21. März 1803, in: *Briefe von
    und an Goethe*, hrsg. von Karl Robert Mandelkow, 6 Bde. (1962–69; 3. und
    4. Aufl. 1988), Bd. II, S. 446–47.

25. *Das «Museum». Einhundertfünfzig Jahre Frankfurter Konzertleben,
    1808–1958*, hrsg. von Hildegard Weber (1958), S. 107.

26. Frankfurt: ebd., S. 111; New York: Howard Shanet, *Philharmonic: A History
    of New York's Orchestra* (1975), S. 90.

27. John H. Mueller, *The American Symphony Orchestra: A Social History of
    Musical Taste* (1951), S. 354–55.

28. Leserbriefe an das *Algemeen Handelsblad* (Amsterdam), 7. und 21. Novem-
    ber 1888. (Diese Zitate samt Erklärungen verdanke ich Peter de Bach. Persön-
    liche Mitteilung vom 27. Juni 1992.)

29. E. Kossak, «Die italienische Oper», in: *Signale*, Bd. XVIII, 15 (8. März 1860).
    S. 162–63.

30. *American*, 30. November 1825, zit. nach Karen E. Ahlquist, «Opera, Theatre,
    and Audience in Antebellum New York», Phil.Diss., University of Michigan,
    2 Bde. in einem, fortlaufend paginiert (1991), Bd. I, S. 96.

31. Londoner Publikum: Robert Elkin, *Royal Philharmonic: The Annals of the
    Royal Philharmonic Society* (1946), S. 20; Carnegie Hall: Richard Schickel,
    The World of Carnegie Hall (1960), S. 46.

32. Konzert in Chicago: *Musical Courier*, 1. Januar 1896, zit. nach Schickel,
    Carnegie Hall, S. 354; Metropolitan Opera: Irving Kolodin, *The Story of the
    Metropolitan Opera, 1883–1950: A Candid History* (1953), S. 56.

33. Jacques Offenbach, *Offenbach en Amérique. Notes d'un musicien en voyage*
    (ca. 1876), S. 237–38 (aus Briefen nach Hause).

34. Siehe Lawrence W. Levine, *Highbrow/Lowbrow: The Emergence of Cultural
    Hierarchy in America* (1988), S. 95.

35. In der Sprache der Psychoanalyse könnte man das stumme Zuhören als eine kultivierte Reaktion bezeichnen, die über Triebwünsche triumphiert.

36. Stendhal, *Vie de Rossini*, S. 19. Siehe Heinz Kohut und Siegmund Levarie, «On the Enjoyment of Listening to Music», in: *Psychoanalytic Quarterly*, Bd. XIX (1950), S. 75.

37. Arthur Schopenhauer, *Die Welt als Wille und Vorstellung*, 2 Bde. (1818; Aufl. 1924), Bd. I, S. 259, 262, 263 [Drittes Buch, § 52].

38. Wackenroder: *Phantasien über die Kunst, für Freunde der Kunst*, hrsg. von Ludwig Tieck (1799; Repr. 1975), S. 130, 156; Schelling, Novalis: René Wellek, *A History of Modern Criticism, 1750–1950*, Bd. II, *The Romantic Age* (1955), S. 369, 370.

39. Der Begriff «säkulare Religion» ist keineswegs selbstverständlich, aber auf die Zauberkräfte der Musik trifft er genau zu.

40. Elssler: Levine, *Highbrow/Lowbrow*, S. 109; Germania-Musikgesellschaft: ebd., S. 110–11.

41. Robert W. Gutman, *Richard Wagner: Der Mensch, sein Werk, seine Zeit* (1970), S. 289.

42. Hans Richter an Wilhelm Ganz, 1903, zit. nach Ganz, *Memories of a Musician: Reminiscences of Seventy Years of Musical Life* (1913), S. 333.

43. In seiner berühmten Besprechung von Berlioz' *Symphonie fantastique* schreibt Robert Schumann: «Berlioz kann kaum mit größerem Widerwillen den Kopf eines schönen Mörders seziert haben, als ich seinen ersten Satz.» «Symphonie von H. Berlioz» (1835), in: *Gesammelte Schriften*, hrsg. von Paul Bekker (1922), S. 101.

44. Stendhal, *Vie de Rossini*, S. 91 und passim. Berlioz, *Mémoires*, S. 2 [Kap. 2], 20 [Kap. 4] und viele andere Stellen. Zu den wichtigsten Autoren des 19. Jahrhunderts, die das erotische Fundament der Musik erkannten, gehörte Thomas De Quincey. «Wenn er [der Leser] nicht einfach stocktaub ist (wie die meisten) gegenüber jeder *tiefen* Note, die aus den delphischen Höhlen des menschlichen Lebens heraufseufzt, dann wird er wissen, daß die Verzückung des Lebens (oder etwas, das den Namen im übertragenen Sinne verdient) anders als vollkommene Musik – von Mozart oder Beethoven – aus dem Zusammenströmen der machtvollen und furchterregenden Dissonanzen und der feinen Konsonanzen entsteht. Nicht durch Entgegensetzung – oder als wechselseitige Pole, wie viele es etwas dürftig vorstellen, wirken diese Elemente, sondern durch Vereinigung. Sie sind die sexuellen Kräfte in der Musik; ‹und schuf sie, einen Mann und ein Weib›; und diese mächtigen Antagonisten erweisen ihre Gegnerschaft nicht durch Abstoßung, sondern durch tiefste Anziehung.» «Vision of Life» (1845), in: *Selected Writing*, hrsg. von Philip Van Doren Stern (1937; Aufl. 1949), S. 887.

45. Rellstab, *Aus meinem Leben*, 2 Bde. in einem (1861), Bd. II, S. 254.

46. Hoffmann, «Sinfonie... composée et dédiée etc., par *Louis van Beethoven*», *Allgemeine musikalische Zeitung*, Bd. XII (4. und 11. Juli 1810), in: *Werke*, hrsg. von Georg Ellinger, 15 Bde. (1912–20), Bd. XIII, S. 41.

47. Ebd., S. 42–43.

48. Stendhal, *Lettre sur l'état actuel de la musique en France* (29. 8. 1814), in: *Œuvres complètes*, Bd. XLI, S. 881 (Anhang zu *Lettres sur Metastase*).

49. Lahalle, *Sur la musique*, S. 39, 78, 83.

50. Berlioz, «Biographie de Beethoven», in: *Le Correspondant* (1829), siehe Arthur Ware Locke, *Music and the Romantic Movement in France* (1920), S. 77.

51. So berichtet es die Comtesse d'Agoult in ihren *Mémoires, 1833–1854*, hrsg. von M. David Ollivier (1927), S. 92. Siehe Claude Laforêt [Pseud. für Flavien Bonnet-Roy], *La vie musicale au temps romantique (salons, théâtres et concerts)* (1929), S. 207. Rousseau hatte diese Haltung schon ein halbes Jahrhundert früher gesehen. In seinem posthum erschienenen und unvollendeten *Essai sur l'origine des langues* schreibt er: «Die Musik kann den Schlaf, die Stille der Nacht, die Einsamkeit und sogar das Schweigen mit Tönen malen. Der Komponist zeigt solche Szenen nicht unmittelbar, vielmehr weckt er in unserer Seele dieselben Eindrücke, die wir angesichts der wirklichen Szenen haben.»

52. Antoine Fontaney, *Journal intime* [1830–36] (1925), S. 83 und 108, zit. nach Léon Guichard, *La musique et les lettres au temps du romantisme* (1955), S. 103 Anm.

53. Michael Kennedy, *The Hallé Tradition: A Century of Music* (1960), S. 8–9, 22, 10.

54. Grünfeld an Gutmann, 27. Februar 1892, Gutmanniana, Handschriften-Abteilung der Bayerischen Staatsbibliothek München.

55. Alessandra Comini, *The Changing Image of Beethoven: A Study in Mythmaking* (1987), S. 213.

56. Häufiger gebraucht wird der Begriff «absolute Musik» erstmals um die Jahrhundertmitte von Richard Wagner, und zwar mit abwertendem Unterton. Heute bezeichnet er die Musik, die Hoffmann und seine romantischen Mitstreiter über alle andere Musik erhoben haben. Siehe Dahlhaus, *Idee der absoluten Musik*, S. 24–25.

57. Siehe Desiderius Monsonyi, «Die irrationalen Grundlagen der Musik», in: *Imago*, Bd. XXI (1935), S. 225–26.

58. *«Sinfonie»*, S. 43. Einen Vorläufer hatte Hoffmann in dem deutschen Ästhetiker, Dichter und Musikinterpreten Christian Friedrich Schubart, der bereits in den 70er Jahren des 18. Jahrhunderts in einem Essay über das musikalische Genie darauf hinwies, alle musikalischen Genies seien zwar «Selbstgelehrte», aber sie müßten doch «ohne Cultur und Uebung immer sehr unvollkommen bleiben. Die Kunst muß vollenden und ausfüllen, was die Natur roh niederwarf.» «Vom musikalischen Genie», in: *Ideen zu einer Ästhetik der Tonkunst* (1806; Nachdr. 1969), S. 368, 370.

59. Davon – zumal als von einem Grunddogma der romantischen Ästhetik – wird in diesem Buch noch mehrfach die Rede sein. Siehe unten, insbesondere S. 63 ff.

60. Siehe Alma-Tademas interessantes Gemälde *A Reading from Homer* sowie das noch interessantere *The Favourite Poet*: Es zeigt eine hübsche junge Frau, selber sitzend, die einer anderen, auf einem gepolsterten Fensterplatz träumerisch-sehnsüchtig hingegossenen jungen Schönen vorliest. Auf diesem Bild geht die quasi-religiöse Aufmerksamkeit ins erotische Phantasieren über. Ein Ölgemälde von Alexander Johnston mit dem Titel *Family Devotions*, auf dem ein junger Mann seiner ganzen Familie, von den Großeltern bis zum Säugling,

ernsthaft aus der Heiligen Schrift vorliest, unterstreicht, daß die Lektüre von heiligen Texten selbstverständlich die andächtigste Aufmerksamkeit erforderte.

61. Übertroffen wurde er nur noch von Stendhal, der sich ständig in Opern- und Konzerthäusern herumtrieb und Biographien der wichtigsten modernen Komponisten verfaßte – oder besser: kompilierte.

62. Siehe auch den Geige spielenden Paganini von Daniel Maclise (eine Zeichnung von ca. 1831).

63. Ausführlich analysiert wird dieses Bild bei Comini, *Changing Image of Beethoven*, S. 207–17, an deren Darstellung ich mich hier halte.

64. Ein bekannter englischer Musiktheoretiker, H. R. Haweis, formuliert es in den 70er Jahren folgendermaßen: «Die Fähigkeit zu fühlen ist bei Frauen im allgemeinen größer – und durchweg differenzierter – als bei Männern. Von ihrer Konstitution her sind sie wie jene schönen Violinen, die bei der leisesten Berührung klingen. Frauen sind die großen Zuhörerinnen, und das gilt nicht nur für den Redevortrag, sondern auch für die Musik.» *Music and Morals* (1871), S. 112.

65. «Applause», in: *Encyclopedia Britannica*, 3 Bde. (1768–71; 11. Aufl. 29 Bde., 1910–11), Bd. II, S. 223. «Baireuth» (*sic!*).

66. Elisabeth von Herzogenberg an Adolf und Irene Hildebrand, 7. August 1889, in: *Adolf von Hildebrand und seine Welt. Briefe und Erinnerungen*, hrsg. von Bernhard Sattler (1962), S. 326–29. Siehe auch Peter Gay, *Die zarte Leidenschaft* (1987), S. 275–77.

67. Nietzsche, *Nietzsche contra Wagner* (1888), in: *Werke*, hrsg. von Karl Schlechta, 3 Bde. (1966; 6. Aufl. 1969), Bd. II, S. 1054; «Vermischte Meinungen und Sprüche» (1886), in: *Menschliches, Allzumenschliches*, ebd., Bd. I, S. 802.

68. Ludwig II. an Richard Wagner, 7. Oktober 1865, zit. nach Lore Lucas, *Die Festspiel-Idee Richard Wagners* (1972), S. 86.

69. Cosima Wagner an Houston Stewart Chamberlain, 23. Oktober 1888, in: *Cosima Wagner und Houston Stewart Chamberlain im Briefwechsel, 1888–1908* (1934), S. 30.

I. Die Wiederverzauberung der Welt

1. Kierkegaard, Tagebucheintragung vom März 1836, *Die Tagebücher. Erster Band*, in: *Gesammelte Werke*, 26 Bde. (1956ff.), Bd. XXXVII, S. 69.

2. Coleridge an Southey, 13. November 1795, in: *Collected Letters of Samuel Taylor Coleridge*, hrsg. von Earl Leslie Griggs, 6 Bde. (1956–71), Bd. I, S. 165.

3. Novalis: *Werke, Tagebücher und Briefe Friedrich von Hardenbergs*, hrsg. von Hans-Joachim Mähl und Richard Samuel, 2 Bde. (1978), Bd. II, S. 334; Hegel: *Vorlesungen über die Aesthetik*, in: *Vollständige Ausgabe durch einen Verein von Freunden des Verewigten*, hrsg. von Ph. Marheineke u. a., 18 Bde. in 20 (1832–45), Bd. X, S. 122–23 [Zweiter Teil, Dritter Abschnitt, Einleitung].

4. Nicht zufällig haben manche Romantikhistoriker, die vergeblich nach einer Einheit in der Vielfalt suchten, in ihrer Not schließlich zu einem Plural gegriffen und von «Romantiken» gesprochen.

5. Delécluze: siehe Roger Fayolle, «Introduction», in: Stendhal, *Racine et Shakespeare. Etudes sur le romantisme* (1970), S. 40.

6. Novalis steuerte Aufsätze, Rezensionen, Gedichte und Fragmente bei. Zu den *Athenäum*-Autoren zählten auch: der Romancier, Lyriker, Dramatiker und Übersetzer Ludwig Tieck, der Theologe Friedrich Schleiermacher mit seinen *Fragmenten* sowie die Philosophen Friedrich Wilhelm Joseph von Schelling und Johann Gottlieb Fichte.

7. So lautet Novalis' Urteil über Friedrich Schlegels *Athenäum*-Fragmente. Novalis an Friedrich Schlegel, 26. Dezember 1797, in: *Werke*, Bd. I, S. 652.

8. Die intelligenteste unter diesen Frauen, August Wilhelm Schlegels Frau Karoline, die bereits vor ihrer Heirat ein paar heikle Liebesabenteuer hinter sich gebracht hatte, verließ ihren Mann und lebte mit einem anderen Romantiker, dem Philosophen Schelling, zusammen, den sie dann auch heiratete.

9. Unüberhörbar dabei sind die erotischen Nebentöne: Als Schleiermacher 1797 vorübergehend bei Friedrich Schlegel wohnte, bezeichneten beide ihr Zusammenleben mit etwas krampfhaftem Witz als Ehe.

10. Coleridge, *Biographia Literaria; or, Biographical Sketches of My Literary Life and Opinions*, 2 Bde. (1815), in: *The Collected Works of Samuel Taylor Coleridge*, hrsg. von Kathleen Coburn u. a., 16 Bde. (1969–92), Bd. VII, S. 69 [Kap. 4].

11. Zu Michelets Äußerung über Géricault siehe Marcel Brion, *Art of the Romantic Era* (1966), S. 152.

12. Constant: J. Christopher Herold, *Mistress to an Age: A Life of Madame de Staël* (1958), S. 300–301; Stendhal: *Racine et Shakespeare*, S. 154.

13. Hazlitts Rezension der Schlegelschen Vorlesungen, erschienen unter dem Titel «Schlegel on the Drama» (1816), in: *The Complete Works of William Hazlitt*, hrsg. von P. P. Howe, 21 Bde. (1930–34), Bd. XVI, S. 57.

14. Für Stendhal war die Romantik modern, authentisch und lebendig, der Klassizismus veraltet, künstlich und tot. Die Romantiker schaffen – wie er schreibt – Werke, die größtmöglichen Genuß für das Volk bereithalten; die Klassizisten hingegen «hätten größten Genuß eher den Urgroßeltern verschafft». *Racine et Shakespeare*, S. 71. Zu Chateaubriand siehe *Mémoires d'outre-tombe* (1849–50; hrsg. von Maurice Levaillant und Georges Moulinier, 2 Bde., 1951; 3. Aufl. 1957), Bd. I, S. 272.

15. Victor Hugo: André Maurois, *Olympio, ou la vie de Victor Hugo* (1954), S. 144; Bulwer-Lytton: *England and the English* (1833; hrsg. von Standish Meacham, 1970), S. 300 [Buch 4, Kap. 4]. Bekannt ist auch Byrons Behauptung, man habe während seiner Zeit in England keinerlei Unterschied zwischen Klassizismus und Romantik gemacht.

16. Louis-Simon Auger, «Discours» zur Eröffnung der Sitzung der Académie française am 24. April 1824. Siehe Stendhal, *Racine et Shakespeare*, S. 237.

1. Die entfesselte Phantasie

1. Kurz, diese Definition des aufklärerischen Denkens ist in mehrfacher Hinsicht lächerlich: Sie ignoriert Humes Skeptizismus, den er selbst einmal mit Entschiedenheit (wenn auch Übertreibung) kurzfaßt in dem Satz, die Ver-

nunft sei der Sklave der Leidenschaften – und müsse es sein; sie vereinnahmt Rousseaus Anbetung der Natur, indem sie sie mit dem Etikett «Vorromantik» versieht; sie unterschlägt, daß zur Aufklärung auch Diderots romantisches Wissenschaftsmodell, Christoph Martin Wielands unterschwellig erotische Romane und Voltaires nüchtern realistischer Blick auf Politik und menschliche Natur gehören – und dann beklagt sie den naiven Rationalismus der *philosophes*. Das nennt man Definition per Diebstahl.

2. Friedrich Schlegel: an Georg Reimer, 16. März 1805, in: *Briefe von und an Friedrich und Dorothea Schlegel*, hrsg. von Josef Körner (1926), S. 58; Coleridge: *Anima Poetae: From the Unpublished Notebooks of Samuel Taylor Coleridge*, hrsg. von Ernest Hartley Coleridge (1895), S. 128; Wordsworth: *The Convention of Cintra* (1808), in: *Prose Works*, hrsg. von Alexander B. Grosart, 3 Bde. (1876), Bd. I, S. 161–62; August Wilhelm Schlegel: Eckart Klessmann, *Die deutsche Romantik* (1979), S. 79; Novalis: *Die Christenheit oder Europa* (geschr. 1799, ersch. 1826), in: *Werke, Tagebücher und Briefe Friedrich von Hardenbergs*, hrsg. von Hans-Joachim Mähl und Richard Samuel, 2 Bde. (1978), Bd. II, S. 741; Philipp Otto Runge: an Pauline Bassenge, undatierter Brief [Dezember 1802], in: *Briefe und Schriften*, hrsg. von Peter Betthausen (1981), S. 119.

3. Friedrich Schlegel an August Wilhelm Schlegel, 31. Oktober 1797, in: *Friedrich Schlegels Briefe an seinen Bruder August Wilhelm*, hrsg. von Oskar F. Walzel (1890), S. 299.

4. Siehe «Kritik der philosophischen Systeme», *Friedrich Schlegels philosophische Vorlesungen aus den Jahren 1804–1806*, in: *Kritische Friedrich-Schlegel-Ausgabe*, hrsg. von Ernst Behler u. a., bisher 35 Bde. (1958 ff.), Bd. XIII, S. 327–84 passim.

5. Daß sich die Romantiker nicht einmal auf den Wert der Originalität einigen konnten, zeigt, wie viele «Romantiken» es tatsächlich gab. Im Jahr 1826 schreibt Alphonse de Lamartine warnend an Victor Hugo, nachdem er dessen neu erschienenen *Odes et ballades* gelesen hat: «Versuchen Sie nicht, originell zu sein!... Es ist nur ein *jeu d'esprit* und nicht das, was Sie brauchen.» André Maurois, *Olympio, ou la vie de Victor Hugo* (1954), S. 138.

6. Wordsworth, *The Prelude* (Fassung von 1805), Buch XIII, Vers 189–92.

7. In einem Brief von 1735 äußert er sich besorgt, weil «Gefühl, Phantasie und Anmut» in einem Zeitalter des Rationalismus «verbannt» werden; von den Romantikern werden diese Begriffe natürlich viel mehr aufgeladen. Voltaire an Pierre Robert de Cornier de Cideville, 16. April 1735, in: *Correspondance*, hrsg. von Théodore Besterman, 13 Bde. (1971–93), Bd. I, S. 586. Für eine ausführliche Darstellung der Geschichte der Phantasie im Zeitalter der Aufklärung fehlt hier der Raum. Eine solche Geschichte müßte die verschiedensten Theoretiker des 18. Jahrhunderts einbeziehen: von Addison über den Earl of Shaftesbury und Mark Akenside (mit seiner bedeutsamen Versabhandlung *The Pleasures of Imagination* von 1744) bis zu dem ambitionierten deutschen Denker Johann Nicolaus Tetens, der 1776 und 1777 eine Unterscheidung zwischen Phantasie im Sinne der Einbildung und Phantasie im Sinne der Dichtkraft trifft und die Vorstellungstätigkeiten in eine Rangordnung bringt. Auf der höchsten Stufe der Phantasie kann ihm zufolge die Seele «nicht nur

ihre Vorstellungen stellen und ordnen, wie der Aufseher über eine Gallerie die Bilder, sondern sie ist selbst Mahler und erfindet und verfertigt neue Gemälde». *Philosophische Versuche über die menschliche Natur und ihre Entwicklung*, 2 Bde. (1776–77), Bd. I, S. 107.

8. Addison: *The Spectator*, Nr. 421 (3. Juli 1712), hrsg. von Donald F. Bond, 5 Bde. (1965), Bd. III, S. 578–79; Kant: *Kritik der Urteilskraft* (1790), in: *Kants Werke*, hrsg. von G. Hartenstein, 8 Bde. (1867–68), Bd. V, S. 317–18 [§ 46 f.]; Keats: an Benjamin Bailey, 22. November 1817, in: *The Letters of John Keats, 1814–1821*, hrsg. von Hyder Edward Rollins, 2 Bde. (1958), Bd. I, S. 185.

9. Coleridge, *Notebooks*, hrsg. von Kathleen Coburn, 4 Bde. (1957–90), Bd. II, S. 2375; *The Statesman's Manual* (1816), in: *The Collected Works of Samuel Taylor Coleridge*, hrsg. von Kathleen Coburn u. a., 16 Bde. (1969–92), Bd. VI, S. 23.

10. Pope etwa bringt die vorherrschende Denkhaltung der Aufklärung zum Ausdruck, wenn er in einer berühmten Formulierung schreibt, «echter Geist» sei «Natur im vorteilhaften Kleid / Das oft Gedachte bestens nun gesagt», und damit das Neue um seiner selbst willen abwertet.

11. Trublet: «De la poésie et des poètes», zit. nach Margaret Gilman, *The Idea of Poetry in France from Houdar de La Motte to Baudelaire* (1958), S. 1; de Gérando: zit. nach Alan Bewell, *Wordsworth and the Enlightenment* (1989), S. 43.

12. Hölderlin: *Hyperion, oder Der Eremit in Griechenland* (1797–99), in: *Sämtliche Werke und Briefe*, hrsg. von Günther Mieth, 2 Bde. (1970), Bd. I, S. 584 [Erster Band, Zweites Buch]; Schlegel: *Lucinde* (1799), in: *Kritische Ausgabe*, Bd. V, S. 30.

13. Macaulay: «Milton» (1825), in: *Literary and Historical Essays Contributed to the «Edinburgh Review»*, 2 Bde. in einem (1934), Bd. I, S. 15; Peacock: «The Four Ages of Poetry» (1820), in: *Memoirs of Shelley and Other Essays & Reviews*, hrsg. von Howard Mills (1970), S. 129–30.

14. Shelley, *A Defence of Poetry* (geschr. 1821, ersch. 1840; hrsg. von Albert S. Cook, 1891), S. 36.

15. William Blake, «Annotations to Sir Joshua Reynolds's Discourses», in: *Complete Writings, with Variant Readings*, hrsg. von Geoffrey Keynes (1957; 2. Aufl. 1966), S. 476–77, 456, 470.

16. Im Jahr 1819 berichtet Blake von einer Halluzination, in der ihm der Dichter Cowper erschienen sei und ihm mitgeteilt habe, er, Blake, sei so wahnsinnig wie jeder andere auch, «wahnsinnig wie jemand, der dem Unglauben – Bacon, Newton und Locke – entronnen ist». Charles Rosen, «The Mad Poets», in: *New York Review of Books*, Bd. XXXIX, Heft 17 (22. Oktober 1992), S. 35.

17. Blake hat, wie Marilyn Butler anmerkt, seine Meinung in wichtigen Punkten geändert. *Romantics, Rebels, and Reactionaries: English Literature and Its Background, 1760–1830* (1982), S. 39–53. Übrigens läßt Goethe in höchst romantischer Manier seinen Faust zu Gretchen sagen: «Gefühl ist alles.» Allerdings wird hier kein romantisches Prinzip ausgesprochen, an das Goethe selber glaubt: Vielmehr stattet er Faust mit verführerischer Sprache aus, damit er das fromme Gretchen von seinem schockierenden Mangel an christlichem Glauben ablenken kann.

18. De Quincey: «On the Knocking at the Gate in ‹Macbeth›» (1823), in: *Selected Writings of Thomas De Quincey*, hrsg. von Philip Van Doren Stern (1949), S. 1090; Coleridge: (1. Zitat) an seinen Bruder George, 31. März 1791, in: *Collected Letters of Samuel Taylor Coleridge*, hrsg. von Earl Leslie Griggs, 6 Bde. (1957–71), Bd. I, S. 7; (2. Zitat) an Thomas Poole, 16. März 1801, ebd., Bd. II, S. 706; (3. Zitat) I. A. Richards, *Coleridge on Imagination* (1934; 2. Aufl. 1950), S. 51 Anm.; (4. Zitat) an Thomas Poole, 16. Oktober 1797, in: *Collected Letters*, Bd. I, S. 354–55.

19. In seiner brillanten und scharfzüngigen Darstellung der deutschen romantischen Schule erinnert Heine seine Leser daran, daß *Lucinde* faktisch «die einzige Originalschöpfung (ist), die Fr. Schlegel hinterlassen». *Die romantische Schule* (1835), in: *Sämtliche Schriften*, hrsg. von Klaus Briegleb u. a., 6 Bde. (1968–76), Bd. III, S. 408.

20. Zu Frankreich: «Reise nach Frankreich» (geschr. 1802, ersch. 1803 in *Europa*, einer von Friedrich Schlegel herausgegebenen Zeitschrift), *Studien zur Geschichte und Politik*, hrsg. von Ernst Behler (1966), in: *Kritische Ausgabe*, Bd. VII, S. 70; zu Shakespeare: «Gespräch über die Poesie: Brief über den Roman», ebd., Bd. II, S. 335; zur Kunst: *Philosophie des Lebens* (1827), 1. Vorlesung, ebd., Bd. X, S. 21.

21. Friedrich Schlegel, *Philosophie des Lebens*, ebd., Bd. X, S. 19.

22. Friedrich Schlegel, «Reise nach Frankreich», *Kritische Ausgabe*, Bd. VII, S. 65.

23. August Wilhelm Schlegel, *Vorlesungen über schöne Litteratur und Kunst*, hrsg. von J. Minor, 3 Bde. (1884), Bd. I, S. 292.

24. August Wilhelm Schlegel, *Über dramatische Kunst und Litteratur*, 3 Bde. (1817), Bd. III, S. 48.

25. Tief beeindruckt schreibt Keats von einem Spaziergang, den er 1819 mit Coleridge macht: «Während dieser zwei Meilen brachte er tausend Themen aufs Tapet. (...) Nachtigallen, Poesie – über poetische Empfindung – Metaphysik – Diverse Genera und Spezies von Träumen – Alptraum – Ein Traum, begleitet vom Eindruck des Tastens – einfaches und doppeltes Tasten – Ein erzählter Traum. (...) Ungeheuer – der ‹Kraken› – Meerjungfrauen – southey glaubt daran – southeys Glaube allzu verwässert – Eine Gespenstergeschichte – Guten Morgen.» Und Keats setzt hinzu: «Ich hörte ihn sprechen, als er auf mich zukam, ich hörte ihn, als er sich entfernte – ich hörte ihn die ganze Zeit dazwischen.» Zit. nach Ian Jack, *English Literature, 1815–1832* (1963), S. 4.

26. Coleridge an Thelwall, 19. November 1796, in: *Collected Letters*, Bd. I, S. 181.

27. *Biographia Literaria; or, Biographical Sketches of My Literary Life and Opinions*, 2 Bde. (1815), in: *Collected Works*, Bd. VII, S. 81 [Kap. 4]. Siehe auch S. 24 [Kap. 1], 31–32, 38–39 [Kap. 2].

28. Ebd., S. 304–5 [Kap. 13].

29. Ebd., S. 250, 241–42 [Kap. 12], 89 [Kap. 5]. Mit einer seiner geschraubtesten Metaphern sagt er es folgendermaßen: Diese Forscher werden erkennen, «daß sich die Sylphenflügel unter der Haut der Raupe bilden; nur jene freilich, die denselben Trieb in sich verspüren wie die Puppe der mit Fühlhörnern ausgestatteten Fliege, die nicht anders kann, als in ihrer Hülle Platz für die künftigen Fühler zu lassen». Ebd., S. 242 [Kap. 12].

30. Siehe ebd., S. 82 [Kap. 4], 168 [Kap. 10].
31. Shelley, *Defence of Poetry*, S. 5, 11–12, 5, 2, 13–14, 38, 46.

2. Das Selbst in der Politik

1. Hugo, Vorwort zu *Lucrèce Borgia* (1833), in: *Œuvres complètes*, hrsg. von Jacques Seebacher u. a., 15 Bde. (1985–90), Bd. VIII, S. 972.
2. Siehe Peter Gay, *Kult der Gewalt* (1996), S. 268–88.
3. Stephen Gill, *William Wordsworth: A Life* (1990), S. 84–85.
4. Gleichgültig ob die Romantiker sich eher für Stabilität als für Bewegung engagierten oder sich gänzlich von der Politik abwandten – in beiden Fällen erzielten sie politische Effekte. Konservatives Verhalten ist ja nicht minder politisch als radikales. Und Romantiker, die sich ganz und gar der Politik enthielten, dienten damit den bestehenden Mächten; ihr Nichtstun erwies sich als Form des politischen Handelns.
5. Hazlitt, «Lecture VIII: On the Living Poets», *Lectures on the English Poets* (1818), in: *The Complete Works of William Hazlitt*, hrsg. von P. P. Howe, 21 Bde. (1930–34), Bd. V, S. 161–62.
6. Ebd., S. 163.
7. Chateaubriand: *Mémoires d'outre-tombe* (1849–50; hrsg. von Maurice Levaillant und Georges Moulinier, 2 Bde., 1951; 3. Aufl. 1957), Bd. I, S. 109 [Buch 4, Kap. 1]; Musset: («Il est tombé sur nous, cet édifice immense / Que de tes larges mains tu sapais nuit et jour»), *Rolla* (1835), in: *Œuvres d'Alfred de Musset. Poésies, 1833–1852* (1876), S. 19. Natürlich wurde Voltaire nicht nur von den Franzosen heruntergemacht. Im Jahr 1798 schreibt Novalis in einer privaten Aufzeichnung, er sei «einer der größten Minus-Poeten, die je lebten. Schade um ihn, daß seine Welt ein Pariser Boudoir war. Mit weniger persönlicher und nationaler Eitelkeit wäre er mehr gewesen.» *Werke, Tagebücher und Briefe Friedrich von Hardenbergs*, hrsg. von Hans-Joachim Mähl und Richard Samuel, 2 Bde. (1978), Bd. II, S. 326.
8. »Woher kommt die ganze wahnwitzige Agitation?» fragt sich der als meisterhafter Redner bekannte Pariser Justizbeamte Pierre Gerbier im Juni 1789 und gibt selbst die Antwort: «Von einem Haufen niederer Geistlicher und Juristen, von unbekannten Schriftstellern, notleidenden Schreiberlingen, die sich als Aufrührer in Clubs und Cafés herumtreiben. Diese Hitzköpfe haben die Waffen geschmiedet, mit denen heute die Massen kämpfen.» Zit. nach Robert Darnton, *The Literary Underground of the Old Regime* (1982), S. 1.
9. Diese gemäßigte Partei, die sogenannten «doctrinaires», stand «zwischen den Ultra-Royalisten, die den König ohne die Charta wollten, und den Liberalen, die die Charta ohne den König wollten». Pierre Trahard, *Le romantisme défini par «Le Globe»* (1924), S. 1.
10. André Maurois, *Olympio, ou la vie de Victor Hugo* (1954), S. 277.
11. H. R. Haweis, *Music and Morals* (1871), S. 297.
12. Sainte-Beuve, «Victor Hugo en 1831» (1835), in: *Portraits contemporains*, 5 Bde. (1870–89), Bd. I, S. 409.
13. Hugo, Vorwort zu *Hernani*, dat. vom 9. März 1830, in: *Œuvres complètes*, Bd. VIII, S. 539–40.

14. Diese Kräfte erlahmten nie und trieben ihn schließlich, aus Protest gegen Louis Napoléons Staatsstreich vom Dezember 1851, ins Exil.

15. Näheres zu diesem Traktat in Form einer Novelle siehe Gay, *Kult der Gewalt*, S. 220–21.

16. «Dem Absolutismus tief verhaftet, träumte das deutsche Bürgertum keine Revolutionsträume, sondern begnügte sich, die Reform, aber nicht die Abschaffung des Obrigkeitsstaates zu betreiben.» Hajo Holborn, «Der deutsche Idealismus in sozialgeschichtlicher Beleuchtung», in: *Historische Zeitschrift*, Bd. CLXXIV (1952), S. 366. In diesem Abschnitt mache ich manche Anleihe bei Holborns brillantem Aufsatz (S. 359–84).

17. Friedrich Schlegel, *Ideen* (1800), Nr. 106, in: *Kritische Friedrich-Schlegel-Ausgabe*, hrsg. von Ernst Behler u. a., 35 Bde. (1958 ff.), Bd. II, S. 266.

18. Friedrich Schlegel, «Signatur des Zeitalters» (Artikelreihe, erschienen von 1820 bis 1823), ebd., Bd. VII, S. 534.

19. Friedrich Schlegel, *Ideen*, Nr. 41, a.a.O., S. 259.

20. Wenigstens steht es so in der Widmung, mit der er dem Fürsten Metternich seine bemerkenswerte *Geschichte der alten und neuen Literatur* überreicht.

21. Gentz: an Johann Phillip Freiherr von Wesenberg, 18. Mai 1816, in: Ernst Behler, *Friedrich Schlegel in Selbstzeugnissen und Bilddokumenten* (1966), S. 129; Friedrich Schlegel: an August Wilhelm Schlegel, 21. Januar 1828, in: *Friedrich Schlegels Briefe an seinen Bruder August Wilhelm*, hrsg. von Oskar F. Walzel (1890), S. 654.

22. Friedrich an August Wilhelm Schlegel, 17. Februar 1798, ebd., S. 351.

23. Behler, *Schlegel*, S. 124–26.

24. Friedrich Schlegel, «Signatur des Zeitalters», *Kritische Ausgabe*, Bd. VII, S. 538.

25. Ebd., S. 541, 534–39 passim.

26. Ebd., S. 540–48 passim.

27. Novalis, der sich unter den deutschen Romantikern als besonders solipsistisch und politisch rückschrittlich hervorgetan hat, entwickelte eine ähnliche «politische» Theorie. Er sehnte sich nach einem vergangenen Mittelalter, das mehr der Einbildung als der Wirklichkeit entstammte, und träumte von den goldenen Zeiten, als alle noch zufrieden im einigenden Zusammenhang des Christentums lebten, und von der väterlichen Fürsorge von Preußens König und Königin (sein einziger Trost in dieser radikalen Gegenwart), jenes «himmlischen Paars», das seine verehrungsvollen Untertanen mit Milde regierte. Doch diese politischen, unverhohlen ästhetischen, nostalgischen und bisweilen regelrecht kindischen Phantasien waren lediglich Hilfsmittel für Novalis' eigentliche Mission: die Reise ins Innere des Menschen.

28. Coleridge an George Coleridge, ca. 12. März 1798, in: *Collected Letters*, hrsg. von Earl Leslie Griggs, 6 Bde. (1956–71), Bd. I, S. 238; Coleridge an Thomas Poole, 23. März 1801, ebd., Bd. II, S. 709; Coleridge, «Lay Sermon» (1817), in: *The Collected Works of Samuel Taylor Coleridge*, hrsg. von Kathleen Coburn u. a., 16 Bde. (1969–92), Bd. VI, S. 215 Anm.

29. Hazlitt, *Lectures on English Poets*, in: *Works*, Bd. V, S. 166–67.

30. Byron an Francis Hodgson, 5. März 1812, in: *Byron's Letters and Journals*, hrsg. von Leslie A. Marchand, 12 Bde. (1973–82), Bd. II, S. 105.

31. J. S. Mill an John Sterling, 20.–22. Oktober 1831, in: *Collected Works of John*

Stuart Mill, hrsg. von J. M. Robson u. a., 33 Bde. (1963–91), Bd. XII, *The Earlier Letters* (Teil I), S. 80–81.

32. Wordsworth an Dorothy Wordsworth, 6. [und 16.] September 1790, in: *The Letters of William and Dorothy Wordsworth*, hrsg. von Ernest De Selincourt, überarb. von Chester L. Shaver u. a., 7 Bde. (1967–88), Bd. I, S. 36.

33. *Prelude*, Buch VI, Vers 364–67.

34. *Prelude* (1805), Buch IX, Vers 511–24.

35. Ebd., Buch X, Vers 637.

36. *The Debate on the French Revolution, 1789–1800*, hrsg. von Alfred Cobban (1950), S. 42.

37. Wordsworth, *Prelude*, Buch XI, Vers 211–14. Mit demselben Zögern und Bedauern wendet sich auch Coleridge von der Revolution ab. Siehe seine Dichtung *France: An Ode* vom Februar 1798, in der er lebhaft schildert, wie stark seine Enttäuschung über eine Revolution war, auf die er so große Hoffnungen gesetzt hatte.

38. David V. Erdman, «The Dawn of Universal Patriotism: William Wordsworth among the British in Revolutionary France», in: *The Age of William Wordsworth: Critical Essays on the Romantic Tradition*, hrsg. von Kenneth R. Johnston und Gene W. Ruoff (1987), S. 3.

39. Wordsworth an seine Familie, 1. April 1833, in: *Letters of William and Dorothy Wordsworth*, Bd. V, S. 601; Wordsworth an Lord Lonsdale, 24. Februar 1832, ebd. S. 500–501.

40. Mary Shelley: Tagebucheintragung vom 18. September 1814, in: *Mary Shelley's Journal*, hrsg. von Frederick L. Jones (1947), S. 15; Browning: «The Lost Leader» (1845), Vers 1–2.

41. Hazlitt, zu Wordsworth: «Character of Mr. Wordsworth's New Poem, *The Excursion*», in: *The Examiner*, 21. August und 2. Oktober 1814, in: *Works*, Bd. XIX, S. 10–11; zu Shakespeare: «On Shakespeare and Milton», *Lectures on the English Poets*, ebd., Bd. V, S. 47. Wordsworth' Freunde wiesen diese Ansicht als schieren Ausdruck des Hasses zurück; aber welchen biographischen Hintergrund Hazlitts Urteil auch haben mag, es ist wohl zutreffend (wenn auch vielleicht zu apodiktisch).

42. Walter Bagehot, um die Mitte des bürgerlichen Jahrhunderts einer der scharfsichtigsten Leser, schreibt: «Dort wo Wordsworth am spannendsten ist, … spürt man stets und vergißt nie, daß das, was man vor Augen hat, die Erregung eines Einsiedlerdaseins ist. Es fehlt die Unruhe des Lebens, das Lärmen der Welt.» «Wordsworth, Tennyson, and Browning; or, The Pure, Ornate, and Grotesque Art in English Poetry» (1864), in: *Literary Studies (Miscellaneous Essays)*, hrsg. von Richard Holt Hutton, 2 Bde. (1879; 2. Aufl., 3 Bde., 1902–05), Bd. II, S. 345.

43. Keats an Richard Woodhouse, 27. Oktober 1818, in: *The Letters of John Keats*, hrsg. von Maurice Buxton Forman, 2 Bde. (1931; 4. Aufl. 1952), Bd. I, S. 226.

3. Religion des Herzens

1. Macaulay, Rezension von Thomas Moore, *Letters, Journals and other Prose Writings of Lord Byron; with Notices of his Life*, in: *Edinburgh Review* (Juni 1831), in: *Literary and Historical Essays*, 2 Bde. in einem (1934), Bd. I, S. 186.

2. Manzoni, zit. nach Archibald Colquhoun, «Allessandro Manzoni», in: Manzoni, *The Betrothed, «I Promessi Sposi»: A Tale of XVIIth Century Milan* (1825–26; 3. Aufl. 1840–42; übers. von A. Colquhoun 1951), S. 590.

3. «Ihr werdet wißen», wendet sich Schleiermacher an seine Leser, «daß Fantasie das höchste und ursprünglichste ist im Menschen, und außer ihr alles nur Reflexion über sie; Ihr werdet es wißen daß Eure Fantasie es ist, welche für Euch die Welt erschaft.» *Über die Religion. Reden an die Gebildeten unter ihren Verächtern*, in: Friedrich Daniel Ernst Schleiermacher, *Kritische Gesamtausgabe*, hrsg. von Hans-Joachim Birkner u. a., Erste Abteilung, *Schriften und Entwürfe*, Bd. II, *Schriften aus der Berliner Zeit, 1796–1799*, hrsg. von Günter Meckenstock (1984), S. 245 [Zweite Rede].

4. Friedrich Schlegel, «Signatur des Zeitalters» (1820–23), in: *Kritische Friedrich-Schlegel-Ausgabe*, hrsg. von Ernst Behler u. a., bislang 35 Bde. (1958 ff.), Bd. VII, S. 486.

5. Es scheint, als komme keiner, der über Bilderdijk (1756–1831) schreibt, um das Adjektiv «exzentrisch» herum. So nennt ihn der hervorragende niederländische Historiker Pieter Geyl «jenen konterrevolutionären Exzentriker», dessen zwölfbändige Geschichte seines Landes (*Geschiedenis des Vaderlands*) nichts anderes gewesen sei als «ein einziges, in die Länge gezogenes Pamphlet, ein Pamphlet von nie dagewesener Virulenz». Doch all seiner «krankhaften Verbitterung» zum Trotz «hatte dieser Mann zwar keine Breiten-, aber Tiefenwirkung». *History of the Low Countries: Episodes and Problems* (1964), S. 150.

6. Willem Bilderdijk, *De Ondergang der eerste Wereld* (1809; ersch. 1820; engl. Übers., 1858), zit. nach Nicholas A. Rupke, «Romanticism in the Netherlands», in: *Romanticism in National Context*, hrsg. von Roy Porter und Mikulá Teich (1988), S. 198.

7. Siehe Pierre Reboul, «Introduction», in: Chateaubriand, *Le génie du christianisme* (1802; 2 Bde., 1966), Bd. I, S. 11.

8. Madame Hamelin, *Souvenirs*, zit. nach Pierre Reboul, ebd.; Maurois, *Olympio, ou la vie de Victor Hugo* (1954), S. 78.

9. Siehe Reboul, «Introduction», a.a.O., Bd. I, S. 16.

10. Chateaubriand, Vorwort zur 1. Aufl. (1802), ebd., Bd. II, S. 398.

11. Reboul, «Introduction», a.a.O., Bd. I, S. 16.

12. In der *Encyclopaedia Britannica* von 1910 listet ein anonymer Autor mit viel Treffsicherheit die Ingredienzien auf, die in Chateaubriands ästhetisches Christentum eingegangen sind: «Sein von Natur aus poetisches Temperament wurde in den Kinderjahren durch lebhafte Eindrücke kräftig gefördert: die geheimnisvolle Reserviertheit seines schwermütigen Vaters, die inbrünstige Frömmigkeit seiner Mutter, die Traditionen seiner alteingesessenen Familie, die Sagen und antiquierten Gebräuche der abgelegenen bretonischen Gegend, vor allem das Unbestimmte und Feierliche des nahen Meeres» und nicht zuletzt «seine engste Freundin», seine «Schwester Lucile, ein leidenschaftli-

ches Mädchen, das zwischen der Hingabe an ihn und an die Religion hin und hergerissen war». «Chateaubriand, François René, Vicomte de (1768–1848)», in: *Encyclopaedia Britannica*, 3 Bde. (1768–71; 11. Aufl., 29 Bde., 1910–11), Bd. V, S. 960.

13. Chateaubriand, *Le génie du christianisme*, Bd. I, S. 365 [Teil 2, Buch 5, Kap. 3], Siehe auch Kap. 4.

14. Hölderlin, undatiertes Fragment (Ende 1798 oder Anfang 1799), meist unter dem Titel «Über Religion», in: *Sämtliche Werke und Briefe*, hrsg. von Günter Mieth, 2 Bde. (1970), Bd. I, S. 864.

15. Hölderlin: *Hyperion* (1797–99), ebd., S. 657 [Erster Band, Zweites Buch]; Novalis: «Das allgemeine Brouillon (Materialien zur Enzyklopädistik)» (1798–99), in: *Werke, Tagebücher und Briefe Friedrich von Hardenbergs*, hrsg. von Hans-Joachim Mähl und Richard Samuel, 2 Bde. (1978), Bd. II, S. 480.

16. Friedrich Schlegel an Novalis, 17. Dezember 1798, in: *Kritische Ausgabe*, Bd. XXIV, S. 215.

17. Novalis, «Tagebücher», Mai 1797, in: *Werke*, Bd. I, S. 463.

18. Novalis, (1. Zitat) *Blüthenstaub*-Fragment Nr. 14, ebd., Bd. II, 231; (2. Zitat) «Fragmentblatt», ebd., S. 223; (letzte Zitate) «Tagebücher», ebd., Bd. I, S. 456, 457, 462, 463.

19. Novalis, «Fragmentblatt», ebd., Bd. II, S. 223.

20. Novalis, *Hymnen an die Nacht*, ebd., Bd. I, S. 177.

21. Novalis, *Blüthenstaub*-Fragment Nr. 16, ebd., Bd. II, S. 233.

22. Friedrich Wilhelm Kantzenbach, *Friedrich Daniel Ernst Schleiermacher in Selbstzeugnissen und Bilddokumenten* (1967), S. 50.

23. Schleiermacher, *Über die Religion*, in: *Kritische Gesamtausgabe*, Erste Abteilung, Bd. II, S. 196, 211 [Erste Rede; Zweite Rede].

24. Ebd., S. 221 [Zweite Rede].

25. Ebd.

26. Ebd., S. 224, 231 [Zweite Rede].

27. Ebd., S. 232, 228, 237, 247 [Zweite Rede].

28. Den Begriff *Natur* schreibe ich immer dann kursiv, wenn ein Romantiker ihm eine religiöse Tönung verleiht.

29. Coleridge, Anhang C, *The Statesman's Manual*, in: *The Collected Works of Samuel Taylor Coleridge*, hrsg. von Kathleen Coburn u. a., 16 Bde. (1969–92), Bd. VI, S. 70.

30. Diese romantischen Lehren sind keine «Wissenschaft», keine erstarrten Formeln, sondern etwas Ästhetisches und Sittliches: Was den *Natur*-Jünger in ihnen anspricht, ist ihre berückende Schönheit und Reinheit. Ganz im Geiste von Wordsworth – und in seiner Gegenwart – brachten Keats und Lamb im Dezember 1817 während eines vielzitierten Abendessens bei Benjamin Haydon einen ironischen Toast auf die Gesundheit jenes Newton aus, der die Poesie des Regenbogens zunichte gemacht habe, und schlossen mit dem Wunsch: «Chaos der Mathematik!» Siehe Marjorie Hope Nicolson, *Newton Demands the Muse: Newton's «Opticks» and the Eighteenth Century Poets* (1946), S. 1–2.

31. Heine, *Zur Geschichte der Religion und Philosophie in Deutschland* (1843; 2. Aufl. 1852), in: *Sämtliche Schriften*, hrsg. von Klaus Briegleb u. a., 6 Bde. (1968–76), Bd. III, S. 571.

32. Goethe an Friedrich Heinrich Jacobi, 9. Juni 1785, in: *Briefe von und an Goethe*, hrsg. von Karl Robert Mandelkow (1962–69; 3. und 4. Aufl. 1988), Bd. I, S. 475; siehe auch Goethe an Karl Ludwig Knebel, 11. November 1784, ebd., S. 459.

33. Bei Schleiermacher heißt es über Spinoza: «Ihn durchdrang der hohe Weltgeist, das Unendliche war sein Anfang und Ende, das Universum seine einzige und ewige Liebe, in heiliger Unschuld und tiefer Demuth spiegelte er sich in der ewigen Welt, und sah zu wie auch Er ihr liebenswürdigster Spiegel war; voller Religion war Er und voll heiligen Geistes; und darum steht Er auch da, allein und unerreicht, Meister in seiner Kunst, aber erhaben über die profane Zunft, ohne Jünger und ohne Bürgerrecht.» *Über die Religion*, in: *Kritische Gesamtausgabe*, Erste Abteilung, Bd. II, S. 213 [Zweite Rede].

34. Goethe, «Im ernsten Beinhaus war's» (1826), in: *Werke, Hamburger Ausgabe*, hrsg. von Erich Trunz u. a., 14 Bde. (1948–72; 7. überarb. Aufl. 1975), Bd. I, S. 367.

35. Goethe, «Religion und Christentum», *Maximen und Reflexionen*, ebd., Bd. XII, S. 372.

36. Goethe an Lavater, 14. November 1781, in: *Briefe*, Bd. I, S. 373.

37. Er mache sich daran, so heißt es bei ihm, «die mannigfaltigen, besonderen Erscheinungsformen des herrlichen Weltgartens auf ein allgemeines, einfaches Prinzip zurückzuführen». Karl Viëtor, *Goethe. Dichtung, Wissenschaft, Weltbild* (1949), S. 394.

38. «Newton als Mathematiker», schreibt Goethe, «steht in so hohem Ruf, daß der ungeschickteste Irrtum, nämlich das klare, reine, ewig ungetrübte Licht sei aus dunklen Lichtern zusammengesetzt, bis auf den heutigen Tag sich erhalten hat.» «Erkenntnis und Wissenschaft», *Maximen und Reflexionen*, in: *Werke*, Bd. XII, S. 457.

39. Goethe, «Einleitung», *Zur Farbenlehre*, ebd., Bd. XIII, S. 329. «Dann ist der sittliche Charakter», schreibt er 1798 zu seiner Farbenlehre, «von der wissenschaftlichen Wirkung ganz unzertrennlich.» Goethe an Schiller, 14. Februar 1798, in: *Briefe*, Bd. II, S. 330.

40. Goethe, «Vorwort», *Zur Farbenlehre*, in: *Werke*, Bd. XIII, S. 317.

41. Goethe, «Einleitung», ebd., S. 324. Über sich als Pantheisten sagt er in einer seiner Maximen: «Wir sind naturforschend Pantheisten, dichtend Polytheisten, sittlich Monotheisten.» «Religion und Christentum», *Maximen und Reflexionen*, ebd., Bd. XII, S. 372.

42. Coleridge, frühe Fassung von «Dejection», in einem Brief an William Sotheby, 19. Juli 1802, in: *Collected Letters*, hrsg. von Earl Leslie Griggs, 6 Bde. (1956–71), Bd. II, S. 817.

43. Mill, *Autobiography* (1873; hrsg. von John J. Cross und Roger Howson, 1924), S. 104, 103.

44. Wordsworth, *Prelude* (1805), Buch XII, Vers 50–52.

4. Die ichbezogene Erhabenheit der Bürger

1. Stendhal, *De l'amour* (1822; hrsg. von Henri Martineau, 1938), S. 63.

2. Shelley: (1. Zitat) Anm. zu *Queen Mab* (1813), in: *The Complete Poetical Works of Percy Bysshe Shelley*, hrsg. von Thomas Hutchinson (1929), S. 796 (Hervorhebung von mir); (2. Zitat) «Fragment of an Essay on Friendship» (ca. 1822), in: *Shelley on Love: An Anthology*, hrsg. von Richard Holmes (1980), S. 19; zum Phantom der Liebe siehe ebd., S. 38.

3. Shelley, *Complete Poetical Works*, S. 796–98 passim.

4. Shelley, «Essay on Love» (ca. 1815), in: *Shelley on Love*, S. 71; «A Discourse of the Manners of the Ancient Greeks Relative to the Subject of Love» (1818), ebd., S. 109.

5. Welche Vorgeschichte die Liebesanschauungen des 19. Jahrhunderts hatten und wie sie selbst aussahen, behandele ich ausführlich im zweiten Band dieser Reihe, *Die zarte Leidenschaft* (1987). Hier gilt mein Interesse dem Zusammenhang zwischen der Ideologie der romantischen Liebe im besonderen und der bürgerlichen Kultur im allgemeinen.

6. Diderot an Sophie Volland, 29. August 1762, in: *Correspondance*, hrsg. von Georges Roth, 16 Bde. (1955–70), Bd. IV, S. 120. Bezeichnend ist, wie sehr Rousseaus *Nouvelle Héloïse*, vermutlich der meistgelesene Roman des gesamten Jahrhunderts, Liebe und Ehe auseinanderhält. Julie liebt Saint-Preux, sie schläft mit ihm und ist ganz erfüllt vom Gedanken an ihn, und doch heiratet sie einen älteren reichen Mann, den Baron de Wolmar, für den sie nichts außer Hochachtung empfindet; bis zu ihrem Tode weint sie insgeheim ihrer ersten und einzigen Liebe nach.

7. Schlegel, «Athenäum-Fragmente», Nr. 34 und 268, in: *Kritische Friedrich-Schlegel-Ausgabe*, hrsg. von Ernst Behler u. a., bislang 35 Bde. (1958 ff.), Bd. II, S. 170, 210.

8. Er war auch nicht der Ansicht – wie Novalis, der diesen Gedanken immerhin versuchsweise formulierte –, daß «Nothzucht... der stärkste Genuß» sei. Siehe Friedrich Schlegel, *Theorie der Weiblichkeit*, eine Textsammlung, hrsg. von Winfried Menninghaus (1983), S. 160, 169.

9. Friedrich Schlegel, *Lucinde* (1799), in: *Kritische Ausgabe*, Bd. V, S. 11.

10. Ernst Behler, *Friedrich Schlegel in Selbstzeugnissen und Bilddokumenten* (1966), S. 16.

11. Schlegel, *Lucinde*, in: *Kritische Ausgabe*, Bd. V, S. 7.

12. Friedrich Schlegel an Novalis, 20. Oktober [17]98, ebd., Bd. XXIV, S. 183. Heine moniert, die Protagonistin des Romans sei nichts als «eine unerquickliche Zusammensetzung von zwey Abstrakzionen, Witz und Sinnlichkeit». Heine, *Die romantische Schule* (1835), in: *Sämtliche Schriften*, hrsg. von Klaus Briegleb u. a., 6 Bde. (1968–76), Bd. III, S. 408.

13. Anon. [Schleiermacher], *Vertraute Briefe über Friedrich Schlegels «Lucinde»* (1800; Aufl. 1907), S. 15.

14. Siehe Leslie A. Marchand, *Byron: A Biography*, 3 Bde., durchgehend paginiert (1957), Bd. II, S. 602 Anm. Vgl. dazu auch Friedrich Schlegels bissige Bemerkung, die grotesken Romane Jean Pauls seien «noch die einzigen romantischen Erzeugnisse unsers unromantischen Zeitalters» – eine ähnliche Über-

treibung, mit der die Kluft zwischen Romantikern und bürgerlichem Publikum breiter gemacht wird, als sie wirklich ist. «Gespräch über die Poesie: Brief über den Roman» (1800), in: *Kritische Ausgabe*, Bd. II, S. 330.

15. In einem Brief, den Byron Anfang 1819 aus Italien an englische Freunde schreibt, zählt er seine sexuellen Eroberungen des vorangegangenen Jahres auf, und diese Liste sieht aus wie eine Variante der «Register-Arie» des Leporello: etwa 23 Namen «cum multis aliis». In einem Nachsatz meint er, man solle seine Aufzählung durchaus ernst nehmen: «Ich habe sie alle gehabt und, von 1817 an gerechnet, noch dreimal so viel.» Byron an John Cam Hobhouse und Douglas Kinnaird, 19. Januar 1819, in: *Byron's Letters and Journals*, hrsg. von Leslie A. Marchand, 12 Bde. (1973–82), Bd. VI, S. 92. Siehe Gay, *Zarte Leidenschaft*, S. 63.

16. Goethe, einer der vehementesten Fürsprecher Byrons, hat den Nachweis erbracht, daß ein Genie durchaus unorthodox leben und dann doch schließlich zur Kultur-Ikone werden kann – vorausgesetzt er ist nicht allzu unorthodox. Er verstieß gegen den herrschenden Sittenkodex des winzigen Herzogtums Weimar, das ihm ein halbes Jahrhundert lang Heimat war, denn er nahm sich als Hausfrau und Mutter seiner Kinder eine junge Geliebte und heiratete sie erst zwanzig Jahre später, eher aus Dankbarkeit als aus Liebe. Gedämpft wurde dieser Verstoß gegen Sitte und Anstand jedoch durch Goethes Berühmtheit und seine ansonsten untadelige Ehrbarkeit.

17. Byron an Lady Melbourne, 13. September 1812, in: *Letters*, Bd. II, S. 194; Byron an Thomas Moore, 17. November 1816, ebd., Bd. V, S. 131; Byron an [Douglas Kinnaird], 27. November 1816, ebd., Bd. V, S. 135; Byron an Moore, 31. August 1820, ebd., Bd. VII, S. 170.

18. Marchand, *Byron*, Bd. III, S. 1246, 1256.

19. Der 15jährige Tennyson brachte seine Trauer, nach Worten ringend, auf einem einsamen Spaziergang in Lincolnshire zum Ausdruck, indem er die schreckliche Nachricht an einen Felsen schrieb: «Byron ist tot.» Und in einem Brief von Jane Welsh an ihren späteren Ehemann Thomas Carlyle heißt es: «Byron ist tot! Ich hörte es völlig überraschend, als ich in einem Raum voller Leute war. Mein Gott, wenn sie gesagt hätten, die Sonne oder der Mond wäre am Himmel verschwunden, ich hätte mir kaum eine furchtbarere und trostlosere Leerstelle in der Schöpfung vorstellen können.» Zit. nach Marchand, *Byron*, Bd. III, S. 1248. Goethe, mit dem Byron eine Zeitlang korrespondiert hatte, lehnte die Bitte eines Verlegers ab, nach Byrons Tod über ihn zu schreiben, denn sein Schmerz sei so tief, daß er sich nicht unter äußerem Druck zu Wort melden wolle. Goethe an Josef Max, 18. Dezember 1824, *Briefe von und an Goethe*, hrsg. von Karl Robert Mandelkow, 6 Bde. (1962–69; 3. und 4. Aufl. 1988), Bd. IV, S. 131–32.

20. Goethe an Knebel, 14. Dezember 1822, ebd., S. 55.

21. Arnold, *Stanzas from the Grand Chartreuse* (1855), Vers 134–38.

22. Hebbel, zit. nach Hayo Matthiesen, «Friedrich Hebbel», in: *Genie und Geld. Vom Auskommen deutscher Schriftsteller*, hrsg. von Karl Corino (1987), S. 253.

23. Zur Analyse der Romanliteratur und des bürgerlichen Selbst im 19. Jahrhundert siehe S. 280–349.

24. Johanna Schopenhauer, *Jugendleben und Wanderbilder*, 2 Bde. in einem (1839), Bd. I, S. 255.
25. Hermine Hanel, *Die Geschichte meiner Jugend* (1930), S. 40.
26. Ein herzzerreißendes, aber nicht unglaubwürdiges literarisches Beispiel dafür, wie es einer feinfühlenden jungen Frau, die sich ungehindert der Verführungskraft romantischer Romane überließ, damals ergehen konnte, liefert Flauberts *Madame Bovary*.
27. Siehe Ellen K. Rothman, *Hands and Hearts: A History of Courtship in America* (1984), S. 39–40. Dieser Abschnitt macht einige Anleihen bei Rothmans ausgezeichneter Monographie.
28. Betham-Edwards, *Home Life in France* (1905), S. 266, 57, 77; siehe auch S. 78–80.
29. Genau das meint Friedrich Schlegel, wenn er schreibt, eine «wirkliche Ehe» – soll heißen: eine romantische Ehe – bestehe darin, «daß mehre Personen nur eine werden sollen». In dieser Idealehe muß die geliebte andere Person zum vertrauten Selbst werden, das in Augenblicken der Verzückung auf wundersame Weise identisch mit dem eigenen Selbst ist. *«So wie du»*, ereifert sich Julius, der Held des Romans, «ist ein größeres Wort als alle Superlative.» *Lucinde*, in: *Kritische Ausgabe*, Bd. V, S. 64.
30. Constant, *Adolphe* (1816; 4. Aufl. 1828; hrsg. von Gustave Rudler, 1941), S. 46, 43 [Kap. 5].
31. Hazlitt, *Liber Amoris; or, The New Pygmalion* (1823; Faks.-Ausg. mit einer Einleitung von Gerald Lahey, 1980), S. 8, 12, 41, 20, 66, 75, 90, 107.

II. Übungen in Selbstdefinition

1. Carlyle, *Sartor Resartus* (1833–34; hrsg. von Kerry McSweeney und Peter Sabor, 1987), S. 73.
2. «Preface», *Poems* (1853), in: *The Poetical Works of Matthew Arnold*, hrsg. von Chauncey Brewster Tinker und H. F. Lowry (1950), S. xvii–xviii.
3. Wie beliebt Autobiographien berühmter Persönlichkeiten im 19. Jahrhundert sein konnten, belegt auf prachtvolle Weise Mark Twains bekannter Publikationsversuch mit den Memoiren von Ulysses S. Grant. Der krebskranke Ex-Präsident lag damals im Sterben und wollte etwas zur Versorgung seiner Familie tun. Er versorgte nicht nur sie, sondern zugleich auch Mark Twain. «Im Mai 1885», schreibt Justin Kaplan, prognostizierte Mark Twain «– in einer, wie sich herausstellte, äußerst vorsichtigen Schätzung – einen Verkauf von 300000 Ausgaben (600000 Bänden), einen Gewinn von 200000 Dollar für den Verlag und Tantiemen für die Grant-Familie von mehr als 400000 Dollar.» *Mr. Clemens and Mark Twain: A Biography* (1966), S. 277–78.
4. Goodbrand, «A Suggestion for a New Kind of Biography», in: *Contemporary Review* (1870), S. 20.
5. «Was an der Literatur des frühen 19. Jahrhunderts besonders auffällt, ist die Vorrangstellung des Autobiographischen. (...) Zumal für diejenigen Autoren unseres Zeitabschnitts [1815 bis 1832], die bis weit ins Viktorianische Zeitalter hinein lebten, wurde es nachgerade zu einem ‹finanziellen Opfer›, wenn sie

überhaupt nichts Autobiographisches schreiben mochten.» Ian Jack, *English Literature, 1815–1832* (1963), S. 363–64, 365. Jack spricht hier nur von England, aber dieselbe Entwicklung läßt sich auch für andere Länder belegen.

6. Hogg, *The Private Memoirs and Confessions of a Justified Sinner, Written by Himself* (1824; hrsg. von T. E. Welby, 1924), S. 1.

7. Baudelaire, «Mon coeur mis à nu», in: *Œuvres complètes*, hrsg. von Y. G. Le Dantec, überarb. von Claude Pichois (1961), S. 1271.

8. Hanns Sachs, *Freud. Meister und Freund* (aus dem Amerikan. von Emmy Sachs, 1982), S. 96.

9. Smiles, *Character* (1871; Aufl. 1872), S. 283.

10. «Das aber beteuere ich: Nichts, was ich sage, wird unwahr sein.» Trollope, *An Autobiography* (1883; World's Classics, 1953), S. 1 [Kap. 1].

11. Freud, «Bruchstück einer Hysterie-Analyse», in: *Gesammelte Werke*, hrsg. von Anna Freud u. a., 18 Bde. (1940–68), Bd. V, S. 240.

12. «Eine Autobiographie ist in gewissem Sinne immer wahr, denn ganz unabhängig von seinen Intentionen und unbewußten Selbsttäuschungen präsentiert der Autor – mit genau dem Ton und der Betonung, die ihm eigen sind, wenn er von sich selbst spricht – einige der Materialien, die wir für die Beurteilung seiner wirklichen Persönlichkeit brauchen.» Jerome Hamilton Buckley, *The Turning Key: Autobiography and the Subjective Impulse since 1800* (1984), S. 41.

13. Leslie Stephen, «Autobiography», in: *Hours in a Library*, 3 Bde. (1874–79; Aufl. 1892), Bd. III, S. 237.

1. Im Schatten Rousseaus

1. Siehe Stendhal an Félix Faure, 2. Oktober 1812, *Correspondance*, Bd. IV [1812–1816], in: *Œuvres de Stendhal* (1928 ff.), Bd. XLII, S. 68–69.

2. Hazlitt, «On the Character of Rousseau», *The Round Table* (1817), in: *The Complete Works of William Hazlitt*, hrsg. von P. P. Howe, 21 Bde. (1930–34), Bd. IV, S. 90; George Eliot an Sara Sophia Hennell, 9. Februar 1849, in: *The George Eliot Letters*, hrsg. von Gordon S. Haight, 9 Bde. (1954–78), Bd. I, S. 277.

3. Siehe Gordon S. Haight, *George Eliot: A Biography* (1968), S. 65.

4. Anna Robeson Burr, *The Autobiography: A Critical and Comparative Study* (1909), S. 45.

5. Shelley: an Thomas Jefferson Hogg, 14. Mai 1811, in: *The Letters of Percy Bysshe Shelley*, hrsg. von Frederick L. Jones, 2 Bde. (1964), Bd. I, S. 84; De Quincey: *Confessions of an English Opium-Eater* (1821; Erstaufl. 1822; hrsg. von Alethea Hayter, 1971), S. 29.

6. Sand, *Histoire de ma vie* (1854–55), in: *Œuvres autobiographiques*, hrsg. von Georges Lubin, 2 Bde. (1970–71), Bd. I, S. xvi. Nach Ansicht strenger Kritiker beschränkte sich die Schäbigkeit des Autobiographen Rousseau nicht bloß auf den Mangel an Zurückhaltung und auf schiere Geschmacklosigkeit. Sie warfen ihm auch vor, ein Lügner zu sein. In seiner eigenen Autobiographie mit dem Titel *Histoire de mes idées* (1858) erklärt der fortschrittlich gesonnene, vehement antiklerikale französische Historiker Edgar Quinet, er finde es em-

pörend, daß Rousseau nach eigenem Eingeständnis bereit gewesen sei, von der strikten Wahrheit abzuweichen und eine brauchbare großzügigere Sicht durchzusetzen. Anders als Rousseau, so ereifert sich Quinet, schreibe er seine Geschichte «ohne jede nicht dazugehörige Ausschmückung, ohne die Ereignisse schöner zu machen, als sie sind, ja mehr noch: ohne irgend etwas zu erfinden». Anders als Rousseau werde er sich «die Lust der Wahrheit» gönnen. S. 14–18 passim.

7. Baudelaire, «Les paradis artificiels. Opium et haschisch» (1860), in: *Œuvres complètes*, hrsg. von Y. G. Le Dantec, überarb. von Claude Pichois (1961), S. 381.

8. In einem seiner Entwürfe zu den *Confessions* erwähnt Rousseau beiläufig Montaigne und dessen Zeitgenossen, den spekulativen Naturphilosophen Cardano, dessen posthum erschienene Schrift *De vita propria* es damals zu einer gewissen Berühmtheit gebracht hatte. Dabei betont er, nicht ohne etwas ungerecht zu werden, von keinem der beiden vielgelesenen Autobiographen könne er irgend etwas lernen. In einem wieder verworfenen Vorwort formuliert er fast dieselbe These: «Dies hier ist das einzige direkt nach der Natur gezeichnete und durch und durch wahre Selbstbildnis eines Menschen, das es gibt und voraussichtlich jemals geben wird.» Rousseau, *Œuvres complètes*, hrsg. von Bernard Gagnebin, Robert Osmond und Marcel Raymond, 4 Bde. (1959–69), Bd. I, S. 3. Rousseau sieht Montaigne «an der Spitze jener in falscher Weise aufrichtigen Menschen, die täuschen wollen, indem sie die Wahrheit erzählen.» Cardano seinerseits war «so verrückt, daß man aus seinen Träumereien keine Belehrung gewinnen kann». Rousseau, «Ebauches des *Confessions*«, ebd. Bd. I, S. 1150.

9. *Confessions*, ebd., S. 5 [Buch 1]. Hier schlägt Rousseau eine Brücke von seinen *Confessions* zu Hobbes, der fest daran glaubte, daß das Vermögen der Selbstbeobachtung zu umfassender Erkenntnis beitragen könne: Wer wie er das eigene Innere zu lesen versteht, kann darin den Menschen schlechthin lesen.

10. «Woher soll der, der die menschliche Natur schildert und verteidigt und den man heute so schmäht und verleumdet, sein Modell denn finden, wenn nicht im eigenen Herzen», so fragt Rousseau in einem anderen autobiographischen Werk. Bestimmt könne ihm keiner seiner Zeitgenossen in Sachen Selbsterkenntnis auch nur das Wasser reichen. «Ich bin anders als alle, denen ich je begegnet bin; ich wage zu sagen, daß ich anders bin als alle heute lebenden Menschen.» *Rousseau, juge de Jean-Jacques*, ebd., S. 936 [3. Dialog].

11. In einer unveröffentlicht gebliebenen Vorbemerkung bittet Rousseau – in einem Ton, der bei Augustinus undenkbar gewesen wäre – die Leser der Zukunft dringend, «die Würde meines Andenkens nicht um das einzige gesicherte Monument meines Charakters zu schmälern, das meine Feinde nicht haben verstümmeln können». Rousseau, *Œuvres complètes*, Bd. I, S. 3.

12. Im Jahr 1916, 24 Jahre nach der Erstveröffentlichung, erschien die zehnte Auflage.

13. «Ich habe immer und fast instinktiv», so Stendhal in einer seiner Fragment gebliebenen Autobiographien, «(und mittlerweile auch bestärkt durch die Parlamentssitzungen) eine tiefe Verachtung für das Bürgertum gehegt», aber er setzt sogleich hinzu: «Desgleichen habe ich immer gefunden, daß nur unter

Bürgern tatkräftige Männer zu finden sind...» *Vie de Henri Brulard* (posthum ersch. 1890), in: *Œuvres intimes*, hrsg. von V. Del Litto, 2 Bde. (1981–82), Bd. II, S. 546–47 [Kap. 2].

14. Trollope, *An Autobiography* (1883; World's Classics, 1953), S. 17 [Kap. 2].

15. *Mein Leben* (posthum ersch. 1813), in: *Seumes Werke*, hrsg. von Anneliese und Karl-Heinz Klingenberg, 2 Bde. (1965), Bd. I, S. 35.

16. *The Life of Mansie Wauch, Tailor in Dalkeith, Written by Himself* (1828), S. v.

17. Edmond Biré, «Préface», in: *Mes souvenirs, 1846–1870* (1908), S. vii. Diese Distanzierungen sind eher mit Vorsicht zu genießen, denn sie sind selber eine Art Pose. Siehe S. 141–51.

18. Natürlich konnten die Autobiographen, je nach Bildungsstand, unterschiedlich gut mit der Sprache und ihrem inneren Erleben umgehen; ein Pfarrer oder Rabbi war mit Äußerungen über das Selbst mehr vertraut als ein kleiner Unternehmer oder Beamter. Unter den Quellen sind jedoch auch ein paar überraschende Ausnahmen zu finden. Manche Männer und Frauen mit wenig Bildung konnten, wenn sie von Liebe und Ängsten erzählten, eine beeindruckende Eloquenz an den Tag legen.

19. Siehe zum Beispiel die handschriftliche Autobiographie von Hermann Elias Weigert mit dem Titel «Meine Lebensgeschichte bis 1895, verbunden mit der meines Bruders, Kommerzienrat Salomon Weigert» (geschr. ca. 1895), Leo Baeck Institute, New York; Teilabdruck in: *Jüdisches Leben in Deutschland. Selbstzeugnisse zur Sozialgeschichte, 1780–1871*, hrsg. von Monika Richarz (1976), S. 317–34, besonders 331.

20. Die Autobiographien führender Politiker müssen nicht nur cum grano salis, sondern mit einem ganzen Salzstreuer gelesen werden: Bismarcks *Gedanken und Erinnerungen* zum Beispiel waren ein systematischer Versuch, den Leser zu einem günstigen Urteil über all das zu bewegen, was der Autor in den Jahrzehnten getan hatte, als er an der Macht war. Doch bei aller Eigennützigkeit teilten auch diese Erinnerungen einige unerwartete Wahrheiten mit.

21. «Goethes Leben», so schreibt ein anonymer Rezensent 1816 über die schon erschienenen Teile seiner Autobiographie, «hat wohl, wie es scheint, in vielen Fällen den Stoff zu seinen Phantasie-Werken geliefert; in diesen wiederum müssen wir eine poetische Anschauung seines Lebens und seiner Gefühle suchen.» [Sir Francis Palgrave], in: *Edinburgh Review*, Bd. XXVI (Juni 1816), S. 312.

22. Genaueres zu den Malern siehe S. 350–89.

23. Leslie Stephen, «William Hazlitt», in: *Hours in a Library*, 3 Bde. (1874–79; Aufl. 1892), Bd. II, 69, 73.

24. Hazlitt, «Self-Love and Benevolence» (1828), in: *Complete Works*, Bd. XX, S. 178.

25. Im Jahr 1797 nannte ein anonymer Rezensent in der *Monthly Review* die Bezeichnung «pedantisch»; noch 1809 setzte Southey das Wort «Auto-Biographie» wohl in Anführungszeichen. Siehe Ian Jack, *English Literature, 1815–1832* (1963), S. 365; Jerome Hamilton Buckley, *The Turning Key: Autobiography and the Subjective Impulse since 1800* (1984), S. 19.

26. Georg Brandes, «Peter Kropotkin», in: Peter Kropotkin, *Memoiren eines Revolutionärs* (1899; 2 Bde. [Memoirenbibliothek, Ser. 1, Bd. 8 und 9, 1916]), Bd. I, S. v.

2. Zwischen Sondieren und Posieren

1. Wilson: *The Memoirs of Harriette Wilson, Written by Herself*, 4 Bde. (1825; hrsg. von E. Nash, 2 Bde., 1909), Bd. I, S. 1; Busch: «Was mich betrifft» (1886), in: *Wilhelm Busch Gesamtausgabe*, hrsg. von Friedrich Bohne, 4 Bde. (1958), Bd. IV, S. 147–57. Im Jahr 1894 gönnte sich Busch eine weitere autobiographische Skizze, die nicht vertraulicher war als die erste: «Von mir über mich», ebd., S. 205–11. Zu Busch siehe auch Peter Gay, *Kult der Gewalt* (1996), S. 506–24.

2. Aus einem Brief an Mr. Engel, den Huxley seiner knappen und distanzierten «Autobiographie» als Vorwort voranschickte. Charles Darwin, Thomas Henry Huxley, *Autobiographies*, hrsg. von Gavin de Beer (1974), S. 100.

3. Darwin, *Autobiography*, ebd., S. 8.

4. Sand: *Histoire de ma vie* (1850–51), in: *Œuvres autobiographiques*, hrsg. von Georges Lubin, 2 Bde. (1970–71), Bd. I, S. 3; Daniel Stern [Madame d'Agoult]: *Mes souvenirs, 1806–1933* (1877), S. iii.

5. Stendhal (Henri Beyle): *Vie de Henri Brulard* (posthum ersch. 1890), in: *Œuvres intimes*, hrsg. von V. Del Litto, 2 Bde. (1981–82), Bd. II, S. 543 [Kap. 1], 833 [Kap. 32]; Sand: an Pierre Jules Hetzel, 1. Februar [1848], in: *Correspondance*, hrsg. von Georges Lubin, 25 Bde. (1964–91), Bd. VIII, S. 264.

6. [Sir Francis Palgrave], in: *Edinburgh Review*, Bd. XXVI (Juni 1816), S. 314, 310. In ihrer bedeutenden Monographie über die autobiographische Gattung (1909) wiederholt Anna Robeson Burr diesen Vorbehalt. Rousseaus *Confessions* bewundert sie als «durchdrungen von Gefühl, von einem Gefühl, aus dem man die Stimme und Sprache des Genies heraushört»; *Dichtung und Wahrheit* hingegen kritisiert sie als «die schwächste Autobiographie, die ein so starker Verfasser je der Welt hinterlassen hat. Fast alle, die sich dafür begeistern, sind Menschen, die offene Selbstenthüllung für schädlich und nicht wünschenswert halten.» *The Autobiography: A Critical and Comparative Study* (1909), S. 25–26, 68.

7. Goethe, *Aus meinem Leben. Dichtung und Wahrheit* (1811–32), in: *Werke, Hamburger Ausgabe*, hrsg. von Erich Trunz u. a., 14 Bde. (1948–72; 7. überarb. Aufl. 1975), Bd. IX, S. 7–9 [Vorwort].

8. Ebd., S. 15 [Erster Teil, Erstes Buch].

9. Ebd., S. 14.

10. Ebd., S. 283, 285 [Zweiter Teil, Siebentes Buch].

11. Ebd., S 578–79 [Dritter Teil, Dreizehntes Buch]; Goethe an Johann Caspar Lavater, etwa 20. September 1780, in: *Briefe von und an Goethe*, hrsg. von Karl Robert Mandelkow, 6 Bde. (1962–69; 3. und 4. Aufl. 1988), Bd. I, S. 324.

12. *Dichtung und Wahrheit*, in: *Werke*, Bd. IX, S. 282 [Zweiter Teil, Siebentes Buch]. Später, in einem Brief an den König von Bayern, bekräftigt er den Gedanken noch einmal: Die Gabe der Dichtkunst habe «das Eigne besonders darin, daß sie den Besitzer nötigt, sich selbst zu enthüllen. Dichterische Äußerungen sind unwillkürliche Bekenntnisse, in welchen unser Innres sich aufschließt». Goethe an Ludwig I., 14. April 1829, in: *Briefe*, Bd. IV, S. 326. Am 14. März 1830 erzählt er seinem treuen Eckermann, während der Befreiungs-

kriege gegen Napoleon 1813 habe er keine antifranzösischen Kriegslieder geschrieben, denn: «Was ich nicht lebte und was mir nicht auf die Nägel brannte und zu schaffen machte, habe ich auch nicht gedichtet und ausgesprochen. Liebesgedichte habe ich nur gemacht, wenn ich liebte. Wie hätte ich nun Lieder des Hasses schreiben können ohne Haß!» Johann Peter Eckermann, *Gespräche mit Goethe in den letzten Jahren seines Lebens*, 3 Bde. (1837–48; in einem Band hrsg. von Ernst Beutler, 1948 [Bd. 24 der Artemis-Ausgabe von Goethes Werken und Gesprächen]), S. 733.

13. Goethe an Frau von Stein, 16. und 17. Juli 1776, in: *Briefe*, Bd. I, S. 222.
14. Andersen, *Das Märchen meines Lebens ohne Dichtung* (Erstveröffentlichung 1847 in deutscher Übersetzung), S. 9.
15. Ebd., S. 9, 12, 13, 17.
16. Ebd., S. 14, 67.
17. Eine gute Zusammenfassung dieser Details bei Elias Bredsdorff, *Hans Christian Andersen: The Story of His Life and Work, 1805–75* (1975), S. 15–17, 21–22.
18. Zum Beispiel: *Das Märchen meines Lebens*, S. 183.

3. Die Straße von Damaskus

1. *Les règles de la méthode sociologique* (1895), Vorwort zur ersten Auflage. Zehn Jahre früher bemerkt der englische Essayist Frederic W. H. Myers, der sich mit dem Studium psychischer Vorgänge befaßt: «Ganz gleichgültig, ob unsere Moderne in ihrer Praxis ein vermehrtes Interesse an Moral und Religion an den Tag legt oder nicht, fest steht wohl in jedem Fall, daß in ihrem Denken beide Themen einen größeren Raum einnehmen, als es sonst seit der Reformation der Fall war.» «Renan», in: *Essays Modern* (1883; 2. Aufl. 1885), S. 201.
2. Jacob Epstein, «Erinnerungen» (geschr. zwischen 1909 und 1918), in: *Jüdisches Leben in Deutschland. Selbstzeugnisse zur Sozialgeschichte, 1780–1871*, hrsg. von Monika Richarz (1976), S. 259–60.
3. Darwin, *Autobiography* (1887), in: Charles Darwin, Thomas Henry Huxley, *Autobiographies*, hrsg. von Gavin de Beer (1974), S. 31, 49–50, 53.
4. Clara Geissmar, *Erinnerungen* (1913, zwei Jahre nach ihrem Tod, im Privatdruck), in: *Jüdisches Leben in Deutschland*, S. 452–61, Zitat S. 458.
5. Darwin: *Autobiography*, a.a.O., S. 50; R. W. Church: *The Oxford Movement: Twelve Years, 1833–1845* (posthum ersch. 1891; hrsg. von Geoffrey Best, 1970), S. 183; John Henry Cardinal Newman: *Apologia pro vita sua: Being a History of His Religious Opinions* (1864; Aufl. 1890; hrsg. von David J. DeLaura, 1968), S. 19.
6. Beide in: D. G. Charlton, *Secular Religions in France, 1815–1870*, S. 28, 30.
7. Théodore Jouffroy, «De l'organisation des sciences philosophiques», in: *Nouveaux mélanges philosophiques*, hrsg. von Ph. Damiron (1842), S. 112, 113.
8. Ebd., S. 113.
9. Ebd., S. 113–15.
10. Ebd., S. 115.

11. Ebd., S. 116.
12. Théodore Jouffroy, «Comment les dogmes finissent» (geschr. 1823, ersch. 1825), in: *Le cahier vert. Comment les dogmes finissent. Lettres inédites*, hrsg. von Pierre Poux (1923), S. 67.
13. Die Fähigkeit, Zweideutigkeit und Ungewißheit auszuhalten, ist eine seltene Gabe, Zeichen einer psychischen Reife, wie sie nur wenigen mutigen Skeptikern wie Hume oder Freud vergönnt war. Sie ist ein wesentlicher Bestandteil des von mir so genannten «liberalen Naturells». *Kult der Gewalt* (1996), S. 653.
14. Ernest Renan, *Souvenirs d'enfance et de jeunesse* (1883; mit einer Einführung von Henriette Psichari, 1973), S. 81, 86, 157, 53.
15. «Die schlimmste Qual, durch welche der Mann, der sich zu einem Leben in der Reflexion durchgekämpft hat, für seine exceptionelle Lage büßt, ist die, aus der grossen religiösen Familie, der die besten Seelen der Erde gehören, sich ausgeschlossen zu sehen, und von den Wesen, mit denen er am liebsten in geistiger Vereinigung leben möchte, als ein verderbter Menschen betrachtet zu werden. Man muss seiner selbst sehr sicher sein, um nicht erschüttert zu werden, wenn die Frauen und Kinder die Hände falten und Einem sagen: O glaube wie wir!» *Etudes d'histoire religieuse*, zit. nach Georg Brandes, «Ernest Renan», in: *Moderne Geister. Bildnisse aus dem neunzehnten Jahrhundert* (1882), S. 165.
16. Renan, *Souvenirs*, S. 80.
17. Ebd., S. 55.
18. Ebd., S. 54–55. Für Renan war dieser Punkt wichtig: Hier und an anderer Stelle besteht er darauf, daß die Versuchungen des Fleisches nicht das mindeste mit seiner Entscheidung zu tun hatten.
19. Ebd., S. 174, 177.
20. Renan, *Vie de Jésus* (1863; 13. Aufl. 1923), S. xxxi.
21. Das Vorwort zu seinen *Souvenirs* beginnt mit einem wunderhübschen Gleichnis: Er erzählt von einem alten bretonischen Volksmärchen, demzufolge die sagenhafte Stadt Is vor vielen vielen Jahrhunderten im Meer versunken sein soll. Fischer berichten, an stürmischen Tagen könnten sie die Kirchturmspitzen auftauchen sehen und an windstillen Tagen die Glocken aus der Tiefe läuten hören. «Oft kommt es mir vor, als hätte ich auf dem Grunde meines Herzens eine Stadt Is, die hartnäckig ihre Glocken ertönen läßt, um die Gläubigen, die gar nicht mehr hören, zum Gottesdienst zu rufen.» Mit dem Herannahen des Alters habe er sich in der geruhsamen Sommerzeit die Freude gegönnt, jene fernen Klänge in sich aufzunehmen. Keinen geordneten Lebensbericht wolle er schreiben, sondern die ins Bewußtsein flutenden Bilder aufzeichnen. *Souvenirs*, S. 39.
22. Ebd. Richtig ist, daß Renans Autobiographie Spuren der Revision, der Durch-Sicht aufweist. Er änderte Namen und gab irreführende Darstellungen aus der Zeit der ersten Memoiren-Niederschrift, in denen er die Spontaneität seiner Reaktionen eher übertreibt. Außerdem strich er praktisch jeden Hinweis auf seine ältere Schwester Henriette, die ihm eine zweite Mutter gewesen war. Allerdings nicht aus Gründen der Diskretion: Ihrem Andenken hatte er, als sie 1861 starb, bereits einen bewegenden Text gewidmet.

23. Siehe *Souvenirs*, S. 211.

24. Ebd., S. 79, 73.

25. Edmund Gosse, *Father and Son: A Study of Two Temperaments* (1907; hrsg. von Peter Abbs, 1983), S. 35 [Kap. 1]; ebd., S. 33 [Vorwort].

26. Ebd., S. 42 [Kap. 1].

27. In seiner Biographie des Vaters läßt Edmund Gosse durchblicken, der Einfluß seiner Mutter hätte dessen «Opposition gegen die neuen Ideen», insbesondere den Darwinismus, wohl gemildert, da er «im großen und ganzen der seinem angeborenen Temperament innewohnenden Tendenz zu Härte und Fanatismus zuwiderlief». *The Life of Philip Henry Gosse, F. R. S.* (1890), S. 273, 272. Viel wahrscheinlicher ist freilich, daß Philip Gosse nach dem Tod seiner Frau nicht deshalb härter und fanatischer wurde, weil er deren Einfluß nicht mehr spürte, sondern weil er ihr vermeintliches Programm erfüllen wollte.

28. Gosse, *Father and Son*, S. 161, 43 [Kap. 8, 1].

29. Ebd., S. 49 [Kap. 2].

30. Ebd., S. 81 [Kap. 3].

31. Ebd., S. 105 [Kap. 5]. Siehe Gosse, *Life of Philip Henry Gosse*, S. 279.

32. Gosse, *Father and Son*, S. 56, 58 [Kap. 2].

33. Ebd., S. 235 [Kap. 12].

34. Ebd., S. 236, 251 [Epilog].

35. In der maßgebenden Biographie von Ann Thwaite, *Edmund Gosse: A Literary Landscape, 1849–1928* (1985), werden diese Widersprüche dokumentiert, besonders S. 23–24.

36. Gosse, *Father and Son*, S. 236 [Epilog].

37. Im Vorwort bemerkt er, seine Geschichte werde, vielleicht zur Überraschung der Leser, eine Mixtur aus Ernst und Humor sein. «Die meisten lustigen Bücher versuchen, von Anfang bis Ende lustig zu sein, und die Theologen sind empört, wenn sie auch nur ein einziges Lächeln hervorlocken. Aber das Leben ist anders, und dieses Buch ist nur dann etwas wert, wenn es ein echtes Stück Leben darbietet.» *Father and Son*, S. 34.

4. Nachgedanken

1. «Mein Erzählstil», fährt er fort, «der wechselhaft und spontan ist, der mal gerafft und mal weitschweifig, mal klug und mal wahnsinnig, mal schwermütig und mal heiter berichtet, ist selber Bestandteil meiner Geschichte.» «Ebauches des *Confessions*«, in: *Œuvres complètes*, hrsg. von Bernard Gagnebin, Robert Osmont und Marcel Raymond, 4 Bde. (1959–69), Bd. I, S. 1154.

2. *The Autobiography and Letters of Mrs. M. O. W. Oliphant*, gesammelt und hrsg. von Mrs. Harry Coghill (1899), S. 150.

3. Edmund Gosse, *Father and Son: A Study of two Temperaments* (1907; hrsg. von Peter Abbs, 1983), S. 33 [Vorwort].

4. Im einzelnen belegt werden diese Veränderungen in Ingrid Aichinger, *Künstlerische Selbstdarstellung. Goethes «Dichtung und Wahrheit» und die Autobiographie der Folgezeit* (1977), S. 62–77.

5. Hebbel, Tagebucheintragung von Ende März 1842, in: *Friedrich Hebbels Tagebücher*, hrsg. von Karl Pörnbacher, 3 Bde. (1984), Bd. I, S. 483.

6. Sand an Hortense Allart, 18. Dezember 1848, in: *Correspondance*, hrsg. von Georges Lubin, 25 Bde. (1964–91), Bd. VIII, S. 735–36.

7. Siehe Chateaubriand, *Mémoires d'outre-tombe* (1849–50; hrsg. von Maurice Levaillant und Georges Moulinier, 2 Bde., 1951; 3. Aufl. 1957), Bd. I, S. 1044, ix, xiii.

8. Sainte-Beuve, «*Mémoires d'outre-tombe* par M. de Chateaubriand», in: *Causeries du lundi*, 15 Bde. (1850–70, viele Neuauflagen), 18. März 1850, Bd. I, S. 433.

9. Ebd., S. 435–36. Erwähnenswert ist, daß Sainte-Beuve sich bei diesem Vorwurf nicht nur auf seine Intuition zu verlassen brauchte. Nach einer Wallfahrt zur Fontaine de Vaucluse, jener für immer mit dem Namen Petrarcas und Lauras verbundenen Quelle, schreibt Chateaubriand 1802 in einem privaten Brief: «Die prüde Laura und der neunmalkluge Petrarca haben mir die ganze Quelle verdorben.» Als er denselben Besuch in den *Mémoires* noch einmal erzählt, gerät er ins Schwärmen und bekundet, er sei bezaubert gewesen von der «unsterblichen Melancholie» des Vaucluse. Siehe ebd., S. 446–47. Zur beanstandeten Textstelle siehe *Mémoires d'outre-tombe*, Bd. I, S. 481.

10. Sainte-Beuve: «Chateaubriand», in: *Lundis*, Bd. I, S. 437; Stendhal: *La vie de Henri Brulard* (posthum ersch. 1890; hrsg. von Henri Martineau, 2 Bde., 1949), Bd. I, S. 15 [Kap. 1].

11. John Stuart Mill, *Autobiography* (1873; hrsg. von John J. Coss und Roger Howson, 1924), S. 1; Trollope, *An Autobiography* (1883; World's Classics, 1953), S. 1.

12. Mill, *Autobiography*, S. 1.

13. Thomas Carlyle an John Carlyle, 5. November 1873, zit. nach James Anthony Froude, *Thomas Carlyle: A History of His Life in London, 1843–1881*, 2 Bde. (1884; Aufl. 1890), Bd. II, S. 449. Ein anderer Leser, der einflußreiche Herausgeber des *Spectator*, R. H. Hutton, fand, die *Autobiography* offenbare «eine gewisse Dürftigkeit des Charakters» und «monotone Freudlosigkeit» und werde beeinträchtigt durch Selbstüberhebung, Ichbezogenheit und einen «trockenen und abstrakten Stil». Siehe Jerome Hamilton Buckley, *The Turning Key: Autobiography and the Subjective Impulse since 1800* (1984), S. 42.

14. S. E. Henshaw, «John Stuart Mill and Mrs. Taylor», in: *Overland Monthly* [San Francisco] (Dezember 1874), S. 516–27, in: *John Stuart Mill: Critical Assessments*, hrsg. von John Cunningham Ward, 4 Bde. (1987), Bd. I, S. 15.

15. Mill, *Autobiography*, S. 2.

16. *The Early Draft of John Stuart Mill's «Autobiography»*, hrsg. von Jack Stillinger (1961), S. 184.

17. Siehe Mill, *Autobiography*, S. 172; Leslie Stephen, «Autobiography», in: *Hours in a Library*, 3 Bde. (1874–79; Aufl. 1892), Bd. III, S. 263.

18. *Early Drafts of Mill's «Autobiography»*, S. 183.

19. Mill, *Autobiography*, S. 3.

20. Ebd., S. 34, 76.

21. Ebd., S. 93, 94, 95.

22. Ebd., S. 99.

23. Marmontel, *Mémoires d'un père pour servir à l'instruction de ses enfants* (1804; Aufl. 1857), S. 49–51.

24. Mill, *Autobiography*, S. 99, 101. In seiner Biographie hat Mill das Thema zwar nicht weiter verfolgt, in seinen Briefen aber lassen sich Belege für spätere Depressionsschübe finden. So schreibt er am 15. April 1829, zweieinhalb Jahre nach Beginn seiner «Krise», an seinen Freund John Sterling, «unter den verschiedenen, bisweilen äußerst qualvollen Gemütszuständen» habe es auch «etwas ausgesprochen Misanthropie-Ähnliches» gegeben. *Collected Works of John Stuart Mill*, hrsg. von J. M. Robson u. a., 33 Bde. (1963–91), Bd. XII, *The Earlier Letters of John Stuart Mill, 1812–1848*, hrsg. von Francis E. Mineka, 2 Bde. (1963), Bd. I, S. 29.

25. Siehe Mill, *Autobiography*, S. 102, 103; Mill an John Sterling, 24. Mai 1932, in: *Earlier Letters*, Bd. I, S. 99.

26. Mill, *Autobiography*, S. 105.

27. So wird «die ‹Autorität und Empörung› seines Vaters... umformuliert zum ‹Mißfallen›»; gänzlich gestrichen wird «die Tatsache, daß er Mills schlechtes Lesen ‹oft zum Spaß karikierte›,... zusammen mit der Erwähnung der sinnlosen, ‹kurzen scharfen Dispute›, die sie über Meinungsverschiedenheiten hatten», und der «‹Charakterstrenge› seines Vaters». Stillinger, *Early Draft of Mill's «Autobiography»*, S. 13. Stillinger führt zahlreiche andere Belegstellen an, zumeist kleine Veränderungen, die aber alle in dieselbe Richtung gehen.

28. Daß sie hauptsächlich mit seinem Vater zu tun hatten, geht aus einer Zwangsvorstellung hervor, über die Mill in der *Autobiography* freimütig spricht. Als er schon auf dem Wege der Besserung war, wurde er, wie er schreibt, «heftig gequält» von Grübeleien, die er nicht loswerden konnte – ein Symptom, das nach Freuds Überzeugung aus uneingestandenen Kämpfen zwischen Ich und gestrengem Über-Ich entspringt. Als hochsensibler Musikhörer machte sich Mill Gedanken darüber, daß «die Zahl musikalischer Kombinationen nicht unerschöpflich ist». Da er wußte, daß es nur eine begrenzte Zahl möglicher Permutationen gibt, und da von ihnen nur einige angenehm klingen, fürchtete er, das Angebot an neuer schöner Musik müsse unweigerlich versiegen. «Da war kein Raum für eine lange Reihe von Mozarts und Webers, die sich ebenso wie ihre Vorbilder niegehörte und unübertroffen variationsreiche Formen musikalischer Schönheit ausdenken würden.» Was ihm über dieses Symptom hinweghalf, war die Einsicht, daß wenigstens diese «Angst» nicht durchweg selbstsüchtig, daß also sein Interesse am Wohlergehen seiner Mitmenschen nicht einfach versiegt war. *Autobiography*, S. 102.

29. Carlyle: Fourde, *Thomas Carlyle: A History of His Life in London, 1834–1881*, 2 Bde. (1884), Bd. II, S. 449; Leslie Stephen: *The English Utilitarians*, Bd. III, *John Stuart Mill* (1900; Aufl. 1912), S. 69–70; Stephen, «Autobiography», in: *Hours in a Library*, Bd. III, S. 259.

30. Fontane, *Meine Kinderjahre* (1893; hrsg. von Jutta Neuendorff-Fürstenau, unter Mitarbeit von Kurt Schreinert, 1971; 2. Aufl. 1972), S. 116, 117 Anm. [Kap. 12].

31. Siehe Helmut Nürnberger, *Theodor Fontane in Selbstzeugnissen und Bilddokumenten* (1968), S. 147.

32. Nach nur wenigen Wochen vertraut Fontane einem Freund an, daß «mich dies Unterfangen sehr glücklich macht». Fontane an Georg Friedlaender, 1. November 1892, in: *Briefe an Georg Friedlaender*, hrsg. von Kurt Schreinert (1954), S. 195.

33. Im Vorwort ereifert er sich: «Für eventuelle Zweifler mag es ein Roman sein!» Fontane, *Meine Kinderjahre*, S. 8 [Kap. 1].
34. Ebd., S. 9, 25 [Kap. 1, 2].
35. Ebd., S. 15–16, 40 [Kap. 1, 4].
36. Ebd., S. 140, 171 [Kap. 14, 17].
37. Ebd., S. 140 [Kap. 14].
38. Ebd., S. 21, 157 [Kap. 2, 16].
39. Ebd., S. 157 [Kap. 17].
40. Ebd., S. 159 [Kap. 17].
41. Ebd., S. 160, 162, 165, 168 [Kap. 17].
42. Ebd., S. 185 [Kap. 18].
43. Mrs. Oliphant, *Autobiography*, S. 15.
44. Ebd., S. 4.

III. Auf der Suche nach geeigneter Vergangenheit

1. Freud hielt die Biographie bemerkenswerterweise für ein im Grunde unmögliches Unterfangen. In seiner biographisch angelegten, psychoanalytischen Studie Leonardo da Vincis vertrat er die These, daß die Biographen, weil sie auf ihren Gegenstand «fixiert» seien, leicht der Tendenz zur Idealisierung verfielen. *Eine Kindheitserinnerung des Leonardo da Vinci* (1910), in: *Gesammelte Werke*, Hrsg. Anna Freud u. a., 18 Bde. (1940–1968), Bd. VIII, S. 202. Als in späteren Jahren Arnold Zweig, einer seiner Bewunderer, Freuds Biographie schreiben wollte, riet ihm dieser aus allgemeinen und nicht aus persönlichen Erwägungen davon ab.

1. Der Hunger nach Biographien

1. Coleridge: «A Prefatory Observation on Modern Biography», *The Friend*, Heft 21 (25. Januar 1810), in: *The Collected Works of Samuel Taylor Coleridge*, Hrsg. Kathleen Coburn u. a., 16 Bde., (1969–1992), Bd. IV, Teil 2, S. 286; Whibley: «The Limits of Biography», *Nineteenth Century*, Bd. XVI (März 1897), S. 433; Carlyle: «Biography», Rezension der Crokerschen Ausgabe von Boswells *Life of Johnson* (1832), in: [*Works*], Centennial Memorial Edition, 26 Bde. (ca. 1892), Bd. XVI, S. 387.
2. [Chistie], «Art. VIII. -1. *Biographie Universelle, Ancienne et Moderne*, Nouvelle édition...», in: *Quarterly Review*, Bd. CLVII (Januar 1884), S. 187.
3. John, Viscount Morley, *Recollections*, 2 Bde. (1917), Bd. I, S. 92.
4. In der Rückschau schrieb er, daß die Idee für die Serie seiner *American Statesmen* ihm beim Lesen eines Bandes von Morleys *English Men of Letters* gekommen sei. Vgl. John T. Morse, Jr., «Incidents Connected with the American Statesmen Series», in: *Proceedings of the Massachusetts Historical Society*, Bd. LXIV (Oktober 1930–Juni 1932), S. 371.
5. So wurde Albert Sorels Lebensbeschreibung der Madame de Staël (1890) bereits 1891 in einer Übersetzung von Fanny Hale Gardiner ins Englische übertragen. Schon vorher hatte Henry James angemerkt, daß die Franzosen

«durch ihre großen Männer ihre Pflicht tun», und dies mit «einem ausgiebigen Anteil an Textkritik, Erläuterung, Anmerkungen und biographischer Darstellung», aber er fand nur wenige französische Beispiele für «jene Klasse von Literatur, zu der Boswells ‹Johnson› und Lockharts ‹Scott› gehören.» «Honoré de Balzac», in: *French Poets and Novelists* (1878; Ausg. von 1884), S. 66.

6. Morley, *Recollections*, 2 Bde. (1917), Bd. II, S. 93. Die rasche Zunahme von Billigausgaben zeigt, wie stark das Lesepublikum von Biographien zumal in der zweiten Jahrhunderthälfte angewachsen war. So erschien die Erstausgabe von Morleys *Voltaire* bei Macmillan im Jahre 1872; in einer etwas schmaleren und preiswerteren Ausgabe kam das Buch dann 1885 heraus. Bis 1909 erlebte diese erschwinglichere Version 10 weitere Auflagen.

7. So priesen britische Rezensenten die englische Ausgabe seines *William Shakespeare* nicht nur wegen Brandes intimer Kenntnis der englischen Literatur und Geschichte, sondern auch, weil er eine außergewöhnliche Fähigkeit zur Einfühlung in die von ihm dargestellten Charaktere unter Beweis stellte.

8. Bryce, *Studies in Contemporary Biography* (1903), S. VIII.

9. Daß Virginia Woolf das Bemühen ihres Vaters Leslie Stephen um psychologische Analyse mit rüden Worten bedachte, sagt mehr über sie als über ihn. So mußte er sich, der ein wackerer Verfasser von Biographien war, von seiner Tochter nachsagen lassen: «Man gebe ihm einen fremden Lebenslauf, einen Charakter, und er ist so roh, so elementar und konventionell, daß ein Kind mit einem Kasten Farbkreidestiften ein ebenso talentierter Porträtmaler ist wie er.» Bezeichnend ist dieses Urteil nur in seiner Mischung aus Übertreibung und Mißverständnis und hauptsächlich von Belang als Beleg für die Attacken der Post-Viktorianer auf das 19. Jahrhundert. «A Sketch of the Past» (ein zwischen 1939 und 1949 geschriebenes Fragment), in: *Moments of Being: Unpublished Autobiographical Writings* (Hrsg. Jeanne Schulkind) 1976, S. 126.

10. *Biographie universelle, ancienne et moderne, ou histoire, par ordre alphabétique, de la vie publique et privée de tous les hommes qui se sont fait remarquer par leurs écrits, leurs actions, leurs talents, leurs vertus ou leurs crimes,* hrsg. «par une société de gens de lettres et de savants», 52 Bde. (1811–28). Bd. LII, S. v, x.

11. Der englische Verleger George Smith steckte die Gewinne, die ihm aus der Konzession von Apollinaris – der «Königin der Tafelwasser» aus deutscher Quelle – zuflossen, in das *Dictionary of National Biography*. Vgl. Victoria Glendinning, *Anthony Trollope* (1992), S. 337 und Anm. ebd.

12. Rochus Wilhelm, Freiherr von Liliencron und Franz Xaver von Wegele, «Vorrede», *Allgemeine Deutsche Biographie*, 45 Bde. (1875–1900), Bd. XLV, S. v.

13. Vgl. David Cannadine, «The Dictionary of National Biography» (1981), in: *The Pleasures of the Past* (1989), S. 275–284, bes. S. 275; und Ira Nadel, *Biography: Fiction, Fact, Form* (1984), S. 45–60.

14. Wie wir schon mehrfach angedeutet haben und noch des öfteren zeigen können, hatten die Franzosen den Ruf, außerordentlich wahrheitsliebend zu sein. Aber bekanntlich hatte auch Frankreich seine Grenzen.

15. Vgl. hierzu sowie zu anderen überzeugenden Belegen des Wandels, Kathleen Tillotson, *Novels of the Eighteen-forties* (1954), S. 66–67 und S. 76 Anm.

16. Zum Beleg dieses Einflusses vgl. den amerikanischen Sauberkeitsapostel Anthony Comstock, der ab den frühen 70er Jahren mit Erfolg gegen den «Schmutz» zu Felde zog, der mit der Post ins Haus kam.

2. Helden und Antihelden

1. Um eine Vorstellung von der Komplexität dieses Sachverhalts zu geben: im Jahre 1830 schrieb Macaulay eine Rezension über Thomas Moores Biographie von Byron, die, unter Anspielung auf die Mißbilligung, auf die Byrons Verhalten als Ehemann bei den Lesern gestoßen war, in dem berühmten Satz gipfelte: «Uns ist kein Schauspiel bekannt, das lächerlicher sein könnte als das britische Publikum bei einem seiner regelmäßigen Anfälle von Tugendhaftigkeit.» Indessen findet sich in dem gleichen Artikel eine sanfte Kritik an Moore, weil er ein bißchen zu indiskret gewesen sei: «Wir würden nicht sagen, daß uns nicht gelegentlich in jenen beiden dicken Quartbänden eine Anekdote aufgefallen wäre, die besser unterblieben wäre, ein Brief, der besser nicht abgedruckt, oder ein Name, der durch Sternchen besser verschleiert worden wäre…»; «Moore's Life of Byron» (1830), in: Macaulay, *Literary and Historical Essays Contributed to the «Edinburgh Review»* (1934), S. 161 u. 157.

2. Carlyle, *On Heroes, Hero-Worship, & the Heroic in History* (1841; Hrsg. Michael K. Goldberg e. a. 1993), S. 3 und 26 [1. Vorlesung].

3. Die Verteidiger Carlyles zitieren mit Vorliebe einen Satz aus seinem Essay über die Geschichte von 1830: «Geschichte ist die Quintessenz unzähliger Biographien.» Indessen gibt es bei Carlyle sowohl in seinem Buch *On Heroes* als auch anderswo genug Belegstellen dafür, daß er kompromißlos an der Notwendigkeit einer Verehrung jener großen Männer festhielt, die die Welt gestaltet und verändert haben.

4. A. a. O., S. 175 [6. Vorlesung]; S. 12 [1. Vorlesung]; Carlyle an Ralph Waldo Emerson, 3. Februar 1835, in: *The Correspondence of Emerson and Carlyle*, hrsg. von Joseph Slater (1964), S. 114; «The Opera» (1852), in: [*Works*], Centennial Memorial Edition, 26. Bde. (ca. 1982), Bd. XVIII, S. 345.

5. Carlyle, *On Heroes*, S. 97 [3. Vorlesung].

6. «Charakter», so heißt es bei Samuel Smiles, «ist eine der mächtigsten Triebkräfte in der Welt.» Und «wenn auch das Genie stets Bewunderung gebietet, so erheischt der Charakter höchste Achtung. Ersteres ist ein Produkt der Stärke des Kopfes, letzterer der Stärke des Herzens, und auf Dauer ist es das Herz, welches im Leben entscheidet.» Smiles kannte seine Zuhörer: nur wenige konnten überhaupt davon träumen, ein Genie zu sein. *Character* (1871, Ausg. von 1872), S. 13–14.

7. Edwin L. Miller, «Vorwort» zu *Robert Southey's Life of Nelson* (1896), S. v–vi.

8. James Sime, *Schiller* (1882), S. 1; Lord Dover, *The Life of Frederick the Second, King of Prussia*, 2 Bde. (1832), Bd. II, S. 468.

9. Heinrich Düntzer, *Schillers Leben* (1881), S. v, vi.

10. Ebd., S. 538, 539. Im Jahre 1864 – um ein besonders schwärmerisches Beispiel anzuführen – veröffentlichte G. H. Pertz den ersten Band seiner mehrbändi-

gen Biographie des preußischen Feldmarschalls Graf Neithardt von Gneisenau, eines der Hauptstrategen der Befreiungskriege gegen Napoleon: «In dem Kreise der Helden», so läßt er seine Darstellung anfangen, «an deren Spitze König Friedrich Wilhelm III. die Rettung seines Landes aus tiefster Noth, die Veredelung und Erhebung seines todesmuthigen Volkes zu höchster Anstrengung, zu Preußens, Deutschlands, Europas Befreiung aus schmählicher Knechtschaft vollführt hat, erheben sich in gleicher Linie mit ihrem Vorkämpfer, dem Minister vom Stein, die großen Gestalten des Generals Scharnhorst, des Fürsten Blücher und des Feldmarschalls Gneisenau. In höchster Ehre, in unbegränzter Hingebung für König und Vaterland einander gleich, haben sie für deren Größe jeder in seinem Berufe neidlos neben einander gekämpft, und mit ihren Genossen die höchsten Siegespreise errungen.» G. H. Pertz, *Das Leben des Feldmarschalls Grafen Neithardt von Gneisenau*, 3 Bde. (1864–69), Bd. I, S. iii.

11. A. Bardoux, *Guizot*, Les Grands Ecrivains français (1894), S. 222.

12. Vgl. dazu Asa Briggs, «Samuel Smiles and the Gospel of Work», in: *Victorian People: A Reassessment of Persons and Themes, 1851–67* (1955), S. 118.

13. Stephensons spätere Biographen haben kritisiert, daß der rührselige Smiles seinen Gegenstand idealisiert und, um dem Leser einen makellosen Helden zu präsentieren, den Anteil von Stephensons Sohn Robert an der Eisenbahnrevolution unangemessen verkleinert habe. Vgl. besonders L. T. C. Rolt, *George and Robert Stephenson: The Railway Revolution* (1960). Allerdings war Smiles der erste, der George Stephenson einen Platz in der Geschichte Englands sicherte.

14. Strachey, «Vorwort», *Eminent Victorians* (1918), S. viii.

15. Wedmore, «Note», *Life of Honoré de Balzac* (1890), S. 5.

16. Zu den Briefen und Tagebüchern vgl. weiter unten S. 390–437.

17. Southey, *The Life of Nelson* (1813; Hrsg. Edwin L. Miller, 1896), S. 56, S. 55–56, S. 169.

18. Ebd., S. 170. Der Herausgeber der von uns zitierten Ausgabe hält es für möglich, «Nelsons Verhalten zu verteidigen», und zwar deswegen, weil er die Revolutionäre als Verräter ansah. Ebd., S. 170–71, Anm.

19. A. T. Mahan, *The Life of Nelson: The Embodiment of the Sea Power of Great Britain* (1897; 2. Aufl. 1899), S. x, 2.

20. Vgl. ebd., S. 317–333, S. 445–449; Zitat auf S. 742. Kein nachgeborener Edwardianer konnte ungalanter sein als Mahan, jener Spätviktorianer, wenn er die bettelarme Kindheit und schaurige Jugendzeit ausbreitet, die Emma Hamilton in London durchmachen mußte: «völlig unerfahren und schwerlich nach irgendwelchen sittlichen Grundsätzen lebend... strandete sie prompt und sank denn auch so tief, daß es, ungeachtet all ihrer Reize, fraglich schien, ob je ein Mann sich für sie verantwortlich erklären oder sich ihrer liebevoll annehmen würde.» Ebd., S. 319. Nicht weniger unnachsichtig ist Mahan mit jenen Männern, die sich ihrer erbarmten und die sie später mit ihren lieblosen Machenschaften und ihrem lieblichen Aussehen sich hörig machte.

21. D[avid] H[annay], «Nelson», in: *Encyclopaedia Britannica*, 3 Bde. (1768–71; 11. Aufl., 29 Bde. 1910–11), Bd. XIX, Sp. 355a.

22. So teilten die meisten Verfasser von Biographien die Meinung von Lord Rose-

bery: «Die Einzelheiten aus der Kindheit großer Männer sind leicht belanglos und widerwärtig. Heldenverehrung, die auch vor Lätzchen und Suppennapf nicht halt macht, wirkt wahrscheinlich eher abstoßend als anziehend.» Wenn Roseberry dennoch ein paar solcher Einzelheiten in seine kurze Lebensgeschichte des jüngeren Pitt aufnahm, der als Kind durch seine Bildung erstaunte und nicht minder als jugendlicher Premierminister in Erstaunen versetzte, dann deswegen, weil «sie den Schlüssel zu seiner Karriere bilden, die ansonsten unerklärlich bliebe». *Pitt* (1891), S. 5.

23. Carlyle, *Life of John Sterling* (1851), in: [Works], Bd. XX, S. 12.

24. «Maschinen»: Biographie von James Brindley, in: Smiles, *Selections from the Lives of the Engineers* (vollständige Originalausgabe 1859), hrsg. von Thomas Parke Hughes (1966), S. 35; «Neigung»: Biographie von John Rennie, ebd., S. 186.

25. Es ist ja allgemein bekannt und auch symptomatisch, daß Stendhal, jener erzkonservative (wenn auch am Ende leicht gemäßigte) Bewunderer Napoleons, Julien Sorel, den romantischen Helden von *Le Rouge et le noir*, das *Mémorial* wie seine Bibel behandeln läßt.

26. Lanfrey, *Histoire de Napoléon*, 5 Bde. (1869–1875), Bd. I, S. 2.

3. Widerstreitende Ansprüche

1. *The Autobiography of Bertrand Russell, 1872–1914* (1951), S. 15–16.

2. Bagehot, «Shakespeare – the Man» (1853), in: *Literary Studies*, hrsg. von R. H. Hutton, 2 Bde. (1879; 3bändige Ausgabe 1910), Bd. I, S. 63–64.

3. Trollope, *An Autobiography* (1883; Ausg. der World's Classics, 1953), S. 314–15. [Kap. 20].

4. Vgl. James Anthony Froude, «Vorwort» zu: *Thomas Carlyle: A History of the First Forty Years of His Life, 1795–1835*, 2 Bde. (1882), Bd. I, S. V–XVI; Carlyle, «Sir Walter Scott» (1838) [Rezension des Buchs von John Lockhart, *Memoirs of the Life of Sir Walter Scott*], in: [Works], Centennial Memorial Edition, 26 Bde. (ca. 1892), Bd. XVII, S. 407.

5. William Mathews, *C. A. Sainte-Beuve, Monsay-Chats, Selected and Translated from the «Causeries du Lundi», with an Introductory Essay on the Life and Writings of Sainte-Beuve* (1877), S. XLII.

6. E. F. Benson berichtet, daß Gladstone dies zu seiner – Bensons – Mutter gesagt habe. *As We Were* (1930), S. 97.

7. Gaskell, *The Life of Charlotte Brontë* (1857; World's Classics Ausgabe 1919), S. 224.

8. Charlotte Lady Blennerhasset, geb. Gräfin Leyden, *Frau von Staël. Ihre Freunde und ihre Bedeutung in Politik und Literatur*, 3 Bde. (1887–89), Bd. I, S. vi–vii.

9. J. Christopher Herold stellt in seiner klugen Biographie Madame de Staëls berechtigterweise ihren «Liebe-und-Politik-Komplex» heraus. Für sie war Politik «stets in hohem Maße an Personen gebunden, eine ‹Sache der Eigennamen›, wie sie sich ausdrückte. Jegliche Begeisterung über so abtrakte Dinge wie Freiheit, Gerechtigkeit oder Tugend bedurfte eines Helden, der sie verkörperte, oder wenigstens brauchte es Freunde, mit denen sie die Begeiste-

rung teilen konnte.» *Mistress to an Age: A Life of Madame de Staël* (1958), S. 99.

10. «Es war der Trieb seiner geistigen Natur nach der ihr angemessenen Tätigkeit.» Justi, *Winckelmann und seine Zeitgenossen*, 3 Bde. (1866–72; 5. Aufl., hrsg. von Walther Rehm, 1956), Bd. I, S. 372.

11. Der Terminus «Homosexualität» wurde erst 1869 geprägt und fand zudem erst ein Vierteljahrhundert später Eingang in die allgemeine Unterhaltung.

12. Winckelmann: Justi, a.a.O., Bd. II, S. 87; Pater: in, ders., «Winckelmann: Et Ego in Arcadia Fui», Erstveröffentlichung in: *Westminster Review* (1867), danach im Sammelband *Studies in the History of the Renaissance* (1873; 2. Aufl. 1877, Ausgabe der Modern Library, o. D.), S. 159. Schlitzohrig räumte Pater ein: «Daß diese Affinität zum Griechentum nicht nur geistiger Natur war, sondern daß die feineren Fäden des Temperaments hinverwoben waren, das wird durch seine romantischen, leidenschaftlichen Freundschaften zu jungen Männern bezeugt. Er hat, nach eigenem Bekunden, viele junge Männer gekannt, die schöner waren als Guidos Erzengel.» Ebd. Weitere Einzelheiten bei Peter Gay, *Die zarte Leidenschaft* (1987), S. 245–262, besonders S. 248 f.

13. A. a. O., Bd. I, S. 148–160. Zitate auf S. 149, 148 und 157.

14. Jede Trennung hinterließ eine Narbe, und so gab es Zeiten, in denen Winckelmann den Glauben an die Idee der Freundschaft verlor. «Vergebens: jener Zustand inniger Aufregung war ihm viel zu sehr Bedürfnis; er griff nach dem ersten Anlaß, sein Ideal an einen würdigeren Gegenstand anzuknüpfen, und glaubte dann für den Augenblick, daß jetzt der langersehnte Freund gefunden sei, während alle früheren auf der Waage zu leicht befunden wären.» A. a. O. S. 155.

15. A. a. O., Bd. III, S. 78.

16. Ebd., S. 481–492.

17. Vgl. a.a.O., Bd. I, S. 156–57.

18. Ebd., S. 157. Justi kann es sich freilich nicht versagen, wenigstens einen mildernden Umstand zur Erklärung dieser Gleichgültigkeit anzuführen: Er erklärt sie sich mit der Annahme, daß sie «vielleicht mit dem Bewußtsein zusammenhing, die geselligen Formen nur unvollkommen zu beherrschen». Ebd.

19. Ebd.

20. A. a. O., Bd. III, S. 194.

21. Ebd., S. 76.

22. Harrison, «Froude's Life of Carlyle» (1885), in: *The Choice of Books and Other Literary Pieces* (1886; Ausg. 1925), S. 175.

23. In die Auseinandersetzung kam einige Verwirrung, wenn auch kein endgültiges Aus infolge einer Kabbelei zwischen Froude und Carlyles Lieblingsnichte, die ihren Onkel in den letzten Jahren liebevoll gepflegt hatte, über die Rechte an Carlyles Papieren. Dies gab Anlaß zu einer Flut scharfer, schriftlicher Stellungnahmen, die wir hier beiseite lassen können. Worauf es ankommt, ist einzig Froudes Umgang mit Carlyles Privatleben.

24. [Anonymus], «Thomas Carlyle», in: *Saturday Review*, Bd. LVI (8. November 1884), S. 598; und «Thomas Carlyle. First Notice», ebd., Bd. LIII (22.

April 1882), S. 500. Aus der Fülle der Rezensionen können die folgenden als besonders bemerkenswert gelten: G. S. Venables, «Carlyle's Life in London», *Fortnightly Review*, Bd. XLII (1884), S. 594–608 (positiv); und [Anonymus], «Biography», in: *Cornhill Magazine*, Bd. XLVII (Januar–Juni 1883), S. 601–607 (Verriß).

25. Wie psychoanalytisch geschulte Kritiker zu Recht angemerkt haben, scheint sich Froude in einer lebenslangen Aneinanderreihung von Wiederholungen ödipaler Probleme befunden zu haben. Lytton Strachey hat in einem seiner letzten Essays mit dem Titel «Froude» von 1930 – er war in jener Zeit stark von Freud beeinflußt (von dem er größtenteils über seinen Bruder James und seine Schwägerin Alix Strachey Kenntnis erhalten hatte) – hierauf bereits hingewiesen. Das ist allerdings auch so gültig. «Seit ich mit seinen Schriften bekannt wurde», schreibt Froude vier Jahrzehnte danach, habe er Carlyle als «Führer und Meister für sich» angesehen und lieber mit ihm geirrt als mit einem anderen im Recht zu sein. Froude, *Thomas Carlyle: A History of His Life in London, 1834–1881*, 2 Bde. (1884; Ausg. 1890), Bd. II, S. 195.

26. Harrison, «Froude's Life of Carlyle», S. 187–88.

27. Froude, *Carlyle: Life in London*, B. II, S. 32.

28. Froude, *Thomas Carlyle: A History of the First Forty Years of His Life, 1795–1835*, 2 Bde. (1882), Bd. II, S. 473. «Dieser Mensch, so lesen wir mehr als einmal, ist eine Mischung aus ‹Frosch und Natter›» – ich gebe hier Harrisons zeitgenössische Zusammenfassung wieder, in der er sich über die Bosheiten des Autors ebenso entsetzt zeigt wie über die Indiskretionen von dessen Biographen – «jener ist eine Kleinausgabe von Robespierre; Macaulay ist eine ‹vierschrötige, unbedarfte, nichtssagende› Figur; Wordsworth ist ein ‹kleiner, wässriger Mann›, eine ‹Nichtswürdigkeit›; Coleridge ein ‹sich herumwerfendes, unnützes Wesen›; Keats' Gedichte sind ein ‹toter Hund›; Keble, Autor des *Christian Year*, ist ein ‹kleiner Affe›; Kardinal Newman hat ‹nicht den Verstand eines mäßig großen Kaninchens›; Dickens' *Pickwick*-Roman ist ‹übelster Schund›; Charles Lamb ist ein ‹jämmerlicher Narr›, eine ‹verabscheuungswürdige Fehlgeburt›; der Rezensent der *Saturday Review* ist ein ‹dreckiger Fatzke›; Mill ist ein armseliges, gefühlloses, maschinenartiges Wesen, eine ‹Logikzerhackmaschine›.» Harrison, «Froude's Life of Carlyle» (1885), in: *The Choice of Books and Other Literary Pieces* (1886; Ausg. 1925), S. 187–88 f.

29. Froude, *My Relations with Carlyle* (1903), S. 19, 20.

30. Carlyle, «Sir Walter Scott», in: [*Works*], Bd. XVII, S. 407.

31. Ebd., S. 364, 365, 367.

32. Froude, *My Relations with Carlyle*, S. 21, 23.

33. In einer neueren Biographie wird diesem Sachverhalt zugestimmt; vgl. Fred Kaplan, *Thomas Carlyle. A Biography* (1983), S. 118–19.

34. So schrieben die beiden: «Das Zartgefühl verbietet es, an dieser Stelle näher auf Froudes Geheimnis oder auf Miss Jewburys Auslassungen einzugehen»; dessen ungeachtet bestehen sie allerdings darauf, daß «kein Korn Wahrheit daran ist. Der Beweis für ihre Unwahrhaftigkeit», im wesentlichen ein Mangel an eindeutigen Belegen, «ist absolut zwingend. Der Gebrauch, den Froude und seine Vertreter davon machen, muß als erbärmlich und als ein Schand-

fleck für die englische Literatur angesehen werden.» Schließlich «müssen doch alle Leser Carlyles anerkennen, daß seine Schriften sich durch eine prachtvolle Männlichkeit auszeichnen und er selbst jeder Zoll ein Mann war.» Damit trat die Literaturdiagnose an die Stelle der psychologischen Untersuchung. Und so lautet denn ihr Schlußurteil: *My Relations with Carlyle* sind literarischer Schund.» Alexander Carlyle und Sir James Crichton-Browne, *The Nemesis of Froude: A Rejoinder to James Anthony Froude's «My Relations with Carlyle»* (1903), S. 67–68, 129.

35. «Die Motive, die jemanden dazu bringen, die Lebensbeschreibung eines anderen Menschen zu verfassen», so schrieb ein anonymer Kritiker über Froudes *Carlyle* im Jahre 1883, «können, grob gesprochen, in drei Kategorien unterteilt werden. Vordringlichstes Ziel eines Biographen mag entweder die Unterhaltung der Leserschaft um des Geldes willen sein, das man damit einnimmt, oder die Errichtung eines gebührenden Denkmals für jemanden, den man liebte oder verehrte, oder aber die Wirkung, die durch einen großen oder weisen Mann auf die Menschheit ausgeübt werden soll, sowie die wahrheitsgetreue Nacherzählung der Gründe und Ansichten, von denen seine Lebensgeschichte bestimmt wurde» – oder auch eine Kombination dieser drei Kategorien. [Anonymus], «Biography», in: *Cornhill Magazine*, Bd. XLIV (Januar–Juni 1883), S. 601.

36. Vgl. oben S. 197.

37. Vgl. *Verlagskatalog der C. H. Beckschen Verlagsbuchhandlung. Oscar Beck in München, 1763–1913* (1913), S. 127.

38. Morse, «Incidents Connected with the American Statesmen Series», in: *Proceedings of the Massachusetts Historical Society*, Bd. LXIV (Oktober1930 – Juni 1932), S. 373. Schon vom Ansatz her ermuntert diese Einstellung zu einer Geschichtsauffassung, die dem einzelnen einen beträchtlichen Einfluß auf seine Wirklichkeit einräumt. Gegen Ende des 19. Jahrhunderts kam eine solche Geschichtstheorie freilich etwas aus der Mode. Nichtsdestotrotz greift sie über das einzelne Leben hinaus und faßt einen größeren Kontext ins Auge.

39. So Gosse im Jahre 1891; zitiert nach John L. Kijinski, «John Morley's ‹English Men of Letters› Series and the Politics of Reading», in: *Victorian Studies*, Bd. XXXIV (Winter 1991), S. 209.

40. Stephen: Sidney Lee, *Principles of Biography* (1911), S. 38: Lee: *Dictionary of National Biography*, Ergänzungsband, *1901–1911*, 3 Bde. (1912), Bd. I, S. 27.

4. Der Preis der Professionalisierung

1. Natürlich waren die Bürger auch nicht die einzigen Konsumenten historiographischer Werke. So nahm etwa in Großbritannien im Anschluß an die aufgrund des Reformgesetzes von 1867 erfolgte Ausweitung des Wahlrechts auf die Bevölkerungsschichten jenseits der wohlhabenden Mittelklasse sowie im Gefolge der mit dem durchgreifenden Bildungsgesetz von 1870 auf die Tagesordnung gesetzten Frage nach der Ausbildung der «zukünftigen Führer» des Landes die Zahl der Leser von Büchern zur Geschichte exponentiell zu.

2. Allein in Großbritannien waren, dank der populären Lesevereine, etwa

140000 Exemplare verkauft worden, während in den Vereinigten Staaten in den Jahren 1848 und 1849 die ersten beiden Bände bereits an die 60000mal, zumeist als Nachdruck, über den Ladentisch gegangen waren. Vgl. George Otto Trevelyan, *The Life and Letters of Lord Macaulay* (1876; erweiterte Ausgabe 1908), S. 509, 516, 621–22.

3. George Otto Trevelyan, *The Life and Letters of Lord Macaulay* (1876; erweiterte Ausgabe 1908), S. 621.

4. Motleys vierbändige Fortsetzung *The United Netherlands* (1860) ebenso wie deren längerer, allerdings weniger Furore machender Nachtrag *Life and Death of John Barneveld* (1874) erfreuten sich in den Niederlanden nicht weniger als in den englischsprachigen Ländern anhaltend großer Beliebtheit.

5. So Bryce in *Letters of John Richard Green*, hrsg. von Leslie Stephen (1901), S. 385. Im Rückblick auf Greens Werk merkte Bryce an, daß das «Zusammenspiel eines glänzenden Forschungstalents und der nicht minder glänzenden Gabe zur Darstellung ein seltener Vorgang ist, der nicht hoch genug gepriesen werden kann, da er die historische Wissenschaft voranbringt und dem gewöhnlichen Leser die historischen Methoden ebenso wie die historischen Fakten erschließen hilft». «John Richard Green», *Studies in Contemporary Biography* (1903), S. 167–68.

6. Henry Adams an Charles Scribner, 1. August 1888, in: *The Letters of Henry Adams*, Hrsg. J. C. Levenson u. a., 6 Bde. (1982–88), Bd. III, S. 131.

7. Vgl. weiter unten, S. 271–79.

8. Droysen, *Grundriß der Historik* (1858; 3. Aufl. 1882), in: *Historik*, Hrsg. Peter Leyh, Bd. I (1977), S. 444 [§ 83].

9. Carlyle: «On History» (1830), in: [*Works*], Centennial Memorial Edition, 26 Bde. (ca. 1892), Bd. XVI, S. 62. Dieser Aphorismus war ihm so lieb und teuer, daß er ihn in seiner Besprechung der Crokerschen Ausgabe von Boswells *Life of Johnson* noch einmal benutzte und sich dort als ungenannten Schriftsteller selbst zitierte («Boswell's Life of Johnson» [1832], ebd., S. 421); Emerson: «History» (1841), in: *Selected Essays*, Hrsg. Larzer Ziff (1982), S. 153. In einer Reihe von in Dublin gehaltenen Vorträgen definierte der irische Gelehrte W. Torrens McCullagh «Geschichte» als die «Biographie eines Volkes». *The Use and Study of History* (1842), S. 68.

10. Vgl. weiter unten, S. 245–49.

11. Vgl. Friedrich Sengle, *Biedermeierzeit. Deutsche Literatur im Spannungsfeld zwischen Restauration und Revolution, 1815–1848*, Bd. II, *Die Formenwelt* (1972), S. 306.

12. «Als ich jung war», so hat sich zum Beispiel Arnaldo Momigliano geäußert, «wurde Geschichte von Gelehrten geschrieben, Biographien dagegen stammten aus der Feder von Gentlemen. Aber waren sie wirklich Gentlemen? Die Gelehrten begannen sich Fragen zu stellen.» In: *The Development of Greek Biography* (1971), S. 1; vgl. ebd. S. 1–7.

13. Morley, *Voltaire* (1872; Auflage von 1909), S. 307–8.

14. Vgl. Peter Gay, *Der Kult der Gewalt* (1996), S. 603–612.

15. Vgl. ebd., S. 605–6.

16. John Bagnell Bury, «The Science of History» (1903), in: *Selected Essays of J. B. Bury*, Hrsg. Harold Temperley (1930), S. 9, 22. Zu der in diesem Ab-

schnitt erörterten Episode, vgl. David Cannadine, *G. M. Trevelyan: A Life in History* (1992), S. 213–15.

17. George Macaulay Trevelyan, «Clio, a Muse», in: *Clio, a Muse and Other Essays, Literary and Pedestrian* (1913), S. 54–55.

18. Ebd., S. 9.

19. Macaulay, «History», in: *Edinburgh Review*, Bd. IIIL (1828), S. 332.

20. Vgl. weiter unten, S. 249–64.

21. Burckhardt an Heinrich Schreiber, 2. Oktober 1842, in: *Briefe*, Hrsg. Max Burckhardt, 10 Bde. (1949–86), Bd. I, S. 217.

22. Ranke, *Französische Geschichte vornehmlich im sechzehnten und siebzehnten Jahrhundert* (1852–61), in: *Sämmtliche Werke*, 54 Bde. in 42 (2. und 3. Aufl. 1868–90), Bd. XII, S. 5. Ranke hat – das sei angemerkt – seine historischen Darstellungen bei Übernahme in seine Sämtlichen Werke ein wenig überarbeitet. Zitiert wird durchgängig nach dieser Ausgabe.

23. Trevelyan, «Clio, a Muse», a.a.O., S. 30.

24. Jacob Burckhardt an Gottfried Kinkel, 21. März 1842, a.a.O., Bd. I, S. 197.

25. Drei oder vier Kunsthistoriker dankten Burckhardt artig für das ihnen übersandte Exemplar und setzten sich eher widerstrebend mit seinen Ideen auseinander. Wilhelm Dilthey, der gerade am Anfang einer hochgeachteten Laufbahn als Ideengeschichtler und Geschichtsphilosoph stand, fand das Buch einer Würdigung wert, wenn er ihm auch mit starken Vorbehalten begegnete. Hippolyte Taine nannte es im Jahre 1869 bewundernswert. Das war aber auch ungefähr alles.

26. W[illiam] A[ugustus] B[revoort] C[oolidge], «Burckhardt, Jacob», in: *Encyclopaedia Britannica*, 3 Bde. (1768–71; 11. Aufl., 29 Bde., 1910–11), Bd. IV, Sp. 809.

27. Gabriel Monod, «M. Fustel de Coulanges», in: *Revue historique*, Bd. XLI (1889), S. 279. Unser Gewährsmann sagt nicht, ob sich diese Episode an der Straßburger Universität, an der École Normale oder der Sorbonne zugetragen hat.

28. Vgl. unten S. 267 f.

29. Thierry, «Brief XVII», in: *Lettres sur l'histoire de France, pour servir d'introduction à l'étude de cette histoire* (1827; Ausg. 1834), S. 496. Diesen Hinweis verdanke ich Lionel Gossman, *Between History and Literature* (1990), S. 88.

30. Margaret Macaulays Tagebuch, 30. März 1831, zitiert nach: Sir Charles Firth, *A Commentary on Macaulay's History of England* (1938), S. 276.

31. Michelet: Vorwort von 1869, *Histoire de la Révolution française*, 7 Bde. (1847–53; Hrsg. Gérard Walter, 2 Bde., 1939), Bd. I, S. 1; «unmögliches Ideal»: Gossman, a.a.O., S. 161.

32. Motley an seinen Vater, 18. Mai 1852, in: *The Correspondence of John Lothrop Motley, D. L. C.*, Hrsg. George William Curtis, 2 Bde. (1889), Bd. I, S. 142.

33. Motley an Oliver Wendell Holmes, 20. November 1853, a.a.O., S. 162; Motley an Christina Forbes, 4. Januar 1854, in: *John Lothrop Motley and His Family: Further Letters and Records*, Hrsg. Susan St. John Mildmay (1910), S. 41–42.

34. Motley an seine Tochter Lily, 18. Januar 1865, in: *Motley and His Family*, S. 229. An dieser Stelle sei aus einem freimütigen Tätigkeitsbericht zitiert, den er seinem Freunde Oliver Wendell Holmes am 20. November 1853 übersandte

und den man als eine ebenso symptomatische Selbstbeschreibung lesen muß, wie sie uns von jedem beliebigen, mit seinem Gegenstand identifizierten Historiker überkommen ist. In Brüssel hatte Motley so umfangreiches Material gefunden, daß er sich genötigt sah, sein Manuskript, wie er schreibt, zu «penelopisieren», «in Stücke zu reißen und wieder zusammenzunähen». Dieses anschauliche Bild seiner Verzweiflung entsprach seiner tiefempfundenen Freude über die überwältigende Präsenz der Vergangenheit. «Diese Lektüre toter Briefe», so charakterisierte er mit milder Ironie seine Obsession, war «nicht ohne Amüsement von der faden Art.» Denn nichts übertraf die Lektüre authentischer Texte «von Gestalten, die einem nahestehen, wie Wilhelm von Oranien, Graf Egmont, Alessandro Farnese, Philipp II., Kardinal Granvelle und dergleichen.» In: *Correspondence*, Bd. I, S. 163.

35. Motley an seine Tochter Lily, 18. Januar, 1865, in: *Motley and His Family*, S. 230.

36. Motley, *The Rise of the Dutch Republic*, 3 Bde. (1856), Bd. I, S. 130–33 [Teil 1, Kap. 2]; S. 202 [Teil 2, Kap. 1].

37. Ebd., S. 142 [Teil 1, Kap. 2]; S. 145 [Teil 1, Kap. 2].

38. Zu den volkstümlichen Romanschriftstellern vgl. weiter unten S. 283–87.

39. Morley, *Recollections*, 2 Bde. (1917), Bd. II, S. 133; Bd. I, S. 118.

40. Motley an Christina Forbes, 4. Januar 1854, in: *John Lothrop Motley and His Family: Further Letters and Records*, Hrsg. Susan St. John Midmay (1910), S. 42. «Alles, was ich möchte», schreibt er in dem gleichen Brief, während er zugleich intensiv an seinem Opus magnum arbeitet, «sofern mein Buch überhaupt in Druck geht, ist dies, daß es als ein Bild der teuflischsten Tyrannei, die je hat ausgeübt werden dürfen, und eines freien Gemeinwesens, das förmlich ins Dasein und zur Selbstverteidigung gezwungen ward, hier und da Gutes bewirke.»

41. Motley an T. Hughes, 9. Februar [18]63, in: *Motley and His Family*, S. 152–53. Lincoln verkörpert «bemerkenswert gut den gesunden amerikanischen Geist.» Motley an seine Mutter, 30. Juni 1862, in: *Correspondence*, Bd. II, S. 80. Die «niederländische Nation war sechzehn Jahrhunderte lang» stets geprägt «von einem hervorstechenden Merkmal, einer beherrschenden Leidenschaft – nämlich der Liebe zur Freiheit, der Gabe der Unabhängigkeit». Im Gegenzug haben ihre auswärtigen Feinde, die häufig genug über sie herrschten, mitleidlos alles darangesetzt, «die Generation für Generation gegen das Prinzip des Despotismus errichteten Bollwerke (zu untergraben). Der Kampf hebt immer von neuem an. Die oft zu Boden geworfene Freiheit erhebt sich immer wieder mit stets erneuerter Kraft von ihrem angestammten Boden.» Treibender Grund des Aufstands der Niederländer war für Motley ganz einfach die Inquisition. «Im Grunde ist es kindisch, weiter oder tiefer zu suchen, wenn sich eine derartige Quelle für die Erschütterungen schon gleich zu Beginn jeder Untersuchung auftut.» Motley, «Historical Introduction», in: *Rise of the Dutch Republic*, Bd. I, S. 90–91; ebd. S. 321 [Teil 2, Kap. 3].

42. Von Beginn an stieß Motleys Werk auf die Einwände der Fachwelt. Die Beliebtheit seines Buches *The Rise of the Dutch Republic* brachte eher die Wunschvorstellungen breiter Schichten zum Vorschein als eine Zustimmung von seiten der Fachgenossen. So fühlte sich Motleys Zeitgenosse Robert

Fruin, der sich unter holländischen Historikern, die auf den «Achtzigjährigen Krieg» spezialisiert waren, eines hohen Ansehens erfreute, durch dessen Sicht der Vergangenheit gedrängt, eine vernichtende, wenn auch höfliche Widerlegung in Form eines Aufsatzes zu veröffentlichen. Auch William Prescott, jener renommierte Forscher über das Spanien des 16. Jahrhundert, obschon er Motleys Feindschaft gegen den Katholizismus teilte, äußerte den Einwand, daß er «Philipp ziemlich ungerecht behandelt» und Wilhelm von Oranien zu seinem Idol gemacht habe: «Sie betrachten das Ganze durch eine holländische Brille.» Prescott an Motley, 28. April 1856, in: *The Correspondence of John Lothrop Motley, D. L. C.*, Hrsg. George William Curtis, 2 Bde. (1889), Bd. I, S. 192.

5. Ranke

1. In seiner Besprechung von Sarah Austins englischer Übersetzung des Rankeschen Werks *Geschichte der Päpste im Sechzehnten und Siebzehnten Jahrhundert*, 3 Bde. (1840), sprach Macaulay für die ganze Zunft, wenn er es ein «hervorragendes Buch» nennt, das «in einem wunderbaren Geiste, gleich weit entfernt von Unbedachtheit und Engstirnigkeit, (geschrieben wurde), das seriös und gewissenhaft und doch auch tolerant und unparteilich» ist. «Von Ranke» (1840), in: *Literary and Historical Essays Contributed to the «Edinburgh Review»* 2 Bde. in 1 (1934), Bd. II, S. 475.

2. Theodore von Laue, *Leopold Ranke: The Formative Years* (1950), S. 1.

3. Bourne, «Leopold von Ranke», in: *Sewanee Review*, Bd. V (August 1896), S. 15.

4. Ranke, 1. Vortrag vor König Maximilian von Bayern im Jahre 1854, in: *Weltgeschichte* 9 Bde. (1881–88), Bd. IX, 2. Abt., 1. Vortrag, S. 5.

5. Ranke an Christian Günther Graf von Bernstorff, 30. Januar 1825, in: *Neue Briefe*, Hrsg. Bernhard Hoeft und Hans Herzfeld (1949), S. 60.

6. Im späten 18. Jahrhundert hatten die Göttinger Schule und im frühen 19. Jahrhundert der große Historiker Roms, Barthold Georg Niebuhr, bereits einige von Rankes hochgeschätzten Verfahrensweisen vorweggenommen, indem sie überlieferte Legenden außer Kraft setzten und ausgeklügelte Methoden auf einen spröden Stoff anwandten.

7. Acton: «Inaugural Lecture on the Study of History» (1895), in: *Essays in the Liberal Interpretation of History*, Hrsg. William H. McNeill (1967), S. 335–36. Burckhardt, der unter Rankes Zeitgenossen einer der unabhängigsten Geister war, legte Wert darauf, daß jedermann mitbekam, daß er mit Ranke in Berlin studiert hatte; Herbert Baxter Adams, der als Historiker am eifrigsten dafür gewirkt hatte, daß Rankes Lehre an den amerikanischen Universitäten Aufnahme fand, nannte ihn den «Vater der wissenschaftlichen Geschichte». Burckhardt: Felix Gilbert, *History: Politics or Culture? Reflections on Ranke and Burckhardt* (1990), S. 94–95 f.; Adams: Georg G. Iggers, *The German Conception of History: The National Tradition of Historical Thought from Herder to the Present* (1968), S. 63.

8. Eugen Guglia, Rankes erster Biograph, behauptete, daß dieser «(a)n den Dogmen, auf denen der christliche Glaube, der katholische wie der protestantische hauptsächlich beruht, an der Menschwerdung Christi und seinem Erlösungs-

werk (...) immer festgehalten» habe. In: *Leopold von Rankes Leben und Werk* (1893), S. 48. Eine solche Deutung verkennt völlig den besonderen Charakter von Rankes Frömmigkeit.

9. Ranke an Heinrich Ranke, 23. Dezember 1820, in: *Neue Briefe*, S. 18.

10. Vgl. Ranke, «Diktat vom November 1885», in: *Sämmtliche Werke*, 54 Bde. in 42 (2. und 3. Aufl. 1868–90), Bd. LIII–LIV, S. 61.

11. Ranke an Heinrich Ranke, Ende März 1820, in: *Das Briefwerk*, Hrsg. Walther Peter Fuchs (1949), S. 18; Ranke an denselben, 23. Dezember 1820, in: *Neue Briefe*, S. 19.

12. «Theologische Richtung»: Ranke an Heinrich Ranke, 13. Januar [18]33, in: *Neue Briefe*, S. 176; «Einsicht»: Tagebucheintrag nach 1836, in: *Tagebücher*, Hrsg. Walther Peter Fuchs (1964), S. 127. Wann immer er in seinem Leben zur Feder griff, Gott war ihm gegenwärtig. «Es ist der Schriftsteller, der Lehrer nur insofern mächtig, als er die Wahrheit sagt.» Im Gegensatz zu Shelley, der den Dichter zu einem nicht anerkannten Gesetzgeber der Welt erhoben hatte, glaubte Ranke, daß der Historiker nur dann eine so herausragende Stellung einnehmen dürfe, wenn er Gott in seine Rechnung einbeziehe. «Er regiert ebenfalls, insofern die Welt seine Meinungen annimmt. Aber sie wird dieselben nicht annehmen, wenn sie sich erst der Wahrheit enthalten, wenn sie willkürlich sind, nicht in Gott, d. h. dem Göttlichen auf Erden gegründet.» Tagebucheintrag 21. Dezember 1850, in: *Tagebücher*, S. 132–33.

13. Das klingt selbstgefällig, aber Ranke war hier vollkommen aufrichtig. Seine Laufbahn war eine einziger Triumphzug: Sein erstes Buch trug ihm 1825 eine Anstellung an der Berliner Universität ein, die elf Jahre später in einen Lehrstuhl umgewandelt wurde. Zu der Zeit hatte er bereits mehr als drei Jahre mit Archivarbeiten im Ausland zugebracht. Von da an errang er mit seinen materialreichen Werken zur Geschichte internationales Ansehen. Aber immerfort beteuerte er seine Ergebung in Gottes Ratschlüsse. Daß er zugleich die Wohltaten göttlicher Gnadenerweisung gern annahm, war keine Hybris. «Was wäre die Vorsehung», so schrieb er 1843 an seinen Bruder Ferdinand, «wenn sie nicht auch der einzelnen Menschen sich annähme! Daß wir von einem ewigen Gedanken gedacht sind, nicht vorübergehen, wie das abfallende Blatt im Herbste, daß wir dem Wesen der Dinge angehören, ist die Summe aller Religion.» Ranke an Ferdinand Ranke, 10. Juli [1843], in *Neue Briefe*, Hrsg. Bernhard Hoeft und Hans Herzfeld (1949), S. 299. Als er als hochberühmter, hochbetagter Mann auf seine Erfolge in der Welt zurückblickte, bescheinigte er Fürst Metternich, daß dieser sich ein «unsterbliches Verdienst» erworben habe, ihm den Zugang zu österreichischen Archiven verschafft zu haben. «Diktat vom November 1885», in: *Sämmtliche Werke*, 54 Bde. in 42 (2. und 3. Auflage, 1868–90), Bd. LIII-LIV, S. 63.

14. Lord Acton, vor 1864 verfaßter Entwurf, zitiert bei Herbert Butterfield, «Appendix VII: Acton on Ranke», in: *Man on His Past: The Study of the History of Historical Scholarship* (1955), S. 221.

15. Ebd., S. 223. Mit einer Fülle köstlicher Metaphern nannte Acton Rankes Geschichte «voller Rosinen und ohne Talg. Sie ist über und über garniert, aber kein Fleisch darunter. Ranke ist ein großartiger Dekorateur der Geschichte und vermeidet alles, was glanzlos und unerfreulich ist, was nicht in anspre-

chender Weise erzählt werden kann oder für seine Zwecke nicht taugt. Er ist ein Epikuräer und mag nur die Leckerbissen.» Ebd., S. 222. Interessanterweise nannte Friedrich Nietzsche ihn mit leichtem Sarkasmus einen «gebornen klassischen *advocatus* jeder *causa fortior*», den «klügsten aller klugen ‹Tatsächlichen›». *Zur Genealogie der Moral. Eine Streitschrift* (1887), in: *Werke*, Hrsg. Karl Schlechta, 3 Bde. (1966, 6. Aufl. 1969), Bd. II, S. 879.

16. Ranke, *Französische Geschichte vornehmlich im sechzehnten und siebzehnten Jahrhundert* (1852–61), in: *Sämmtliche Werke*, Bd. VIII, S. v.

17. Ranke, «Politisches Gespräch» (1836), a.a.O., Bd. IL–L, S. 329.

18. Ranke, «Englische Geschichte vornehmlich im siebzehnten Jahrhundert» (Analecten, Einleitung) [1836], a.a.O., Bd. XXI, S. 114.

19. Schon Bacon hatte angemerkt, daß es «zahllose» Wege gebe, «und manchmal unmerkliche, auf denen die Gefühle auf den Verstand abfärben und ihn verderben.»

20. Eintrag aus den 40er Jahren, in: *Tagebücher*, S. 241.

21. «ursprünglichste Mittheilung»: Ranke, Tagebuchblätter, in: *Sämmtliche Werke*, Bd. LIII-LIV, S. 569; «archivalische Neugier»: Ranke an Ferdinand Ranke, 31. August 1839, in: *Neue Briefe*, S. 268; «Leere»: ders. an denselben, 16. Mai 1856, ebd., S. 371; «hübsch oder nicht»: ders. an denselben, 11. November 1836, ebd., S. 230.

22. Ranke, «Vorrede» zu *Deutsche Geschichte im Zeitalter der Reformation* (1839–47), in: *Sämmtliche Werke*, Bd. I, S. ix–x.

23. Vgl. Ranke an Georg Friedrich Guaita, 19. März 1837, in: *Neue Briefe*, S. 236. Guaita, der Bürgermeister der Stadt Frankfurt am Main war, hatte Ranke die Mitnahme einiger wertvoller Akten nach Berlin gestattet, und Ranke merkt an, daß er durch Vergleichung dieser Unterlagen mit anderen, die er in Berlin hatte einsehen können, zwei Seiten der Geschichte habe zur Kenntnis nehmen können.

24. Ranke an Karl Freiherr von Stein zum Altenstein, 26. Juli 1827, a.a.O., S. 95.

25. Dafür ein Beispiel: Ranke an Karl Friedrich von Stein zum Altenstein, 17. Januar 1828, a.a.O., S. 101; und ein zweites: Ranke an Friedrich Perthes, 12. Oktober 1828, a.a.O., S. 109.

26. Ranke an seinen Bruder Heinrich Ranke, 24. Juni 1837, a.a.O., S. 213–15, Zitat auf S. 214.

27. Vgl. Ranke an Friedrich Perthes, 12. Oktober 1828, a.a.O., S. 109; Ranke an Karl Freiherr von Stein zum Altenstein, 1. Oktober 1829; und von Laue, *Leopold Ranke*, S. 34.

28. Diese Kennzeichnung des Fustelschen Wissenschaftsideals stammt von Gabriel Monod, der sie in einem Nachruf auf Fustel in der von ihm gegründeten Fachzeitschrift mit dem Titel: «M. Fustel de Coulanges», in: *Revue historique*, Bd. XLI (1889), S. 279 darlegte.

29. Burckhardt an Emanuel Geibel, 10. Oktober 1863, in: *Briefe*, Hrsg. Max Burckhardt, 10 Bde. (1949–86), Bd. IV, S. 137; Burckhardt an Heinrich Schreiber, 1. August 1860, a.a.O., Bd. IV, S. 53.

30. Mommsen: *Römische Geschichte*, 3 Bde. (1856; 2. Aufl. 1856), Bd. I, S. v f.; Parkman: «Preface», in: *Montcalm and Wolfe* (1884), in: *France and England in North America*, 2 Bde. (1983), Bd. II, S. 843; «Preface», in: *A Half-Century of Conflict* (1892), ebd., S. 337.

31. Mommsen, *Römische Geschichte*, a.a.O., Bd. III, S. 442. Mommsens eigene Charakterbilder sind nach wie vor umstritten. Seine Bewunderung für Cäsar, wenn auch nicht für das Cäsarentum, war sprichwörtlich. Cäsar war für ihn der einzige schöpferische Genius, den Rom je hervorgebracht habe. Er besaß einen Charakter, so fest und biegsam wie Stahl, er hatte ein atemberaubendes rednerisches und literarisches Talent, militärisches und diplomatisches Geschick, Geduld und Entschlossenheit, eine klare Zielvorstellung und eine weitreichende Voraussicht, er konnte es mit Athleten aufnehmen und jeden anderen mit seinem unvergleichlichen Gedächtnis matt setzen. Als kompromißloser Realist wußte er, wessen Rom bedurfte, und er war der Mann, der es ihm verschaffen konnte. Nicht frei von Eitelkeit verbarg er seinen kahlen Kopf unter einem Lorbeerkranz und stürzte sich sein Leben lang glorreich in amouröse Abenteuer. Und doch war dieser einzigartige Staatsmann, obschon er in einer grausamen, rachsüchtigen und selbstgefälligen Zeit lebte, großherzig gegenüber seinen Feinden und auf seine Weise ein guter Sohn und Ehemann. Mommsen sah den Kern von Cäsars Wesen im günstigen Zusammenwirken zweier, nur scheinbar unvereinbarer Züge: Leidenschaft und Nüchternheit. «Es versteht sich von selbst, daß Cäsar ein leidenschaftlicher Mann war, denn ohne Leidenschaft gibt es keine Genialität, aber seine Leidenschaft war niemals mächtiger als er.» Vgl. ebd., S. 444–47 pass.

32. Burckhardt, «Einleitung» (geschrieben 1872), in: *Griechische Kulturgeschichte* (posthum in 4 Bänden, Hrsg. Jacob Oeri, 1898–1902, Ausg. Felix Stähelin und Samuel Merian, 1930–31; Aufl. 1977), Bd. I, S. 3.

33. Maitland, «English Law and the Renaissance» (1901), in: *Selected Historical Essays*, Hrsg. Helen M. Cam (1957), S. 143.

34. Zu Thukydides: «Wer war nach Ihrer Meinung derjenige Historiker, (...) der die Kunst, Dinge zu erzählen, wie sie wirklich vorgefallen, am besten verstand? Sieht man von den reinen Chronisten ab, so glaube ich, daß es Thukydides war», lautet der Eintrag John Morleys in sein Tagebuch unter dem 9. Mai 1905. Thukydides' Können bestand darin, «die Dinge, die sich ereigneten, auf allgemeine Überlegungen über das Wesen des Menschen zu beziehen, zu denen sie Anlaß gaben, und in den Lauf der menschlichen Begebenheiten einzubetten, denen sie angehören». *Recollections*, 2 Bde. (1917), Bd. II, S. 133–34. Zu Tacitus: Macaulay zitierte in seiner *History of England* einen seiner beißenden Aphorismen ohne weiteren Nachweis, denn in einer Epoche humanistischer Bildung war die Angabe seiner Quelle nicht erforderlich. Macaulay sprach dabei vom gewöhnlichen Landpfarrer und seinem «kleinkarierten Krieg» gegen die Dissenter im England von 1685 und merkte dazu an, daß jener «sie oft genug wegen des Unrechts, das er ihnen angetan, mit seinem Haß verfolgt habe», eine unverkennbare Entlehnung aus Tacitus' Beobachtung in *Agricola*: «Es ist charakteristisch für die Natur des Menschen, diejenigen zu hassen, die man beleidigt hat.» Vgl. *The History of England from the Accession of James II*, 4 Bde. (1848–61; 5bändige Ausg., o. D.), Bd. I, S. 304–305 [Kap. 3].

35. Taine, «Einleitung», *Histoire de la littérature anglaise*, 5 Bde. (1864), Bd. I, S. xi–xxii passim. «Was sucht man, wenn man den sichtbaren Menschen betrachtet?», fragte er. «Den unsichtbaren Menschen. Jene Worte, die einem ins Ohr

dringen, jene Gesten, die Bewegungen des Kopfes, die Kleidung, die verschie-denartigsten, sichtbaren Handlungen und Taten sind für den Betrachter nichts als Ausdruck; irgend etwas drückt sich darin aus: eine Seele. Es gibt einen inneren Menschen, der hinter dem äußeren verborgen ist; letzterer ist bloß die Offenbarung des ersteren.» Ebd., S. xi.

36. Leslie Stephen, «Biography», in: *National Review* (1893), S. 181.

37. Taine war bekannt für seine Überzeugung, daß «Laster und Tugend ebenso Produkte sind wie Vitriol und Zucker». «Einleitung», *Histoire de la littéra-ture anglaise*, 5 Bde. (1864), Bd. I, S. xi.

38. Morley, «Mr. Froude on the Science of History», in: *Fortnightly Review*, N.S., Bd. II (1867), S. 324, zitiert nach Jeffrey Paul von Arx, *Progress and Pessimism: Religion, Politics, and History in Late Nineteenth Century Britain* (1985), S. 228. Der französische Historiker Charles Seignobos rief 1881 nach einer «wissenschaftlichen Synthese», die nach seiner Vorstellung durch das Aufstöbern von Fakten, wie es die Deutschen betrieben, nicht erreicht werden könne. Ein Jahrzehnt später sprach J. Franklin Jameson in einer wegweisen-den Geschichte der historischen Gelehrsamkeit in den Vereinigten Staaten salopp von «unserer Wissenschaft».

39. Richard Hofstadter, *The Progressive Historians: Turner, Beard, Parrington* (1968; Aufl. 1979), S. 178.

40. Die Deutschen waren denn auch besser dran, da der Terminus *Wissenschaft* nicht zwangsläufig die Methoden von Physik oder Chemie impliziert. So hat etwa 1894 der Philosoph Wilhelm Windelband seine Vorstellungen in einem berühmten Vortrag über Geschichte und Naturwissenschaft zusammengefaßt. Er verwarf die gängigen Einteilungen und verwies darauf, daß es gewiß ver-nünftig sei, Philosophie und Mathematik von den «Erfahrungswissenschaften» abzutrennen, daß aber die wirklichen Probleme erst bei dem Versuch auftreten, unter letzteren Unterscheidungen vorzunehmen. Psychologie, die empirische Wissenschaft vom Denken, führt jede bequeme Zweiteilung ad absurdum. Nach ihrer Zielsetzung ist sie eine Geisteswissenschaft; methodologisch hat sie ihr Vorbild in den Naturwissenschaften. Windelband fand einen in seiner Anschaulichkeit eleganten Ausweg: Wissenschaft ist ihm zufolge entweder «nomothetisch» und zielt auf universell gültige Abstraktionen oder «idiogra-phisch» und zielt damit auf einzelne Wahrnehmungen. Geschichte als Wissen-schaft vergangener Ereignisse gehört in den zweiten Bereich. So haben denn die «historischen Disziplinen» eine enge Verwandtschaft mit den *belles lettres*. Zwar hatten die Historiker des 19. Jahrhunderts, abgesehen von ein paar ver-rückten Systembauern, mit der Aufstellung allgemeiner Gesetze nichts im Sinn. Ihre Arbeit zielte eher darauf, eine verläßliche Darstellung der Schlacht von Waterloo, des Konflikts zwischen Cicero und Cäsar oder des Aufstiegs der Republik der Niederlande zu geben. Gleichwohl arbeiteten sie, bewußt oder unbewußt, mit Verallgemeinerungen, zumal hinsichtlich der Natur des Men-schen. Windelband, der beileibe nicht so versessen auf seine Definitionen war, daß er die Lehren der Praxis in den Wind geschlagen hätte, schätzte an ihnen, daß sie dem Denken einen Rahmen gaben. Ja er fand sogar zu der Behauptung, daß «die idiographischen Wissenschaften auf Schritt und Tritt der allgemeinen Sätze (bedürfen), welche sie in völlig korrekter Begründung nur den nomothe-

tischen Disziplinen entlehnen können». Beide Wissenschaften, so lautete seine Schlußfolgerung, «bedürfen zu ihrer Grundlage einer wissenschaftlich gereinigten, kritisch geschulten und in begrifflicher Arbeit geprüften Erfahrung». Vgl. besonders Windelband, «Geschichte und Naturwissenschaft» (1894), in: *Präludien. Aufsätze und Reden zur Philosophie und ihrer Geschichte*, 2 Bde. (1883; 8. Aufl. 1921), Bd. II, S. 136–160. Zitate auf S. 156 und 148.

41. Parkman, «Vorrede» zu: *Count Frontenac and New France under Louis XIV* (1877), in: *France and England in North America*, Bd. II, S. 10.

42. Der verstorbene Thomas Nipperdey hat einmal Rankes Objektivitätsideal als eine «deutende Verarbeitung» bestimmt, als «die kritisch verstehende Interpretation auch der Zusammenhänge». «Zum Problem der Objektivtität bei Ranke», in: *Leopold von Ranke und die moderne Geschichtswissenschaft*, Hrsg. Wolfgang J. Mommsen (1988), S. 219.

43. Ranke, «Ueber die Restauration in Frankreich» (1832), in: *Sämmtliche Werke*, Bd. IL–L, S. 9. Vgl. Wolfgang Hardtwig, «Die Verwissenschaftlichung der Geschichtsschreibung zwischen Aufklärung und Historismus» (1982), in: *Geschichtskultur und Wissenschaft* (1990), S. 85. Wilhelm Dilthey, der einflußreiche Philosoph der Geisteswissenschaften, der viel von Ranke gelernt hatte, bemerkte dazu in den 80er Jahren: «Wenn Ranke einmal ausspricht, er möchte sein Selbst auslöschen, um die Dinge zu sehen, wie sie gewesen sind, so drückt dies das tiefe Verlangen des wahren Geschichtsschreibers nach der objektiven Wirklichkeit sehr schön und kräftig aus.» *Einleitung in die Geisteswissenschaften. Versuch einer Grundlegung für das Studium der Gesellschaft und der Geschichte* (1883), S. 94.

44. Ranke, Tagebucheintragung, Januar 1877, in: *Sämmtliche Werke*, Bd. LIII––LIV, S. 613.

45. ders., «Tagebuchblätter. Allgemeine Bemerkungen, 1831–1849», ebd., S. 569.

46. Vgl. Ranke, «Geburtstagsansprache» bei Gelegenheit seines 90. Geburtstags am 21. Dezember 1885, *Abhandlungen und Versuche. Neue Versuche*, a.a.O., Bd. LI–LII, S. 592.

47. ders., *Die römischen Päpste in den letzten vier Jahrhunderten* (1834–36), a.a.O., Bd. XXXVII, S. 64. Vgl. ders., «Einleitung», *Geschichte Wallensteins* (1869), a.a.O., Bd. XXIII, S. vii–viii.

6. Große und kleine Themen der Geschichtswissenschaft

1. Motley, *The Rise of the Dutch Republic*, 3 Bde. (1856; Ausg. 1906), Bd. III, S. 456.

2. Augustin Thierry, «Vorrede», *Dix ans d'études historiques* (1834), in: *Œuvres d'Aug. Thierry* (1839), S. 554, 551, 557.

3. Heinrich von Sybel, *Die Begründung des deutschen Reiches durch Wilhelm I.*, 7 Bde. (1890–94), Bd. I, S. xiii. Theodor Mommsen, jenes in der Wolle gefärbte *animal politicum*, hat in seiner groß angelegten *Römischen Geschichte* moderne Begriffe wie «Junker» verwendet, ohne auch nur im geringsten seinen Anspruch auf Objektivität preiszugeben.

4. Acton, *Letters on the French Revolution*, Hrsg. John Neville Figgis und Reginald Vere Laurence (1910), S. 372.

5. Zitiert nach Lionel Gossman, *Between History and Literature* (1900), S. 96.

6. Gibbon, *Autobiography* (posthum hrsg. von Lord Sheffield, 1827; durchgesehene Aufl., Dero A. Saunders, 1961), S. 134.

7. Lord Acton, *Lectures on the French Revolution*, S. 360.

8. ders., «Appendix», ebd., S. 373.

9. Bernsteins Fachkollegen Firth und Gardiner erwiesen sich – statt als neidvolle Konkurrenten – als großmütige Arbeiter am Weinberg des 17. Jahrhunderts. Beide gratulierten ihm zu seinem Fund. Vgl. Peter Gay, *The Dilemma of Democratic Socialism: Eduard Bernstein's Challenge to Marx* (1952), S. 53–54.

10. Vgl. die näheren Ausführungen zu diesem Thema bei: Peter Gay, *Style in History* (1974).

11. Dies ist keineswegs eine neue Erkenntnis aus postfreudianischer Zeit. «Die Eindrücke, welche die jugendliche Seele empfängt, wirken auf das ganze folgende Leben ein, und nicht von dem Zufall werden sie hervorgebracht. Die Ereignisse der Zeit, die Traditionen der Familie, der Ehrgeiz der Altvordern, ein geheimes Gefühl der eignen Kraft erfüllen die Seele mit Entwürfen und Erwartungen und Phantasien und geben ihr eine Richtung, die das ganze Leben durchzieht.» Zitiert bei Eugen Guglia, *Leopold von Rankes Leben und Werke* (1893), S. 5.

12. So hat G. M. Trevelyan, als er seinen Großonkel in Schutz nehmen wollte, der wegen seiner Befangenheit zugunsten der Whigs heftig attackiert wurde, mit dem Verweis darauf zurückgeschlagen, «daß Mommsen und Treitschke, an deren deutschen Weihestätten man uns anwies, die Traditionen der englischen Geschichte preiszugeben, Parteigänger, der eine des römischen, der andere des preußischen Cäsarentums waren, und dies verblendeter und grimmiger als je Macaulay Parteigänger einer parlamentarischen Regierung der Mittelklasse war». «Clio, a Muse», in: *Clio, a Muse and Other Essays, Literary and Pedestrian* (1913), S. 44.

13. Vgl. Richard Hofstadter, *The Progressive Historians: Turner, Beard, Parrington* (1968), S. 84.

14. Der verstorbene Richard Hofstadter hat diesen Tatbestand wie folgt zusammengefaßt: «Die Arbeit der Historiker des 19. Jahrhunderts stand unter dem Druck einer doppelten inneren Spannung: zum einen der Dauerforderung von seiten der Gesellschaft – ob des Staates, der Kirche oder irgendeines speziellen Gruppen- oder Klasseninteresses ist hier unerheblich – nach einer mythisch verbrämten Erinnerung, nach einer erzählten Geschichte, durch die Gruppenbeziehungen gestärkt oder der Nationalstolz gefestigt würde; und zum anderen gab es die Erfordernisse der kritischen Methode und sogar, nach einer gewissen Zeit, das Ziel einer ‹wissenschaftlichen› Geschichtsschreibung.» Hofstadter spricht in diesem Text natürlich von amerikanischen Historikern, er hätte aber seine Analyse unbesorgt auf deren Kollegen in den anderen westlichen Ländern ausdehnen können. Ebd., S. 3–4.

15. Acton: Brief an die Mitarbeiter der Cambridge Modern History, 12. März 1898, in: *Essays in the Liberal Interpretation of History*. Hrsg. William H. McNeill (1967), S. 398–99; Leopold von Ranke: an seinen Sohn Otto, 25. Mai 1873, «Erinnerungen an Leopold von Ranke mit bisher ungedruckten Auf-

zeichnungen desselben», in: *Gartenlaube*, Bd. LI (1895), S. 874; den Hinweis auf diese Stelle verdanke ich: *Leopold von Ranke: The Secret of World History*, Hrsg. Roger Wines (1981), S. 259.

16. Vgl. Herbert Butterfield, *Man on His Past: The Study of History of Historical Scholarship* (1955), S. 63–64.

17. Um noch einmal auf einen Terminus technicus zurückzugreifen: ein Psychoanalytiker würde diese öffentlichen Stellvertreter als ebenso viele Hilfs-Über-Ich bezeichnen; sie vertreten jene psychische Funktion, die mit ungeprüften Voraussetzungen als der Quelle fehlerhafter Urteile hart ins Gericht geht.

18. Hildreth, *History of the United States*, 6 Bde. (1849–52), Bd. I. S. iii.

19. Natürlich wurde Dr. Arnold durch Thomas Hughes *Tom Brown's Schooldays* wie auch in den Erinnerungen seiner ihn verehrenden Schüler verewigt.

20. «Vorwort zum Dritten Band der Thukydides-Ausgabe» (1835), in: *The Mis(1845; 2. Aufl. 1858), S. 399. «Tatsächlich gibt es in der Geschichte eines jeden Volkes eine alte und eine neue Zeit»*, schrieb er an anderer Stelle, «*die alte unterscheidet sich von der Zeit, in welcher wir jetzt leben, während die neue sich in vielen wesentlichen Punkten mit ihr verträgt (…) Thukydides und Xenophon, Athens Redner, und die Philosophen sprechen Weisheiten aus, die politisch viel eher auf uns zutreffen als die Weisheiten sogar unserer eigenen Landsleute, die im Mittelalter lebten.» «On the Social Progress of States» (1830), Erster Anhang zum Ersten Band seiner Thukydides-Ausgabe, ebd.,* S. 108–9.

21. «*Markham» war das Pseudonym von Elizabeth Penrose. Der volle Titel ihres größten Bucherfolgs lautet: A History of England from the First Invasion by the Romans to the End of the Reign of George III (1823); das Buch war äußerst populär und erlebte viele Auflagen.*

22. Arnold, «On the Social Progress of States», a.a.O., S. 11.

23. Vgl. Valerie E. Chancellor, *History for Their Masters: Opinion in the English History Textbook, 1800–1914* (1970).

24. Albert Wucher, *Theodor Mommsen. Geschichtsschreibung und Politik* (1956), S. 204 Anm. 87 und S. 199.

25. Zu Recht ist darauf hingewiesen worden, daß dieses Schlagwort einem nicht ganz korrekt zitierten Zweizeiler aus einem Gedicht Emanuel Geibels von 1861, *Deutschlands Beruf*, entstammt, das er 1871 veröffentlichte.

26. Oskar Jäger, *Didaktik und Methodik des Geschichtsunterrichts* (1895; 2. Aufl. 1905), S. 3–4; «Patriotismus und Nationalerziehung» (1894), in: *Erlebtes und Erstrebtes. Reden und Aufsätze* (1907), S. 101–2. Angemerkt sei, daß sich Jäger trotz einer auffallenden Ähnlichkeit dieser Sätze mit Rankes berühmten Formulierungen – und Ranke wird von Jäger zitiert – gegen dessen, wie er es nennt, heimlichen Subjektivismus ausspricht.

27. Die konsequenten Gegner dieses Ansinnens waren in entscheidendem Maße faktisch und buchstäblich konservativ: Sie wollten den klassischen Bildungsgang an den Gymnasien davor bewahren, durch stärkere Beimischung von deutscher Literatur und modernem Unterrichtsstoff verwässert zu werden.

28. Vgl. «Vermischtes», in: *Historische Zeitschrift*, Bd. LXXI (1893), S. 392, 394.

29. Zur Einschätzung von Duruys Standpunktmischmasch, vgl. R. D. Anderson, *Education in France, 1848–1870* (1975), S. 178–80.

30. Lavisse, *L'Enseignement de l'histoire à l'école primaire* (1912), S. 32; zitiert nach William R. Keylor, *Academy and Community: The Foundation of the French Historical Profession* (1975), S. 93.
31. Monod, «Introduction. Du progrès des études historiques en France depuis le XVIe siècle», in: *Revue historique*, Bd. I, Heft 1 (Januar 1876), S. 38.

IV. Die Wahrheiten des Romans

1. Ins Herz des Schreckens

1. Jane Austen, *Northanger Abbey* (1818; Hrsg. Anne Henry Ehrenpreis, 1972; Ausg. 1985), S. 58 [Kap. 5].
2. An dieser Stelle ist vielleicht der Hinweis angebracht, daß es sich im folgenden weder um Textanalyse noch um Literaturgeschichte handelt. Meine Einschätzung der Romane, die ich untersuchen werde, ist zweifellos einigermaßen schlicht, mich interessiert indessen hier lediglich die Frage, wie und in welchem Umfang Romane und Geschichten an jener großen Reise ins Innere beteiligt waren, von der in diesem Band die Rede ist.
3. Benjamin Disraeli, Vorwort, *Coningsby; or, The New Generation* (1844; 5. Aufl. 1849).
4. Vgl. weiter unten S. 299–303.
5. Vgl. Fielding, *The History of Tom Jones, a Foundling* (1749; Modern Library – Ausg. o. D.), S. 2 [Buch 1, Kap. 1]. Literarische Figuren des 19. Jahrhunderts wie etwa Isabel Archer, eine der reizendsten Erfindungen von Henry James, zeigten ebenfalls «Interesse an der Natur des Menschen», *The Portrait of a Lady* (1881; Ausg. 1908, Penguin Classic, Hrsg. Geoffrey Moore), S. 118 [Kap. 7].
6. Hawthorne: Frederick Crews, *The Sins of the Fathers: Hawthorne's Psychological Themes* (1966), S. 10–11; Tolstoi: Tagebucheintrag vom 17. März 1865, in: *Tolstoy's Diaries*, hrsg. und ins Engl. übers. von R. F. Christian, 2 Bde. (1985), Bd. I, S. 182.
7. Die radikaleren unter den russischen Formalisten wagten die These, daß «Tolstois Begeisterung für die minuziöse psychologische Analyse, für die unbarmherzige Selbstbeobachtung und Konsequenz, im Grunde Teil seines Kampfes für eine neue Erzählform» war. Victor Erlich, *Russian Formalism: History – Doctrine* (1953; 3. Aufl. 1981), S. 196. E. M. Forster faßte in seinen berühmt gewordenen Clark-Lectures von 1927 diese Ansicht treffend zusammen, ohne sie allerdings zu teilen: «Ein Roman ist ein Kunstwerk mit eigenen Gesetzen, die nicht die Gesetze des alltäglichen Lebens sind (...). Eine Figur ist wirklich, wenn sie in Übereinstimmung mit diesen Gesetzen lebt.» *Aspects of the Novel* (1927; Ausg. 1949), S. 61.
8. Zwar hat George Bernard Shaw 1913, also kurz vor Ende der Epoche, von der dieses Buch handelt, ein Postskriptum zu seinem Stück *Pygmalion* nachgeliefert, in dem über das weitere Schicksal von Professor 'Iggins, von Eliza und Freddy berichtet wird, nachdem der Vorhang gefallen ist. Sie wird Freddy heiraten und mit Hilfe ihres väterlichen Freundes Professor 'Iggins einen

Blumenladen aufmachen. Aber dies war typisch Shawscher Hohn, der sich über den Grundsatz lustig macht, wonach Dichtung und Leben fundamental gegensätzliche Dinge sind.

9. Tschechow an A. N. Pleschtschejev, 9. April 1889, in: Anton Tschechow, *Letters on the Short Story, the Drama, and Other Literary Topics*, ausgewählt und hrsg. von Louis S. Friedland (1924), S. 15. Das war eines von zwei Zielen, die er sich gesetzt hatte. Das andere bestand darin, zu «zeigen, wie sehr dieses Leben hinter das ideale Leben zurückfällt». Ebd.

10. So wandte sich Wilhelmine Heimburg, Verfasserin von immergleichen sentimentalen Erzählungen, die die Abonnenten der deutschen Wochenschrift für die ganze Familie *Die Gartenlaube* offenbar unwiderstehlich fanden, in ihrer sehr bezeichnenden Schilderung *Aus dem Leben meiner alten Freundin* von 1878 an ihre «freundlichen Leserinnen». Heimburg (d. i. Bertha Behrens), *Aus dem Leben meiner alten Freundin* (1878; Ausg. 1975), S. 7 [Eröffnungsblatt].

11. Außerdem machten sie eine dritte Gruppe von Lesern aus, um die sie sich nun allerdings sehr kümmerten und davon überzeugten, daß es der Gesetze oder freiwilliger Anstrengung bedürfe, um ungebildete Gemüter zu kultivieren: Es waren dies die gerade mal des Lesens kundigen Armen, die ihre Literatur aus primitiven Broschüren, Dreigroschenromanen oder billigen Krimis bezogen, die sie in wöchentlicher Fortsetzung erstehen konnten. Dieses in seiner Bedeutung nicht zu vernachlässigende Lesepublikum liegt natürlich außerhalb der Grenzen unserer Untersuchung des Bürgertums.

12. Vgl. Rudolf Schenda, *Volk ohne Buch. Studien zur Sozialgeschichte der populären Lesestoffe, 1770–1910* (1970), S. 459–60, Zitat auf S. 460.

13. Zu Dickens, vgl. weiter unten, S. 331–349.

14. Als ein berühmtes Beispiel s. den Tod von Little Nell, vgl. weiter unten S. 335 f.

15. Freud, «Der Dichter und das Phantasieren» (1908), in: *Gesammelte Werke*, Hrsg. Anna Freud u. a., 2. Aufl., 19 Bde. (1952–87), Bd. VII, S. 223 und 217.

2. Regression auf gegensätzliche Strebungen

1. Fritz Langer (d. i. Karl May), «Die Schund- und Giftliteratur und Karl May, ihr unerbittlicher Gegner», in: *Augsburger Postzeitung*, 20. Juli 1909, zitiert nach: Jochen Schulte-Sasse, «Karl Mays Amerika-Exotik und deutsche Wirklichkeit. Zur sozialpsychologischen Funktion von Trivialliteratur im wilhelminischen Deutschland», in: *Karl May*, Hrsg. Helmut Schmiedt (1983), S. 117.

2. Otto Ludwig, Rede von Cardillac aus «Das Fräulein von Scuderi», in: *Gesammelte Schriften*, Hrsg. Erich Schmidt u. Adolf Stern, 6 Bde (1891), Bd. III, S. 168.

3. George Grosz, *Ein kleines Ja und ein großes Nein* (1946; Ausg. 1955), S. 12.

4. Diese die Person kennzeichnenden Charakterzüge ähneln den hervorstechenden Eigenschaften, mit denen einige Jahre früher Dickens in *The Pickwick Papers* die Mr. Pickwick auf seiner Suche nach der Natur des Menschen begleitenden Klubmitglieder ausgestattet hatte: den empfindsamen Tupman, den poetischen Snodgras und den unternehmungslustigen Winkle.

5. Brüder Grimm, *Kinder- und Hausmärchen*, Nr. 9, «Die zwölf Brüder» (2 Bde., 1811–14; in 1 Bd., 16. Aufl. 1879), S. 42; Nr. 21, «Aschenputtel», ebd., S. 99.

6. Eugène Sue, *Les Mystères de Paris*, (10 Bde., 1842–43), Teil 1, Bd. I, S. 318–46 [Kap. 21]; Karl May, *Winnetou, der rote Gentleman* (3 Bde., 1893; in 1 Bd., Hrsg. Roland Schmid, 1960), S. 255–62.

7. Die Stimmung wurde von den Brüdern Grimm und ihren Nachfolgern vorgegeben, die unzählige Stunden mit dem Sammeln von Märchen zubrachten, um sie für Erwachsene nicht minder als für Kinder vor dem Vergessen zu bewahren. Zudem ist es aufschlußreich, daß die deutschen Romantiker eigene Märchen erfunden haben, Geschichten für Erwachsene, um die eigene nationale Vergangenheit – und sich selbst – zu entdecken. Als Königsweg zurück zur Unschuld und Offenheit der Kinderzeit galten ihnen die Märchen als hervorragendes Mittel, das, was sie die Entpoetisierung der Welt nannten, umzukehren, eine der Möglichkeiten, das verlorene Reich des Geheimnisvollen zurückzuerobern.

8. Eben diese Mode verspottete Thackeray im Vorwort zu *The History of Pendennis: His Fortunes and Misfortunes, His Friends and His Greatest Enemy* (1848–50): «Die Liebhaber von ‹Aufregungen› mag es vielleicht interessieren zu erfahren, daß das vorliegende Buch auf einem präzisen Plan beruhte, der aber samt und sonders fallengelassen wurde. Meine Damen und Herren, Sie hätten eigentlich, was Autor und Verleger die Taschen gefüllt hätte, in den Genuß der Schilderung äußerst wirksamer Grauslichkeiten kommen sollen. Was gibt es wohl Aufregenderes als einen (im übrigen mit vielen bewundernswerten Tugenden ausgestatteten) Raufbold im Gefängnis von St. Gile, der regelmäßig Besuch von einer jungen Lady aus dem vornehmen Belgravia-Viertel erhält? Was Aufwühlenderes als den Kontrast der gesellschaftlichen Gegensätze? (...) Der ‹aufregende› Plan wurde beiseite gelegt (das Verständnis, das die Verleger dafür aufbrachten, ist nicht hoch genug zu schätzen), weil ich bei dem Versuch, ihn auszuführen, einen Mangel an Erfahrung mit dem Gegenstand empfand; und da ich in meinem Leben nie irgend nähere Bekanntschaft mit einem Strafgefangenen gemacht habe und die Sitten und Gebräuche von Raufbolden und Knastbrüdern mir auch nicht recht vertraut sind, mußte ich die Idee, zu Herrn Eugène Sue in Konkurrenz zu treten, aufgeben.» *The Works of William Makepeace Thackeray*, Centenary Biographical Edition, Hrsg. Lady Ritchie, 26 Bde. (1910–11), Bd. III, S. liv.

9. Doyle: s. John Bailey, «The Fangs of Fiction», in: *Times Literary Supplement*, Nr. 4728 (12. November 1993), S. 6; May: *Mein Leben und Streben* (1910), S. 137; du Mauriers *Trilby*: s. Avis Berman, «George du Maurier's *Trilby* Whipped Up a Worldwide Storm», in: *Smithsonian*, Bd. XXIV, Heft 9 (Dezember 1993), S. 120.

10. Maggie Symington, *Working to Win: A Story for Girls* (3. Aufl., o. D.), S. 444 [Kap. 40].

11. Dies verweist auf ein Kapitel in *Les Mystères de Paris*, das eine gewisse Auseinandersetzung über Rodolphes Befehl auslöste, einem widerwärtigen Mörder die Augen auszustechen, was manche für eine übertriebene Strafe hielten oder ganz einfach zu schrecklich fanden.

12. Hentz, «The Parlour Serpent», in: *Godey's Lady's Book*, Bd. XXII (Januar 1841), S. 26–34. Vgl. Peter Gay, *Kult der Gewalt* (1996), S. 381. Zur Vorstellung eines Alibis für Aggressionen (ein dort recht neutral verwendeter Terminus), vgl. ebd. S. 47–157.

13. E. Marlitt (d. i. Eugenie John), *Goldelse* (1867; Hrsg. Michael Koser, 1974), S. 158–59 [Kap. 13].

14. Evelyn Everett-Green, *Dorothy's Vocation* (Neuaufl., 1892), S. 244 [Kap. 17].

15. Sand: an Eugène Sue, ca. 20. April 1843, in: *Correspondance*, Hrsg. Georges Lubin, 25 Bde. (1964–1991), Bd. VI, S. 109; Thackeray: [anonym], «Art. XV. – *Les Mystères de Paris*. (The Mysteries of Paris). Par Eugène Sue, 6 vols. Paris 1843», abgedruckt in: Helga Grubitzsch, Hrsg., *Materialien zur Kritik des Feuilleton-Romans. «Die Geheimnisse von Paris» von Eugène Sue* (1977), S. 240–41, 243.

16. In *Die Heilige Familie, oder Kritik der kritischen Kritik. Gegen Bruno Bauer & Consorten* (1845) äußerte Karl Marx eine scharfe Kritik an einer ausführlichen Besprechung der *Mystères de Paris* von Franz Zychlin von Zychlinski, mit der These, daß Sues angeblich radikale Gesellschaftskritik im Roman alles andere als radikal sei. Und während Flaubert zu den *Mystères* keinerlei Kommentar abgegeben zu haben scheint, so nahm er sich statt dessen Sues frühen Roman *Arthur* (1838) vor, über den er schrieb, daß er ausreiche, ihn erbrechen zu lassen. Aber damals gab es viele Dinge, die bei Flaubert den Wunsch auslösten, sich zu erbrechen. «Man muß das lesen», setzte er hinzu, «und es packt einen das Erbarmen mit dem Geld, dem Erfolg und den Lesern.» Flaubert an Louis Bouilhet, 14. September 1850, in: *Correspondance*, Edition de la Pléiade, Hrsg. Jean Bruneau, bislang 3 Bde. (1973–91), Bd. I, S. 709.

17. May, *Mein Leben und Streben*, S. 138.

18. Ebd., S. 9.

19. Vgl. hierzu Arno Schmidt, *Sitara und der Weg dorthin. Eine Studie über Wesen, Werk & Wirkung Karl Mays* (1963; Neuaufl. 1985), S. 174–84.

20. «wirklich Old Shatterhand»: Brief vom 15. April 1897, zitiert nach: Hans Wollschläger, *Karl May. Grundriß eines gebrochenen Lebens* (1965; Aufl. 1976), S. 91. «Ich spreche und schreibe: französisch, englisch, italienisch, griechisch, lateinisch, hebräisch, rumänisch, arabisch 6 Dialekte, persisch, kurdisch 2 Dialekte, chinesisch 6 Dialekte, malayisch, Namaqua, einige Sunda-Idiome, Suaheli, hindustanisch, türkisch und die Indianersprachen der Sioux, Apatschen, Komantschen, Snakes, Utahs, Kiowas, nebst dem Ketschumany 3 südamerikanische Dialekte. Lappländisch will ich nicht mitzählen.» 2. November 1894, a.a.O., S. 82–91, Zitat auf S. 91.

21. Vgl. Volker Klotz, «Durch die Wüste und so weiter» (1962; leicht verändert 1982), in: *Karl May*, Hrsg. H. Schmiedt, S. 90–91.

3. «Unmittelbarkeit»

1. Dickens, *The Chimes: A Goblin Story of Some Bells That Rang an Old Year Out and a New Year In* (1845; Aufl. o. J.), S. 1.

2. Vielleicht am großartigsten in *The Aspern Papers* (*Asperns Nachlaß*), einer Novelle, an der unter anderem die strikte Befolgung der Wahrscheinlichkeits-

prinzipien bemerkenswert ist: Henry James' Erzähler berichtet nur, was er
selbst erlebt hat; wenn er Gefühle schildert, die ihm nicht unmittelbar zugänglich sind, stellt er gewissenhaft klar, daß er Vermutungen äußert, die sich
auf Vorgänge in anderer Leute Kopf beziehen.

3. Siehe Tolstoi an Nikolai Nekrassow, 15. September 1852, *Tolstoy's Letters*,
   ausgew., hrsg. und übers. von R. F. Christian, 2 Bde. (1978), Bd. I, S. 31.

4. Der Psychoanalytiker Ernst Kris schreibt in einem Beitrag über Shakespeare:
   «Die klinische Analyse kreativer Künstler deutet darauf hin, daß die Lebenserfahrung des Künstlers manchmal nur in einem sehr beschränkten Sinn Quelle
   seiner Vision ist, daß seine Fähigkeit, sich Konfliktsituationen auszudenken,
   unter Umständen weit über seinen eigenen Erfahrungshorizont hinausgeht
   oder daß, genauer gesagt, manche Künstler die besondere Begabung besitzen,
   aus ihren jeweiligen eigenen Erfahrungen allgemeine Ideen herzuleiten...
   Manche großen Künstler scheinen sich einer Reihe ihrer Figuren gleich nahe zu
   fühlen und empfinden sie vielleicht als Teil der eigenen Person. Der Künstler
   hat eine Welt erschaffen und nicht in einem Tagtraum geschwelgt.» «Prince
   Hal's Conflict», *Psychoanalytic Explorations in Art* (1952; Aufl. 1964), S. 288.

5. Tschechow an Alexander Tschechow, 6. April 1886, Chekhov, *Letters on the
   Short Story, the Drama, and Other Literary Topics*, ausgew. und hrsg.
   von Louis S. Friedland (1924), S. 70; derselbe an denselben, April 1883, ebd.,
   S. 59.

6. Tschechow an Alexej Suworin, 17. Oktober 1889, *Letters of Anton Chekhov*,
   übers. von Michael Henry Heim in Zusammenarbeit mit Simon Karlinsky,
   ausgew. und hrsg. von Karlinsky (1973), S. 149.

7. Den Vorschlag, eine Geschichte über einen siebzehnjährigen Jungen zu
   schreiben, der Selbstmord begeht, beschied Tschechow abschlägig: so etwas
   zu bearbeiten, sei äußerst qualvoll und sehr schwierig. «Die Behandlung einer
   solchen Gestalt verlangt vom Autor, daß er leidensfähig ist, wohingegen alle
   unsere heutigen Schriftsteller nichts als winseln und greinen können.» Tschechow an Dmitry Grigorowitsch, 12. Januar 1888, *Letters of Chekhov*, übers.
   von Henry Heim in Zusammenarbeit mit Simon Karlinsky, ausgew. und hrsg.
   von Karlinsky (1973), S. 92.

8. Tschechow an Suworin, 30. Mai 1888, ebd., S. 104; Tschechow an I. L.
   Schtscheglow, 9. Juni 1888, *Letters*, hrsg. von Friedland, S. 8.

9. Die Geschichten von Tschechow, die in diesem Abschnitt erwähnt werden:
   Jagdmann: *Agafja* (1886); exzentrischer junger Mann: *Mein Leben. Erzäh-
   lung eines Provinzlers* (1896); sadistischer Gutsbesitzer: *Meine Frau* (1892);
   Neunjähriger: *Die Steppe* (1888); Zweijähriger: *Grischa* (1886).

10. Siehe Tschechow an Alexej Pleschtschejew, 9. Oktober 1888, *Letters*, hrsg.
    von Karlinsky, S. 112.

11. Tschechow an Suworin, 8. September 1891, ebd., S. 203.

12. Tolstoi an Nikolai Nekrassow, 27. November 1852, *Tolstoy's Letters*, Bd. I,
    S. 35.

13. Siehe unten, S. 426.

14. Tolstoi, *Kindheit* (1852; deutsche Übers. 1963) S. 7 [Kap. 1].

15. Ebd., S. 94 [Kap. 21]

16. Ebd., S. 8 [Kap. 1], S. 20 [Kap. 3], S. 60 [Kap. 14].

17. Ebd., S. 106–21 [Kap. 25–27], Zitate auf S. 118–19. Eine ausgezeichnete Erörterung dieser Szene findet man bei John Bayley, *Tolstoy and the Novel* (1966; Aufl. 1968), S. 83–85.
18. Siehe oben, S. 169–85.
19. *Kindheit*, S. 50 [Kap. 12] und S. 13 [Kap. 2].
20. Ebd., S. 24 [Kap. 4].
21. Ebd., S. 40 [Kap. 9].
22. Die Anlage des Romans *Dominique* zeigt einmal mehr, wie unendlich flexibel die Romanform ist. Es gibt zwei Erzähler: den Rahmenerzähler (wie ich ihn nennen möchte) und den Haupterzähler. Der erstere trifft den letzteren, M. Dominique, gibt eine anschauliche Schilderung von ihm und der eigenen Beziehung zu ihm und lauscht dann dem Bericht, mit dem M. Dominique seinen eifrigen Zuhörer traktiert, um zum Schluß ein paar treffende Bemerkungen über das Gehörte zu machen und sich mit M. Dominique weiter zu unterhalten.
23. Fromentin, *Dominique* (1863; hrsg. von Daniel Leuwers, 1972), S. 3 [Kap. 1].
24. Stendhal (Henri Beyle), *Vie de Henry Brulard* (1890 posthum veröffentlicht), in *Œuvres intimes*, hrsg. von V. del Lillo, 2 Bde. (1981–82), Bd. II, S. 534 [Kap. 1].

4. «Der Preis der Vielschichtigkeit»

1. Hawthorne an William Ticknor, 19. Januar 1855, *The Centenary Edition of the Works of Nathaniel Hawthorne*, hrsg. von William Charvat u. a., 20 Bde. (1962–88), Bd. XVII, S. 304. Siehe Peter Gay, *Kult der Gewalt. Aggression im bürgerlichen Zeitalter* (1996), S. 412.
2. «Knabenjahre»: Brief an Tolstoi, 17. Februar 1855, *Tolstoy: The Critical Heritage*, hrsg. von A. V. Knowles (1978), S. 48; «feinfühlige Analyse»: Anonymus [N. G. Tschernischewski], Rezension von *Kindheit*, *Knabenjahre* und *Sewastopoler Erzählungen* in *Der Zeitgenosse*, 1856, ebd., S. 60; «Regungen der Seele»: V. P. Botkin an A. A. Fet, 14. Februar 1865, ebd., S. 89.
3. Siehe ebd., S. 8–9.
4. G. H. Lewes an Charles Lee Lewes, 17. März 1860, *The George Eliot Letters*, hrsg. von Gordon S. Haight, 9 Bde. (1954–78), Bd. III, S. 275.
5. Siehe David Carroll, «Introduction», *George Eliot: The Critical Heritage* (1971), S. 12, 16, 18–19, 27.
6. Anonymus, Rezension von *The Mill on the Floss*, in *Saturday Review*, IX (14. April 1860), S. 471.
7. Eliot, *Daniel Deronda* (1876; hrsg. von Barbara Hardy, 1967), S. 321, 202 [Kap. 24, 16].
8. Am 9. August 1838 schrieb er an seinen Bruder Michail: «Ich habe ein Projekt: wahnsinnig zu werden. Laß die Leute rasen, schicke sie in Behandlung…» Fyodor Dostoevski, *Complete Letters*, hrsg. und übers. von David Lowe und Ronald Meyer, 5 Bde. (1988–91), Bd. I, S. 41.
9. *Le Dernier Jour d'un condamné*, die in Ich-Form geschriebene packende, düstere Novelle Victor Hugos über einen Verbrecher, der im Begriff ist, durch das Fallbeil zu sterben (erstmals 1828 und in überarbeiteter Form 1830 erschienen), stand Dostojewski stets vor Augen.

10. In dem bereits zitierten Brief vom August 1838 (siehe Anm. 8 oben) schrieb er an seinen Bruder Michail: «Mir scheint, daß unsere Welt ein Fegefeuer für himmlische Geister ist, die durch sündige Gedanken verfinstert sind.» *Complete Letters*, Bd. I, S. 39.

11. Neuerdings sind einige Zweifel hinsichtlich der allgemein akzeptierten Darstellung aufgekommen, aber wie bereits im Text bemerkt, ist psychologisch gesehen entscheidend, daß Dostojewski das Gerücht für wahr hielt. Siehe Joseph Frank, *Dostoevsky: The Seeds of Revolt, 1821–1849* (1976), S. 85–90, bes. S. 86–87 Anm.

12. «Politisch-religiös» ist ein unhandliches Attribut, aber es trifft den Punkt. Ende Oktober 1838 schrieb Dostojewski an seinen Bruder Michail: «In einem inspirativen Aufschwung erfaßt der Dichter Gott, folg[lich] erfüllt er die Aufgabe der Philosophie. Folg[lich] ist die Verzückung der Dichtung die Verzückung der Philosophie... Folg[lich] ist Philosophie nichts sonst als diese Dichtung, nur im höchsten Maße!» Dostoevsky, *Complete Letters*, Bd. I, S. 440.

13. Sein psychologischer Extremismus forderte bereits früh Reaktionen heraus. «Nein, ich danke für diese neuen Märchenerzähler!» rief der Schriftsteller und Philanthrop Fürst Wladimir Fjodorowitsch Odojewski nach der Lektüre von *Der Doppelgänger*. «Statt etwas Nützliches, Angenehmes und Erquickliches zu schreiben, schnüffeln sie nur noch in den geheimsten Geheimnissen der Welt herum und zerren alles ans Tageslicht.» Zitiert in der Einleitung, *Der Doppelgänger. Frühe Romane und Erzählungen*, in Dostojewski, *Sämtliche Werke*, 10 Bde., hrsg. und übers. von E. K. Rahsin (1952; Aufl. 1977–80), Bd. I, S. 1.

14. Natürlich ist es Iwan, der die berühmte Geschichte vom Großinquisitor erzählt, in der Christus auf die Erde zurückkehrt und erneut auf Ablehnung stößt, diesmal im Namen des Christentums.

15. Tschechow mit seinem Abscheu vor Übertreibungen hatte Vorbehalte gegenüber diesen Figuren; er hielt Dostojewski für einen wichtigen, aber auch schamlosen und prätentiösen Schriftsteller. Siehe Tschechow an Suworin, 5. März 1889, *Letters on the Short Story, the Drama, and Other Literary Topics*, ausgew. und hrsg. von Louis S. Friedland (1924), S. 234.

16. Dostojewski an Strachow, 26. Februar [10. März] 1869, zit. in Donald Fanger, *Dostoevsky and Romantic Realism: A Study of Dostoevsky in Relation to Balzac, Dickens, and Gogol* (1965), S. 215.

17. Dostojewski, *Die Dämonen* (1871; übers. von E. K. Rahsin, Ausg. 1961), S. 987–8.

18. Dostoevsky, *Diary of a Writer* (November 1877), übers. und hrsg. von Boris Brasol, 2 Bde. (1954), Bd. II, S. 883.

19. Nietzsche, *Götzen-Dämmerung. Oder wie man mit einem Hammer philosophiert* (1889), in *Werke*, hrsg. von Karl Schlechta, 3 Bde., (1966; 6. Aufl., 1969), Bd. III, S. 467.

20. Eintragung vom 14. Februar 1895, *The Notebooks of Henry James*, hrsg. von F. O. Matthiessen und Kenneth B. Murdock (1947), S. 187.

21. Von *The Bostonians* (*Die Damen aus Boston*) und *The Princess Casamassima* (*Prinzessin Casamassima*), zwei Romanen der 80er Jahre, in die er große Hoffnungen gesetzt hatte und die beide außerordentlich gut lesbar sind, wurden in Großbritannien und den USA insgesamt nur 13 000 Exemplare verkauft.

Einige Leser fanden diese Texte offenbar anstößig, aber der Mehrzahl erschienen sie einfach langweilig. In einem vielzitierten Brief, in dem er sich bei seinem Freund William Dean Howells, einem seiner wenigen uneingeschränkten Bewunderer, beklagte, äußerte er: «Mir macht immer noch der mysteriöse und (für mich) unerklärliche Schlag zu schaffen, den meine beiden letzten Romane, die *Bostonians* und die *Princess*, mir versetzt haben, von denen ich mir so viel erwartete und die mir so wenig einbrachten. Sie haben das Bedürfnis – und die Nachfrage – nach meiner Produktion auf Null sinken lassen.» James an Howells, 2. Januar 1888, Henry James, *Letters*, hrsg. von Leon Edel, 4 Bde. (1974–84), Bd. III, S. 209.

22. Eintragung vom 8. Mai 1892, *Notebooks*, S. 119–20.

23. Eintragung vom 12. Mai 1889, ebd., S. 99; undatierte Eintragung [Ende 1881, Anfang 1882], ebd. S. 37.

24. Eintragung vom 3. Februar 1894, ebd., S. 148; undatierte Eintragung [wahrscheinlich Ende 1882], ebd., S. 45; Eintragung vom 13. Juli 1891, ebd., S. 106.

25. Eine kleine Abhandlung ließe sich zu James' Verwendung der Begriffe «vulgär» oder «Vulgarität» verfassen. Seine Tagebucheintragungen, seine Briefe und seine Romane sind voll von dieser Sünde aller Sünden.

26. Eintragung vom 25. November 1881, *Notebooks*, S. 28.

27. Oscar Wilde an Robert Ross [? 12. Januar 1899], *The Letters of Oscar Wilde*, hrsg. von Rupert Hart-Davis (1962), S. 776.

28. Bennett: Jacob Tonson [pseud.], New Age, n. s., VII (Oktober 1910), S. 614, zit. in *Henry James: The Critical Heritage*, hrsg. von Roger Gard (1968), S. 489.

29. Zit. in *The Notebooks of Henry James*, hrsg. von F. O. Mattiessen und Kenneth B. Murdock (1947), S. 372. Die Herausgeber bezeichnen dieses Urteil als ein «Meisterstück an Unverständnis». Das ist es zweifellos. Aber Alden hatte recht mit seiner Voraussage, daß *The Ambassadors* kein vielgelesenes Buch zu werden verspreche und für die breite Leserschaft zu fein gesponnen sei.

30. Er schrieb Novellen wie das berühmte *Turn of the Screw* (*Die Drehung der Schraube*) oder *The Altar of the Dead* (*Der Altar der Toten*), in denen die Lösung buchstäblich erst mit dem letzten Wort gegeben wird. «Mach ein Drama daraus, mach ein Drama daraus!» forderte er sich mehrfach selber auf, und daß er den Ehrgeiz hatte, ein erfolgreicher Bühnenautor zu werden – der Mißerfolg seiner Stücke verletzte ihn mehr als der kleine Leserkreis, auf den seine Romane beschränkt blieben –, bezeugt, wie ernst es ihm mit dieser Aufforderung war. Siehe seine Bemerkung «Ich kann mir nichts Schöneres vorstellen als die dramatische Form; das Elend ist nur, daß die Minderwertigkeit der englischsprachigen Bühne keinen Entfaltungsraum dafür bietet.» Undatierte Eintragung, zwischen November und Dezember 1882, *Notebooks*, S. 44.

31. «Die Schwäche der ganzen Geschichte», notierte er während der Arbeit an *The Portrait of a Lady*, «besteht darin, daß sie ausschließlich psychologisch ist – daß sie zu wenig von äußeren Vorfällen abhängt.» Undatierte Eintragung [wahrscheinlich 1880], *Notebooks*, S. 15.

32. Als er zum Beispiel über «Lady Barberina» nachdenkt, stellt er fest, daß er ihre Heirat mit einem armen, aber gutaussehenden protestantischen Geistlichen «natürlich und möglich aussehen lassen» muß. Eintragung vom 17. Mai 1883, *Notebooks*, S. 50; und siehe ebd., S. 6, 17, 50, 59.

33. «Preface», *The Ambassadors* (1903; New Yorker Ausg., 1909); Norton Critical Edition, hrsg. von S. P. Rosenbaum (1964), S. 4.
34. Henry James, Rezension von Dickens, *Our Mutual Friend* (1865), *The Nation*, 21. Dezember 1865, in *The Critical Muse: Selected Literary Criticism*, hrsg. von Roger Gard (1987), S. 50, 53, 50.
35. Eintragung vom 11. März 1888, *Notebooks*, S. 88.
36. Mit der Figur der großmütigen Millie, über die er jahrelang nachgedacht hatte, setzte James seiner geliebten Kusine Minny Temple ein Denkmal, die drei Jahrzehnte vorher an Tuberkulose gestorben war und die er nie vergessen hatte.
37. *The Wings of the Dove* (1902; New Yorker Ausg., 1908; hrsg. von John Bayley mit Anm. von Patricia Crick, 1986), S. 399 [Buch 9, Kap. 1].
38. Ebd., S. 508–9 [Buch 10, Kap. 6].
39. James übte später Kritik an diesen Seiten, weil sie zu lang ausgedehnt seien; aber dieses eine Mal war der unmittelbare Eindruck zutreffender als die genauere Betrachtung.
40. Siehe *The Wings of the Dove*, S. 97 [Buch 2, Kap. 1]. James ist so deutlich, wie er nur kann, und verwendet denkbar unverbrämte Ausdrücke, wenn er von den «schmuddeligen Kindern» der Schwester, «ihren unmöglichen Ansprüchen, ihren verabscheuungswürdigen Gästen» spricht und von ihrem egoistischen Plan, Kate solle ihr gutes Aussehen für eine Geldheirat nutzen, damit sie, die Schwester, davon profitieren könne.

5. «Dickens»

1. «Ehe die Todesnachricht auch nur in den entfernteren Regionen Englands eingetroffen war», schrieb John Forster, Dickens' langjähriger Freund und erster Biograph, «hatte sie sich bereits blitzartig quer durch Europa verbreitet, war in die fernen Erdteile Indiens, Australiens und Amerikas gedrungen und hatte nicht etwa nur in englischsprachigen Gemeinschaften, sondern in jedem Land der zivilisierten Welt Kummer und Mitgefühl geweckt.» *The Life of Charles Dickens*, 3 Bde. (1872–74; hrsg. von Andrew Lang, 2 Bde., o. J.), Band II, S. 513 [Buch 12, Kap. 2].
2. Henry James, «Our Mutual Friend by Charles Dickens» (1865), in *The Critical Muse: Selected Literary Criticism*, hrsg. von Roger Gard (1987), S. 52.
3. Im Jahre 1837, noch fast zu Beginn einer kometenhaften Karriere, als Dickens nur erst *The Sketches by Boz*, die triumphalen *Pickwick Papers* und *Oliver Twist* zu Buche stehen hatte, gab G. H. Lewes bereits das Schema vor: Dickens, schrieb er, entzücke «Jung und Alt, die Ernsthaften und die Heiteren, die Geistreichen, die Intellektuellen, die Moralisten, die Gedankenlosen beiderlei Geschlechts unter den Lesern, vom Adligen und Richter bis zum Kaufmannsgehilfen» und noch darüber hinaus «zu den einfachen Leuten in der Stadt ebenso wie auf dem Lande». [G. H. Lewes] Rezension von *Sketches by Boz, The Pickwick Papers* und *Oliver Twist*, in *National Magazine and Monthly Critic*, I (1837), S. 445, in *Dickens: The Critical Heritage*, hrsg. von Philip Collins (1971), S. 64.
4. [Margaret Oliphant], «Charles Dickens», *Blackwood's Edinburgh Magazine*, LXXVII (April 1855), S. 451.

5. Forster, *The Life of Charles Dickens*, 3 Bde. (1872–74; hrsg. von Andrew Lang, 2 Bde., o. J.) Bd. I, S. 347. Als der schreckliche Murdstone die verwitwete Mutter des kleinen David Copperfield geheiratet hat und dieser mit seiner geliebten Amme Peggotty weggeschickt wird, fragt sich der Junge, ob sie nicht vielleicht «den Auftrag hat, mich zu verlieren wie das Kind im Märchen». *David Copperfield* (1849–50; hrsg. von Trevor Blunt, 1966), S. 76 [Kap. 2]. Solche Reminiszenzen kommen in Dickens' Büchern häufig vor.

6. Dickens, Rede in Boston, 1. Februar 1842, *The Speeches of Dickens*, hrsg. von K. J. Fielding (1960), S. 19.

7. «guter Beobachter»: [Forster], Rezension von *Sketches by Boz*, in *Examiner*, XXVIII (Februar 1836), S. 132; «Boden der Erfahrung»: [Anonymus], «Some Thoughts on Arch-Waggery, and in especial, on the Genius of ‹Boz›, *Court Magazine and Monthly Critic*, X (April 1837), S. 187. Zwei Jahre später bekräftigte ein anderer Rezensent, Richard Ford, diesen zunehmenden Konsens, wenn auch mit Vorbehalten: «... er geht wahrheitsgetreu mit der menschlichen Natur um.» [Ford], Rezension von *Oliver Twist*, in *Quarterly Review*, LXIV, Juni 1839), S. 91. John Forster pries Dickens' Werk schon 1837, noch bevor die beiden Männer einander begegnet waren, und hob rühmend hervor, es zeige «die Wirklichkeit des Lebens und der menschlichen Natur». [Forster], Rezension von *Pickwick Papers*, Nr. XV, in *Examiner* (2. Juli 1837), S. 422. Andere frühe Rezensenten lobten zwar, daß Dickens «lebendige Geschöpfe» darstelle, kritisierten aber die Unwahrscheinlichkeit seiner Handlungen. Siehe [Anonymus], «Boz's *Oliver Twist*«, *Spectator*, XI (24. November 1838), S. 1115.

8. [E. B. Hamley], «Remonstrance with Dickens», *Blackwood's Edinburgh Magazine*, LXXXI (April 1857), S. 503.

9. Nach England geschrieben hatten ihm, erzählte er einem amerikanischen Publikum, «die Bewohner von Blockhäusern in den Morästen und Sümpfen und dichtesten Urwäldern und verlassensten Einöden des Fernen Westens. Manch sehnige Hand, abgehärtet vom Umgang mit Axt und Spaten und gebräunt von der Sommersonne, griff zur Feder und schickte mir eine kleine Geschichte familiären Glücks oder Kummers.» Rede in Boston, 1. Februar 1842, *The Speeches of Dickens*, hrsg. von K. J. Fielding (1960), S. 20.

10. «vom Kind verfolgt»: Dickens an John Forster, 3. November 1840, *The Letters of Charles Dickens*, Pilgrim Edition, Bd. II, *1840–1841*, hrsg. von Madeline House und Graham Storey (1969), S. 144; «trübsinnig»: Dickens an denselben, Januar [17.?], 1841, ebd., S. 188; «Nellizid»: Dickens an Richard Monckton Milnes, 10. März 1841, ebd., S. 228.

11. Forster an Dickens, 16. Januar 1841, ebd., S. 187 Anm. Ein anderer Vertrauter von Dickens, der Schauspieler und Theaterdirektor William Macready, berichtete ihm, er sei so mitgenommen von seinem «herrlichen Roman», daß er «eine Zeitlang nicht weinen konnte». Macready an Dickens, 22. Januar 1841, ebd., S. 192 Anm. (Macready betrauerte den Tod einer eigenen Tochter, die kürzlich gestorben war.)

12. Siehe George H. Ford, *Dickens and His Readers: Aspects of Novel Criticism since 1836* (1955; Aufl. 1965), S. 56–59; Jeffrey an Dickens, 31. Januar 1841 und 16. oder 17. März 1841, zit. in Forster, *Life of Dickens*, Bd. II, S. 41–42 Anm.; Bd. I, S. 168.

13. «Wer hat nicht über Mr. Pickwick und Sam Weller gelacht oder Klein Nell und Paul Dombey beweint?», fragte ein Journalist in London am 10. Juni 1870. [Anonymus], «The Death of Mr. Charles Dickens», *Daily News*, 10. Juni 1870, S. 5, in Dickens, *Critical Heritage*, S. 504.

14. George Scott, «Charles Dickens», *Contemporary Review*, X (Januar 1869), S. 221.

15. Lewes: «Dickens in Relation to Criticism» (Rezension von John Forster, *Life of Dickens*, Bd. I), in *Fortnightly Review*, N. S., XI (Februar 1872), S. 154; [Howells]: Rezension von Forster, *Life of Dickens*, Bd. II, in *Atlantic Monthly*, XXXI (Februar 1873), S. 238; Wilde: im Gespräch mit Ada Leverson, zit. in Richard Ellmann, *Oscar Wilde* (1988), S. 469.

16. Trollope, *An Autobiography* (1883; World's Classics-Aufl., 1953), S. 212–13 [Kap. 13].

17. Forster, *Dickens*, Bd. I, S. 133–34.

18. Bagehot, «Charles Dickens» (1858), in *Literary Studies*, 3 Bde. (1895; Aufl. 1910), Bd. II, S. 154–55.

19. Tolstoi an James Ley, 21. Januar [3. Februar] 1904 (in Englisch), *Tolstoy's Letters*, ausgew., hrsg. und übers. von R. F. Christian, 2 Bde. (1978), Bd. II, S. 637.

20. Freud an Fliess, 15. Oktober 1897, *Sigmund Freuds Briefe an Wilhelm Fliess, 1887–1904*, hrsg. von Jeffrey Moussaieff Masson, deutsche Ausgabe von Michael Schröter (1986), S. 293.

21. So zeigen sich einige von Dickens' Romanfiguren immun gegen böse Kindheitserfahrungen, von denen Dickens doch ansonsten felsenfest überzeugt war, daß sie den Erwachsenen unentrinnbar prägen. Um nur zwei Beispiele aus *Little Dorrit* anzuführen: Arthur Clennam, Inbegriff der Anständigkeit und des Altruismus, hat die lieblose, destruktive Behandlung unversehrt überstanden, die seine Mutter – oder vielmehr die Frau, die ihn großzog und die er für seine Mutter hielt – ihm angedeihen ließ. Und seine künftige Frau, Little Dorrit, hat die triste Gefängniswelt, in die sie hineingeboren wurde, völlig heil überstanden.

22. «George Silverman's Explanation» (1868), *Charles Dickens: Selected Short Fiction*, hrsg. von Deborah A. Thomas (1976), S. 380. Und man schaue sich die melodramatische, manchmal psychologisch treffsichere Ausführlichkeit an, mit der neben anderen Mördern Bill Sikes in *Oliver Twist* (1838) oder Jonas Chuzzlewit in *Martin Chuzzlewit* (1843) geschildert werden, ganz zu schweigen von John Jasper im posthum erschienenen *Edwin Drood* (1870).

23. «Sichtet man die Prosaliteratur der Welt», schrieb Tolstoi, «so bleibt Dickens. «Sichtet man Dickens, so bleibt *David Copperfield*; sichtet man *David Copperfield*, so bleibt die Schilderung des Sturms auf dem Meer.» Dickens, *Critical Heritage*, S. 242.

24. Arnold, «The Incompatibles», *Nineteenth Century*, IX (Juni 1881), S. 1035–39 passim. Siehe auch Peter Gay, *Die zarte Leidenschaft* (1987 [engl. Orig. 1986]), S. 152.

25. Dickens an Forster, 10. Juli 1849, *Letters*, Bd. V, *1847–1849*, hrsg. von Graham Storey und K. J. Fielding (1981), S. 569.

26. Siehe vor allem Fred Kaplan, *Dickens: A Biography* (1988), S. 250–56.

27. Forster, *Life of Dickens*, Bd. I, S. 26; *David Copperfield*, S. 210 [Kap. 11].

28. George H. Ford hat eine ähnliche Liste aufgestellt; bei ihm steht aber nicht die ödipale Paarbildung, sondern Dickens' Begeisterung für Waisenkinder im Vordergrund. Siehe Ford, «Introduction» zu *David Copperfield*, nachgedr. in *The Dickens Critics*, hrsg. von Ford und Lariat Lane, Jr. (1961), S. 352–58. Keine Frage, daß ebenso wie in anderen Ländern auch im viktorianischen England viele Familien in der Tat unvollständig waren. Aber es dürfte klar sein, daß es mir im Text um etwas ganz anderes geht.

29. Daran hat sich seitdem nicht viel geändert. Am bekanntesten ist vielleicht die Ablehnung, die Agnes in einem Essay von George Orwell widerfährt, in dem Dickens kritisch gewürdigt wird. Orwell nennt sie «die widerlichste seiner Heldinnen, ein echter Engel ohne Unterleib aus dem viktorianischen Liebesleben». «Charles Dickens» (1940), *The Collected Essays, Journalism and Letters of George Orwell*, hrsg. von Sonia Orwell und Ian Angus, 4 Bde. (1968), Bd. I, S 459.

30. Forster, *Life of Dickens*, Bd. II, S. 133; [Hutton], «Mr. Dickens's Moral Services to Literature», *Spectator*, XLII, Teil 1 (17. April 1869), S. 475.

31. *David Copperfield*, S. 838–39, 916, 950 [Kap. 53, 60, 64].

32. Genau genommen, hatte Agnes den Mord nicht allein auf dem Gewissen: da war noch der strenge Vater ihrer Mutter, der die Tochter wegen der Heirat mit Wickfield verstoßen und ihr damit das Herz gebrochen hatte. Aber von einem kleinen Kind läßt sich schwerlich erwarten, daß es so genau differenziert.

33. *Dealings with the Firm Dombey and Son, Wholesale, Retail, and for Exportation* (1848; hrsg. von H. W. Garrod, 1950), S. 713 [Kap. 50].

34. *David Copperfield*, S. 429–30 [Kap. 25].

V. Bilder des Geistes

1. Ego

1. Siehe Lovis Corinth, *Selbstbiographie* (1926), S. 167, und Charlotte Berend-Corinth, *Die Gemälde von Lovis Corinth*, Werkkatalog (1958), S. 181.

2. Charlotte Berend-Corinth, die ihm Schülerin, Modell, treue Ehefrau und untröstliche Witwe war, versichert, die Selbstporträts ihres Mannes seien sehr ernste und kritische Begegnungen mit dem eigenen Ego gewesen. Charlotte Berend-Corinth, zit. in Joachim Heusinger von Waldegg, «Tradition und Aktualität. Über Corinths Selbstbildnisse und einige andere Motive», *Lovis Corinth, 1858–1925*, Katalog hrsg. von Zdenek Felix (1985), S. 60. Sie neigte zu melodramatischen Übertreibungen, aber für ihre Darstellung finden sich reichliche Belege nicht nur in Corinths Autobiographie, sondern auch auf den Leinwänden, auf denen er den Eindruck eines Menschen macht, der von mühsam unterdrückter Rage erfüllt ist.

3. Um die gleiche Zeit, da Lorenzo Ghiberti seine Gesichtszüge in die Bronzetür des Baptisteriums in Florenz eingrub, goß Leon Battista Alberti zwei Bronzereliefs mit seinem Ebenbild. Damals war es zu einer Art Künstlersport geworden, in seine Arbeiten das eigene Konterfei hineinzuschmuggeln. Da uns nicht viele verläßliche Informationen erhalten geblieben sind, können wir nur ver-

muten, daß sich in Bildern und Skulpturen, die Menschengruppen darstellen, mehr geschickte Selbstdarstellungen der jeweiligen Künstler verbergen, als wir jemals in Erfahrung bringen werden. Diese heimlichen Selbstbildnisse der Renaissance dienten nicht dazu, das einzelne Selbst vor der Welt öffentlich zur Geltung zu bringen, geschweige denn, es zu verklären. Alberti goß seine Schaumünzen im Stil der Antike und wollte damit nicht so sehr das Ego des Künstlers als vielmehr das Wiedererstehen der klassischen Tradition feiern.

4. Zu diesen beiden Künstlern siehe unten, S. 379–89.

5. Mengs, der sich mit bombastischen Fresken zu religiösen und mythologischen Themen in ganz Europa einen Ruf erwarb, hinterließ eine bewegende Lebensgeschichte in Bildern. Seine frühen Selbstporträts zeigen einen gutaussehenden, selbstbewußten jungen Mann, der offensichtlich stolz auf sein Aussehen ist; auf dem Höhepunkt seiner Karriere posierte er als sorgfältig hergerichteter Mann von Welt. Aber in seinen letzten Jahren – er starb 1779 im Alter von einundfünfzig – porträtierte er sich als alternder, siecher Mensch. Ein Rembrandt zweiter Garnitur, verzichtete er bei seinen Selbstbildnissen auf alles Drumherum, so daß der Betrachter sich ganz auf seine Erscheinung und auf das dahinter verborgene innere Wesen konzentrieren konnte.

6. Ein Rezensent seiner Arbeiten in der *Augsburger Allgemeinen Zeitung* fand, Graff male nicht den Körper, sondern den Geist, und sein Schwiegervater Johann Georg Sulzer, Verfasser einer *Allgemeinen Theorie der schönen Künste*, schrieb: «Ich habe mehr als einmal bemerkt, daß verschiedene Personen..., die sich von unserem Graf haben malen lassen, die scharfen und empfindungsvollen Blicke, die er auf sie wirft, kaum vertragen können...» Siehe Ekhart Berckenhagen, *Anton Graff. Leben und Werk*, ein systematischer Katalog (1967), S. 122.

7. Courbet an Alfred Bruyas, 3. Mai 1854, in *Letters of Gustave Courbet*, hrsg. und übers. von Petra ten-Doeschate Chu (1992), S. 122.

8. «Biografia de D. Francisco Goya, pintor», *El Artista*, II (1835), S. 253–55, zit. in Enriqueta Harris, *Goya* (1969), S. 27.

9. «Äusserung bei Betrachtung einer Sammlung von Gemälden von größtenteils noch lebenden und unlängst verstorbenen Künstlern» (ca. 1830), *Caspar David Friedrich in Briefen und Bekenntnissen*, hrsg. von Sigrid Hinz (1968, 2. Aufl., 1984), S. 101.

10. Courbet an Bruyas, November-Dezember 1854, *Letters*, S. 131–33, Zitate auf S. 132.

11. Manuel Gasser, *Self-portraits: From the Fifteenth Century to the Present Day* (1961; übers. von Angus Malcolm, 1963), S. 148–51, Bild auf S. 149, Zitat auf S. 151.

12. Vincent van Gogh an seinen Bruder Théodor, September 1889, in: Vincent van Gogh, *Von Feuer zu Feuer – Sein Leben von ihm selbst berichtet*, hrsg. und bearb. von H.-W. Bähr (1970), S. 286.

13. Zu den großartigsten Werken dieses Genres zählt natürlich Velázquez' berühmtes, verwickeltes Bild *Las Meninas*, auf dem der Künstler mit dem Pinsel in der Hand vor einer überdimensionalen Leinwand zu sehen ist, wie er an einem Bild der Infantin Margarita und ihrer Hofdamen malt, während der König und die Königin, die er raffinierterweise in einem Spiegel an der hinte-

ren Wand des Raumes sichtbar werden läßt, zuschauen. Die Velázquez-Forscher sind sich darin einig, daß der Künstler mit diesem Gemälde seiner Kunst ein Denkmal setzen wollte.

14. Man braucht nur an Edouard Manets Selbstbildnis mit der verschwommenen malenden Hand zu denken, um das Problem richtig einzuschätzen.

15. Im Laufe der Jahrhunderte machten die Künstler ihren Stolz auf diese kleinen Triumphe immer wieder deutlich – und das taten sie niemals häufiger als im 19. Jahrhundert. Im Jahre 1484 hielt der junge Dürer auf seinem ersten Selbstbildnis schriftlich fest, daß er es «von mir selbst im Spiegel» gezeichnet habe. Mehr als vier Jahrhunderte später, im Jahre 1892, bewies der deutsche Maler Max Slevogt ähnliche Virtuosität: von der vor einem Spiegel sitzenden Künstlerin Nelly Seidlitz stellt er das gespiegelte Profil dar und zeigt zugleich sich selbst, wie er im Hintergrund des Spiegels an seiner Staffelei sitzt und an eben diesem Gemälde arbeitet. Anfang des 20. Jahrhunderts demonstrierte Schiele seine meisterliche Zeichenkunst mit einem Selbstbildnis, bei dem der Betrachter den unsichtbaren, aber allbeherrschenden Spiegel erschließen muß; dieser steht zwischen dem nackten Modell, das man von hinten sieht, und der gespiegelten Vorderseite des Modells nebst dem sitzenden Künstler, der fieberhaft an der komplizierten Komposition zeichnet, die er in Positur gebracht hat. In solchen Übungen stellten die Maler unter Beweis, wie sehr sie ihr vornehmstes Hilfsmittel, den Spiegel, beherrschten; sie legten eine Geschicklichkeit und intellektuelle Verfügungsgewalt an den Tag, die das Vermögen des normalen Könners weit übertraf. Auch in solcher Virtuosität sah man das Selbst bei der Arbeit. Die Maler machten sich auch gern gegenseitig ein Kompliment, indem sie den jeweils anderen beim Malen malten. Die Impressionisten neigten, wie wir wissen, besonders dazu, sich diesen wohlverdienten gegenseitigen Reklamedienst zu leisten. Manet malt Claude Monet, wie er in seinem schwimmenden Atelier malt; Monet malt Manet, wie er in Monets Garten malt; Auguste Renoir malt Monet, wie er in seinem Garten bei Argenteuil malt. Henri Fantin-Latour, Meister in dieser Art von Huldigung, versammelt um Manet in einem Atelier in Batignolles eine Gruppe bewundernder Künstler, darunter Renoir, Jean Frédéric Bazille und Monet.

16. Siehe Basil Taylor, *Constable: Paintings, Drawings and Watercolors* (1973), S. 42. In seinen Briefen und Vorlesungen sind offen religiöse Äußerungen selten. So sagte er von Poussin, dessen durchdringenden und lernbegierigen Blick er schätzte: «Seine Landschaftsmalerei ist voll religiösen und moralischen Empfindens und zeigt, wie viel von seinem eigenen Wesen Gott dem Geiste des Menschen eingepflanzt hat.» Ebd., S. 228.

17. Constable, *John Constable's Discourses*, hrsg. von R. B. Beckett (1970), S. 57.

18. Louis L. Noble, *The Life and Works of Thomas Cole* (1852; hrsg. von Eliot S. Vesell, 1964), S. 59; Cole an Daniel Wadsworth, *The Life and Works of Thomas Cole and Daniel Wadsworth*, hrsg. von J. Bard McNulty (1983), S. 71. Beide werden zitiert in Franklin Kelly, «A Passion for Landscape: The Paintings of Frederic Edwin Church», in Kelly, mit Stephen Jay Gould, James Anthony Ryan und Debora Rindge, *Frederic Edwin Church* (1989), S. 34.

19. «Metaphysikus mit dem Pinsel»: Siehe Joseph Leo Koerner, *Caspar David Friedrich and the Subject of Landscape* (1990), S. 95.

20. Siehe den (wenn auch ideologisch allzusehr vereinfachenden) Beitrag von Klaus Wolbert, «III A, ‹Deutsche Innerlichkeit›. Die Wiederentdeckung im deutschen Imperialismus», *Caspar David Friedrich und die deutsche Nachwelt*, hrsg. von Werner Hofmann (1974), S. 34–55.

21. Caspar David Friedrich an Louise Seidler, 9. Mai [1815], *Friedrich in Briefen und Bekenntnissen*, S. 27, 125.

22. «Äusserung», ebd., S. 88, 90.

23. Unveröffentlichtes Stück aus «Äusserung», *Caspar David Friedrich – Unbekannte Dokumente seines Lebens*, hrsg. von Karl-Ludwig Hoch (1985), S. 118; *Friedrich in Briefen und Bekenntnissen*, S. 88, 89.

24. Caspar David Friedrich an Friedrich August Köthe, 18. August 1810, *Caspar David Friedrich – Unbekannte Dokumente seines Lebens*, S. 40.

25. «Äusserung», *Friedrich in Briefen und Bekenntnissen*, S. 90. Der Beschreibung, die der Porträtmaler Gerhard von Kügelgen von zwei frühen Landschaftsbildern Friedrichs gibt, hätte dieser nur Beifall spenden können: «Es ist Leben und Tod, welche der Künstler hier im Sommer und Winter hat ausdrücken wollen.» Das Wetter, die Figuren, die Bäume in jedem dieser Bilder erfüllen die Funktion «stumm deutender Symbole». Zwar zögerte Kügelgen einen Augenblick lang und ließ sich mit dem Wörtchen «wahrscheinlich» ein Schlupfloch offen. Aber angesichts der Beweislage verwarf er diese Ausflucht wieder und strich die Einschränkung. Anlage zu einem Brief von Gerhard von Kügelgen an Karl August Böttiger, vermutlich 1808, *Caspar David Friedrich – Unbekannte Dokumente seines Lebens*, S. 31.

26. Millet an Théodore Pelloquet, 2. Juni 1863, zit. in Jean Bouret, *The Barbizon School and 19th Century French Landscape Painting* (1972; ins Engl. übers. 1973), S. 14.

27. Zu Millet siehe unten, S. 365–69.

2. Kultbilder zum Träumen

1. Franken, *Handbuch des guten Tones und der feinen Sitten* (23. verb. Aufl., 1900; Ausg. 1977), S. 50.

2. H. Beta, «Moderne Kunstindustrie», *Gartenlaube*, XXII (1874), S. 521.

3. Mme G. Schéfer und Mme Sophie Amis, *Travaux manuels et économie domestique à l'usage des jeunes filles* (1885), S. 20–22.

4. Gautier: Robert L. Herbert u. a., *Jean-François Millet* (1976), S. 73; Thoré: siehe [Théophile Thoré], *Salons de W. Bürger, 1861 à 1868*, 2 Bde. (1870), Bd. I, S. 3–6, 35–36 (Salon de 1861); S. 369–70, 382–83, ebd. (Salon de 1863).

5. Millet an Thoré, 18. Februar 1862, zit. in Herbert, *Jean-François Millet*, S. 196.

6. Der Dichter Edwin Markam machte aus seinem Herzen keine Mördergrube, als er in einem oft zitierten Gedicht aus dem Jahre 1899 jenen umstrittenen Bauern, der auf seiner Hacke lehnt, als roh und geistlos, als Ausdruck des tiefsten Pessimismus sah: «Gebeugt unter der Last von Jahrhunderten lehnt er da / Auf seiner Hacke und stiert zur Erde, / Die Leere von Äonen in seinem Gesicht, / Und auf dem Rücken lastet die ganze Welt. / Wer löste seine rohe Kinnlade, daß sie fällt? / Wessen Hand flachte die Stirn ihm nach hinten? / Wessen Atem blies das Licht aus in seinem Hirn?»

7. «L'Alcove de l'Angelus», *Prosopopées*, V,9 (November 1982), eine «erratische» Veröffentlichung der Académie de Muséologue-Evocatoire, hrsg. von Jennifer Gough-Cooper und Jacques Caumont.

8. Siehe vor allem Anonymus [E. Bénézit-Constant], *Le Livre d'or de J.-F. Millet par un ancien ami* (o.J.; 1981), S. 147, 153.

9. «Apostel» und «Evangelist»: Wesley Reid Davis, «The Angelus», *Brooklyn Daily Eagle*, 18. November 1889, zit. in Laura L. Meixner, «Popular Criticism of Jean-François Millet in Nineteenth-Century America», *Art Bulletin*, LXV, 1 (März 1983), S. 94; «Strahlen der Gnade»: Rev. George McDermot, «Markham: Mischievous Pessimist», *Catholic World*, LXIX (1889), 692, ebd., S. 104; «Himmel»: Edward A. Steiner, «The Woman of the Angelus», *Woman's Home Companion*, XXVI (1889), ebd., S. 4.

10. Siehe Léonce Bénédit, Einleitung, *The Drawings of Jean François Millet with Fifty Facsimile Reproductions of the Master's Work* (1906), S. 35–36; Albert Dresdner, *Der Weg der Kunst* (1904), S. 81.

11. Harden: «Böcklin», *Köpfe*, 4 Bde. (1910–24; 12. Aufl., 1910), Bd. I, S. 328. «Seinen endlichen ‹Schmücke dein Heim›-Erfolg verdankt Böcklin lediglich den poetischen Motiven seiner Bilder…», schrieb Hugo von Tschudi 1889. Tschudi, «Die Werke Arnold Böcklins (16. Januar 1901) in der kgl. Nationalgalerie zu Berlin», *Die Kunst*, V (1902), S. 204.

12. Servaes: siehe «Böcklin», *Praeludien. Ein Essaybuch* (1899), S. 235. Der nächste, abschließende Band dieser Reihe zur bürgerlichen Erfahrung wird die Auseinandersetzung thematisieren, die – allzusehr vereinfachend – als der große Bürgerkrieg zwischen angeblich revolutionärer Avantgarde und angeblich konventionellem Mittelstand beschrieben worden ist und die eine höchst komplizierte und faszinierende Geschichte darstellt.

13. Harden, «Böcklin», S. 316.

14. Von Ostini, *Arnold Böcklin* (1904), S. 3.

15. Siehe Franz Zelger, *Arnold Böcklin. Die Toteninsel. Selbstheroisierung und Abgesang der abendländischen Kultur* (1991), S. 20–21, 42–43.

16. Meissner, *Arnold Böcklin* (1899), S. 110.

17. Ebd., S. 62.

18. Siehe Margot Bryner-Beader, *Arnold Böcklins Stellung zum Portrait* (1952), S. 10, 65–66; Ludwig Justi, *Von Runge bis Thoma* (1932), S. 166.

19. Siehe Freud, *Die Traumdeutung, Gesammelte Werke*, Bd. II/III, Frankfurt a. M. 1968, S. 171.

20. «Elegie»: Meissner, *Arnold Böcklin*, S. 91; «Einsamkeit»: Heinrich Wölfflin, «Arnold Böcklin», *Kleine Schriften* (1946), S. 116; «Verlassenheit»: *Arnold Böcklin, Aus den Tagebüchern von Otto Lasius (1884–1889)*, hrsg. von Maria Lina Lasius (1903), S. 86; «Bewunderung»: Leixner, «Landschaftsmalerei», *Kunstwart*, III (1888–89), S. 51.

21. Jürgen Wissmann, *Arnold Böcklin und das Nachleben seiner Malerei. Studien zur Kunst der Jahrhundertwende* (1968), S. 64.

22. Ostini hatte sich schon seit Jahren für Böcklin stark gemacht und schrieb in einem langen, gut bebilderten Artikel in der beliebten deutschen Zeitschrift *Velhagen & Klasings Monatshefte*. Man stehe am Beginn eines Zeitalters, das Arnold Böcklin vergöttlichen, mehr noch, ihn verstehen werde (*Böcklin*, S. 1).

23. Siehe Henry Thode, *Böcklin und Thode. Acht Vorträge über neudeutsche Malerei* (1905), S. 3.
24. Johannes Mankopft, Kunst und Religion, zit. in Kenworth Moffett, Meier-Graefe as Art Critic (1973), S. 54; Hans Rosenhagen, *Würdigungen* (1902), ebd., S. 81.
25. Gustav Floerke, *Arnold und Böcklin und seine Kunst. Aufzeichnungen* (1901; 3. Aufl., 1921), S. 164.

3. Teutonische Spiegel

1. Siehe oben, S. 80.
2. Friedrich Schlegel, «Allgemeine Grundsätze über die Malerkunst» (1803), *Schriften und Fragmente. Ein Gesamtbild seines Geistes*, hrsg. von Ernst Behler (1956) S. 140.
3. «Ich möchte den, der sich der Kunst widmen will, fragen wie man einen, der Mönch werden will, fragt: Kannst du das Gelübde der Armut, der Keuschheit und des Gehorsams ablegen und halten, so tritt ein. Armut? Wo ist wohl ein Künstler im wahren Sinne des Wortes reich? Keusch in Worten und Werken ist ein Haupterfordernis zu seiner reinen Beschäftigung und gehorsam muß er der Kunst in allem sein, sie gebietet ihm, dies zu tun, jenes zu lassen; er muß folgen und folge gern, denn was ersetzt ihm den Genuß, den ihm die Kunst gewährt?» Ludwig Grote, *Joseph Sutter und der nazarenische Gedanke* (1972), S. 46.
4. Es zeugt vom Kosmopolitismus der betreffenden Gruppe, daß man bei Overbeck unmittelbar im Anschluß an das biblische Titelbild die Zeichnung einer jungen Frau in klassischem Gewand findet.
5. Friedrich: «Aphorismen über Kunst und Leben», *Caspar David Friedrich in Briefen und Bekenntnissen*, hrsg. von Sigrid Hinz (1968, 2. Aufl., 1984), S. 84.
6. Otto Julius Bierbaum, *Hans Thoma*, in *Deutsche Meister, Schwind, Klinger, Thoma* (1904), S. 6, 38; Henry Thode, *Thoma. Des Meisters Gemälde und 874 Abbildungen* (1909), S. XV, LI.
7. Was für Thoma gilt, trifft auch auf Böcklin zu. Ein Bewunderer, der es sich so bequem machte, Böcklins Schweizer Herkunft und seinen italienischen Aufenthalt unter den Tisch fallen zu lassen, sprach von seiner «deutschen Kunst» und bescheinigte ihm, er habe «immer neue Bande zwischen der Natur und der Menschenseele geknüpft». Böcklin habe seine Welt, erklärte ein anderer, mit Liebe angeschaut, gleichgültig, ob Blume oder Stein. Und das sei etwas typisch Deutsches und klinge wie aus alten Märchen. Karl Woermann, *Von deutscher Kunst. Betrachtungen und Folgerungen* (1907; 2. Aufl., 1925), S. 92; Gustav Floerke, *Arnold Böcklin und seine Kunst. Aufzeichnungen* (1901; 3. Aufl., 1921), S. 17, 40.
8. Floerke, S. 80.
9. Thoma, der diesen patriotischen Tiraden nicht widerstehen konnte, war stolz auf seine deutsche Herkunft wie auch auf seine Landsleute. «Da wir Deutsche sind, freuen wir uns auch», erklärte er mit sechzig, «wenn wir in der Kunst Spuren von dem finden, was wir als unser Eigenstes erkennen, und die Kunst kann sehr gut eine Antwort sein auf die Frage Was ist deutsch?» Die Antwort

fand Thoma im Moment der Innerlichkeit: «Für uns Deutsche wird die Kunst nie lange Zeit eine Prunk- und Luxussache sein können – wir werden immer wieder suchen müssen, sie zu einer Herzenssache zu machen.» Auf diese Weise entstehe der «innerlich gegründete und gefestigte Prachtbau großer Kunst». Otto Julius Bierbaum, *Hans Thoma* (1904), S. 63.

10. Interessanterweise scheint auch bei diesem Porträt wie bei Böcklins *Selbstbildnis mit fiedelndem Tod* das Skelett eine spätere Hinzufügung zu sein. Siehe Karl Voll, *Führer durch die Alte Pinakothek* (1908), S. 96.

11. Ponten, *Alfred Rethel. Des Meisters Werke in 300 Abbildungen* (1911), S. XLVIII, XLVII.

12. Max Schmid, *Klinger* (1899; 2. Aufl., 1901), S. 89, 92.

13. Für das Folgende ist es wichtig, sich klarzumachen, daß Dürer und Rembrandt ein besonders breites Publikum ansprachen, weil sie beide Meister in der Zeichenkunst waren und weil sich Zeichnungen leichter reproduzieren und verbreiten ließen als Gemälde.

14. Wackenroder: *Herzensergießungen eines kunstliebenden Klosterbruders* (1797), in *Sämtliche Schriften* (1968), S. 48, 47. August Wilhelm Schlegel lag vaterländische Enge noch ebenso fern: «Darf irgend etwas von deutscher Malerei im Vorhofe zu Raphaels Tempel aufgestellt werden, so kommen Albrecht Dürer und Holbein gewiß näher am Heiligtum zu stehn als der gelehrte Mengs.» «Fragment 178», *Athenäum*, I,2 (1798), S. 46.

15. Allerdings war der alte kosmopolitische Geist, der sich schon lange in der deutschen Sehnsucht nach Italien – nach seinen klassischen Bauten, seiner denkwürdigen Geschichte, seinem warmen Sonnenlicht und seiner sexuellen Freizügigkeit – Ausdruck verschaffte, nur schwer totzukriegen. Im Jahre 1815 veranstalteten die Nazarener ein Dürerfest und stießen auf ihren Meister und die Zukunft der deutschen Kunst an, aber ohne ihr festliches Beisammensein für Ausfälle gegen Ausländer zu nutzen.

16. Der katholische Romantiker Otto Heinrich Graf von Loeben, der diese Formulierung in einem Brief an Friedrich de la Motte Fouqué vom 27. November 1812 gebrauchte, sprach für die stärker reaktionären Deutschen. Siehe *Dürer und die Nachwelt. Urkunden, Briefe, Dichtungen und wissenschaftliche Betrachtungen aus vier Jahrhunderten*, hrsg. von Heinz Lüdecke und Susanne Heiland (1955), S. 165. Und siehe Herman Grimm in einem Essay, der sich wie ein Preisgesang liest: Auch wenn Dürer von seinen Landsleuten schon lange geschätzt werde, sei doch «sein Ruhm, ihn so hoch erhebend, so sehr den ganzen Mann umfassend,... neueren Datums». *Albrecht Dürer* (1866), S. 6.

17. Matthison, *Erinnerungen*, Teil 1 (1810), S. 410. Einige Kunsthistoriker haben die These vertreten, das Selbstbildnis solle an den Heiland erinnern. So fand der Schweizer Kunsthistoriker Heinrich Wölfflin in seiner zum Klassiker gewordenen Schrift *Die Kunst Albrecht Dürers* von 1905 «etwas Christushaftes» in dem Gemälde. Mehr als fünfunddreißig Jahre zuvor hatte bereits der englische Radierer und Schriftsteller William B. Scott den Eindruck, Dürers Selbstbildnis zeige «ein Gesicht von vollkommener, männlicher Schönheit, gleichermaßen in Gestalt und Ausdruck, das in der Tat Ähnlichkeit mit dem idealen Haupte hat, das dem Stifter der Christenheit beigelegt wird». *Albert Durer* [*sic*] (1869), S. 62. Und im Jahre 1879 bescheinigte Mrs. Charles Heaton dieser

Vorstellung, daß sie bereits gang und gäbe sei: es sei «oft bemerkt worden», daß dieses Selbstporträt «Ähnlichkeit» mit «den traditionellen Bildnissen Christi» aufweise. *The History of the Life of Albrecht Dürer of Nürnberg* (1870; 2. Aufl., 1881), S. 63 Anm.

18. Triumph der Innerlichkeit: Bettina sieht eine Ähnlichkeit zwischen Dürer und Goethe und erklärt, in beiden habe «die Natur des innern Menschen die Oberhand ... über die Unzuverlässigkeit, über die Zufälle des äußern» errungen und «edle Harmonie» erlangt. Bettina von Arnim an Goethe, 16. Juni 1809, *Briefe von und an Goethe*, hrsg. von Karl Robert Mandelkow, 6 Bde. (1962–69); 3. und 4. Aufl. (1988), Bd. II, S. 13; «echt deutschen Gemüts»: Waagen, *Handbuch der Geschichte der Malerei*, Bd. I, *Die deutschen und niederländischen Malerschulen* (1862), S. 201. «Und Dürers eigenes Bild zuletzt mit seiner Fülle von schwarzen, langen, vielgeringelten Locken!» begeisterte sich der Dichter August Graf von Platen, der selbst in seiner Prosa zu poetischen Ergüssen neigte, im Jahre 1820 in seinem Tagebuch. «Welch ein Genius in diesen Zügen! Wie viel Ernst in diesen Augen, wo Frömmigkeit und hoher Geist und Poesie sich paaren.» Tagebucheintragung vom 27. März 1820, *Die Tagebücher des Grafen August von Platen*, hrsg. von Georg von Laubmann und Ludwig von Scheffler, 2 Bde. (1896–1900), Bd. II, S. 382. Fünf Jahre später betrachtete der Historiker, Politiker und Archivar Max Procop von Freyberg-Eisenberg das gleiche Gemälde mit den gleichen Gefühlen: «... in Dürers Miene waltet etwas Schwermütiges, unendlich Tiefes und Bedeutendes, Durchdringendes und Ernstes ...» «Dieser Ausdruck von Beharrlichkeit und Echtheit des Sinnes und der Empfindung, der strengsten Treue und Biederkeit, und einer unerschütterlichen Zuverlässigkeit, gewinnt notwendig unser ganzes Herz.» «Dritter Kunst-Abend. Albrecht Dürer», *Orpheus, eine Zeitschrift in zwanglosen Heften*, Nr. 4 (1825), S. 181–82.

19. Nichts Gleichwertiges: Ernst Heinrich Tölken, Kunstprofessor an der Berliner Universität, in seiner Festrede am 18. April 1828 in der Berliner Singakademie, *Dürer und die Nachwelt*, S. 209; Kantate: ebd., S. 212; Mendelssohn: ebd., S. 209.

20. Als im Jahre 1840 zur Karnevalszeit die Münchner Künstler – in München hatte Dürers bekanntestes Selbstbildnis seine endgültige Bleibe gefunden – einen Umzug veranstalteten, hatten sie für Italien keinen Platz. Vielmehr stellten sie zwei Aspekte des Lebens im Deutschland der Reformationszeit dar, wobei Dürer den einen, das friedliche Leben des Bürgerstandes, repräsentierte. Wie nicht anders zu erwarten, rief der Künstler, der Dürer spielte, mit seinen langen Locken den Zuschauern das Selbstporträt von 1500 ins Gedächtnis. Rudolf Marggraff, «Gedenkbuch», ebd., S. 213–14. Zu der gleichen Art von Heroenkult bei einer Engländerin (sie bezeichnet Dürer sogar in der schwülstigsten Carlyleschen Prosa als «Heros») siehe die umfangreiche Biographie von Mrs. Charles Heaton, *The History of the Life of Albrecht Dürer of Nürnberg* (1870; 2. Aufl., 1881).

21. Grimm, *Dürer*, S. 5, 46, 21–22. Der Maler Thoma erkor Dürer dazu, ihm blitzartig seine Berufung zu enthüllen. Dürer bescherte ihm ein regelrechtes Bekehrungserlebnis: «Durch Dürer geweckt, sah ich, daß jeder Grashalm, jeder Stein voll Ausdruck ist, und daß es für die Malerei nichts Unbedeuten-

des in der Natur gibt. Nur die Augen öffnen, und alles ist schön.» Bierbaum, *Thoma*, S. 14.

22. Siehe Jane Campbell Hutchinson, *Albrecht Dürer: A Biography* (1990), S. 197.

23. Moriz Thausing, *Dürer. Geschichte seines Lebens und seiner Kunst*, 2 Bde. (1876), Bd. 2, S. 96, Bd. 1, S. 140; Grimm, *Dürer*, S. 38; Cosima Wagner, Tagebucheintragung vom 11. Februar 1869, *Die Tagebücher*, hrsg. von Martin Gregor-Dellin und Dietrich Mack, 2 Bde. (1976), Bd. I, S. 54.

24. Mit Blick auf Julius Langbehn, den anonymen Verfasser von *Rembrandt als Erzieher* (1890), schreibt Brandes: «Rembrandt [ist] für den Verfasser als Holländer ein Niederdeutscher und wird so zu sagen geistig annektiert.» «Rembrandt als Erzieher», *Freie Bühne*, I (7. Mai 1890), S. 391.

25. Fromentin, *Les Maîtres d'autrefois* (1876; 9. Aufl., 1898), S. 413, 408.

26. Georg Fuchs, «Rembrandt und die Geburt der neuen malerischen Form», *Deutsche Form* (1906, 2. Aufl., 1907), V, S. 48.

27. Fromentin, *Les Maîtres d'autrefois*, S. 398. Es wäre ungerecht, wenn wir solche Ergüsse nur den Deutschen zur Last legten. Im Jahre 1863 verglich, um nur ein Beispiel zu nennen, der französische Vielschreiber und Hans-Dampf-in-allen-Gassen Arsène Houssaye Rembrandt mit Shakespeare: er sei ein «philosophischer Maler» und «ein düsterer, merkwürdiger, kühner, bizarrer, romantischer Dichter». Théophile Gautier, Arsène Houssaye und Paul de Saint-Victor, *Les Dieux et les demi-dieux de la peinture* (1893), S. 243, 260.

28. Einem Verehrer Rembrandts, John W. Mollett, der das «grandiose» späte Selbstporträt in Rouen betrachtete, erschien es als «Rembrandts Abschied! Sein Gesicht ist über und über zerfurcht von der Zeit und den Sorgen, aber was wir sehen, ist kein finsterer Misanthrop, den das Unglück niederdrückt, sondern der Mann, der allen Wechselfällen des Glückes den Talisman der Arbeit entgegenhält und damit das Geheimnis seines Lebens in seinem letzten Selbstbildnis malt, umgeben von seiner Arbeit, dem Schicksal trotzend.» *Rembrandt* (1879), S. 76–77. Dieses Buch von einem Engländer, der in Frankreich arbeitete, stützte sich, wie der Autor zugibt, auf Carel Vosmaers berühmte Rembrandt-Biographie von 1868. Da der genaue Umfang des authentischen Werkcorpus bis zum heutigen Tage umstritten ist – während ich dies schreibe, ist das Rembrandt-Forschungsprojekt damit beschäftigt, die dem Meister zugeschriebenen Bilder auf ihre Echtheit zu überprüfen –, muß auch die exakte Anzahl seiner Selbstporträts in Form von Ölbildern, Radierungen und Zeichnungen offenbleiben. Weniger als fünfundsiebzig sind es aber jedenfalls nicht.

29. «Praktisch» deshalb, weil wir eine einzige Stellungnahme haben, in der er von seiner Absicht spricht, «die meeste ende die naetureelste beweechgelickheyt» zu erfassen. «Beweechgelickheyt» kann sich (und darum tobt der Streit) sowohl auf innere als auch auf äußere Bewegung beziehen. Wer sich für die erstere Version entscheidet, hat eine Art Argument dafür, daß es Rembrandts bewußtes Streben gewesen sei, auf der Ätzplatte oder der Leinwand das Innenleben sichtbar werden zu lassen.

30. Vosmaer, *Rembrandt Harmens van Rijn. Sa vie et ses œuvres* (1868), S. 396.

31. Auch die Franzosen gesellten sich, wie gesehen, der Gemeinde der Rembrandt-Verehrer bei. «All die Gefühle der Menschheit, alle Handlungen und

alle Lebensalter, alle Leidenschaften des Herzens, alle Zustände der Seele»,
schrieb der Kritiker Charles Blanc, «finden sich bei Rembrandt in entschlos-
senen, tiefen, brillanten, unnachahmlichen und unauslöschlichen Pinselstrichen ausgedrückt: zarte Liebe und viehische Liebe, väterliche und mütterliche
Zärtlichkeit, die Spiele und die Gefräßigkeit von Kindern, die Leidenschaft
der Jagd, die wollüstige Trägheit von Beschaulichen...» *L'Œuvre complet de
Rembrandt* (1877), S. 2–3.

32. Goethe: «Aus Goethes Brieftasche» (1776), *Werke, Hamburger Ausgabe*,
hrsg. von Erich Trunz u. a., 14 Bde. (1948–60; 6.–12. Aufl., 1981–86), Bd. XII,
S. 25. Rembrandt sei nach seinem Tod, bemerkte der beliebte Kunsthistoriker
Adolf Rosenberg im Jahre 1911, fast in Vergessenheit geraten; ihn Raffael an
die Seite zu stellen habe damals an Hochverrat gegrenzt. *Lenbach* (1911), S. 6.
(Rosenberg war alles andere als konsequent. In einer früheren Monographie,
die ansonsten praktisch gleichlautend mit dem gerade angeführten Text ist,
schrieb er: «Rembrandts Sonne hat noch das ganze XVIII. Jahrhundert erhellt. Sie ist dann völlig untergegangen, als die Franzosen und die Engländer
um die Wende des Jahrhunderts einen neuen, entgegengesetzten Bildnisstil in
die Mode brachten.» *Lenbach* [1898], S. 7–8.)

33. Freytag: A. Krüger, *Der junge Raabe* (1911), S. 54. Zwei Jahrzehnte danach,
im Jahre 1882, vertraute der Kunstkenner und Kunsthistoriker Alfred Lichtwark, der bald darauf Leiter der Hamburger Kunsthalle wurde, seiner als
Briefpartnerin hochgeschätzten Mutter an, er finde Rembrandt sogar noch
«reicher» als Dürer. «Nie vor und nach ihm ist das Leben so gewaltig gepackt,
zum wenigsten nicht von einem Maler. Shakespeare ist der einzige, den man
zum Vergleich heranziehen kann.» Lichtwark an seine Mutter, Ende Januar
1882, *Alfred Lichtwarks Briefe an seine Familie, 1875–1913*, hrsg. von Carl
Schellenberg (1972), S. 238.

34. Charlotte Berend-Corinth, «Vorwort», Lovis Corinth, *Selbstbiographie*
(1926).

35. Der kultivierte deutsche Bildhauer Adolf von Hildebrand reagierte ambiva-
lent auf das kurz zuvor erschienene Buch von Langbehn: «Ich bekam dieser
Tage», schrieb er an einen Freund, «auch ein Buch zugeschickt – Rembrandt
als Erzieher – auch verrückt nebst guten Gedanken.» Hildebrand an Conrad
Fiedler, 23. Januar 1890, *Adolf von Hildebrands Briefwechsel mit Conrad
Fiedler*, hrsg. von Günther Jachmann (o. J.), S. 294.

36. Langbehn, *Rembrandt als Erzieher, von einem Deutschen* (1890), S. 309, 26,
24, 162, 308.

37. Ebd., S. 21.

38. Albert Dresdner, *Der Weg der Kunst* (1904), S. 333–34.

39. Richter: Tagebucheintragung, 13. November 1824, *Lebenserinnerungen eines
deutschen Malers. Selbstbiographie nebst Tagebuchniederschriften und Briefen*, hrsg. von Heinrich Richter (1885; 2. Aufl., 1886), S. 363, 304–5.

40. William Vaughan, *German Romanticism and English Art* (1979), S. 63.

41. Nietzsche, *Jenseits von Gut und Böse. Vorspiel einer Philosophie der Zukunft*
(1886), *Werke*, hrsg. von Karl Schlechta, 3 Bde. (1954–6), Bd. III, S. 710 [Par.
244].

VI. Der verbindende Stil

1. Nichts wäre leichter, als die Passagen, die ich auf den folgenden Seiten zitiere, durch vielfältige andere zu ersetzen, ohne daß dies der Beweisführung Abbruch täte. Ich habe meine Beispiele aus einer weit umfänglicheren Gesamtmenge ausgewählt.

1. Das Briefgeheimnis

1. Siehe William Mills Todd III, *The Familiar Letter as a Literary Genre in the Age of Pushkin* (1976), S. 19, und W. H. Irving, *The Providence of Wit in the English Letter Writers* (1955), S. 44.

2. Siehe Gellert, *Briefe, nebst einer praktischen Abhandlung von dem guten Geschmacke in Briefen* (1751).

3. Steinhausen: *Geschichte des deutschen Briefes. Zur Kulturgeschichte des deutschen Volkes*, 2 Bde., fortlaufend paginiert (1889–91), Bd. II, S. 245, 302, 287 (2), 263; Austen: Jane Austen an Cassandra, 3. Januar 1801, *Selected Letters, 1796–1817*, hrsg. von H. W. Chapman (1955; Aufl. 1985), S. 45.

4. Novalis, *Blüthenstaub*, Fragment Nr. 56, *Werke, Tagebücher und Briefe Friedrich von Hardenbergs*, hrsg. von Hans-Joachim Mähl und Richard Samuel, 2 Bde. (1978), II, S. 249.

5. Byron an John Cam Hobhouse und Douglas Kinnaird, 19. Januar 1819, *Byron's Letters and Journals*, hrsg. von Leslie A. Marchand, 12 Bde. (1973–82), Bd. VI, S. 92; Byron an [Mary Shelley], 14. November 1822, a.a.O., Bd. X, S. 32.

6. Achim von Arnim an Bettina von Arnim, 26.–27. September 1815, *Achim und Bettina in ihren Briefen. Briefwechsel Achim von Arnim und Bettina Brentano*, hrsg. von Werner Vordtriede, 2 Bde. (1961), Bd. I, S. 21; Bettina von Arnim an Achim von Arnim [Oktober 1815], ebd., S. 25; dieselbe an denselben [wahrscheinlich Anfang 1815], ebd., S. 18; Achim von Arnim an Bettina von Arnim, 2. März 1818, ebd., S. 102; Bettina von Arnim an Achim von Arnim [ca. Herbst 1815], ebd., S. 36.

7. Stendhal an Prosper Mérimée, 26. Dezember 1829, *Correspondance de Stendhal (1800–1842)*, hrsg. von Ad. Paupe und P. A. Cheramy, 3 Bde. (1908), Bd. II, S. 508; derselbe an denselben, 23. Dezember 1826, ebd., S. 447.

8. Calvin Stowe an Harriet Beecher Stowe, 14. Februar 1847, zit. in Joan D. Hedrick, *Harriet Beecher Stowe: A Life* (1994), S. 180.

9. Ein beliebtes Beispiel ist das gewichtige zweibändige englische Opus *Love Letters of Famous Men and Women of the Past and Present Century*, hrsg. von J. T. Merydew (1888); ein weiteres Beispiel aus Deutschland ist *Dreihundert Briefe aus zwei Jahrhunderten*, hrsg. von Karl von Holtei, 2 Bde. (1872).

10. Hamerton, «Etty» (1875), *Portfolio Papers* (1889), S. 39.

11. [Eleanor C. H. Smyth], *Sir Rowland Hill: The Story of a Great Reform Told by His Daughter* (1907), S. 51.

12. Harriet Martineau, *A History of the Thirty Years' Peace, A. D. 1815–1846*, 4 Bde. (1849; Aufl. 1878), Bd. IV, S. 12.

13. [Smyth], *Sir Rowland Hill*, S. 105.

14. Siehe M. J. Daunton, *Royal Mail: The Post Office since 1840* (1985), S. 79–80.

15. Sir Rowland Hill, *Post Office Reform: Its Importance and Practicability* (1837), S. 67.

16. John Morley, *The Life of William Gladstone*, 3. Bde. (1903), Bd. II, S. 57.

17. Catherine an Joseph Huntington, 16. Juli 1845, Seldon Huntington Family Papers, Box 3, Yale, Manuscripts and Archives.

18. Heinrich Kube, *Großer deutscher Muster-Briefsteller* (1897), S. V.

19. J. D. Luddon an Joseph Huntington, 25. April 1843, Huntington Papers, Box 3, Yale, Manuscripts and Archives.

20. Siehe Todd, *Familiar Letter*, S. 204.

21. Siehe neben vielen anderen die Eintragungen vom 29. Juli, 8. September und 10. September 1886, Huntington Papers, Box 1, Yale, Manuscripts and Archives.

22. Meyer Keyserling an Bertha Philippson, 4. Februar 1861, Meyer Keyserling Collection, AR 2004, Leo Baeck Institute (im folgenden LBI), New York.

23. 5. Februar 1861, ebd.

24. Nanny Herzberg an Adolph Koritzer, 20. Mai 1856, Hanna de Mieses Collection, AR 4044, BII, LBI, New York.

25. Pauline Wengeroff, *Memoiren einer Großmutter*, 2 Bde. (1908–10; 2 Aufl., 2 Bde. in 1, 1913), Bd. II, S. 51–52. (In der Autobiographie übersetzte und kommentierte die Autorin diesen in Jiddisch geschriebenen Brief.)

26. Ulrich Levysohn an Clara Herrmann, 16. August 18[76], Clara Levysohn Collection, I, AR, B.377/3778, LBI, New York.

27. Marcus Pflaum an Emilie Hoeter, 11. Juni 1833; Emilie Hoeter an Marcus Pflaum, 12. Juni 1833; Marcus Pflaum an Emilie Hoeter, 18. Juni 1833, Mieses Collection, CI, LBI, New York.

28. Richard Cary Morse an seine Frau, 23. August 1849, Morse Family Papers, Box 20, Yale, Manuscripts and Archives

29. Mazzini und Macaulay: zit. in Denis Mack Smith, *Mazzini* (1994), S. 42–43; Carlyle: «To the Editor of the Times», geschrieben am 18. Juni [1844] und am folgenden Tag in der *Times* (London) veröffentlicht (S. 6).

30. Weld, «Some Thoughts on Letter Writing», *Godey's Lady's Book*, XLIV (Januar–Juni 1852), S. 252.

31. Siehe auch ein anonymes amerikanisches Erzeugnis von 1846: *The Letter Writer's Own Book; or, The Art of Polite Correspondence, Containing a Variety of Plain and Elegant Letters, on Business, Love, Courtship, Marriage, Relationship, Friendship etc., with Forms of Complimentary Cards, and Directions for Letter Writing, to Which Are Added Forms of Mortgages, Deeds, Bonds, Powers of Attorney, etc.*

32. Otto Friedrich Rammlers *Deutscher Reichs-Universal-Briefsteller oder Musterbuch zur Abfassung aller in den allgemeinen und freundschaftlichen Lebensverhältnissen sowie im Geschäftsleben vorkommenden Briefe, Dokumente und Aufsätze* (1834; 62. Aufl., 1892), S. III.

33. R. Turner, *The Parlour-Letter-Writer and Secretary's Assistant: Consisting of Original Letters on Every Occurrence in Life, Written in a Concise and Familiar Style, and Adapted to Both Sexes, to Which are Added, Complimentary*

Cards, Wills, and Bonds etc. (1835) S. 18–19; Anonymus, *The Letter Writer's Own Book* (1846), S. XIV, XII; Rammler, S. 53.

34. Freund: G. J. Gladwin an Joseph Huntington, 23. September 1834, Huntington Papers, Box 1; Proust an Robert Dreyfus [28?. August, 1888], *Correspondance*, hrsg. von Philip Kolb, 21 Bde. (1970–93), Bd. I, S. 106.

35. *The Ladies' and Gentlemen's Model Letter-Writer: A Complete Guide to Correspondence on All Subjects, with Household and Commercial Forms* (o. J.; 1871), S. 76, 77; *The Universal Letter-Writer; or, Complete Art of Polite Correspondence: Containing a Course of Interesting Letters on the Most Important, Instructive, and Entertaining Subjects* (1854), S. 104, 136.

36. Rammler, S. 95

37. Ausführliche Belege hierfür findet man in Peter Gay, *Erziehung der Sinne* (1984 [engl. Orig. 1984]), passim.

38. Thomas R. Lounsbury an Jennie McNeil, 3. März 1862, Thomas R. Lounsbury Papers, Ser. 1, Box 14, Yale, Manuscripts and Archives.

39. Ein Beispiel für ersteres bietet Nanny Herzberg an Adolph Koritzer, 11. Mai 1859, Mieses Collection, BII, LBI, New York; ein Beispiel für das zweite, Ulrich Levysohn an Clara Herrmann, 20. August [1876], Levysohn Collection, I, LBI, New York.

40. Nanny Herzberg an Adolph Koritzer, 23. Dezember 1856, Mieses Collection, BII, LBI, New York.

41. Hermann Bahr an seinen Vater Erich, 13. März 1883, *Briefwechsel mit seinem Vater*, hrsg. von Adalbert Schmidt (1971), S. 15; desgleichen, 11. März 1883, ebd., S. 14; Erich Bahr an seinen Sohn (ohne Datum, Anfang Frühjahr 1883), ebd., S. 18.

42. Erich Bahr an seinen Sohn, 10. März 1887 umd 11. Juni 1890, ebd., S. 152, 276.

43. Selden Huntington an Joseph Huntington, 21. November 1883, Sheldon Huntington Family Papers, Box 1, Yale, Manuscripts and Archives; Mrs. Huntington an Joseph Huntington, 31. März 1834, ebd.; Kusine Sybil an Joseph Huntington, 2. April 1835, ebd.

44. Selden Huntington an Joseph Huntington, 26. Oktober 1835, 19. Februar [1838] und 7. April 1841, ebd.; Mrs. Huntington an Joseph Huntington, [28.] September 1836, ebd.; Joseph Huntington an Selden Huntington, 13. September 1842, ebd.

45. Barbey d'Aurevilly, «Balzac» (1876), *Littérature épistolaire* (1892), S. 1–2.

46. Henry A. Lounsbury an Thomas R. Lounsbury, 2. Juli [18]72, Thomas R. Lounsbury Papers, Ser. I, Box 12, Yale, Manuscripts and Archives.

2. Der diskrete beste Freund

1. Der Unterschied zwischen einem Tagebuch und persönlichen Aufzeichnungen läßt sich unschwer benennen: Ersteres ist ein täglicher (oder nahezu täglicher) knapper Bericht, während es sich bei letzteren um Eintragungen handelt, die in größeren Abständen vorgenommen werden und gehaltvoller ausfallen. Selbstverständlich kam es damals nicht selten vor, daß jemand beides hinterließ. Tatsächlich sind die Grenzen zwischen den beiden Genres fließend: Manche Tagebuchschreiber verbrachten täglich viel Zeit mit ihrem schweigenden Inti-

mus, und die psychologischen Motive, die jemanden zu der einen oder der anderen Aufzeichnungsform bewogen, waren kaum zu unterscheiden. Ich werde deshalb auf den folgenden Seiten zwischen den beiden Begriffen keinen Unterschied machen.

2. De Guérin, 20. April 1834, *Journal, lettres, poèmes et fragments* (o. J., ca. 1911), S. 78.

3. Nietzsche, Tagebuch, 26. Dezember 1856, *Werke*, hrsg. von Karl Schlechta, 3 Bde. (1966; 6. Aufl., 1969), Bd. III, S. 9.

4. Siehe Mimi Sommer, «Designing Woman», *Connecticut Magazine* (März 1991), S. 75–83, Zitat auf S. 75.

5. Julie Manet, *Journal (1893–1899)*, hrsg. von Jean Griot (1979), S. 9.

6. Hebbel, Tagebucheintragung vom 23. März 1835, *Tagebücher, 1835–1863*, hrsg. von Karl Pörnbacher, 3 Bde. (1966–67; Aufl. 1984), Bd. I, S. 7.

7. Marie Bashkirtseff, *Journal*, 2 Bde. (1898), Bd. I, S. 5.

8. Jules Renard, *Journal* (1935), S. 256. Der Autor starb 1910.

9. Reed: Tagebuch, 1818–49, aus einer getippten Teilabschrift, angefertigt von seinem Sohn A. B. Reed (das Original ist verlorengegangen; ich verdanke diese Seiten Thomas A. Reed); Meyr: Tagebuch, 6. September [18]61, Meyriana, II, S. 2, Bayer. Staatsbibliothek, München.

10. Siehe «Letts, Thomas», *Dictionary of National Biography*, hrsg. von Leslie Stephen und Sidney Lee, 21 Bde. (1885–1900; Repr. 1921–22), Bd. X, S. 1013.

11. Thackeray, «On Lett's Diary» (1862), *The Works of William Makepeace Thackeray*, Centenary Biographical Edition, hrsg. von Lady Richie, 26 Bde. (1910–11), Bd. XX, S. 177, 179.

12. Um nur ein Beispiel für solch knochentrockene, langweilige Eintragungen zu geben: hier ist ein kleiner Ausschnitt aus dem Tagebuch von James Plumptre, einem englischen Theologen und gestrengen Tadler der seit John Gay im Lande grassierenden Lasterhaftigkeit: «In der Kirche / In der Verwaltung im Hosp. / Mr. Stevens an Stelle von Mr. Gray zum Apotheker gewählt. / Mit Bonny spazierengegangen und Latein geredet.» 2. Mai [1808], Cambridge University Library, Add. 5839.

13. Fanny Wood, 25. August [1835], *A Great-Niece's Journals. Being Extracts from the Journals of Fanny Anne Burney (Mrs. Wood) from 1830 to 1842*, hrsg. von Margaret S. Rolt (1926), S. 64; 8. August 1835, ebd., S. 61.

14. Siehe Theodore Dreiser, *American Diaries, 1902–1926*, hrsg. von Thomas P. Riggio (1982), S. 3–4, 53 [Einl.], 55–57 und passim [Text].

15. Asa Fitch, Tagebuch, 16. August 1839 (das Ereignis, an das er sich erinnerte, hatte am 3. August stattgefunden), Asa Fitch Papers, Box 2, Yale, Manuscripts and Archives.

16. 1. September 1839, ebd.

17. Waiblinger: *Tagebücher* (1956), S. 209; Macaulay: Tagebucheintragung vom 7. Januar 1856, zit. in George Otto Trevelyan, *The Life and Letters of Lord Macaulay*, 2 Bde. (1876; World's Classics-Ausgabe, 1932) Bd. II, S. 315; Wilde: *The Importance of Being Earnest* (1895), 2. Akt; Reed: Tagebucheintragung vom 31. Dezember 1848.

18. Reed, Tagebuch, 13. April 1849.

19. *The Diary of Alice James*, hrsg. von Leon Edel (1964), S. 25.
20. Amiel, *Journal intime*, hrsg. von Bernard Gagnebin und Philippe M. Monnier, bis jetzt 8 Bde. (1976–), Bd. V, S. 572. (Amiels Tagebuch ist sogar noch länger als das gigantische Tagebuch, das die Brüder Goncourt führten.)
21. Im ersten Band dieser Reihe habe ich aus dem Tagebuchfragment – nur die Seiten für 1880 sind erhalten – einer unbekannten Hausfrau aus Haddam, Connecticut, zitiert, die voll bitteren Spottes über die Einförmigkeit ihrer hausfraulichen Plackerei ist und sich «in meiner Zelle angekettet» und zu «elenden, leidigen Tagen» verdammt fühlt. Am Waschzuber zu stehen war für sie nur ein Beispiel mehr für ihr «sehr romantisches Dasein». Von ihrem Mann hatte sie wenig oder keine Hilfe zu erwarten: «Die Galionsfigur sah zu, während die Sklaven sich abrackern durften.» Sie drückte aus, was Tausende empfunden haben müssen. Bd. 11, Box 1, Diaries, Miscellaneous, Yale, Manuscripts and Archives. Siehe Peter Gay, *Erziehung der Sinne* (1984 [engl. Orig. 1984]), S. 190–91.
22. Zum ersten Anspruch siehe Elizabeth Gaskell: «Meiner lieben kleinen Marianne ‹widme› ich dieses Buch; sollte ich nicht lange genug leben, um es ihr selbst zu übergeben, vertraue ich darauf, daß es für sie aufbewahrt wird, als Unterpfand der Liebe, die ihre Mutter für sie hegt, und des außerordentlichen Anteils, den die Mutter an der Charakterbildung ihrer kleinen Tochter nimmt... Ich wünschte, ich könnte ihr wenigstens einen vagen Eindruck von der Liebe und Hoffnung vermitteln, die sich auf sie konzentriert.» *My Diary: The Early Years of my Daughter Marianne* (1923); zum zweiten siehe Leo Tolstoi: «Ich habe noch nie ein Tagebuch geführt, weil ich den Sinn nicht einsah. Aber nun, da ich damit befaßt bin, meine eigenen Fähigkeiten zu entwickeln, werde ich anhand eines Tagebuches beurteilen können, wie diese Entwicklung vorankommt.» Tolstoi, 7. April [1847], *Tolstoy's Diaries*, hrsg. und übers. von R. F. Christian, 2 Bde. (1985), Bd. I, S. 4.
23. *Journal of Emily Shore* (1891), S. 261.
24. Ebd., S. 1.
25. [Mitte September 1873], *The Diary of Beatrice Webb*, Bd. I, *1873–1892: Glitter Around and Darkness Within*, hrsg. von Norman und Jeanne McKenzie (1982), S. 13.
26. 16. September 1825, *Aus Andersens Tagebüchern*, hrsg. und übers. von Heinz Barüske, 2 Bde. (1980), Bd. 1, S. 31.
27. Tolstoi, 17. März [1847], *Tolstoy's Diaries*, Bd. I, S. 4.
28. Bashkirtseff, *Journal*, Bd. I, S. 5.
29. Bashkirtseff: ebd.; Van Dyke: 9. Juli 1810, Tagebuch, Special Collection Department, Rutgers University, Ac. 2981.
30. Shore, *Journal*, S. 263.
31. Julie Manet, 28. Oktober [1897], *Journal*, S. 138–39.
32. 8. Januar [1898], ebd., S. 147; 15. Dezember [1899], ebd., S. 285; 8. Januar [1898], ebd., S. 147; 14. Oktober [1897], ebd., S. 135.
33. 22. Oktober [1897], ebd., S. 137; 22. Dezember [1898], ebd., S. 207.
34. 14. November [1899], ebd., S. 278; 12. Dezember [1899], ebd., S. 284.
35. 1. März [1895], ebd., S. 52.
36. 17. April [1895], ebd., S. 52–53.
37. 20. Juli [1895], ebd., S. 54; 5. Dezember [1896], ebd. (zusätzl. Eintragung), S. 292.

38. 15. Dezember [1896], ebd., S. 119; 4. März [1896], ebd., S. 83; 28. Oktober [1897], ebd., S. 138–39.

39. Einen solchen bemerkenswerten Ausnahmefall stellt Mabel Loomis Todd dar, die in ihrem Taschenformat-Tagebuch, ihren ausführlichen Aufzeichnungen und ihrer privaten Korrespondenz ihre sexuellen Erfahrungen mit ihrem Ehemann ausführlich schildert, sogar über ihre Orgasmen Buch führt und intime Einzelheiten über ihre Liebesaffäre mit Austin Dickinson festhält. Eine Analyse dieser Amerikanerin aus gutem Hause und ihres offenherzigen Berichts liefere ich in *Erziehung der Sinne* (1984 [engl. Orig. 1984]), S. 83–121.

40. Elizabeth Barrett, 4. Juni 1831, *Diary by E. B. B.: The Unpublished Diary of Elizabeth Barrett, 1831–1832*, hrsg. von Philip Kelley und Ronald Hudson (1969), S. 1.

41. Barrett: ebd.; Gladstone: Eintragung vom 16. September 1841, *The Gladstone Diaries*, hrsg. von M. R. D. Foot und H. C. G. Matthew, 14 Bde. (1968–94), Bd. III, S. 140. Siehe auch Bashkirtseff, *Journal*, Bd. I, S. 5.

42. Delacroix, 27. April 1824, *Journal, 1822–1863* (1893; Einl. von André Joubin, 1980), S. 61–62.

43. «Großartig ist der Fortschritt der Neuzeit: Erfindungen folgen auf Erfindungen; die Maschine hat die Produktion ins Ungeheure vermehrt, Eisenbahnen und Dampfschiffe haben den Verkehr zu ungeahnter Höhe entwickelt. Milliarden von Zeitungen werden jährlich gelesen und Milliarden von Briefen geschrieben; auf allen Gebieten des Kultur- und Geisteslebens sind mächtige Fortschritte erzielt worden...» Ferdinand Buomberger, «Massenelend und Kulturentwicklung», *Hochland*, I (1. März 1904), S. 690. (Das war nicht eigentlich als bedingungsloses Loblied gemeint, denn der Autor kontrastiert diese Fortschritte mit der fortdauernden Armut in der Gesellschaft.) Ein paar Seiten später macht sich Dr. Josef Froberger Gedanken über das bemerkenswerte Phänomen, «daß mystisch-religiöse Richtungen immer entschiedener hervortreten und in manchen Kreisen tiefgehenden Anklang zu finden scheinen... Die materialistische Weltanschauung hat im letzten Jahrzehnt an Zugkraft bedeutend eingebüßt; der nüchterne Rationalismus kann strebende Geister auf die Dauer auch nicht befriedigen...... im grellsten Lichte offenbart sich eine Verschwommenheit und Charakterlosigkeit, wie sie außerdem nur die niedergehende römische Kaiserzeit mit ihrem Kulturwirrwarr aufweisen kann. Eine ‹Reformreligion› wird nach der anderen angepriesen und verherrlicht: Buddhismus, Occultismus, Dämonismus, Gefühlsreligion, bis zum alldeutschen Odinskult und der ägyptischen Isisverehrung... Am tollsten treibt es wohl die Theosophie...» «Moderner Mystizismus», ebd., S. 741.

Bibliographischer Essay

Auch in diesem Band hebt der bibliographische Essay nicht auf Vollständigkeit ab, sondern beschränkt sich auf eine Auswahl derjenigen Texte, die Informationen beigesteuert, Deutungen angeregt oder zum Widerspruch aufgefordert haben. Die wichtigsten psychoanalytischen Arbeiten, denen ich nach wie vor verpflichtet bin, finden sich bereits in Band I dieser Reihe, *Die Erziehung der Sinne* (1986), S. 497–99 und 502–3, so daß ich auf eine Wiederholung verzichte.

Die Kunst des Zuhörens

Der Maler William Sidney Mount (dessen Bild *The Power of Music* den Anstoß zu diesem einleitenden Kapitel gab) wird gut vorgestellt bei Alfred Frankenstein, *William Sidney Mount* (1975), sowie in mehreren Beiträgen zu dem Sammelband *Catching the Tune: Music and William Sidney Mount*, hrsg. von Janice Gray Armstrong (1984). Da Mount in seinem Werk zahlreiche Sujets aus der Welt der Schwarzen verwendet, sind auch vergleichende Studien über die künstlerische Darstellung der Rassen sinnvoll; siehe Albert Boime, *The Art of Exclusion: Representing Blacks in the Nineteenth Century* (1990), und Hugh Honour, *The Image of the Black in Western Art*, Bd. IV, *From the American Revolution to World War I* (1989). Siehe ferner das instruktive Kapitel 4 in Elizabeth Johns, *American Genre Painting: The Politics of Everyday Life* (1991).

Die nach 1800 zunehmende Vorliebe für Musik ohne Worte wird überzeugend erklärt bei Carl Dahlhaus, *Die Idee der absoluten Musik* (1978). Mit seiner *Musikästhetik* (1967) hat er eine eindrucksvolle Kurzdarstellung vorgelegt. Beide Bücher analysieren E. T. A. Hoffmanns epochemachende Besprechung von Beethovens Fünfter Sinfonie (1810) und seinen bahnbrechenden Aufsatz «Gedanken über den hohen Wert der Musik» in *Fantasiestücke in Callots Manier* (1814). Obgleich es bereits eine umfangreiche Literatur über Hoffmann als Musikkritiker gab (darunter R. Murray Schafer, *E. T. A. Hoffmann and Music*, 1975), konnte Dahlhaus von zusätzlichen Untersuchungen profitieren.[1] Die ergiebigste Biographie stammt nach meiner Ansicht von Rüdiger Safranski, *E. T. A. Hoffmann. Das Leben eines skeptischen Phantasten* (1984). Der hervorragende Sachkenner Friedrich Schnapp hat in seiner umfangreichen Textsammlung *E. T. A. Hoffmann in Aufzeichnungen seiner Freunde und Bekannten* (1974) Augenzeugenberichte der Zeitgenossen zusammengetragen. Beachtung unter den musikhistorischen Darstellungen verdient Leon Platingas *Romantic Music: A History of Musical Style in Nineteenth-Century Europe* (1984) mit seinem klaren Urteil. Auch die ältere Geschichte von Alfred Einstein, *Music in the Romantic Era* (1947) kann nach wie vor überzeugen. Sozialgeschichtlich orientiert ist *The Early Romantic Era, between Revolutions: 1789 and 1848*, hrsg. von Alexander Ringer (1990).

Mein Quellenmaterial über das Verhalten – und oftmals Fehlverhalten – des Konzertpublikums sowie die Versuche, es zu verändern, stammt aus Musikzeitschriften, Biographien (beziehungsweise Autobiographien) von Komponisten und Darstellungen einzelner Orchester. Hilfreiche Bücher waren: *Thayer's Life of Beethoven*, überarb. und hrsg. von Elliot Forbes (1964; überarb. Aufl. 1967); Herbert Weinstock, *Rossini: A Biography* (1968); *Mémoires de Hector Berlioz, comprenant ses voyages* (1870; seither zahlr. Aufl.); *Offenbach en Amérique. Notes d'un musicien en voyage* (ca. 1876), eine Sammlung von Offenbachs Briefen an seine Frau; Howard Shanet, *Philharmonic: A History of New York's Orchestra* (1975); John H. Mueller, *The American Symphony Orchestra: A Social History of Music Taste* (1951); Robert Elkin, *Royal Philharmonic: The Annals of the Royal Philharmonic Society* (1946); Richard Schickel, *The World of Carnegie Hall* (1960); Irwin Kolodin, *The Story of the Metropolitan Opera, 1883–1950: A Candid History* (1953). Die Biographie einer bürgerlichen Musikinstitution schreibt Michael Kennedy in *The Hallé Tradition: A Century of Music* (1960).

Über Mozarts Einstellung zu seinem Publikum erfährt man am meisten aus seinen Briefen an den Vater; lesen sollte man sie in dem prachtvollen Band *Briefe und Aufzeichnungen. Gesamtausgabe*, hrsg. von Wilhelm A. Bauer und Otto Erich Deutsch, 7 Bde. (1962–75).

Mehrere Historiker haben vielversprechende Ansätze zu einer Sozialgeschichte der Musik vorgelegt. Äußerst lehrreich war für mich die umfangreiche vergleichende Studie von William Weber, *Music and the Middle Class: The Social Structure of Concert Life in London, Paris, and Vienna* (1975). Siehe auch: James H. Johnson, «Musical Experience and the Formation of a French Musical Public», in: *Journal of Modern History*, Bd. LXIV (Juni 1992), S. 216–26; Wilfred Dumwell, *Music and the European Mind* (1962); Cyril Ehrlich, *The Music Profession in Britain since the Eighteenth Century: A Social History* (1985); und E. D. Mackerness, *A Social History of English Music* (1964), bes. Kap. 4–6. Ein klassisches Werk über Wien ist Eduard Hanslicks *Geschichte des Concertwesens in Wien*, 2 Bde. (1869–70), die allerdings mit Vorsicht gelesen werden muß: Hanslick, der einflußreichste Wiener Musikkritiker, war ein stolzer Bürger und überschätzte die Bedeutung des Wiener Mittelstands für das Musikleben seiner Stadt. Eine handliche, gut ausgewählte Anthologie seiner autoritativen Kritiken ist der Band *Aus dem Tagebuch eines Rezensenten. Gesammelte Musikkritiken*, hrsg. von Peter Wapnewski (1989), mit einem lesenswerten Nachwort des Herausgebers. Gründlichen Einblick in eine einflußreiche städtische Kulturinstitution gibt *Das «Museum». Einhundertfünfzig Jahre Frankfurter Konzertleben, 1808–1958*, hrsg. von Hildegard Weber (1958).

Über die entscheidenden Jahrzehnte der Musikgeschichte, in denen die Verhaltensideale sich änderten, informieren insbesondere: Claude Laforêt [Pseud. für Flavien Bonnet-Roy], *La vie musicale au temps romantique (salons, théâtres et concerts)* (1929), in kurzer und anekdotischer Form; Léon Guichard, *La musique et les lettres au temps du romantisme* (1955), mehr im Detail und unter besonderer Berücksichtigung des Verhältnisses zwischen Musik und Literatur; Arthur Ware Locke, *Music and the Romantic Movement in France* (1920), in einem knappen Beitrag mit guten Einfällen, aber leider unter dem schlechten Einfluß von Irving Babitts Vorstellung, die Romantik sei so etwas wie eine Krankheit gewesen. Zur

Kultfigur Beethoven siehe die ausführliche Untersuchung von Alessandra Comini, *The Changing Image of Beethoven: A Study in Mythmaking* (1987).

Genaueres über das Verhältnis von Musik und Malerei erfuhr ich vor allem bei Franzsepp Würtenberger, *Malerei und Musik. Die Geschichte des Verhaltens zweier Künste zueinander dargestellt nach den Quellen im Zeitraum von Leonardo da Vinci bis John Cage* (1979). Viele Anregungen fand ich in Leonard B. Meyers *Music, the Arts, and Ideas: Patterns and Predictions in Twentieth-Century Culture* (1967), obgleich sich das Buch auf die Gegenwart bezieht.

Unter der Unmenge von Büchern über Wagner waren folgende Titel am informativsten und meinem Gedankengang am nächsten: Carl Dahlhaus, *Richard Wagners Musikdramen* (1971), ein knapper, aber überaus gedankenreicher Text; Michael Karbaum, *100 Jahre Bayreuther Festspiele. Studien zur Geschichte der Bayreuther Festspiele* (1976); Geoffrey Skelton, «The Idea of Bayreuth», in: *The Wagner Companion*, hrsg. von Peter Burbidge und Richard Sutton (1979), S. 389–411; und Richard Beacham, «Adolphe Appia and the Staging of Wagnerian Opera», in: *Opera Quarterly*, Bd. L (Herbst 1983), S. 114–39. Die detaillierte Darstellung von Frederic Spotts, *Bayreuth: A History of the Wagner Festival* (1994) konnte ich vor der Drucklegung dieses Bandes wenigstens noch konsultieren.[2]

I. Die Wiederverzauberung der Welt

Zur Romantik, die in meiner Geschichte der Innerlichkeit im 19. Jahrhundert eine Schlüsselstellung innehat, gibt es mittlerweile Berge von Literatur. Beginnen müssen wir mit dem von Arthur O. Lovejoy im Dezember 1923 vor der Modern Language Association gehaltenen Vortrag, in dem er kurzerhand mit einer einheitlichen Definition der Romantik aufräumte: «On the Discrimination of Romanticisms», in: *PMLA*, Bd. XXXIX (1924), S. 229–53. Sie gehört nach wie vor zur Pflichtlektüre und ist leicht greifbar in Lovejoy, *Essays in the History of Ideas* (1948). Erst ein Vierteljahrhundert später hat René Wellek diese ungeheuer provozierende These aufgegriffen und versucht, die wissenschaftliche Würde «der Romantik» wiederherzustellen: «The Concept of Romanticism in Literary History», in: *Comparative Literature*, Bd. I (1949), S. 1–23, 147–72 (Wiederabdr. in Wellek, *Concepts of Criticism*, hrsg. von Stephen G. Nichols Jr. [1963], mit einem Postskriptum unter dem Titel «Romanticism Re-examined»). Über Bedeutungswandel und frühe Verwendung des Wortes informiert in aller Ausführlichkeit (auf mehr als 500 Seiten) der Band *«Romantic» and Its Cognates: The European History of a Word*, hrsg. von Hans Eichner (1972).

Zu den Texten, die besonders provokante Thesen zur Diskussion über Subjektivität beigesteuert haben (sich aber nicht alle auf die Romantik beschränken), gehören an erster Stelle: Lionel Trilling, *Sincerity and Authenticity* (1972), Henri Peyre, *Literature and Sincerity* (1963), sowie Georges Gusdorf, *La découverte de soi* (1948). Isaiah Berlin, der sich der «Gegenaufklärung» angenommen hat, behandelt in diversen Aufsätzen zwangsläufig auch die Romantiker, zumal in «Giambattista Vico and Cultural History» (1983) und «The Apotheosis of the Romantic Will: The Revolt against the Myth of an Ideal World» (1975), beide in *The Crooked Timber of Humanity: Chapters in the History of Ideas* (1991).

Zu den brauchbarsten geschichtlichen Darstellungen gehört nach wie vor Paul van Tieghems *Le romantisme dans la littérature européenne* (1948); da sie um Objektivität und große Reichweite bemüht ist, nimmt sie auch die «unwichtigeren» romantischen Bewegungen in Skandinavien, den Niederlanden und Italien in den Blick. Als lesenswert erwies sich erneut der Klassiker von Mario Praz *Liebe, Tod und Teufel. Die schwarze Romantik* (1933; dtsch.: 1963), auf dessen kenntnisreiche Analysen der Erotik im 19. Jahrhundert ich schon früher oft zurückgegriffen habe. Anregend ist weiterhin auch Fritz Strichs *Deutsche Klassik und Romantik; oder, Vollendung und Unendlichkeit* (1922; 3. Aufl. 1928), ein beherzter Versuch, beide Stilepochen – ganz im Gegensatz zu den neueren Feinanalysen – einander schlicht entgegenzusetzen. Seit langem fast eins geworden mit der Romantik ist M. H. Abrams; viel verdanke ich seinem maßgebenden Buch *The Mirror and the Lamp: Romantic Theory and the Critical Tradition* (1953) und dem nicht minder wichtigen Band *Natural Supernaturalism: Tradition and Revolution in Romantic Literature* (1971). Beide beginnen zwar mit England, beschränken sich aber nicht darauf. Adams' kleinere Schriften sind zusammengestellt in *The Correspondent Breeze: Essays on English Romanticism* (1984). Verpflichtet bin ich ferner René Welleks eindrucksvoller *History of Modern Criticism*, Bd. II, *The Romantic Age* (1955), die, von einem Kritiker zum nächsten wandernd, einen sachkundigen, bewußt unzusammenhängenden Überblick bietet. Mit seinem Buch *Romanticism* (1979) hat der Kunsthistoriker Hugh Honour einen reizvollen, bestechend eigenwilligen Essay geschrieben. Nicholas V. Riasanovsky wirft in *The Emergence of Romanticism* (1992), einem schmalen, mit langen Zitaten überladenen Buch, einen Blick auf die Anfänge der romantischen Bestrebungen in England und Deutschland. Eine weitaus ergiebigere Behandlung desselben Themas bietet Eudo S. Mason, *Deutsche und englische Romantik. Eine Gegenüberstellung* (1959; 3. Aufl. 1970). H. G. Schenks breite Gesamtdarstellung *The Mind of the European Romantics* (1966) vertritt annähernd dieselbe Position wie mein eigenes Buch (er verwendet sogar gleichfalls die Begriffe «Verzauberung» und «Entzauberung»). In *Romanticism in National Context*, hrsg. von Roy Porter und Mikulás Teich (1988), werden willkommene Differenzierungen beigesteuert. Ebenso in den kenntnisreichen Arbeiten von Lilian R. Furst, etwa ihren Büchern *Romanticism in Perspective* (1969; 2. Aufl. 1979) und *The Contours of European Romanticism* (1979).

Einen besonderen Platz nimmt Jacques Barzuns Streitschrift *Romanticism and the Modern Ego* (1943; überarb. Aufl. unter dem neuen Titel *Classic, Romantic and Modern*, 1961) ein; vehement verteidigt sie die Romantiker gegen den Vorwurf, sie seien obskurantistisch in ihrem Denken und reaktionär in ihren praktischen Folgen gewesen; mein eigenes Bild von den Romantikern ist zwar düsterer als das von Barzun, aber sein Einspruch hat sich doch dämpfend ausgewirkt. Michael G. Cookes Buch *Acts of Inclusion: Studies Bearing on an Elementary Theory of Romanticism* (1979) findet sein Thema in der romantischen Abwehr gegen Präzision und Regeln. Barbara Fass rückt ins Zentrum ihrer Studie *La Belle Dame sans Merci and the Aesthetics of Romanticism* (1974) die verführerische «Phantasie-Geliebte». Robert Harbison dagegen macht sich in *Deliberate Regression* (1980) an den unangenehmsten Erscheinungsformen romantischen Denkens fest und geht den – wie er meint – verheerenden Folgen seines Individualismus nach, die ihn von Rousseau bis zum Faschismus führen. Die Romantik scheint

immer wieder zu solchen Angriffen zu provozieren. Gerald N. Izenbergs anspruchsvolle vergleichende Studie *Impossible Individuality: Romanticism, Revolution, and the Origins of Modern Selfhood, 1787–1802* (1902) konzentriert sich –
nach einer allgemeinen Einleitung – auf Friedrich Schlegel, Wordsworth und Chateaubriand, um im romantischen Denken zwei verschiedene Vorstellungen von
Individualität auszumachen. Jerome J. McGanns *The Romantic Ideology: A Critical Investigation* (1983) ist ein Versuch, von den romantischen Prämissen loszu-
kommen und einen freien kritischen Blick zu ermöglichen.

Die deutsche Romantik ist in englischsprachigen Arbeiten kaum behandelt wor-
den; mit Gewinn kann man nach wie vor W. A. Willoughbys *The Romantic
Movement in Germany* (1930) zur Hand nehmen. Siehe auch Glyn T. Hughes,
Romantic German Literature (1979). Pflichtlektüre bleiben zwei Artikel von Ar-
thur O. Lovejoy: «The Meaning of ‹Romantic› in Early German Romanticism»,
in: *Modern Language Notes*, Bd. XXXI (1916), S. 385–96, und Bd. XXXII (1917),
S. 65–77, sowie «Schiller and the Genesis of German Romanticism», ebd.,
Bd. XXXV (1920), S. 1–10, 134–46, beide aufgenommen in *Essays in the History of
Ideas*. Nie beigelegt wurde unter deutschen Wissenschaftlern der alte Streit über
die Frage, ob die deutsche Romantik nur den Niedergang der Goethezeit (so
Hermann A. Korff in seinem vielzitierten, aber überschätzten Werk *Der Geist der
Goethezeit*, 4 Bde., 1923–48) oder aber einen Höhepunkt in der Entwicklung der
deutschen Literatur, Kunst und Philosophie dargestellt habe. Eine Fülle radikaler
Erkenntnisse enthält Georg Brandes' *Die romantische Schule in Deutschland*, der
zweite Band von *Die Hauptströmungen der Literatur des neunzehnten Jahrhunderts* (1872–94; dtsch.: 1872–76, Bd. 1–4; vollst. Aufl. in 3 Bänden 1924), obgleich
das Buch ein Jahrhundert alt und sehr subjektiv geschrieben ist. Zu den alten
Kämpen gehört auch Ricarda Huch mit *Blütezeit der Romantik* (1899) sowie
Ausbreitung und Verfall der Romantik (1902), 1908 erschienen unter dem Titel
Die Romantik und oft wiederaufgelegt; diese Schriften sind nur wenig jünger als
das Buch von Brandes, ebenso subjektiv (unbelastet von Fußnoten und Bibliographie) und genauso scharfsichtig. Auch Rudolf Hayms fundiertes, gehaltvolles
Werk *Die romantische Schule* (1870) ist in Würde alt geworden. Besonders hilfreich unter den neueren Titeln ist der Band *Die deutsche Romantik*, hrsg. von
Hans Steffen (1967; 2. Aufl. 1970), da er Beiträge über einzelne Romantiker sowie
über Themen wie Ironie und Märchen enthält. Siehe auch die detaillierten, etwas
sperrigen Analysen in Werner Kohlschmidt, *Geschichte der deutschen Literatur
von der Romantik bis zum späten Goethe* (1974), Bd. III der *Geschichte der deutschen Literatur von den Anfängen bis zur Gegenwart*. Marianne Thalmanns *Romantiker entdecken die Stadt* (1965) ist ein anregender Text, der schildert, wie die
deutschen Romantiker sich in Berlin eingelebt haben. Theodore Ziolkowskis
zwanglose Studie *German Romanticism and Its Institutions* (1990) befaßt sich mit
der Berufstätigkeit führender Romantiker wie etwa Novalis (der in der Verwaltung der sächsischen Salzbergwerke tätig war) oder E. T. A. Hoffmann (der als
Richter arbeitete), um dem üblichen, zweidimensionalen Bild dieser vermeintlich
weltabgewandten Träumer eine weitere Dimension hinzuzufügen. Keinesfalls fehlen darf schließlich Heinrich Heines geistreiche und hochsubjektive Schmäh-
schrift über die *Romantische Schule* (1833–35).

Die Deutschen haben über ihre Romantiker zwar mit großer Begeisterung Monographien, aber recht wenige Biographien geschrieben. Lust auf mehr macht Ernst Behlers *Friedrich Schlegel in Selbstzeugnissen und Bilddokumenten* (1966), eine kompetente, wenn auch etwas schematische Einführung von dem hervorragenden Wissenschaftler und Herausgeber der *Kritischen Friedrich-Schlegel-Ausgabe*. Eine weitere kurze Studie, Hans Eichners *Friedrich Schlegel* (1970), ist in englischer Sprache geschrieben. Wie sein jüngerer Bruder hat auch August Wilhelm Schlegel nie eine wirkliche Biographie bekommen. Josef Körners *Die Botschaft der deutschen Romantik an Europa* (1929) ist eine knappe Analyse, die trotz ihres beunruhigenden Titels jeden Chauvinismus vermeidet; die Botschaft erweist sich nämlich als August Wilhelm Schlegels Literaturtheorie. Als Ersatz kann die Korrespondenz der Brüder dienen: *Friedrich Schlegels Briefe an seinen Bruder August Wilhelm*, hrsg. von Oskar Walzel (1890); *Briefe von und an Friedrich und Dorothea Schlegel*, hrsg. von Josef Körner (1926); *Die Brüder August Wilhelm Schlegel und Friedrich Schlegel im Briefwechsel mit Schiller und Goethe*, hrsg. von Josef Körner unter Mitarbeit von Ernst Wienicke (1926). (Nach Abschluß der *Kritischen Ausgabe* von Friedrich Schlegels Schriften wird dort die Standardausgabe seiner Briefe zu finden sein.) Über den Einfluß des älteren Schlegel auf das französische Denken siehe neben Körner auch Chetana Nagavajara, *August Wilhelm Schlegel in Frankreich. Sein Anteil an der französischen Literaturkritik* (1966). J. Christopher Herolds spannendes Buch *Mistress to an Age: A Life of Madame de Staël* (1958), das viel Informationen über August Wilhelm Schlegel bietet, ist eine wunderbare Einführung in die Frühromantik und – ganz im Gegensatz zu seinem schlüpfrigen Titel – kompetent, scharfsichtig und elegant geschrieben.

Über Friedrich von Hardenberg gibt es von Gerhard Schulz die knappe, aber informative Darstellung *Novalis in Selbstzeugnissen und Bilddokumenten* (1969) und von Hermann Kurzke die bestechende, gleichfalls knappe Monographie *Novalis* (1988); in englischer Sprache außerdem John Neubauer, *Novalis* (1980). Friedrich Hiebels *Novalis. Deutscher Dichter, Europäischer Denker, Christlicher Seher* (1951; 2. stark erw. Aufl. 1972) folgt seinem eigenen ideologischen Programm, was seinen Nutzen erheblich einschränkt. Mit Hölderlins faszinierender und geheimnisvoller Persönlichkeit hat sich der französische Germanist Pierre Bertaux jahrzehntelang als Spezialist befaßt. In *Hölderlin und die französische Revolution* (1969) hebt er den politischen Radikalismus des Dichters hervor; in seinem dicken Band *Friedrich Hölderlin* (1978) entwickelt er anhand zahlreicher Quellentexte ein psychologisches Profil des Dichters, um zu belegen, daß dieser zwar «andersgeartet», aber nicht geisteskrank war; trotz aller Einfühlsamkeit und allen Kenntnisreichtums hat sich diese Verteidigung als nicht überzeugend erwiesen. Zu E. T. A. Hoffmann siehe oben S. 514. Die beste Tieck-Biographie ist ganz unzweifelhaft Roger Paulins *Ludwig Tieck: A Literary Biography* (1985) – geschrieben in Englisch. Zur Innerlichkeit der deutschen Philosophen und ihrem Konflikt mit der Welt der Wissenschaft siehe Andrew Bowie, *Aesthetics and Subjectivity: From Kant to Nietzsche* (1990), ein hochgelehrtes, aber problematisches Buch. J. Brändles *Das Problem der Innerlichkeit. Hamann, Herder, Goethe* (1949) ist eine schmale Studie über die Vorgeschichte der romantischen Innerlichkeit.

In England ist das alles besser gelungen. Walter Jackson Bate bietet in seinem Buch *From Classic to Romantic: Premises of Taste in Eighteenth-Century England* (1946) eine geschickte Einführung in die Entstehung der dortigen Romantik. Marilyn Butler hat in *Romantics, Rebels, and Reactionaries: English Literature and Its Background, 1760–1830* (1981), einer brillanten (äußerlich extrem bescheidenen) Gesamtdarstellung, das historische Material voll im Griff. M. H. Northrop Frye legt mit seiner knappen *Study of English Romanticism* (1968) wieder einmal eine bemerkenswerte Arbeit vor, die in Textanalysen von Beddoes, Shelley und Keats den Blick auf übernommene und neu erfundene Mythen richtet. Der von Harold Blum herausgegebene Band *Romanticism and Consciousness: Essays in Criticism* (1970) versammelt eine Reihe von – in der Mehrzahl schwer greifbaren – Vorträgen, die auch mit der Innerlichkeit zu tun haben. Anne K. Mellor trägt in *English Romantic Irony* (1980) anhand von englischen Beispielen viel zur Klärung eines schwierigen, erstmals bei Friedrich Schlegel verwendeten Begriffs bei. (Siehe dazu ferner Helmut Prang, *Die romantische Ironie*, 1972.) Marilyn Gaulls *English Romanticism: The Human Context* (1988) verschafft ein wohltuendes Gegengewicht gegen die ausschließliche Beschäftigung mit hoher Literatur.[3] Ein ähnliches Kontextinteresse äußert sich in dem ausgewogenen Band *The Romantic Age in Britain*, Bd. VI der *Cambridge Cultural History of Britain*, hrsg. von Boris Ford (1989), der Beiträge über Städte, Künste, Musik, Karikatur und Architektur enthält, ohne daß Lyrik und Roman zu kurz kommen.

Überragendes geleistet haben Engländer (und Amerikaner) in der Darstellung einzelner Romantiker. So etwa Leslie A. Marchand mit dem Quasi-Standardwerk *Byron: A Biography*, 3 Bde. (1957). Bewundernswert ist auch Marchands Ausgabe von *Byron's Letters and Journals*, 12 Bde. (1973–82). Nicht zufällig haben Byrons beeindruckende Briefe zu Anthologien angeregt; zu nennen wären insbesondere Marchands eigener Band *Lord Byron: Selected Letters and Journals* (1982) und die ältere Ausgabe *The Selected Letters of Lord Byron*, hrsg. von Jacques Barzun (1953). Das von Paul West herausgegebene Buch *Byron: A Collection of Critical Essays* (1963) stellt eine breite Palette von Ansichten vor. Anregungen gibt auch W. W. Robsons Vortrag vor der British Academy: *Byron as Poet* (1957). Der Band *Lord Byron and His Contemporaries*, hrsg. von Charles E. Robinson (1982), betrachtet den Dichter in seinem – sowohl in- wie ausländischen – literarischen Umfeld.

Walter Jackson Bates ausführliche Studie über *John Keats* (1963) ist die Standardbiographie und Douglas Bush, *John Keats: His Life and Writings* (1966), eine Glanzleistung in puncto Prägnanz. Trotz dieser gewaltigen Konkurrenz bleibt Stuart M. Sperrys *Keats the Poet* (1973) nach wie vor lesenswert; desgleichen Christopher Ricks' geistreiches Buch *Keats and Embarrassment* (1974). In der faszinierenden Monographie *Romantic Medicine and John Keats* (1991) stellt Hermione de Almeida eine neue Keatslektüre aus der Sicht seiner medizinischen Ausbildung vor. In *Shelley*, 2 Bde. (1940), hat Newman I. White das Leben des Dichters gründlich recherchiert; Richard Holmes' *Shelley, the Pursuit* (1974) ist umfassend und ausdrücklich unsentimental. Von Frederick L. Jones stammt eine gute Ausgabe der *Letters of Percy Bysshe Shelley* (1964).

Wordsworth hat es nie an Beachtung gefehlt. Die besten neueren Biographien sind: Mary Moorman, *William Wordsworth: A Biography; The Early Years*,

1770–1803 (1957), gefolgt von *The Later Years, 1803–1850* (1965), sowie Stephen Gills Lebensbeschreibung *William Wordsworth: A Life* (1989), die in nur einem Band eine verblüffende Menge an Informationen, Urteilen und zeitgenössischen Forschungsergebnissen versammelt. In *Wordsworth's Poetry, 1787–1814* (1964; 5. Aufl. 1975, mit dem zusätzlichen Beitrag «Retrospect 1971») stellt Geoffrey A. Hartman überzeugend dar, wie Wordsworth mit der Entdeckung von Ich und Natur zum reifen Erwachsenen wird. Hartmans Aufsätze über *The Unremarkable Wordsworth* (1987) sind hübsche Plaudereien über ein Lieblingsthema. Die maßgeblichen Textfassungen von Wordsworth' *Prelude* (von 1799, 1805 und 1850) liegen in einer handlichen Edition von Jonathan Wordsworth, M. H. Abrams und Stephen Gill (1979) vor und die *Letters of William and Dorothy Wordsworth* in einer Bearbeitung der berühmten Originalausgabe von Ernest de Selincourt.[4] In *The Age of William Wordsworth: Critical Essays on the Romantic Tradition* (1987), einer von Kenneth R. Johnston und Gene W. Ruoff herausgegebenen Sammlung fundierter Studien, reichen die Themen von Wordsworth' Beziehungen zur Schwester und zu Keats bis zu seinem Erfolg im Ausland. Margaret Drabbles *Wordsworth* (1966) ist gemessen an seiner Kürze erstaunlich gehaltvoll. In *Wordsworth: A Philosophical Approach* (1967) betrachtet Melvin Rader den Dichter von der ungewohnten Warte der Philosophie, während John Jones in seinem Buch *The Egotistical Sublime: A History of Wordsworth's Imagination* (1954) bewußt unphilosophisch bleibt.

Richard Holmes' *Coleridge: Early Visions* (1989) läßt vermuten, daß auch sein zweiter Band dem Dichter die biographische Gerechtigkeit widerfahren lassen wird, die er so sehr verdient hat. Unter den älteren Titeln ragt besonders der ebenso kluge wie knappe *Coleridge* (1953) von Humphrey House hervor. Siehe auch Laurence S. Lockridge, *Coleridge the Moralist* (1977). Eine gewaltige wissenschaftliche Leistung ist die Standardedition von Kathleen Coburn u. a., *The Collected Works of Samuel Taylor Coleridge*, 16 Bde. (1969–92). Eine wahre Goldgrube bilden die *Collected Letters of Samuel Taylor Coleridge*, hrsg. von Earl Leslie Griggs, 6 Bde. (1956–71). Von den Interpreten wäre John Livingston Lowes zu nennen: *The Road to Xanadu: A Study in the Ways of the Imagination* (1927) ist eine mittlerweile klassische Analyse von *Kubla Khan* und *The Rime of the Ancient Mariner*. Bei Stephen Bygrave, *Coleridge and the Self: Romantic Egotism* (1986), geht es um das im vorliegenden Band behandelte Thema. Zu Coleridges Plagiaten – oder besser: Anleihen? – hat sich Norman Fruman in *Coleridge: The Damned Archangel* (1971) sarkastische und nach wie vor umstrittene Gedanken gemacht.

Zu Hazlitt ist da zunächst einmal *The Life of William Hazlitt* (1922; 2. Aufl. 1947) von P. P. Howe, der auch die mittlerweile zur Standardedition gewordenen *Complete Works of William Hazlitt*, 21 Bde. (1930–34), herausgegeben hat. Herschel Bakers Gesamtdarstellung *William Hazlitt* (1962) hält besonders gut das Umfeld fest. David Bromwichs *Hazlitt: The Mind of the Critic* (1983) stellt hohe Anforderungen, aber lohnt die Mühe. Marilyn Butlers Aufsatz «Satire and the Images of Self in the Romantic Period: The Long Tradition of Hazlitt's *Liber Amoris*», in: *English Satire and the Satiric Tradition* (1984), S. 209–25, ist weit gehaltvoller, als seine Kürze es vermuten läßt – wie immer bei dieser Autorin fällt einem das Urteil «brillant» ein. Über Scott gibt es die interessante Biographie von

H. J. C. Grierson *Sir Walter Scott, Bart.* (1938). In zwei Schriften, die sich für
jenen Autor einsetzen, der den Roman salonfähig gemacht hat, aber heute sehr
viel weniger gelesen wird, gelingt ein starkes, ja das bestmögliche Plädoyer: so in
A. O. J. Cockshut, *The Achievement of Walter Scott* (1969), und in Alexander
Welsh, *The Hero of the Waverly Novels with New Essays on Scott* (1963; bearb.
und erw. Aufl. 1992). Grevel Lindops *The Opium-Eater: A Life of Thomas De
Quincey* (1981) ist wohl die gelungenste Darstellung dieses berühmten Süchtigen,
eines hochneurotischen Romantikers, der ein Fall für den Psychoanalytiker zu
sein scheint; in *The Infection of Thomas De Quincey: A Psychopathology of
Imperialism* (1991) stellt John Barrell eine gewagte – vielleicht allzu gewagte –
Verbindung zwischen den Zwangsvorstellungen seines «Patienten» und dessen
krankmachender rassistischer Ideologie her. De Quinceys Ausbeute aus seinem
Drogenkonsum hingegen wird glänzend analysiert bei Alethea Hayter, *Opium
and the Romantic Imagination* (1968). Und mit einem Schwenk zu dem großen
Antiromantiker Thomas Love Peacock sei hinzugefügt, daß er in Marilyn Butlers
Peacock Displayed: A Satanist in His Context (1979) noch glimpflich davonge-
kommen ist.

In Frankreich hatte die Romantik ihre Blütezeit später und lebte länger als anderswo. In der mehrbändigen, von Claude Pichois herausgegebenen Geschichte
der französischen Literatur eröffnet Max Milner den ersten Band (1973) von *Le
romantisme* mit dem Jahr 1820, während Raymond Pouillart den dritten Band
(1968) mit dem Jahr 1896 abschließt. Gesamtdarstellungen sind unter anderem:
Pierre Martino, *L'époque romantique en France, 1815–1830* (1944; 6. Aufl. 1967),
und Henri Peyre, *Qu'est-ce que le romantisme?* (1971). Georg Brandes' *Romantische Schule in Frankreich*, der fünfte Band seiner *Hauptströmungen* (1872–94;
dtsch.: 1872–76; vollst. Aufl. in 3 Bänden 1924) kann man immer noch mit Gewinn zur Hand nehmen. Desgleichen das inhaltsreiche Buch von Pierre Moreau,
Le romantisme (1932; 2. Aufl. 1957). Moreaus *Le classicisme des romantiques*
(1932) problematisiert zu Recht, wo andere simplifiziert haben. Die umfangreich-
ste Studie über die französischen Romantiker ist wohl Paul Bénichous dreiteiliges
Werk: *Le sacre de l'écrivain* (1973), *Le temps des prophètes* (1977) und *Les mages
romantiques* (1989); alle zusammen bilden eine Geschichte des «romantischen
Geistes» in Frankreich mit seinen bombastischen, hochtrabenden Ansprüchen auf
quasi-messianische Würde.

Zwei englischsprachige Einführungen in die französische Romantik sind:
French Literature and Its Background, Bd. IV, *The Early Nineteenth Century*,
hrsg. von John Cruickshank (1969), und der zweibändige Überblick *The French
Romantics*, hrsg. von D. G. Charlton (1984), beide mit ausgezeichneter Biogra-
phie. Margaret Gilmans *The Idea of Poetry in France: From Houdar de la Motte to
Baudelaire* (1958) ist eine unübertroffene Gesamtdarstellung, die sich mit dem
Kampf der Empiristen um die Prosa und dem Gegenangriff der Romantiker be-
faßt.

Richard Switzer legt mit *Chateaubriand* (1971) eine kurze Einführung vor.
Herausgegeben hat Switzer außerdem (1970) die Beiträge eines zum 200. Geburtstag des Dichters veranstalteten interessanten Symposions von 1968. Höchst lesenswert bleibt auch die Studie *Chateaubriand et son groupe littéraire sous l'Em-*

pire, 2 Bde. (1849), geschrieben von Frankreichs scharfsichtigstem und fleißigstem Kritiker Charles Augustin Sainte-Beuve. André Maurois' *René, ou la vie de Chateaubriand* (1956) folgt seinem immer gleichen Rezept für Biographien: ein glattes, leicht verdauliches Buch, das aber auf Forschungen basiert. Madame de Staël ist gut dargestellt in Herolds *Mistress to an Age* (bereits erwähnt S. 519). Zu Staëls Widerstand gegen Kaiser Napoleon siehe Paul Gautier, *Madame de Staël et Napoléon* (1903).

Mit Stendhal befassen sich einige der hervorragendsten Literaturwissenschaftler des 20. Jahrhunderts. Nicht zufällig haben Erich Auerbach in *Mimesis: Dargestellte Wirklichkeit in der abendländischen Literatur* (1946), Irving Howe in *Politics and the Novel* (1957) und Harry Levin in *The Gates of Horn* (1963) ihm ein ganzes Kapitel gewidmet. Siehe auch Victor Brombert, *Stendhal et la vie oblique: L'auteur devant son monde romanesque* (1954), eine eindrucksvolle Analyse seiner Erzählstrategien. Dem Schriftsteller Stendhal widmen sich Georges Blin in *Stendhal et les problèmes du roman* (1953) und *Stendhal et les problèmes de la personnalité*, 2 Bde. (1958–68) sowie der angesehene Beyle-Verehrer Henri Martineau in *L'Œuvre de Stendhal: Histoire de ses livres et de sa pensée* (1945) und *Le cœur de Stendhal: Histoire de sa vie et de ses sentiments*, 2 Bde. (1952–53). Der unermüdliche Herausgeber, Bibliograph und Organisator Vittorio Del Litto hat in seiner Thèse *La vie intellectuelle de Stendhal: Genèse et évolution de ses idées (1802–1821)* (1959) auch seine eigene Sicht zum Ausdruck gebracht. Die hilfreichsten englischsprachigen Titel waren für meine Zwecke: Robert M. Adams' locker geschriebener Essay *Stendhal: Notes on a Novelist* (1959) und Geoffrey Stricklands fundierte Studie *Stendhal: The Education of a Novelist* (1974). Wie ein seltener (und mißtrauisch beäugter) Vogel wirkt Gilbert D. Chatains *The Unhappy Few: A Psychological Study of the Novels of Stendhal* (1972), eine psychoanalytische Untersuchung von Stendhals Romanen, die nach meiner Ansicht zu glaubwürdigen Ergebnissen gelangt.

Den Hauptvertreter der französischen Romantik bildet in meinem Text Victor Hugo. Jean Bertrand Barrère ist mit seinem *Hugo: L'homme et l'œuvre* (1952; 2. Aufl. 1961) den späteren oberflächlichen Lebensgeschichten immer noch überlegen. André Maurois' *Olympio, ou la vie de Victor Hugo* (1954) hat sich zwar auf dem Markt behauptet, aber viele Fragen offengelassen. Eine Reihe dieser Fragen greift Victor Brombert in *The Romantic Prison: The French Tradition* (1978), bes. Kap. 6, und direkter noch in *Victor Hugo and the Visionary Novel* (1984) auf, wo er sich beherzt an Hugos komplexe und verwirrende Ideenwelt heranwagt.

Im Vergleich zu den europäischen Ausprägungen der Romantik erscheint die amerikanische eher marginal und sekundär. Dennoch verdient sie Beachtung. Aus der Perspektive eines linken Psychoanalytikers hat Bryan Jay Wolf in seinem Band *Romantic Re-vision: Culture and Consciousness in Nineteenth-Century American Painting and Literature* (1983) Literatur- und Kunstgeschichte gemeinsam in den Blick genommen. Das von Georg Boas 1940 als Buch herausgegebene alte Symposion *Romanticism in America* wirkt noch heute relativ jung. Von Henry Nash Smith' bahnbrechendem Band *Virgin Land: The American West as Symbol of Myth* (1950; Aufl. 1970) haben sich einige der besten amerikanischen Arbeiten anregen lassen: so etwa Leon Marx, *The Machine in the Garden: Technology and the Pastoral Ideal in America* (1964); John William Ward, *Andrew Jackson: Symbol for an Age* (1955); Marvin Meyers, *The Jacksonian Persuasion: Politics and Belief* (1960). Siehe ferner: das zauberhafte Kapitel 3, «Andrew Jackson and the Rise of Liberal Capitalism», in: Richard Hofstadter, *The American Political Tradition and the Men Who Made It* (1948); Michael J. Hoffman, *The Subversive Vision: American Romanticism in American Literature* (1972); sowie Edward Halsey Foster, *The Civilized Wilderness: Backgrounds to American Romantic Literature, 1817–1860* (1975). Alle genannten Schriften befassen sich auf die eine oder andere Weise mit dem Paradox einer Kultur, die hin- und herschwankt zwischen romantisierter Wildnis und kraftstrotzender kapitalistischer Expansion. In seinem eindrucksvollen Buch *Democracy and the Novel: Popular Resistance to Classic American Writers* (1978) hat Henry Nash Smith sich den Gegensatz zwischen der rauhen Wirklichkeit des amerikanischen Geschmacks und dem bücherkaufenden Publikum vorgenommen; desgleichen Michael T. Gilmore in *American Romanticism and the Marketplace* (1985).

Viele der bereits zitierten Texte berühren zwangsläufig das Problem der schöpferischen Phantasie, auf die die Romantiker so stolz waren. Zusätzlich erwähnen will ich C. M. Bowras ansprechendes, freilich auf England beschränktes Buch *The Romantic Imagination* (1950) und I. A. Richards' nach wie vor lesenswerte und wegweisende Studie *Coleridge on Imagination* (1934; 3. Aufl. 1962). Siehe auch William Price Albrecht, *Hazlitt and the Creative Imagination* (1965), und Dietmar Kamper, *Zur Geschichte der Einbildungskraft* (1981). In einer wichtigen korrigierenden Monographie, *The Creative Imagination, Enlightenment to Romanticism* (1981), hat James Engell allerdings gezeigt, daß die Romanze zwischen Romantikern und schöpferischer Phantasie wichtige Vorläufer in der Aufklärung hatte.[5]

Nicht anders als die romantische Phantasie ist auch die romantische Politik in den meisten bislang erwähnten Titeln mit behandelt worden. Einige Texte aber untersuchen sie genauer. Das mittlerweile etwas veraltete Buch von Crane Brinton, *The Political Ideas of the English Romanticists* (1926), wurde mehr oder weniger abgelöst von Carl Woodrings *Politics in English Romantic Poetry* (1970). In *The Statesmanship of Wordsworth: An Essay* (1917), wo A. V. Dicey länger zurückliegende Aufsätze versammelt, macht der Autor sich zum Fürsprecher des Dichters. F. M. Todds *Politics and the Poet: A Study of Wordsworth* (1957) enthält ein straff argumentierendes, aber nicht eigentlich überzeugendes Plädoyer für Wordsworth' Politik, deren Stimmigkeit und Vernünftigkeit. Differenzierter ist James K. Chandler, *Wordsworth's Second Nature: A Study of the Poetry and Politics* (1984), da es den Dichter in sein kulturelles Umfeld reintegriert. Alan Bewell, *Wordsworth and the Enlightenment: Nature, Man, and Society in the Experimental Poetry* (1989), sieht in Wordsworth' Menschenbild – seiner Anthropologie – eine Revision der Aufklärungsideen. John Comers *Coleridge: Critic of Society* (1959) ist eine beherzte (wenn auch meiner Ansicht nach nicht restlos überzeugende) Rettungsaktion, in der er Coleridges politische Ideen als kohärent und weltklug verteidigt. Etwas abwägender bleibt Carl Woodring in *Politics in the Poetry of Coleridge* (1961). In Geoffrey Carnalls *Robert Southey and His Age: The Development of a Conservative Mind* (1960) geht es um das typische Beispiel eines in der Lebensmitte vollzogenen einschneidenden politischen Frontenwechsels. Siehe auch David Bromwich, «Keats's Politics», in: *A Choice of Inheritance from Edmund Burke to Robert Frost* (1989), Kap. 5, wo man etwas überraschend mit der politischen Einstellung des vermeintlich unpolitischen Dichters konfrontiert wird.

Zur rechts-orientierten Politik bei deutschen Romantikern siehe Benedikt Koehler, *Ästhetik der Politik. Adam Müller und die deutsche Romantik* (1980). Reinhold Aris gibt in *History of Political Thought in Germany, 1789 to 1815* (1936) einen fachkundigen Überblick über die Ideenwelt der Deutschen. Hajo Holborns Aufsatz «Der deutsche Idealismus in sozialgeschichtlicher Beleuchtung», in: *Historische Zeitschrift*, Bd. CLXXIV (1952), S. 359–84, scheint auf den ersten Blick etwas abseits zu liegen, behandelt aber im Grunde genau das Thema. Überzeugende Kapitel zur deutschen politischen Romantik (besonders Kap. 4–7) enthält Friedrich Meineckes *Weltbürgertum und Nationalstaat* (1907; 2. durchges. Aufl. 1911); dieses Buch eines herausragenden deutschen Geistesgeschichtlers ist durchweg mit klugem, oft sogar scharfsichtigem Blick geschrieben; zum Zeitpunkt seines Erscheinens galt es in der deutschen Geschichtswissenschaft noch als radikales Werk, heute allerdings wirkt es mit seiner patriotischen Einäugigkeit eher selbstgefällig. In James J. Sheehans großartiger *German History, 1770–1866* (1989) verdient das Kapitel «Culture in the Revolutionary Era» besondere Beachtung. Siehe auch die Überlegungen von Thomas Nipperdey, «Auf der Suche nach der Identität: Romantischer Nationalismus», in: *Nachdenken über die deutsche Geschichte* (1986), S. 110–25.

Zur Politik der französischen Romantiker siehe die fundierte Untersuchung von Frank E. Manuel, *The New World of Henri Saint-Simon* (1956), sowie die kurze Studie von Pierre Trahard, *Le romantisme défini par «Le Globe»* (1924), eine einführende Darstellung der einflußreichen Zeitung mit einer Artikelauswahl im Textanhang. David Owen Evans, *Social Romanticism in France, 1830–1848* (1951), ist eine nützliche Studie über das politische Engagement der Romantiker. Siehe auch H. J. Hunt, *Le Socialisme romantique et le romantisme en France* (1935). Ethel Harris, *Lamartine et le peuple* (1932) gibt ein fundiertes Bild von der komplizierten Entwicklung, die die politischen Vorstellungen des Dichters durchgemacht haben. Zum rastlosen politischen Denken des ausgeprägtesten französischsprachigen Liberalen siehe Biancamaria Fontana, *Benjamin Constant and the Post-revolutionary Mind* (1991), und Stephen Holmes, *Benjamin Constant and the Making of Modern Liberalism* (1984). Beide Texte sind sehr aufschlußreich, der letztere allerdings sucht allzu bemüht nach einem stimmigen Zusammenhang im Denken dieses extrem wechselhaften Theoretikers und Politikers.

Die romantische Religion gehört natürlich in der gesamten Literatur zu den Hauptthemen. Hier zusätzlich einige wichtige Titel. David Jasper, *Coleridge as Poet and Religious Thinker* (1985), wie andere Werke über Coleridge ein Plädoyer für die versteckte Kohärenz seines Denkens. Außerdem Fanny Imle, *Friedrich von Schlegels religiöse Entwicklung von Kant zum Katholizismus* (1927). Deutsche Theologen – allen voran Schleiermacher – spielten eine wichtige Rolle bei der Formulierung der romantischen Religiosität. Siehe Friedrich Wilhelm Kantzenbach, *Friedrich Daniel Ernst Schleiermacher in Selbstzeugnissen und Bilddoku-*

menten (1967) – wieder einmal hilft uns diese vielgelesene Reihe von Kurzbiographien aus der Verlegenheit. Die unvollendete Biographie des deutschen Geistesgeschichtlers Wilhelm Dilthey, *Leben Schleiermachers*, Bd. I (1870; 2. Aufl. 1922), ist zugleich ein glänzendes Beispiel für dessen historische Methode. Eine kurze Einführung in englischer Sprache ist Stephen Sykes, *Friedrich Schleiermacher* (1971).

Zur romantischen Liebe und dem Eindruck, den sie bei späteren Generationen hinterließ, siehe zusätzlich zu bereits erwähnten Titeln: Paul Kluckhohn, *Die Auffassung der Liebe in der Literatur des 18. Jahrhunderts und in der deutschen Romantik* (1922; 2. Aufl. 1931), ein Standardwerk, das aber (aus meiner Sicht wenigstens) zu zaghaft bleibt; *Shelley on Love: An Anthology*, hrsg. von Richard Holmes (1980); Karen Lystras instruktive Monographie *Searching the Heart: Women, Men, and Romantic Love in Nineteenth-Century America* (1989); Marion A. Kaplan, «For Love or Money – The Marriage Strategies of Jews in Imperial Germany», in: *Leo Baeck Yearbook XXVIII* (1983), S. 263–300, ein wahrer Musteraufsatz mit überzeugenden Argumenten und reichlichen Belegen; Bonnie G. Smith, *Ladies of the Leasure Class: The Bourgeoises of Northern France in the Nineteenth Century* (1981), ein Text, der beweist, wie sexuell unaufgeklärt die jungen Frauen der französischen Großbourgeoisie waren. In Peter Gay, *Die zarte Leidenschaft* (1987), wird – in korrigierender Absicht – die ganze Palette der Liebesformen im 19. Jahrhundert detailliert ausgebreitet; das Buch enthält eine umfangreiche Bibliographie, zur einschlägigen psychoanalytischen Literatur siehe S. 473, 475–77, 491.

Zwar gibt es bergeweise Einzeluntersuchungen darüber, wie dieser oder jener Romantiker nach seinem Tode rezipiert und seine Botschaft verbreitet wurde, aber noch nirgendwo gibt es Gesamtstudien. Zu den informativsten Titeln, die wenigstens einen Teilversuch unternehmen, gehört der ausgezeichnete lange Essay von Virgil Nemoianu, *The Taming of Romanticism: European Literature and the Age of Biedermeier* (1984), der bezogen auf den europäischen Raum zu zeigen versucht, wie die überspannte Sehnsucht der Romantiker an das biedere bürgerliche Leben angepaßt wurde. Siehe auch den fast ebenso interessanten Band von Donald D. Stone, *The Romantic Impulse in Victorian Fiction* (1980); er beschreibt, wie die Romantik allmählich Eingang in die Romane englischer Schriftsteller von Disraeli bis Meredith fand.

Stellvertretend für das seiner Synthetisierung harrende Material mag hier die Literatur über Byron stehen: Zu dem Ruhm, den Byron zu Lebzeiten und danach in seinem Heimatland genoß, siehe Samuel C. Chew, *Byron in England: His Fame and After-fame* (1924), und zur Ergänzung *Byron's Political and Cultural Influence in Nineteenth-Century Europe: A Symposium*, hrsg. von Paul Graham Trueblood (1981). Siehe ferner Richard Ackermann, *Lord Byron. Sein Leben, seine Werke, sein Einfluß auf die deutsche Literatur* (1901), sowie Walter J. Clark, *Byron und die romantische Poesie in Frankreich* (1901). Eine erschöpfende Auflistung solcher Literatur würde den Rahmen dieser Bibliographie sprengen.

II. Übungen in Selbstdefinition

Als ich mich etwa 1970 an dieses Projekt machte, weil ich mit Oscar Wilde fand, daß «die Autobiographie unwiderstehlich ist», entdeckten die Wissenschaftler gerade, daß sich moderne Autobiographien als historisches Quellenmaterial verwenden lassen.[6] Vor einem Jahrhundert hat der deutsche Historiker Hans Glagau in seinem Buch *Die moderne Selbstbiographie als historische Quelle. Eine Untersuchung* (1903) zwar die Autobiographen mit der Sicht des Historikers konfrontiert, aber auf seine Kollegen selbst blieb er ohne Einfluß. Eine der wenigen, die sich vor 1914 überhaupt mit dem Genre befaßten, nämlich Anna Robeson Burr, gewährt in *The Autobiography: A Critical and Comparative Study* (1909) aufschlußreiche Einblicke in den Geschmack einer vergangenen Epoche (für Rousseau wegen seiner Offenheit und gegen Goethe wegen seiner Verschwiegenheit).

Als einer der ersten nach dem Zweiten Weltkrieg hat Georges Gusdorf die schriftlichen Selbstbildnisse untersucht: «Conditions et limites de l'autobiographie», in: *Formen der Selbstdarstellung*, hrsg. von Günter Reichenkron und Erich Haase (1956), S. 105–23. Seither ist das Thema regelrecht zur Mode geworden. So konnte ich zwar von nicht wenigen Autoren profitieren, aber zumeist, indem ich die Gegenposition einnahm: Viele heben nur darauf ab, die Selbstkonstruktion, ja Selbstschöpfung des Autobiographen zu dokumentieren, der nach ihrer Ansicht einen besonderen Romantypus schafft. Nach meiner Überzeugung hingegen ist jedes Wort des Autobiographen wahr, auch Entstellungen und hundertprozentige Lügen. Die Literaturwissenschaftler haben die üblichen Verdächtigen – Augustinus, Rousseau, Goethe, J. S. Mill, Ruskin – einfach dekonstruiert und sehen in ihnen nicht die Registratoren, sondern die Architekten ihrer Lebensberichte. Zu den provokantesten Arbeiten gehören: Avrom Fleishman, *Figures of Autobiography: The Language of Self-writing* (1983), ein dickleibiges und ambitioniertes Buch, das eine Typologie der Selbstschöpfungen aufstellt; James Olney, *Metaphors of Self: The Meaning of Autobiography* (1972), geschrieben von einem ganz ähnlichen Standpunkt, aber mit Jungschem Einschlag; sowie Regenia Gagnier, *Subjectivities: A History of Self-representation in Britain, 1832–1920* (1991), eine Arbeit, die dem Titel treu bleibt und der vertrauten Mischung aus Arbeiter-Autobiographien und Memoiren ein weiteres Exemplar hinzufügt. Für eine der Formen, in denen der Zweifel an der Glaubwürdigkeit des Textes sich äußern kann, steht Jack Stillingers *Multiple Authorship and the Myth of Solitary Genius* (1992); Stillinger nennt zwar treffende Beispiele für die heimliche Mitarbeit anderer – bei Mill half dessen Frau, bei Coleridge halfen ohne ihr Wissen deutsche Philosophen –, aber damit wird aus dem «einsamen Genie» noch kein Mythos.[7] In zwei getrennten Studien, *American Autobiography: The Prophetic Mode* (1979) und *Altered Egos: Authority in American Autobiography* (1989), geht G. Thomas Couser seiner These von der besonderen Popularität der Autobiographie in den Vereinigten Staaten nach; der zweite Band macht viele Anleihen bei der poststrukturalistischen Theorie. Linda H. Petersons *Victorian Autobiography: The Tradition of Self-interpretation* (1986) sagt schon im Untertitel, von welcher Prämisse sie ausgeht. In *Patterns of Experience in Autobiography* (1984) betrachtet Susan Egan Autobiographien als literarische Texte, die nach dem Muster einer Wallfahrt, einer Reise oder einer Bergbesteigung verlaufen. Außerordentlich lesenswert (auch für Leser mit abweichender Meinung) ist ein einflußreiches Werk der subjektivistischen Wissenschaftsgattung, das eine ganze Schule «neuer Historisten» hervorgebracht hat: Stephen Greenblatts kenntnisreiches Buch *Renaissance Self-fashioning from More to Shakespeare* (1980). Typisch für diese Denkweise ist wohl, daß Herbert Leibowitz einem einfühlsam geschriebenen Text den Titel *Fabricating Lives: Explorations in American Autobiography* (1989) gegeben hat. Das radikalste Beispiel für diese Richtung ist Paul John Eakins *Fictions in Autobiography: Studies in the Art of Self-invention* (1985); es ist zwar klar geschrieben und sehr instruktiv, hat mich aber dennoch nicht überzeugt.

Eine wohltuende Ausnahme von dieser modischen Sichtweise ist Jerome Hamilton Buckleys leicht erhältliche Studie über englische Autobiographien *The Turning Key: Autobiography and the Subjective Impulse since 1800* (1984).[8] Siehe auch A. O. J. Cockshut, *The Art of Autobiography in 19th & 20th Century England* (1984), das ganz in die Nähe meiner eigenen Anschauung von der autobiographischen Betätigung kommt. Viel Kluges schreibt Karl Joachim Weintraub in *The Value of the Individual: Self and Circumstance in Autobiography* (1978), wo er einen Gang durch die Jahrhunderte unternimmt. Roy Pascals imposante Studie *Design and Truth in Autobiography* (1960) trägt erheblich zur Klärung komplizierter Probleme bei. Im vorliegenden Buch haben auch Jean Starobinski, «Le Style de l'autobiographie», in: *Poétique. Revue de théorie et d'analyse littéraires*, Bd. I (1970), S. 257–65, und Philippe Lejeune, *L'autobiographie en France* (1971), ihre Spuren hinterlassen. John Sturrocks *The Language of Autobiography* (1993) steckt voller forscher Urteile, die im allgemeinen gerecht, bisweilen aber auch (wie bei Rousseau) übertrieben hart sind. William C. Spengemanns *The Forms of Autobiography: Episodes in the History of a Literary Genre* (1980) befaßt sich mit den Selbstbeschreibungen von Augustinus bis ins 19. Jahrhundert und schließt mit einer fast 80 Seiten langen, kritisch kommentierten Bibliographie. Eine faszinierende Monographie von Richard N. Coe, *When the Grass Was Taller: Autobiography and the Experience of Childhood* (1984), behandelt moderne Kindheitserinnerungen in mehreren Kontinenten.

Bei Rousseau habe ich vor allem auf den ersten Band der prachtvollen Ausgabe seiner *Œuvres complètes*, 4 Bde., hrsg. von Bernard Gagnebin, Robert Osmont und Marcel Raymond (1959–69), zurückgegriffen; er enthält die *Confessions* und andere, mit seinem Meisterwerk zusammenhängende autobiographische Schriften, allesamt mit ausführlichen, informativen Einleitungen, Anmerkungen und Quellentexten versehen. Seine Briefe sind versammelt in der herrlichen Ausgabe – eine wahrhaft heroische Arbeit! – von R. A. Leigh, *Correspondance complète de Rousseau*, 45 Bde. (1965–86). Jean Guéhenno hat seine hochinstruktive Biographie, *Jean-Jacques Rousseau*, 2 Bde. (1962), nicht aus der nachträglichen Perspektive des Wissenden geschrieben, sondern versucht, Rousseaus Leben Tag für Tag nachzuerleben (vgl. Bd. I, S. 12). Der mittlerweile verstorbene Maurice Cranston konnte den dritten Band seiner umfassenden Lebensbeschreibung nicht mehr selbst zu Ende bringen; er hinterläßt einen imposanten zweibändigen Torso: *Jean-Jacques: The Early Life and Work of Jean-Jacques Rousseau, 1712–1754* (1982) und *Noble Savage: Jean-Jacques Rousseau, 1754–1762* (1991).

Goethes Selbstdarstellung *Aus meinem Leben. Dichtung und Wahrheit* konnte ich in mehreren kritischen Werkausgaben einsehen. Gestützt habe ich mich insbesondere auf die reichlichen, wenngleich allzu verehrungsvollen Kommentare von Erich Trunz, des Hauptherausgebers der 14bändigen *Werke* (1948–72; 7. überarb. Aufl. 1975), in Bd. IX und X; Bd. X und XI enthalten weitere autobiographische Schriften. Nach Goethes eigenen Worten sind *alle* seine Werke Bruchstücke einer großen Konfession, und daher können alle zur Konkretisierung, Erweiterung oder Korrektur von *Dichtung und Wahrheit* herangezogen werden. Kommentiert wird das Werk auch durch Goethes Briefe, die Karl Robert Mandelkow mit viel Kompetenz (freilich ein paar kleineren Lücken) in den sechs Bänden der *Briefe von und an Goethe* (1962–69; 3. und 4. Aufl. 1988) herausgegeben hat. Desgleichen durch die von Goethe geführten und in großer Zahl aufgezeichneten Gespräche, die integrale Bestandteile seiner Selbstanalyse sind. Die bedeutendsten Äußerungen sammelte Johann Peter Eckermann: *Gespräche mit Goethe in den letzten Jahren seines Lebens*, 3 Bde. (1837–48; viele Aufl.). Aus den Bergen von Biographien will ich eine herausheben, nämlich den ersten Band, *The Poetry of Desire (1749–1790)* (1991), von Nicholas Boyles kenntnisreichem, scharfsichtigem *Goethe: The Poet and the Age*, der kritisch ist, ohne herumzukritteln; auf den ersten 300 Seiten geht es um die in *Dichtung und Wahrheit* behandelten Jahre. Meisterhafte ältere Studien sind Barker Fairleys *Goethe as Revealed in His Poetry* (1932) und *A Study of Goethe* (1947). In neuerer Zeit hat vor allem Albrecht Schöne hervorragende Beiträge zu unserem Goetheverständnis geleistet; siehe insbesondere *Götterzeichen, Liebeszauber, Satanskult. Neue Einblicke in alte Goethetexte* (1982; 3. erw. Aufl. 1993), *Goethes Farbentheologie* (1987), und *Fausts Himmelfahrt. Zur letzten Szene der Tragödie* (1994). Ein erstaunliches Werk ist K. R. Eisslers *Goethe: A Psychoanalytic Study, 1775–1786*, 2 Bde. (1963): eine einfallsreiche Tiefenanalyse eines Jahrzehnts in Goethes Leben, die zwar stilistisch zu wünschen übrig läßt und zu übertriebener Beweisführung neigt, aber immer wieder überraschende Einsichten aufblitzen läßt. Wie ernst man die deutsche Literatur im Ausland genommen hat (jedenfalls soweit es Goethe betraf), zeigt beispielhaft die ausführliche Rezension von drei Vierteln von *Dichtung und Wahrheit* in der *Edinburgh Review*, Bd. XXVI (Februar–Juni 1816), S. 304–37, die bei aller Würdigung doch auf Kritik nicht verzichtet.

Hans Christian Andersens seltsame Autobiographie mit ihrer aufschlußreichen Unglaubwürdigkeit und ihrem bewußt gewählten Titel, mit dem sie Goethes *Dichtung und Wahrheit* als eine angeblich wahrhaftigere Lebensgeschichte entgegentritt, wird zurechtgerückt in Elias Bredsdorffs *Hans Christian Andersen: The Story of His Life and Work, 1805–75* (1975); das Buch geht Andersens heiteren und sentimentalen Phantasiegeschichten auf den Grund.[9]

Georges Lubin besorgte die Zusammenstellung und schöne Edition von George Sands umfangreicher Autobiographie *Ma vie* (1854–55) sowie weiterer einschlägiger Texte in *Œuvres autobiographiques*, 2 Bde. (1970–71). Vom selben Herausgeber stammt eine prachtvolle Ausgabe der buchstäblich zahllosen Sandschen Briefe: *Correspondance*, 25 Bde. (1964–91). Zu Biographien siehe den (fast unvermeidlichen) André Maurois, *Lélia ou la vie de George Sand* (1952), sowie Joseph Barry, *Infamous Woman: The Life of George Sand* (1977). Barry hat ferner eine praktische Anthologie, *George Sand in Her Own Words* (1979), herausgegeben.

In seiner freimütigen Einleitung zu Edmund Gosse, *Father and Son: A Study of Two Temperaments* (1907; Aufl. 1983), stellt Peter Abbs die richtigen Fragen. Die großartige Biographie von Ann Thwaite, *Edmund Gosse: A Literary Landscape* (1984), nimmt sich vor, Gosses Meisterwerk «noch einmal zu schreiben», und macht damit Evan Charteris' *The Life and Letters of Sir Edmund Gosse* (1931) weitgehend überflüssig. Wie zu erwarten, wird *Father and Son* auch in einer Reihe der bereits genannten allgemeineren Titel (insbesondere bei Peterson, Cockshut und Buckley) behandelt.

Auf Théodore Jouffroy stieß ich bei der Lektüre von D. G. Charlton, *Secular Religions in France, 1815–1870* (1963), bes. S. 226–27. Das Wesentliche findet man in Jean Pommiers *Deux études sur Jouffroy et son temps* (1930). Schlüsseltexte sind Jouffroys «Comment les dogmes finissent» (geschr. 1823, ersch. 1825), in: *Le Cahier vert. Comment les dogmes finissent. Lettres inédites*, hrsg. von Pierre Poux (1923), und vor allem «De l'organisation des sciences philosophiques», in: *Nouveaux mélanges philosophiques*, hrsg. von Ph. Damiron (1842); beide sollte man nicht lesen ohne Pierre Leroux' energischen Protest gegen die Säuberung der Jouffroyschen Texte: *De la mutilation d'un écrit postume de Théodore Jouffroy* (1843).

Neue Darwinbiographien gibt es noch heute; konsultiert habe ich Adrian Desmond und James Moore, *Darwin* (1991), und den kürzeren Essay von Ernst Mayr, *One Long Argument: Charles Darwin and the Genesis of Modern Evolutionary Thought* (1991); vertreten war auch der eklektische Psychoanalytiker John Bowlby mit *Charles Darwin: A New Life* (1991). Zu John Henry Cardinal Newman siehe vor allem Meriol Trevors zweibändige Biographie *Newman: The Pillar of the Cloud* (1962) und *Light in Winter* (1963). Unter den fundierten Einzelstudien (die Newman auf sich zu ziehen scheint) fand ich am lohnendsten C. F. Harrold, *John Henry Newman: An Expository and Critical Study of His Mind, Thought, and Art* (1945). An Geoffrey Fabers *Oxford Apostles: A Character Study of the Oxford Movement* (1933; 2. Aufl. 1956) rühmt man mit gutem Grund die freimütige Darstellung, die das Buch vom emotionalen – und erotischen – Leben Newmans und seines Kreises gibt. Den interessantesten Versuch eines Viktorianers, aufrichtig zu sein, bildet Richard Holt Huttons *Cardinal Newman* (1891).

Nach Abschluß der neuen Standardedition der *Collected Works of John Stuart Mill*, hrsg. von J. M. Robson u. a., 33 Bde. (1963–91), ist zu hoffen, daß es auch bald eine Biographie geben wird, die fundierter ist als Michael St. John Packes *The Life of John Stuart Mill* (1954); das Buch hat durchaus liebenswerte Seiten, wird aber seinem Gegenstand nicht gerecht. Viel Interessantes findet man in *The Early Draft of John Stuart Mill's «Autobiography»*, hrsg. von Jack Stillinger (1961). Die erste Psychoanalyse von Mills Zusammenbruch lieferte der Analytiker A. W. Levi, «The ‹Mental Crisis› of John Stuart Mill», in: *Psychoanalysis and Psychoanalytic Review*, Bd. XXXII (1945), S. 86–101; seinen Einsichten geht Bruce Mazlish, *James and John Stuart Mill: Father and Son in the Nineteenth Century* (1975), Kap. 10–12, im einzelnen nach. Wichtig für ein Gesamtbild sind zwei gut lesbare und fundierte Studien von Alan Ryan: *The Philosophy of John Stuart Mill* (1970) und *J. S. Mill* (1970). Natürlich ist Mill auch in jeder Arbeit über die Autobiographie im 19. Jahrhundert vertreten.

Interpretationen von Theodor Fontanes *Meine Kinderjahre. Autobiographischer Roman* finden sich etwa bei: Walter Müller-Seidel, «Fontanes Autobiographik», in: *Jahrbuch der deutschen Schiller-Gesellschaft*, Bd. XIII (1969), S. 397–418, und Günter Niggle, «Fontanes ‹Meine Kinderjahre› und die Gattungstradition», in: *Sprache und Bekenntnis. Sonderband des Literaturwissenschaftlichen Jahrbuches* (1971), S. 257–79. (Nicht einsehen konnte ich Brenda Dousts vielversprechend klingende Dissertation «An Examination of Theodor Fontane's Autobiographical Writings and Their Relation to His Prose Fiction with Special Reference to ‹Meine Kinderjahre›», London 1970.) Lilian R. Furts Aufsatz «The Autobiography of an Extrovert: Fontane's ‹Von Zwanzig bis Dreissig›», in: *German Life and Letters*, Bd. XII (1958–59), S. 287–94, ist zwar dem zweiten Band von Fontanes Autobiographie gewidmet, hat aber auch eine Menge über den ersten zu sagen. Desgleichen Helmuth Nürnberger, *Der frühe Fontane. Politik, Poesie, Geschichte, 1840 bis 1860* (1967).

III. Auf der Suche nach geeigneter Vergangenheit

John A. Garraty, *The Nature of Biography* (1958), bietet einen historischen Grundriß der Biographie und eine ausführliche Bibliographie. Sein Buch ist eine unverkrampfte und wohlwollende Einführung in das, was wir heute «Psychobiographie» nennen. Sein früherer Aufsatz «The Interrelations of Psychology and Biography», in: *Psychological Bulletin*, Bd. LV (1954), S. 569–82, war ein entsprechend vorsichtiger Versuch des Auslotens. Leon Edel ist ganz entschieden ein Anhänger dieser Richtung; vgl. *Literary Biography* (1957; Ausg. 1959), ein Buch, gering an Umfang, aber mit vielen Anregungen. (Richard Ellmann, einer der großen Biographen unserer Zeit, nimmt sich in seiner gekonnten und eigenwilligen Antrittsvorlesung «Literary Biography» [1971; wieder abgedruckt in: *Golden Codgers: Biographical Speculations*, 1973] mit spitzen Fingern Freud-Adepten wie Edel vor.) James L. Cliffords *From Puzzles to Portraits: Problems of a Literary Biographer* (1970) ist weitaus vorsichtiger Freud gegenüber, während André Maurois *Aspects de la Biographie* (1928) ganz und gar im feindlichen Lager steht. Ebenso ablehnend ist Robert Gittings Büchlein *The Nature of Biography* (1978), in dem er zwar seine Bewunderung für Freud bekundet (und gleichermaßen unbefangen für Jung), aber die psychoanalytische Biographie zu einem Fehlschlag erklärt. Für eine mögliche Nutzung der Psychoanalyse für die Zwecke der Biographie muß allerdings noch mehr getan werden. Das Unternehmen wurde indessen durch Freuds schonungslose Bemerkungen zur Biographie als eines unmöglichen Genres, das von Entstellungen und Lügen gezeichnet sei, vereitelt.[10] Mit *Introspection in Biography: The Biographer's Quest for Self-Awareness*, hrsg. von H. Baron und Carl Pletsch (1985), liegt das Ergebnis einer Konferenz in Chapel Hill (N. C.) im Jahre 1981 vor; darin werden in einem mutigen, aber nicht sehr schlüssigen, kollektiven Versuch psychoanalytische Vorstellungen auf die Auswahl, die Erforschung, Beurteilung und das Schreiben einer Vita angewendet.

Lytton Strachey, jene Nemesis der Biographen des 19. Jahrhunderts, hat durch Michael Holroyds erschöpfende Biographie *Lytton Strachey: The Unknown Years (1880–1910)* (1967) und *Lytton Strachey: The Years of Achievement (1910–1932)* (1968), besonders Bd. II, S. 261–325, wo dessen Studie zu den

Eminent Victorians, ihre Vorzüge und ihre Schwächen sowie die Reaktion der Öffentlichkeit eingehend untersucht werden, eine hinreichende Würdigung erhalten.

A. O. J. Cockshut hat mit *Truth to Life: The Art of Biography in the Nineteenth Century* (1974) ein wie immer einfühlsames Buch vorgelegt; Ruth Hoberman greift im zweiten Kapitel ihres Werks *Modernizing Lives: Experiments in English Biography*, das die Überschrift trägt: «Die Revolte gegen den Viktorianismus», auf die Jahre vor dem Ersten Weltkrieg zurück. Ira Bruce Nadel leistet mit ihrer *Biography: Fiction, Fact, Form* (1984), zumal mit dem ersten Kapitel «Die Biographie als Institution», einen originellen Beitrag. Vgl. auch Helmut Scheuer, *Biographie. Studien zur Funktion und zum Wandel einer literarischen Gattung vom 18. Jahrhundert bis zur Gegenwart* (1979), ein umfassender und kritischer Überblick. In dem Sammelband *Studies in Biography*, hrsg. von Daniel Aaron (1978), bringen geübte Biographen wie Edward Mendelsson, John Clive, James Clifford, Jean Strouse und andere ihre Erfahrungen ein. Demgegenüber sind die *Approaches to Victorian Biography*, hrsg. von George P. Landow (1979) ein ziemliches Sammelsurium. *Victorian Muse: Selected Criticism and Parody of the Period*, hrsg. von William E. Fredeman, Ira Bruce Nadel und John F. Stasny (1986), ist eine Blütenlese von Aufsätzen aus dem 19. Jahrhundert. William Empson behandelt in seinem neuesten Buch *Using Biography* (1986), das wie gewohnt scharfsinnig und amüsant zugleich ist, die umstrittene Frage, wie sich die Biographie zur Literaturwissenschaft verhält, indem er biographische Essays von britischen Dichtern und Romanschriftstellern vorstellt.

John Morley, der zugleich Politiker, Verleger und unermüdlicher Biograph war, weiß über letzteren in seinen *Recollections*, 2 Bde. (1917) nur wenig zu sagen. Vgl. demgegenüber D. A. Hamer, *John Morley: Liberal Intellectual in Politics* (1968), John L. Kijinski, «John Morley's ‹English Men of Letters› Series and the Politics of Reading», in: *Victorian Studies*, Bd. XXXIV (Winter 1991), S. 205–25 und Sidney Lee, der als Nachfolger von Leslie Stephen das *Dictionary of National Biography* herausgab, mit seinen *Principles of Biography* (1911). John T. Morse, Jr., erinnert an «Incidents Connected with the American Statesmen Series», in: *Proceedings of the Massachusetts Historical Society*, Bd. LXIV (Oktober 1930–Juni 1932), S. 370–88. Zum *DNB*, vgl. David Cannadine, «The Dictionary of National Biography» (1981), abgedruckt in: *The Pleasures of the Past* (1989), S. 275–84.

Carlyles Schlüsseltext *On Heroes, Hero-Worship, & the Heroic in History* (1841) liegt in einer hervorragend edierten Ausgabe von Michael K. Goldberg u. a. (1993) vor. Sidney Hook, *The Hero in History: A Study in Limitation and Possibility* (1943), besonders die Kapitel 1–3, bietet eine treffende Kritik an Carlyles Konzept. Vgl. dazu auch Dixon Wecter, *The Hero in America: A Chronicle of Hero-Worship* (1941), ein solides, volkstümlich geschriebenes Buch, das vom 17. bis zum 20. Jahrhundert reicht. Zu dem Skandal um Froudes Biographie zu Carlyle, der eine erbitterte Auseinandersetzung über Aufrichtigkeit oder Zurückhaltung in Sachen Biographie zur Folge hatte, vgl. die heftigen Reaktionen, von denen einige im Anmerkungsteil S. 474, Anm. 34 u. 35, wiedergegeben sind; ihrer waren viele. Der Streit zwischen Froude und der Carlyle-Familie wird kurz und knapp behandelt in Garrety, *Biography*, S. 95–97 und S. 226. Fred Kaplan, *Thomas*

Carlyle: A Biography (1983), der sich mehr mit dem Leben als mit dem Werk befaßt, hat das Thema treffsicher abgehandelt, ebendort S. 542–47. Die beiden, dem kämpferischen Biographen Carlyles gewidmeten Biographien sind bestenfalls in Maßen hilfreich: Herbert Paul, *The Life of Froude* (1905), macht seinen Helden zum Idol und Waldo Hilary Dunn, *James Anthony Froude: A Biography*, 2 Bde. (1961–63), windet, obwohl er Froude selbst sein Motto entlehnt – «Biographien, die ihren Gegenstand idealisieren, kann ich keine Achtung zollen» –, Girlanden um Froudes autobiographische Texte. Edmund S. Purcell, «On the Ethics of Suppression in Biography», in: *19th Century*, Bd. XL (Juli–Dezember 1896), S. 533–42, zitiert Kardinal Newman: «ein anderes wichtiges Thema... Ich meine jene geradezu grassierende Dauernervosität, die uns beherrscht, weil wir Anstoß erregen könnten, und so werden bei wichtigen historischen Ereignissen Tatsachen verschwiegen oder denkwürdige Taten werden mit Kommentaren versehen, weil man sie nicht für erbaulich genug hält, während doch gerade diese Auslassungen, diese Auslegungen das allergrößte Ärgernis sind.»

Zu Samuel Smiles, jenem fleißigen Moralisten, zu dem eine ausführliche Biographie immer noch aussteht, vgl. vor allem Asa Briggs' Essay «Samuel Smiles and the Gospel of Work», in: *Victorian People: A Reassessment of Persons and Themes, 1851–1867* (1955), S. 116–39. Tim Travers, *Samuel Smiles and the Victorian Work Ethic* (1987), beschränkt sich auf die Verheißung seines Titels. Parson Weems ist ausführlich gewürdigt worden; ein bißchen im Plauderton, aber angemessen in der Darstellung von Lewis Leary, *The Book-Peddling Parson* (1984). In die verwirrende Vielfalt der Einstellungen von Biographen und Historikern gegenüber Napoleon I. hat Pieter Geyl, *Napoléon, voor en tegen in de franse geschiedschrijving* (1945; engl. Übers. von Olive Renier unter dem Titel *Napoleon For and Against*, 1949) eine sehr überzeugende Ordnung gebracht. Jean Tulard, *Napoléon ou le mythe du sauveur* (1977) hat den Verlauf der Napoleonlegende bis ins einzelne erörtert. Zu Nelson vgl. neben A. T. Mahans *The Life of Nelson: The Embodiment of the Sea Power of Great Britain* (1897; 2. Aufl. 1899), das seit langem ein Standardwerk ist, Carola Omans ausführliches und gründlich belegtes Buch *Nelson* (1946). Ihr *Admiral Nelson* (1954) ist eine Kurzbiographie.

Elizabeth Gaskells berühmte Biographie von Charlotte Brontë wird bei Arthur Pollard, *Mrs. Gaskell: Novelist and Biographer* (1965), Kap. 7, sowie bei Winifred Gérin, *Elizabeth Gaskell: A Biography* (1970), besonders Kap. 15 (obschon ihre gesamte Untersuchung erhellend ist) des näheren abgehandelt. Eine ältere Arbeit, Clement K. Shorters *Charlotte Brontë and Her Circle* (1896), gelangt zu einem klugen Urteil über Gaskells *Charlotte Brontë*.

Justis großartige Biographie von Winckelmann sollte zusammen mit einem anderen gewichtigen Zeugnis des 19. Jahrhunderts gelesen werden, nämlich Walter Paters glühender Huldigung in *The Renaissance: Studies in Art and Poetry* (1873; letzte erweiterte Ausgabe 1893). Henry C. Hatfield, *Winckelmann and His German Critics, 1755–1781* (1943), sein *Aesthetic Paganism in German Literature, from Winckelmann to the Death of Goethe* (1964), besonders Kap. 1: «Winckelmann and the Myth of Greece» sowie Hans Zeller, *Winckelmanns Beschreibung des Apollo im Belvedere* (1955) können demgegenüber als Korrektiv dienen. Francis Haskell und Nicholas Penny, *Taste and the Antique: The Lure of Classical Sculpture, 1500–1900* (1981), haben über Winckelmann Gewichtiges mitzuteilen.

(Die vorliegende Arbeit war bereits im Satz, als ich auf das Buch von Alex Potts, *Flesh and the Ideal: Winckelmann and the Origins of Art History* [1944] aufmerksam wurde.)

In dem Maße, wie die Historiker sich zu einer Zunft herausbildeten, wuchsen mit ihrem Selbstbewußtsein auch die Befragung ihrer selbst, was ihre Didaktik, ihre Führungsrolle (falls sie denn eine solche innehatten) und ihre theoretische Ausrichtung betraf. G. P. Gooch, *History and Historians in the Nineteenth century* (1913; durchgesehene Ausgabe 1959) behauptet sich überraschend gut. Ernst Breisach, *Historiography: Ancient, Medieval & Modern* (1983), ist ausladend, gelegentlich vorschnell in seinem Urteil (etwa in der Absage an Psychohistorie). Der unübertroffene Althistoriker Arnaldo Momigliano hat einen Großteil seines Lebens der historischen Wissenschaft des 19. Jahrhunderts gewidmet; einige seiner wunderschönen Arbeiten, die in *A. D. Momigliano: Studies on Modern Scholarship*, hrsg. von G. W. Bowersock und T. J. Cornell (1994), versammelt sind, behandeln Droysen, Grote, Burckhardt, Freeman und andere. Herbert Butterfields erörtert in seinem gelehrten und lesenswerten Buch *Man on His Past: The Study of Historical Scholarship* (1955) die Ursprünge der modernen Geschichtsschreibung und betrachtet einige ihrer Giganten aus dem 19. Jahrhundert.

Frankreichs Geschichtsschreibung findet ihre Würdigung bei William R. Kelyor, *Academy and Community: The Foundation of the French Historical Profession* (1975), ein Buch, das man als mustergültige Monographie bezeichnen kann. Eine erste nichtfranzösische Einschätzung bot Henry E. Bourne, *The Teaching of History and Civics in the Elementary and Secondary Schools* (1902). Viele bekannte französische Historiker, weit mehr als andernorts, waren an den Debatten über die Bildungspolitik beteiligt; vgl. Charles Seignobos, *L'Histoire dans l'enseignement secondaire* (1906); Ernest Lavisse, *L'Enseignement de l'histoire à l'école primaire* (1912); Louis Halphen, *L'Histoire en France depuis cent ans* (1914) und Charles Victor Langlois, *Les Études historiques* (1915). Ein Urteil aus neuerer Zeit findet sich bei Antoine Prost, *Histoire de l'enseignement en France, 1800–1967* (1968). Claude Bernard versammelt in *L'Enseignement de l'histoire en France au XIXe siècle* (1978) im wesentlichen einschlägige Textbeispiele und (nützliche) Kommentare. Zu den katholischen Schulen in Frankreich, vgl. Jacqueline Freyssinet-Dominjon, *Les Manuels d'histoire de l'école libre, 1882–1959* (1969); als Kontrastprogramm vgl. Phyllis Stock-Morton, *Moral Education for a Secular Society: The Development of «Morale Laïque» in Nineteenth Century France* (1988). Die französischen Historiker haben immer gern über ihre Zunftgenossen geschrieben; als ein Beispiel vgl. Alphonse Aulard, *Taine: Historien de la Révolution française* (1907). Vgl. auch den ersten Herausgeber der *Revue historique*, Gabriel Monod, und dessen Urteil über seine Vorgänger: *Les Maîtres de l'histoire: Renan, Taine, Michelet* (1894). Paul Farmer, *France Reviews Its Revolutionary Origins: Social Politics and Historical Opinion in the Third Republic* (1944), untersucht die Kritik, mit der französische Historiker jenes buchstäblich unvergeßliche Ereignis überhäuft haben. (Als lehrreiches Pendant in England, vgl. die Darstellung, die der Literaturhistoriker Barton R. Friedman von Blake, Scott, Hazlitt, Carlyle, Dickens und Hardy gibt: *Fabricating History: English Writers on the French Revolution* [1988] – welche Vorliebe sie doch für Wörter wie «fabrizieren» und «verfertigen» haben!) Vgl. auch Ann Rigney, *The Rhetoric of Historical Representation: Three Narratives of the French Revolution* (1990). Die Geschichtsschreibung der Französischen Revolution war lange Zeit ein Testfall dafür, inwieweit die politische Position eines Historikers bestimmend ist für seine Urteile. Schon in den 90er Jahren des letzten Jahrhunderts hat Lord Acton über dieses Thema Vorlesungen gehalten: «Appendix: The Literature of the Revolution», in: *Lectures on the French Revolution* (1910). *The French Revolution and the Birth of Modernity*, hrsg. von Ferenc Fehér (1990), bietet eine Vielzahl von Stellungnahmen von links mit Eric Hobsbawm, «The Making of a ‹Bourgeois› Revolution» (S. 30–48), bis rechts mit François Furet, «Transformations in the Historiography of the Revolution» (S. 264–77, übersetzt von Brian Singer). Rolf-Joachim Sattler, *Die Französische Revolution in europäischen Schulbüchern. Eine vergleichende Schulbuchanalyse* (1959) bietet eine interessante vergleichende Darstellung dessen, was deutsche, englische, französische und italienische Schüler über die Revolution lernen.

Stanley Mellon geleitet uns mit seinem Buch *The Political Uses of History: A Study of Historians in the French Restoration* (1958) in das frühe 19. Jahrhundert. R. D. Anderson, *Education in France: 1848–1870* (1975), äußert sich auf einigen Seiten scharfsinnig zum Geschichtsunterricht um die Mitte des Jahrhunderts. Zu Michelet, dem leidenschaftlichsten, eloquentesten und immer wieder einflußreichen Historiker Frankreichs jener Zeit vgl. *La ‹voie royale›: Essai sur l'idée du peuple dans l'œuvre de Michelet* (1971) von Paul Viallaneix, dem Herausgeber von Michelets umfangreichem *Journal*. Roland Barthes' Auswahl aus und Kommentar zu *Michelet* (1954) sowie Arthur Mitzmans präzise und kompromißlose psychoanalytische Studie *Michelet, Historian: Rebirth and Romanticism in 19th Century France* (1990) sind, jedes auf seine Weise, lehrreich. Lionel Gossman hat einige äußerst aufschlußreiche (wenn auch nach meiner Meinung übertrieben subjektive) Essays über politisch aktive Historiker in Frankreich wie Augustin Thierry geschrieben: *Between History and Literature* (1900). Mit Thierry, der, bei allem politischen Aktivismus, doch auch, dem eigenen Anspruch nach, ein redlicher Wissenschaftler war, stellt sich das leidige Problem des «politischen Historikers», von denen es im 19. Jahrhundert nicht wenige gab. Vgl. insbesondere *Historians in Politics*, hrsg. von Walter Laqueur und George L. Mosse (1974), darin sehr informative Beiträge über Tocqueville, Treitschke, Mommsen, Michelet, Lord Bryce und andere. Siehe auch die ambitionierte und illusionslose Untersuchung von François Hartog, *Le XIXe siècle et l'histoire: Le Cas Fustel de Coulanges* (1988), der den «Fall» jenes gefeierten Historikers des Altertums und des frühen Frankreich heranzieht, um zu zeigen, daß bei ihm Geschichtswissenschaft und streitbare Intentionen kaum zu entwirren sind.[11]

Zur Geschichte als Institution und Idee in Deutschland vor und nach der Reichseinigung von 1871 vgl. insbesondere Hartmut Boockmann u. a., *Geschichtswissenschaft und Vereinswesen im 19. Jahrhundert. Beiträge zu Geschichte historischer Forschung in Deutschland* (1972) und *Deutsche Geschichtswissenschaft um 1900*, hrsg. von Notker Hammerstein (1988). Ernst Weymar, *Das Selbstverständnis der Deutschen. Ein Bericht über den Geist des Geschichtsunterrichts der höheren Schulen im 19. Jahrhundert* (1961) ist eine ausgezeichnete Untersuchung über die grundlegenden Überzeugungen, auf denen der Geschichtsunterricht an den deutschen Schulen beruhte, und über die von den Schülern benutzten Texte.

Wolfgang Hardtwig, *Geschichtskultur und Wissenschaft* (1990) versammelt einige gelehrte, sehr zu empfehlende Abhandlungen über das Studium der Geschichte im Deutschland der zweiten Jahrhunderthälfte, ihre zunehmende «Verwissenschaftlichung» und die Auseinandersetzungen über den eigentlichen Charakter des Fachs. Weiterhin liegt eine interessante soziologische Studie über die Historiker vor, deren erste Hälfte für unser Thema relevant ist: Wolfgang Weber, *Priester der Klio: Historisch-sozialwissenschaftliche Studien zur Herkunft und Karriere deutscher Historiker und zur Geschichte der Geschichtswissenschaft, 1800–1970* (1984).[12] Über den Aufstieg des Historismus, mit Ranke als dessen Hohepriester – weitere Erläuterungen zu Ranke s. u. (S. 538) – vgl. Friedrich Meineckes letztes großes Werk *Die Entstehung des Historismus*, 2 Bde. (1936); Meineckes Buch ist scharfsinnig, zu seiner Zeit unwiderstehlich, aber gröblich irreführend in seiner unhistorischen Gönnerhaftigkeit gegenüber den Historikern der Aufklärung, seiner überschwenglichen Lobrednerei auf Goethe als eines Anregers des geschichtlichen Denkens und seinem unterschwelligen Anspruch auf deutsche Überlegenheit. Eine genauer abwägende Geschichte jenes historistischen Blicks auf die Vergangenheit findet sich bei Friedrich Jaeger und Jörn Rüsen, *Geschichte des Historismus. Eine Einführung* (1992). Zu den grundlegenden Vorstellungen vgl. Georg G. Iggers intelligente Arbeit *The German Conception of History: The National Tradition of Historical Thought from Herder to the Present* (1968).

Thomas P. Peardon, *The Transition in English Historical Writing, 1760–1830* (1933) umreißt die frühen Anfänge und Voraussetzungen für die Entwicklung in Großbritannien. A. Dwight Culler erforscht in seinem maßgeblichen Buch *The Victorian Mirror of History* (1985) die Art und Weise, wie bestimmte Engländer – Dichter, Historiker, Literaten, Theologen und Maler – im 19. Jahrhundert jeweils die Vergangenheit benutzt haben. Es sollte zusammen mit dem bezaubernden und liebevoll verfaßten Buch von Frances J. Woodward, *The Doctor's Disciples: A Study of Four Pupils of Arnold of Rugby* (1954) wegen Dr. Arnolds Einfluß auf seine Schüler gelesen werden. J. W. Burrows Arbeit *A Liberal Descent: Victorian Historians and the English Past* (1981) bietet eine glänzende Untersuchung von vier Historikern des 19. Jahrhunderts: Macaulay, Stubbs, Freeman und Froude. *Some Modern Historians of Britain: Essays in Honor of R. L. Schuyler*, hrsg. von Herman Ausubel, J. Bartlet Brebner und Erlin M. Hunt (1951) enthält eine nützliche Sammlung kurzer Abhandlungen, die von John Lingard bis Eileen Power reichen. Von den wichtigen Historikern Englands sind etliche in den bereits zitierten Werken eingehend behandelt worden. Vgl. auch George Otto Trevelyan, *The Life and Letters of Lord Macaulay* (1876; erweiterte Ausg. 1908); sein Buch ist wegen der vielen Details immer noch lesenswert, aber doch weitgehend abgelöst worden von Owen Dudley Edwards' *Macaulay* (1988), das knapp und lebendig geschrieben ist, sowie von John Clives *Macaulay: The Shaping of the Historian* (1973), das wegen seiner Eleganz gerühmt wird, aber endigt, kurz bevor Macaulay mit seiner *History of England* beginnt. Sir Charles Firth, *A Commentary on Macaulay's History of England*, hrsg. von Godfrey Davies (1938), ist ausgezeichnet unterrichtet und wohlbegründet. H. E. Bell, *Maitland: A Critical Examination and Assessment* (1965) sowie C. H. S. Fifoots breiter angelegte Arbeit *Frederic William Maitland: A Life* (1971) erzählen das Leben des großen Rechtshistorikers. G. R. Eltons *F. W. Maitland* (1985) ist eine ungestüme Abhandlung. Zu der Auseinandersetzung zwischen J. B. Bury und G. M. Trevelyan, ob Geschichte Kunst oder Wissenschaft sei, vgl. die exzellente Darstellung bei David Cannadine, *G. M. Trevelyan: A Life in History* (1992).

Dem bedeutendsten Historiker, der nie ein Buch schrieb, sind mehrere Untersuchungen gewidmet. Vgl. Gertrude Himmelfarb, *Lord Acton: A Study in Conscience and Politics* (1962) und Hugh Tulloch, *Acton* (1988), ein prägnantes und geistreiches Buch. Butterfield, *Man on his Past* (s. oben S. 534), widmet Acton zwei Kapitel seines Buches und druckt eine Reihe von höchst interessanten, bisher noch unpublizierten Passagen aus seinen Schriften ab. Valerie E. Chancellor, *History for Their Masters: Opinion in the English History Textbook, 1880–1914* (1970), hat sich die Quellen angeschaut, aus denen englische Schüler die Tatsachen – häufig weniger oder mehr – über ihre Vergangenheit lernten.

Der erste Amerikaner, der sich die Arbeiten seiner Zunft vornahm, war J. F. Jameson mit seinem Buch *The History of Historical Writing in America* (1891); er war ebensosehr ein Zeuge seines Jahrhunderts wie dessen Historiker. Michael Kraus' gedrängte Darstellung *The Writing of American History* (1953) kommt auf weniger als 400 Seiten bis zu Charles Beard. John Higham, zusammen mit Leonard Krieger und Felix Gilbert, sind die Verfasser eines Standardwerks wie *History* (1965) – was in Anbetracht ihres Namens auch nicht überrascht. Vgl. auch *Historical Scholarship in the United States, 1876–1901*, hrsg. von W. Stull Holt (1938). David Levin erörtert in seinem Buch *History as Romantic Art* (1959) mit sehr viel Scharfsinn vier bedeutende amerikanische Historiker – Bancroft, Prescott, Motley und Parkman; seine Ausführungen zu Motley erwiesen sich als überaus nützlich. Motleys offenherzige Briefe sind eine bedeutsame Quelle: *The Correspondence of John Lothrop Motley, D. L. C.*, hrsg. von George William Curtis, 2 Bde. (1889), und *John Lothrop Motley and His Family: Further Letters and Records*, hrsg. von Susan St. John Mildmay (1910). Motley besaß im bürgerlichen Jahrhundert stimmkräftige Bewunderer, als ein prominentes Beispiel sei Ruth Putnam, *William the Silent, Prince of Orange: The Moderate Man of the Sixteenth Century*, 2 Bde. (1895) genannt. Von Anfang an aber gab es von seiten bedeutender Historiker aus den Niederlanden wie etwa Robert Fruin auch Einwände gegen Motleys Einseitigkeit. Pieter Geyl, «Motley and His ‹Rise of the Dutch Republic›» (1956), in: *Encounters in History* (1963), scharf, aber gerecht in seiner Einschätzung, zeigt, daß dies auch das Urteil der Heutigen ist. J. W. Smit, «The Present Position of Studies regarding the Revolt of the Netherlands», in: *Britain and the Netherlands*, Bd. I, hrsg. von J. S. Bromley und E. H. Kossmann (1960) bietet den neueren Stand der Diskussion. Geoffrey Parkers Buch *Philipp II* (1978) ist ein Gegengewicht gegen Motleys gehässiges Porträt des spanischen Königs. (John Lynch, *Spain under the Hapsburgs*, Bd. I [1964; 2. Aufl. 1981] zielt in die gleiche Richtung.) Zu Prescott bietet C. Harvey Gardiner, *William Hickling Prescott: A Biography* (1969) eine solide, moderne Lebensbeschreibung. Die vielleicht besten Arbeiten zu Parkman sind Otis A. Pease, *Parkman's History: The Historian as Literary Artist* (1953), eine Abhandlung, so sparsam in ihren Mitteln wie triftig im Urteil, und Mason Wade, *Francis Parkman: Heroic Historian* (1942). Wade ist zugleich Herausgeber von *The Journals of Francis Parkman*, 2 Bde. (1947). Zu Frederick Jackson Turner vgl. vor allem die entsprechenden Kapitel bei Richard Hofstadter *The Progressive Histo-rians: Turner, Beard, Parrington* (1968) und *The Historical World of Frederick Jackson Turner, with Selections from His Correspondence*, eine Erzählung von Wilbur R. Jacobs (1968).

Ranke verdient weitaus mehr Aufmerksamkeit, als ihm zuteil wurde. Eugen Guglia, *Leopold von Rankes Leben und Werk* (1893), belanglos und oberflächlich, ist immer noch die einzige Biographie. Zum Glück liegen, als ergänzende Lektüre, ausgezeichnete Monographien vor: die gedankenreiche Untersuchung von Rudolf Vierhaus *Ranke und die soziale Welt* (1957) und Leonard Krieger, *Ranke: The Meaning of History* (1977); Krieger verfährt chronologisch und erörtert einge-hend Rankes theoretische Ansichten, seine historischen Schriften und seine geisti-gen Positionsverschiebungen. Theodore von Laue, *Leopold von Ranke: The For-mative Years* (1950) zeichnet das Entstehen des Historismus in Rankes Frühwerk nach und veröffentlichte dazu zwei wichtige Abhandlungen, «A Dialogue on Politics» und «The Great Politics». Carl Hinrichs, *Ranke und die Geschichts-theologie der Goethezeit* (1954) sucht die Entwicklung von Rankes späterer «Theologie der Weltgeschichte» zu erklären. *Leopold von Ranke: The Secret of World History: Selected Writings on the Art and Science of History*, übers. und hrsg. von Roger Wines (1981), ist eine gescheit zusammengestellte Anthologie, die mir zur Kenntnis einiger wenig bekannter Rankescher Schriften verhalf. Rankes Einfluß auf die nachfolgende Historikergeneration in Deutschland wird überzeu-gend dargelegt von Hans-Heinz Krill, *Die Ranke-Renaissance. Max Lenz und Erich Marcks. Ein Beitrag zum historisch-politischen Denken in Deutschland, 1880–1935* (1962). Nach der Nazi-Katastrophe wendeten sich, ausgehend von neueren kritischen Positionen, einige deutsche Historiker erneut dem Vordenker zu. Ludwig Dehio, der einige Jahre Herausgeber der *Historischen Zeitschrift* war, veröffentlichte dort «Ranke und der deutsche Imperialismus» (1950) (auch zu-gänglich in: *Deutschland und die Weltpolitik im 20. Jahrhundert* [1955]). Der kämpferische und doch auch gewissenhafte holländische Historiker Pieter Geyl hat in Rankes Ideologie auf einige folgenreiche Beschränkungen hingewiesen, insbesondere in seinem Aufsatz «Ranke in the Light of the Catastrophe» (1952), in: *Debates with Historians* (1955). Auf einem Ranke-Symposion mit vielen anre-genden Beiträgen wurden seine Rolle als Historiker der Weltgeschichte, seine Theorien und sein Stil, sein Vermächtnis und sein Einfluß diskutiert; vgl. *Leopold von Ranke und die moderne Geschichtswissenschaft*, hrsg. von Wolfgang J. Mommsen (1988).[13] Zu Rankes Ansehen, vgl. Georg G. Iggers, «The Image of Ranke in American and German Historical Thought», in: *History and Theory*, Bd. II (1962), S. 17–40. Schließlich, aber keineswegs unter ferner liefen, sei auf Felix Gilberts letztes Buch: *History: Politics or Culture? Reflections on Ranke and Burckhardt* (1990) verwiesen, in dem er sich erneut einem Gegenstand zuwendet, der ihn lange beschäftigt hat, und dabei eine glänzende Darstellung des komplexen Verhältnisses zwischen Ranke, dem Historiker der «Politik», und Burckhardt, dem «Kulturhistoriker» liefert. Der gleiche Autor hat in «What Ranke Meant», in: *The American Scholar*, Bd. LVI (Sommer 1987), S. 393–97, herauszuarbeiten ver-sucht, was Ranke sich unter dem für den des Deutschen nicht kundigen Leser schwer verständlichen Ideal vorgestellt haben mag, er wolle nur herausfinden, «wie es eigentlich gewesen ist».

Der psychische Prozeß der Verinnerlichung, der nach meiner Meinung entscheidend ist für das Verfahren des Historikers, ist natürlich eine Hauptstütze des psychoanalytischen Denkens seit Freud. Die gelungenste allgemeine Darstellung findet sich bei Roy Schafer, *Aspects of Internalization* (1968).

IV. Die Wahrheiten des Romans

Die Literatur über Literatur ist im Grunde unüberschaubar geworden; der Bericht über die von mir benutzten Quellen muß daher zwangsläufig summarisch bleiben. Zu den Bucherfolgen, womit auch das Thema von Wachstum und Einordnung des Lesepublikums berührt ist, vgl. im Hinblick auf Frankreich: Lise Queffélec, *Le Roman-Feuilleton français au XIXe siècle* (1989), ein gedrängtes Buch, das aber Maßstäbe setzt. Die zwei in sich geschlossenen, klaren Analysen von James Smith, *Popular French Romanticism: Authors, Readers, and Books in the 19th Century* (1981) und *In the Public Eye: A History of Reading in Modern France, 1800–1940* (1991), können als wegbereitende Untersuchungen gelten. Was Großbritannien angeht, so hat die jüngste Forschung versucht, die nostalgische, «aristokratische» Sichtweise von Q. D. Leavis, *Fiction and the Reading Public* (1932) zu korrigieren. Vgl. diesbezüglich R. K. Webbs substantielle Abhandlung «The Victorian Reading Public», in: *The New Pelican Guide to English Literature*, Bd. VI, *From Dickens to Hardy* (1958; 2. Aufl. 1982), S. 198–219. Vgl. ebenso Richard D. Altick, *The English Common Reader, 1800–1900* (1957). Die einschlägigen Bände der Oxford History of English Literature, nämlich W. L. Renwicks *English Literature, 1789–1815* (1963) und Ian Jacks *English Literature, 1815–1832* (1963) bieten reiches Material. Peter Keating, *The Haunted Study: A Social History of the English Novel, 1875–1914* (1989) ist erfreulich aufgeschlossen für die Vielfalt der Buchmärkte. Besonders zweckdienlich in diesem Zusammenhang sind die Kapitel 8–10 aus J. W. Saunders' *The Profession of English Letters* (1964). Nur wenig Platz bleibt mir für die Art von Sozialgeschichte, in der die Briten Meister sind und die in der Regel Material zu Lebensstandard und Bildungsgrad enthalten; erwähnen will ich lediglich Harold Perkin, *The Origins of Modern English Society, 1780–1880* (1969), eine fesselnde (wenn auch nicht unumstrittene) Untersuchung über die Konsolidierung der modernen Klassengesellschaft. Weitere Arbeiten liegen mit J. F. C. Harrison, *The Early Victorians, 1832–51* (1971; 2. Aufl. 1979), G. F. A. Best, *Mid-Victorian Britain, 1851–75* (1971; 2. Aufl. 1979), F. M. L. Thompson, *The Rise of Respectable Society: A Social History of Victorian Britain* (1988) und dem etwas älteren, aber nach wie vor brauchbaren Buch von Asa Briggs, *The Age of Improvement, 1783–1867* (1959; korr. Ausg. von 1962) vor.

In Deutschland hat die Sozialgeschichte der Literatur gerade erst ihren Anfang genommen. Sie befaßt sich weitgehend, aber nicht ausschließlich mit den unteren Mittelschichten und dem, was dort korrekt, aber ein wenig herablassend «Trivialliteratur» genannt wird. Die beiden nützlichen Arbeiten *Das Triviale in Literatur, Musik und bildender Kunst*, hrsg. von Helga de la Motte-Haber (1972), und *Trivialliteratur*, hrsg. von Annamaria Rucktäschl und Hans Dieter Zimmermann (1976), enthalten einige erstklassige Beiträge. Die umfassendste, meistzitierte Untersuchung ist die von Rudolf Schenda, *Volk ohne Buch. Studien zur Sozialge-*

schichte der populären Lesestoffe, 1770–1910 (1970), ein umfängliches, gelehrtes und illusionsloses Buch mit einer eindrucksvollen Bibliographie. Von Rolf Engelsings bahnbrechenden Veröffentlichungen seien folgende Titel als für unsere Zwecke besonders einschlägig genannt: «Zur politischen Bildung der deutschen Unterschichten, 1789–1863», in: *Historische Zeitschrift*, Bd. CCVI (1968), S. 337–69, sowie *Massenpublikum und Journalistentum im 19. Jahrhundert in Nordwestdeutschland* (1966). Äußerst brauchbar ist *Das Buch zwischen gestern und morgen. Zeichen und Aspekte*, hrsg. von Georg Ramsegger und Werner Schoenecke (1969). Magdalene Zimmermann, *Die Gartenlaube als Dokument ihrer Zeit* (1963; gekürzte Ausg. 1967) bietet eine Einführung und reichlich Belegmaterial aus Deutschlands beliebtestem Familienwochenblatt. Hartmut Eggert, Hans Christoph Berg und Michael Rutschky, «Die im Text versteckten Schüler. Probleme einer Rezeptionsforschung in praktischer Absicht», in: *Literatur und Leser. Theorien und Modelle zur Rezeption literarischer Werke* (1975) ist ein anregendes Programm für die weitere Forschung. Interessante theoretische Arbeit zum Rezeptionsproblem hat Wolfgang Iser geleistet, insbesondere in *Der Akt des Lesens. Theorie der ästhetischen Wirkung* (1976). Zu einigen erhellenden Untersuchungen von Leserantworten in psychoanalytischer Sicht vgl. vor allem Norman N. Holland, *The Dynamics of Literary Response* (1968) sowie *5 Readers Reading* (1975).

Was die Vereinigten Staaten betrifft, so findet sich in der bereits erwähnten Untersuchung von Henry Nash Smith, *Democracy and the Novel: Popular Resistance to Classic American Writers* (s. S. 524), eine Gegenüberstellung bedeutender amerikanischer Romanschriftsteller mit der Mittel- und Unterschichtkultur ihrer Zeit. Als Begleittext eignet sich Larzer Ziff, *Literary Democracy: The Declaration of Cultural Independence in America* (1981), eine umfassende Untersuchung, die die gesamte zweite Hälfte des 19. Jahrhunderts, von den wichtigen Autoren bis zu den Publikumsrennern, abhandelt. Zur erfolgreichen Frauenzeitschrift *Godey's Lady's Book* vgl. insbesondere Frank Luther Mott, *A History of American Magazines*, Bd. I, *1741–1850* (1930), und Bd. II, *1850–1865* (1938); dort auch Informationen zum Leserinnenmilieu und zur Auflagenhöhe.

Die Forschungsarbeiten über Karl May, Deutschlands unübertroffenen Erzähler von Abenteuergeschichten, haben hinsichtlich ihrer Vielzahl und Ernsthaftigkeit ganz erstaunliche Ausmaße angenommen. Als sehr praktischer und detailreicher biographischer Führer, mit Zusatzinformationen über Druck, Vertrieb und Nachleben dieser Art von Literatur, erweist sich das *Karl-May-Handbuch*, hrsg. von Gert Ueding zusammen mit Reinhard Tschapke (1987). Als Ergänzung hierzu empfiehlt sich *Karl May*, hrsg. von Helmut Schmiedt (1983), ein Buch, das Dokumente und Einzelabhandlungen enthält. Die beste Kurzbiographie ist die von Hans Wollschläger, *Karl May. Grundriß eines gebrochenen Lebens* (1965). Die amüsante Attacke, die der experimentierfreudige Schriftsteller Arno Schmidt reitet: *Sitara und der Weg dorthin. Eine Studie über Wesen, Werk & Wirkung Karl Mays* (1963; korrigierte Fassung 1985), mit der er die zahlreichen Anhänger Mays auf die Palme brachte, bemüht sich um den Nachweis, daß Mays Werk im wesentlichen der symptomatische Ausdruck homosexueller Phantasien (oder Erlebnisse) sei.

Zum Bestseller-Autor von *Les Trois Mousquetaires* und von *Le Conte de Monte Cristo* haben A. Craig Bell, *Alexandre Dumas* (1950) und André Maurois, *Les trois Dumas* (1957) das Wichtigste gesagt. Zu Sue, vgl. Jean Louis Bory, *Eugène Sue: Le Roi du roman populaire* (1962). Deutsche Wissenschaftler haben sich Sues mit Eifer angenommen und darüber aufschlußreiche, seriöse Monographien veröffentlicht. Vgl. *Materialien zur Kritik des Feuilleton-Romans. «Geheimnisse von Paris» von Eugène Sue*, hrsg. von Helga Grubitzsch (1977), worin französische, deutsche, russische, englische und amerikanische Besprechungen von Sues Erfolgsroman versammelt sind, sowie das sehr fundierte Buch *Als die Helden Opfer wurden: Grundlagen und Funktion gesellschaftlicher Ordnungsmodelle in den Feuilletonromanen «Les Mystères de Paris» und «Le Juif errant» von Eugène Sue* (1985). Christophe Campos, «Social Romanticism», in: *French Literature and Its Background*, hrsg. von John Cruikshank, Bd. IV, *The Early Nineteenth Century* (1960), S. 55–75, räumt Sue einen Platz unter den Gesellschaftskritikern ein. Bei Peter Brooks, *Reading for the Plot: Design and Intention in Narrative* (1984) finden sich einige schöne Betrachtungen zu *Les Mystères de Paris* unter einem von Lacan beeinflußten psychoanalytischen Blickwinkel.

Hanns Sachs' interessante Untersuchung über die Art und Weise, wie Schriftsteller ihre Leser auf dem Wege über ihre gemeinsamen Tagträume verführen, *Gemeinsame Tagträume* (1924), geht dabei aus von Freuds wegweisendem und höchst anregendem (wenn auch gewiß vereinfachendem) Vortrag von 1907, «Der Dichter und das Phantasieren», in: *Gesammelte Werke* (1941–52), Bd. VII, S. 213–23.

Zu den Märchen, die seit einem halben Jahrhundert Gegenstand wissenschaftlicher Untersuchung sind, liegen Werke von Max Lüthi, *Das Volksmärchen als Dichtung. Ästhetik und Anthropologie* (1975), von Vladimir I. Propp die berühmte Studie *Morphologie des Märchens* (russ. 1928) und von Bruno Bettelheim, *The Uses of Enchantment: The Meaning and Importance of Fairy Tales* (1976) vor, letzteres eine vehemente Verteidigung ihres emotionalen Nutzens aus der Sicht eines Psychoanalytikers. Zu den Grimmschen Märchen, vgl. Ruth B. Bottigheimer, *Grimms' Bad Girls & Bold Boys: The Moral & Social Vision of the «Tales»* (1987), die (ein wenig voreilig) eine psychoanalytische Lektüre als unhistorisch verwirft und statt dessen Strukturen ausfindig macht, indem sie den zahllosen Ausgaben der Märchen nachgeht und zu bemerkenswerten Ergebnissen kommt. Hermann Gerstner bietet in seinem schmalen Bändchen *Brüder Grimm in Selbstzeugnissen und Bilddokumenten* (1973) die wesentlichen biographischen Details aus dem Leben der Brüder.

Die Ich-Erzähler-Form läßt sich vielleicht am besten am Beispiel einzelner Romanschriftsteller nachvollziehen. Eine allgemeine Behandlung des Themas bietet Bertil Romberg, *Studies in the Narrative Technique of the First-Person Novel* (1974). Jonathan Auerbach, *The Romance of Failure: First-Person Fictions of Poe, Hawthorne, and James* (1989), unternimmt eine Detaillektüre dreier amerikanischer Schriftsteller, die diese Strategie verwenden; siehe auch die Untersuchung des autorschaftlichen «Ich» durch William R. Goetz, *Henry James and the Darkest Abyss of Romance* (1986), das man zusammen mit Laurence Bedwell Holland, *The Expense of Vision: Essays on the Craft of Henry James* (1964), lesen sollte, worin James' «Vertrautheit» mit seinen Figuren tiefgründig analysiert wird. (Mehr zu James findet sich unten.) Aylmer Maude, *The Life of Tolstoy*, 2. Bde. (1930), bleibt das aus einer großen Fülle von Biographien herausragende Werk; siehe aber auch die intelligent organisierte Lebensbeschreibung *Tolstoy* (1988) des englischen Romanschriftstellers und Biographen A. N. Wilson. Henry Gifford, *Tolstoy* (1982), versammelt auf engem Raum gedankenreiche Analysen. Sehr brauchbar waren für mich *Tolstoy's Letters*, ausgew., hrsg. und übers. von R. F. Christian, 2 Bde. (1978), sowie seine rückhaltlosen, aufregenden Selbstenthüllungen, *Tolstoy's Diaries*, übers. und hrsg. von R. F. Christian, 2 Bde. (1985). Das zu Recht gerühmte Buch von John Bayley, *Tolstoy and the Novel* (1966), enthält einige ausgezeichnete Seiten (S. 83–92) über *Kindheit*. Ronald Hingley, *Russian Writers and Society, 1825–1904* (1967), bietet gekonnt Einblick in das soziale Umfeld.

Gustave Rudler, *«Adolphe» de Benjamin Constant* (1935), ist eine unter mehreren ernsthaften Beschäftigungen mit Constants einzigem Roman; Paul Delbouille, *Genèse, structure et destin d'«Adolphe»* (1971), vermittelt den Eindruck überfrachteter Gelehrsamkeit: Das Buch ist an die zehnmal so dick wie der Text, den es analysiert. Martin Turnell, *The Novel in France* (1950), widmet dem Roman Constants einige erhellende Passagen (S. 79–122). Stephen Holmes, *Benjamin Constant and the Making of Modern Liberalism* (oben, S. 525, angeführt), zieht zur Erläuterung der Constantschen Gesellschafts- und Kulturkritik *Adolphe* heran. James Thomson und Barbara Wright, *La Vie et l'œuvre d'Eugène Fromentin* (1987), ist eine solide Biographie; Camille Reynaud, *La Genèse de «Dominique»* (1937), zeichnet den Weg nach, der zu Fromentins Roman geführt hat. Siehe auch Arthur R. Evans, Jr., *The Literary Art of Eugène Fromentin: A Study in Style and Motif* (1964), sowie Peter Gay, *Die zarte Leidenschaft. Liebe im bürgerlichen Zeitalter* (1987; engl. Orig. 1986), S. 148, 174–75. Zur französischen Tradition der Selbstenthüllung in der Literatur liefert John Cruickshank, «The Novel of Self-Disclosure» in *French Literature and Its Background* (oben, S. 522, angeführt), S. 170–88, einen gedankenvollen Beitrag. P. Mansell Jones, *French Introspectives from Montaigne to Gide* (1937), rührt an die zentralen Themen des vorliegenden Bandes. Maurice Allem erörtert Sainte-Beuves einzigen Roman in *Sainte-Beuve et «Volupté»* (1935). (Titel, die sich mit Stendhal beschäftigen, findet man oben, S. 523)

Bis vor kurzem mußten sich Russischunkundige mit einer alten Sammlung der Dostojewskischen Korrespondenz behelfen, *Letters of Fyodor Michailovitch Dostoevsky to His Family and Friends*, übers. von Ethel Colburn Mayne (1961). An die Stelle dieser Sammlung sind nun *Selected Letters of Fyodor Dostoevsky*, hrsg. von Joseph Frank und David I. Goldstein, übers. von Andrew R. MacAndrew (1987), sowie *Fyodor Dostoevsky: Complete Letters*, hrsg. und übers. von David Lowe und Ronald Meyer, 5 Bde. (1988–91), getreten; letztere Ausgabe ist zwar weniger elegant als erstere, trägt dafür aber auch besonders freimütig dem virulenten Antisemitismus Dostojewskis Rechnung. Frank, *Dostoevsky*, bis jetzt 3 Bde. (1976, 1983, 1986), die den Zeitraum bis 1865 umfassen, kann mit guten Gründen Anspruch auf eine maßgebende Darstellung erheben. Konstantin Mochulsky, *Dostoevsky: His Life and Work* (1947; übers. von Michael A. Minihan, 1967), beim Erscheinen als Klassiker gefeiert, räumt dem Propheten, dem Romanschriftsteller und dem welthistorischen Patienten gleich viel Platz ein. Was die neuere Fachliteratur betrifft, so habe ich den meisten Nutzen aus mehreren Studien von Robert L. Jackson gezogen, hauptsächlich aus *Dostoevsky's Quest for Form: A Study of His Philosophy of Art* (1966). Siehe auch Donald Fangers ausgezeichnetes Buch

Dostoevsky and Romantic Realism: A Study of Dostoevsky in Relation to Balzac, Dickens, and Gogol (1965), in dem Dostojewskis *Doppelgänger* gebührend gewürdigt wird. Die anspruchsvollen Beiträge zur Anthologie *Dostoevsky: A Collection of Critical Essays*, hrsg. von René Wellek (1962), sind sehr hilfreich (dazu zählt auch Freuds Artikel «Dostojewski und die Vatertötung» [1928], den Frank in einem Anhang zum ersten Band seines *Dostoevsky* heftig kritisiert). Karl Miller, *Doubles: Studies in Literary History* (1985), enthält eine Anzahl erhellender Seiten über Dostojewskis obsessives Interesse an der Doppelgängerfigur. Vladimir Nabokovs Vortrag «Fyodor Dostoevsky», in *Lectures on Russian Literature*, hrsg. von Fredson Bowers (1981), ein einziger Schwall von Beschimpfungen, interessiert höchstens als Kuriosität.

Der emsige Kult um Henry James begann erst nach seinem Tod im Jahre 1916. Eine Vorkämpferrolle in der Würdigung von James als meisterhaftem Autor übernahm Percy Lubbock in *The Craft of Fiction* (1921); er blieb lange Zeit ein einsamer Rufer in der Wüste; sein Buch ist nach wie vor lehrreich. Der Kult um James wirkt fast wie ein verabredeter Wiedergutmachungsversuch dafür, daß unter Federführung des populistischen, vormals maßgebenden amerikanischen Literaturhistorikers Vernon L. Parrington James in den späten 20er Jahren als snobistischer und unfruchtbarer «vaterlandsloser Geselle» abgefertigt wurde.[14] Vorausgegangen war *The Pilgrimage of Henry James* (1925) von Van Wyck Brook, das James als talentierten Schriftsteller schildert, der durch seinen Aufenthalt im Ausland seine Begabung verraten habe. Diese Urteile wirken heute absonderlich und hoffnungslos philisterhaft.

Leon Edel hat Henry James zu seiner Lebensaufgabe gemacht. Er hat die *Complete Plays of Henry James* (1949) herausgegeben, die *Complete Tales*, 12 Bde. (1962–64), die *Letters*, 4 Bde. (1974–84), einzelne Geschichten und Romane sowie *The Diary of Alice James* (1964) – letzteres sollte man zusammen mit Jean Strouses einfühlsamer Biographie, *Alice James: A Biography* (1980), lesen. Edels Biographie, *Henry James*, 5 Bde. (1953–72), die im Umfang einer typischen Lebensbeschreibung aus dem 19. Jahrhundert gleichkommt, wenn sie auch in literaturwissenschaftlicher Hinsicht ein bißchen dünn bleibt, ist weithin als Standarddarstellung anerkannt. (Edel hat diese Biographie in überarbeiteter und gekürzter Form unter dem Titel *Henry James: A Life* [1985] neu herausgebracht.) *The Notebooks of Henry James*, hrsg. von F. O. Matthiessen und Kenneth Murdock (1947), erwiesen sich als unschätzbare Quelle.[15] Das Format der anspruchsvollen Vorworte, die James zu den vierundzwanzig Bänden der New Yorker Ausgabe (*The Novels and Tales of Henry James*, 26. Bde. [1907–17]; die posthum veröffentlichten letzten beiden Bände besorgte Percy Lubbock) schrieb, pries R. P. Blackmur in seinem Buch *The Art of the Novel* (1934) in den höchsten Tönen. Die schwierigen letzten Romane, die lange Zeit ein Stolperstein sogar für Leser waren, denen die Romane aus der mittleren Periode wie etwa *Portrait of a Lady* (1881) zusagten, fanden ihren Fürsprecher in F. O. Matthiessen; sein Buch *Henry James: The Major Phase* (1944) ist ebenso lebhaft geschrieben wie überzeugend. Seymour Chatman, The *Later Style of Henry James* (1972), eine hochgradig fachwissenschaftliche linguistische Monographie, stützt Matthiessons Überlegungen. Siehe auch Ruth Bernard Yeazell, *Language and Knowledge in the Late Novels of Henry James* (1976). Das Interesse, das James an der Bildenden Kunst nahm, wurde mehrfach behandelt, am erfolgreichsten in Adeline R. Tintner, *Henry James and the Lust of the Eyes: Thirteen Artists in his Work* (1993). Unter zahlreichen Werkinterpretationen überzeugt Dorothea Krook, *The Ordeal of Consciousness in Henry James* (1962). *Henry James: The Critical Heritage* (1968), ein Band in der bekannten «Critical Heritage»-Reihe, verdient besondere Erwähnung wegen seines Umfangs und seiner informativen Auskünfte über die Einnahmen, die James mit seinen Büchern erzielte. Zu Henry James im Kontext seiner Familie siehe zusätzlich zu den zitierten Biographien vor allem R. W. B. Lewis, *The Jameses: A Family Narrative* (1991).

Die Dickensschen Romane, lange wie kurze, sind in verschiedenen Ausgaben erhältlich; wann immer möglich, habe ich die handlichen Bände benutzt, die bei Penguin (in den Reihen «English Library» und «Penguin Classics») erschienen sind und über gute Einleitungen sowie knappe, wenngleich hilfreiche Anmerkungen verfügen. Die grandiose Pilgrim-Ausgabe von *The Letters of Charles Dickens*, hrsg. von Madeline House, Graham Storey, K. J. Fielding u. a., 7 Bde., reicht mittlerweile (1965–93) bis zum Jahr 1855. Die früheste Biographie, *The Life of Charles Dickens*, 3 Bde. (1872–74; hrsg. von Andrew Lang, 2 Bde., o. J.), die von Dickens' engstem Vertrauten John Forster stammt und eine Mischung aus Offenherzigkeit und Zimperlichkeit darstellt, veröffentlichte als erste intimes Material und bleibt als ein Dokument der viktorianischen Zeit von Interesse. Edgar Johnsons wohlmeinende und weithin geschätzte Biographie *Charles Dickens: His Tragedy and Triumph*, 2 Bde. (1952), krankt daran, daß sie die Dickensschen Romane unkritisch als eine zunehmend bewundernswürdige Sozialkritik liest. Unter vielen neueren Biographien lohnt Fred Kaplan, *Dickens: A Biography* (1988), am meisten: Sie ist gehaltvoll, steht auf dem neusten Forschungsstand und wechselt leichtfüßig zwischen Leben und Literatur hin und her. Wie das Publikum die Dickensschen Romane aufnahm, wurde gründlich genug erforscht, um dem Historiker die Rekonstruktion dieses komplizierten und wichtigen Vorganges zu erlauben: Siehe George H. Ford, *Dickens and His Readers: Aspects of Novel Criticism since 1836* (1955), und zur Ergänzung *The Dickens Critics*, hrsg. von George H. Ford und Lauriat Lane, Jr. (1961), das ein Menü kritischer Stellungnahmen bietet, sowie *Dickens: The Critical Heritage*, hrsg. von Philip Collins (1971). Susan R. Horton, *The Reader in the Dickens World: Style and Response* (1981), ist zwar ein interessantes fachwissenschaftliches Experiment, kann aber zur Frage der Dickensschen Popularität wenig beitragen. K. J. Fielding hat mit *The Speeches of Dickens* (1960) wertvolles Material herausgebracht.

Von den Gesamtdarstellungen und spezielleren Untersuchungen siehe vor allem die eindrucksvollen Überlegungen in *The Dickens World* (1941; 2. Aufl., 1942) von Humphrey House; dieses kleine Meisterwerk, bei dem ich lange in die Schule gegangen bin, führt vor, wie Dickens in seinen Romanen kraft Phantasie seine Zeit und seinen Ort rekonstruierte. A. O. J. Cockshut, *The Imagination of Charles Dickens* (1961) ist ein fesselndes Buch. Michael Slater, *Dickens and Women* (1983), wird dem Thema gerecht, auch wenn ich Dickens weniger kritisch gegenüberstehe als er. Zwei Monographien von Philip Collins, *Dickens and Crime* (1962; 2. Aufl., 1964) und *Dickens and Education* (1963; 2. Aufl., 1965), sind von maßgebender Bedeutung. Das gilt auch für John Butt und Kathleen Tillotson, *Dickens at Work*

(1957). F. R. und Q. D. Leavis, *Dickens the Novelist* (1970), eine Sammlung von Essays, die unabhängig voneinander geschrieben wurden und deren Veröffentlichung dem Nachweis der schwerlich bestreitbaren Tatsache dient, daß Dickens «zu den größten kreativen Schriftstellern» gehört, ist oft tiefschürfend, stößt aber durch den hochfahrenden Ton der Autoren ab. Belehrt haben mich die eigenwilligen, der Tradition zuwiderlaufenden Interpretationen von Alexander Welsh in *The City of Dickens* (1971) und *From Copyright to Copperfield: The Identity of Dickens* (1987); mit seiner Charakterisierung von Agnes Wickfield, der Heldin in *David Copperfield*, als religiöser Gestalt (siehe *City of Dickens*, 180–95) bin ich indes nicht einverstanden. Siehe meinen Beitrag «The ‹Legless Angel› of ‹David Copperfield›: There's More to Her Than Victorian Piety», *New York Times Book Review*, 22. Januar 1955, S. 22–24. Kathleen Tillotsons eleganter Essay *Novels of the Eighteen-forties* (1954) wird ebenfalls Dickens gerecht. Aus gutem Grund hat Dickens, insbesondere mit seinem halbbiographischen Roman *David Copperfield*, psychoanalytische Deutungen herausgefordert; siehe vor allem Leonard Manheim, «The Personal History of David Copperfield», *American Imago*, IX (1952), S. 21–45; E. Pearlman, «David Copperfield Dreams of Drowning», ebd., XXVIII (1971), 391–403; und Gordon D. Hirsch, «A Psychoanalytic Re-reading of David Copperfield», *Victorian Newsletter*, Nr. 58 (Herbst 1980), S. 1–5 – alles anregende Versuche, auch wenn sogar noch mehr herauszuholen ist. Harry Stone, *Dickens and the Invisible World: Fairy Tales, Fantasy, and Novel-Making* (1979), eine ausführliche Untersuchung der Beziehung des Dickensschen Werks zu Märchen, ist die Summe jahrelanger Forschungen.

V. Bilder des Geistes

Die Geschichte des Selbstbildnisses verlangt nach mehr Forschungsbemühungen, als ihr bislang zuteil geworden sind. Derweil haben wir Ludwig Goldscheider, *Fünfhundert Selbstporträts von der Antike bis zur Gegenwart* (1936), und Manuel Gasser, *Das Selbstbildnis* (1961), dem ich das Selbstporträt von Barthélemy Menn verdanke; Sean Kelley und Edward Lucie-Smith, *The Self-portrait: A Modern View* (1987), das sich auf englische Künstler konzentriert; Luba Gurdus, *The Self-portrait in French Painting from Neoclassicism to Realism* (1962); Georg M. Blochmann, *Zeitgeist und Künstlermythos: Untersuchungen zur Selbstdarstellung deutscher Maler der Gründerzeit: Marées, Lenbach, Böcklin, Makart, Feuerbach* (1981), das einen mutigen Versuch darstellt, die Künstler aus der Anfangszeit des Deutschen Reiches neu zu interpretieren. Zu den lehrreichsten Texten über das Entstehen der künstlerischen Selbstdarstellung im Europa der beginnenden Neuzeit zählen Gottfried Boehm, *Bildnis und Individuum. Über den Ursprung der Porträtmalerei in der italienischen Renaissance* (1985), John Pope-Hennessy, *The Portrait in the Renaissance* (1966), und Lorne Campbell, *Renaissance Portraits: European Portrait-Painting in the 14th, 15th und 16th Century* (1990), ebenso gelehrte wie historisch orientierte Arbeiten. (Dürer und Rembrandt van Rijn werden unten, S. 549 f., getrennt behandelt.)

Über Velázquez' berühmtes Bild *Las Meninas* ist viel geschrieben worden; das meisterhafte Buch von Jonathan Brown, *Velázquez: Painter and Courtier* (1986), das die meisten vorherigen Arbeiten entbehrlich gemacht hat, kommt immer wieder auf dieses vertrackte Gemälde zu sprechen. Svetlana Alpers, «Interpretation without Representation», *Representations*, I (Februar 1983), S. 31–42, Leo Steinberg, «Velázquez' *Las Meninas*«, *October*, XIX (1981), S. 45–54, und John R. Searle, «*Las Meninas* and the Paradoxes of Pictorial Representation», *Critical Inquiry*, VI (1980), S. 177–88, sind interessant und typisch für diese Zeit, die das Paradoxe sucht und würdigt.

Ekhart Berckenhagen hat den fruchtbarsten aller deutschen Maler des 18. Jahrhunderts systematisch katalogisiert: *Adam Graff. Leben und Werk* (1967). Zu Mengs, dessen Reihe von Selbstbildnissen sich zu einem ehrlichen Versuch addieren, die Verwüstungen der Zeit auf seinem Gesicht zu protokollieren, siehe D. Honisch, *Anton Raphael Mengs und die Bildform des Frühklassizismus* (1965) sowie *Anton Raphael Meng. Briefe an Raimondo Ghelli und Anton Maron*, hrsg. von Herbert von Einem (1975).

Caspar David Friedrich, der etwa zehn beglaubigte Selbstbildnisse malte und dank einer großen Ausstellung nach mehr als einem halben Jahrhundert der Vergessenheit entrissen wurde, war Opfer tendenziöser rechtslastiger Interpretationen. Das hat von linker Seite kritische Reaktionen provoziert: den Sammelband *Caspar David Friedrich und die deutsche Nachwelt* (1974), dessen Autoren die Wiederentdeckung des Malers mit dem deutschen Imperialismus und dem Nationalsozialismus in Verbindung bringen. Joseph Leo Koerner, *Caspar David Friedrich and the Subject of Landscape* (1990), vermeidet erfolgreich, den Maler zu politisieren, indem er eindrucksvoll Friedrichs romantisch-religiöse Wurzeln freilegt, ohne seine künstlerische Leistung abzuwerten. Das merkwürdige *C. D. Friedrich. Gemälde, Druckgraphik und bildgemässe Zeichnungen* (1973) von Helmut Börsch-Supan und Karl Wilhelm Jähning, die Frucht erschöpfender wissenschaftlicher Forschungen, krankt dagegen an mechanistischen Interpretationen der Allegorien und Symbole Friedrichs. In einem ausgezeichneten Überblick meldet William Vaughans *German Romantic Painting* (1980), das mehr als eine bloße Einführung ist, an Börsch-Supans Ansichten über Friedrich begründete Zweifel an. *Caspar David Friedrich, 1774–1840*, hrsg. von Werner Hofmann (1974), ist ein solider Katalog, der sich auf die Landschaftsbilder konzentriert. Material findet man in *Caspar David Friedrich in Briefen und Bekenntnissen*, hrsg. von Sigrid Hinz (1968; 2. Aufl., 1984), und in *Caspar David Friedrich – Unbekannte Dokumente seines Lebens*, hrsg. von Karl-Ludwig Hoch (1985). Friedrich spielt die Rolle eines zentralen Beweisstücks in einem bewundernswerten Essay von Otto von Simon, *Der Blick nach Innen: Vier Beiträge zur deutschen Malerei des 19. Jahrhunderts* (1986); der Essay bietet Unterstützung in Hülle und Fülle für die These des vorliegenden Bandes, daß die Innerlichkeit an Stellen virulent wurde, wo man es am wenigsten erwartete, wie etwa in der Spitzwegschen Genremalerei. Eckart Klessmanns kompaktes Buch *Die deutsche Romantik* (1979), das die Malerei mit der Literatur verknüpft, war mir eine Hilfe.

Zu Rethel, dem Schöpfer des modernen Totentanzes, bleibt Josef Ponten, *Alfred Rethel. Des Meisters Werke in 300 Abbildungen* (1911), eine wertvolle Quelle. Über das Thema im allgemeinen siehe Gert Buchheit, *Der Totentanz* (1926). Heinrich Alfred Schmid vertritt die These, das ursprüngliche Vorbild für alle späteren Darstellungen sei ein politisches Manifest gewesen: «Holbeins Totentanz. Ein politisches Bekenntnis» (1928), in *Gesammelte kunsthistorische Schriften* (1933), S. 250–59.

Zur Wiederverzauberung der Welt durch innere Erfahrung gehörte die Begeisterung des 19. Jahrhunderts für die Landschaftsmalerei. Natürlich hatten die Maler des 19. Jahrhunderts berühmte Vorgänger, zumal aus dem 17. Jahrhundert. In Max J. Friedländer, *Essays über Landschaftsmalerei und andere Bildgattungen* (1929), findet sich viel Interessantes. Und siehe auch Wolfgang Stechow, *Dutch Landscape Painting of the Seventeenth Century* (1966) sowie *Masters of 17th Century Dutch Landscape Painting* (1988), ein von Peter C. Sutton herausgegebener schöner Katalog. Lisa Vergara läßt in *Rubens and the Poetics of Landscape* (1982) dem Werk eines Malers, der für Meisterhaftes in anderen Genres bekannt ist, Gerechtigkeit widerfahren.

Im viktorianischen England gingen nur wenige Landschaftsmaler, so visionär manche von ihnen auch waren, mit Friedrichs Anspruch konform, Werke zu schaffen, die der Herkunft nach und auch hinsichtlich der erhofften Wirkung als religiös gelten konnten. John Constable bildet einen auffälligen Kontrast zu Friedrich. Siehe Graham Reynolds, *Constable: The natural Painter* (1965). *John Constable's Correspondence*, hrsg. von R. B. Beckett, 6 Bde. (1962–68), ist so interessant, daß die meisten, die über Constable geschrieben haben, von seinen Briefen und Erklärungen reichlich Gebrauch machten. Der erste, der diese Quelle anzapfte, war C. R. Leslie, *Memoirs of the Life of John Constable Composed Chiefly of His Letters* (1843; erweiterte Aufl., 1845, und mit Bildtafeln wiederaufgelegt von Jonathan Mayne, 1951); das Buch wird nach wie vor gern benutzt. Basil Taylor, *Constable: Paintings, Drawings and Watercolours* (1973) hat eine lange Einleitung und einige fesselnde Zusammenstellungen. Kurt Badt, *John Constable's Clouds* (1950), setzt sich mit einem vieldiskutierten Aspekt seiner Kunst auseinander. T. S. R. Boase, *English Art, 1800–1870* (1959), zeigt Constable in seiner Welt.

Die ambitiösen amerikanischen Landschaftsmaler haben erst im letzten halben Jahrhundert eine Würdigung erfahren. Erst 1945 veranstaltete das Art Institute in Chicago eine epochemachende Ausstellung unter dem Titel «The Hudson River School and the Early American Landscape Tradition». Seitdem erhält das Revival durch zunehmend umfangreichere Kataloge immer neue Nahrung. *Thomas Cole: Landscape into History*, hrsg. von William H. Truettner und Alan Wallach (1994), bietet einen guten historischen Hintergrund. Die früheste Interpretation stammt von Louis L. Noble, *The Life and Works of Thomas Cole* (1852, hrsg. von Eliot S. Vesell, 1964); Coles Schüler, einige von ihnen begabte Künstler eigener Provenienz, sind in *American Paradise: The World of the Hudson River School*, einem von John K. Howat herausgegebenen Katalog, erfaßt. Coles großer Nachfolger Church wird von Franklin Kelly u. a. in *Frederic Edwin Church*, einem Katalog von 1989, mit großartigem Erfolg behandelt.

Die französischen Maler der einflußreichen Schule von Barbizon wirken harmlos nur im Vergleich mit den Impressionisten. Jean Bouret, *L'École de Barbizon et le paysage français au XIXe siècle* (1972), stellt eine ordentliche Zusammenfassung dar und wird nur durch simplifizierende politische Vorstellungen von der «Allmacht» der Bourgeoisie beeinträchtigt. (Zu Millet siehe unten.) Norma Broude, *The Macciaioli: Italian Painters of the Nineteenth Century* (1987), hat der englischsprachigen Welt eine wenig bekannte Schule italienischer Landschaftsmaler zur Kenntnis gebracht.

Einer von Böcklins lautstärksten Bewunderern, Fritz von Ostini, förderte seinen Ruhm mit «Arnold Böcklin», *Velhagen und Klasings Monatshefte* (März-August 1893–94, Bd. II), S. 31–51; später folgte *Böcklin* (1904). Ferdinand Runkel brachte Böcklins Tagebücher, Lebenserinnerungen und Briefe heraus: *Böcklin Memoiren. Tagebuchblätter von Böcklins Gattin Angela. Mit dem gesamten brieflichen Nachlass* (1910). Die Aufzeichnungen, die der Kunsthistoriker Gustav Floerke als Böcklins Eckermann machte, *Zehn Jahre mit Böcklin. Aufzeichnungen und Entwürfe* (1901; 3. Aufl. unter dem Titel *Arnold Böcklin und seine Kunst. Aufzeichnungen*, 1921), künden von wahrer Vertrautheit. Die Tagebucheintragungen eines anderen Bewunderers, *Arnold Böcklin. Aus den Tagebüchern von Otto Lasius (1884–1889)*, hrsg. von Maria Lina Lasius (1903), sind ebenfalls aufschlußreich. Hermann Meissner, *Arnold Böcklin* (1899), ist typisch für die Idealisierungstendenzen, deren Adressat das gebildete bürgerliche Publikum war. Rolf Andree u. a. nehmen in *Arnold Böcklin, 1827–1901*, einem Ausstellungskatalog (1974), einen weitaus abgewogeneren Standpunkt ein. Die berühmte Attacke gegen diese bürgerliche Kultfigur, die Julius Meier-Graefe, der entschiedenste deutsche Fürsprecher des Impressionismus, in *Der Fall Böcklin* (1905) unternahm, bleibt eine eindrucksvolle Stellungnahme. (Zu Meier-Graefes Rolle in der deutschen Kultur siehe die interessante Untersuchung von Kenworth Moffett, *Meier-Graefe as Art Critic* [1973].) Das Gemälde von Böcklin, auf das ich mich im Text besonders beziehe, ist Gegenstand der sehr kurzen Abhandlung von Franz Zelger, *Die Toteninsel. Selbstheroisierung und Abgesang der abendländischen Kultur* (1991). Jürgen Wissmann hat die Popularität dieses spätromantischen Malers in *Arnold Böcklin und das Nachleben seiner Malerei. Studien zur Kunst der Jahrhundertwende* (1968) kurz analysiert. Zur Verwendung Böcklinscher Motive im Zusammenhang mit Mundwasserreklame bieten Henriette Väth-Hinz, *Odol. Reklame-Kunst um 1900* (1985), bes. S. 27–41, und *Der Spiegel*, 10. Mai 1993, S. 256–57, erstaunliches Material. Der «Entdecker» von Hans Thoma, einem Maler, der u. a. wegen seiner Beziehung zu dem «Rembrandtdeutschen» Julius Langbehn interessant ist (zu Langbehn siehe unten, S. 550), war der Kunsthistoriker Henry Thode: siehe seine Vorlesungen *Böcklin und Thoma. Acht Vorträge über neudeutsche Malerei* (1905) und sein (im doppelten Sinne) gewichtiges Buch *Thoma. Des Meisters Gemälde in 874 Abbildungen* (1909).

Robert R. Herbert, Roseline Bacou und Michel Laclotte, *Jean-François Millet (1814–1875)* (1976), ist ein erschöpfender Katalog, der durchweg die meisterliche Handschrift des erstgenannten Herausgebers trägt. Zu Herberts wichtigsten Artikeln zum Thema zählen «Millet Revisited», *Burlington Magazine*, CIV (Juli und September 1962), S. 294–305 und 377–85, «Millet Reconsidered», *Museum Studies*, I (1966), S. 29–65, und «City vs. Country: The Rural Image in French Painting from Millet to Gauguin», *Artforum*, VIII (Februar 1970), S. 44–55. Siehe auch *Jean-François Millet*, einen eindrucksvollen Katalog, hrsg. von Alexander R. Murphy (1984). Etienne Moreau-Nélaton, *Millet raconté par lui-même*, 3 Bde. (1921), bietet reichlich Material. Alfred Trumble, *The Painter of the «Angelus»: A Study of the Life, Labors, and Vicissitudes of Jean-François Millet* (1889), ist ein guter Beleg für den Eindruck, den dieser Künstler auf amerikanische Kunstliebhaber machte. Das gilt auch für Estelle M. Hurll, *Millet: A Collection of Pictures with Introduction and Interpretation* (1900). Ganz besonders stehe ich in der Schuld von «L'Alcove de l'Angelus», *Prosopopée*, V, hrsg. von Jennifer Gough-Cooper und Jacques Caumont (November 1982), einem hinreißenden und amüsanten, liebevoll illustrierten Heft, das zeigt, auf welch vielfältige Weise – auf Handtüchern, Kaffemühlen, Tellern, Blasebälgen – Millets *Angelus* zu dekorativen Zwekken verwendet wurde. Und siehe Christopher Parson und Neil McWilliam zu Millets Freund und Gönner, «‹Le paysan de Paris›: Alfred Sensier and the Myth of Rural France», *Oxford Art Journal*, VI (1983), S. 38–58. Jean-François Millet war damals auf beiden Seiten des Atlantik eine machtvolle Gestalt geradeso wie Böcklin in den deutschsprachigen Kulturen.

Dürer ist natürlich mit größter Ausführlichkeit untersucht worden. Die fundierteste moderne Biographie bleibt Erwin Panofsky, *The Life and Art of Albrecht Dürer* (1943; 4. Aufl., 1955). Jane Campbell Hutchison, *Albrecht Dürer. A Biography* (1990), konzentriert sich stärker auf das Leben als auf die Kunst. Joseph Leo Koerners fundiertes und ansprechendes Buch *The Moment of Self-portraiture in German Renaissance Art* (1993) geht über Dürer hinaus, kehrt aber stets zu ihm zurück. Hugo Kehrer, *Dürers Selbstbildnisse und die Dürer Bildnisse* (1934), ist von maßgebender Bedeutung. G. Kratzsch, *Kunstwart und Dürerbund* (1969), beschäftigt sich mit Ferdinand Avenarius, dem Begründer der anspruchsvollen zweimonatlichen Kulturzeitschrift *Kunstwart* und des bekannten Dürerbundes – wie ließ sich die künstlerische Erneuerung Deutschlands besser bewerkstelligen als durch den Rückgang auf den großen Meister? Werner Oechslin, «Albrecht Dürer zwischen Kunstgeschichte und Ideologie», *Neue Züricher Zeitung*, 18. Juli 1971, analysiert gekonnt die politischen Versuchungen, die ich im Text erörtert habe. Koerner verdanke ich den Hinweis auf die folgenden zwei Quellen: Franz Winzinger, «Albrecht Dürers Münchener Selbstbildnis», *Zeitschrift für Kunstwissenschaft*, VIII (1951), S. 43–64, behandelt das Selbstbildnis von 1500 und Dieter Wuttke, «Dürer und Celtis. Von der Bedeutung des Jahres 1500 für den deutschen Humanismus: ‹Jahrhundertfeier als symbolische Form›», *Journal of Medieval and Renaissance Studies*, X (1980), S. 73–129, beschäftigt sich mit der Bedeutung der Jahrhundertwende für Dürer und seine Welt. Siehe auch Jan Bialostocki, *Dürer and His Critics, 1500–1971: Chapters in the History of Ideas including a Collection of Texts* (1986), das zusammen mit dem Katalog *Dürers Gloria. Kunst. Kult. Konsum* (1971) gelesen werden sollte. *Dürer und die Nachwelt. Urkunden, Briefe, Dichtungen und wissenschaftliche Betrachtungen aus vier Jahrhunderten*, hrsg. von Heinz Lüdecke und Susanne Heiland (1955), eine sorgfälig ausgewählte Anthologie, hat mir mehrere Literaturhinweise geliefert.

Auch nach über drei Jahrhunderten bleiben Rembrandts Intentionen umstritten. Jakob Rosenberg, *Rembrandt: Life and Work* (1948; überarb. Aufl., 1964), konzentriert sich auf die Werke des Malers, einschließlich seiner Selbstbildnisse, und nicht so sehr auf seine Kultur. Von dem Material, das H. Perry Chapman in *Rembrandt's Self-portraits: A Study in Seventeenth-Century Identity* (1990) zusammengetragen hat, konnte ich profitieren, auch wenn ich mit ihren Schlußfolgerungen zu Rembrandts Selbstenthüllungen meine Probleme habe. Ed. De Jongh, «The Spur of Wit: Rembrandt's Response to an Italian Challenge», *Delta: A*

Review of Arts, Life and Thought in the Netherlands, XII (Sommer 1969), S. 39–67, ist hinsichtlich der Selbstbildnisse interessant. Georg Simmel, *Rembrandt. Ein kunstphilosophischer Versuch* (1917), wagt sich an subtile Beobachtungen. *Rembrandt*, hrsg. von Ludwig Goldscheider (1960), druckt in handlicher Form die drei frühesten Lebensbeschreibungen ab. Der Katalog einer Ausstellung von 1969 im Boston Museum of Fine Arts, *Rembrandt: Experimental Etcher*, enthält natürlich mehrere seiner radierten Selbstbildnisse. Zu seinen Meisterwerken in diesem Genre siehe Christopher White, *Rembrandt as an Etcher: A Study of the Artist at Work* (1969). Egbert Haverkamp-Begemanns maßgebende Schrift *Rembrandt: «The Nightwatch»* (1982) beleuchtet den Maler nachdrücklich. Sowohl Svetlana Alpers, *Rembrandt's Enterprise: The Studio and the Market* (1988), als auch, weit radikaler, Gary Schwartz, *Rembrandt: His Life, His Painting* (1985), haben (wie ein Fachmann es ausdrückt) versucht, Rembrandt zu «entmystifizieren» – Alpers m. E. erfolgreicher als Schwartz. *Rembrandt und die Nachwelt*, hrsg. von Susanne Heiland und Heinz Lüdecke (1960), ist ein brauchbarer Abriß von Äußerungen über den Maler. Zur frühen Rezeption siehe Seymour Slive, *Rembrandt and His Critics, 1630–1730* (1953). Und siehe Jeroen Boomgaard und Robert Scheller, «A Delicate Balance – A Brief Survey of Rembrandt Criticism», in *Rembrandt: The Master and His Workshop*, einem Katalog, hrsg. von Christopher Brown, Jan Kelch und Pieter van Thiel (1991), S. 106–23. Julius Held, «Rembrandt: Truth and Legend» (1950), in *Rembrandt's «Aristotle» and other Rembrandt Studies* (1969), enthält kluge Bemerkungen.

Langbehn, der «Rembrandtdeutsche», erregte in seinen vielen Lesern komplizierte Empfindungen. Man hat festgestellt, daß weniger als anderthalb Jahre nach Erscheinen von *Rembrandt als Erzieher* bereits an die 40000 Exemplare verkauft waren und daß bis zum Jahr 1909, dem zwanzigsten Jahr nach der ersten Veröffentlichung, das Buch 49 Auflagen erlebte. Siehe Liselotte Voss, *Rembrandt als Erzieher und seine Bedeutung. Studie über die kulturelle Struktur der neunziger Jahre* (1929), nützlich hinsichtlich einiger Fakten, aber als Kulturgeschichte unbrauchbar. Die Entführer von Rembrandt waren zu allen Schandtaten bereit. Im Jahre 1943, mitten im Weltkrieg, den die Nationalsozialisten im Namen der «Nordischen Rasse» vom Zaun gebrochen hatten, veröffentlichte der deutsche Kunsthistoriker Wilhelm Pinder ein preiswertes Bilderbuch, *Rembrandts Selbstbildnisse*, in dem er behauptete, Rembrandt sei ein Mann des Nordens, der wie alle deutsche Kunst unbewußt die Hingabe des einzelnen an das All propagiere und der Rassen- und Kulturwelt Beethovens angehöre. (Bis 1950 waren rund 29000 Exemplare verkauft. *Karl Robert Langewiesche. 50 Jahre Verlagsarbeit*, hrsg. von S. Langewiesche [1952].) Im Jahre 1961, als Fritz Stern in seiner vielbeachteten Dissertation *The Politics of Cultural Despair: A Study in the Rise of the Germanic Ideology* (1961) unter anderem Langbehn behandelte, gab es über diesen bereits ein beträchtliches Kontingent journalistischer und wissenschaftlicher Literatur (siehe ebd., S. 340–41). In einer brillanten neueren Polemik, *Die Deutschen und ihre Kunst. Ein schwieriges Erbe* (1992), erwähnt der bedeutende deutsche Kunsthistoriker Hans Belting Langbehn.[16]

VI. Der verbindende Stil

Allgemeine Geschichten des Postwesens sind eine Seltenheit. Hermann Glaser und Thomas Werner, *Die Post in ihrer Zeit. Eine Kulturgeschichte menschlicher Kommunikation* (1990), behandelt in einer Zusammenschau den Postverkehr teils anekdotisch, teils ernsthaft, teils sogar «philosophisch» und entnimmt zeitgenössischen Quellen eine mit glücklicher Hand getroffene Auswahl von Illustrationen. Gerald Cullinan, *The United States Postal Service* (1973), ist ein sachlicher Bericht. Zu Großbritannien, dem Land der bahnbrechenden Pennypost, siehe Howard Robinson, *The British Post Office: A History* (1948), und ergänzend dazu M. J. Daunton, *Royal Mail: The Post Office since 1840* (1985). C. R. Perry, *The Victorian Post Office: The Growth of Bureaucracy* (1992), konzentriert sich auf Verwaltungsfragen. R. H. Super, *Trollope in the Post Office* (1981), zeichnet die lange Karriere des Schriftstellers in der Rolle eines innovativen Verwaltungsbeamten nach. William Mills Todd III, *The Familiar Letter as a Literary Genre in the Age of Pushkin* (1976), geht in den historischen Beobachtungen, die geboten werden, über die Grenzen des Titels hinaus. Zu Cicero und anderen Briefschreibern der Antike findet man Informationen bei Finley Hooper und Matthew Schwartz, *Roman Letters: History from a Personal Point of View* (1991). Frankreich im 19. Jahrhundert wird behandelt in *Correspondance: Les Usages de la lettre au XIXe siècle*, hrsg. von Roger Chartier (1991), Deutschland in *Deutsche Postgeschichte. Essays und Bilder*, hrsg. von Wolfgang Lotz (1989); beides sind gediegene Darstellungen.

Georg Steinhausen, *Geschichte des deutschen Briefes. Zur Kulturgeschichte des deutschen Volkes*, 2 Bde. (1889–91), stellt sowohl ein Dokument seiner Zeit dar als auch eine materialreiche Geschichte, die mit dem briefschreibenden 18. Jahrhundert endet, bei dem das 19. Jahrhundert in so vielerlei Hinsicht in die Lehre ging. Walter Benjamin, *Deutsche Menschen. Eine Folge von Briefen* (1972), bietet eine Auswahl von 25 außergewöhnlichen deutschen Briefen aus den Jahren zwischen 1783 und 1883, die kommentiert werden. Siehe auch, für England, Bruce Redford, *The Converse of the Pen: Acts of Intimacy in the Eighteenth-Century Familiar Letter* (1986). W. H. Irving, *The Providence of Wit in English Letter Writers* (1955), führt Briefstellen aus einem speziellen Kreis anspruchsvoller englischer Briefschreiber an. James Aitken, *English Letters of the XIX Century* (1946), ist eine karge Sammlung.

Briefe der Großen und der Fast-Großen zu sammeln ist zu einer lohnenden Aufgabe für die Wissenschaft geworden – es wäre witzlos, all die gedruckten Ausgaben anzuführen, die ich durchblättert habe; aber im 19. Jahrhundert waren gefällige Auswahlsammlungen ein beliebtes Geschenk. Ich nenne zwei Beispiele: für England, *Love Letters of Famous Men and Women of the Past and Present Century*, hrsg. von J. T. Meryew (1888); für Deutschland, *Dreihundert Briefe aus zwei Jahrhunderten*, hrsg. von Karl von Holtei, 2 Bde. (1872). Es gab noch scharenweise vergleichbare Sammlungen.

Der Erfinder der Pennypost, ein eindrucksvoller Reformer, wennschon kein angenehmer Mensch, bekam sein Denkmal von einer Person gesetzt, die ihm nahestand: [Eleanor C. H. Smyth], *Sir Rowland Hill, The Story of a Great Reform*

Told by His Daughter (1907). Siehe auch Colin G. Hey, *Rowland Hill: Victorian Genius and Benefactor* (1989). Er wird natürlich auch in den oben angeführten Büchern von Robinson, Daunton und Perry behandelt.

Keine Frage, daß die Briefromanautoren des 18. Jahrhunderts den Boden für die spätere Briefschreibe-Kultur bereiteten. Das Genre des Briefromans findet man untersucht in Laurent Versini, *Le Roman épistolaire* (1979). Siehe auch Carol Houlihan Flynns Buch *Samuel Richardson: A Man of Letters* (1982), das einem Wegbereiter des Genres gewidmet ist, und Janet Gurkin Altman, *Epistolarity: Approaches to a Form* (1982).

La Correspondance (édition, fonctions, signification), mit einem Vorwort von Georges Ulysse (1984), ist ein Bericht von einem interessanten französisch-italienischen Kolloquium, dessen Thematik vom individuellen Briefwechsel bis zu Briefstellern reicht. Karl-Heinz Bohrer, *Der romantische Brief. Die Entstehung ästhetischer Subjektivität* (1987), bietet für meinen Geschmack prätentiöse Reflexionen über Autonomie und Subjektivität, enthält aber auch nützliche Ausführungen über das Verhältnis von Romantik und Briefschreiben.

Die wissenschaftliche Beschäftigung mit Tagebüchern und privaten Aufzeichnungen nimmt rasant zu. Gustav René Hocke, *Europäische Tagebücher aus vier Jahrhunderten* (1963; Aufl. 1991), bei dem viele Anleihen gemacht haben, ist ein Klassiker auf dem Gebiet; in einem gigantischen einleitenden Essay behandelt Hocke jede nur denkbare Bedeutung, die Tagebücher und Aufzeichnungen haben können; es folgt eine umfangreiche Anthologie von Aufzeichnungsschnipseln, die mit einer Notiz des Kardinals Francesco da Fiesso aus dem Jahre 1409 anfängt und mit einer Notiz des Papstes Johannes XXIII. vom Dezember 1961 schließt. Rüdiger Görner, *Das Tagebuch* (1986), ist eine kurze Einführung; die ebenfalls kurze Schrift *Le Journal intime* (1976) von Béatrice Didier enthält viele Anregungen; *Le Journal intime et ses formes littéraires*, hrsg. von Vittorio Del Litto (1978), enthält die Mitschrift eines thematisch breit angelegten Kolloquiums, das im Jahre 1975 in Grenoble stattfand. Thomas Mallon, *A Book of One's Own: People and Their Diaries* (1984), ist amüsant, intelligent und erhellend. Zu England siehe Robert A. Fothergill, *Private Chronicles: A Study of English Diaries* (1974), eine brauchbare Auseinandersetzung mit der unerschöpflichen Vielfalt von Tagebüchern. Arthur Ponsonby, *English Diaries: A Review of English Diaries from the 16th to the 20th Century, with an Introduction on Diary Writing* (1923), und die Fortsetzung, *More English Diaries: Further Reviews of Diaries from the 16th to the 19th Century, with an Introduction on Diary Reading* (1927), sind ein bekanntes, viel benutztes Zweigespann, das einen guten Überblick bietet. *Anthologie du journal intime avec une introduction et des notices*, hrsg. von Maurice Chapelan (1947), leistet Ähnliches für Frankreich. Emile Henriot, *La Manie du journal intime et le roman autobiographique* (1924), stellt einen Zusammenhang zwischen Tagebuchschreiben und Ich-Erzähler-Roman her. Michèle Leleu, *Les Journaux intimes* (1952), wartet mit psychologischen Einsichten auf. Den interessantesten Versuch eines Erziehers und Psychoanalytikers, die Motive von Heranwachsenden mit Hilfe ihrer Tagebücher zu verstehen, stellt Siegfried Bernfeld, *Trieb und Tradition im Jugendalter. Kulturpsychologische Studien an Tagebüchern* (1931), dar.

Anmerkungen zum bibliographischen Essay

1. Siehe auch die skeptischen Anmerkungen zur Literatur in dem für die Beschäftigung mit Hoffmann unverzichtbaren Handbuch von Brigitte Feldges und Ulrich Stadler, *E. T. A. Hoffmann. Epoche – Werk – Wirkung* (1986), S. 243–44.

2. Mit einschlägigen Aspekten bei Wagner, seinen sklavischen Verehrern und seinen Feinden befasse ich mich in «Hermann Levi: A Study in Service and Self-hatred» (1975) und «For Beckmesser: Eduard Hanslick, Victim and Prophet» (1977), beide in überarbeiteter Fassung auch in *Freud, Jews and Other Germans* (1978); dtsch.: *Freud, Juden und andere Deutsche* (1986). Siehe ferner den zweiten Band der vorliegenden Reihe, *Die zarte Leidenschaft* (1987), S. 272–77.

3. «Die meisten Menschen im England des beginnenden 19. Jahrhunderts», so schreibt Marilyn Gaull auf S. 1, «schenkten der Literatur, die wir heute für wichtig halten, wenig Beachtung. Die Gebildeten, die sich literarische Werke leisten konnten, interessierten sich in erster Linie für Geschäfte, Politik, Krieg, Industrie, Mode, Sex, Sozialstatus, häuslichen Komfort, Pferde, Diener, Heiraten und Boxkämpfe.»

4. *The Early Years, 1787–1805*, Chester L. Shaver (1967); *The Middle Years, 1806–1811*, Mary Moorman (1969); *The Middle Years, 1812–1820*, Mary Moorman und Alan G. Hill (1970); *The Later Years, 1821–1853*, Alan G. Hill (1987–88).

5. Dieses Buch bekräftigt und erweitert einen Gedanken, den ich seit meiner Arbeit über das 18. Jahrhundert (von Mitte der 50er bis Ende der 60er Jahre) geltend gemacht habe: daß die *philosophes* nämlich alles andere waren als kühle, absolut leidenschaftslose Rationalisten. Siehe Peter Gay, *The Enlightenment: An Interpretation*, 2 Bde. (1966–69).

6. Den Autobiographien der klassischen Antike und des Mittelalters hingegen haben die Historiker seit langem Beachtung geschenkt. Zum Vergleich konsultierte ich den ersten Band *Das Altertum* von Georg Mischs *Geschichte der Autobiographie* (1907; 3. stark vermehrte Aufl. in zwei Teilbänden, 1949–50), die lange als maßgebend, aber schwer verdaulich und aus unserer «freizügigeren» Sicht allzu zurückhaltend galt. Siehe auch: Paul Lehmann, «Autobiographies of the Middle Ages», in: *Transactions of the Royal Historical Society*, 5. Folge, Bd. III (1953), S. 41–52; T. C. Price Zimmermann, «Confession and Autobiography in the Early Renaissance», in: *Renaissance Studies in Honor of Hans Baron*, hrsg. von Anthony Molho und John A. Tedeschi (1971), S. 121–40; sowie L. D. Lerner, «Puritanism and the Spiritual Autobiography», in: *Hibbert Journal*, Bd. LV (1956–57), S. 373–86. Lerner analysiert jene angstvollen Rechenschaftsberichte, die erheblichen Einfluß auf spätere, in den Seelenspiegel blickende Autoren hatten; siehe dazu die schöne Arbeit von Patricia Caldwell, *The Puritan Conversion Narrative: The Beginnings of American Expression* (1983). Zu nennen ist auch Montaigne, der größte Autobiograph vor (und vielleicht sogar nach) Rousseau. Zu ihm gibt es zwei hervorragende Studien: Donald M. Frame, *Montaigne's Discovery of Man: The Humaniza-*

tion of a Humanist (1955), und Jean Starobinski, *Montaigne en mouvement* (1982). Die beste Kurzdarstellung ist Peter Burkes *Montaigne* (1981).

7. Der subjektivistische Ansatz ist nicht nur in Arbeiten über das 19. Jahrhundert zu finden. Siehe John O. Lyons, *The Invention of the Self: The Hinge of Consciousness in the Eighteenth Century* (1978).

8. «Die Autobiographie ist aktiv, konstruktiv und performativ», so heißt es bei J. Hillis Miller, ironischerweise ausgerechnet in einer Festschrift für Jerome Buckley, «sie ist ein Handeln mit Worten, keine passive Beschreibung von etwas bereits Vorhandenem. Das Hauptinstrument der Autobiographie... ist die Prosopopöie, die hier die Verlebendigung eines aus Worten gefertigten Personenbildes meint.» Miller, «Prosopopeia and *Praeterita*», in: *19thCentury Lives: Essays Presented to Jerome Hamilton Buckley*, hrsg. von Laurence S. Lockridge u. a. (1989), S. 129.

9. Erst nach Abschluß meines Textes entdeckte ich das hervorragende Buch von Kjeld Heltoft, *Hans Christian Andersen as an artist* (1969). Leider zu spät, denn Andersens Landschaftsmalerei, seine Selbstporträts, hingeworfenen Skizzen und Scherenschnitte zeugen von beachtlichem Talent, und die Sujets (in der Flasche gefangene Schriftsteller; Seitenporträts, die übersät sind mit Gesichtern; Karikaturen, die an Hieronymus Bosch erinnern; Rorschach-Kleckse; klaustrophobische Großstadtszenen; mißgebildete Frauen mit vier Hängebrüsten) schreien geradezu nach psychoanalytischer Deutung.

10. «Wer Biograph wird», schrieb Freud an Arnold Zweig, der sich mit dem Gedanken trug, dessen Biographie zu schreiben, «verpflichtet sich zur Lüge, zur Verheimlichung, Heuchelei, Schönfärberei und selbst zur Verhehlung seines Unverständnisses, denn die biographische Wahrheit ist nicht zu haben, und wenn man sie hätte, wäre sie nicht zu brauchen.» Brief vom 31. Mai 1936, in: Sigmund Freud–Arnold Zweig, *Briefwechsel*, hrsg. v. Ernst L. Freud (1968), S. 137.

11. Daß das Wissenschaftsideal unter den Historikern des späten 19. Jahrhunderts besonders wirkungsmächtig war, dafür gibt es ausgiebig Belege. Vgl. als ein Beispiel P. Lacombes umfängliche Arbeit *De l'histoire considérée comme science* (1894). Eine gute Einführung in die unausgesetzt geführte Debatte, angesichts einer ansonsten breiten Literatur, gibt Theodor Schieder *Geschichte als Wissenschaft. Eine Einführung* (1965).

12. Meine Lektüre von Boockmann und Weber geht zurück auf anregende Besprechungen bei James J. Sheehan, *German History, 1770–1866* (1989), S. 542–555 und 841–851.

13. Zu Ranke als «Dichter» vgl. das entsprechende Kapitel in: Peter Gay, *Style in History* (1974). In diesem Buch, in dem ich mich, neben Ranke, auf Gibbon, Macaulay, Burckhardt und Mommsen berufe, vertrete ich die These, daß Vorurteile, vorgefaßte Meinungen, ja sogar neurotische Störungen den Historiker der Wahrheit näher bringen können, als es sonst der Fall ist.

14. Parrington schrieb: «Es liegt ein Hauch von Ironie in dem Umstand, daß einer unserer frühesten Realisten, der eigenständig genug war, mit der romantischen Tradition zu brechen, aus der Realität floh, die seine Kunst sich anschickte, in Angriff zu nehmen. Wie sein Gesinnungsgenosse Whistler war Henry James sein Leben lang auf Pilgerfahrt zu anderen Heiligtümern als zu denen seines

Heimatlandes und weihte seine Talente Zwecken, denen seine amerikanischen Landsleute gleichgültig gegenüberstanden. Für ihn war Leben weitgehend eine Nervensache.» In Wirklichkeit «war er nie Realist. Vielmehr war er ein Romantiker, der einer Selbsttäuschung erlag, der letzte subtile Ausdruck gezierter Vornehmheit, der verliebt in die Kultur war und nie erkannte, was für ein armseliges Ding er verehrte.» Kurz, «der Geist von Henry James markiert die Tradition der Kultiviertheit in ihrer äußersten Verfeinerung, die vollständigste Verkörperung ihrer unklaren kulturellen Ansprüche.» Als *«déraciné»* lebte er «in einer Welt der feinsten Abstufungen und unmerklichsten Schattierungen». Genügt das? *Main Currents in American Thought*, Bd. III, *The Beginnings of Critical Realism in America* (1930; blieb unvollendet, weil der Autor im Jahre 1929 starb), S. 239–41.

15. Dies ist die von mir benutzte Ausgabe, aber es gibt mittlerweile eine vollständigere Fassung: *The Complete Notebooks of Henry James*, hrsg. von Leon Edel und Lyall H. Powers (1987).

16. Während die Nationalsozialisten sich in Langbehns Vorstellungen vom Nordischen wiederfanden, veröffentlichte in der Zeit ihrer Herrschaft ein Psychiater, Hans Bürger-Prinz, zusammen mit Annemarie Segelke ein psychiatrisches Buch mit dem Titel *Julius Langbehn der Rembrandtdeutsche. Eine patho-psychologische Studie* (1940), worin er Langbehn als schizophrenen Typus diagnostizierte. Wahrscheinlich stimmt das, auch wenn die Autoren Langbehns ziemlich offensichtlicher sexueller Pathologie keine Beachtung schenken. Die Psychologie von Bürger-Prinz ist eklektisch, oberflächlich und abergläubisch.

Danksagung

Ich habe, bei einem thematisch so weitgespannten Buch wie diesem, um sachverständige Unterstützung nachgesucht und sie auch gern entgegengenommen. Für alles bin ich zutiefst dankbar.

Wie schon in der Vergangenheit habe ich auch diesmal meine Überlegungen und Formulierungen bei Vorlesungen in Yale und anderswo auf den Prüfstand stellen können. So erhielt ich bei einer unter der Ägide meines Kollegen Cyrus Hamlin veranstalteten und von Anette Schwarz geleiteten Vortragsreihe zur Deutschen Kulturgeschichte Gelegenheit, meine Ansichten zur Romantik zu testen. Ein weiteres Mal bot sich mir diese Möglichkeit im Sommer 1993 am Berliner Institut für Psychoanalyse, Psychotherapie und Psychosomatik zum Thema «Deutsche Romantik als Regression», was eine lebhafte (fast bin ich versucht zu sagen: eine hitzige) Debatte auslöste, die für mich höchst lehrreich war. Im Oktober 1994 hatte ich das Vergnügen, unter dem Titel «Die Wiederverzauberung der Welt» die erste R. K. Webb-Vorlesung an der University of Maryland, Baltimore County, halten zu dürfen, zu Ehren des ältesten meiner Freunde; dabei bot sich mir einmal mehr die Gelegenheit, meine Definition von Romantik weiterzuentwickeln. Für jene wiederholt überarbeitete Eingangsvignette über «Die Kunst des Zuhörens» fand ich mehr als ein Diskussionsforum, das angenehmste war mir die monatliche Gesprächsrunde des Muriel Gardiner Program on Psychoanalysis and the Humanities in Yale, die all die Jahre sehr entgegenkommend und nutzbringend für mich war.

Auch andere Begegnungen waren mir behilflich, diesem Buch den letzten Schliff zu geben. So fand ich 1994 anläßlich eines Sommerseminars über Psychoanalyse und Geschichte die aufgeschlossene und zum Glück diskussionsfreudige Gesellschaft von einem Dutzend College-Lehrern vor, mit denen ich die Möglichkeiten erörtern und klären durfte, wie psychoanalytische Überlegungen in das Schreiben über Geschichte eingehen können, ohne daß ihr Jargon die Darstellung der Geschichte übertäubt oder durch ihren Reduktionismus untergräbt. Einige Monate zuvor sprach ich an der Bucknell-University zum Thema «Geschichte zwischen Kunst und Wissenschaft». Eine letzte, vergnügliche Probe muß ich noch erwähnen: die sieben Wochen, die ich als Gastprofessor an der Georgetown University verbrachte und während dieser Zeit vierzehn Vorlesungen hielt, die aus den vorliegenden Texten hervorgingen. Auf wöchentlichen Veranstaltungen wurden meine Vorstellungen von gut zwanzig Doktoranden in schöner Regelmäßigkeit und sehr zu meinem Vorteil unter heftigen Beschuß genommen. Susan Pinkard, meine Kollegin bei dieser Vorlesungsreihe, tat mehr als mich nur durch den Verwaltungsirrgarten ihrer Universität zu geleiten (ganz ebenso wie die geschäftsführende Vorsitzende Dorothy Brown); sie sorgte für erfreuliche Gelegenheiten zu intensiven Gesprächen. Dankbar bin ich auch für die Einladung, die von Jeffrey von Arx und Sam Barnes an mich erging. Es ist eine der angenehmen

Dreingaben bei solchen Unternehmungen, daß sie dem Gast neue Freunde vermitteln.

Die alten Freunde wie Janet Malcolm und Gardner Botsford, Dick und Peggy Kuhns, Gladys Topkins mit ihrer gleichbleibenden Großzügigkeit, John Merriman wie eh und je, Stefan Collini unvoreingenommen wie stets, Gaby Katwan auf zwei Kontinenten, sie alle standen mir mit Rat und Tat zur Seite, bestärkten mich und versorgten mich mit schriftlichen Vorschlägen. Ohne sie wäre dieses Buch nicht so rasch und gedankenärmer zustande gekommen. Mit Freuden bekunde ich meine Dankbarkeit für den Gedankenaustausch mit dem kundigen Vann Woodward sowie für die häufigen und ausgiebigen Diskussionen mit meinen früheren Studenten und nunmehr engen Freunden Mark Micale und Robert Dietle.

Mit aufrichtigem Dank vermerke ich die Hilfe vieler anderer. Bob Herbert gab mir mit bewunderungswürdiger und nie versagender Kollegialität dringend nötige Hinweise auf Millet und den Louvre und machte mich mit Jennifer Gough-Cooper und Jacques Caumont bekannt, die mir ein vergnügliches Stück Kulturgeschichte zur Kenntnis gaben, eine Ausgabe der von ihnen veröffentlichten Zeitschrift, die die nahezu unglaublich vielfältigen Nutzanwendungen von Millets *Angelus* belegt. Wolfgang Hardtwig von der Berliner Humboldt-Universität, der mit mir die strittige Frage von Rankes Leserschaft durchging. Mit Edward Muir von der Northwestern University kam es zu einem Briefaustausch über den nämlichen Historiker. Thomas A. Reed verdanke ich Exzerpte aus dem Tagebuch von G. L. Reed. Dwight Culler ließ mich an seinen unübertroffenen Einsichten in das historische Bewußtsein teilhaben, von dem das England des 19. Jahrhunderts durchdrungen war. Sherwin Simmons von der University of Oregon befriedigte meine Neugier darüber, wie kommerzielle Werbung sich der Bilder Arnold Böcklins bemächtigte. Mit Randall Havas sprach ich über Nietzsche und mit Gail Newman vom Williams College über die deutschen Romantiker. Kay Kaufman Shelemay vom Wesleyan College ließ mir eine interessante Dissertation zukommen. Frank Mecklenburg vom Leo Baeck Institut führte mich durch dessen reichhaltige Archivbestände, die sich als wahre Goldgrube an Liebesbriefen erwiesen. Meine Doktoranden Jennifer Hall und George Williamson erleichterten mir die Arbeit, indem sie mir Informationen über die Eintrittspreise in der Londoner Oper im 19. Jahrhundert verschafften und mit mir das Mythisieren der Romantiker erörterten. Ingeborg Glier und Lore Segal klärten über die Grimmschen Märchen auf. Karen E. Ahlquist war so freundlich, mir eine Dissertation zur Verfügung zu stellen. Marion Kaplan ließ mich an ihrem eindrucksvollen Wissen auf dem Gebiet der deutsch-jüdischen Kulturgeschichte teilhaben. Peter de Bach erfüllte mehr als nur die Gebote der Höflichkeit, indem er mein Wissen über die Sitten und Gebräuche des holländischen Konzertpublikums erweitern half. Judith Schiff von der Schriftenstelle der Universität Yale war sehr entgegenkommend, was Dokumentensammlungen betraf. Edward Skipworth von den Rutgers Special Collections half mir Zeit und Mühe sparen, indem er mir die einschlägigen Seiten von Rachel Van Dykes Tagebuch zukommen ließ. Mit der gleichen Bereitwilligkeit übersandte mir Caroly A. Davis von der Bibliographischen Informationsstelle der Universitätsbibliothek der Syracuse University ein Porträt von Ranke. Mein früherer Kollege Egbert Begemann, auf dessen breit gefächerte, unübertroffene Kennerschaft in Sachen Kunstgeschichte ich über Jahre angewiesen war, erörterte mit mir die umstrittene Frage nach Rembrandts Intentionen. Nancy Cott brachte mir wichtige Bücher der Frauenliteratur nahe. Elizabeth Prelinger machte mich auf die kulturgeschichtlichen Folgen der graphischen Kunst von Dürer und Rembrandt aufmerksam. Dankbar erinnere ich mich an sachdienliche und nützliche Gespräche mit Terry Pinkard, Danny Hofstadter, David Quint und Benjamin Harshav. Christina Erickson, die als Studentin im höheren Semester einige Forschungsarbeiten für mich durchführte, brachte wertvolles Material ans Tageslicht.

Die Zusammenarbeit mit dem Norton-Verlag erwies sich, wie auch früher schon, als ideal. Donald Lamm, dem Verleger, Herausgeber und Freund, in dessen tiefer Schuld ich stehe, ist denn auch dieses Buch gewidmet. Donalds liebenswürdige Helferinnen Amy Cherry, Jennifer DiToro und Cecil Lyon erleichterten meine Arbeit wie immer zuvorkommend und prompt. Ruth Mandel war bei der Beschaffung der Abbildungen die Hilfsbereitschaft in Person. Otto Sonntag führte eine behende Korrekturfeder, ohne meine Irrtümer zu übersehen.

Stets habe ich meinen Lesern zuletzt gedankt, keineswegs, um sie herabzusetzen, sondern um vielmehr zu unterstreichen, wie unerläßlich sie für mich waren. So auch diesmal. Leon Platinga trug durch geniale, aber treffende Vorschläge zur Verbesserung von «Die Kunst des Zuhörens» bei. David Bromwich nötigte mich durch seine Lektüre von «Die Wiederverzauberung der Welt», ganz ebenso wie Katie Snyder, über den Text hinauszugehen. Geoffrey Hartman rückte für mich einiges bei Wordsworth zurecht. Georges May unterzog die «Übungen in Selbstdefinition» seiner einschneidenden Lektüre. David Cannadine und Bon Webb hielten mich nachdrücklich dazu an, die «Suche nach geeigneter Vergangenheit» zu überdenken und in nicht unerheblichem Umfang umzuschreiben. Sandy Welsh und Cyrus Hamlin ließen ihren Kenntnisreichtum in der Literatur des 19. Jahrhunderts den «Wahrheiten des Romans» durch ihre Lektüre zugute kommen. Joseph Koerners und Rick Bretells Kommentare waren so eindrucksvoll, daß sie mich an den Computer zurückbrachten. Und meine Frau Ruth ließ mit ihrer gewohnten geistigen Großherzigkeit ihre eigene Arbeit für eine Weile ruhen, um mein Manuskript, von dem sie jedes Kapitel zumindest zweimal gelesen hat, zu redigieren. Dabei handelte sie gewissermaßen als Don Lamms inoffizielle Bundesgenossin (jede Behauptung einer Verschwörung sei fern von mir!) und achtete darauf, daß das Buch kürzer – ja, es war vorher tatsächlich länger – und besser wurde. Allen wünsche ich, daß die eigenen Manuskripte alsbald fertiggestellt sein mögen, damit ich ihnen in der Praxis meinen Dank für all die zusätzliche Arbeit aussprechen kann, zu der sie mich genötigt haben!

Peter Gay

Personenregister

Helmut Schmidt
Weggefährten
Erinnerungen und Reflexionen

Dieses Buch berichtet von Helmut Schmidts »Weggefährten«, jenen Menschen, die ihn auf die eine oder andere Weise in seinem Leben begleitet haben – Musiker und Schriftsteller, Maler und Bildhauer, Schauspieler und Mäzene, Banker und Politiker. Nicht ihre Bedeutung hat die Auswahl bestimmt, sondern die Rolle, die sie in seinem Leben spielten.

576 Seiten
Abbildungen
Leinen

im
Siedler
Verlag

Manche von ihnen, wie Anwar as Sadat oder Siegfried Lenz, sind seine Freunde gewesen oder im Lauf der Jahre geworden; andere, wie Valéry Giscard d'Estaing oder Gerald Ford, standen ihm nicht nur politisch, sondern auch menschlich nahe; die dritten, wie der polnische Staatschef Edward Gierek oder Franz Josef Strauß, waren politische Gegner, und doch schätzte er sie und mochte sie sogar persönlich; bei einigen, wie Erich Honecker, blieb eine völlige Fremdheit, selbst wenn er mit ihnen immer wieder umgehen mußte. Aus der Erinnerung an diese Begleiter seines Lebens ist das persönlichste seiner Erinnerungsbücher geworden.

Richard von Weizsäcker
Vier Zeiten
Erinnerungen

Richard von Weizsäcker war als Bundespräsident ein Glücksfall für Deutschland. Damit ist nicht nur der Respekt gemeint, den er bei der politischen und intellektuellen Elite des Landes besaß, von der Popularität in der Bevölkerung ganz abgesehen. Er genoß Reputation und sogar Sympathie, in den europäischen Königshäusern ebenso wie im Kreml, wo sein Besuch half, das

480 Seiten
Abbildungen
Leinen

im
Siedler
Verlag

anfänglich gestörte Verhältnis zwischen Moskau und Bonn – also zwischen Gorbatschow und Kohl – wiederherzustellen. In der Reihe der nun sieben Präsidenten seit Wiedergründung eines deutschen Staates nimmt Weizsäcker deshalb eine Sonderrolle ein.

Sein nun vorliegendes, sehr persönliches Memoirenbuch ist in die Geschichte seiner Familie eingebettet. So sind seine »Erinnerungen« Lebensgeschichte, Familiengeschichte und Zeitgeschichte in einem.